edition suhrkamp 2401

»Frieden« ist auch ein Thema der Musik. Es dokumentiert sich in klassischen und zeitgenössischen Kompositionen auf ganz unterschiedliche Weise und reicht von Kriegsdarstellungen in apologetischer bzw. kritischer Absicht bis zu jenen Werken, die das Positive des Friedens klanglich vermitteln wollen. Die musikalische Gestaltung des Friedensthemas ist jedoch ein schwieriges Unterfangen. Der Band zeichnet die entsprechenden Versuche in ihrer ganzen Vielfalt nach: von hervorragenden Einzelwerken bis zu Komponisten, die ihr gesamtes Lebenswerk dieser Thematik gewidmet haben. Aus musikwissenschaftlicher Perspektive vermitteln die Beiträge allgemeinverständlich diesen ungewöhnlichen, bislang wenig beachteten Zugang zur Friedensproblematik.

Hartmut Lück, geboren 1939, arbeitet als Wissenschaftler und Publizist in Bremen; Dieter Senghaas, geboren 1940, lehrt Friedens-, Konflikt- und Entwicklungsforschung an der Universität Bremen.

Vom hörbaren Frieden

*Herausgegeben von Hartmut Lück
und Dieter Senghaas*

Suhrkamp

Gefördert von der Berghof Stiftung für Konfliktforschung (BSK)

edition suhrkamp 2401
Erste Auflage 2005
© Suhrkamp Verlag Frankfurt am Main 2005
Originalausgabe
Alle Rechte vorbehalten, insbesondere das
der Übersetzung, des öffentlichen Vortrags
sowie der Übertragung durch Rundfunk und Fernsehen,
auch einzelner Teile.
Kein Teil des Werkes darf in irgendeiner Form
(durch Fotografie, Mikrofilm oder andere Verfahren)
ohne schriftliche Genehmigung des Verlages reproduziert
oder unter Verwendung elektronischer Systeme verarbeitet,
vervielfältigt oder verbreitet werden.
Satz: Jung Crossmedia GmbH, Lahnau
Druck: Nomos Verlagsgesellschaft, Baden-Baden
Umschlag gestaltet nach einem Konzept
von Willy Fleckhaus: Rolf Staudt
Printed in Germany
ISBN 3-518-12401-3

1 2 3 4 5 6 - 10 09 08 07 06 05

Inhalt

Vorwort 9

I Annäherungen an die Thematik

Dieter Senghaas
Wie den Frieden denken, verbildlichen und in Töne
setzen? 15

Hartmut Möller
Wie kann Frieden hörbar werden? 51

Claus-Steffen Mahnkopf
Der Ewige Friede und die ungeteilte Gerechtigkeit.
Zum Messianischen in der Musik 79

Martin Geck
Musik dringt höher, tiefer und weiter als die Fanfare
von Krieg und Frieden 98

II Komponieren für den Frieden im Zeitalter der Extreme

Stefan Hanheide
Erzählungen von nicht mehr zu erreichendem Frieden.
Mahlers Musik im politischen Kontext 109

Albrecht Dümling
Der Krieg als permanenter Anachronismus.
Drei Komponisten um Brecht: Hanns Eisler, Kurt Weill
und Paul Dessau 126

Andreas Wehrmeyer
Musik über Krieg und Frieden. Die Siebente, Achte
und Neunte Symphonie von Dmitrij Schostakowitsch ... 147

Hanns-Werner Heister
»Ich sitze und schaue auf alle Plagen der Welt...«
Karl Amadeus Hartmanns Komponieren gegen
Faschismus und Krieg 166

Walter-Wolfgang Sparrer
Das Nie-zu-Erreichende. Zur Funktion des Friedens
in der Musik Isang Yuns 192

Hartmut Lück
»... De feuilles vertes de printemps et de lait pur...«
Luigi Nono und der ungekommene Frieden 218

Peter Petersen
Friedensvisionen in der Musik von Hans Werner Henze 239

Max Nyffeler
Die Urangst überwinden. Zur Dialektik von Befreiung
und Erlösung im Werk von Klaus Huber 269

Peter Niklas Wilson
»Kein Friede hat Musik für unentbehrlich erklärt«.
Zur *resistencia cultural* in der Musik von
Graciela Paraskevaídis und Coriún Aharonián 286

III Historische Rückblicke

Silke Wenzel
Von der musikalischen Lust am Kriegerischen 305

Éva Pintér
»Da pacem, Domine« – kompositorische Annäherungen 326

Peter Schleuning
Frieden durch Krieg. Beethovens *Sinfonia eroica* 344

Jörg Calließ
Frieden ist in der Oper nicht heimisch.
Drei Versuche einer Vermessung der Opernbühne
in Absicht auf den Frieden 365

IV Krieg und Gewalt. Warnung und Trauerarbeit

Sabine Giesbrecht
»Lieb' Vaterland, magst ruhig sein«. Musik und
Nationalismus im deutschen Kaiserreich 413

Uli Otto
Und zum Glück gibt es sie doch! Militärkritik und
Friedenssehnsucht im deutschen Lied 443

Hanns-Werner Heister
Ohne Hunger und Angst leben. Musik gegen
Repression, Rassismus und Rückschritt 477

Hartmut Lück
Orte des Schreckens. Aufschrei, Empörung und stummes
Entsetzen in der Musik des 20. Jahrhunderts 499

V Brücken des Friedens mit Welt- und Popularmusik?

Max Peter Baumann
Traditionelle Musik, Frieden und globale
Aufmerksamkeit 523

Susanne Binas
Klänge, die verzaubern. Sehnsucht nach Unversehrtheit
und Verständigung in der Weltmusik 553

Dietrich Helms
Ein bißchen Frieden hören. Vom Krieg und der
Befriedung der populären Musik 575

Über die Autoren 601

Vorwort

Kann Musik Frieden »hörbar« machen? Hörbar nicht im Sinne primär akustischer, sondern eben ästhetischer Wahrnehmung. Kann also die Idee des Friedens integraler, erkennbarer und verstehbarer Bestandteil eines spezifisch musikalischen Kunstwerkes sein? Oder noch allgemeiner gefragt: Kann Musik überhaupt ein außer ihr selbst liegendes Gemeintes, einen Inhalt, eine Botschaft transportieren, die den Hörer tatsächlich und unmißverständlich erreicht?

Auf den ersten Blick scheint die Frage fast vorbehaltlos mit »ja« beantwortbar zu sein, wenn man sich das gängige Repertoire der Musik, das heute durch Konzerte, Rundfunk- und Fernsehausstrahlungen sowie durch Tonträger gepflegt wird, vergegenwärtigt – ein Repertoire, welches nicht nur die ganze durch Dokumente bezeugte abendländische Musikgeschichte umgreift, sondern auch Musikkulturen anderer Kontinente umfassend verfügbar gemacht hat. Hier findet sich nämlich eine große Anzahl von Werken, die durch Titel, verwendete Texte oder andere Merkmale mit der Friedensthematik zusammenhängen. Das Buch *Klänge des Friedens. Ein Hörbericht* hat eine Auswahl solcher musikalischen Werke in einer ersten Übersicht zusammengetragen.[1]

Auf den zweiten Blick aber wird die Beantwortung der Frage »Kann Musik Frieden hörbar machen« schon sehr viel schwieriger und komplexer. Die Sprache, auch und gerade die literarische, künstlerische Sprache, kann Ereignisse und Erfahrungen der Wirklichkeit in einem sehr hohen Maße abbilden und der Eindeutigkeit des Verständnisses nahekommen; die Bildende Kunst kann die optische Anschauung der Wirklichkeit, auch mit tieferen Bedeutungsschichten, in einem ebenfalls sehr weitgehenden Maße ermöglichen, die Filmkunst durch ihre spezifischen technischen Möglichkeiten allemal. Bei der Musik hingegen ist die Eindeutigkeit zwischen dem Bezeichnenden, eben den Klängen, und dem Bezeichneten, dem Inhalt, nur selten gegeben. Viele musikalische Kunstwerke, und oft die größten, zeigen in Titel und Anspruch

---

1 Dieter Senghaas: *Klänge des Friedens. Ein Hörbericht*, Frankfurt a. M. 2001 (= edition suhrkamp 2214).

überhaupt keine inhaltliche Konnotation; andere, die eine solche einmal hatten, verloren diese im Laufe der Geschichte; Vokalmusik beispielsweise wurde umgetextet und erschien dann, ohne die geringste Änderung der Klangstruktur selbst, in plötzlich ganz anderen inhaltlichen und ästhetischen Zusammenhängen. Bestimmte musikalische Signale, Genreklänge und auf bestimmte Tätigkeiten und Situationen bezogene Musiken, symbolische Klänge mit Konnotationen zu Zahlenverhältnissen oder zu auf Namen oder Begriffe bezogenen Buchstaben bzw. Tonbezeichnungen veränderten sich im Laufe der Epochen, verloren den seinerzeitigen Verständnishintergrund, sind dem heutigen Hörer mit ihrem einstigen semantischen Gehalt nicht mehr nachvollziehbar. Neue Konnotationen zwischen Musik und Inhalt sind aufgetaucht, regionale und musikkulturelle Unterschiede sind zu beobachten.

Wie also kann Frieden hörbar gemacht werden, wenn der mögliche semantische Hintergrund musikalischer Kunstwerke so eindeutig eben nicht ist? Möglichkeiten muß es aber geben, sonst würden Komponisten unterschiedlicher Epochen und Kulturkreise nicht immer wieder den Friedensgedanken in ihren Werken aufgreifen, den Versuch unternehmen, in Klangstrukturen eine Idee, eine Absicht oder einen Appell hörbar und verstehbar zu machen. Und dies in einem durchaus sehr breiten Sinne. Denn wer den Frieden wünscht, ihn ästhetisch beschwört, tut dies gerade aus dem Grunde, daß er Frieden in der ihn umgebenden Wirklichkeit eben nicht vorfindet. Friedensthematik heißt immer auch Kriegsthematik oder Gewaltthematik in einem Spektrum, das, durch die Umstände des Lebens bedingt, bedauerlich breit ist. Auch wenn hier speziell und gezielt nach dem »hörbaren Frieden« gefragt wird, impliziert diese Frage immer auch das Gegenteil, also den »hörbaren Krieg« und die »hörbare Gewalt«. Vor diesem Erfahrungshintergrund von Krieg und Gewalt entsteht ja überhaupt erst die Notwendigkeit, Frieden als Thema künstlerisch zu bearbeiten.

Das vorliegende Buch möchte solchen schöpferischen Unternehmungen in der Geschichte und Gegenwart der Musik nachgehen und die Vermittlungsebenen zwischen inhaltlichen Vorstellungen und deren klingendem Resultat so weit wie möglich offenlegen. Es ging darum, in der geschichtlichen Entwicklung der Musik, in der gegenwärtigen Musikszene, im Bereich der populären Musikproduktion wie auch bei einzelnen Komponistenpersönlichkeiten der Vergangenheit und Gegenwart den Ideen und den Realisierungen der Friedensthematik (und, wo vorhanden, deren Gegenteil) nachzuspüren.

Gedankliche Anstrengungen und teilweise langjährige Forschungsarbeiten führten zu einem recht vielfältigen Meinungs- und Methodenspektrum, zu unterschiedlichen Herangehensweisen und Darstellungsformen, nicht zuletzt auch zu konträren Vorstellungen über diejenigen historischen, gesellschaftlichen und kulturellen Grundlagen, auf denen sich ästhetische Reflexe über Krieg und Frieden entfalten.

Wir haben ganz bewußt darauf verzichtet, dieses vielfarbige Meinungsspektrum in irgendeiner Weise zu harmonisieren. Es gibt also hinsichtlich der Friedensthematik in der Musik vielleicht einen Grundkonsens darüber, daß sie vorhanden ist, aber nicht unbedingt hinsichtlich der musikalisch-ästhetischen wie auch der politischen Einzelbewertungen. Wir meinen auch, daß frühere Versuche in Politik und Kunst, eine »richtige« Ansicht herauszukristallisieren und dann für verbindlich zu erklären, gescheitert sind und sich selbst als Ideologie, d.h. als falsches Bewußtsein, entlarvten. Gerade die Facettenvielfalt in der Betrachtung der hier gewählten Thematik erscheint uns als anregender, die weitere Diskussion beförderner Vorteil. Und diese weitere Diskussion ist notwendig, sie wird das vorliegende Buch und seine Ansätze fortführen, ergänzen und – wo notwendig – korrigieren.

Solange unsere Welt so unfriedlich ist, wie sie ist, und solange mit der ideologischen Fahne des Friedens selbst zum Krieg aufgerufen wird, werden auch die Künste immer wieder, mit ihren je spezifischen Ausdrucksmitteln, zu dem Thema Stellung beziehen – auch in dieser Hinsicht werden wir mit dem Thema des Friedens so bald nicht fertig werden.

Eins aber sollte bei allem ehrlich gemeinten Engagement gegen Krieg und Gewalt und für den Frieden nicht vergessen werden: Das Kunstwerk, hier das musikalische Kunstwerk, rechtfertigt sich nicht durch seine Botschaft, sondern einzig durch seine ästhetische Qualität. Das Verdikt von Gottfried Benn, manch ein Kunstwerk sei gar nicht »gut«, sondern nur »gut gemeint«, gilt nach wie vor. Und auch die Klänge des Friedens sind in erster Linie Musik und als solche zu beurteilen.

Dieses Buch verdankt seine Entstehung dem oft langjährigen

Interesse der Herausgeber, Autoren und Autorinnen an der Thematik. Aber ohne Förderung durch die Berghof Stiftung für Konfliktforschung (BSK) hätte dieses umfangreiche Vorhaben, welches diese Interessen zu bündeln erlaubte, nicht realisiert werden können. Der Stiftung gilt deshalb unser besonderer Dank. Zu danken ist auch erneut Frau Tina Menge für die satztechnische Aufbereitung der Texte.

Bremen, im Frühjahr 2004

I
Annäherungen an die Thematik

Dieter Senghaas
Wie den Frieden denken, verbildlichen und in Töne setzen?

Trotz einer 2500jährigen Geschichte des abendländischen Friedensdiskurses finden sich am Beginn des 21. Jahrhunderts immer noch philosophische, aber auch sozialwissenschaftliche Traktate, die mehr oder weniger grundlegend bezweifeln, ob solcher Diskurs jemals ein leidlich abschließendes, also weithin akzeptables Urteil über die Konzeptualisierung von Frieden erreichen könne. Frieden sei nicht »definierbar«, so das skeptische Urteil von inzwischen fast dogmatischer Beharrlichkeit. Noch ganz undogmatisch hatte Anfang der 1970er Jahre Georg Picht, dem grundlegende substantielle Beiträge zur Friedensdiskussion zu verdanken sind, einer solchen Skepsis wie folgt Ausdruck gegeben: »Die Aufdeckung von Parametern, die in der heutigen Welt für jeden möglichen Friedenszustand konstitutiv sind, darf nicht mit einer ›Definition‹ des Friedens verwechselt werden. Es geht ihr nicht um die Semantik des Friedensbegriffes; sie zeigt, in welchen Dimensionen politischen Handelns der Friedenszustand realisiert werden muß. Wenn wir Frieden herstellen, definiert er sich selbst. Deswegen ist die Verwirklichung von Frieden die einzige Form der Definition des Friedens, die wir als denkende Menschen anerkennen dürfen.« Anders als vielfach rezipiert, führt Pichts Aussage jedoch nicht zu einem Skeptizismus ohne Ausweg, sondern zu der Aufgabenstellung, die jeweils erforderlichen Bedingungen, die die Verwirklichung von Frieden ermöglichen, herauszuarbeiten und somit, erfahrungswissenschaftlich fundiert, zu einem zeitgemäßen Verständnis von Frieden und einer entsprechenden Konzeptualisierung zu gelangen, aber auch über nicht mehr zeitgemäße Vorstellungen kritisch nachzudenken.[1]

Dem Skeptizismus in der Philosophie und in den Sozialwissen-

---

[1] Beiträge, die überzeugend mit solcher Orientierung argumentieren, finden sich in Dieter Senghaas (Hg.): *Den Frieden denken. Si vis pacem, para pacem*, Frankfurt a. M. 1995. Das Zitat von Georg Picht ist seinem in diesem Band abgedruckten Beitrag *Was heißt Frieden?* entnommen (S. 177-195; Zitat S. 194/195).

schaften entspricht eine im Hinblick auf dieses Buch nicht uninteressante Diagnose über den Stellenwert des Friedens in der Geschichte der bildenden Künste: Diagnostiziert wird neuerdings schlichtweg ein »Verlust der Friedensbildlichkeit« in der Moderne, d. h. seit dem 17. und 18. Jahrhundert.[2] Und ist es angesichts dieses hier zunächst nur summarisch wiedergegebenen Befundes überhaupt erwartbar, daß gerade in der gegenstandslosesten aller Künste, der Musik, es möglich sei, das Friedensthema in Töne zu setzen, also Frieden neben seiner konzeptuellen und bildlichen Erschließung – auf welche Weise auch immer – hörbar zu machen? »Vom hörbaren Frieden« – also ein Unthema? Oder bietet *dieser* Zugang zu Frieden nicht doch eine Chance, sich einer existentiellen Problematik der Menschheit, wenngleich auf ungewöhnliche Weise, anzunähern und, statt in die Fänge und Fallen einer Ästhetisierung des Krieges via Musik zu geraten (und das geschah bekanntlich leichtfertig und oft),[3] sich einmal mit der Friedensproblematik als Thema von Kompositionen und mit der kompositorischen Ästhetik des Friedens, sollte sie dokumentierbar sein, auseinanderzusetzen.[4]

Doch nähern wir uns der Thematik schrittweise: Wie steht es um die konzeptuelle Erschließung des Friedens insbesondere im Lichte konsolidierter erfahrungswissenschaftlicher Befunde beispielsweise in der Friedensforschung? Das ist die Frage nach den Bedingungen, die Frieden *hier und heute* ermöglichen. Sie impliziert die Erörterung nicht mehr zeitgemäßer Konzeptualisierungen. Welche Angebote der Verbildlichung von Frieden finden sich in den darstellenden Künsten? Das ist die Frage nach der Existenz von Friedensallegorien und einer entsprechenden Ikonographie. Und schließlich: Welche Annäherung an »Frieden« und welche ästhetische Auseinandersetzung mit Frieden finden sich, wenn überhaupt, in wertbeständiger, also erinnerungswerter Musik – in Kompositionen, die man ungeachtet des Zeitpunktes ihres Entstehens als »klassisch« bezeichnen kann?

---

2 Diese Diagnose findet sich kompakt vorgetragen in verschiedenen Beiträgen in Thomas Kater und Albert Kümmel (Hg.): *Der verweigerte Friede. Der Verlust der Friedensbildlichkeit in der Moderne*, Bremen 2003.
3 S. hierzu neuerdings Susann Witt-Stahl: *».. . But His Soul Goes Marching On«. Musik zur Ästhetisierung und Inszenierung des Krieges*, Karben 1999.
4 Einen Versuch mit solcher Orientierung habe ich vorgelegt in Dieter Senghaas: *Klänge des Friedens. Ein Hörbericht*, Frankfurt a. M. 2001.

Zeitgemäßes über Frieden

Die Herausforderung: Betrachtet man den eingangs zitierten, Jahrhunderte währenden und nicht enden wollenden Friedensdiskurs, so ist unverkennbar, daß er die längste Zeit in das Umfeld *traditionaler* Gesellschaft eingebettet war und von dorther die Impulse für das ihn charakterisierende Problembewußtsein erhielt. In solchen traditionalen, d. h. agrarischen Gesellschaften lebte die Masse der Menschen unter Subsistenzbedingungen und der sie kennzeichnenden Abhängigkeit von Mensch zu Mensch in kleinformatigem Umkreis. Aufgesetzt waren Herrschaftsstrukturen unterschiedlicher Reichweite: von kleinkarierten Familien-, Sippen- und Stammesverbänden bis hin zu großgestalteten Gebilden, den sogenannten Reichsstrukturen, die die Hochzivilisationen der Vergangenheit kennzeichneten. Man hat diese inzwischen vergangene Welt, vor allem jene der Reichsstrukturen, als tributär bezeichnet, weil Herrschaft in ihr vor allem die Funktion hatte, einen Tribut aus der bäuerlichen Gesellschaft für die herrschende Klasse abzuzweigen und hierfür Sicherheit für das Kollektiv zu garantieren. Das gelang in den sogenannten Blütephasen mehr als in den Perioden von Aufstieg und Verfall, während derer kriegerische Ausscheidungskämpfe endemisch waren. Trotz dieser Zyklizität von Aufstieg, Blüte und Verfall waren diese Gebilde im Grunde genommen jedoch statischer Natur: Ihre Grundstruktur änderte sich oft über Jahrhunderte und Jahrtausende nicht. Ihre innere Brüchigkeit dokumentierte sich auf bemerkenswerte Weise in einem elitistisch abgehobenen Friedensdiskurs (vorzüglich rekonstruierbar in der alten chinesischen Philosophie), dessen Kern in der Diagnose von drohendem bzw. akutem Chaos (Herrschaft der Kriegsherren, »streitende Reiche«) und in Überlegungen über Strategien der Chaosbewältigung bestand.[5]

Diese Welt ist vergangen, denn die Welt insgesamt, wenngleich immer noch in deutlichen Abstufungen, hat in den vergangenen drei Jahrhunderten und insbesondere im 20. Jahrhundert einen grundlegenden Strukturwandel erfahren, der zuallererst als die Entbäuerlichung der Welt gekennzeichnet werden kann. Auch in Europa hat dieser Prozeß erst im 20. Jahrhundert dramatische

---

[5] S. Dieter Senghaas: *Zivilisierung wider Willen. Der Konflikt der Kulturen mit sich selbst*, Frankfurt a. M. 1998, Kap. 2.

Ausmaße erreicht; heute ist er weltweit zu beobachten, wenngleich natürlich die Unterschiede beispielsweise zwischen Ost- bzw. Südostasien und Schwarzafrika weiterhin signifikant sind. Wo nicht mehr Subsistenzökonomie im kleinen Umkreis vorliegt, entwickeln sich territoriale Verkehrswirtschaften mit zunehmenden weltwirtschaftlichen Bezügen. Allein schon deshalb entsteht eine ungeheure Horizont- und Handlungserweiterung von Menschen. Und die mit diesem Strukturwandel einhergehende Verstädterung verdichtet überdies Kommunikation und macht zum erstenmal in der Weltgeschichte die Masse der Menschen potentiell politisch organisationsfähig. Eine gleichzeitig stattfindende Alphabetisierung auf Massenbasis bewirkt eine breitenwirksame Mobilisierung von Intelligenz, also eine geistige Emanzipation und eine Fertigkeitsrevolution. Darin ist, im Unterschied zur traditionalen Gesellschaft, die Chance zur sozialen Aufwärtsmobilität angelegt. Über sich weltweit ausbreitende Medien werden zudem Lebenserwartungen und Lebensstile vergleichbar. Die Globalisierung solcher Demonstrationseffekte ist heute wahrscheinlich sogar wirkungsmächtiger als die bloße Globalisierung der Ökonomien.

So werden als Ergebnis solchen tiefgreifenden Strukturwandels – in der Sozialwissenschaft »*soziale Mobilisierung*« genannt – aus traditionalen Gesellschaften breitenwirksam politisierbare und faktisch politisierte Gesellschaften. In ihnen werden überkommene Identitäten fragwürdig. Die »Wahrheiten« lassen sich nicht mehr einfach definieren. Gerechtigkeitsvorstellungen vervielfältigen sich, so auch die Interessen. Was eine wohlgeordnete, eine »gute Gesellschaft« ist, wird angesichts der Pluralität von ordnungspolitischen Projekt- und Definitionsangeboten zum Problem. Die »*tranquilitas ordinis*«, die »Ruhe der Ordnung«, über die im Umfeld traditionaler Gesellschaft einst Augustin und viele andere europäische und ungeachtet der Begrifflichkeit vor allem auch außereuropäische Autoren programmatisch nachdachten, ist nicht mehr dingfest zu machen: Es entstehen, von ihrer Struktur her gesehen, konflikträchtige, ggf. gewaltträchtige Gesellschaftsgebilde, die eben nicht mehr auf einen Nenner zu bringen sind, außer man zwingt sie dazu durch Diktatur oder Despotie. Aber selbst diese sind unter den dargelegten neuen sozioökonomischen und soziokulturellen Bedingungen über kurz oder lang zum Scheitern verurteilt: Denn die soziokulturelle, sozioökonomische und folglich politische Pluralität ist nicht überwindbar, und unumkehrbar ist die Politisierung von Identitäten, Wahrheiten, Gerechtigkeitsvorstellungen und Interessen. Aus all dem folgt, wenngleich in Abstufungen, die inzwischen in jeder Ecke der Welt vernehmbare Forderung nach politischer Teilhabe. Die in zeitweilig wohlgesättigten hochindustrialisierten Gesellschaften hörbare These von um sich greifender politischer Apathie ist selbsttrügerisch und sollte über diesen elementaren Sachverhalt nicht hinwegtäuschen.

Was also im Gegensatz zur Weltgeschichte bis weit in das 19. und 20. Jahrhundert hinein inzwischen weltweit beobachtbar ist, könnte man als *Fundamentalpolitisierung* bezeichnen. Sie liegt vor, wenn gesellschaftliche, ökonomische und kulturelle Auseinandersetzungen sich als politische und politische Auseinandersetzungen sich als gesellschaftliche, ökonomische und kulturelle darstellen – *und dies nicht elitistisch abgehoben, sondern breitenwirksam auf Massenbasis*. Dann allerdings stellt sich die elementare und existentielle Frage nach *Koexistenz trotz Fundamentalpolitisierung*. Denn die Alternative zu solcher Koexistenz ist im Grenzfall der Bürgerkrieg – die tagespolitische Anschauung aus aller Welt lehrt es uns täglich erneut.

Die Antwort: Wie aber entgeht man unter den Vorzeichen sozial mobiler, politisierbarer und politisierter Gesellschaften dem Bürgerkrieg? Wie läßt sich Koexistenz trotz Fundamentalpolitisierung erreichen? Was sind angesichts weltgeschichtlich präzedenzloser Voraussetzungen die Bedingungen inneren Friedens? – wenn man so will: die zeitgemäßen Bedingungen einer Chaosbewältigungsstrategie, die nicht mehr den herkömmlichen entsprechen können, weil – säkular betrachtet – herrschaftliche Ordnung sich nicht mehr verläßlich und schon gar nicht nachhaltig als Ergebnis von machtmäßigen (meist kriegerischen) Ausscheidungskämpfen durchsetzen läßt. Koexistenz trotz Fundamentalpolitisierung: Wie ist sie realisierbar?[6]

Vor allem sechs Bedingungen für eine zivilisierte, d. h. nachhaltig gewaltfreie Bearbeitung von Konflikten, die in sozial mobilen

---

6 Eine ausführliche, nachfolgend nur gedrängt darlegbare Erörterung der Antworten auf diese Frage findet sich in Dieter Senghaas: *Zum irdischen Frieden. Erkenntnisse und Vermutungen*, Frankfurt a. M. 2004. Dort finden sich auch die Belege im einzelnen.

Gesellschaften unvermeidlich sind, müssen hervorgehoben werden (»*zivilisatorisches Hexagon*«): Da ist zunächst einmal die »Entwaffnung der Bürger«, also die Entprivatisierung von Gewalt und in der Folge die Existenz eines legitimen Monopols staatlicher Gewalt, also die Sicherung der Rechtsgemeinschaft, zu nennen. Denn nur unter dieser Voraussetzung werden Menschen gezwungen, ihre Identitäts- und Interessenkonflikte mit Argumenten und nicht mit Gewalt auszutragen. Nur dann entsteht ein Freiraum für deliberative Politik im öffentlichen Bereich. Das Gewaltmonopol bedarf aber, zweitens, der rechtsstaatlichen Kontrolle, denn Rechtsstaatlichkeit (*rule of law*) legt die Spielregeln des politischen Meinungs- und Willensbildungsprozesses und der Entscheidungsfindung, auch der Rechtsdurchsetzung von einmal gesatzten Rechtsgeboten fest. Eine weitere, dritte Bedingung besteht in Affektkontrolle, die aus vielfältigen Interdependenzen erwächst: Die Entprivatisierung von Gewalt und die Sozialisation in eine Fülle von institutionalisierten Konfliktregelungen implizieren eine Kontrolle von Affekten. Solche Selbstkontrolle wird maßgeblich durch die Herausbildung von großflächig angelegten Verflechtungen (im Norbert Elias'schen Sinne: von »langen Ketten des Handelns«) unterstützt, weil diese, zu beobachten vor allem in arbeitsteiligen Ökonomien, ein erhebliches Maß an Berechenbarkeit erfordern und in der Folge Erwartungsverläßlichkeit mit sich bringen: Menschen werden in diesem Typ von Gesellschaften vielfältige »Rollenspieler« mit aufgefächerten Loyalitäten. Vielfältige Rollenanforderungen führen aber in aller Regel zu einer Mäßigung des Konfliktverhaltens und zu einer Zähmung der Affekte. Hier aber kommt unmittelbar eine vierte Bedingung ins Spiel, die demokratische Teilhabe. Denn dort, wo affektkontrollierte Menschen sich nicht in öffentliches Geschehen einmischen können, sei es aus Gründen rechtlicher, sozialer, religiöser oder sonstiger Diskriminierung, entsteht, wie Sigmund Freud einmal hellsichtig schrieb, »Rechtsunruhe«, schlimmstenfalls ein Konfliktstau, der nach aller Erfahrung zur Produktionsstätte von Gewalt werden kann. Demokratie als die Grundlage von institutionell geregelter Rechtsfortbildung ist also kein Luxus, sondern eine notwendige Voraussetzung für friedliche Konfliktbearbeitung. Es kommt hinzu, daß, fünftens, in modernen Gesellschaften, in denen Menschen nicht mehr ihre Subsistenz in autonomer Beschäftigung erwirtschaften können, die Bemühungen um soziale Gerechtigkeit von grundlegender Bedeutung sind, zumal dann, wenn systembedingt, wie in modernen kapitalistisch verfaßten Marktwirtschaften, eher Ungleichheit als Gleichheit die Folge ökonomischer Reproduktion ist. Wenn dieser Dynamik zur Ungleichheit nicht ständig entgegengewirkt wird, entwickeln sich in diesen Gesellschaften brisante soziale Zerklüftungen. Dann entsteht eine akute Gefahr, daß die Benachteiligten angesichts fehlender Bemühungen um Verteilungsgerechtigkeit die Glaubwürdigkeit des Rechtsstaates in Frage stellen, weil seine Spielregeln nicht mehr als fair empfunden werden.

Gibt es jedoch im öffentlichen Raum faire Chancen für die Artikulation von Identitäten und den Ausgleich von unterschiedlichen Interessen, kann, sechstens, unterstellt werden, daß ein solches Arrangement der Konfliktbearbeitung verläßlich verinnerlicht wird und also kompromißorientierte Konfliktfähigkeit zu einer selbstverständlichen Orientierung politischen Handelns wird. Konstruktive Konfliktbearbeitung wird dann zum Inbegriff politischer Kultur, zur emotionalen Grundlage des Gemeinwesens. Die materiellen Leistungen (»soziale Gerechtigkeit«) erweisen sich dabei als eine wichtige Brücke zwischen dem Institutionengefüge und dessen positiver emotionaler Absicherung (»Bürgergesinnung«). Es entstehen politisch-kulturelle Tiefenbindungen, die für die Stabilität der Bausteine und Rahmenbedingungen zivilisierter konstruktiver Konfliktbearbeitung von großer Bedeutung sind. Sie sind gewissermaßen der emotionale Kitt der gesamten Architektur: hier »zivilisatorisches Hexagon« genannt.

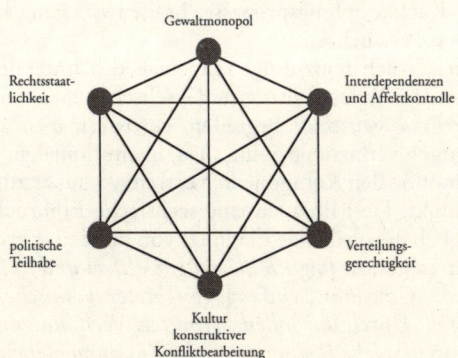

Die Erfahrung: Die politische Kultur konstruktiver Konfliktbearbeitung steht folglich nicht am Anfang der Herausbildung moderner Koexistenz. Sie ist vielmehr ein spätes Produkt im historischen Prozeß. Und sie ist, nicht anders als die anderen fünf Komponenten, nicht in traditionaler, gerade auch nicht in europäischer (oder konkreter gesagt: in westeuropäischer) Kultur vorgezeichnet. Im Gegenteil: Die Herausbildung jeder einzelnen Komponente läßt sich viel eher als ein *Vorgang wider Willen* interpretieren: So war die Entwaffnung in aller Regel das Ergebnis von Sieg und Niederlage in Ausscheidungskämpfen. Rechtsstaatlichkeit hatte ihren Ursprung in historisch umkämpften und den Konfliktparteien abgetrotzten Kompromißregelungen, die natürlich nicht geliebt waren, sondern zunächst in brüchigen Machtlagen als Konzession auf Zeit begriffen wurden. Was die Affektkontrolle als Folge systemischer Interdependenzgeflechte betrifft, so weiß man spätestens seit Sigmund Freud, daß sie durch die Imperative des Realitätsprinzips und nicht des Lustprinzips bestimmt werden, beide Prinzipien aber unaufhebbar im Widerstreit miteinander liegen. Auch fand der Kampf um die Erweiterung von Partizipation immer gegen harte Abwehrfronten statt, ebenso in einer Welt der systembedingten Ungleichheit die Auseinandersetzung um Verteilungsgerechtigkeit und Fairneß. Beide, politische Teilhabe und Verteilungsgerechtigkeit, mußten und müssen den jeweiligen Status quo-Mächten abgerungen werden. Und eine politische Kultur, die konstruktiv einer Zivilisierung des modernen Konfliktes dienlich ist, wurde erst politikbestimmend, als aus den genannten Vorgängen, einschließlich der erforderlichen Rückkopplungsprozesse, breitenwirksame kollektive Lernprozesse erwuchsen.

Frieden läßt sich demzufolge zeitgemäß, d. h. unter den Bedingungen sozial mobiler politisierter Gesellschaften, als eine *zivilisatorische Errungenschaft* begreifen, gewissermaßen als ein in den genannten verfassungspolitischen, institutionellen, materiellen und emotionalen Komponenten extrem voraussetzungsvolles Kunstprodukt. Deshalb auch eine sechsfache Einbruchsgefährdung, folglich die bleibende Fragilität von Frieden. *Frieden, zeitgemäß betrachtet, ist folglich als ein gewaltfrei und auf die Verhütung von Gewaltanwendung gerichteter politischer Prozeß zu begreifen. Durch ihn sollen vermittels Verständigungen und Kompromissen solche Bedingungen des Zusammenlebens von ge-*

sellschaftlichen Gruppen bzw. von Staaten und Völkern geschaffen werden, die zum einen nicht ihre Existenz gefährden und zum anderen nicht das Gerechtigkeitsempfinden oder die Lebensinteressen einzelner und mehrerer von ihnen so schwerwiegend verletzen, daß diese nach Erschöpfung aller friedlichen Abhilfeverfahren Gewalt anwenden zu müssen glauben.

Die Herausforderungen in friedenspolitischer Hinsicht stellen sich in den einzelnen Teilen der Welt heute ganz unterschiedlich dar: Sie reichen von den erfreulichen Bemühungen um eine überstaatliche Verfassungsordnung in leidlich befriedeten Räumen wie dem EU-Europa bis hin zu den elementarsten Problemlagen in den sogenannten »failing states«, wo es zunächst einmal um die Wiederherstellung der ersten der oben genannten Bedingungen geht: nämlich um die Sicherung eines kruden, noch keineswegs rechtsstaatlich eingehegten Gewaltmonopols mit dem Ziel der Entwaffnung der Kriegsherren (*war lords*), der Marodeure und Räuberbanden sowie der organisierten Kriminalität, kurzum: um die Entwaffnung der Bürger. Die dramatische Zerklüftung der Welt in unterschiedliche, jedoch abgeschichtet aufeinander bezogene Teilwelten akzentuiert insbesondere auf Weltebene, allein aufgrund der Größenordnung der Problematik, die Bewältigung elementarer friedenspolitischer Aufgaben im Sinne der dargestellten sechs Bedingungen. Ist Frieden auf Weltebene, analog zum hexagonalen Frieden in einzelnen Gesellschaften oder Regionen, überhaupt erreichbar? Dies ist langfristig für die Menschheit *die* Schicksalsfrage.[7]

Die Vorgeschichte: Auf jeden Fall ist festzuhalten: Eine zeitgemäße Reflexion über Frieden muß komplex bzw. konfigurativ angelegt sein, zumal der weltgeschichtliche Trend hin zur Fundamentalpolitisierung von Gesellschaften und schließlich auch der internationalen Politik irreversibel ist. Nicht zeitgemäß sind demgegenüber selektive Konzeptualisierungen, die einzeln genommen unterkomplex sind, wenngleich sie im historischen Umfeld, in dem sie entstanden sind, unmittelbar einleuchtend und ggf. von operativer Bedeutung waren, im übrigen auch immer einen Hin-

---

7 Über die kontextbedingt unterschiedlichen Erfordernisse hinsichtlich einer zeitgemäßen Friedenspolitik s. Dieter Senghaas: *Die Konstitution der Welt – eine Analyse in friedenspolitischer Absicht*, in: *Leviathan*, Bd. 31, Nr. 1, 2003, S. 117-152.

tergrund für friedensbezogene Bildgestaltungen vermittelten. So hatte beispielsweise in der europäisch-frühneuzeitlichen Friedensdiskussion – also am Beginn des Umbruches von traditionalen in sich modernisierende Gesellschaften – Thomas Hobbes die pazifizierende Wirkung des kruden staatlichen Gewaltmonopols (»Leviathan«) angesichts akuter und immer wieder drohender Religions- und Bürgerkriege hervorgehoben. Ungefähr 150 Jahre später war der Beitrag von Immanuel Kant auf die rechtsstaatliche Einhegung dieses Gewaltmonopols (»republikanische Ordnung«) gerichtet. Noch später thematisierte ergänzend liberales Denken in vielen Variationen die zivilisierende Wirkung von Arbeitsteilung, freiem Warenverkehr und (wenngleich lange Zeit mit erheblichen Einschränkungen) von Demokratisierung. Noch später betonte die sich entwickelnde sozialistische Programmatik nachdrücklich die Verteilungsgerechtigkeit. Schließlich war die psychologische (insbesondere die psychoanalytische) Argumentation auf Selbstbewußtwerdung, Ich-Stärke, Affektkontrolle und Empathie ausgerichtet. In dieser mehrfachen, hier nur beispielhaft zitierten Stufenfolge reflektieren sich, paradigmatisch betrachtet, sich erweiternde Problemlagen im Hinblick auf die gewissermaßen hexagonal definierbaren Koexistenzerfordernisse angesichts eines geschichtsmächtigen Trends in Richtung auf breitenwirksam werdende Fundamentalpolitisierung – eines Trends, der durch das Prinzip der Inklusion gekennzeichnet ist, demgegenüber agrarlastig-traditionale, autokratisch bzw. oligarchisch strukturierte Gesellschaften durch herrschaftliche Exklusion charakterisiert waren.[8]

Geht man noch einen Schritt zurück, also in die Zeit vormodernen Denkens über Frieden und entsprechender Erfahrungen, so ist man mit einer Wirklichkeit konfrontiert, die eben die brisanten Probleme der Moderne nicht kennt. Zwar kennt sie, wie im europäischen Mittelalter vielfach thematisiert, die Zwietracht (*discor-*

---

8 Eine brillante Analyse des Friedensdenkens in Europa findet sich in Wilhelm Janssen: *Friede. Zur Geschichte einer Idee in Europa*, in Senghaas, op. cit. (Anm. 1), S. 227-275. Vorzügliche Analysen über früh- und spätmittelalterliche, antike und biblische Friedensvorstellungen (einschließlich einer umfassenden Dokumentation der inzwischen verfügbaren Literatur zu dieser Thematik) finden sich in dem von Wolfgang Augustyn herausgegebenen Band *Pax. Beiträge zu Idee und Darstellung des Friedens*, München 2003 (darin insbesondere die Beiträge von Heinhard Steiger, Raimund Lachner und Ingeborg Kader).

dia), die alltägliche Gewalt (*violentia*) und insbesondere natürlich den Schrecken des Krieges (*furor*), insonderheit ein geradewegs epidemisch gewordenes Fehdewesen, dem mit den Bemühungen um »Sonderfrieden« entgegengewirkt werden sollte. Aber es gab auch Vorstellungen über die Gerechtigkeit (*iustitia*) als Inbegriff der richtigen Ordnung, nicht also nur der Rechtspflege (Justiz) und der Streitschlichtung. Und in eben dieser Ordnung (*ordo*) waren Hierarchie und darin Rollenzuschreibungen klar bezeichnet. Erst aus solcher fest umrissenen Ordnung resultierten der Frieden (*pax*) und die ihn sichernden und unterstützenden Bedingungen: *securitas*, verstanden als schützende und abwehrende Kraft; *tranquilitas*, verstanden als Zustand der Ausgeglichenheit und Gewaltlosigkeit; *caritas*, verstanden als Zeichen der Freundschaft und des Wohlwollens, ja der Liebe. Und als Folge sollte eine solche gerechte und also richtige Ordnung die *felicitas publica* und die *abundantia* zeitigen, also öffentliches Wohlergehen, insbesondere Wohlstand und Überfluß. Dieses *ordo*-Konstrukt befand sich in dramatischem und spektakulärem Kontrast zur tatsächlichen Wirklichkeit, die realiter von der *»tranquilitas ordinis«* weit entfernt war. Eine so definierte wohlgeordnete Ordnung kann jedoch unter den Bedingungen heutiger, sozial mobil gewordener Gesellschaften nicht einmal mehr gedacht werden, wenngleich, vom frühen historischen Kontext abstrahierend, allgemeine Vorstellungen wie die von Gerechtigkeit, Sicherheit, Waffenruhe und mildtätiger solidarischer Zuwendung, je zeitgemäß redefiniert, ihre friedenspolitische Sinnfälligkeit bewahren.

Angesichts der erheblichen Diskrepanz zwischen Idee und Wirklichkeit und eines naheliegenden Ideologieverdachts hinsichtlich solchen *ordo*-Denkens über Frieden erweisen sich die noch früher lokalisierten, vormittelalterlichen Friedensvorstellungen im antiken Rom geradewegs als von extrem nüchterner realpolitischer Zuspitzung: Friede, die *pax* à la Rom, wird, beruhend auf der eigenen Rüstung, als Folge imperial inszenierter Waffenüberlegenheit und letztlich als Ergebnis siegreicher Kriege und der erzwungenen Abrüstung des Gegners gedacht. Wo sich solche Machtpolitik erfolgreich inszeniert, gewinnen imperialer Friede, der ein Zentrum (Rom) und ansonsten nur Peripherien kennt, und eine korrespondierende Rechtsordnung eine herrschaftlich abgesicherte Wertschätzung. Das war in der griechischen Antike nicht vergleichbar der Fall. Hier ist vor allem die

Diskrepanz zwischen seinerzeit historisch präzedenzlosen differenzierten, wenn man so will: klugen Ordnungskonzepten für die Polis und weit weniger durchdachten Reflexionen über die Beziehungen jenseits der Polis bemerkenswert.

In schroffem Kontrast zur römisch-antiken Friedensvorstellung sind auch die unterschiedlichen Akzente in den biblischen Vorstellungen. Wo im Alten Testament der Friede in emphatischem Sinne zur Sprache kommt, wird er als eine Frucht der Gerechtigkeit begriffen. In der Nachexilzeit erscheinen dann die Friedenserwartungen zunehmend in eschatologischer Dimension, als eine endzeitliche Wirklichkeit. Dabei ist die Vorstellung nicht ungewöhnlich, daß der eschatologisch-endgültige Frieden auch vermittels kriegerischer Mittel erreicht werden wird: Das Alte Testament kennt nicht nur die Prognose für das Ende der Tage, wo die Völker Pflugscharen aus ihren Schwertern und Winzermesser aus ihren Lanzen schmieden werden (*Jesaja* 2,2-5), sondern auch (überdies zeitlich später datiert) die Aufforderung zum Heiligen Krieg: »Ruft den Völkern zu. Ruft den Heiligen Krieg aus! Bietet eure Kämpfer auf! Alle Krieger sollen anrücken und heraufziehen. Schmiedet Schwerter aus euren Pflugscharen und Lanzen aus euren Winzermessern! Der Schwache soll sagen: Ich bin ein Kämpfer.« (*Joel* 4,9-12).

Auch im Neuen Testament ist, wenngleich anders akzentuiert, die Friedensbotschaft vor allem eine Heilsbotschaft: Frieden, begriffen als Gnadenerweis, als »verdankter Friede«, als Inbegriff der Versöhnung und des Friedens mit Gott, allerdings mit der Maßgabe, auch in den irdischen Zeitläuften sich in Demut, Friedfertigkeit, Geduld und Liebe zu üben und zu bewähren. Dennoch: die Fülle des Friedens ist in dieser irdischen Welt nicht zu haben. Diesem eschatologischen Friedensbegriff (wie auch späteren vergleichbaren Orientierungen) ist, wie Dolf Sternberger einmal formulierte, die soziale Form der Gemeinde zugeordnet, nicht die der Gesellschaft. Oder wie es in einem Brief des Apostels Paulus an die römische Gemeinde heißt: »Gott gebe euch, daß ihr einerlei gesinnt seid untereinander, auf daß ihr einmütig mit einem Munde lobt, Gott, den Vater unseres Herrn Jesus Christus.«

Damit wird der extreme Kontrast zu einem zeitgemäßen Friedensverständnis bezeichnet: Denn die heutigen Gesellschaften, schon gar die Menschheit, existieren nicht gemeindehaft als eine spirituelle Einheit, sondern als eine Vielheit: »nicht in einerlei Gesinnung und nicht einmütig, sondern in Pluralität, in Konkurrenzen, Kontrasten und Konflikten, auch Konfrontationen«[9] und überdies, wie dargelegt, unter der Prämisse breitenwirksamer Fundamentalpolitisierung. Dennoch bleiben frühere Vorstellungen über Frieden, wenngleich oft nur schemenhaft, in Erinnerung. Als Versatzstücke sind sie aus dem heutigen Friedensdiskurs nicht wegzudenken: eine säkularisierte quasi-eschatologische Friedenssehnsucht so wenig wie die Vorstellung eines machtmäßig zu erzwingenden Friedens als den beiden kontroversen Eckpunkten eines breiten Spektrums von herkömmlichen Friedenskonzepten bzw. Friedensphantasien.

Die Verbildlichung des Friedens

Personifikationen: Nicht überraschend vermitteln sich in der bildenden Kunst über vielfältige Versinnbildlichungen solche zentralen Topoi historisch prominenter Friedensvorstellungen, in früheren Zeiten weit öfter und ausgeprägter als in der Gegenwart.[10] Was das Motivrepertoire der Friedensallegorien angeht, so wiederholen sich in weit zurückliegenden Jahrhunderten, trotz aller Variationen im Detail, bestimmte Bilder: Friede (PAX) wird in aller Regel als junge, hübsche und anmutige Frau dargestellt. Die Figuren sind oft mit einem Blüten-, Ähren- oder Olivenkranz bekrönt, einen Ölbaumzweig und/oder ein Füllhorn haltend. Der Olivenzweig: Das ist allermeist das Zeichen einer Bitte um Frieden, eines Angebots des Friedens oder auch Ausdruck eines (wie man heute sagen würde) nachhaltigen Friedens – eines Friedens,

---

9 Dolf Sternberger: *Über die verschiedenen Begriffe des Friedens*, in: Senghaas, op. cit. (Anm. 1), S. 91-105; Zitat S. 99 und 100.

10 Zum folgenden s. insbesondere den in Anm. 8 zitierten, von Wolfgang Augustyn herausgegebenen Band *Pax. Beiträge zu Idee und Darstellung des Friedens*, der im Zusammenhang einer Ausstellung »Bilder des Friedens« des Zentralinstituts für Kunstgeschichte in München an der Jahreswende 2000/01 entstanden ist.
Im Hinblick auf die Verbildlichung des Friedens sind insbesondere die dieses Thema umfassend aufbereitenden Studien von Hans-Martin Kaulbach zu erwähnen, so seine Beiträge *Friede als Thema der bildenden Künste. Ein Überblick* in dem von Augustyn herausgegebenen Band (S. 161-242); weiterhin ders.: *Weiblicher Friede – männlicher Krieg? Zur Personifikation des Friedens in der Kunst der Neuzeit*, in Sigrid Schade u. a. (Hg.): *Allegorien und Geschlechterdifferenz*, Köln 1994, S. 27-49.

der langsam wächst, vor allem sorgfältig kultiviert werden muß und der eigentlich nur unter den Rahmenbedingungen einer »Ruhe der Ordnung« gedeihen kann. Das Füllhorn, oft gefüllt mit Kornähren, mit Früchten wie Trauben und sonstigen agrarischen Produkten, symbolisiert den Zusammenhang von Frieden und Wohlstand: eine Wohlfahrt, die es nur geben kann, wenn die Waffen schweigen. Und diese Waffen werden nicht selten mit Hilfe einer brennenden Fackel durch die Friedensfigur (vornehmlich die waffenvernichtende PAX) zerstört. Wobei nicht uninteressant ist zu beobachten, daß es Friedensfiguren gibt, deren Aktion offensichtlich auf »allgemeine Abrüstung« gerichtet ist (alle Waffen werden verbrannt), während in anderen Darstellungen gewissermaßen eine Rückversicherung versinnbildlicht wird: Die Friedensfigur steht oder sitzt auf Waffen, deren Funktion wohl darin besteht, gegebenenfalls gegen erneute Friedensstörer eingesetzt zu werden (»Der Friede fußt auf Rüstung«). Solange die Vorstellung vorherrschte, der Frieden sei ein Werk oder eine Frucht der Gerechtigkeit, ist deren Verbildlichung geradezu zwingend. Deshalb die sachlogisch vor- und übergeordnete, vielfach auch nur ergänzende Personifizierung der Gerechtigkeit: oft mit Waage und Schwert ausgestattet, denn der Rechtsfrieden bedarf der ausgleichend-schlichtenden, auch der Verteilungsgerechtigkeit, aber auch der Justiz, verstanden als den Institutionen der Rechtsdurchsetzung, wodurch insgesamt eine gerechte Ordnung symbolisiert wird.

Kommunaler Friede: Ein wohlgeordnetes friedvolles Gemeinwesen (heute würde man von »decent society« sprechen) vermittelte sich gelegentlich in besonders eindrucksvollen Bildern als ein sichtbar vieldimensionales Gebilde: als personifizierte Gerechtigkeit (*iustitia*); als ein Raum, in dem die Waffen augenfällig schweigen (*securitas* und *tranquilitas*); als eine Sphäre des erkennbaren Wohlstands und des Überflusses (*abundantia*) und also der öffentlichen Wohlfahrt und des Wohlergehens insgesamt (*felicitas publica*).[11] Solche beispielhafte »Fülle des Friedens«, Ergebnis dieser Konfiguration, führt zu Eintracht (*concordia*), was in einer Variante solcher spätmittelalterlichen und frühneuzeitlichen Dar-

---

11 S. hierzu die in Anm. 10 zitierten Beiträge von Hans-Martin Kaulbach; sowie Hasso Hofmann: *Bilder des Friedens oder Die vergessene Gerechtigkeit*, München 1997.

stellung kommunalen Friedens, wie sie sich in Stadtrepubliken und vergleichbar republikanisch gesinnten Gemeinwesen findet, es nicht abwegig erscheinen ließ, den Frieden als schlafende Figur zu versinnbildlichen: Die *res publica*, ebenfalls personifiziert dargestellt, wird hier zum Inbegriff dauerhafter friedlicher Ordnung: also eines nachhaltigen Friedens, der den ungestörten Schlaf der PAX ermöglicht. Hier erscheint Friede, im Bilde festgehalten, als verläßlich gestiftet.

Die allegorischen Darstellungen von Frieden sowie einer gerechten Ordnung insgesamt bedurften jedoch offensichtlich immer auch des Kontrastes: der Darstellung der Laster (im Unterschied zu den Tugenden), der Zwietracht (*discordia*) im Unterschied zur Eintracht, der Tyrannis im Unterschied zur republikanischen Ordnung, der unausweichlich daraus resultierenden Armut und Not im Unterschied zur *abundantia*, des Schreckens des Krieges als purem Gegenteil zur *felicitas publica* und der in ihr ermöglichten Lebensfreude (*hilaritas*). Und es sind diese Kontraste, vermittelt über personifizierte Kontrastfiguren, die in das Motivrepertoire der Friedensallegorien Bewegung und Dramatik hineinbringen und also Frieden als eine dem Kriegsfuror entgegenwirkende Inszenierung verstehbar machen: So beispielsweise wenn Minerva als Göttin der Klugheit (*prudentia*) und als Inbegriff der Weisheit (*sapientia*) die Friedensfigur vor Mars schützt und diesen abdrängt (»wenn die Klugheit, Minerva, Mars vertreibt, freuen sich Friede und Überfluß miteinander«). Oder wenn Mars in einem Kellerverlies eingesperrt zum Gefangenen wird; oder wenn, angekettet an den Janus-Tempel, dessen Tore sich schließen, der Kriegsfuror als gefesselter Mann und überdies häßlich und nackt dargestellt wird. Oder wenn die »Umnutzung« von Kriegsgerät (heute Rüstungskonversion genannt) ins Bild gesetzt wird, so beispielsweise wenn aus Elefanten, die, mit brennenden Fackeln bestückt, die feindlichen Bastionen durchbrechen sollen, in einem Kontrastbild schweres Ackergerät ziehende friedliche Nutztiere werden. In solcher Verbildlichung werden vorgängige elementare Erfordernisse eines *positiven* Friedens symbolisiert, nämlich die Eindämmung von gewalttätiger Zwietracht und »Kriegswuth« als den Mindestvoraussetzungen eines zunächst negativ begriffenen Friedens. Bilder des positiven Friedens finden ihre besondere Aussagefähigkeit oft über solche Kontrastierung in ein und demselben Bildwerk.

Imperialer / etatistischer Friede: Doch ist die Fülle des Friedens, die in frühen Allegorien dieser Art ihren Ausdruck findet (kommunaler Friede in der *res publica*), keineswegs ausschließlich repräsentativ für die Verbildlichung des Friedens überhaupt. So ist beispielsweise imperialer Friede römischer, aber auch neuzeitlich-absolutistischer Prägung, nicht anders als in der politischen Theorie, nicht von vergleichbarer Vieldimensionalität. Denn dieser Friede beruhte, wie in der Realität, so bildlich sinnfällig, auf überlegener Rüstung und ist darauf gerichtet, die Rüstung des Gegners zu entwerten. Deshalb die zentrale Bedeutung der Figur des den Frieden erzwingenden Herrschers (*pacificator*) und der Siegesgöttin (*Victoria*) sowie entsprechender übermächtiger Darstellungen von Einzelfiguren in triumphaler Pose: auf Triumphwagen und in Szenen von Unterwerfung und unterwürfiger Huldigung. Es sind hagiographische Bilder, die vermittels größenmäßig überzeichneter Figuren (Augustus, Ludwig XIV., Napoleon etc.) eine imperiale Ordnung in Szene setzen. Und diese Ordnung wird durch den Vertrag, den der Sieger einseitig, also zu seinen Bedingungen, zu diktieren gewohnt ist, besiegelt: einen »Vertrag des Löwen« (*foedus leoninum*). Solcher Frieden steht bildhaft in Verbindung mit dem Janus-Tempel, der gemäß realpolitischer Opportunität geöffnet oder geschlossen dargestellt wird.

Wo also die zitierte Fülle des Friedens bildlich verlorengeht und auf militärischen Sieg, Diplomatie, Herrscherfigur und / oder Fürstenversammlung verkürzt wird, Friede also reduktionistisch als Staatsfrieden verbildlicht wird, kann in der Tat dieser Schritt, wie in neueren Abhandlungen betont, als ein Verlust von Friedensbildlichkeit interpretiert werden.[12] Es besteht dann immer noch eine Bilderwelt eigener Prägung: eben die Darstellung der Fürstenversammlung, der diplomatischen Verhandlungen, von

---

12 Dies ist die Thematik insbesondere in dem von Thomas Kater und Albert Kümmel herausgegebenen Band *Der verweigerte Friede. Der Verlust der Friedensbildlichkeit in der Moderne*, Bremen 2003, darin vor allem die Einführung der Herausgeber *Bildverweigerung. Ein Versuch über die Leere von Friedensbildern* (S. 9-50); weiterhin der Beitrag von Thomas Kater: *Lorenzetti, Hobbes, Kant. Grundlegung des bilderlosen Friedens* (S. 53-88) sowie insbesondere der Beitrag von Hans-Martin Kaulbach: *Der Beitrag der Kunst zum Verschwinden des Friedens* (S. 89-112). S. auch die Problematik kompakt zusammenfassend Thomas Kater: *Über Gewalt und Frieden. Bilder des Politischen*, in Benjamin Ziemann (Hg.): *Perspektiven der Historischen Friedensforschung*, Essen 2002, S. 57-85.

Streitschlichtung und des Vergleichs, oft symbolisiert im Händedruck, der Umarmung oder emphatisch zugespitzt: im Friedenskuß. Aber eine frühere, vieldimensionierte Friedensallegorie reduziert sich hier im Bilde gewissermaßen auf eine journalistische Bildberichterstattung, sei es zum Lobe des einen friedensstiftenden Herrschers oder ihrer aller Versammlung (wie in der Regel seit den Darstellungen über den Westfälischen Frieden üblich).[13]

Erschöpft sich die Bilderwelt?: Solche Szenerien eignen sich heute nicht mehr für künstlerische Inspiration, denn sie werden als weltweites Geschehen täglich in den Fernsehprogrammen dokumentiert und sind überdies von einem nicht mehr überzeugenden, weil nur etatistischen Flair. Weiterhin ist zu bedenken: Ältere Friedensallegorien entstammten der Mythologie. Sie aber ist heute ohnehin nicht mehr Teil des öffentlichen Bewußtseins und könnte nur künstlich, also ohne nachhaltigen Erfolg, revitalisiert werden. Im übrigen bedurften auch die eindrucksvollen spätmittelalterlich-frühneuzeitlichen Allegorien der Beschriftung, um sie offensichtlich dem Betrachter eindeutig kenntlich zu machen. Die Beschriftung aber war in lateinischer Sprache und damit auch damals dem gemeinen, ohnehin noch nicht lesekundigen Volk nicht zugänglich.

Auch ist der agrarische Hintergrund jener frühen Bilderwelt, nicht anders als der Agrarsektor in der Realität, heute nur noch von marginaler Bedeutung: Ähren, Pflug, Bienenkorb müßten heute in der Bilderwelt durch ganz andere Produkte ersetzt werden. Aber womit könnte ein Füllhorn ansprechend und überzeugend gefüllt werden? Möglicherweise mit Handys (zumindest in Finnland naheliegend, wo inzwischen offensichtlich jede erwachsene Person über drei von diesen verfügt)? Oder mit Bildungszertifikaten als der Grundlage von Innovation und Produktivität? Oder in alternden Gesellschaften unseres Breitenkreises mit Rentenbescheiden? – nicht gerade inspirierende Bilder. Auch die Hirten- und Schäferinnen-Idylle sowie die Bilderwelt von Arkadien insgesamt gehören diesem nicht mehr vermittelbaren agrarischen Hintergrund an. Nach deren sarkastischer Kommentierung durch

---

13 S. auch Klaus Garber und Jutta Held (Hg.): *Der Frieden. Rekonstruktion einer europäischen Vision*, München 2001 (2 Bde.).

Honoré Daumier wären sie ohnehin nicht widerspruchslos erneut zu beleben: Sein Bild *La paix. Idylle* erschien 1871 zum Ende des preußisch-französischen Krieges: »Aus der verwüsteten Landschaft, in der Skelette liegen, ragen die Ruinenstümpfe zerstörter Gebäude auf. Im Vordergrund sitzt der Tod und bläst zufrieden mit makabrem Grinsen, auf seinen Schalmeien. Mit äußerster satirischer Zuspitzung ist die Hirtenidylle negativ gewendet, Mäntelchen und Hutbänder, traditionelles Zubehör der Schäferinnen, flattern im Wind und der bekränzte Totenschädel im Vordergrund gemahnt sarkastisch an das Vergänglichkeitsmotiv im ›arkadischen‹ Genre. Was nach dem Krieg als ›Friede‹ bleibt, ist die Zufriedenheit des Todes, der seine Schäfchen weidet.«[14]

Nun ist durchaus vorstellbar, daß mit dem Fortgang der Geschichte an die Stelle der agrarischen Bilderwelt Bilder aus Handel, Gewerbe und Industrie treten. Das war auch, fortschritts- und darauf aufbauend friedensgläubig, in begrenztem Maße der Fall. Aber die Vorstellung von zivilisatorischem Fortschritt hat mit der Industrialisierung des Krieges und einer beispiellosen technologischen Potenzierung der Zerstörungsmittel während des vergangenen Jahrhunderts ihre friedenspolitische Unschuld verloren. So ist, insbesondere im Rückblick auf das 20. Jahrhundert, nicht überraschend, daß die Schrecken eines technologischen, industriell und logistisch potenzierten Krieges die Bilderwelt beherrschen. Die Gewalt-Kritik, die es in der bildenden Kunst immer auch schon gab, wird darüber fast alternativlos zum Friedenszeichen. Die bildende Kunst profiliert sich mit Anti-Darstellungen: gegen Gewalt und Krieg. Sie tut sich folglich mit einer zeitgemäßen, positiv oder konstruktiv gewendeten Bilderwelt des Friedens schwer.

Dennoch finden sich immer noch einzelne prominente Bilder letztgenannten Genres. Das berühmteste von ihnen ist wohl Pablo Picassos *La Paix*, Teil eines Gemäldes *Krieg und Frieden* von 1952. Entstanden war eine Friedensutopie: »Ein geflügelter Pegasus, das Pferd der Dichter macht das Pflügen des Bodens kinder-

---

14 So die Beschreibung von Hans-Martin Kaulbach in seinem Beitrag *Friede als Thema der bildenden Künste. Ein Überblick* in dem von Augustyn herausgegebenen Band (Anm. 8), S. 225.

leicht. Arbeit ist nicht mehr Fluch, die Vertreibung aus dem Paradies ist rückgängig gemacht. Ein neues paradiesisches Leben ist entstanden. Der Mensch ist befreit zum Flötenspiel, zur Musik, zum körperlich-sinnlichen Tanz. Aber er kann auch seine Vergänglichkeit (Sanduhr) bejahen. Picassos Bild vom Frieden hat etwas Beschwingtes, Leichtes, Luftiges an sich. Und dieser Friede macht auch vor der Natur nicht Halt: Wir sehen Vögel in einem Aquarium und Fische in einem Vogelbauer. Auch die Tiere bewegen sich ›verwandelt‹, in einem für sie früher feindlichen Element. Mensch und Tier werden in eine neue Beziehung zueinander gebracht. In seiner Vision vom Frieden mit der Natur nähert sich Picasso einem alten biblischen Motiv messianischer Zukunft. Zum Bild des Friedens gehört auch die Mutter, die ihrem Säugling die Brust gibt, unter dem fruchtbaren Baum und den Weinreben. Auch wenn der Marxist Picasso eher in der weltlichen Symbolik beheimatet ist, so weist der Weinstock auf das Symbol des Friedens im Alten Testament hin. Dort wird die Friedenszeit beschrieben als eine Zeit, in der ›Einer den Anderen einladen wird unter den Weinstock und unter den Feigenbaum‹ (*Sacharja* 3,10).«[15]

Picassos Friedensbild kontrastiert mit seinem Bild über den Krieg: Letzteres ist schwarz, in der Farbe des Todes, und rot, in der Farbe des Blutes, gehalten. Die Darstellung des Friedens ist bunt und lebendig; diejenige des Krieges zeichnet sich durch eine grobe Stilisierung aus. D. h. aber: Frieden hat seine eigene Logik, oder besser gesagt: Er findet seine konstitutive Begründung nicht nur aus dem Kontrast zum Krieg, sondern vor allem aus sich selbst heraus. So ist Picasso noch einmal eine Verbildlichung des Friedens als einer Vision gelungen, getreu dem unabweisbaren friedenstheoretischen Motto: Das Maß des Friedens ist der Frieden selbst.

Exemplarisch dokumentiert Picasso auch, daß Frieden weiterhin durchaus noch bildlich repräsentierbar ist. Die zitierte Diagnose eines Verlustes der Friedensbildlichkeit in der Moderne wird dadurch nicht widerlegt, aber die Ferne des Friedens in der bildenden Kunst ist keineswegs zwingend, wie allein schon dieses

---

15 Diese Beschreibung samt Abbildung findet sich in dem vorzüglich dokumentierten Buch *Die Kunst des Friedens. Gewalt-Kritik und Friedens-Zeichen in der Bildenden Kunst*, hg. von Günther Gugel, Uli Jäger, Werner Schulz und Harald Wagner, Stuttgart 2002, S. 84-87.

eine prominente Beispiel belegt. Allerdings: Nicht erwartbar und wahrscheinlich auch nicht möglich und vielleicht überhaupt nicht sinnvoll ist die Verbildlichung der *spezifischen* Erfordernisse, die für einen *zeitgemäßen* Frieden konstitutiv sind. Denn solches Vorhaben käme, konsequent realisiert, einer ästhetischen Übersetzung *komplexer*, oft unübersichtlicher Alltagserfahrungen oder *komplexer* erfahrungswissenschaftlicher Befunde, beispielsweise im Sinne der Komplexität des »zivilisatorischen Hexagons«, gleich.[16]

Frieden hörbar?

Die Schrecken des Krieges und die Fülle des Friedens: die Symbolik der zitierten Bilderwelt ist, im Einzelfall mehr oder weniger, intellektuell erschließbar sowie emotional zugänglich; auf jeden Fall ist sie »augenfällig«, gerade auch dann, wenn der »Klang von Bildern« thematisiert wird.[17] Mit solcher gegenständlichen Bilderwelt ist Musik unvergleichbar, denn sie gilt, wie eingangs schon erwähnt, als die gegenstandsloseste der Künste. Deshalb mag die Skepsis unmittelbar einleuchten, daß »Hörbilder des Friedens« nicht erstellbar, auch nicht vermittelbar sind, allein schon, weil (so die Unterstellung) sie kein erkennbares spezifisches kompositorisches Fundament hätten: »Der politische Friede tut sich schwer, sich nur in Musik zu identifizieren«, so das Urteil in diesem Band von Stefan Hanheide nach jahrelanger eingehender Auseinandersetzung mit der Problematik.

Aber dennoch ist unübersehbar, daß Menschen der Musik mit Friedensphantasien begegnen, und auch unübersehbar ist, daß Musikschaffende immer wieder Kompositionen mit einem expliziten und gelegentlich auch nur impliziten Bezug zur Friedensproblematik vorgelegt haben – Werke, die oft einen tagespolitischen Hintergrund zum Anlaß hatten, aber dennoch häufig von einer Wertbeständigkeit sind, daß sie zu Recht immer noch erin-

---

16 Darüber müßten politische Bilder entstehen, gewissermaßen in Fortsetzung derjenigen, die im Hinblick auf die Vergangenheit von Herfried Münkler: *Politische Bilder, Politik der Metaphern*, Frankfurt a. M. 1994, thematisiert wurden. S. auch Wolfgang Schild: *Bilder von Recht und Gerechtigkeit*, Köln 1995.
17 S. hierzu Karin v. Maur: *Vom Klang der Bilder*, München 1999.

niert werden und also nicht nur Programmmusik mit schnellem Verfallsdatum waren.[18]

Friedensphantasien: Diesem Konzept liegt die Beobachtung zugrunde, daß jedermann mit Krieg und Frieden, aber insbesondere mit der Idee des Friedens besondere Gedanken oder Gefühle, also Assoziationen, verbindet und daß das jeweilige Friedensverständnis von solchem »Alltagsbewußtsein« tiefgründig geprägt wird. Solche Friedensphantasien werden dann in die Musik hineinprojiziert und dies ungeachtet der Tatsache, ob es in der Absicht des Komponisten lag, solche inhaltlich spezifische Phantasien hervorzurufen. Solche eigensinnigen Phantasien sind auf kognitive und emotionale Konsonanz ausgerichtet; friedenspolitisch erschließt sich ihnen die Welt auch über eine kongenial empfundene Musik.

So assoziieren viele Menschen mit Frieden die Idee einer wohlgefügten Ordnung, also deutlich mehr als die Abwesenheit von Gewalt und Krieg, auch mehr als nur Sicherheit, viel eher schon eine wohlgefügte politische oder Rechtsordnung, die bekanntlich in heutigen Gesellschaften ohne ständige Bemühungen um soziale Gerechtigkeit nicht vorstellbar ist. Begriffe, die sich in diesem Zusammenhang einstellen, wären also: Erwartungsverläßlichkeit, erkennbare Struktur und Formgestalt, eine durchschaubare Architektur, die vertrauenswürdig ist. Friede also als Abbild von »Ordnung«. Wer nun beispielsweise ein Concerto bzw. Concerto grosso von Corelli, Georg Muffat, Bach, Händel oder anderen Barockkomponisten hört, mag in dieser von durchhörbarer Ordnung geprägten Musik den kongenialen kompositorischen Ausdruck solcher Friedensphantasie empfinden oder wiedererkennen.

Betrachten wir demgegenüber eine völlig andersartige Perspektive: Frieden – wie eben dargestellt – als strukturiert, in ihrer Architektur durchsichtige, letztlich auch planbare Ordnung zu erfassen, ist in gewisser Hinsicht eurozentrisch gedacht. Als Kontrast lassen sich »asiatische«, vor allem daoistische Assoziationen anführen. In solcher Vorstellungswelt existiert zwischen Kosmos, Natur, Gesellschaft und den Menschen (aber auch der herrschaft-

---

18 S. hierzu mein in Anm. 4 zitiertes Buch; weiterhin Stefan Hanheide: *Friede als Gegenstand musikalischer Komposition*, in Augustyn, op. cit. (Anm. 8), S. 459-490 sowie die detaillierten Beiträge im vorliegenden Band.

lichen Ordnung hier und heute) eine symbiotische Einheit. Vor allem bestehen gleitende Übergänge: ein Fließen zwischen Oben und Unten, zwischen Davor und Danach, so daß solche Kategorien ohne Zäsur, nicht polarisierend oder dichotomisierend empfunden werden. »Frieden« bedeutet dann: sich der kosmischen Ordnung anzuschmiegen, d. h., die an und für sich friedliche (»kosmische«) Ordnung nicht zu stören. Welche Musik könnte nun einer solchen Vorstellung entsprechen? Es müßte eine Musik sein mit gleitenden Übergängen, mit großen Klangflächen, mit einem kontinuierlich fließenden und strömenden Klang. Es sollte eine Musik sein ohne durchhörbare Zeichnung, eine irisierende, in Regenbogenfarben schillernde oder flimmernde Musik, von feinfasrigem Gewebe, von farbig-oszillierender und changierender Harmonik, ohne Thema oder Motive, ohne Melodie und Metrik, also eine Musik, die glitzert und dahinströmt. Sie findet sich in Ostasien, aber auch bei jenen zeitgenössischen westlichen Komponisten, deren Werke sich als Klanggemälde, die solcher Charakterisierung entsprechen, vermitteln.

Eine ganz andere Assoziation mit »Frieden« ist diejenige, in der Frieden in eins gesetzt wird mit Friedlichkeit, Beschwingtheit, Glück und Glückseligkeit, ja mit Harmonie. Denn Frieden kann nicht als »häßlich« vorgestellt werden. Solche Friedensvorstellung findet dann ihren Bezugspunkt in »himmlisch-schöner Musik«: in den »schönen Stellen« der Kompositionen. Viele assoziieren mit solcher Friedensphantasie die Musik Mozarts, und manche haben diesem Gefühl beredt Ausdruck verliehen. Von Mozart sagte beispielsweise George Bernard Shaw: »Mozarts Musik ist die einzige, die im Munde Gottes nicht deplaziert wirken würde.« Von dem berühmten protestantischen Theologen Karl Barth gibt es den Ausspruch: »Wenn die Engel zum Lobe Gottes spielen, dann spielen sie Bach. Wenn sie aber unter sich spielen, dann Mozart. Aber auch dann würde der liebe Gott gerne zuhören.« Der katholische Theologe Hans Küng will in Mozarts Musik »Spuren der Transzendenz« erkennen. Und Georg Lukács sagte einmal in einem Gespräch mit George Steiner: »Es gibt nicht eine einzige Viertelnote bei Mozart, die für unmenschliche oder reaktionäre politische Ziele genutzt werden kann.« Schönheit und Glückseligkeit: das ist offensichtlich die Friedensphantasie, die sich mit Mozarts Musik verbindet – ungeachtet der Tatsache, daß Mozarts Musik in Wirklichkeit »glücklich und traurig zugleich ist, tragisch in den komischsten Momenten, Moll im Dur, leidenschaftlich und objektiv, eine Mischung gegensätzlicher Empfindungen«, wie der amerikanische Komponist Elliott Carter einmal schrieb.

Eine weitere Friedensphantasie und die ihr kongeniale Musik bringen uns auf den Boden der Wirklichkeit zurück. In ihr kommt die Dialektik vom Traumschönen und der Brutalität des Daseins, von heiterer Friedlichkeit und stampfender, hämmernder, unerträglich werdender Friedlosigkeit, ja von angsteinflößenden Abgründen, aber auch der erneuten Befreiung davon zum Ausdruck. Entsprechende Kompositionen lassen hörbar werden, daß der Schönheit, der Friedlichkeit, der gefälligen Ordnung, wie sie sich durch das Spiel der Töne vermitteln, nicht zu trauen ist; daß die Welt in der Spannung zwischen Wirklichkeitswelt und der Emphase einer utopischen Gegenwelt hin- und hergerissen ist, möglicherweise in unentrinnbarer Tragik, weil das Sehnen nach einem unbeschwerten, befriedeten Zusammenleben immer wieder durch die harte Realität durchkreuzt wird. Viele große Sinfonien der vergangenen zweihundert Jahre bieten sich als Bezugspunkt für eine solche durch extreme Spannung, Brüchigkeit und Zerrissenheit gekennzeichnete Friedensphantasie an. Man denke in diesem Zusammenhang beispielhaft vor allem an Gustav Mahlers Sinfonik.

Werkangebote: Aber solche Friedensphantasien sind nur einer der Zugänge zur Sinnenwelt Musik und ihrer Relevanz für die Friedensproblematik. Ein ganz anderer Zugang ergibt sich über das Angebot der Komponisten, die mit einzelnen Kompositionen allermeist *ausdrücklich* zur Friedensproblematik Stellung beziehen.

Eine Sichtung solcher Kompositionen zeigt, daß das Angebot breit gefächert ist: Es gibt nur wenige Werke, in denen sich Vorahnungen über eine sich abzeichnende Katastrophe, den drohenden Krieg, andeuten. Der Krieg selbst ist natürlich vielfach Gegenstand von Kompositionen geworden: in unbeschwertem Sinne, früher oft in militaristischer Absicht, aber heute vor allem in Werken, die den Willen zum Frieden aktivieren wollen. Die Fürbitte um den Frieden und die Erwartung des Friedens im Krieg sind häufig Gegenstand von Kompositionen gewesen, auch der Dank für den wiedergewonnenen Frieden, allerdings in früheren Kompositionen nicht selten als Dank für errungene Siege.

Im letzten Jahrhundert standen Kompositionen im Vordergrund, die sich durch einen Trauer- und Klagegestus auszeichnen: Der Krieg erscheint darin als menschenverachtend und inhuman. Im 20. Jahrhundert waren auch Antikompositionen, also antimilitaristische Musik, die sich auch schon vor allem im 17. Jahrhundert, im zeitlichen Umkreis des Dreißigjährigen Krieges auffinden läßt, besonders eindrucksvoll, ebenso Musik gegen Gewalt, Repression, Tyrannis, Not und Rassismus. Mit der positiven, konstruktiven oder gar affirmativen Darstellung des Friedens tun sich Komponisten schwer, früher nicht anders als heute. Aber solche Versuche gibt es – mit und ohne Textunterlegungen. Die Annäherung an den Frieden in klassisch zu bezeichnender Musik findet also in einem relativ breiten Spektrum von Angeboten statt, von denen hier nur einige wenige *Beispiele zur Illustration* erwähnt werden können:[19]

Vorahnungen: Komponisten sind keine Prognostiker des erwartbaren Weltgeschehens, aber sie verfügen gelegentlich, wie auch Kunstschaffende auf anderen Gebieten, über ein Sensorium, das ihnen ermöglicht, einer zwar nicht voraussagbaren, aber atmosphärisch erahnbaren drohenden Katastrophe Ausdruck zu verleihen. Gustav Mahlers *Sinfonie Nr. 6 »Die Tragische«* (1903/05) wäre in diesem Zusammenhang zitierbar, auch Anton Weberns *Sechs Stücke für Orchester, op. 6* (1913) – darin vor allem der Trauermarsch (»marcia funebre«), auch der Marsch in Alban Bergs *Drei Orchesterstücke, op. 6* (1914) oder der Mittelsatz in Béla Bartóks *Divertimento für Streichorchester* (1939); gewiß auch sämtliche Kompositionen von Karl Amadeus Hartmann aus den dreißiger Jahren des 20. Jahrhunderts: Man denke beispielhaft an das *Streichquartett Nr. 1* dieses Komponisten aus dem Jahre 1933, in dem die kommende Katastrophe nicht nur erahnt, sondern geradezu antizipierend thematisiert wird.

Natürlich ist im Hinblick auf solche Werke absoluter Musik, denen ein quasi-prognostischer Charakter unterstellbar ist, äußerste interpretatorische Vorsicht geboten. Die naheliegende Kritik, solche Werke auf spätere Weltkatastrophen wie den Ersten und Zweiten Weltkrieg zu projizieren, gleiche notwendigerweise immer

---

19 Eine Fülle von Belegen zu den einzelnen, nachfolgend aufgeführten Topoi findet sich in meinem in Anm. 4 zitierten Buch.

und fraglos einer Überinterpretation, geht jedoch von der Prämisse aus, es gäbe Informationen über ihre fraglos unzweideutige Interpretation. Aber gerade solche gibt es bei überragenden Kompositionen der genannten Art eben nur in den seltensten Fällen.

Im übrigen: auch ohne Neigung des Hörers zu Katastrophenphantasien vermittelt sich Mahlers genanntes Werk wie eine angsteinflößende Katastrophenvision. Und Weberns Trauermarsch macht in gedrängter Zeit und auf beispiellose Weise hörbar, was als Prozeß einer unerbittlich eigendynamisch werdenden Eskalationsspirale vielfach beschrieben wurde. Hier kommt zum Ausdruck, was Tolstoi in seiner Kritik an Clausewitz, der seinerseits den Krieg als politisch kalkulierbares und folglich als manipulierbares Instrument begriff, betonte: die letztendlich nicht kalkulierbare und nicht manipulierbare, die sich steigernde und kataklysmisch werdende Eskalationsdynamik, die in die Katastrophe mündet. Und dieser Assoziation einer finalen Katastrophe kann man sich insbesondere angesichts des Hörbildes des Marsches von Alban Berg kaum entziehen.

Krieg: Martialisch ist der Krieg, und so ist er auch darzustellen. Während des Ersten Weltkrieges komponierte Gustav Holst *The Planets* (1914-17). Die siebenteilige Komposition setzt mit einem ersten Satz, der allerdings schon vor Beginn des Kriegs komponiert war, ein: »Mars, the Bringer of War«. Die Atmosphäre ist dumpf, der Rhythmus maschinenhaft-eintönig und trommelnd. Die Tonhöhe, völlig eintönig bleibend, steigt an: Man hört regelrecht Eskalation; die Martialität intensiviert sich. Im 5/4-Takt treibt sie sich atemlos voran, unterstrichen durch Kampfsignale, fanfarisch eingesetzte Trompeten. Da gibt es zwar Einschnitte, die luftig, leicht und fröhlich erscheinen, aber sie sind ohne Beständigkeit. Ein noch mehr hämmernder ostinater Rhythmus kehrt zurück; Harmonien prallen aufeinander. Mit diesem schließlich sich aufdrängenden Klangbild, das über die realistische Darstellung des Krieges als einer unerbittlichen Gewaltspirale eine friedenspolitische Signalwirkung hat, wird hörbar, wie eine Welt sich zuspitzender Dissonanz explodiert und zugrunde geht. Solche Eskalationsspirale vermittelt sich hörbar auch in der im Hinblick auf diesen Topos oft zitierten *Sinfonie Nr. 7 »Leningrader«* (1942) von Dmitrij Schostakowitsch, darin im ersten, »Die Invasion« betitelten Satz.

Das ist natürlich eine ganz andere Welt als jene, die sich in der Schlachten-Musik der frühen Neuzeit dokumentiert. Wie einem pedantisch eingehaltenen Wiederholungszwang folgend entfaltet sich in den sogenannten Instrumentalbattaglien das Schlachtengetümmel in Etappen: Morgendämmerung, Weckrufe, Aufmarsch der feindlichen Truppen (jeweils erkennbar über entsprechende musikalische Zitate), Vorrücken der Streitkräfte, die eigentliche Schlacht, Jammern der Verwundeten, dazwischen Durchhalteparolen vermittels Trompeten und Posaunen, Sieg / Niederlage, Rückzug, Trauer um die gefallenen Soldaten und deren Bestattung, Tanz und Siegesfeier usf. Es bedurfte eines Beethoven, um diesen Typ von Komposition, wie er im 16., 17. und 18. Jahrhundert gängig war, Anfang des 19. Jahrhunderts auf einen Höhepunkt zu bringen: Bemerkenswert ist, daß *Wellingtons Sieg oder Die Schlacht bei Vittoria* (1813) zu seinen Lebzeiten die populärste Komposition Beethovens wurde. Daß historische Urteile und Vorurteile sich in solchen Kompositionen widerspiegeln, ist unausweichlich, so wenn beispielsweise später Franz Liszt in der *Hunnenschlacht* (1857) das Reich des Guten (das Christentum) und das Reich des Bösen (symbolisiert durch die Hunnen als Inbegriff der Barbarei) aufeinanderprallen läßt. Am Sieg des Christentums ist nicht zu zweifeln: Alte gregorianische Choralmusik, zunächst überraschend von einer Orgel zögerlich eingeführt, signalisiert ihn. Nach lyrisch anmutenden Abschnitten, die das Schlachtengetümmel vergessen lassen, triumphiert am Ende in der Symbiose von Orchester und Orgel die gute Sache. So auch in Kompositionen, in denen mit politischem oder spirituellem Hintergrund ein Kulturkonflikt, ein »clash of civilizations« thematisiert wird, beispielsweise in Georg Friedrich Händels *Judas Maccabaeus* (1746) oder Felix Mendelssohn Bartholdys *Elias* (1846).

Komponisten der frühen Neuzeit waren allerdings nicht nur in die Darstellung von militärischen Schlachten verliebt, sondern auch in die kompositorische Inszenierung von »Liebeskriegen«. Der Liebeskrieg (guerra d'amore), wie er beispielsweise in den Kompositionen von Claudio Monteverdi oder Biagio Marini seinen Ausdruck findet, das ist ein Krieg per Analogie, ein Rollenspiel: So erscheint bei Marini die Geliebte als die Festung eines Herzens von Stein, zunächst unnahbar, auch unbezwingbar, eben wie eine Festung. Entsprechend ist der Liebhaber voll sehnsuchtsvoller Eroberungslust: »Guerra è il mio stato«. Man könnte übersetzen: »Krieg ist mein Gemütszustand« – wie der Soldat nicht aufhört, sich zu mühen, so ruht der wahre Liebende niemals aus, ehe das Ziel erreicht ist.

Komponisten haben sich in solche Sujets – Schlachten und Liebeskriege – verliebt, weil sie darin ihre kompositorische Virtuosität ausleben konnten, auch weil offensichtlich in der Gesellschaft ein Resonanzboden für solche Darstellung bestand. Die vielen Übertragungen solcher Stücke in die für die Hausmusik verwendbare Klaviermusik belegen den Sachverhalt. Warum wohl wurde um 1800 beim Pianoforte der Janitscharenzug zwecks Nachahmung türkischer Militärmusik so beliebt? Der Gefahr einer Ästhetisierung von Krieg, Kampfgetümmel und Konflikt war in solcher Musik nicht zu entgehen.

Fürbitte um den Frieden: Der unerbittliche Rhythmus der Pauke – marschierende Truppen, aufeinanderprallende Militärmaschinerien symbolisierend – kann auch ganz anderes versinnbildlichen: nämlich Angst vor dem nahenden Krieg, auch Abwehr und Protest, also eine Antikriegshaltung, aus der die Friedensfürbitte erwächst. Ein eindrucksvoller Beleg findet sich im »Agnus Dei« von Haydns *Missa in Tempore Belli* (1796). Diese Komposition, auch *»Paukenmesse«* genannt, entstand in bedrängter Zeit: Die französischen Truppen hatten in Italien Sieg um Sieg errungen. Die Geschichtswissenschaft spricht von einem glänzenden Feldzug Bonapartes. Französische Truppen standen in der Steiermark und drohten, weiter vorzurücken. Im »Agnus Dei« hört man, vermittels des Einsatzes der Solopauke, den Feind aus der Ferne heranmarschieren. Solange die französische Armee im eigenen Lande stand, durfte, amtlicherseits befohlen, von Frieden nicht geredet werden. Doch Haydn konnte die Liturgie der Messe nutzen, um nicht nur vom Frieden zu reden, sondern ihn mit seinen kompositorischen Mitteln regelrecht zu fordern. Das flehende »miserere nobis« ist eingebunden in den unerbittlichen Rhythmus der Solopauke; das »dona nobis pacem« hört sich an wie: »Wir wollen, wir fordern Frieden!«, kraftvoll von Fanfaren unterstützt.

In Beethovens *Missa solemnis* (1819-23) hatte dann Haydns Anliegen eine nach Beethoven nicht wiederholte, wahrscheinlich auch nicht wiederholbare Zuspitzung erfahren: Im »Agnus Dei«

dieser Messe werden, wie wohl an keiner anderen Stelle in der Musikgeschichte, Krieg und Frieden in ihrem antipodischen Charakter als dramatisches Ringen um Frieden und gegen den Krieg thematisiert. Die angsteinflößenden »Kriegsszenen« fanden zeitgenössische Kritiker regelrecht malplaziert und plädierten für deren Streichung aus der Komposition und den Aufführungen – welches Unverständnis! Auch in Beethovens »Agnus Dei« zieht sich letztendlich das Militärisch-Kriegerische zurück. Es entsteht der Eindruck, als ob der Wille zum Frieden und der Frieden selbst über den Krieg gesiegt haben. Dieser Friede stellt sich aber nicht gefällig, nicht leichthin und schon gar nicht deklamatorisch ein. Er ist in der Komposition das Ergebnis einer dramatischen Auseinandersetzung, von großer Anspannung: Das Ende – Frieden – ist nicht vorstellbar ohne die vorhergehenden Angstschreie und den Blick in die Abgründe. Und dieser Friede, ganz kurz nur intoniert, dokumentiert sich nicht mit apotheotischem Gestus; er bleibt brüchig und hörbar gefährdet.

Auch zeitgenössische Komponisten haben diesem Widerstreit zwischen Krieg und Frieden, wie er sich oft in der Friedensfürbitte spannungsvoll dokumentiert, kompositorischen Ausdruck zu geben versucht, so beispielsweise Arthur Honegger in seiner *Sinfonie Nr. 3* »Liturgique« (1946) oder Antal Doráti in seiner *Sinfonie Nr. 2* (1985). Im übrigen gehört die Friedensfürbitte zu jenen kompositorischen Topoi, die seit dem Spätmittelalter quer durch die Musikgeschichte von Komponisten immer wieder aufgegriffen worden sind, allerjüngst u. a. von Katherine Hoover und Violeta Dinescu.

Erwartung des Friedens: In inhaltlichem Zusammenhang mit der Friedensfürbitte stehen auch Kompositionen, die mitten im Krieg der Friedenserwartung Ausdruck verliehen. Als 1940 die deutsche Wehrmacht in Frankreich einmarschierte, schrieb beispielsweise André Jolivet eine *Messe pour le Jour de la Paix*. Diese Messe beginnt mit einem depressiv eingestimmten »Alleluja« – ohne Hoffnungsschimmer, der natürlich angesichts der Ereignisse auch nicht aufscheinen kann. Im Laufe der Messe heitert sich diese trostlose Stimmungslage zögerlich auf. Doch am Ende wird noch einmal das »Alleluja« wiederholt, nunmehr von der Stimme geradewegs euphorisch vorgetragen: Trotz der aktuellen Erfahrung: Hoffnung ist möglich! – das war die Botschaft. Wiederum mitten im Krieg wurde die *Sinfonie Nr. 5* (1943) des Engländers Ralph Vaughan Williams als Inbegriff der Zuversicht empfunden, daß trotz aller Zerstörung und allen Chaos' schließlich und endlich eine friedliche Ordnung obsiegen werde. Ähnliches wird auch von der Aufführung der *Sinfonie Nr. 5* (1944/45) von Sergej Prokofjew berichtet. Diese Sinfonie begriff der Komponist als ein Dokument des Sieges über die Kräfte des Bösen. Nach Jahren des Krieges und noch im Kriege selbst sollte diese Komposition einen Durchblick auf Frieden vermitteln. Nicht erstaunlich, aber in der Rezeptionsgeschichte kaum beachtet, ist die Tatsache, daß nicht nur die genannten Komponisten, sondern auch Arthur Honegger, Francis Poulenc, Harald Sæverud, Zoltán Kodály, Frank Martin, um nur die wichtigsten zu nennen, mit thematisch vergleichbaren Werken während des Zweiten Weltkriegs und oft unter extrem schwierigen Bedingungen, nämlich der Repression künstlerischer Arbeit in der Folge militärischer Niederlagen, zum Zeitgeschehen Stellung bezogen: das Schicksal ihrer geknechteten Nationen beklagend und doch nicht, wie in ihren Werke dokumentiert, ohne Friedenshoffnung.

Dank-Kompositionen: Kam es zum Friedensschluß, so wurde dieser früher, vor allem wenn es sich um einen Sieg-Frieden handelte, mit Musik gefeiert. Das war die Stunde der Dankgesänge, der Anlaß für »Te Deum«-Kompositionen: für Gotteslob zur Feier kriegerischer Erfolge. Besonders mit solchen Kompositionen prägte sich Georg Friedrich Händel in das Gedächtnis seiner Zeitgenossen und auch der Nachwelt ein, so vor allem mit seiner viel gespielten *Feuerwerksmusik* (1749), die im Anschluß an den Frieden von Aachen (1748) komponiert wurde. Marc-Antoine Charpentiers *Te Deum* (1692) war als jubilierende Reaktion auf einen französischen Sieg gedacht: »joyeux et très guerrier« sollte es aufgeführt werden! Heute ist das orchestrale Vorspiel dieser Komposition der Auftakt zu jeder Eurovision-Sendung und hat darin seine Verewigung erfahren – ohne jegliche Erinnerung an kriegerische Siege, aber auch heute noch mit viel Pauken und Trompeten, den »kriegerischen« Instrumenten von einst, gespielt.

Anders als nach dem Dreißigjährigen Krieg waren nach der erneuten Weltkriegskatastrophe 1945 in den nachfolgenden Jahren »Jubel-Geschrey«-Kompositionen nicht mehr zu erwarten. Dennoch sind Musikwerke entstanden, in die in aller Regel rückblikkend nicht nur die Kriegsleiden motivisch einflossen, sondern eben auch die nunmehr erneut mögliche Vision eines Friedens: Darius Milhauds *Sinfonie Nr. 3 »Te Deum«* (1946), Aaron Coplands *Sinfonie Nr. 3* (1946), auch die ganz unter den Vorzeichen von Trauerarbeit sich vermittelnde *Sinfonie Nr. 4* (1946) von Gian Francesco Malipiero wären hier beispielhaft zu nennen. Dmitrij Schostakowitsch entzog sich der Erwartung, das Ende des Krieges mit einer triumphalen Siegessinfonie zu krönen: Komik und Spott, Freude an der Parodie, Ausflüge ins Triviale prägen das Klangbild der *Sinfonie Nr. 9* (1945) – zum Ärger der damaligen Kulturfunktionäre in Moskau.

Klagemusik: Das 20. Jahrhundert kannte im großen und ganzen und von plakativer Auftragsmusik abgesehen keine triumphierenden musikalischen Reaktionen mehr auf errungene Siege. Der Krieg erschien jetzt vielmehr als eine zivilisatorische, gesellschaftliche und menschliche Katastrophe. In den Kompositionen wurden Tod, Trauer und Klage thematisiert. Immer noch aktuell wirken hierbei auch Kompositionen aus dem 17. Jahrhundert, der Zeit des Dreißigjährigen Krieges, in denen einst den Leiden des furchtbaren, lang anhaltenden mörderischen Krieges Ausdruck verliehen wurde (»Friedens-Seufftzer«).

Protest, Trauer, Bewältigung von Schmerz, Verzweiflung, Wut: Das sind Stichworte, die sich im Hinblick auf das 20. Jahrhundert vor allem auf Karl Amadeus Hartmanns Kompositionen, die in diesem Zusammenhang an erster Stelle zu nennen sind, beziehen lassen. Einzelne Kompositionen dieses Komponisten zu nennen wäre willkürlich, denn das gesamte Lebenswerk dieses Künstlers richtete sich gegen Diktatur, Gewalt und Krieg, besonders eindrucksvoll das *Concerto funebre für Solovioline und Streichorchester* (1939). Andere Komponisten haben Orte extremer Barbarei zum Ausgangspunkt ihrer Kompositionen gemacht: Guernica, Rotterdam, Lidice, Katyn, Auschwitz, Dresden, Hiroshima, aber auch Nanking, eine Stadt, in der japanische Truppen in einem Massaker 300 000 Chinesen dahinmordeten – eine bis vor kurzem weithin verdrängte Untat, die erst neuerdings ihre Dokumentation und ihre kompositorische Bearbeitung (Bright Sheng) erfahren hat.

Wenn in den 1950er Jahren und danach die These formuliert wurde, der Zivilisationsbruch, wie er sich im 20. Jahrhundert in mehrfacher Hinsicht und an mehreren Orten ereignete, sei unverarbeitet geblieben und eine »Unfähigkeit zu trauern« sei zu diagnostizieren, so gilt diese Beobachtung für eine beachtliche Zahl von politisch sensiblen Komponisten überhaupt nicht. Im Gegenteil: große ausdrucksstarke, einem breiten Publikum bekannt gewordene Werke von Arnold Schönberg, Paul Hindemith, Benjamin Britten, Michael Tippett, Krzysztof Penderecki, Hans Werner Henze, Luigi Nono, Isang Yun, Klaus Huber und anderen dokumentieren Trauerarbeit, so wie die nach 1933 entstandenen Werke von Karl Amadeus Hartmann solche Trauerarbeit gewissermaßen schon antizipierten, was ihren unvergleichlichen Stellenwert in dieser Hinsicht ausmacht: nämlich eine Trauerarbeit nicht ex post, sondern ex ante!

Antikompositionen: Ein durch Gewalt, Unterdrückung, Not, Vorurteile, Feindbilder, Nationalismus und Rassismus geprägtes 20. Jahrhundert mußte zwangsläufig Abwehr und Protest provozieren, an erster Stelle natürlich anti-militaristische Kompositionen. Dabei könnte gelten: Je subtiler die Darstellung, um so wirkungsvoller das entsprechende Werk. Beispielsweise, wenn in Gustav Mahlers »Revelge«, einem militärischen Weckruf (enthalten in *Lieder nach Gedichten aus »Des Knaben Wunderhorn«,* veröffentlicht 1899) ein verwundeter, sterbender Soldat, von seinen Kameraden liegengelassen, noch einmal die Trommel rührt und er mit anderen Gefallenen, einer Geisterarmee also, den Feind schlägt und, geisterhaft, das Nachtquartier wieder erreicht: »Des Morgens stehen da die Gebeine in Reih und Glied, sie steh'n wie Leichensteine, die Trommel steht voran, daß sie (das Schätzlein) ihn sehen kann«. Kurt Weill, Hanns Eisler, Paul Dessau und Stefan Wolpe wären in diesem Zusammenhang zu nennen. In ihren Kompositionen kommen legitimerweise agitatorische Impulse zum Tragen. Die entscheidende Frage dabei ist nicht: Agitation, ja oder nein, sondern ob es Künstlern gelingt, den agitatorischen Impuls ästhetisch überzeugend zu bearbeiten und zu vermitteln.

Antikompositionen sind politische Werke. Der Sachverhalt ist unleugbar und unüberhörbar im Hinblick auf zahlreiche Werke, die insbesondere in der zweiten Hälfte des 20. Jahrhunderts gegen Tyrannis, Militärdiktatur, Folter, Polizeiterror, Machtgier, Ausbeutung, Armut und Rassismus und explizit für Widerstand,

Revolution und Freiheit verfaßt wurden. Widerständiges Gegenwartsbewußtsein zu provozieren ist ihre Absicht. Es sind abgründige Hörbilder, die sich in solcher Musik auftun, vergleichbar den konkret erfahrbaren Abgründen in einer widerwärtigen politischen Realität. Daß die Finsternis von der Herrlichkeit des Lichts künden möge (»per aspera ad astra«), ist eine Hoffnung, die angesichts solcher Weltlage viele Komponisten nachweisbar nicht mehr zu teilen vermögen. Und also erwachsen aus Antikompositionen keineswegs notwendigerweise ausdifferenzierte Friedensvisionen, anders als im Motto Michael Tippetts, eines dem Pazifismus zutiefst verpflichteten Komponisten, unterstellt: »The darkness declares the glory of light«.

Frieden: Die wirkliche, von Komponisten nicht allzu oft angenommene Herausforderung besteht folglich vor allem darin, trotz aller Widrigkeiten der Zeitläufte der eigenen Vorstellung von Frieden kompositorisch Ausdruck zu verleihen. Das geschieht, falls der Versuch unternommen wird, oft unter Zuhilfenahme von literarischen Zeugnissen, insbesondere von Bibel-Texten und Gedichten, so wenn beispielsweise Arnold Schönberg sich von einem Gedicht Conrad Ferdinand Meyers zu seiner Komposition für gemischten Chor a cappella *Friede auf Erden* (1911) inspirieren ließ. Das Gedicht geht zunächst von der biblischen Friedensverheißung aus; es fährt fort mit der Klage über deren Vergeblichkeit, um in die Hoffnung, ja die Forderung zu münden, diese Verheißung sei endlich zu erfüllen.

Frieden ohne Worte, ohne Beschriftung der Musik: Das ist immer ein kompositorisches Wagnis. In der früher zitierten Komposition von Gustav Holst *The Planets* folgt auf »Mars, der Überbringer des Krieges« als zweiter Satz »Venus, die Friedensbringerin«: weit ausladend, äußerst feingliedrig orchestriert, auch mit viel Schönklang, in deutlichem Kontrast zum ersten, hämmernd-martialischen Satz. Das sich lyrisch vermittelnde helle Klangbild inszeniert sich über Holzbläser, Hörner, Harfen, über Glockenspiel und die Solovioline; die marshaften, martialischen Instrumente des Kopfsatzes – Trompeten, Posaunen – sind in solchem friedlichen Ambiente abwesend, weil malplaziert. Venus vs. Mars: das war nicht nur in der bildenden Kunst, sondern auch in der Musik ein beliebter Topos (neuerdings sogar im transatlantischen Konflikt zwischen den USA und »Alt-Europa«).

Hirten- und Schäfermusik vermittelten einst in der Barockzeit einen Inbegriff von Friedlichkeit, so auch pastorale Musik, die die friedvolle Atmosphäre eines Arkadien ausstrahlt. Neuerdings bewirkt minimalistische Musik den gleichen Effekt: Sie läßt Augenblicke der Beruhigung und Oasen der Stille entstehen und gleitet nicht selten, die Widerborstigkeit der Realität verleugnend, in »Friedenskitsch« ab, ganz anders als Alban Berg in *Hier ist Friede*, dem fünften der *Fünf Orchesterlieder nach Ansichtskarten-Texten von Peter Altenberg* (1912), einer Lied-Komposition für großes Orchester, jedoch von kammermusikalischer Durchhörbarkeit, in der die Suche nach Inseln des Friedens, hier als Naturfrieden imaginiert, sich kundtut (»Siehe, hier sind keine Menschen, keine Ansiedlungen... Hier ist Friede! Hier tropft Schnee leise in Wasserlachen...«).

Mit Musik Frieden stiften zu wollen kann aber auch auf ganz andere Weise inszeniert werden, beispielsweise wenn Komponisten bewußt unterschiedliche nationale Musikstile miteinander kombinieren, um darüber, wie Georg Muffat einst im Vorwort zu seiner Anthologie von gravitätischen Concerti im vermischten Stil (*Florilegium*, 1695) explizit darlegte, zum Frieden beizutragen. Béla Bartók, der ungarische Komponist, hatte keinen sehnlicheren Wunsch, als die Verbrüderung der Völker trotz allem Krieg und Hader zu befördern: »Dieser Idee versuche ich – soweit es meine Kräfte gestatten – in meiner Musik zu dienen; deshalb entziehe ich mich keinem Einfluß, mag er auch slowakischer, rumänischer, arabischer oder sonst irgendeiner Quelle entstammen.« In seiner *Tanzsuite* (1923) finden sich solche verschiedenartigen Einflüsse unterschiedlicher kultureller bzw. nationaler Stile, gerade auch der Volksmusik, aufgehoben. Zeitgenössische Komponisten bemühen sich neuerdings in ihren Werken um einen subtilen »interkulturellen Dialog«, der sich in der innovativen Semantik ihrer Werke niederschlägt, so beispielsweise Klaus Huber in *Lamentationes de fine vicesimi saeculi* (1992/94) und in »*Die Seele muß vom Reittier steigen...*« (2002).

Im Hinblick auf die kompositorische Bearbeitung des »Friedens« war und ist der Beitrag geistlicher Musik von besonderer Bedeutung. Die römisch-katholische Messe, darin vor allem das »dona nobis pacem« im »Agnus Dei«, wurde allermeist nicht nur im Hinblick auf dessen liturgischen Stellenwert, sondern auch als friedenspolitisches Zeugnis wahrgenommen. Exzeptionell ist die

Thematisierung von »Frieden« in Johann Sebastian Bachs *Messe h-moll* (1733-48), in deren »Gloria« der orchestrale und gesangliche Fluß der Lobpreisung Gottes durch eine nicht enden wollende Wiederholung des »et in terra pax« regelrecht unterbrochen, ja aufgehalten wird. So als ob Bach gegen den Widerspruch der Hörer darauf insistieren wollte: »Ja, es gibt auch eine Ordnung des Friedens auf *dieser* Welt...« – allerdings »hominibus bonae voluntatis«: Friede den Menschen, die guten Willens sind. Und wirken solche Menschen als Friedensstifter, gilt ihnen, gerade auch in der geistlich motivierten Musik, die Seligpreisung: »Selig die Friedensstifter, denn sie werden Gottes Kinder heißen« (z. B. Orlando di Lasso *Beati pauperes. Beati pacifici*, 1571; César Franck *Les Béatitudes*, 1879; Arvo Pärt *The Beatitudes*, 1990/91 u. a.). In Antonio Vivaldis *Gloria* (RV 588, nicht zu verwechseln mit dem beliebten und oft gehörten *Gloria*, RV 589) wird fünf Minuten lang hörbar, wie der Frieden (»et in terra pax«) vom Himmel herabsteigt – ein weithin unbeachtet gebliebener, faszinierender locus classicus geistlicher Friedensmusik. Allerdings: Vivaldis Komposition vermittelt sich als sinnfälliger Ausdruck eines »verdankten Friedens«: als hörbare Botschaft göttlichen Gnadenerweises, gemäß der eigentlich korrekten Übersetzung von Et in terra pax: »Friede auf Erden den Menschen seiner Gnade«.[20]

Friede: Das verlangt letztendlich eine positive Botschaft, auch eine entsprechende Ästhetik. Im vergangenen 20. Jahrhundert stand für ein solches Verständnis fast einzigartig Olivier Messiaens Werk. »Die Freude«, so schrieb der französische Komponist einmal, »ist sehr viel schwieriger auszudrücken als der Schmerz. Wenn Sie die zeitgenössische Musik ansehen, kein Mensch drückt die Freude aus. Es sind schreckliche, traurige, leidensvolle, schwarze, graue, finstere Dinge, aber es gibt weder Freude noch Licht«. Messiaen wollte die düsteren Seiten des Lebens (»les ténèbres«), die er keineswegs leugnete, nicht einfach verdoppeln, also keine »Finsternis-Musik« schreiben. Sein Ideal war »Farben-Musik« (»musique colorée«), denn diese ruft im Selbstverständnis des Komponisten (und, wie er hofft, auch des Hörers) hervor, was sonnenbeschienene Glasfenster und Roset-

---

20 Zu dieser Problematik besonders erhellend, s. Joachim Hansberger: *et in terra pax hominibus... Zu den musikalischen Formen der Friedensbotschaft im Gloria*, in: *Musik und Kirche*, Bd. 64, 1994, S. 126-152.

ten mittelalterlicher Kathedralen bewirken: Farben-Musik führt uns über den Farbklang zu einem Begreifen jenseits des einfachen Erfassens; sie führt uns zum Geblendet-Sein (»éblouissement«). Gegen den Geist und den Lärm der Zeit wollte Messiaen in antilyrischer Umwelt mit Klangfarben, Rhythmen und Lyrismen – mit »Kirchenfenster-Musik« einschließlich vielfarbiger Vogelstimmen aus aller Welt – dokumentieren, daß sich die Schönheit der Schöpfung auch heute offenbart. In dieser Orientierung war sein Verständnis von Frieden, auch sein kompositorischer Beitrag zum Frieden begründet.

Die bleibende Herausforderung

Festzuhalten ist: In den Tönen klassischer Musik findet sich die Friedensproblematik vielfältig, hier nur ausschnitthaft und illustrativ darstellbar, bearbeitet. Was Menschen zu verschiedener Zeit in dieser Hinsicht umgetrieben hat – Kriegsängste und die Sehnsucht nach Frieden sowie das gesamte Spektrum von historischen und lebensgeschichtlichen Erfahrungen dazwischen – wird auch in Kompositionen hörbar. Sie alle sind sehr wohl als *Friedens*musik zu kennzeichnen, obgleich der »Frieden« selbst, anders als die Friedensproblematik in ihrer ganzen Breite, oft unterbelichtet bleibt. Dieser Sachverhalt ist in der Musik wie auch in der bildenden Kunst nicht überraschend, denn selbst in den diskursiven Wissenschaften und auch in Disziplinen, die sich erfahrungswissenschaftlich mit der Friedensproblematik auseinandersetzen, einschließlich der Friedensforschung, wird in der Regel nur zögerlich artikuliert, was mit guten, also argumentativ ausgewiesenen Gründen *konstruktiv* und *positiv* unter Frieden zu verstehen ist. Der Grund hierfür liegt auf der Hand: Je komplexer sich in objektiver Hinsicht die Welt gestaltet und je mehr sie subjektiv als solches komplexes Gebilde notwendigerweise immer nur ausschnitthaft oder gar unübersichtlich erfahren wird, um so schwieriger wird jedes zeitgemäße, operativ gehaltvolle Verständnis von Frieden. Wenn es (was Picht einst betonte) richtig ist, daß Frieden sich über seine Verwirklichung definiert – dies ist mit dem Diktum »Si vis pacem, para pacem« gemeint – und also es folglich richtig ist, *daß das Maß des Friedens der Frieden selbst ist*, dann besteht in solcher Einsicht nicht nur für die Erfahrungswissenschaften, sondern auch für Künstler und Künstlerinnen eine bleibende Herausforderung, immer wieder erneut den Frieden zu denken, ihn entgegen allen Bildverlustes zu verbildlichen und ihn beschriftet oder unbeschriftet »in Töne zu setzen«.

Hartmut Möller
Wie kann Frieden hörbar werden?

›Frieden hören‹? Das Wortfeld der akustischen Wahrnehmung zeigt bei allen Schattierungen eine auffällige Zweigliedrigkeit. Denn von den darauf bezogenen Verben ist auf der einen Seite ›hören‹ das inhaltlich am wenigsten markierte und meint einen unwillkürlichen akustischen Eindruck, einen passiv erlebten Vorgang, der aufgrund seiner mangelnden Zielrichtung wahrnehmungspsychologisch ›Perzeption‹ genannt wird. Die beiden Varianten ›zuhören‹ und ›horchen‹ andererseits beziehen sich auf einen bewußten Einsatz des Gehörsinns, eine intentionale Handlung, die aufgrund der gerichteten Hörstrategie ›Apperzeption‹ genannt wird. Eine vergleichbare Bezeichnung gilt für das englische Verbpaar ›hear‹ und ›listen to‹, für das Gegensatzpaar von ›entendre‹ und ›écouter‹ im Französischen, ja grundsätzlich für die indogermanischen Sprachen. Diese Unterscheidung zwischen einem aktiv-intentionalen Hören und einem passiv-aufnehmenden scheint zu den semantischen Universalien zu gehören.[1]

Wie ist Friede in Musik hörbar? Was sind die Möglichkeitsbedingungen, daß er hörbar zu werden vermag? Wie ist angemessen auf Klänge des Friedens zu horchen, welche friedenspädagogischen Erwartungen verbinden sich mit dem Anspruch, hörbarem Frieden zuzuhören? Bei der Beschäftigung mit Werken von Komponisten, die zur Friedensproblematik Stellung genommen haben, genauso wie beim Nachdenken über vielfältige subjektive ›Friedensphantasien‹, die auf unterschiedlichste Kompositionen projiziert werden, kommt es zu einem ständigen Wechselspiel zwischen Hören und Zuhören, zwischen Musikverstehen und geschichtlich vermittelten Rezeptionshandlungen. »Ein Buch ändert sich durch die Tatsache, daß es sich nicht ändert, während die Welt sich ändert.«[2] Genauso ändert sich ein musikalischer Text

---

[1] Vgl. Oswald Panagl: *Linguistische Überlegungen zum Sinnbezirk des Hörens*, in Wolfgang Gratzer (Hg.): *Perspektiven einer Geschichte abendländischen Musikhörens*, Laaber 1997, S. 33-44.
[2] Joseph R. Levenson, zit. in Roger Chartier (Hg.): *Practiques de la lecture*, Marseille-Paris 1985, S. 236.

durch die Tatsache, daß sich die geschichtlichen Hörsituationen, Rezeptionsideale und Weisen des Musikverstehens ändern. Auch beim »Hören« von Frieden geht es um eine besondere Verbindung des hörenden Individuums mit der jeweiligen Musik. Es geht um einen Prozeß der Annäherung zwischen der Semantik, die aus den Strukturen sowie den durch den Komponisten intendierten Ausdrucksgehalten und der Rezeptionsgeschichte folgt, und den Bedeutungen, die im aktuellen Hörerlebnis mit der erklingenden Musik verbunden werden.

So gesehen liegt es nahe, die Möglichkeitsbedingungen für ein ›Hörbarwerden‹ von Frieden in Musik im Wechselspiel zumindest folgender Gesichtspunkte zu begreifen, wobei der Weg von der äußeren Welt der Diskurse schrittweise bis zum musikalischen Erleben führt: (1) Klänge des Friedens im Kontext von musikbezogenen Diskursen; (2) Möglichkeiten der Symbolisierung von ›Krieg‹ und ›Frieden‹ in der Musik, (3) Mythologische Archetypen im Dienst friedenspolitischer Orientierung, (4) das spezifische innere Erleben von Friedensklängen.

Friedensklänge im Diskursgewebe

> »Es ist laut in der Gaststube, aber es ist friedlich, ein lauter Friede, ja das gibt es.«
>
> (*Johannes Bobrowski*)

Nachdem Ludwig van Beethoven 1823 seine *Missa solemnis* nach vierjähriger Arbeit beendet hatte, bot er die Partitur vielen europäischen Höfen und zahlreichen Musikern für 50 Dukaten zur Subskription an. Die Uraufführung fand nicht in Wien, sondern in St. Petersburg am 7. April 1824 als »Oratorium« statt. Bei der ersten Teilaufführung in Wien wenig später am 7. Mai wurden die drei aufgeführten Sätze Kyrie, Credo und Agnus Dei aus Zensurgründen als »Hymnen« bezeichnet – eine Verwendung des Messetextes außerhalb der Kirche war nicht gestattet.

Ignaz Xaver von Seyfried (1776-1841), Klavierschüler Mozarts, später Komponist und Musikschriftsteller in Wien, bekannte am Ende seiner ausführlichen Besprechung des Werkes aus dem Jahre 1828 »freymüthig, [...], dass er am wenigsten mit dem *Dona nobis pacem* ins Reine kam. Zu bewundern, zu verehren ist allerdings der offenbar daran gewandte eiserne Fleiss, die darin theoretisch-practisch entwickelten Kenntnisse in den verschiedenartigsten contrapunctischen Verzweigungen und Combinationen; jedoch die demuthvolle Bitte einer andächtigen Gemeinde: ›Herr! Schenk uns den ewigen Frieden‹ sprechen diese Töne dem ungeachtet nicht aus. – Was übrigens die wunderliche Trompeten-Fanfarre, das eingemengte Recitativ, der fugirte, den Ideenfluss nur störende Instrumental-Satz, welcher nicht anders wie Pontius in unser Glaubensbekenntnis kömmt, beym Licht besehen eigentlich sagen will, – was die dumpfen, unrhythmischen, bizarren Pauken-Schläge im Grunde bedeuten sollen, mag der liebe Himmel wissen. Keiner fühlte sich berufen, den Meister diessfalls zu befragen; er selbst erklärte sich niemals bestimmt darüber, und nahm somit das Mysterium mit ins Grab.«[3]

In der Tat: Es ist bedauerlich, daß keiner der Zeitgenossen Beethoven zu diesem Satz befragt hat, daß es keine Hinweise des Komponisten und keine zeitgenössischen Erläuterungen gibt, wie die verschiedenen Abschnitte des *Dona* damals aufgefaßt wurden. Nur zu gerne wüßten wir, welchen tatsächlichen Einfluß die persönlichen Erinnerungen Beethovens an die Nacht des 11. Mai 1809, als er vor dem französischen Artilleriebeschuß in den Keller seines Bruders flüchtete, auf die Komposition der Kriegsepisoden in diesem Satz hatten. Hat Beethoven hier in den ausgedehnten Passagen für Trompeten und Pauken echte Militärsignale seiner Zeit benutzt? Fragen über Fragen, die sich der Beantwortung entziehen.

Der Rezensent läßt zwar durch sein Verwundern ein deutliches Gespür für die individuelle Satzanlage und die außergewöhnliche Gestaltung des *Dona nobis pacem* erkennen, die dem Muster eines Messesatzes nicht entsprach. In keiner Weise aber geben seine Ausführungen auch nur den geringsten Hinweis darauf, daß gerade dieser Satz aus Beethovens *Missa solemnis* gegen Ende des 20. Jahrhunderts zu den Höhepunkten der kompositorischen Auseinandersetzung mit der Friedensproblematik gezählt wird. Wie ist es dazu gekommen? Welcher Prozeß der Rezeption, Interpretation und Bedeutungsaufladung läßt in einem Stück wie diesem Frieden hörbar werden?

3 Abgedruckt bei Stefan Kunze (Hg.): *L. v. Beethoven. Die Werke im Spiegel ihrer Zeit*, Laaber 1987, S. 451.

Dabei ist beim Anhören etwa des Abschnittes, den der zeitgenössische Rezensent als einen »den Ideenfluss nur störenden Instrumental-Satz« empfindet, tatsächlich kaum überzeugend, warum dieser Abschnitt speziell mit der »Störung des inneren« (und nicht: äußeren) Friedens zu tun haben soll. Ein aufgeregtes, ruheloses Durcheinander der Stimmen, wiederkehrende synkopische Floskeln und wilde Gegenfiguren: daß es da möglicherweise um so etwas wie Orientierungslosigkeit oder »Störung« gehen mag, teilt sich beim Zuhören mit. Aber worin liegt der Bezug zu »innerem Frieden« in diesem *Agnus Dei*, in dem eine ausgesprochene Vielfalt von »dona«- und »pacem«-Motiven eingesetzt und kompositorisch entfaltet wird? Auch völlig andere Assoziationen müssen konstatiert werden: Walter Riezler zufolge drücke dieser Abschnitt die »Wirrnis der Welt im allgemeinen« aus, Roger Fiske hingegen sah darin »the effect of a Scherzo [...]; the whole section is extremely puzzling. But as music it is immensely enjoyable.«[4]

Notenbeispiel 1: Beginn des Orchesterfugatos im »Agnus Dei« von Beethovens *Missa solemnis*, T. 266ff. und drei »pacem«-Modelle (aus: Sven Hiemke: *L. v. B. Missa solemnis*, Kassel 2003, S. 123 und S. 118f.)

Beginn des Orchesterfugatos T. 266

»pacem«-Motiv

[4] Walter Riezler: *Beethoven*, Berlin u. Zürich 1936, S. 211; Roger Fiske: *Beethoven's Missa Solemnis*, London 1979, S. 90.

»pacem«-Linien

[Notenbeispiel: Takt 131, p, "pa - - - cem, pa - - - cem"]

»pacem«-Akkorde

[Notenbeispiel: Takt 150, f, sf sf sf, "pa - cem, pa - cem"]

Ein näherer Blick auf den Beginn des Orchesterfugatos (s. Notenbeispiel 1) ergibt Folgendes: Die tiefen Streicher beginnen im Presto mit einer stufenweisen Aufwärtsbewegung vom Grundton *d* zur Oberquarte *g* und wieder zurück, danach folgt synkopisch ein Sprung zur Oberquinte *a*, und es geht stufenweise zurück zur Terz *fis*, dann Sprung zurück zum Grundton *d*, ebenfalls synkopisch. Und anschließend, wie eine Beantwortung, aber von denselben Instrumenten, dasselbe beginnend auf der Unterquarte, ebenfalls von den tiefen Baßinstrumenten vorgetragen. Dann erneut auf dem Grundton beginnend, jetzt von den 2. Violinen gespielt. Dreimal also das gleiche Thema, dreimal von einem unruhigen obligaten Kontrapunkt begleitet: Nachschlag, Nachschlag, Trillerfigur und Oktavsprung abwärts. Der Beginn klingt nach gelehrtem Stil, wie eine Fuge oder ein Fugato.

Wie kann ein Zusammenhang zwischen diesem Abschnitt und Beethovens Bitte um inneren Frieden hergestellt werden? Dieses Verständnis ist Ergebnis eines komplexen Deutungsvorgangs, den es lohnt nachzuvollziehen, weil sich daran grundsätzliche Fragen des Zusammendenkens von Musik und Frieden entwickeln lassen. Die entsprechende Deutung dieser instrumentalen Episode geht auf den Beethoven-Forscher Warren Kirkendale zurück. Er kommt zu diesem Ergebnis mit folgendem Gedankengang:

1. Satztechnisch gesehen gibt es in dem gesamten, großangelegten *Agnus Dei* dieser Messe zwei Episoden, die durch ihre Bewe-

gungsweise aus dem Satzzusammenhang herausfallen: eben dieser Prestoabschnitt und weiter vorne ein Abschnitt, *Allegro assai* überschrieben, mit Trompetenfanfaren und Pauken sowie einem *timidamente / ängstlich* über erregtem Streichertremolo vom Soloalt vorzutragenden »Agnus Dei«-Ruf.

2. Beethoven hat den Abschnitt *Dona nobis pacem* insgesamt mit »Bitte um innern und äußern Frieden« betitelt. Dies nimmt der Beethoven-Forscher Kirkendale zum Ausgangspunkt, je einen Teilabschnitt des *Dona* der »Störung« einer dieser Friedensdimensionen zuzuordnen: Ein Teilabschnitt soll also den gestörten inneren, einer den gestörten äußeren Frieden bedeuten.

3. »Dass die erste Episode mit ihrer Battaglia-Sprache« – mit den Trompetenfanfaren und den Pauken – »die Störung des äußeren Friedens meint, ist nicht zu bestreiten.« Von daher fragt er:

4. »Darf man dann die zweite, mit ihrem ausgedehnten, ruhelosen Orchesterfugato im Presto, als die Störung des inneren deuten?« Als Argumente für diese Deutung geht Kirkendale von zwei satztechnischen Beobachtungen aus: das »intellektuellere Fugato-Prinzip« ordnet er dem »sich ›innen‹ abspielenden Kampf« zu; außerdem gibt es innerhalb des *Dona* eine ›innere‹ thematische Verwandtschaft zwischen dem Quartaufstieg des Fugato-Themas und einem »pacem«-Motiv zu Beginn des *Dona* im Chor. Beides zusammengenommen, die motivische Beziehung innerhalb des Satzes und die Zuordnung Fugatotechnik – innerer Kampf, sind die Anhaltspunkte für Kirkendales Deutung dieses Abschnittes. »Die erste Episode hat keine derartige Beziehung zum Rest des Satzes, sie vertritt den *Einfall von außen*«.[5]

Erst das Zusammendenken all dieser Aspekte ermöglicht den Schluß, daß es in diesem Abschnitt von Beethovens *Dona* um die Störung des inneren Friedens geht. So schlüssig diese Deutung wirkt, gäbe es natürlich reichlich Punkte, die dazu angetan wären, diese Deutung kritisch zu befragen. Falls es zutrifft, daß Beethoven mit zwei Abschnitten des *Dona* die Störung des äußeren und des inneren Friedens auskomponiert hat, in welchen Abschnitten kommt dann die von Beethoven im Untertitel genannte »Bitte um innern und äußern Frieden« zum Ausdruck? Ebenfalls in unter-

---

5 Warren Kirkendale: *Beethovens Missa Solemnis und die rhetorische Tradition*, in Ludwig Finscher (Hg.): *L. van Beethoven*, Darmstadt 1983, S. 52-97.

schiedlichen Abschnitten? Zwar findet sich in Beethovens Skizzenbüchern zum *Dona* eine Fülle von programmatischen und symbolischen Hinweisen wie »zuletzt timpani als Friedenszeichen«, »dona nobis pacem noch in moll denn man bittet ja um den Frieden«, »Krieg Sturm / Recitati[iv]«, »auch der Sopran kann seine innere Ruhe u. Freude als in hohen Tönen zeigen«, usw.[6] Zwei Stellen werden auch mit den Worten bezeichnet »es kann [konnte] auch Stärke der Gesinnung des innern Friedens über alles sejn [Sieg!]«. Eindeutige Hinweise darauf, daß es in den Takten 266ff. semantisch um die Störung des inneren Friedens gehen soll, gibt es jedoch nicht.[7]

Das von Kirkendale so apostrophierte »intellektuellere Fugatoprinzip« des Orchester-Presto wird bereits beim Chorfugato von T. 216-225 verwendet; d. h., auch hier müßte es demnach um einen ›inneren‹ Bereich gehen. Da das Thema Händels »Halleluja«-Chor entnommen scheint (»and He shall reign forever and ever«), wechselt Kirkendale die Ebene und argumentiert politisch: Er vermutet an dieser Stelle politische Propaganda gegen die Franzosen: Der Bezug zu einem Thema aus Händels *Messias*, aus englischer Kirchenmusik also, vertreibe französische Kriegsfanfaren. Innerer oder äußerer Friede – die Deutung wird zusehends uneindeutiger. Und weiter: wenn die anschließenden pastoralen Bewegungen im 6/8-Takt tatsächlich den »wiederhergestellten Frieden« meinen (inneren oder äußeren?): In welchen musikalischen Gesten äußert sich eigentlich Beethovens ausdrücklich genannte »Bitte« um Frieden? Denn das Hörerlebnis läßt erfahren, daß das *Dona* keineswegs nur die Polarität ›Friede – Störung des Friedens‹ zum Ausdruck bringt; man denke z. B. an die viertaktigen fallenden »pacem«-Terzen, von Männerstimmen und Frauenstimmen des Chors nacheinander zweimal vorgetragen (T. 131-138 u. T. 241-248). Überdies: Auch der Abschnitt im Anschluß an die Kirkendale'sche »Störung des inneren Friedens« wirft Fragen auf: Wiederum erscheinen gehäuft Trompetensi-

---

6 Zusammenstellung bei William Drabkin: *The Agnus Dei of Beethoven's Missa Solemnis: The Growth of Its Form*, in William Kinderman (Hg.): *Beethoven's Compositional Process*, University of Nebraska 1991, S. 137.
7 Vgl. die Transkription der Skizzen aus dem Taschen-Skizzenbuch des Sommers 1821, ebd. S. 156f. Drabkins Zuordnung des Beginns der auf S. 155 abgedruckten Skizzen zu T. 266f. kann sich allein auf den Zusatz »fug[e/ato]« stützen.

gnale, Pauken und Posaunen, das Ganze klingt erneut – für heutige Hörer – eindeutig nach Militärbereich und Störung des äußeren Friedens. (Wobei diese Auffassung für die zeitgenössischen Berichterstatter offensichtlich gar nicht so eindeutig auf der Hand lag.) Was aber hat die Wiederkehr von Militärmusik zu bedeuten? Etwa, daß sich an die Störung des »inneren Friedens« erneut ein Abschnitt der Störung des »äußeren Friedens« anschließt?

Doch um Fragen dieser Art soll es an dieser Stelle gar nicht in erster Linie gehen. Worauf es hier ankommt, ist, ausgehend von Beethovens *Dona nobis pacem* darüber nachzudenken, in welcher Weise bei einer Deutung wie dieser sehr unterschiedliche Diskursfäden aus unterschiedlichen Zeiten verwoben werden, um zu derartigen inhaltlichen Deutungen zu gelangen. Klangwelten des Friedens sind das Ergebnis von komplexen Interpretationen. Der Frieden wird hörbar, indem bestimmte Diskursfragmente herausgestellt und mit anderen kombiniert werden.

Beethoven komponierte seine Messe vor dem Hintergrund, mit Kenntnis und teilweise unter Einbeziehung von Elementen der musikalischen, rhetorischen und theologischen Tradition. Das Ergebnis ist eine Partitur, die seitdem von Interpreten auf mitunter gravierend unterschiedliche Weise, mit unterschiedlichem Instrumentarium, in unterschiedlichen Tempi etwa, zum Klingen gebracht wird. Die Beethoven-Deutung schließlich, die inzwischen selbst bereits eine lange Tradition hat, stützt sich auf bekannte und unbekannte zeitgenössische Texte, verbindet analytische Beobachtungen an der Partitur mit Aussagen des Komponisten in den Skizzen oder in Werküberschriften, mit biographischen Details sowie mit Werken anderer Komponisten oder außermusikalischen Quellen. So mag Beethoven, wie Birgit Lodes neuerdings vermutet, das um 1800 weit verbreitete Buch von Ambrosius von Lombez *Ueber den innern Frieden* gekannt haben. Von Lombez hat den inneren Frieden als positiven Einfluß Gottes auf das Individuum beschrieben, und bei innerer Friedlosigkeit beherrschten unter anderem Unruhe und konflikthafte Impulse das menschliche Herz.[8] Doch ist damit eindeutig die kompositorische Gestaltung gerade der Takte 266ff. beschrieben?

8 Birgit Lodes: *Probing the Sacred Genres: Beethoven's Religious Songs, Oratorio and Masses*, in Glenn Stanley (Hg.): *The Cambridge Companion to Beethoven*, Cambridge 2000, S. 218-236. Hier S. 234. Jedem Versuch einer

Sicher ist jedenfalls, daß das vielgerühmte *Dona* aus Beethovens *Missa solemnis* seine hohe symbolische Bedeutung, die ihm aus dem Blickwinkel der Friedensthematik zugewachsen ist, keineswegs von Anfang an gehabt hat. Von einer Deutung des instrumentalen Abschnittes in Beethovens *Dona* im Blick auf den ›inneren Frieden‹ ist jedenfalls bei zeitgenössischen Rezensenten der *Missa solemnis* nicht die Rede. Lapidar heißt es beim einen: »Dann folgt ein langer, kontrapunktischer Instrumentalsatz, der zur Conclusion des Ganzen führt, zu der B. nicht das gewöhnliche ›Amen‹, sondern die Worte ›Agnus Dei, dona nobis pacem‹ genommen.« Der zweite bleibt bei der Beschreibung des Partiturbildes stehen: »Eben so unerwartet geschieht der Eintritt eines Presto, worin die Stimmen ruhen, und blos der Orchester-Parthie ein analoges neues Fugenthema angewiesen ist.«[9]

Was die Interpretation dieses Satzes von Beethoven exemplarisch zu erkennen gibt, ist das komplexe Diskursgewebe, das grundsätzlich bei der Interpretation von Musik – und eben auch solcher mit Bezug zur Friedensthematik – eine Rolle spielt, so stillschweigend es auch vielfach hingenommen oder mitunter ausgeblendet wird. Jean-Jacques Nattiez spricht zu Recht von der »Semiologie der Interpretation«, bei der die Ebenen der Produktion (»poetic level«), der Rezeption durch Interpreten, Deutende und Hörer (»esthetic level«) sowie der Partitur und des Erklingenden (»neutral level«) als drei Dimensionen des musikalischen ›Gegenstandes‹ gleichermaßen beteiligt sind.[10] Dabei sind alle Interpretations- und Deutungshandlungen der Rezeptionsseite – in klingender Musik genauso wie in Worten – keineswegs nur passiv empfangend, sondern auf verschiedenen Ebenen aktiv auf Werk, Komponist und Entstehungsprozeß bezogen. In dieses komplexe

---

eindeutigen Zuordnung einzelner Satzfragmente steht entgegen, daß von Lombez in den sieben Kapiteln des zweiten Teils seines vierteiligen Buches (franz. 1756, aus dem Franz. übersetzt nach der 10. Aufl., Landshut 1831) eine breite Palette »Von den Hindernissen des Friedens und deren Gegenmitteln« entfaltet: »1. Eitle Freude und düstere Traurigkeit, 2. Der ungestüme Eifer, 3. Die natürliche Thätigkeit, 4. Die Indolenz, 5. Von der Heftigkeit der Anfechtungen und von dem Widerstande, 6. Einige andere Hindernisse dieses Friedens, 7. Die Skrupeln«.

9 Das erste Zitat ist der Besprechung durch Georg Christoph Grossheim, das zweite der bereits anfangs zitierten von Ignaz Xaver von Seyfried entnommen. Abgedr. bei Kunze, op. cit. (Anm. 3), S. 433 u. S. 450.

10 Jean-Jacques Nattiez: *Music and Discourse. Toward a Semiology of Music*, Princeton 1990.

Diskursgewebe sind sowohl die breite Palette von Kompositionen, die mit oder ohne Text ausdrücklich zur Friedensthematik Stellung beziehen, als auch die Vielfalt von subjektiven Friedensphantasien, die auf unterschiedliche Musiken bezogen und projiziert werden, eingebunden.

In bezug auf Beethovens *Dona* ist es nicht die Musik selber, die erklingend eine Störung des inneren Friedens bezeichnet. Es ist die kunstvolle Interpretation des Beethoven-Exegeten Warren Kirkendale, die an den instrumentalen Abschnitt in Beethovens *Dona* den Gesichtspunkt der Störung des inneren Friedens heranträgt, und es ist *diese* Interpretation, der sich unser Wahrnehmen und Verstehen dieses Abschnittes anschließt. Erklingende Musik, Deutung und gerichtetes Hörerlebnis finden (auf der Grundlage eines vielschichtigen Interpretationsaktes) zu einer Entsprechung.

Dabei ist sicher, daß sich Beethovens *Dona* aus seiner *Missa solemnis* im Blick auf mögliche Lokalisierungen von innerem und äußerem Frieden und deren Störungen einer endgültigen Eindeutigkeit entzieht. Der Rezensent Ignatz Xaver von Seyfried hat jedenfalls völlig recht behalten: Was viele Einzelheiten in diesem Satz bedeuten mögen – dieses Mysterium nahm der Meister mit ins Grab. Das heißt freilich nicht, daß wir nicht sehr wohl diesen Satz als auskomponiertes dramatisches Ringen um den Frieden, äußeren wie inneren, immer wieder neu erleben dürfen. Aber wir sollten uns der Vorläufigkeit und Zerbrechlichkeit von allzu eindeutigen und scheinbar endgültigen Zuordnungsversuchen bewußt bleiben. Friedensklänge: Musik und Ideen des Friedens werden in Interpretationen verbunden, die verankert sind in vielsträngigem Diskursgewebe.

Prozesse der Semiose

»Zeiten der Wirren regen zum Nachdenken an.«

(Raymond Aron)

Heraklit hat in drei Worten ausgesprochen, daß erst nach dem Konflikt die Versöhnung und der Friede kommen. Panton pater polemos. Der Krieg ist der Vater aller Dinge. Ist er damit auch der Vater des Friedens? Ob eine Musik als kriegerisch oder friedlich angesehen wird, ergibt sich aus der jeweiligen Einbindung dieser Musik in den vielfältigen Musikdiskurs. Dabei muß damit gerechnet werden, daß ein und dasselbe musikalische Phänomen zu unterschiedlichen Zeiten bisweilen extrem unterschiedlich eingeordnet wird. Der Zeitgenosse beurteilte die Presto-Episode in Beethovens *Dona* als »den Ideenfluss nur störenden Instrumentalsatz«, für den Beethoven-Deuter des 20. Jahrhunderts spielt sich da der Kampf um den inneren Frieden ab. Noch extremer fast sieht es bei der Deutung von einfachen Tonleitern von der Antike bis heute aus.

Im Dialog zwischen Sokrates und Glaukon, von Platon in seinem *Staat* (*Politeia*) überliefert, geht es unter anderem um die Tonarten, die für die Staatserziehung verwendbar sind:

> Sokrates: Welches sind nun die weiblichen und für Trinkgelage geeigneten Tonarten?
> Glaukon: Es gibt ionische und lydische Tonarten, die unter dem Namen der ›schlaffen‹ bekannt sind.
> Sokrates: Findest du nun diese für kriegerische Männer irgend verwendbar?
> Glaukon: Nein und nimmermehr; es scheinen vielmehr nur die dorische und die phrygische Tonart übrig zu bleiben.
> Sokrates. Ich verstehe mich nicht auf die Tonarten […] Diese zwei Tonarten, eine gewaltsame und eine zwanglose […] musst du mir übrig lassen.[11]

Nur zwei Tonarten werden von Sokrates als brauchbar hervorgehoben: das Dorische, das sich im Umkreis der Tapferkeit bewegt, und das Phrygische, das der Besonnenheit zugeordnet wird. Dem stehen die »klagenden Tonarten« und die »weichlichen und für Trinkgelage geeigneten Tonarten« gegenüber. Doch herrschte bereits in der Antike keine Einmütigkeit über den Charakter der einzelnen Tonarten. So kritisierte Aristoteles ausdrücklich Sokrates' Charakterisierung des Phrygischen: Es trage seiner Meinung nach keineswegs zu Besonnenheit bei, sondern wirke »pathetisch« (die Gefühle aufregend) und »orgiastisch« (Aristoteles, *Politik*, VII,7, 1342b). Wieder anders und ebenfalls widersprüchlich war die Deutung beider Tonleitern in der mittelalterlichen Ethoslehre.

---

11 Platon, *Staat*, III, 398d, Leipzig 1916[4].

Notenbeispiel 2:

Antike Bezeichnung	dorisch (abwärts)	phrygisch (abwärts)
Mittelalterliche Bez. (seit Hucbald, 9. Jh.)	phrygisch (aufwärts)	dorisch (aufwärts)
Sokrates / Platon	Tapferkeit	Besonnenheit
Aristoteles		pathetisch, orgiastisch
Ma. Ethoslehre	hitzig, sprunghaft	gewichtig, ernst
	stürmisch, ausgelassen	vornehm

So wandelte sich die symbolische Besetzung der Tonarten von der Antike zum Mittelalter grundlegend. Und auch danach änderten sich die Auffassungen weiter. Im Barockzeitalter war man sich nicht einig, was welche Tonart denn nun bewirken sollte. Nachdem sich das Dur-Moll-System durchgesetzt hatte, festigte sich in der Praxis der Kontrast Dur = hell, strahlend, und Moll = dunkel, bedrückend. Die phrygische Klausel mit dem Leitton zur dritten Stufe (in C-Dur: h-a-g-f-e) symbolisierte im Rahmen des Hell-dunkel-Kontrasts etwas Klagendes; für Alois Hába war die phrygische Tonart deshalb ›dunkler als Moll‹.

Es ist zugleich Schwäche und Vorteil musikalischer Symbole, daß sie Bedeutungen nur ephemer festigen können. Tonleitern, Intervalle, Akkorde, Motive, Sonatensätze und andere Musikkomplexe können zwar als Symbole aufgestellt werden, ja, ganze Werke können etwas symbolisieren – z. B. Koexistenz und Versöhnung –, aber Musik kann keine Begriffe und Gegenstände bezeichnen. Bewegungen und Tätigkeiten kann sie abbildend darstellen: Schlachtengetümmel genauso wie Friedensruhe. Sie vermag Situationen und psychische Zustände zu evozieren, aber musikalische Symbole bleiben mehr Charakteristika denn ›Bezeichnungen‹. So vermag Gustav Holst in seinen *The Planets* (1914-17) durch den Gegensatz von maschinenhaft-eintönig hämmernden Rhythmen und feingliedrig verklärend-schöner Satzstruktur den Gegensatz von »Mars, dem Kriegsbringer« und »Venus, der Friedensbringerin« zu charakterisieren. Aber das Gemeinte wird durch die Musik nicht wie durch sprachliche Zeichen bezeichnet.

Stets sind es akustische Bilder (Militärsignale, Kirchenglocken) oder Indizes der Stimmung (›kriegerischer Tumult‹, ›friedliche Stille‹), durch die komplexe Begriffe wie ›Krieg‹ und ›Frieden‹ symbolisiert werden. Auch dabei lassen sich, einem Vorschlag von Vladimir Karbusicky folgend, die verschiedenen Abstufungen der Symbolqualität auf zwei Klassifizierungsachsen systematisieren: zum einen auf einer gestuften Achse der Anteile von ikonischen und indexikalischen Qualitäten, zum anderen auf einer Achse zunehmenden Umfangs der symbolischen Vertretung.[12]

Auf der Achse der Abstufung seien zwei Pole exemplarisch näher genannt: Trompeten und Pauken, wie in Beethovens *Dona*, bringen in viele Musiken die Klangwelt des Militärischen ikonisch-abbildend hinein. Am andere Ende dieser Achse die Zwölftonkonstruktion des abschließenden einstimmig vorgetragenen Chors »Höre Israel: Der Ewige, unser Gott, ist einzig...« in Arnold Schönbergs *Ein Überlebender aus Warschau* (1947). Sie ist vom Komponisten in einem willkürlichen Bezeichnungsakt als Symbol für die Vollkommenheit göttlichen Friedens eingesetzt worden.

Der Umfang der Vertretung von Symbolen reicht vom gestalteten Einzelton (z. B. einem Fanfarenton) über Intervalle (fallende Sekunden, Tritoni), Akkorde, Motive und Themen bis hin zu ganzen Werken. Deshalb können auch ganze Sätze oder Satzfolgen ›Frieden‹ symbolisieren. Dabei belegt beispielsweise ein Divertimento Mozarts, aus der Perspektive der Friedensphantasien mit Assoziationen wie Friedlichkeit und Glückseligkeit verbunden, wie der klingende Gegenstand im Lauf der Rezeptionsgeschichte verschiedene Grade der Funktionalität erhält. Immanuel Kant betrachtete Divertimenti und Tafelmusik in erster Linie als »angenehmes Geräusch«, das eine fröhliche Stimmung erzeugen soll: »... ein wunderliches Ding, welches nur als ein angenehmes Geräusch die Stimmung der Gemüter zur Fröhlichkeit unterhalten soll, und, ohne daß jemand auf die Komposition derselben die mindeste Aufmerksamkeit verwendet, die freie Gesprächigkeit eines Nachbars mit dem anderen begünstigt.«[13] Auf

---

12 Vladimir Karbusicky: *Grundriß der musikalischen Semantik*, Darmstadt 1986, S. 106.
13 Immanuel Kant: *Kritik der ästhetischen Urteilskraft*, 1790, § 44.

den Konzertpodien der Gegenwart erklingt Mozarts Divertimento als ein Stück absoluter Musik, in das im Prozeß der Semiose fast alles mit aufgenommen werden kann: vom Symbol des Sozialmilieus der Rokoko-Zeit über die Kammermusik der Engel bis zu unterschiedlichen auf Musik bezogenen Friedensphantasien, z. B. Schönheit und Beschwingtheit, Glück und Glückseligkeit.

Bei diesen Rezeptionsweisen der Musik Mozarts muß allerdings auch mit geschlechtsspezifischen Stereotypen des Erlebens und Verhaltens gerechnet werden, die sich im Denken und Sprechen niederschlagen. Zum Adagio aus Mozarts *Gran Partita* KV 361 (1781) sollten in einem von Günter Kleinen durchgeführten empirischen Experiment folgende auffällige Statements den Geschlechtern zugeordnet werden:

Zuweisungen zu männlichen Personen	Zuweisungen zu weiblichen Personen
Keine Harmonie mit mir selbst, aber sie fördert Gleichgewicht, zeigt Harmonie auf, läßt daran partizipieren.	Harmonie mit mir selbst. Weil die Musik meine Empfindungen positiv anspricht.
Eine Botschaft ist mir unwichtig.	Menschen können in harmonischer Weise miteinander umgehen, sich ergänzen, bestärken.
Sie gibt mir Auskunft über meine kulturelle Herkunft und meinen musikalischen Widerspruch dazu.	Das Leben geht auf und ab, so ist es nun mal. Die Musik enthält etwas Glückliches oder einen Weg zur Zufriedenheit.
Ruhe, Gelassenheit, vielleicht auch Trauer.	Traurigkeit, auch Überblick und Optimismus, Lebendigkeit.

Die Auswertung dieses und weiterer Beispiele von Bartók, Boulez, Otto, Santana und AC/DC führte Kleinen zu dem Schluß, daß solche Zuordnungen Vorurteile des sozio-kulturellen Raumes reproduzieren: »Danach treten ›Männer‹ eher rational auf, machen Schubladen auf und schieben Gesprächsgegenstände in sie hinein, haken Probleme einfach ab; ›Frauen‹ äußern eher Gefühle, zeigen Betroffenheit, versuchen Spannungen auszugleichen, gehen mit mehr Einfühlung vor.«[14]

14 Günter Kleinen: *Die psychologische Wirklichkeit der Musik*, Kassel 1994, S. 110ff.

Zwar sind viele Ton- und Klangkomplexe, Suitensätze und Sinfonien einfach ›Ereignisse‹ und keine Zeichen ›für etwas‹. Doch in einem bedeutungsträchtigen Kontext kann ein und derselbe Akkord, kann ein und dasselbe Musikstück zum Zeichen werden, genauso wie umgekehrt ein Musikstück mit semantischer Ladung auch entsemantisiert werden kann. Roman Ingarden führt das Beispiel an, daß man durch die Zimmerwand »ein Präludium Chopins hört, und es ›bedeutet‹ nichts anders als das Faktum: ›die Nachbarin übt wieder, sie ist nach Hause zurückgekehrt‹.«[15] Gleiches ließe sich über das lautstarke Hören von Beethovens *Dona* oder Mozarts *Gran Partita* sagen. Damit Frieden hörbar werden kann, kommt es auf die Einstellung des Hörers, auf sein Hinhorchen und die Bereitschaft zum In-der-Musik-Sein an. Nur dann kann es zur Entstehung von nachhaltigen Bedeutungen kommen.

Hoffnung auf Koexistenz und Versöhnung

> »Frieden ist ein so durch und durch ›gutes Wort‹, daß man sich vor ihm in acht nehmen soll. Für die verschiedensten Menschen hat es seit jeher die allerverschiedensten Dinge bedeutet. Sonst könnten sich nicht alle so bereitwillig und allgemein auf den Frieden einigen...«
>
> *(C. Wright Mills)*

Was ist Friede, was Musik? So wenig es in der Geschichte der Menschheit bisher gelungen ist (und je gelingen wird), einen allgemeinen Begriff der Musik zu gewinnen, so schwierig ist auch der Frieden zu definieren. Nur in früheren Zeiten konnten Krieg und Frieden als zwei deutlich voneinander unterscheidbare, sich gegenseitig ausschließende politische Zustände gelten. Frieden aber war und ist, wie Volker Rittberger zugespitzt hat, »mehr als kein Krieg«.[16] Die brennende Frage allerdings, wie die Abwesenheit von personaler Gewalt, struktureller Gewalt und kultureller Gewalt erreicht werden kann, ist zum Verzweifeln anspruchsvoll.

---

15 Roman Ingarden: *Untersuchungen zur Ontologie der Kunst*, Tübingen 1962, S. 207.
16 Volker Rittberger: *Ist Frieden möglich?*, in: *Universitas*, Bd. 40, 1985, S. 1139-1149.

Eine Ausdifferenzierung des Friedensbegriffes im Sinne eines historischen Prozesses, wie ihn beispielsweise Reinhard Meyers in nebenstehendem Schema ersonnen hat, bleibt schönes Wunschdenken. Immerhin treffen sich bei der frommen Utopie eines spirituellen Friedens Musiker und Friedensforscher.

»Erziehung zum Frieden ist Erziehung zur Veränderung der Welt«, hatte der Pädagoge Hartmut von Hentig 1967 postuliert, doch änderte er seitdem seine Ansicht radikal. 1987 bestritt er, daß man »zum Frieden erziehen« kann. »Weil man Menschen zum Krieg erziehen kann, hat man gehofft, man könne sie auch zum Frieden erziehen. Das ist ein logischer und empirischer Irrtum. Ein logischer Irrtum, weil Frieden keine besondere Tätigkeit, kein bestimmtes, beschreibbares Verhalten ist. Ein empirischer Irrtum, weil dies noch nie vorgekommen ist.«[17] Eine hoffnungsvolle Antwort auf Sigmund Freuds Schicksalsfrage, ob es der Menschenart gelingen wird, »der Störung des Zusammenlebens durch den menschlichen Aggressions- und Selbstvernichtungstrieb Herr zu werden«, scheint nicht in Sicht.[18] Potentielle Kampf- und Kriegsbereitschaft bestimmt unser Leben und unsere Denkmuster: »Nicht Friedlichkeit, sondern Bedrohungsvorstellungen, Gegendrohung und ständige potentielle Kampf- und Kriegsbereitschaft bestimmten und bestimmen bis heute sehr entscheidend Inhalt und Struktur unserer gesellschaftlichen und politischen Institutionen. [...] Wenn, wie ich fürchte, diese Hypothese stimmt, dann kann die Bewirkung eines menschenwürdigen Friedens wohl nur gelingen, wenn wir alle Denk- und Ordnungsmuster, unter denen wir heute leben und in denen wir denken, kritisch durchdringen und verwandeln.«[19]

Welchen Beitrag vermag Musik mit friedenspolitischer Orientierung zu dieser geforderten Verwandlung der Denk- und Ordnungsmuster beizusteuern?

Die Wirkung des Archetyps ›Aus der Finsternis zum Licht‹ ist in der europäischen Musikgeschichte mit dem Wechsel vom düsteren Moll zum strahlenden Dur tausendfach angewandt wor-

---

17 Hartmut von Hentig: *Arbeit am Frieden*, München/Wien 1987, S. 36; ders.: *Ach, die Werte!*, München/Wien 1999, S. 52.
18 Sigmund Freud: *Das Unbehagen in der Kultur*, in: *Gesammelte Werke*, Bd. XIV, Frankfurt a. M. 1963, S. 506.
19 Johannes Schwerdtfeger: *Erziehung zum Frieden*, in: *Wissenschaft und Praxis in Kirche und Gesellschaft*, Bd. 59, Nr. 7, 1970, S. 324.

Schema »Friede«

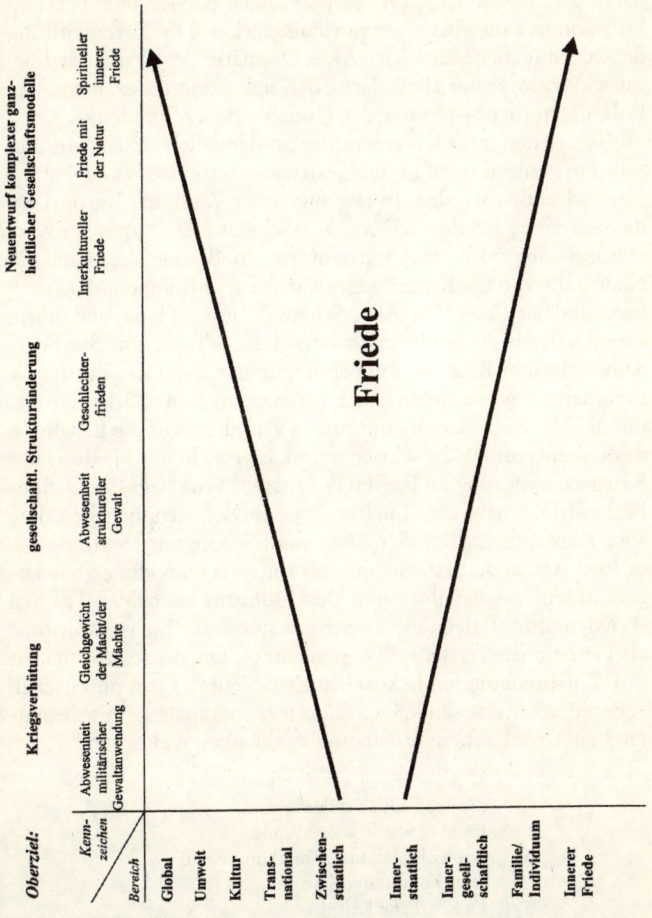

Oberziel:	Kriegsverhütung		gesellschaftl. Strukturänderung		Neuentwurf komplexer ganzheitlicher Gesellschaftsmodelle		
Kennzeichen / Bereich	Abwesenheit militärischer Gewaltanwendung	Gleichgewicht der Macht/der Mächte	Abwesenheit struktureller Gewalt	Geschlechterfrieden	Interkultureller Friede	Friede mit der Natur	Spiritueller innerer Friede
Global							
Umwelt							
Kultur							
Transnational							
Zwischenstaatlich							
Innerstaatlich							
Innergesellschaftlich							
Familie/Individuum							
Innerer Friede							

Friede

(aus: Reinhard Meyers: *Krieg und Frieden – Zur Entwicklung von Konflikt- und Kooperationsformen im 20. Jahrhundert*, in: *Politische Bildung*, Bd. 34, Nr. 1, 2001, S. 19, Abb. 4) den. Nicht zuletzt die dramatische Gestaltung der zyklischen Sonatenform in vier Sätzen verkörpert diesen Archetyp und gelangt insbesondere im Finale »empor zum Licht«. Die Tiefenwirkung der zugrundeliegenden Vier-Akte-Dramatik liegt Vladimir Karbusicky zufolge vor allem darin, daß sich damit die existentiellen Polaritäten Licht ↔ Finsternis, Gutes ↔ Böses, Frieden ↔ Krieg mit ›absoluten‹ musikalischen Mitteln darstellen lassen. Mit diesem Formungsmodell können extrem unterschiedliche Deutungen verbunden werden. In faszinierender Weise hat Karbusicky demonstriert, daß dieses Vier-Akte-Schema nicht nur in der Dramaturgie der zyklischen Sonatenform, sondern genauso auch in einer Fülle von Liedtexten gegenwärtig ist: »Millionen Menschen hatte und hat dieses Vier-Akte-Schema in seiner Hand, und führte sie – und treibt sie immer noch – in sinnloses Töten und Sterben.« Seine magische Kraft sei anthropologisch bedingt: Es gehe um die Parameter der menschlichen Existenz, um seine Orientierung, um die Mechanismen des optimalen Verhaltens für die Erhaltung des Lebensraumes. So schrieb beispielsweise in der Hysterie der Kriegsbegeisterung zu Beginn des Ersten Weltkriegs der Dichter Richard Dehmel einen Liedtext, dessen vier Strophen sich dem Vier-Akte-Schema der vier Sätze einer Sonate oder Sinfonie zuordnen lassen: die erste Strophe als Entsprechung des ersten Satzes mit seiner Aufstellung und Durchführung der beiden Themen ›Frieden‹ und ›Krieg‹, die zweite mit spürbarer Energieabnahme als Pendant des lyrischen zweiten Satzes. Die dritte Strophe hat ihre Entsprechung im hektischen Zeitablauf des symphonischen Scherzo, die vierte schließlich endet wie ein Finalsatz mit sieghaften Fanfaren, Paukenwirbeln und strahlenden Akkorden.[20]

>   1. Sei gesegnet, ernste Stunde,
>   die uns endlich stählern eint;
>   Frieden war in aller Munde,
>   Argwohn lähmte Freund und Feind.
>   Jetzt kommt der Krieg!
>   Der ehrliche Krieg!
>
>   2. Dumpfe Gier mit stumpfer Kralle
>   feilschte um Genuß und Pracht;
>   jetzt auf einmal fühlen alle,

[20] Wiedergegeben nach Vladimir Karbusicky: *Kosmos – Mensch – Musik*, Hamburg 1990, S. 214f. – Das Lied Dehmels erschien im Liederbuch *Empor, mein Volk*, Jena 1914.

was uns einzig selig macht.
Jetzt kommt die Not!
Die heilige Not!

3. Feurig wird nun Klarheit schweben
über Staub und Pulverdampf;
nicht ums Leben, nicht ums Leben
führt der Mensch den Lebenskampf.
Stets kommt der Tod!
Der göttliche Tod!

4. Gläubig greifen wir zur Wehre
für den Geist in unserm Blut;
Volk, tritt ein für deine Ehre,
Mensch, dein Glück heißt Opfermut.
Dann kommt der Sieg!
Der herrliche Sieg!

In völlig andere Richtung geht die Deutung, daß »die Sinfonik einer der Friedensproblematik kongeniale(n) Dramaturgie« unterliege, daß »durch die sinfonische Formgestalt existentiellen Fragen, wie sie auch Krieg und Frieden darstellen, Ausdruck verliehen werden kann [...]«.[21] In der Tat kommt es gerade in der Sonatenhauptsatzform nach der Aufstellung zweier Themen (mit Hegel gesprochen: These und Antithese) nicht zwingend, aber oft genug zu einer – kämpferischen – Durchführung beider Themen, dann zu einer Reprise mit der Wiederaufnahme der Themen, ergänzt um einen versöhnenden Schlußteil, die Coda.

Notenbeispiel 3: Die Trompetenfanfare in den Schlußtakten von Dmitrij Schostakowitschs *Fünfter Sinfonie* (1937). Dirigent und Orchester vermögen durch die Art ihrer Interpretation (Tempo, klangliche Ausbalancierung) diese Übersteigerung sowohl als trivialen Jubel wie als quälenden Ausdruck erzwungener subversiver Anpassung zu gestalten. (Notenbeispiel aus Jacques Wildberger: *Schostakowitsch 5. Sinfonie d-Moll op. 47*, Meisterwerke d. Musik, Heft 53, München 1989, Bsp. XXII).

[21] Dieter Senghaas: *Klänge des Friedens. Ein Hörbericht*, Frankfurt a. M. 2001, S. 183.

Wenn eine Durchdringung und Verwandlung aller Denk- und Ordnungsmuster die Voraussetzung dafür ist, daß menschenwürdiger Friede möglich wird, dann sind gerade solche Sonaten- und Sinfoniesätze der Aufmerksamkeit wert, in denen nicht das erste Thema triumphal siegt. Beispielsweise der erste Satz von Dmitrij Schostakowitschs *Siebenter Sinfonie* (1941), komponiert während der Leningrader Blockade durch die deutschen Truppen. Zwar führt er ein drittes Thema ein, das den »Einfall des aggressiven deutschen Faschismus« verkörpert; gleichzeitig geht es aber auch um das Leningrad, das »Stalin zugrunde gerichtet hat«, und deshalb gibt es keine Aufhebung des Konflikts in einer Reprise als Wiederholung der Exposition. Die latente Präsenz des Konflikts bleibt bis zur Coda erhalten, es gibt keine klischeehafte Polarisierung von Gut und Böse. Bereits im Kopfsatz seiner *Vierten Sinfonie* (1935/36) hatte Schostakowitsch mit der Verwandlung von Themencharakteren experimentiert. In der Reprise behauptet sich letztlich das Verhaltene, Leise des zweiten Themas gegenüber dem Dramatischen und Motorischen des ersten Themas. Beide passen sich im Verlauf des Satzes an die Parameter des anderen Themas an, bis hin zur simultanen Verarbeitung von Elementen beider Themen. Gleichzeitigkeit oder Synthese der Gegensätze.

Sonatensatzkonzepte wie diese lassen in der Sprache der Musik nachvollziehen, auf welche Weise überholte Schwarz-Weiß-Reduktionen, die ja u. a. auch in sogenannten ›negentropischen‹ Konzepten zur Zeit des Ost-West-Konfliktes (wechselseitige Abschreckung!) eine Rolle spielten, zu überwinden sind.[22]

Auch im Bereich der Musik gilt, daß unterschiedliche Weltanschauungen und mit ihnen verbundene Werte verschieden sind und in Konflikt miteinander geraten können. Befragungen von Konzertpublika haben ergeben, daß das Konzept der »einen Musikkultur« eine Fiktion ist. Nicht ein in sich geschlossenes Festland »Musik in Deutschland«, sondern unterschiedliche, mehr oder weniger voneinander entfernte »Kulturinseln« kristallisierten sich als Ergebnis der Untersuchung heraus: von dem »Klassik-Kontinent« über die Insel der leichten Muse bis zur Insel für Neue Musik, usw. Zwischen den einzelnen Inseln sind die Gewässer unterschiedlich tief und gefährlich, ist die gegenseitige Ablehnung

---

22 Ebd., S. 41.

mehr oder weniger kraß ausgeprägt. Daß die Musik bestimmter anderer Inseln regelrecht »verboten werden sollte«, ist dabei in erschreckendem Umfang auszumachen. Heino-Fans hätten am liebsten Stockhausen verboten – und umgekehrt. Im übrigen ziehen sich ja Verbote von Musik und Instrumenten durch die Menschheitsgeschichte. Erst als jüngst in Afghanistan die Talibanherrschaft gebrochen war, durften wieder Instrumente erklingen; buchstäblich wurde dort so etwas wie Friede tatsächlich hörbar.

Gruppen von Menschen mit gleichen oder ähnlichen Wertüberzeugungen finden sich immer wieder zusammen – und sei es auf den Kulturinseln der unterschiedlichen Konzertwelten, sei es bei Klängen des Friedens im Bereich der klassischen Musik, der populären Musik oder der Weltmusik, bei Nicoles *Ein bißchen Frieden* nicht weniger als bei Luigi Nonos *Intolleranza* (1960/61). So notwendig es ist, die bestehende Heterogenität (auch) der Musikkultur anzuerkennen, so unverzichtbar ist das Bemühen darum, im Sinne friedlicher Konfliktlösung mit den Unterschieden umgehen zu lernen. Dazu vermag auch beizutragen, der Dramaturgie der großen sinfonischen Werke unter dem Gesichtspunkt der Verwandlung von Denk- und Ordnungsmustern nachzuspüren.

Der objektlose Kern musikalischer Friedenserfahrung

»Töne dringen ein.«

(Helmuth Plessner)

»Et in terra pax«. Wer von den älteren Lesern, der sich noch an das Pausenzeichen des Senders Radio Bremen erinnert, war sich bewußt, daß hier jedesmal ein Motiv aus Bachs *h-moll-Messe* (1733) erklang? Und zwar die Chorstimmen von Bachs Vertonung des Bibelverses Lukas 2,14 »et in terra pax« im *Gloria* von Bachs großer Messe? Der Bachforscher Walter Blankenburg hat anschaulich beschrieben und gedeutet, was sich dramaturgisch ereignet, wenn genau 100 Takte »Gloria in excelsis Deo«, eine Art Himmelskonzert mit zwei Pauken und drei Trompeten (als Repräsentanten der überirdischen Welt), erklungen sind: »Mitten im Takt 100 bricht der Jubel dieses Satzes plötzlich ab. Ohne Unterbrechung tritt eine Wendung nach G-Dur, der Tonart der Unterdominante, als Symbol der Erniedrigung und Menschwerdung Gottes ein. Hand in Hand damit wechselt der Takt in den begrenzten, die irdische Welt andeutenden Viervierteltakt über. [...] Der Sinn dieses Kontrastes drängt sich unmittelbar auf: Der Hörer wird auf die Erde versetzt. Hier freilich steht das Rad der Weltgeschichte still, da ›die Zeit erfüllt ist‹, der Friede Gottes bricht über sie herein.«[23] Andererseits, bezieht man die anschließende Fuge zu den Worten »bonae voluntatis« mit ein, handelt es sich keineswegs um die Statik von gegenübergestellten, in sich geschlossenen Kontrastabschnitten, sondern um eine Klang- und Bewegungssteigerung, aus der Sicht von Joachim Hansberger »inspiriert von der Vorstellung eines heilsgeschichtlichen Prozesses«.[24]

Der einleitende Abschnitt »Gloria in excelsis Deo« ist sehr wahrscheinlich die Neutextierung eines älteren Kantaten-Satzes gewesen, das anschließende »et in terra pax« wurde vermutlich neu komponiert. Nur vom Continuo-Baß (Cello + Kontrabaß + Orgel) begleitet, in deutlichem Kontrast zum Vorangegangenen, singt der Chor die Worte »et in terra pax«. Dann nehmen die hohen Streicher und anschließend die Bläser diese Bewegung auf. In drei Anläufen, wenn man so will gleichsam in zunehmend machtvollerer Verwirklichung der göttlichen Friedensherrschaft, ergreift der Chor den vollen Wortlaut »et in terra pax – hominibus – bonae voluntatis« (»und Friede auf Erden – den Menschen – guten Willens«): Bei jedem der Anläufe liegt besonderer Nachdruck auf dem Wort »pax«, bei dem jedesmal ein Orgelpunkt erklingt: Der Friede Gottes bricht herein. Friede auf Erden: Ganz in der Tradition barocker Messenkomposition wechselt Bach Tonart und Taktart sowie die Instrumentation, um Erde und Himmel voneinander abzusetzen. Friede wird durch das Innehalten des Orgelpunkts symbolisiert. In der Interpretation durch John Eliot Gardiner aus dem Jahre 1985 (Archiv-Produktion) wird die Steigerung des »et in terra« noch dadurch hervorgehoben, daß der Vokalsatz zunächst solistisch besetzt ist und erst mit dem Zwischenteil der Fuge chorisch verstärkt wird.

23 Walter Blankenburg: *Einführung in Bachs h-moll-Messe*, Kassel 1996⁵, S. 35.
24 Joachim Hansberger: *et in terra pax hominibus...: Zu den musikalischen Formen der Friedensbotschaft im Gloria*, in: *Musik und Kirche*, Bd. 64, 1994, S. 126-152, hier S. 139.

Notenbeispiel 4 (aus: J. S. Bach, *Hohe Messe h-moll*, Taschenpartitur nach der Ausgabe der Bachgesellschaft, Leipzig o. J., *Gloria*, T. 100-105, S. 61).

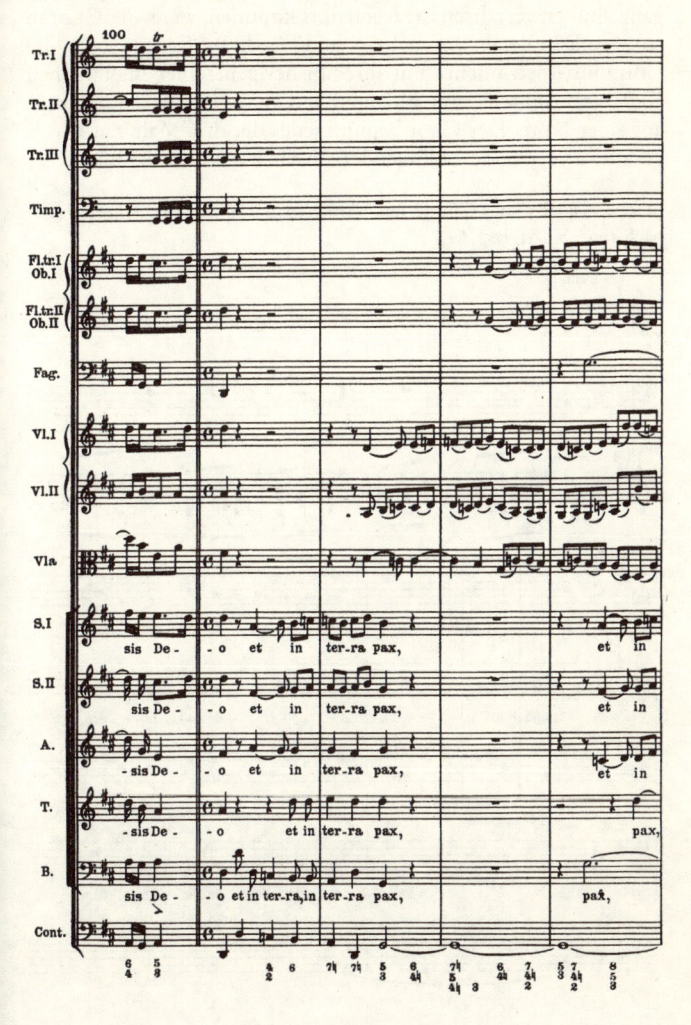

Es ist bezeichnend, daß Bach im Chor »Ehre sei Gott in der Höhe« im zweiten Teil seines *Weihnachtsoratoriums* (1734/35) ganz ähnlich verfahren ist. Auch dort kommen, wenn der Chor in ruhigen Kantilenen dreimal »... und Friede auf Erden« singt, die Continuo-Instrumente mit ihrer bisherigen schier unendlichen Kette von Achteln zum Stillstand und verharren zwei Takte lang auf einer Note. Der Chor beginnt jedes der drei Male mit einem geradezu verwundert klingenden übermäßigen Dreiklang.

Notenbeispiel 5 (aus: Günter Jena: *Brich an, o schönes Morgenlicht*, Eschbach 1997, S. 104, Bsp. 64).

Während Bach aber in der *h-moll-Messe* vom himmlisch-tänzerischen Dreiertakt zum irdischen Vierertakt wechselt, hat er im *Weihnachtsoratorium* die divergierenden Texte mit ihren unterschiedlichen Vertonungen zu einem Tempo zusammengefaßt. Lob Gottes und die Bitte um Frieden und Wohlgefallen auf Erden erscheinen als zwei Seiten einer Sache. Wie Helmuth Rilling vermutet, hat Bach in seiner Messe das »hominibus bonae voluntatis« nicht »in der weihnachtshistorienhaften Heiterkeit des ›und den Menschen ein Wohlgefallen‹, sondern in der wirklichen Sinndeutung des lateinischen Textes ›den Menschen, die guten Willens sind‹, verstanden wissen wollen.«[25]

Die lebendige Gegenwärtigkeit des Musikerlebens von Passagen wie diesen ist eine ganzheitliche Erfahrung, welche unser ganzes Menschsein berührt. Musik wird gespürt, einverleibt, erkannt im Prozeß des inneren Erlebens. Der »objektlose Kern« der musikalischen Erfahrung geht der »objektivierenden Reflexion« voraus und ist primär.[26] Deshalb ist musikalische Erfahrung wesentlich anders als die Auseinandersetzung mit musikalischen Objekten. Auch musikalische Friedensklänge innerlich zu erleben ist wesentlich anders, als sie bloß zu hören. Um dies näher zu begründen, sprach Helmuth Plessner einmal von der eigentümlichen »Fern-Nähe« von Klängen. Einerseits werden sie auf die Gegenstände bezogen, aus denen sie hervorgehen, andererseits dringen sie in unseren Leib ein: »Im Hören fällt das Moment des Abstandes fort. Ob fern oder nah, identifizierbar als ein Rascheln, Läuten, Ton einer Geige oder eines Saxophons – Ton dringt ein, ohne Abstand. Allen Modifikationen des Tönens [...] fehlt das Moment der inhärenten Ferne. Töne dringen ein«.[27] So gesehen, besteht ein großer Unterschied zwischen der außen erklingenden Musik, die wir gegenstandsbezogen *hören* können, und dem inneren qualitativen Erleben, dem Auf-den-Klang-Horchen mit dem Ohr als Wahrnehmungsorgan. Etwas als wahr, wahrhaftig, echt empfinden: Das hat mit einer Kultur des Hörens zu tun. Mu-

---

25 Helmuth Rilling: *Johann Sebastian Bachs h-moll-Messe*, Stuttgart 1979, S. 26.
26 Constantijn Koopman: *Musikalische Erfahrung und musikalischer Gegenstand*, in: *Musik & Ästhetik*, Bd. 7 (Heft 25), Januar 2003, S. 40-59.
27 Helmuth Plessner: *Zur Anthropologie der Sinne*, in: ders.: *Gesammelte Schriften*, Bd. 3, Frankfurt a. M. 1980, S. 344.

sik als ein Medium sozialer Kommunikation, aller verbreiteten Willkür und Beliebigkeit der Medienzumutungen zum Trotz.

In-der-Musik-Sein ist eben eine Beziehungsform, die vor der Bewußtseinsschicht der Subjekt-Objekt-Trennung angesiedelt ist. In dieser spezifischen musikalischen Erfahrungsweise kommt weder ein Ich noch ein Gegenstand vor, sondern das Erleben einer Gegenwart, die der Polarität von Subjekt und Außenwelt vorgängig ist. Und weit entfernt von der Hörsituation, daß, je mehr Musik um uns ist, wir um so weniger davon wahrnehmen.

Zwar hängt, ob Musik gleich welcher Art uns beeindruckt, nervt oder was immer, wesentlich mit dem Komplex von Bedeutungen zusammen, die wir diesem Musikstück zuordnen. Gerhard Schulze unterscheidet die Ebenen ›*Genuß*‹ (sinnlich spürbare Bedeutungen), ›*Distinktion*‹ (Symbolisierung von sozialen Unterschieden) und ›*Lebensphilosophie*‹ (grundlegende Wertvorstellungen). Zu dieser letzteren Ebene zählen auch alle Projektionen mit friedenspolitischer Orientierung, alle Friedensphantasien. Daß sich den musikalischen Objekten die unterschiedlichsten Bedeutungen zuordnen lassen, kann allerdings nicht durch Eigenschaften der gehörten und wahrgenommenen Musik allein erklärt werden – umgekehrt jedoch auch nicht allein durch den einseitigen Blick auf das rezipierende Subjekt. Beide Auffassungen, die objektivistische Ästhetik und die subjektivistische Ästhetik, verführen zu Teilwahrheiten, die falsch werden, wenn sie isoliert bleiben. Musikalische Analyse und die zugrundeliegenden Verstehenskonzepte suchen auf ihre, konzeptuell im 19. Jahrhundert verhaftete Weise Zugänge zum Problem der ›Seinsweise‹ von Musik (Roman Ingarden) zu gewinnen. Doch die Herausforderung von Musik in ihrer vollen Konkretion, im Diskursgewebe von Kompositions- und Rezeptionsprozeß, bleibt bestehen. Die Besonderheit der Erfahrung von Musik liegt in der erlebten unmittelbaren Präsenz der Beziehung zwischen sinnlich Erfahrbarem und menschlichem Befinden, liegt in der »gemeinsamen Wirklichkeit des Wahrnehmenden und des Wahrgenommenen«.[28] Und auch Klänge des Friedens können nur in dieser gemeinsamen Wirklichkeit von erklingender Musik und zuhörendem Menschen ihre Bedeutung entfalten.

---

28 Gernot Böhme: *Atmosphäre. Essays zur neuen Ästhetik*, Frankfurt a. M. 1995.

So geht auch die ästhetische Erfahrung von Bachs »et in terra pax« vor aller Interpretation und symbolischen Deutung zunächst durch unseren Körper, auch wenn wir uns dessen vielfach nicht bewußt sind. Offensichtlich teilt sich die Ausdruckskraft der Bach'schen Musik, die Bedeutungskraft der musikalischen Affektsprache des 18. Jahrhunderts mit ihren traditionsverhafteten Klangkontrasten auch dem unvorgebildeten westlichen Hörer, der nichts von Generalbaß und wenig von rhetorischen Figuren der Barockzeit versteht, in großer Unmittelbarkeit mit. Musikalischer Ausdruck, der zu zeichenhafter Bedeutsamkeit werden kann, entsteht auf einer zeitüberdauernden Ebene durch das Zusammenwirken der musikalischen Parameter. Die musikästhetische Erfahrung des »et in terra pax« beginnt damit, daß wir alles Gehörte zunächst mit unserem Körper, in nervenmäßig-sensumotorischer Wahrnehmung, verarbeiten. Diese vor-kognitive Verarbeitung von Melodik geschieht in bezug auf Raum- und Körpererfahrungen. Und auch die Wahrnehmung des Rhythmus ist von unwillkürlichen, oft unbewußten motorischen Mitbewegungen begleitet. Atmung und Herzschlag haben die nachweisbare Tendenz, sich unwillkürlich dem Tempo akustisch wahrgenommener Impulse anzugleichen. Allein unter diesem Gesichtspunkt des primären motorisch-körperlichen Erlebens bildet der Wechsel vom Dreier- in den Vierertakt bei dieser Stelle, verbunden mit dem plötzlichen Wegfall aller hohen Instrumente bis auf den Continuo-Baß mit dem Orgelpunkt, einen nicht überhörbaren Klangkontrast zum vorausgegangenen »in excelsis«: »Aus dem jubelnden Himmel fühlt sich der Hörer mit einem Mal auf eine friedensstille Erde versetzt.«[29] Diese in den Messenkompositionen von Barock und Klassik toposartig gekoppelten Veränderungen der akustischen Reize rufen sensumotorische Reaktionen hervor. Bei der geringfügig später einsetzenden kognitiven Verarbeitung dieses Übergangs spielen sich in unserem Kopf ganz unterschiedliche Prozesse gleichzeitig ab, und zwar hochgradig vernetzt und keineswegs: Schritt für Schritt. Ausgangspunkt ist, daß die ungeordnete Flut der einströmenden akustischen Informationen zunächst weitgehend spontanen und automatischen Verarbeitungsmechanismen unterzogen wird. (Sie sind 1984 von Lehrdahl und Jackendoff für die kognitive Verarbeitung tonaler

---

29 Hansberger, op. cit. (Anm. 24), S. 127.

Musik umfassend beschrieben worden.)[30] Spontan ist der Akt der Informationsreduktion – im vorliegenden Fall sind wir uns schnell einig, das wiegende Motiv der Frauenstimmen herauszuhören, obwohl doch der Gesamteindruck dieses Klangereignisses durch den ganzen Chor erzeugt wird. Auch die harmonischen Schemata der tonalen Musik haben wir europäisch geschulten Hörer mehr oder weniger internalisiert und sind in der Lage, die Wendung in die Tonart der Unterdominante wahrzunehmen, auch wenn uns das analytische Vokabular fehlt. Ebenfalls auf dieser elementaren Stufe der Informationsverarbeitung sind stilistische Schemata etc. wirksam, die uns die Klanginformationen einordnen lassen. (Jeder kennt die Erfahrung, beim Radiohören schon nach wenigen Tönen oft ›im Gefühl‹ zu haben, wie ein unbekanntes Musikstück zeitlich und stilistisch in etwa einzuordnen ist.) Dazu gehört auch, daß wir blitzschnell Konturen formen, indem wir Einzelereignisse zu Tonfolgen gruppieren, indem wir gestalthafte Linien und Melodien wahrnehmen und indem wir sie metrisch zu deuten versuchen. Anfänge von Stücken oder Motiven sind wir z. B. geneigt als metrisch starke Zeitpunkte zu interpretieren – wie beim abtaktig empfundenen »et in terra pax« als Pausenzeichen bei Radio Bremen.

Und erst im Anschluß an die sensumotorische Verarbeitung und die primären Prozesse der kognitiven Verarbeitung kommt der ganze Kosmos der Bedeutungsgebung und Rezeptionshandlungen, in seiner historischen und systematischen Tiefe und Breite, zur Geltung. Und so kann Bachs »et in terra pax« den vielen anderen Musiken zugerechnet werden, die seit Jahrhunderten weltweit die Hoffnung auf geglückte Koexistenz und Versöhnung, die Fürbitte für den Frieden in Töne fassen.

Kurzes Fazit: Frieden vermag hörbar zu werden im Kontext der musikbezogenen Diskurswelten von Vergangenheit und Gegenwart. Unterschiedliche Ebenen der symbolischen Bedeutungsgebung bereiten dem inneren Erleben eine friedensorientierte Ausrichtung. Derart kann es möglich werden, daß aus hörbarem Frieden auch tatsächlich zugehörte und gespürte, verstandene und behaltene Friedensbotschaft wird.

30 Fred Lehrdahl/Ray Jackendoff: *A Generative Theory of Tonal Music*, Cambridge 1983.

Claus-Steffen Mahnkopf
Der Ewige Friede und die ungeteilte Gerechtigkeit

Zum Messianischen in der Musik

Frieden und Gerechtigkeit sind weder realpolitische Handlungsschemata noch Jenseitsvorstellungen, sondern geradezu handgreifliche Alltagsideen. Der Friede mag negativ als Abwesenheit von Gewalt, Bedrohung und Angst definiert werden, als Freiheit im Sinne von Frei-bei-sich-Sein. Gerechtigkeit hingegen erheischt eine positive Bestimmung, die aber weder in der ungerechten Welt geleistet werden kann, noch eigens materialiter vorgenommen zu werden braucht. Denn es reicht, wenn gesagt würde: Gerecht ist ein Zustand von Welt dann, wenn er von allen Menschen als solcher bezeichnet wird. Bei allem Respekt vor den Bemühungen und Errungenschaften der weltweiten Demokratisierung. Von solch einem Zustand sind wir weit entfernt – so weit, daß wir den Frieden und die Gerechtigkeit, verstanden in ihren Maximalforderungen, also als Ewigen Frieden und als ungeteilte Gerechtigkeit, prinzipieller fassen müssen. Das führt uns zum grundlegenderen Phänomen des Messianischen.

Es ist kein Zufall, daß Jacques Derrida, dem wir aus der jüngsten Zeit die prägnanteste Definition des messianischen Prinzips verdanken, offenbar in Kommunikation mit den Kantschen Texten steht, mithin jenes Philosophen, der als Gründungsvater des modernen konstitutionalistischen Weltbürgerrechts angesehen werden kann. In seinem Text *Glaube und Wissen*, der sich in 52 Abschnitten der Grundbegriffe und -phänomene des Religiösen versichern möchte, kommt Derrida auf das »Messianische, das Messianistische ohne Messianismus« zu sprechen. Von Anfang an wird damit klargestellt, daß die konkrete Ausformung des messianischen Prinzips in den Religionen von einer verallgemeinerten Bedeutung abgetrennt wird. »Genannt ist damit eine Öffnung auf die Zukunft hin, auf das Kommen des anderen als widerfahrende Gerechtigkeit, ohne Erwartungshorizont, ohne prophetisches Vorbild, ohne prophetische Vorausdeutung und Voraussicht. Das Kommen des anderen kann nur dort als besonderes und einzigartiges Ereignis hervortreten, wo keine Vorwegnahme den anderen kommen sieht; nur dort, wo der andere, der Tod und das radikal Böse (uns) jederzeit überraschen können.«[1] Mit Anspielung auf Marx, für den die bisherige Geschichte nur eine Vorgeschichte ist, und auf Benjamins Deutung der Marxschen Revolution als Unterbrechung der Geschichte heißt es weiter: »Möglichkeiten, die die Geschichte zu eröffnen und zugleich zu unterbrechen vermögen, zumindest den *gewöhnlichen* Lauf der Geschichte.« Das Messianische in seiner geschichtlichen Bedeutung ist somit der radikale Einschnitt, an dessen Stelle die gesamte Weltsubstanz neu bewertet wird. Dies geschieht überraschend, widerfahrend, ohne technische Planung, ja ohne unmittelbare Erwartung, ohne utopistische Prognose, sondern als Einbruch eines Anderen. Dieses Andere einer solchen »absoluten Überraschung«, so führt Derrida zaghaft aus, »mag sich stets in der phänomenalen Form des Friedens und der Gerechtigkeit zu erkennen geben«.[2]

Damit sind zwei Conditiones sine qua non des messianischen Ereignisses angesprochen: der ungeteilte Friede und die Gerechtigkeit. An dieser Stelle kommt Kant in den Sinn. Der Ewige Friede, basierend auf einem allgemeingültigen, für jeden Menschen verbindlichen Weltbürgerrecht, wird bei Kant innerhalb der praktischen Vernunft verhandelt; was Gerechtigkeit heißt – sie gehörte noch nicht zu den Losungen der Französischen Revolution, sondern wurde erst in den sozialistischen Bewegungen des 19. Jahrhunderts artikuliert –, ist ihm einen theologischen Gedanken wert. Er spricht von einem »philosophischen Chiliasm, der auf den Zustand eines ewigen, auf einem Völkerrecht als Weltrepublik gegründeten Friedens hofft, eben so wie de(m) theologische(n), der auf des ganzen Menschengeschlechts vollendete moralische Besserung harret«.[3] Kant, für den der Mensch wesentlich böse, weil des Bösen prinzipiell fähig ist, kann die vollendete moralische Besserung der Menschheit nur theologisch denken, zu sehr ist diese Idee von den realen anthropologischen Erfahrungen entfernt. Andererseits ist es nicht zu spekulativ, sich auszumalen,

---

1 Jacques Derrida: *Glaube und Wissen. Die beiden Quellen der »Religion« an den Grenzen der bloßen Vernunft*, in: ders. und Gianni Vattimo: *Die Religion*, Frankfurt a. M. 2001, S. 31 f.
2 Ebd., S. 32.
3 Immanuel Kant: *Die Religion innerhalb der Grenzen der bloßen Vernunft*, in: *Werke*, Bd. IV, Darmstadt 1956, S. 682/683 (B 31/32).

daß ein Zustand des Ewigen Friedens, in dem die Nationen ihr Militär auf ein Minimum reduziert haben, ohne eine weitgehend regulierte Gleichheit der materiellen Lebensgrundlagen nicht möglich wäre, eine Gleichheit, die wiederum ohne Überwindung moralischer Verderbtheiten kaum zu denken ist. Frieden, der ethische Imperativ, und Gerechtigkeit, die konkrete Basis eines guten und sinnvollen Lebens, bedingen sich wechselseitig, zumindest läßt sich beides auch ohne Theologie zusammendenken. Von beidem sind wir weit entfernt, wir vermögen aber immerhin diesen Zusammenhang dank der Reflexionsbewegung zwischen der Aufklärung und den modernen Sozialwissenschaften zu denken, und eben deswegen ist er auch nicht mehr wegzudenken; Frieden und Gerechtigkeit – die Imperative der Französischen Revolution: Freiheit, Gleichheit und Brüderlichkeit sind in ihnen gegenwärtig – sind unveräußerliche ethische Standards geworden, die nur die offene Lüge, die umständliche Ideologie oder die simulative Inszenierung – alle mehr oder weniger kurzlebig – in Abrede stellen kann.

»Das Messianische, das sich auf solche abstrakte Weise aussetzt, (muß) sowohl das Beste als auch das Schlimmste erwarten, da das eine niemals ohne die offen vorhandene Möglichkeit des anderen gegeben ist. Erwartung ohne sichernde Selbstreflexion. Es handelt sich dabei um eine ›allgemeine Struktur der Erfahrung‹. Die messianische Dimension hängt von keinem Messianismus ab, sie folgt keiner bestimmten Offenbarung, sie gehört keiner abrahamischen Religion eigentlich an«.[4] Das Messianische ist, vielleicht weil es eine allgemeine Struktur von Erfahrung ist, mehr als nur diese: Es ist analog zu Kants konkreten Utopien des Ewigen Friedens und des allgemeinen Weltbürgerrechts als eine regulative Idee und als konkrete, sozusagen verantwortungsethische Maxime zu denken. Handele und richte Deine Politik aus in Antwort nicht nur auf eine verallgemeinerte Menschheit, sondern auf eine verallgemeinerte Menschheit, wie sie sich im messianischen Zustande darböte. »Keine Zukunft ohne ein messianisches Gedächtnis und ohne ein messianisches Versprechen, ohne ein Gedächtnis und ein Versprechen, deren Messianizität älter ist als alle Religion, ursprünglicher als jeder Messianismus.«[5]

4 Derrida, op. cit. (Anm. 1), S. 32.
5 Ebd., S. 77.

Ästhetische und musikalische Standorte

1. Geht es um den Komplex Utopie, Hoffnung, Antizipation einer besseren Welt, so ist sogleich an Ernst Bloch zu denken, der nicht nur dem Prinzip Hoffnung sein mehrbändiges Hauptwerk widmete, sondern bereits im *Geist der Utopie*, während des Ersten Weltkriegs geschrieben, ein großes Kapitel einer »Philosophie der Musik« widmete. Bloch, der in allen Formen der Menschheitsentwicklung, und nicht nur in den Künsten, das Noch-Nicht sucht und als Aristoteliker, der an die Entelechie glaubt, auch findet, privilegiert, freilich anders als der Platoniker Schopenhauer, die Musik, nämlich als Gestalt eines utopischen Vorausentwurfs. Musik insgesamt, so könnte man überspitzt formulieren, ist messianischen Wesens. Bloch, ähnlich wie auch Rosenzweig,[6] nimmt die temporale Struktur der Musik – daß, sobald eine Melodie auch nur anhebt, deren ganze Zukunft mitgehört und somit antizipiert werde – zum Grund, in ihr einen ausgezeichneten Modus eines Zukunftsbezugs zu sehen. Die in der Zeit fließende Musik trägt aber nicht nur immer die Züge des Kommenden und Werdenden, sondern die Zeit, die ein Musikstück dauert, ist eine in sich gerundete, erfüllte. Es ist, so Bloch, ihre Harmonie, die diese Zeit nicht nur bindet, sondern als Vorgriff auf eine harmonische Zukunft zu interpretieren erlaubt, eine Zukunft, die mit ihrer eigenen Vergangenheit versöhnt ist, weil die gesamte Dauer synthetisiert ist. Adorno wird später von der »zwanglosen Synthesis des Verstreuten« sprechen, die alle Kunstwerke kennzeichnet, aber für keine andere Kunstgattung als die Zeitkunst par excellence derart konstitutiv ist.

Musik auf diese Weise messianisch zu deuten, ist verführerisch, entgeht aber nicht der Gefahr schlechter Allgemeinheit. Denn nicht alle Musik hat, nur weil sie Musik ist, utopische Züge; ihr bloßes Anderssein gegenüber der gemeinen Welt ist noch kein Zugriff auf Zukunft. Viele Musik ist dummer Leerlauf, Wiederholung des Immergleichen und daher gerade nicht antizipatorisch. Ja, nicht nur die schlechte und falsche Musik, sondern auch der überwiegende Teil der wahren Musik möchte bei sich weilen, in sich ruhen. Man muß daher Bloch dort beim Wort nehmen, wo

---

6 Vgl. Franz Rosenzweig: *Der Stern der Erlösung*, Frankfurt a. M. 1988, S. 220f.

er konkrete Werke und ihre Komponisten deutet. Eine bevorzugte Stelle nimmt, nicht ohne Grund, Beethoven ein. Grandios ist die Deutung des Trompetensignals aus dem *Fidelio* (1805/1806/1814), sicherlich eines der paradigmatischsten Beispiele für den messianischen Augenblick in der Musik. Bloch schreibt im *Prinzip Hoffnung*: »*Der große Augenblick ist da*, der Stern der erfüllten Hoffnung im Jetzt und Hier. Leonore nimmt Florestan die Ketten ab: ›O Gott, welch ein Augenblick‹ – genau auf diese, durch Beethoven in Metaphysik gehobenen Worte entsteht ein Gesang, der, ohnehin das Verweilen selbst, würdig wäre, niemals ein Ende seiner Ankunft zu nehmen. Sprunghaft entrückender Tonartenwechsel zu Beginn; eine Oboenmelodie, die Erfüllung ausdrückt; das Sostenuto assai stillstehender, zum Augenblick aufgegangener Zeit. Jeder künftige Bastillensturm ist in Fidelio intendiert, eine beginnende Materie der menschlichen Identität erfüllt im Sostenuto assai den Raum, das Presto des Schlußchors gibt nur den Reflex hinzu, den Jubel um Leonore-Maria militans. Beethovens Musik ist chiliastisch... Wie nirgends sonst wird... Musik hier Morgenrot, kriegerisch-religiöses, dessen Tag so hörbar wird, als wäre er schon mehr als bloße Hoffnung. Sie leuchtet als reines Menschenwerk, als eines, das in der ganzen von Menschen unabhängigen Umwelt Beethovens noch nicht vorkam. So steht Musik insgesamt an den Grenzen der Menschheit, aber an jenen, wo die Menschheit, mit neuer Sprache und der *Ruf-Aura um getroffene Intensität, erlangte Wir-Welt*, sich erst bildet. Und gerade die Ordnung im musikalischen Ausdruck meint ein Haus, ja einen Kristall, aber aus künftiger Freiheit, einen Stern, aber als neue Erde.«[7] Was Bloch hier überschwenglich feiert, bedarf des Kommentars, den ich an späterer Stelle liefere.

2. Bei Adorno sind im Zusammenhang mit dem Messianischen zwei Aspekte streng auseinanderzuhalten. Zum einen belebt den gesamten Textkorpus des Philosophen und Soziologen die Perspektive einer befreiten Gesellschaft, die auch als eine befriedete bezeichnet wird. Versöhnung und Erlösung, Freiheit und Frieden sind die Begriffe, die in ganz unterschiedlichen Kontexten und in unterschiedlichen Nuancierungen das Adornosche Werk durchziehen. Der marxistische Soziologe, der den sich kontinuierenden

---

[7] Ernst Bloch: *Das Prinzip Hoffnung*, Frankfurt a. M. 1982, S. 1296f.

Kapitalismus, die Kulturindustrie und Auschwitz verstehen will, wird, wie die Frankfurter Schule insgesamt, zum Erben des jüdischen Prinzips, das Ganze und damit auch die Zukunft zu denken, ohne das Bilderverbot zu mißachten. Adornos Negative Dialektik ist eine Antwort auf das Scheitern der Weltrevolution im Marxschen Sinne und eine Studie darüber, wie wir ihr zuarbeiten können.[8]

Zum anderen formulierte Adorno eine musikalische Zukunftsvision, ein Projekt einer künftigen Musik, die, wie er sagt, »vollkommen frei« sei.[9] Er kommt mit dieser Idee am Ende seiner Überlegungen zu einer musique informelle, Überlegungen, die er anstellte, um auf die schlechten Technifizierungstendenzen der Nachkriegsavantgarde zugunsten von reflektierter Freiheit zu antworten. Wie von der freien Gesellschaft könne man auch nichts von der »vollkommen freien« Musik wissen, nur eines mochte Adorno andeuten, sie sei von einer bisher unerreichten rhythmischen Flexibilität (von welchen Tongeschlechtern diese Musik wäre, das deutet er interessanterweise nicht an). Die Überlegungen zur musique informelle aus dem Jahre 1961 lesen sich wie ein Befreiungsschlag gegen unproduktive Tendenzen von einst, und man mag sich fragen, ob daraus, mit oder ohne Adorno, etwas geworden sei. Dazu gibt es mehrere Lesarten. Die eine besagt, Adorno habe Gegentendenzen zum Serialismus damals im Auge gehabt. Eine andere mag sich überlegen, wie in den letzten 30, 40 Jahren die Probleme, die Adorno analysierte, bearbeitet, vielleicht gelöst wurden. Und nicht nur eines der Angebote im Pluralismus der neuen Musik möchte dafür die Erbschaft reklamieren. Eine letzte und ungemein schärfere Lesart wäre es, Adornos musique informelle messianisch zu deuten, nämlich als die Musik, von der wir erst wissen können, wenn der messianische Zustand, von dem wir durch eine sei es dicke oder auch dünne Wand entfernt sind, eingetreten ist. Ist es ein Zufall, daß Adorno am Ende seiner Ausführungen die musique informelle, sein höchstpersönliches Vermächtnis, strukturell Kants Ewigem Frieden parallel setzte, der eine Idee und doch eine konkrete, zu realisierende Möglichkeit sei?

8 Vgl. Claus-Steffen Mahnkopf: *Die befreite Menschheit, die messianische Dimension und der Kulturbruch. Zum Vermächtnis Theodor W. Adornos* (in Vorb.).
9 Theodor W. Adorno: *Vers une musique informelle*, in: *Musikalische Schriften I-III* (= Gesammelte Schriften, Bd. 16), Frankfurt a. M. 1978, S. 496.

Zweierlei ist kritisch anzumerken.

a) Adorno ist viel zu sehr daran interessiert zu zeigen, wie Musik, exemplarisch dargestellt an Beethoven, Wagner und der Wiener Schule, der Gesellschaftsstruktur – kritisch zwar, aber strukturanalog – entspreche, als daß er an ihr utopische, messianische Momente aufzuzeigen geneigt wäre. Ähnlich der Blochschen Philosophie wird jedes Kunstwerk per se, kraft der gelungenen Synthesis der Teile, zu einem stimmigen Ganzen, eine Utopie von Erfüllung und von Herrschaftsfreiheit. Aber was Bloch etwa an *Fidelio* ausführt, vermißt man bei Adorno, der das Bilderverbot, die Ausmalung des messianischen Zustands, verdammt ernst nahm. Die Anmerkungen zu einer musique informelle bleiben prinzipiell, sind Idee.

b) Wichtiger ist, daß Adorno die Kulturkritik, die er als Antwort auf den Kulturbruch, insbesondere Auschwitz, formulierte und deren Heros nicht ein Komponist, sondern Beckett war, nicht in gleicher Strenge, Härte und semantischer Eindeutigkeit auf die Musik nach 1945 anwandte. Er stritt zwar in der Sache und diagnostizierte ein Altern der neuen Musik, doch verhielt er sich reserviert, als wollte er das ungestüme Treiben der Darmstädter Schule nicht stören, hätte er doch so leicht mit der so offenkundigen Geschichtsverleugnung und Politiklosigkeit ihres Treibens ins Gericht gehen können, hätte er sie doch auf Auschwitz ansprechen können, das Ereignis, auf das einer der damals großen Komponisten, Luigi Nono, unüberhörbar reagierte. Adorno, sofern marxistischer Soziologe und als Freiheitsphilosoph Messianist, und Adorno, der Musikphilosoph und Theoretiker nicht nur des zeitgenössischen Komponierens, verhalten sich eigentümlich schizophren zueinander.

3. Benjamin ist prima facie noch scheuer der Zukunft gegenüber. Noch sieht er in aller Geschichte einen sich aufbäumenden Trümmerhaufen, einen falschen Fortschritt, der in Wahrheit ein Sturm der Verwüstung sei. Nur die Notbremse, als welche er die Marxsche Revolution ironisch bestimmte, vermöchte diese konsequentielle Logik zu durchbrechen, damit wenigstens Gegenwart entstünde, die eben mehr ist als der kurze Durchgangspunkt einer immergleichen und immer gleich destruktiven Vergangenheit in ihre triumphale Verlängerung hinein. In der Tat kann der Benjaminsche Beitrag zum Messianischen, der an keiner Stelle systematisch entfaltet ist, sondern als versprengt zusammengesucht

werden muß, in der Theorie der ekstatischen Gegenwart gesehen werden. Benjamin fragt sich, was denn vonnöten sei, damit eine Gegenwart überhaupt eine veritable und eben nicht ein scheinhafter, kurzer Punkt auf einer abstrakten Zeitachse sei. Diese Frage ist nicht nur eine ästhetische, im Sinne von Karl Heinz Bohrers Ästhetik der Plötzlichkeit, sondern ebenso politisch und lebenspraktisch. Wann erfahre ich etwas, und wann ist ein Handeln gegeben, das mehr ist als blinde Kausalität?

Das Ziel ist die »Aufsprengung der historischen Kontinuität«,[10] es geht um eine »Dialektik im Stillstand – das ist die Quintessenz der Methode«.[11] Die Prozessualität des Dialektischen soll eingefroren werden zugunsten dessen, was Benjamin das dialektische Bild nennt. Er schreibt dazu fragmentarisch: »Zum dialektischen Bilde. In ihm steckt die Zeit. Sie steckt schon bei Hegel in der Dialektik. Diese Hegelsche Dialektik kennt aber die Zeit nur als eigentlich historische, wenn nicht psychologische, Denkzeit. Das Zeitdifferential, in dem allein das dialektische Bild wirklich ist, ist ihm noch nicht bekannt... Die reale Zeit geht in das dialektische Bild nicht in natürlicher Größe – geschweige denn psychologisch –, sondern in ihrer kleinsten Gestalt ein. – Ganz läßt sich das Zeitmoment im dialektischen Bilde nur mittels der Konfrontation mit einem andern Begriff ermitteln. Dieser Begriff ist das ›Jetzt der Erkennbarkeit‹«.[12] Und dieses »Jetzt der Erkennbarkeit ist der Augenblick des Erwachens.«[13] Das ist eine blitzartige Intensität von Zeit, die sich selber suspendiert und eben dadurch erfüllt, nämlich als Sinn. Die Gegenwart wird so zur »›Jetztzeit‹, in welcher Splitter der messianischen eingesprengt sind«.[14] Zu diesem Jetzt kommt es, wenn ein Historisches – eine trace, um mit Derrida zu sprechen – mit einem Gegenwärtigen auf eine dekonstruktive[15] Weise in eine Konstellation tritt.

---

10 Walter Benjamin: *Das Passagen-Werk* (= Gesammelte Schriften, Bd. V), Frankfurt a. M. 1982, S. 594.
11 Ebd., S. 1035.
12 Ebd., S. 1038.
13 Ebd., S. 608.
14 Walter Benjamin: *Über den Begriff der Geschichte* (= Gesammelte Schriften, Bd. I), Frankfurt a. M. 1980, S. 704.
15 Vgl.: »Für den materialistischen Historiker ist es wichtig, die Konstruktion eines historischen Sachverhalts aufs strengste von dem zu unterscheiden, was man gewöhnlich seine ›Rekonstruktion‹ nennt. Die ›Rekonstruk-

Benjamin ist mit seiner Theorie radikaler Gegenwart nur scheinbar vom Messianischen entfernt. Vergessen wir nicht, daß der Angelus Novus, könnte er nur verweilen, täte, was am Beginn des messianischen Zustands am dringlichsten wäre: die Toten wecken, das Zerschlagene zusammenfügen. Benjamin macht Ernst mit den Vorbedingungen für eine messianische Zeit, nämlich damit, den Kontinuitätszusammenhang zu zerschlagen, der eben genau diese Zeit bislang so erfolgreich verhinderte. Hier ist Benjamin jüdischer als Bloch und Adorno: Der Messias kommt nicht in der Zukunft, sondern in der Gegenwart, will sagen: Er sitzt bereits in der Ritze eines jeden Hauses, im moralischen Über-Ich eines jeden Einzelnen, auch wenn dieser stets solche dialektischen Bilder und Situationen zu vermeiden sucht, weil er, wie in Kafkas berühmter Erzählung *Vor dem Gesetz*, es vorzieht, zu dösen und verharrend zu sterben.

Das Jetzt der erwachenden Erkennbarkeit ist nach Benjamin das zu Erreichende. Das mag auf politischer Ebene geschehen – das berühmteste Beispiel ist der Jude Jesus, der Jerusalem eine Moralpredigt hielt. Aus dem 20. Jahrhundert mag man an Martin Luther Kings Rede in Washington oder, auf ganz andere Weise, an die Jelzins denken, als Gorbatschow auf der Krim festsaß – Augenblicke, in denen Geschichte möglich war. Ein berühmtes und von Benjamin angeführtes Beispiel aus der Literatur ist Baudelaires Gedicht *À une passante*, in dem ein wunderschönes Objekt der Begierde, eine junge Witwe, auf der belebten Straße unvermittelt auftaucht, einen Blick der erotischen Anziehung freigibt und wieder verschwindet. »Un éclair... puis la nuit! – Fugitive beauté / Dont le regard m'a fait soudainement renaître, / Ne te verrai-je plus que dans l'éternité? / Ailleurs, bien loin d'ici! trop tard! *jamais* peut-être! / Car j'ignore où tu fuis, tu ne sais où je vais, / Ô toi que j'eusse aimée, ô toi qui le savais!«

Benjamins Vorstellung von einer aktualisierenden Jetztzeit hat natürlich für die Zeitkunst Musik revolutionäre Konsequenzen. Geht man davon aus, daß das musikalische Repertoire, das uns umgibt, aus der Geschichte stammt und auch die jüngeren Werke, selbst das soeben aus der Taufe gehobene, zu großen Teilen ge-

---

tion‹ in der Einfühlung ist einschichtig. Die ›Konstruktion‹ setzt die ›Destruktion‹ voraus.« (Benjamin, op. cit. [Anm. 10], S. 587.)

schichtlich bestimmte sind, dann wird die Bedeutung der Benjaminschen Überlegung deutlich: Musik muß so dargeboten werden, daß sie emphatische Gegenwart wird, ein Hic et Nunc, sich an den Augenblick verschenkend. Das ist ein Plädoyer für das Musizieren und damit gegen alle Reproduktion von gespeicherten Klangquellen, ein Musizieren, das sich nicht nur darum bemüht, musikalisch zu sein, wie man so hilflos zu sagen pflegt, sondern sich dem Risiko eines einmaligen interpretativen Versuchs hingibt, das spielt, als spiele man zum allerersten Mal und eben deswegen für die Ewigkeit, die auf die ekstatische Gegenwärtigkeit folgt. Glenn Gould hatte, obwohl er sich paradoxerweise der Schallplattenproduktion verschrieb, stets diese Ekstase, die Aktualisierung der Musik für die lebendige Zeitgenossenschaft im Sinn, eine Aktualisierung, die mit neumodischen Verfremdungseffekten oder der Projektion abstrakter ästhetischer Konzepte nicht zu verwechseln ist, sondern eine Reinterpretation des Notentexts auf der Grundlage des gegebenen Problembewußtseins und – das darf hinzugefügt werden – der Psychologie der Zeitgenossen ist. Goulds Ohren, mit denen wir hören sollen, sind die Rezeptoren der Kultur und der Kunst seiner Zeit, also des Geistes, der mehr ist als der Zeitgeist.

Musikalische Konsequenzen

Was bedeuten diese Überlegungen für die Musik? Eine erste Definition sei gewagt. Messianisch ist eine Musik – oder ein Ausschnitt aus einer Musik –, wenn sie die Ankunft der messianischen Zeit darzustellen vermag, messianische Zeit im Sinne von Benjamin herzustellen versteht bzw. auf einen anderen Zustand von Musik verweist, der, weil bislang unbekannt, einer möglichen Zukunft vorbehalten ist. Diese drei Modi seien im folgenden diskutiert.

1. Ankunft der messianischen Zeit. Die Darstellung der Kriterien des messianischen Zustands – Frieden und Gerechtigkeit, Freiheit und Solidarität, moralische Vollkommenheit – wäre, rein innermusikalisch betrachtet, ein derart hoch gestecktes Ziel, daß mir beim besten Willen keine Beispiele einfallen, wo dies gelungen sein soll. Bloch indes, in jenem obigen längeren Zitat zu *Fidelio*, behauptet genau das. Freilich wählte er eine Verbindung mit

Text, Handlung und eindeutigen musikalischen Semantemen (das Trompetensignal ist die Rettung selber). Eine andere, ebenso prominente Stelle bei Beethoven ist der Schlußsatz der Neunten Symphonie, dort, wo gesungen wird, daß alle Menschen Brüder würden. Man mache sich den grandiosen Ernst dieser Schillerschen Zeilen ebenso klar wie den des »Töte erst sein Weib!« aus der Kerkerszene von Beethovens einziger Oper. In beiden Fällen geht es um die Errettung des Menschen aus seiner Unfreiheit bzw. um die Aufhebung des individualistischen Trennungsprinzips zwischen den Menschen. Es ist die unübertroffene Größe, daß Beethoven sich an solche Themen überhaupt wagte und dabei eine Musik fand, die überzeugt und nicht leeres Pathos wird. Freilich – hier ist Adorno gegen Bloch korrektiv ins Spiel zu bringen – ist Skepsis geboten gegenüber der Gelungenheit einer Inszenierung solcher messianischen Vorstellungen. Denn was ungeteilte Brüderlichkeit und Errettung, diese zumindest im kollektiven Maßstab, bedeuten, davon können wir sensu strictu nichts wissen. Beethoven will es trotzdem wissen und ertrotzt dafür einen Ausdruck, dem etwas Trotziges, Erzwungenes, krampfhaft im festen Griff Gehaltenes eigen ist. Es ist kein Zufall, daß er formal in beiden Fällen scheitert: Der Schlußsatz der Neunten lebt von Einzelpartien, als Ganzes ist er mißraten, die Gesamtanlage, ähnlich der *Missa Solemnis*, hat etwas Geplantes, bei dem Absicht und Umsetzung auseinanderklaffen. Es ist ein objektives Scheitern, kein kompositorisches Unvermögen, das Beethoven vorzurechnen auch niemand die Autorität besäße. Auch Mahlers epiphanische Werke – die Zweite, Dritte und Achte Symphonie – zehren von Kraftakten, denen man anhört, daß sie einem unendlichen Ungenügen an der Welt geschuldet sind. Es sind grandiose Momente der eigenen Überforderung, des An-den-Rand-Gehens im Hinblick auf das, was gesagt werden muß, obwohl dafür die Sprache noch fehlt, was aber gesagt werden muß, weil sonst sich niemals eine Sprache bildete. Das Allegro ma non troppo des Finales des *Fidelio* kreist in obsessiver Manie um das »Wer ein holdes Weib errungen«, für das Beethoven keine bessere Formlösung fand als die schiere Affirmation, als stets aufs neue die »namenlose Freude« zu repetieren, als ränge die Musik in Ermangelung einer wahren neuen um eine bessere Formulierung, als müsse sie festhalten, daß die Freude auch wirklich sei, die jederzeit wieder annulliert werden kann. Diese verzweifelte Anstrengung Beethovens setzte einen Maßstab auch dafür, daß zuweilen Musik nur scheitern kann und eben deswegen wahr wird.[16]

2. *Herstellung messianischer Zeit.* Hierbei handelt es sich um Augenblicke in Musik, in denen musikalisch eine überraschende, sozusagen unvermittelte Andersartigkeit in Erscheinung tritt. Ich möchte hierfür vier Typen mit Beispielen anführen.

a) Ausbruch aus der Logik eines Prozesses. Der erste Satz von Beethovens *Symphonie Nr. 5* (1808) gilt zu Recht als eines der logischsten und konsequentesten Beispiele für eine sich entwickelnde Musik. Eben weil der Prozeß keine Ausnahme duldet, kann Beethoven auf einer Dominantfermate in der Reprise eine kleine Oboenmelodie einfügen, die an der korrespondierenden Stelle der Exposition fehlt und ohnehin keine Entsprechung im gesamten Satz kennt. Diese Melodie, vorgetragen von der vox humana unter den Holzblasinstrumenten, ist nichts als eine ornamentale Tropierung eines Haupttons und ist trotzdem von einer unvergleichlich ausdrucksvollen Wirkung: Das Unscheinbare darf wie ein Geschenk den unerbittlichen, auf Totalität zielenden und eben deswegen auch usurpatorischen Prozeß sistieren und in Frage stellen. Freilich bleibt sie ein Ephemeres, ein Kurzes, ein musikalischer Augenblick.

b) Einbruch des Anderen. Ein weitaus schwierigeres Problem ist es, dem Formverlauf und somit dem gesamten Stück eine Wendung zum Gegenteil, sozusagen eine Drehung um 180 Grad zu verleihen. Auch das hat Beethoven vorexerziert. Die *Große Fuge* (op. 133, 1825/26) ist ein einsätziger Streichquartettsatz mit innerer Viersätzigkeit, die Sonatenzyklus und Sonatenhauptsatz ineins setzt, so daß der vierte Satz zugleich Reprise und Finalrondo ist. Eine solche double-function-form ist prinzipiell zu bewältigen, man denke nur an die h-moll-Sonate von Liszt oder das Erste Streichquartett von Schönberg. Beethoven wünscht aber – offenkundig aus inhaltsästhetischen Gründen –, daß das Werk, in dem es zwei große und für die damalige Zeit unvorstellbar querständige Fugenschlachten gibt, versöhnlich, gelöst, heiter und beschwingt endet, mit einer Qualität, die aber im bis dahin expo-

---

16 Nono hatte im *Prometeo* (1984) eine ähnlich brisante Stelle zu vertonen, dort, wo Cacciari den Text »questa debole messianische Kraft« vorsieht. Nonos ›Lösung‹ ist denkbar einfach wie zweifelhaft: Er vertont diese Stelle nicht wirklich, sondern läßt die ohnehin bescheidene Musik einfach weiterlaufen, unbeschadet dessen, was da gesungen wird.

nierten Material nicht enthalten ist. Er könnte nun einfach diesen anderen Charakter an das Ende des Werks setzen; das wäre aber unvermittelt und wirkte aufgesetzt, davon abgesehen, daß das keine Reprise, sondern eine Neuexposition wäre. Die formale Frage war mithin: Wie kann ich ein Neues und qualitativ Differentes als Reprise setzen? Ich kann an dieser Stelle nicht ausführen, was Beethoven genau macht,[17] es sei aber behauptet, daß ihm diese Quadratur des Kreises gelingt: Der vierte Teil der *Großen Fuge* klingt ein wenig wie die Geschichte, die bei Marx auf die Vorgeschichte folgt.

c) Setzung eines Anderen. Eine dritte Möglichkeit ist die Vorführung einer Alternative, die sich gegenüber einem Konventionellen als bessere Alternative darstellt. Was abstrakt klingt, sei wiederum an Beethoven veranschaulicht. Dieser variiert nicht nur, wie gefordert, in den *Diabelli-Variationen* (op. 120) den Diabelli-Walzer mannigfach und unterzieht ihn dabei einer strengen, teilweise vernichtenden Prüfung, sondern zeigt am Ende, daß nicht wie in Bachs *Goldberg-Variationen* (BWV 988) zum Ausgangspunkt bestätigend und abrundend zurückgekehrt werden kann, vielmehr eine komplette Neufassung der Vorlage in Form eines Minuettos dargeboten werden muß, dem Alfred Brendel eine Grazie zuschreibt, die, wie es das Kleistsche Marionettentheater ins Bild setzt, nur nach dem Durchgang durch die Unendlichkeit möglich ist.[18] Beethoven komponiert ›seinen‹ Walzer, zeigt die bessere Lösung, sprich: den Ausdruck der besseren Welt: der Welt in ihrer Anmut, Unversehrtheit und Friedfertigkeit. Etwas vom messianischen Zustand allseitigen Friedens wird in diesem Minuetto spürbar.

d) Darstellung eines friedlichen Zustands. Die Karfreitagszaubermusik aus Wagners *Parsifal* (1882), eine Darstellung der »entsündigten« Natur, ist von einer Schönheit, welche die anthropologischen Dimensionen bei weitem übersteigt und in ihrem Jenseits von menschlichen Sehnsüchten und Träumen, mithin in ihrer »gereinigten Naturhaftigkeit« einen Zustand darzustellen versteht, der als ein Vorgriff auf ein imaginäres Idyll erlebt wird. Wagner erreicht das vor allem durch eine impressivistische Har-

---

17 Vgl. Claus-Steffen Mahnkopf: *Beethovens Große Fuge. Multiperspektivität im Spätwerk*, in: *Musik & Ästhetik*, Bd. 2 (Heft 8), Oktober 1998, S. 12-38.
18 Alfred Brendel: *Kompendium musikalischer Komik*, in: Booklet zur CD *Beethoven. Diabelli-Variationen*, Philips 426 232-2 (1990), S. 8.

monik (aus der sich die impressionistische entwickeln sollte), die versucht, akkordliche oder intervallische Reize und Spannungen zugunsten von intensivierten Zuständen zu neutralisieren. Im Gegensatz zur Zaubergartenszene des zweiten Akts sind sämtliche menschlichen Affekte ausgestrichen, die die klagenden und sich verzehrenden Blumenmädchen in eine ähnlich harmonische Sprache einflochten. Nun sind die Blumen »mild und zart«, die Erlösung getan, alle Kreatur frei und dankend. Es ist die Größe Wagners, auch dergleichen in einer ansonsten ganz und gar unmessianischen Musiksprache geleistet zu haben: Der Karfreitagszauber steht singulär in dessen Werk.

Ein anderes Beispiel ist der Schlußsatz der nun rekonstruierten *Symphonie Nr. 10* (1909/10) von Mahler, der, zunächst ein Trümmerfeld aus Trommelschlag als Allegorie der Endgültigkeit, Exequium als Panorama von Lugubrität, doppeltem Demutsgesang, Neuntonakkord (einer Dominante mit hohem Terzturm) und der Durchführung der Sätze davor, zumal in der von allem Zeremoniellen gereinigten Reprise einen Frieden sowie eine Grazie von messianischem Gewicht erreicht: Demut aus Dankbarkeit. Gleich naturhafter Impressivität, singen die beiden kantablen Linien, erst in der Flöte, dann in der Geige, selig unbekümmert vom Zwang der Vorhalte, sich aufzulösen; und doch handelt es sich nicht um Emanzipation von Dissonanzen, die jene nicht sind, sondern um oktavierte Terzschichtung, da die Sekunde als None, die Quarte als Undezime und die Sexte als Tredezime aufgefaßt werden. Die Töne sind bei sich selber und darum bereits emanzipierte im etymologischen Sinne des Wortes, als losgelassene. Selbstsein ist das Signum des letzten Satzes, den Mahler gestaltete; der Achttakter Takt 323-330 gehört zum Friedfertigsten der gesamten Musikgeschichte.[19]

3. Der dritte Modus – *die Antizipation eines anderen Musikbegriffs* – bedarf spekulativer Gedankengänge.

---

19 Vgl. Claus-Steffen Mahnkopf: *Mahlers Gnosis*, in: *Musik-Konzepte 91* (= *Gustav Mahler. Der unbekannte Bekannte*), München 1996, S. 34-45.

Prinzipielle Überlegungen

Messianische Musik, wenn wir diese ›andere‹ einmal so nennen wollen, besitzt eine spezifische Form von Transzendenz. Diese Transzendenz ist aber nicht die allgemein ästhetische, der Verweisungscharakter der Kunstwerke auf einen Gehalt, der nicht mit der narrativen Struktur des Werks identisch ist; diese Transzendenz ist auch nicht einfach ein Synonym für Tiefe oder für Geist. Transzendenz im messianischen Sinne bezieht sich auf das Anderssein der Musik selber, und dieses Anderssein muß ein wahres sein.

Damit sind mehrere und gewichtige Voraussetzungen angesprochen. Musik muß, damit sie über sich, im geschichtsphilosophischen Sinne, verweisen kann, ein reflexives und dabei kritisches Verhältnis zu sich selber einnehmen. Dies ist historisch erst seit Beethoven der Fall. Zuvor war Musik im ordo mundi substantiell verwurzelt. Erst der Ausbruch der musikalischen Moderne, ausgelöst durch die bürgerlichen Revolutionen und deren erstes Scheitern, brachte jene Feste prinzipiell ins Wanken und eröffnete der Musik einen Raum zur Selbstreflexion, zur Befähigung, sich selber wie in einem Spiegelkabinett zu betrachten. Sodann muß dieser selbstkritische Zug, der über die Selbstaffirmation des eigenen musikalischen Standpunkts hinausweist, intendiert sein. In der allermeisten Musik geschieht das aber gerade nicht. Das meines Erachtens schlagendste Beispiel ist die Musik Wagners, trotz des Karfreitagszaubers. Transzendenz besitzt diese ja im Übermaße, man denke nur an die Erlösungsphantasien und Sehnsuchtsträume im *Tristan*. Die Musik bleibt aber dabei in jedem Augenblick bei sich, sie dient dieser semantischen Transzendenz, wird aber nicht selber transzendiert. Das ist vor allem dort zu spüren, wo die Stoffe eine radikale Selbsttranszendierung geradezu zu fordern scheinen, so am Schluß der *Götterdämmerung*, einer Musik, die bei aller Lust an der Destruktion sich selber nicht antastet. Aber auch die Intention reicht nicht hin. Offenbar sind besondere, höchst sensible Bedingungen vonnöten.

Für das Messianische in der Musik gibt es keine Kompositionstechnik, wie für all jene psychologischen Fakten, welche die Musik seit dem monodischen Prinzip tausendfach darstellte, zumindest bewährte Ausdrucksmittel oder wenigstens Standards existieren. Ist das Messianische das Höchste, was von der Musik erwartet werden darf, dann nimmt es nicht wunder, daß nur wenige, durch eine besondere Kultur geprägte Persönlichkeiten seiner fähig sind. Das Messianische ist das Zufallende, das begünstigende Prinzip, das in seltenen Augenblicken gelingt, indem es sich einstellt. Dieses Sich-Einstellen ist keinesfalls unabhängig von der ästhetischen Position, die ein Komponist einnimmt. Es ist schon ein Unterschied, ob Beethoven oder Mahler daran arbeiten oder ein Wagner oder ein Strauss es proklamieren – dieser mit *Also sprach Zarathustra*, jener mit dem theoretisch ja höchst ermutigenden Programm einer Zukunftsmusik. (Vielleicht liegt es bei beiden daran, daß hier die Zukunftsmusik handgreiflich, ökonomisch gemeint war: als diejenige, welche in Bälde schon als die erfolgreiche sich durchsetzen werde, auch wenn die Gesellschaft die alte geblieben sein wird.) Auch Avanciertheit alleine reicht nicht hin. Meist verfestigt sie sich zur eigenen Klassizität und schließt sich, wenn auch bei aller Größe, ab. Brian Ferneyhough ist meines Erachtens ein solches Beispiel.

Der Kairos des richtigen Materials mit der richtigen Technik und der richtigen ästhetischen Konzeption zur richtigen Zeit reicht nicht hin; das mag zwar einen Zeitnerv treffen und somit im veritablen Sinne Erfolg haben. Damit sich aber radikale Gegenwart im Benjaminschen Sinne einstelle, ist, und zwar auf der Grundlage des Progressivismus des Materialfortschritts, eine aufsprengende Bewegung nötig, die sich der geschichtlichen Vermitteltheit der Musik, ihres historischen Erbes, annimmt, um eine Perspektive zu eröffnen, welche derart einschlägt, daß der Begriff von Musik insgesamt ins Wanken gerät.

Verläßt man die Benjaminsche Lupe, die in der »kleinsten Gestalt« die »Splitter der messianischen Zeit« sucht, und betrachtet die Geschichte der modernen Musik aus der Vogelperspektive, dann fällt auf, daß messianische Ansprüche stets mit einem grundlegend neuen musikalischen Design verbunden sind, vor allem, was Harmonik und Klanglichkeit betrifft. Die Beispiele sprechen eine eindeutige Sprache. Arnold Schönbergs emanzipative Atonalität sollte die ›natürliche‹ Weltmusiksprache werden; auch Charles Ives, und früher als Schönberg, erhoffte sich das gleiche von seinen Versuchen mit Vierteltönen. Daß die Menschen spontan atonal oder vierteltönig sängen und pfiffen, ist bislang ausgeblieben. John Cage versprach sich eine absolute Freiheit der Klänge durch systematische Eliminierung alles Intentionalen; doch absolute Freiheit ist einer unfreien Gesellschaft schwer anzusinnen. Morton Feldman suchte mit seinem besonderen Zeitkonzept eine Musik jenseits der menschlichen Affekte, will sagen: jener Affekte, die die Welt, wie sie ist, auszeichnen. Freilich wird auch die Welt, die einmal anders ist, Affekte kennen. Helmut Lachenmann versuchte sich mit den frühen Geräuschkompositionen – paradigmatisch: *Gran Torso* (1971/72) – an einer kategorial anderen Musik. Luigi Nonos Spätwerk kann in seiner revolutionären Therapie des Hörens als ein erklärtes Projekt verstanden werden, mit den messianischen Ansprüchen Ernst zu machen. Und auch Klaus Hubers Übergang zur Dritteltönigkeit ist der Versuch, eine Umkehr, eine Metanoia musikalisch zu realisieren.

Es fällt auf, daß alle Ansätze, die auf die atonalen Revolutionen der Vorkriegszeit bereits zurückblicken konnten, sich durch ein verändertes Verhältnis zur Zeit auszeichnen. Kurz gesagt, Cage, Feldman, Lachenmann, Nono und Klaus Huber nehmen sich Zeit, ihre Werke sind tendenziell zu lang, zumindest länger, als es die Psychologie der Menschen, wie sie sind, nahelegte. Cage zerdehnt die Zeit, indem es in ihr keine syntaktische Strukturierung mehr gibt; Feldmans Werke sind von vornherein auf Überlänge auch dort angelegt, wo er sich das noch nicht radikal traute; Lachenmanns Material, die andere Seite des reinen Tons, läßt sich mit der Zeitorganisation kaum vermitteln, so daß die reale Dauer eines Werks zu einer Enklave inmitten rationalisierter Zeit wird; Nonos Musik der späten Zeit hat eine doppelte Länge, da zur Eigenzeit der Klänge die des Nachdenkens über sie hinzutritt; und auch Klaus Huber nimmt sich für die musikalischen Prozesse und die Gedanken, die diese tragen, ausgiebig Zeit.[20] Dieses Sich-Zeit-Nehmen ist kein Zufall, auch nicht einfach zu deuten als künstlerische Chuzpe gegenüber der Zeit-ist-Geld-Mentalität, die die kapitalistischen Länder dazu brachte, zwar politisch frei, aber lebensweltlich ohne freie Zeit zu sein. Sondern es hat einen eminent musikalischen Grund. Offenbar ist die Dehnung der Zeit für jene Antithesis zur Gesellschaft, die Adorno sich von aller Kunst erhofft, unabdingbar. (Das soll nicht heißen, daß miniaturistische Ansätze wie bei Anton Webern oder György Kurtág nicht einen

---

20 Ein gewisser Hang zu langen Stücken ist auch dem Spektralismus eigen; er scheint mir aber eher der Verliebtheit in den Klang als einem ›messianischen Projekt‹ einer anderen Musik geschuldet.

utopischen Überschuß hätten; im Gegenteil bedeutet die Konzentration auf das Wesentliche eine produktive Zumutung für jeden Hörer. Allein, das zeitlich Kurze vermag, zumindest in der heutigen Lage des Weltlaufs, keinen kategorial andersartigen Zeithorizont zu stiften.)

Was bedeutet diese Zeitdehnung? Offenbar sind die überlangen Werke keine emphatischen Adagios, die, wie der Schlußsatz der Dritten Symphonie Gustav Mahlers, einen metaphysischen Raum ausspannen, um darin gleichsam die Welt als ganze nachzuerzählen. Obwohl die Feldmanschen Largos sich verdächtig einer narzißtischen Präsenz annähern, geht es solchen messianisch gesonnenen Werken nicht um den wohligen Schönklang, in den der Hörer sich fallen lassen kann, weil affektstimulierende Rhythmen und ein den Herzschlag beschleunigendes Tempo vermieden sind. Das zeitliche Surplus ist vielmehr vonnöten, um einen Darstellungs- und Erlebnisraum zu öffnen, der sich von der überbietungsdynamischen Ökonomie der Gegenwart, die jeder Hörer von heute, auch der empfindsame, verinnerlichen mußte, distanziert und damit dem Rezipienten Zeit gewährt, die ihm sonst nicht vergönnt würde, und es ihm ermöglicht, die Dinge in neuem Lichte zu betrachten. Die Musik von Cage, Feldman, Lachenmann, Nono und Klaus Huber setzt damit ein anderes, von der Konvention deutlich entferntes Musikideal – neue Musik im ehrenwerten Sinne (ohne freilich Fermente der Konvention – das Musikantische bei Lachenmann, das Harmonische bei Feldman, die expressive Geste bei Nono, das Morphologische bei Huber – zu verleugnen). Ihre Musiken sind experimentelle Entwürfe einer anderen, die freilich nicht wiederum zu Mustern einer möglichen Klassizität werden, denn dafür sind sie zu individuell und eigensinnig. Sie sind messianische Projekte, weil sie dem Bedürfnis nach einer radikalen Veränderung nachgeben, ohne es zu verdrängen. Sie sind aber keine konkreten Antizipationen einer messianischen Zeit oder eines messianischen Zustands. Denn sie wissen um das, was Derrida, die Gefahr falschen Dogmatismus vor Augen, anmahnte: das »ganz und gar kärgliche Messianistische«.

Ein kleiner Vorgriff

Nach jüdischer Auffassung ist die Welt im messianischen Zustand eine erfüllte, ihre Elemente sind die gleichen wie in der Vorgeschichte, nur jetzt wahre, das heißt richtig positionierte und sachgemäß durchgeführte. Benjamin schrieb in seiner genialen Fähigkeit zu prägnanten Definitionen einmal: »Die messianische Welt ist die Welt allseitiger und integraler Aktualität. Erst in ihr gibt es eine Universalgeschichte. Aber nicht als geschriebene, sondern als die festlich begangene. Dieses Fest ist gereinigt von aller Feier. Es kennt keine Festgesänge. Seine Sprache ist integrale Prosa, die die Fesseln der Schrift gesprengt hat und von allen Menschen verstanden wird (wie die Sprache der Vögel von Sonntagskindern).«[21] Versucht man das mit der Musik zusammen zu denken, dann ergibt sich folgendes Bild: In der messianischen Welt ist die Musik von allseitiger und integraler Aktualität, sie lebt ganz und umfassend in der Gegenwart, deren Ausdruck sie ist. Jetzt kommen die historischen Musik-Zeiten zusammen und fügen sich zu einem bislang in Einzelteile zersprengtes Gesamtbild. Die Darstellungsform ist festlich, die Festgesänge für Stars, Genies und Kultfiguren sind nicht mehr nötig, die Sache selbst steht im Mittelpunkt, ihr Produzent oder Reproduzent tritt mit Bescheidenheit in den Hintergrund. Diese Musik wird von allen Menschen verstanden, weil Stil- und Bildungsgrenzen ein wirkliches Hören der Musik aller Art nicht mehr verhindern.

Den messianischen Zustand von Musik kann Musik selber nicht herbeiführen. Das vermag nur ein Nachfolgemodell dessen, was einst Weltrevolution genannt wurde. Klaus Huber nannte das die Notschlachtung der heiligen Kuh Kapitalismus.[22] Was aber die Musik leisten kann und soll – und die edelsten ihrer Vertreter sind aufgerufen –, ist, in der konkreten Arbeit, sei es als Komponist oder Interpret, sei es als Hermeneutiker oder Distributor, alles zu tun, damit auch die Musik vorbereitet ist, den Benjaminschen Messias in der Ritze des eigenen Hauses willkommen zu heißen.

21 Walter Benjamin: *Gesammelte Schriften*, Bd. I.3, Frankfurt a. M. 1980, S. 1239 (Notizen zu »*Über den Begriff der Geschichte*«).
22 Klaus Huber: *Oase der Mittelmäßigkeit. Nachdenken über den Schweizer in mir*, in ders.: *Umgepflügte Zeit. Schriften und Gespräche*, hg. v. Max Nyffeler (= Edition Musik Texte, Bd. 6), Köln 1999, S. 144.

Martin Geck
Musik dringt höher, tiefer und weiter als die Fanfare von Krieg und Frieden

Der Begriff »Friede« ist, menschheitsgeschichtlich gesehen, jung. Im Sachregister von Claude Lévi-Strauss' vierbändiger *Mythologia* taucht zwar vielfach das Stichwort »Krieg« auf, jedoch kein einziges Mal das Stichwort »Friede«. Augenscheinlich entspricht »wildes Denken« einer Gesellschaft, die immer wieder die Erfahrung von Krieg gemacht, aber keine Vorstellung vom idealen Zustand des Friedens entwickelt hat.

Die moderne Friedens- und Konfliktforschung geht von dem Postulat aus, daß »Krieg« kein Verhängnis, sondern auf Ursachen zurückführbar ist, die man rational bekämpfen kann. Das Thema »Musik und Frieden« scheint mir ein origineller, aber auch problematischer Ableger dieser rationalen Friedensgedanken zu sein. Natürlich ehrt es jeden Angehörigen der musikalischen Zunft, daß es Musik gibt, die sich expressis verbis mit dem Thema »Frieden« auseinandersetzt; und ich lese gern in dem Buch von Dieter Senghaas, das *Klänge des Friedens* vielseitig und kenntnisreich vorstellt.[1] Zugleich empfinde ich es jedoch als eine Unterforderung der Musik, wenn man sie daraufhin befragt, was sie zum Thema »Frieden« zu sagen habe.

Denn dazu kann sich ›Musik‹ recht eigentlich nur anhand vorgegebener Texte oder Sujets äußern; und allein in diesem Kontext haben Vorstellungen vom »hörbaren Frieden« in der Musik ihre Berechtigung, wobei die Vielfalt der Verständnisebenen kaum überschaubar ist. Letzteres sei in Kürze an der Geschichte der Messe verdeutlicht.[2]

Abschluß des *Ordinarium Missae* ist das *Agnus dei* mit den Schlußworten »Dona nobis pacem«. In den A-cappella-Messen des 15. und 16. Jahrhunderts ist dieser Abschnitt meist nur unwe-

---

1 Dieter Senghaas: *Klänge des Friedens. Ein Hörbericht*, Frankfurt a. M. 2001.
2 Vgl. auch Thrasybulos Georgiades: *Musik und Sprache. Das Werden der abendländischen Musik dargestellt an der Vertonung der Messe*, Berlin u. a. 1954.

sentlich anders vertont als die übrigen Teile des Ordinariums: *Kyrie*, *Gloria*, *Credo*, *Sanctus*, *Agnus dei*. Denn den Komponisten dieser Zeit kommt es nicht zu, den Text von einem subjektiv erlebten Affektgehalt her zu komponieren – also das *Kyrie* besonders zerknirscht und das *Gloria* besonders freudig klingen zu lassen. Vielmehr geht es darum, den Messetext als solchen mit besonderer Würde vorzutragen. Solche Vertonungen verhalten sich zum Messetext wie der Rahmen zu einem Bild: Der Rahmen soll den Rang des Bildes betonen, dieses aber nicht im einzelnen deuten.

Erst die Komponisten der Barockzeit haben solche Deutungen vorgenommen – zum Beispiel Johann Sebastian Bach in seiner *h-Moll-Messe*. Da schließt sich der Hörer im *Kyrie* dem Zug der Mühseligen und Beladenen an, um im *Gloria* in den Jubel über die Herrlichkeit Gottes einzustimmen. Im *Agnus dei* nebst *Dona nobis pacem* setzt ein Chor von Trompeten und Pauken ein, und es erklingt die gleiche Musik, die im *Gloria* der Messe schon einmal den Worten »Gratias agimus tibi« (»Wir sagen dir Dank«) unterlegt worden war.[3] Gleichviel, ob die Musik zu dem einen oder zu dem anderen Text erklingt – in jedem Fall legt sich mit dem Klang der Trompeten ein überirdischer Glanz über die Anstrengungen des Daseins, die man aus dem fast schwerfälligen Gang der sukzessiv einsetzenden Stimmen herauslesen mag. Eine *spezielle* Bitte um Frieden wird man freilich nicht vernehmen.

Das ist anders in Beethovens *Missa solemnis*. An ihrem Ende steht ein *Dona nobis pacem* mit der Überschrift »Bitte um innern und äußern Frieden« und einem streckenweise geradezu flehentlichen Ton, der durch die Vortragsbezeichnung *ängstlich* zusätzlich markiert wird. Zwischen diesen fast melodramatisch angelegten Abschnitt und die Schlußapotheose, die im *fortissimo* anhebt, dann immer wieder ins *pianissimo* zurückweicht und schließlich zum *fortissimo* zurückkehrt, hat der Komponist einen eigentümlichen Instrumentalsatz eingeschoben: eine fragmentarisierte Doppelfuge in schnellem Tempo, welche die Mehrzahl der Beethoven-Forscher tendenziell als ein Aufbäumen der »Gewalten« vor dem letztmaligen Bitten um Frieden deutet.[4] Insgesamt bietet das *Dona nobis pacem* – wie die ganze *Missa solemnis* – das seelische Panorama eines mit sich selbst als Mensch und Künst-

---

3 Senghaas, op. cit. (Anm. 1), S. 168.
4 Vgl. vor allem Harry Goldschmidt: *Das Wort in Beethovens Instrumentalbegleitung*, Köln, Weimar und Wien 1999, S. 518ff.

ler schwer ringenden Menschen, der ›Frieden‹ mehr herbeibeschwört, als in Tönen wirklich schafft.

Die Beispiele zeigen, daß es zwar immer wieder Konnotationen gibt, durch die Musik an das Thema ›Frieden‹ herangerückt wird, daß es jedoch bei solchen Konnotationen bleibt. Mit anderen Worten: Es gibt keine Klänge des Friedens an sich, sondern nur solche, die wir als solche erleben. Nichts verdeutlicht diese Problematik besser als die metaphorische Sprache, derer ich mich bei der Beschreibung dieser Sachverhalte beständig bedienen mußte.

Die Romantik hat Poetisierungen der Musik einerseits geschätzt, andererseits jedes Klein-Klein, vor allem die programmatische Deutung einzelner ›Stellen‹, geringgeachtet. Für sie war Musik Botschaft aus dem Geisterreich schlechthin, geradezu der Mythos der Moderne. Und dieser Mythos kennt nicht die Alternative Krieg – Frieden, sondern nur das Wechselspiel der Kräfte. In diesem Sinne hat sich Jean Paul in seiner *Vorschule der Ästhetik* geäußert: Als Beispiel des weltverachtenden Humors führt er die Sinfonik Joseph Haydns an, »welche ganze Tonreihen durch eine fremde vernichtet und zwischen Pianissimo und Fortissimo, Presto und Andante wechselnd stürmt«.[5] Es bleibt offen, ob konkrete Werke gemeint sind, etwa die Sinfonien aus Haydns Zeit des »Sturm und Drang«. Doch das ist nicht von Belang, denn interessant wird Jean Pauls Gedanke ohnehin erst in der Verallgemeinerung: Der romantische Dichter erlebt in der Musik elementare Kräfte von Aufbau und Vernichtung.

Freilich werden diese Kräfte in seinen Augen von einem künstlerischen Subjekt gesteuert. Und deshalb habe ich zuletzt auch nicht vom ›Mythos Musik‹ schlechthin gesprochen, sondern von Musik als Mythos der Moderne. Was dem vormodernen Menschen der erzählte Mythos, ist dem der Moderne die komponierte Musik: ein Durchspielen von Weltsinn. So sieht es jedenfalls Claude Lévi-Strauss, wenn er von der abendländischen Kunstmusik behauptet, sie sei »genau zu dem Zeitpunkt entstanden, als der Mythos aufhörte, in der westlichen Gesellschaft seine traditionellen Funktionen zu erfüllen. Die Musik machte damals

---

5 Jean Paul: *Vorschule der Ästhetik*, hg. v. N. Miller, München, 2. Aufl. 1974, S. 129 und 132.

nichts anderes, als Struktur und Funktion des Mythos für sich zu übernehmen.«[6]

Relevant für einen solchen Vergleich sind freilich nur Werke mit »spekulativen Formen«, da allein sie dem zivilisierten Menschen die »heilsame Illusion« verschaffen konnten, »daß Widersprüche überwunden und Schwierigkeiten gelöst werden können«.[7]

Illusion – das klingt in aufgeklärten Ohren verdächtig, weil kulturpessimistisch. Doch kaum anders sieht es auch der wertkonservative Philosoph George Steiner in seinem opus magnum, *Grammars of Creation*,[8] wenn er zwischen »Schöpfung« und »Erfindung« unterscheidet: Das 20. Jahrhundert, überzeugt vom Ende der Kunst und von der Überlegenheit des technischen Denkens, stelle die Idee des Schöpferischen in Frage und ersetze sie durch das Prinzip der Erfindung. Doch von Wissenschaft und Technik allein seien keine Antworten auf die großen Fragen der Moral, der Politik und der Ästhetik zu erwarten. Hier könne, wenn überhaupt, nur eine Besinnung auf das schöpferische Potential, auf den kreativen Sinn und den ekstatischen Geist des Menschen weiterhelfen, was auch und vor allem eine Besinnung auf die Schöpfungen in Religion und Kunst in sich schließe.

Dem schließe ich mich an: Sieht man den modernen Vernichtungskrieg als eine ›Erfindung‹ an, so wird man ihn nicht durch eine schlichte ›Gegenerfindung‹ überwinden, sondern nur durch die schöpferische Idee eines gesellschaftlichen Gefüges, das mit Konflikten lebt, ohne sich selbst zu zerstören. Speziell die neuere europäische Kunstmusik ist immer wieder als Sinnbild eines solchen Gefüges verstanden worden. Sorgen wir dafür, daß sie nicht bewußtlos oder passiv, sondern auf eine Weise gehört wird, die menschheitserhaltende Ideen generiert.

Ein ohnmächtiger Gedanke? In der Tat nicht mehr als jenes *Prinzip Hoffnung*, das Ernst Bloch am deutlichsten in der Musik walten sah: Vor allem sie galt ihm als »Morgenrot« einer neuen Zeit,[9] die realiter auf sich warten läßt. Als Erben Blochs sind wir

---

6 Claude Lévi-Strauss: *Mythos und Bedeutung*, hg. v. A. Reif, Frankfurt a. M. 1980, S. 268.
7 Claude Lévi-Strauss: *Mythologica IV, Der nackte Mensch 2*, Frankfurt a. M. 1976, S. 774.
8 George Steiner: *Grammatik der Schöpfung*, München und Wien 2001.
9 Ernst Bloch: *Das Prinzip Hoffnung*, Frankfurt a. M. 1959, S. 1297.

kaum optimistischer geworden. Doch eines können wir nicht von der Tagesordnung absetzen: den Kampf um unsere Würde, die zugleich die Würde des anderen ist. Sie gebietet uns, Unrecht und Gewalt im kleinen wie im großen entgegenzutreten.

Läßt sich aus der von Lévi-Strauss so genannten Musik der »spekulativen Formen« mehr heraushören als die Struktur des Weltwillens, des Werdens und Vergehens, des antagonistischen Gegeneinanders und kooperativen Miteinanders, der Coincidentia Oppositorum und des Alles-in-Einem?

Wir werden der Kunstmusik der jüngstvergangenen Jahrhunderte nur gerecht, wenn wir sie nicht nur kosmozentrisch, sondern zugleich anthropozentrisch deuten. Das kann auf vielen Ebenen geschehen, deren eine mir besonders wichtig erscheint: Das komponierende Subjekt vergewissert sich in seinem Tun seiner menschlichen Würde; wir Hörer erleben die entsprechende Musik als den Kampf um solche Würde. Dazu einige Beispiele.

Richard Wagner war ein Muster weder an Anstand noch an Friedfertigkeit. Doch sein größtes Werk, die Tetralogie *Der Ring des Nibelungen*, wird in seinem Ethos häufig gröblich unterschätzt. Ausgangspunkt ist eine Frage metaphysischen Ausmaßes: diejenige nach einem Leben in Würde und ohne Entfremdung: »Ohne Angst Leben«, wie Theodor W. Adorno Wagners tiefste Wünsche – in diesem Fall ohne alle Häme – interpretiert.[10]

Der *Ring* selbst beschreibt die Hindernisse, die einem solchen Leben ohne Angst im Wege stehen: der Fluch des Geldes, die Gier nach Macht, die Konsequenzen von Falschheit und Untreue. Das alles spiegelt sich im Notentext; doch für den, der genau hinhört, zeigt die Musik keineswegs mehr Hingabe an die Gewalt als an die Liebe, auch wenn letztere die alte Welt nicht zu retten vermag. Auf deren Trümmern mag – ein genuin urchristliches Motiv – eine neue, bessere entstehen: Wagner läßt diese Möglichkeit offen, gibt aber im Motiv der liebenden Hingabe, das am Ende der *Götterdämmerung* erklingt, immerhin einen musikalischen Vorschein dessen, was zu wünschen ist.

Persönlich war Wagner Antimilitarist. In den Gründerjahren nach 1871 begegnete er dem Aufrüsten der europäischen Groß-

---

10 Theodor W. Adorno: *Versuch über Wagner*, München und Zürich 1964, S. 166.

mächte mit Sarkasmus; und seinen Sohn Siegfried suchte er mit allen Mitteln vor dem Militärdienst zu bewahren. Im Nachlaß findet sich ein Satz, der geradezu als Einspruch gegen die Tötungsmaschinerie verstanden werden kann, welche die Nationalsozialisten installierten: »Vom Heldentum hat sich uns nichts als Blutvergießen und Schlächterei vererbt, – ohne allen Heroismus, – dagegen alles mit Disziplin. –«[11]

Ich will Wagner nicht gegen eine Rezeption seines Werks abschirmen, die er – vor dem weiten Horizont der chauvinistischen abendländischen Episteme gesehen – mitverschuldet hat. Ich will auch nicht das düstere Ende des *Rings* aufzuhellen versuchen. Doch ich breche auch in diesem heiklen Fall die Lanze für eine Musik, die Widersprüche thematisiert und Leidenschaften provoziert, auch wenn sie dabei zum Mißbrauch einlädt. Denn sie ist allemal besser als eine gedankenlose Kunst, wie sie Wagner mit guten Gründen gehaßt hat. Wagners Musik braucht wachsame Hörer!

Natürlich ist es hybrid, wenn ein Künstler die Widersprüche der ganzen Zivilisation schultern und dieser den Untergang im Musikmythos anempfehlen will. Und ungeachtet der Vermutung, es gebe keine große Kunst ohne Hybris, muß man feststellen, daß Wagner keine Gemeinde in dem von ihm gewünschten Sinne gebildet, vielmehr Schiffbruch erlitten und bekanntermaßen geradezu kontraproduktiv gewirkt hat – als Herr über Bayreuth ahnte er solches übrigens beizeiten.

Wir blicken eine Generation weiter zurück – auf Wagners großes Vorbild Beethoven. Schon ihm ging es dezidiert um Würde und Freiheit der Menschheit und des Menschen. In seiner heroischen Ära erkämpfte er in seinem Werk exemplarische Siege – die ihm gleichwohl immer problematischer erschienen. So hinterließ er mit den letzten Quartetten ein Spätwerk, das den Idealismus der heroischen Epoche grundlegend revidiert hat und gerade deshalb zu einem unverwechselbaren Zeugnis des Ringens um würdiges Menschentum geworden ist: Der Komponist kann und will nicht länger als Bezwinger des von ihm präsentierten Materials dastehen; er gesellt sich statt dessen zur leidenden Kreatur, die ihr Tagwerk nur unter großen Anstrengungen vollbringt, dabei aber

---

11 *Richard Wagners Gesammelte Schriften*, hg. v. J. Kapp, Bd. 14, Leipzig o. J., S. 210.

den Willen zur Versöhnung von Anspruch und Wirklichkeit niemals aufgibt. Die Würde, die der einsam leidende Beethoven in seinen letzten Lebensjahren für seine eigene Existenz einklagt, schenkt er zugleich denen, die sich auf seine Musik berufen – also einer Menschheit, die lieber auf der Seite der Wahrheit als auf derjenigen der Gewinner stehen will.

»Mit Würd' und Hoheit angetan«, so tritt – eine Generation vor Beethoven – in Joseph Haydns *Die Schöpfung* der Mensch auf den Plan. Wir staunen über den Optimismus des gläubigen Aufklärers und kommen ihm freundlich entgegen; denn Haydn steht nicht nur durch seine Musik, sondern auch in seiner Person für eine selbstbewußte Bescheidenheit, die der Menschheit den ewigen Frieden zutraut, über den zur gleichen Zeit Immanuel Kant sich philosophisch verbreitet. Trotz des janusköpfigen Bildes, das die Napoleonische Ära abgibt, herrscht unter den Gebildeten Friedensoptimismus – bestimmt vom Glauben an die positiven, generativen Kräfte des Menschen.

Hatte Johann Sebastian Bach, um ein letztes Mal in der Folge der Generationen zurückzugehen, denselben Glauben? Wir wissen es nicht, vermuten aber, daß ihm ein anderer Glaube wichtiger war: derjenige an Gott als den wahrhaft Würdigen. »Das ist würdig und recht...« heißt es in der lutherischen Liturgie während der Präfation zum *Sanctus* – einem Satz, dem Bach in der schon erwähnten *h-Moll-Messe* eindringliche Gestalt verliehen hat. Für mich ist dieser Satz einer der gewaltigsten der ganzen Musikgeschichte – Urbild ewiger Herrlichkeit, vor der das zeitliche Reden über Krieg und Frieden verstummt. »Und Gott wird abwischen alle Tränen von ihren Augen«: Der Mensch, der am Ende im Kampf um seine Würde verzweifelt ist (Wagner), nachdem er verzweifelt um sie gekämpft hat (Beethoven), der sich zuvor ein paar Jahrzehnte lang in ihr sonnen durfte (Haydn) – dieser Mensch findet letztendlich seine Würde in derjenigen Gottes (Bach).

›Letztendlich‹ sage ich; obwohl ich damit in der Geschichte nicht voran-, sondern zurückgeschritten bin. Und das führt zum Anfang meiner Gedanken zurück: Musik fügt sich nicht den großen Erzählungen vom Fortschritt, auch nicht den Erwartungen der Friedensbewegung, falls diese allzu schlicht sein sollten. Sie wohnt in der Tiefe, aus der sie je und dann Klopfzeichen sendet.

Das kann Musik leisten: die Wahrnehmung für große Zusammenhänge schärfen, in denen die Würde des einzelnen nicht verlorengeht. Insofern ist sie ein Glücksversprechen. Friedensversprechen kann sie nicht geben.

Am Ende des Essays wird dem Autor deutlich, daß er seinen Text mit dem latenten Gefühl von Wut geschrieben hat: Wut auf den Krieg. Diesmal geht es nicht um das zerstörerische Potential des Krieges, sondern um den Druck zur Vereinfachung, den jedes Engagement ›gegen‹ den Krieg und ›für‹ den Frieden auslöst. An wie vielen Friedensdemonstrationen hat der Autor allein deshalb teilgenommen, weil er gegen einen aktuellen Aufrüstungsschritt oder gegen einen bestimmten Krieg war, nicht aber, weil er sich vom Bad in der Menge kreative Anstöße versprochen hätte – da konnte selbst die Gründung einer Laienblaskapelle mit dem schönen Namen »Querstand« wenig Ausgleich schaffen, so willkommen ihre Klänge vielen Demonstranten gewesen sein mögen. Wer sich aus dem Schwitzkasten befreien muß, hat wenig Zeit zu differenziertem Erleben und Denken!

Der Autor möchte nicht beständig in die Falle tappen, welche die Alternative ›Krieg oder Frieden‹ darstellt. Es gibt unter dem Himmel sowohl Naturnäheres als auch Höherentwickeltes denn diese Alternative. Der Mensch ist nicht für sie geschaffen; er *hat* sie sich geschaffen. Deshalb die leicht pathetisch klingende Maxime: Musik dringt höher, tiefer und weiter als die Fanfare von Krieg und Frieden.

II

Komponieren für den Frieden im Zeitalter der Extreme

Stefan Hanheide
Erzählungen von nicht mehr zu erreichendem Frieden

Mahlers Musik im politischen Kontext

Gustav Mahler starb 1911, am Vorabend des Ersten Weltkrieges. Der Band mit seinen Briefen, den seine Frau Alma Mahler 1924 herausgab, beginnt mit einem langen Brief an den Jugendfreund Josef Steiner, geschrieben vom 17. bis 19. Juni 1879.[1] Knapp 19jährig verfaßte Mahler diesen Brief im Stil der großen Kunstbriefe der abendländischen Briefliteratur. Inhaltlich steht er ganz in der Empfindungswelt der Romantik, wie sie ein hin- und hergerissener junger Mensch zum Ausdruck bringt: Die reale Welt wird als heuchlerisch, ekelerregend, falsch und jammervoll empfunden. Eine andere, bessere Welt, der die Sehnsucht gilt, erscheint als Widerpart. Diese Welt ist von Musik erfüllt: die Herdenglocken, die Volksweise des Hirten auf der Schalmei und die Abendglocken im Dorf erscheinen als ihre Kennzeichen. Dazu gesellen sich Schubertsche Bilder – der Lindenbaum, der Erlkönig und der Leiermann – und schließlich weitere romantische Topoi: die blaue Blume und die blauen Augen des Mädchens. Die Bipolarität zwischen der als negativ und peinigend empfundenen Realität und der musikalisch-romantischen Sehnsuchtssphäre läßt sich schon in der Literatur um 1800 finden, als jene Empfindungswelt entstand. Zu denken ist an Passagen aus Wilhelm Heinrich Wackenroders Buch *Die Wunder der Tonkunst*, jenem zentralen Text romantisch-musikalischen Empfindens. Und dann findet sich bei Mahler immer wieder das Bekenntnis, die Erde und das Leben lieben zu wollen, lieben zu müssen. Hans Heinrich Eggebrecht sprach im Hinblick auf die Romantik vom »Zwei-Welten-Modell« und gründete seine gesamte Mahler-Interpretation auf jenen Brief.[2]

Was war es, das Mahler veranlaßte, vom Leben so angeekelt zu sein? Trug der wachsende Antisemitismus dazu bei, den er wäh-

---

[1] Zit. nach *Gustav Mahler. Briefe, erweiterte und revidierte Neuausgabe*, hg. von Herta Blaukopf, Wien 1982, S. 8-11.
[2] Hans Heinrich Eggebrecht: *Die Musik Gustav Mahlers*, München 1982.

rend seines Studiums in Wien spüren mußte? 1875, als Mahler sein Studium am Wiener Konservatorium begann, hielt der Wiener Arzt Theodor Billroth, Musiker und Freund von Johannes Brahms, eine epochale Rede, in der er die Überfremdung der Wiener Universität mit jüdischen Studenten anprangerte. Ein Jahr später publizierte er seine Ideen. Daraufhin begannen die Burschenschaften, ihre jüdischen Mitglieder aus ihren Reihen auszuschließen; 1877 führte die Burschenschaft *Teutonia* einen Arierparagraphen ein. Zu Billroths Ehrenrettung sei gesagt, daß er später bedauerte, ein gefährliches Feuer entfacht zu haben; er trat sogar Bertha von Suttners *Verein zur Abwehr des Antisemitismus* bei.[3] Aber der Antisemitismus breitete sich mehr und mehr aus, und Anfeindungen aufgrund seines Judentums blieben sein Leben hindurch ein ständiger Begleiter Mahlers. Die Auseinandersetzung gipfelte 1897 in seiner Bewerbung um den Posten des Direktors der Wiener Hofoper. Mahler selbst sah dieses Ziel als unerreichbar an: »Mein Judentum verwehrt mir, wie die Sachen jetzt in der Welt stehen, den Eintritt in jedes Hoftheater. – Nicht Wien, nicht Berlin, nicht Dresden, nicht München steht mir offen. Überall bläst jetzt derselbe Wind.«[4] Für Wien kam erschwerend hinzu, daß sich die Stadt im gleichen Jahr den Antisemiten Karl Lueger als Bürgermeister gewählt hatte: »Wie meine Informatoren mir berichten, wäre an meiner Berufung nicht zu zweifeln, wenn ich nicht – Jude wäre.«[5]

Mahler hat nach großen Intrigen schließlich doch diesen Posten bekommen, den er einmal, von Hamburg aus, als den »Gott der südlichen Zonen« bezeichnete. Aber auf ihn wartete ein Jahrzehnt voller Angriffe und Widerstände, so daß er sich 1907 zur Demission entschloß. Neben dem Antisemitismus waren es die Nationalitätenkonflikte im österreichisch-ungarischen Vielvölkerstaat, in denen er die politische Brisanz der Zeit zu spüren bekam und die eine gedeihliche Arbeit behinderten. Als Beispiel sei eine Zuschrift eines »Deutschösterreichers« genannt, die er am

3 Dieser Aufsatz basiert auf meinem Buch *Mahlers Visionen vom Untergang. Interpretationen der Sechsten Symphonie und der Soldaten-Lieder*, Osnabrück 2004. Dieser Arbeit sind weitere Analysen, Dokumente und Nachweise zu entnehmen, weshalb hier auf Einzelnachweise verzichtet wird.
4 Brief an Friedrich Löhr aus Hamburg, ohne Datum, *Gustav Mahler. Briefe*, op. cit. (Anm. 1), S. 117, dort datiert auf Ende 1894 oder Januar 1895.
5 Kurt Blaukopf: *Mahler. Sein Leben, sein Werk und seine Welt in zeitgenössischen Bildern und Texten*, Wien 1976, S. 210.

7. November 1898 erhielt: »Also ›Dalibor‹ ist wieder im Repertoire!! – Sie können es nicht lassen, mit dieser antidynastischen, inferioren tschechischen Nation, die nur Gewaltakte an dem deutschen und österreichischen Staate ausübt, weiter zu fraternisieren. Wie man sich so erniedrigen kann, ist unbegreiflich...«[6] Trotz solcher Attacken hielt Mahler am slawischen Repertoire fest, das er musikalisch für wertvoll erachtete. Aber es war ihm bewußt, daß schon seine Herkunft zu Angriffen herausforderte. Er äußerte einmal, er sei dreifach heimatlos: als Böhme unter den Österreichern, als Österreicher unter den Deutschen und als Jude in der ganzen Welt.[7]

Soldaten-Lieder

In den späten 1880er Jahren komponierte Mahler sein Wunderhorn-Lied *Zu Straßburg auf der Schanz'* und begann damit eine Serie von zehn Liedern, in denen der Soldat eine Rolle spielt. Das letzte Lied dieser Art ist *Der Tamboursg'sell* und stammt aus dem Jahre 1901. Mahler hat insgesamt fünfzig Lieder komponiert. Wenn in zwanzig Prozent dieser Lieder der Soldat Gegenstand ist, dann steht er damit innerhalb seiner Zeitgenossen völlig allein, denn sie haben von diesem Sujet kaum Notiz genommen. Das eigentlich Bemerkenswerte ist jedoch, daß der Soldat in eben diesen Liedern, deren Texte Mahler dazu aus der Liedertext-Sammlung *Des Knaben Wunderhorn* entnahm, ausnahmslos negativ gezeichnet wird. Dazu gehören neben dem schon genannten *Straßburg*-Lied die Lieder *Der Schildwache Nachtlied, Wo die schönen Trompeten blasen, Lied des Verfolgten im Thurm* und schließlich das besonders drastische *Revelge*. Immer ist der Soldat in diesen Texten schicksalsbeladen, zum Tode bestimmt, verlassen und verzweifelt. Und Mahler intensiviert die textliche Aussage durch seine musikalische Interpretation aufs Deutlichste. Er benutzt die Idiome der Militärmusik, den Marsch und das Signal. Aber er verzerrt und verfälscht diese Idiome melodisch und harmonisch, so daß sie völlig entstellt erscheinen. Auf diese Weise entstehen

---

6 Ebd., S. 216.
7 Alma Mahler Werfel: *Erinnerungen an Gustav Mahler; Gustav Mahler, Briefe an Alma Mahler*, hg. v. Donald Mitchell, Frankfurt a. M., Berlin 1971, S. 137.

schreiende Anklagen gegen die menschenverachtende Maschinerie des Militärs. Mit diesem Soldatenbild setzt sich Mahler entschieden von der zeitgenössischen Vorstellung des Soldaten ab. Sowohl in der preußisch-deutschen als auch in der österreichisch-ungarischen Monarchie war der Soldatenstand eine tragende Säule der Gesellschaft. Sie sorgte für ein positives Bild von Militär und Krieg. Dieses Bild hat Mahler dezidiert konterkariert.

Auch hier ist die Frage, was ihn zur Zeichnung eines solchen Soldatenbildes trieb? Mahler wuchs in der Garnisonsstadt Iglau auf, hatte das Militär also tagtäglich vor Augen. Es ist überliefert, daß er sich von deren Musik angezogen fühlte. Politisch stand er in Kontakt mit den Sozialisten Engelbert Pernerstorfer und Viktor Adler; letzteren unterstützte er öffentlich in einer Wahl in Wien 1901. Schon 1888 hatten sich die österreichischen Sozialisten kritisch zum stehenden Heer geäußert und sich pazifistisch orientiert: In jener Zeit schrieb Mahler sein erstes Soldaten-Lied *Zu Straßburg auf der Schanz'*. Inspiriert war man durch Wagners späte Schrift *Religion und Kunst* (1880), in der der Bayreuther Meister die preußische Kriegstreiberei attackiert und Bismarck sowie von Moltke an den Pranger stellt. Mahlers langjährige enge Vertraute Natalie Bauer-Lechner bekannte sich in ihrer 1907 erschienenen Schrift *Fragmente* zum Sozialismus und gegen den Krieg. Gegen Ende des Ersten Weltkrieges manifestierte sie in einer Schrift deutlich ihre Antikriegshaltung und wurde dafür zu einer längeren Gefängnisstrafe verurteilt. Letztlich fehlt es aber an eindeutigen biographischen Quellen für eine antimilitaristische Haltung Mahlers. Aber die Zusammenhänge zwischen seinen politischen Orientierungen und seinem Soldatenbild in den Wunderhorn-Liedern scheinen doch bedenkenswert.

Falls eine direkte Inbeziehungssetzung sich demnach als zu weitgehend erweist, könnte eine Brücke weiterführen. In fast allen Soldaten-Liedern spielt die Musik eine Rolle: *Revelge* und *Der Tamboursg'sell* handeln vom Niedergang des Trommlers. In *Der Schildwache Nachtlied* und im *Lied des Verfolgten im Turm* geben sich die Protagonisten als Singende. In *Zu Straßburg auf der Schanz'* ist es das heimatliche Alphorn, das den Soldaten zum Desertieren verleitet und ins Verderben führt. Umgekehrt repräsentieren in *Wo die schönen Trompeten blasen* diese Instrumente die Sphäre des Krieges. Sie faszinieren den Soldaten und locken ihn in den Tod. In vier Fällen ist es also der Soldat als Musizierender, der zugrunde geht, in zwei weiteren Fällen führt ihn die Empfänglichkeit für die Lockungen der Musik ins Verderben. Mahler hat wiederholt darauf hingewiesen, daß seine Kunst autobiographisch zu verstehen ist, sie habe Bekenntnischarakter und stehe in engstem Kontakt mit seinem Leben, seinen Erlebnissen und Erfahrungen. Sieht man nun in dem Musiker der Soldaten-Lieder Mahler selbst, dann geht dieser im Kampf in der Ausübung seiner Sache zugrunde. Seine Sache aber ist sein Komponieren und Dirigieren, um das er zeitlebens vehement gekämpft hat. Und seine größten Widersacher waren einerseits die antisemitischen Hetzer, andererseits – zum Teil in Personalunion – die Musikkritiker, die seine Schöpfungen immer wieder zerrissen. So wären die Soldaten-Lieder symbolisch als sein Kampf gegen seine Widersacher zu verstehen, die ihn letztlich zugrunde richten.

Hier drängt sich eine Parallele zur Literatur der Zeit auf, und zwar zu Robert Musils Roman *Die Verwirrungen des Zöglings Törless*, der 1903 entstand und 1906 erschien, also etwa zeitgleich zu Mahlers Wunderhorn-Liedern. Dieser Roman schildert das Internatsleben und die Brutalität der Schulkameraden auf schrecklichste Weise. Als eigentlicher Inhalt erweisen sich aber die psychologischen Erfahrungen, die der Protagonist Törless, worin sich Musil selbst verbirgt, in dieser Umgebung macht. Dennoch ist in jeder Phase des Handlungsfortgangs die Unerträglichkeit des Internatslebens um die Jahrhundertwende präsent. So hat dieser Roman mittelbar dazu beigetragen, daß das Schul- und Erziehungswesen Reformen erfuhr. Bei Mahler sind es das unerträgliche Militärmilieu und der darin zugrunde gehende einzelne Soldat, der für die Darstellung der eigenen Empfindungswelt herangezogen wird: symbolische Kunst autobiographischer Natur hier wie dort, die die Unerträglichkeit von Internatsleben und Militär zum Ausdruck innerer Befindlichkeit benutzt. Es wird wohl etwas dran gewesen sein, an der Unerträglichkeit. Einige der von Mahler vertonten Texte wurden als Volkslied mit entsprechenden Melodien gesungen, so etwa das *Straßburg*-Lied mit der Melodie von Friedrich Silcher, oder auch *Revelge*. Die Melodien, die diese Texte verharmlosen, waren noch bis zum Zweiten Weltkrieg in vielen Liederbüchern präsent, sei es in eigenen Soldatenliederbüchern oder anderen Liederbüchern mit paramilitärischem Charakter. Erst im *Liederbuch der Bundeswehr* lassen sich die Texte nicht mehr finden. Was Mahler mit deutlichen Tönen schon vor der Jahrhundertwende verkündet hat, ist in breitem Maße erst viel später bewußt geworden: die Gefahr des Soldatenmilieus, Menschen in die Verderbnis zu führen.

Symphonik als Bekenntnis

Das eigentliche Feld der kompositorischen Auseinandersetzung Mahlers ist aber weniger das Lied als die Symphonie. In dieser Gattung hat er mit neun vollendeten und einem unvollendeten Werk ein aussagereiches Œuvre hinterlassen. Über die Bestimmung der Musik, über sein Verständnis vom Komponieren gibt jene oben erwähnte Briefsammlung Auskunft.[8] Mahler hat wiederholt vor allem gegenüber Musikkritikern seine ästhetischen Positionen mitgeteilt. Danach ging er davon aus, daß seine Musik – ja jede Musik seit Beethoven – ein »inneres Programm« habe. Die Ästhetik der Absoluten Musik, nach der diese sich nur mit »tönend bewegten Formen« (Hanslick) abgebe, war seine Sache nicht. Musik teilt nach seiner Auffassung immer etwas mit. Diese Mitteilungen mit Worten auszusprechen, mindert aber den ästhetischen Rang des Kunstwerkes. Sie können allein in Musik zum Ausdruck kommen und sind daraus abzulesen oder besser abzuhören – der musikverständige Mensch hat keine Programme nötig. Die Mitteilungen repräsentieren seine eigenen Erlebnisse und Erfahrungen. Was er musiziert, sei »immer der ganze, fühlende, denkende, atmende und leidende Mensch«. Seine Musik sei gelebt, wie er sagte. In ihr wehe »ein Luftzug vom Sturmflug unserer großen Zeit«. Und er fragte: »Was ist das für eine Welt, die solche Klänge und Gestalten als Widerbild auswirft?« Seine Musik erscheine ihm »wie eine brennende Anklage an den Schöpfer.« Weit über die bisherige symphonische Tradition hinausgehend hat er sich dafür eine musikalische Sprache geschaffen. Sie arbeitet mit »beschrifteter Musik«, mit musikalischen Chiffren, Semantemen, Symbolen usw. Diese stammen aus der musikalischen Alltagswelt: Marsch und Trauermarsch, Militärsignal und Kirmesmusik, Tanz und Choral, Kuckucksruf und Jagdhorn und vieles andere mehr werden als Bedeutungsträger herangezogen. Durch Ver-

---

[8] Vgl. auch für die folgenden Zitate *Gustav Mahler. Briefe*, op. cit. (Anm. 1), S. 122, 149, 254, 293, 372.

fremdung oder Verzerrung dieser Elemente entstehen neue Aussagen. Häufig zitiert er auch seine eigenen Lieder, die durch ihren Text beschriftet sind. Das Mitgeteilte lasse sich aber nicht bis ins letzte enträtseln: »Ein Rest Mysterium bleibt immer – selbst für den Schöpfer!«[9] Und gegenüber seiner Vertrauten Natalie Bauer-Lechner äußerte er: »Was im Kunstwerk wirkt, wird vor allem immer das Geheimnisvolle, Inkommensurable sein. Übersiehst Du ein Werk ganz, so hat es seinen Zauber, seine Anziehungskraft verloren.«[10] Das ist ein Votum für die Betätigung der eigenen Phantasie und Kreativität beim Hören. Mahler war besonders daran interessiert, welche Vorstellungen seine Musik bei den Hörern hervorrufe, vor allem auch an den Wandlungen dieser Wirkung im Laufe der Zeit.[11]

Untergangs-Musik

Im Sinne dieses Interesses Mahlers an der zukünftigen Wirkung seiner Musik sei auf ein Rezeptionsphänomen der fünfziger Jahre verwiesen, das die Brücke zur politischen Ausrichtung dieser Musik weist. Der Präsident der Internationalen Gustav-Mahler-Gesellschaft, Erwin Ratz, schrieb 1957 im Mahler-Artikel der Enzyklopädie *Die großen Deutschen* Folgendes: »Ein Merkmal des großen Künstlers ist die Fähigkeit, Dinge vorauszuahnen, die erst in kommenden Zeiten ins Bewußtsein der übrigen Menschheit treten. So nimmt die im Jahre 1904 vollendete VI. Symphonie, die auch als die ›tragische‹ bezeichnet wird, bereits die schweren Katastrophen gleichsam vorweg, die seit dem Jahre 1914 über die Menschheit hereingebrochen sind.«[12] Drei Jahre später, 1960, ist in Theodor W. Adornos bahnbrechendem Mahler-Buch zu lesen: »Identifiziert Mahlers Musik sich mit der Masse, so fürchtet sie

9 Ebd., S. 254.
10 Natalie Bauer-Lechner: *Erinnerungen an Mahler*, hg. v. Herbert Killian, mit Anmerkungen und Erklärungen Knut Martners, revidierte und erweiterte Auflage, Hamburg 1984, S. 160.
11 *Gustav Mahler. Briefe*, op. cit. (Anm. 1), S. 145; *Ein Glück ohne Ruh'. Die Briefe Gustav Mahlers an Alma. Erste Gesamtausgabe*, hg. und erläutert von Henri-Louis de La Grange und Günther Weiß, Berlin 1995, S. 388.
12 Erwin Ratz: *Gustav Mahler*, in: *Die großen Deutschen*, Bd. IV, Berlin 1957, S. 274; ebenso in Erwin Ratz: *Gustav Mahler* (1960), in ders.: *Gesammelte Aufsätze*, hg. v. F. C. Heller, Wien 1975, S. 121.

diese zugleich. Die Extreme ihres kollektiven Zuges, etwa im ersten Satz der Sechsten Symphonie, sind jene Augenblicke, wo der blinde und gewalttätige Marsch der vielen dazwischen fährt: Augenblicke des Zertrampelns. Daß der Jude Mahler den Faschismus um Dezennien vorauswitterte wie Kafka im Stück über die Synagoge [...]«[13] Mit dem Stück über die Synagoge dürfte Kafkas Prosastück *Das Tier in der Synagoge* gemeint sein, in dem es heißt: »Und doch diese Angst. Ist es die Erinnerung an längst vergangene oder die Vorahnung künftiger Zeiten? Weiß dieses alte Tier vielleicht mehr, als die drei Generationen, die jeweils in der Synagoge versammelt sind?«[14] 1967 äußerte Leonard Bernstein: »Die Zeitgenossen Mahlers [...] hörten endlose, brutale, fast manische Märsche, aber sie erkannten weder den Doppeladler noch das spätere Hakenkreuz auf den Uniformen der Marschierer.«[15] Und 1968 schrieb Hans Ferdinand Redlich, Autor auch des Mahler-Artikels in der Enzyklopädie *Die Musik in Geschichte und Gegenwart* (1960), der eine ähnliche Passage enthält:

> »Auf einer höheren Erfahrungsebene jedoch muß Mahlers Musik als Ausdruck jener instinktiven Vorahnung eines großen Künstlers begriffen werden, der als Sprecher für die ›Erniedrigten und Beleidigten‹ dieser Welt den fernen Donner der Zukunft in tönenden Symbolen zu deuten weiß. Von hier aus gesehen prophezeit die VI. Symphonie die Schrecknisse dieses von zwei Weltkriegen zerpflügten Jahrhunderts und das Elend jener Minderheiten (im weitesten Sinne dieses Ausdrucks), denen in dem altösterreichischen Juden Mahler der verständnisvollste Dolmetsch erwuchs. Im Sinne solcher philosophischer Erfahrung darf die Katastrophe des Finales der VI. ›kosmisch‹ genannt und ihr ›Held‹ als Gemeinschaft aller Leidenden an dieser Welt verstanden werden. Das philosophische Rätsel dieser Symphonie ist vom kriegerischen Tatensturm dieses Jahrhunderts selbst gelöst worden, in dessen Erstlingsjahren es entstand.«[16]

Hier liegt eine Interpretationskonstante vor, geäußert von den führenden Mahler-Interpreten der Zeit. Ratz, Adorno und Red-

---

13 Theodor W. Adorno: *Mahler. Eine musikalische Physiognomik*. Frankfurt a. M. 1960, S. 51, der Fortgang des Zitates ist nicht weiter relevant.
14 Zit. nach Franz Kafka: *Poseidon und andere Kurzprosa*, ausgewählt und mit einem Nachwort von Jürgen Born, Frankfurt a. M. 1994, S. 70.
15 Im April 1967 in der Zeitschrift *High Fidelity*, zit. nach: Leonard Bernstein: *Ausgewählte Texte*, München 1988, S. 20.
16 Hans Ferdinand Redlich: Vorwort zur Taschenpartitur der VI. Symphonie Gustav Mahlers, Mainz 1968, S. IV f.

lich sind als hermeneutische Interpreten hervorgetreten, Bernstein vor allem als performativer Interpret. Sie haben vieles miteinander gemeinsam: Alle sind Juden, die meisten politisch linksorientiert, Adorno und Redlich sind Emigranten. Die Gemeinsamkeit der Position liegt darin, daß Mahler vor allem in seiner Sechsten Symphonie die beiden Weltkriege und den Holocaust vorausgeahnt hat. Schließlich hat sich auch Max Brod in dieser Richtung geäußert: »In der Sechsten von Mahler, vor allem in diesem Hamagedon von Finale, steckt eine fürchterliche Vorausahnung von Treblinka, Auschwitz [...]«[17]

Begründet wird die Sichtweise an musikalischen Erscheinungen. Vor allem ist vom Marsch die Rede, von jener musikalischen Gattung der Militärmusik, die in ihrem Ursprung die Funktion hatte, den Zug der Soldaten zu ordnen und zu reglementieren. Aber in der Folgezeit marschierten die Soldaten nicht nur durchs Feld, sondern vor allem durch die Städte auf die Plätze, wo die Militärkapellen mit ihrem geordneten Zug und in ihren schönen Uniformen die Menschen faszinierten. Sie stimmten die Gesellschaft positiv für Militär und Krieg und symbolisierten das Mitmarschieren mit dem Strom. Der Marsch kann im engeren Sinne als Symbol für Militär und Krieg stehen, im weiteren Sinne aber auch für Ordnung, Monarchie oder für Vorwärtsdrängen und Kollektivität. Der Marsch der Sechsten Mahlers jedoch, von dem die Dokumente sprechen, wird als brutal, manisch, gewalttätig, zertrampelnd beschrieben, also alles andere als positiv. Wie schon in den Soldaten-Liedern unterscheiden sich die Marschpartien der Symphonie kategorisch vom traditionellen Parade-Militärmarsch: Sie klingen deprimierend und zerstörerisch. Die Deformation des Marsches durch Verdüsterung (untypische Moll-Sphäre) und musikalische Verfälschung läßt sich als ein Indiz für die Bedrohtheit von allem verstehen, was er repräsentiert. Auch im musikalischen »Motto« der Symphonie – über einem Marschrhythmus wird ein Durdreiklang im fortissimo durch Absenken der Terz in einen Molldreiklang im pianissimo verwandelt – läßt sich der Niedergang der Marschidee erkennen. Ein weiteres mu-

---

17 Zit. bei Berndt W. Wessling: *Gustav Mahler. Ein prophetisches Leben*, Hamburg 1974, S. 227. Der Autor gibt keine Quelle an. Sein Buch basiert auf Korrespondenzen und Gesprächen mit Persönlichkeiten aus der weiteren Umgebung Mahlers. Das Zitat dürfte also auf eine mündliche oder schriftliche Äußerung Brods gegenüber Wessling zurückzuführen sein.

sikalisches Signet für den Niedergang in der Sechsten Symphonie ist der Katastrophenschluß, der, – in der Gattungstradition einmalig – eine Symphonie nicht im apotheosenhaften Finale oder im verklärenden Schluß enden läßt, sondern dezidiert im vernichtenden Untergang. Auf Grund des Schlusses erhielt das Werk den Titel *Tragische Symphonie*, der ihm bis heute anhaftet; er wurde dem Werk bei der Wiener Aufführung am 4. Januar 1907 hinzugefügt, der vierten und letzten von Mahler erlebten. Aufführungen waren 1906 in Essen, Berlin und München vorausgegangen. Die Hinzufügung dieses Titels geschah nicht auf Mahlers Betreiben, wohl aber mit seiner Duldung.

Die Ähnlichkeit der Verzerrungen des Marsch-Idioms in den Liedern, vor allem in *Revelge*, und in der Symphonie hat Theodor W. Adorno zu der Äußerung geführt, daß tiefste Beziehungen zwischen beiden Werken walten würden, weit über lose thematische Anklänge hinaus.[18] Somit wäre also das Lied, das den Niedergang des Soldaten thematisiert, der semantische Fingerzeig für das Verständnis der Symphonie.

Diese völlig ungewöhnliche Ausrichtung der Symphonie wurde in den ersten Aufführungen der Symphonie von 1906 bis zum Ersten Weltkrieg kaum in ihrer Bedeutung erkannt. Insofern trifft die oben zitierte Behauptung Leonard Bernsteins zu. Nach dem Ersten Weltkrieg wurde in dem Werk erheblich deutlicher Pessimismus und Niederlage, grauenhaftes Zerstörungspotential und düstere Untergangsvision erkannt. Allerdings wird viel mehr vom Niedergang eines Individuums gesprochen als vom Untergang einer Welt, wie ihn die zitierten Rezeptionsdokumente der fünfziger und sechziger Jahre sehen.[19]

Einige Elemente dieser Rezeption lassen sich im engeren Kreis des Mahler-Schrifttums bis zu seinen Lebzeiten zurückverfolgen. Die Rezeption des frühen Mahler-Schrifttums unterscheidet sich von der allgemeineren Rezeption, wie sie sich in den Zeitungskritiken niederschlägt. Die Verfasser der frühen Mahler-Bücher standen mit ihm in Kontakt, ebenso wie sie Gemeinsamkeiten in der religiösen Herkunft und der politischen Gesinnung mit ihm

---

18 Theodor W. Adorno: *Mahler. Eine musikalische Physiognomik*, Notiz zur zweiten Ausgabe, Frankfurt a. M. 1963, S. 226.
19 Vgl. hierzu ausführlich meine Rezeptionsuntersuchung der Symphonie anhand von 124 Kritiken zwischen 1906 und 1933: Hanheide, op. cit. (Anm. 3).

verbanden. Richard Specht schrieb schon 1905, Mahler ahne in seinem Werk Zukünftiges voraus. Er ließ sein kleines erstes Büchlein von Mahler selbst »absegnen«. Mahler hatte gegen diese Idee keine Einwände, gerade zu der Zeit, als er seine Sechste vollendete. Schon in seiner vor der Uraufführung 1906 verfaßten Einführung zur Sechsten äußert Specht, daß in dieser Symphonie eine Welt vernichtet werde. Diese Assoziation nennt er bis in die zwanziger Jahre fortlaufend. Die Idee, Mahler ahne die politischen Ereignisse seit 1914 voraus, findet sich explizit zuerst im Mahler-Heft des *Anbruch* 1930, geäußert von Redlich und Adorno, also von jenen, die diese Idee in den fünfziger und sechziger Jahren weiterentwickelt haben. Redlich verweist zwar noch nicht auf ein einzelnes Werk, aber die Zusammenhänge bringen hervor, daß er in erster Linie die Sechste Symphonie und die Soldaten-Lieder meint. Adorno sieht die Sechste vor allem als Ausdruck der Krise der bürgerlichen Welt. Seine Gedanken, Formulierungen und Bilder sind zum Teil früheren Texten von Richard Specht entnommen.

Mahlers Vision eines Untergangs im Strudel des Antisemitismus, wie er in der Rezeption erscheint, sollte eintreten. Nicht mehr ihn selbst traf es, aber seine unmittelbaren Nachfahren: Seine Nichte Alma Rosé, gemeinsame Tochter der Ehe seiner Schwester Justine mit dem Konzertmeister des Wiener Hofopernorchesters Arnold Rosé, starb 1944 als Dirigentin des Frauenorchesters von Auschwitz.[20]

Gegenwelten

Analog zur frühen Briefäußerung Mahlers, die Welt lieben zu müssen, tritt immer wieder sein Pathos hervor, die negativen Seiten der Welt zu überwinden und ihr doch etwas Positives abzuringen. Vor allem äußert sich das musikalisch in den Schlußsätzen seiner Symphonien. Sie sind in vielen Fällen apotheotisch angelegt und enden in einer stürmisch jubelnden Klangsteigerung. Die erste, zweite, fünfte und siebte Symphonie schließen in dieser

---

20 Anita Lasker-Wallfisch: *Ihr sollt die Wahrheit haben. Die Cellistin von Auschwitz. Erinnerungen*, Bonn 1997; Richard Newman mit Karen Kirtley: *Alma Rosé. Wien 1906 – Auschwitz 1944*, Bonn 2003.

Weise. Man hat diesen positiven Schlüssen nicht zu Unrecht nachgesagt, ihrer Affirmation hafte ein Glaubwürdigkeitsdefizit an.[21]

Den positiven Schlüssen geht Mahlers negative Sicht der Welt voraus. Die zweite und fünfte Symphonie beginnen mit einem Trauermarsch. Groteske Szenarien erscheinen im dritten Satz der Ersten, im *Fischpredigt*-Satz der Zweiten und im *Ländler* und in der *Burleske* der Neunten. Keine der Symphonien ist aber so entschieden von Kriegsklängen geprägt wie die Sechste. Sucht man darin den Frieden, so wird man ihn deutlich zuallererst in seinem Widerpart vernehmen, dem Krieg. Ein Grund dafür ist, daß der Krieg und das Militär grundsätzlich viel stärker von Klängen geprägt sind als der Frieden. So konnte Mahler diese Sphäre seiner Ästhetik entsprechend musikalisch kennzeichnen und kommentieren. Frieden hat kein musikalisches Signet wie den Marsch oder das Signal, wodurch er non-verbal zu identifizieren wäre. Der Klangwelt der zerstörerischen Marsch-Idiomatik sind in der Sechsten Symphonie drei der vier Sätze verpflichtet: vor allem der erste Satz, aber auch ganz untypisch das *Scherzo* und schließlich der Schlußsatz mit seinem Untergangs-Finale. Dazwischen erhebt sich im Andante moderato eine völlig andere Sphäre, die musikalisch extrem gegensätzlich gestaltet ist: Jeglicher Anklang an Marsch, an Bedrohung, Roheit, Brutalität und an alles, was die übrigen Sätze charakterisiert, bleibt aus. Es herrscht die reinste Dur-Sphäre, dazu noch das Es-Dur, das sich vom a-Moll-Schluß des vorangehenden Satzes – und Grundtonart der Symphonie – bewußt absetzt.[22] Vom Schlußton a zum Neubeginn mit es liegt eine Tritonus-Distanz, die vollständigen Gegensatz symbolisiert. Ungetrübte Klanglichkeit tritt ein.

In den Kritiken aus 69 Zeitungen und Zeitschriften zu den vier Aufführungen 1906/07 wird das *Andante moderato* 35mal eigens charakterisiert. Darin wird fünfmal der Begriff »Frieden« gebraucht, achtmal wird von »idyllisch« und »pastoral« gesprochen, es gibt zwei Überschneidungen. In elf von 35 Fällen wird

---

21 Bernd Sponheuer: *Logik des Zerfalls. Untersuchungen zum Finalproblem in den Symphonien Gustav Mahlers*, Tutzing 1978.
22 Es ist in der Mahler-Forschung umstritten, ob auf den ersten Satz zuerst das Scherzo oder das Andante moderato folgen soll. Vgl. zur Diskussion Stefan Hanheide, op. cit. (Anm. 3), Kap. IV. c. Beide Sätze schließen auf einem a, wobei dem Schluß des ersten Satzes ein A-Dur-Teil vorangeht, dem Scherzo ein a-Moll-Teil.

also im weiteren Sinne eine friedliche Stimmung angesprochen. Häufiger wird als Charakteristikum nur das Begriffsfeld Schönheit, Wohllaut und edle Klanglichkeit mit zwölf Nennungen angeführt.

Will man die musikalischen Bestandteile des Satzes ansprechen, die den friedlichen Charakter erzeugen, dann gerät man immer wieder zu einer Negativliste: zur Aufzählung von Elementen, die fehlen. Man wird von einer Musik sprechen, die von keinen abrupten Impulsen, keinen imposanten Gesten oder schroffen Härten geprägt ist. Es ist leichter zu benennen, was alles nicht vorkommt, als die musikalische Erscheinungsweise selbst in Sprache zu fassen. Diejenigen, die es versucht haben, arbeiten vielfach mit Bildern und Metaphern oder ziehen sich auf die Formgestaltung zurück. Formanalytik, ob sie nun den Satz als Ganzes oder das Hauptthema betrifft, reicht aber nicht heran an das Eigentliche, das die Atmosphäre erzeugt. Bisher ist nur wenig unternommen worden, die dennoch vorhandenen musikalischen Elemente zu benennen, die für die klangliche Erscheinung verantwortlich sind. Was ist es also, das die idyllisch friedliche Atmosphäre des Satzes positiv prägt und ihm seine Schönheit gibt?

Zu nennen wäre die leise geführte Stimme, die bedächtig, aber sicher ihre Rede vorträgt. Sie ist liedhaft einfach gestaltet; die zahlreichen Alterationen stehen ihrer Verständlichkeit nicht im Weg. »Zart, aber ausdrucksvoll« soll sie nach Mahlers Angabe klingen. Im Satzverlauf werden die Motive oftmals leicht abgewandelt wiederholt, in Sequenzen geführt. Das Nochmal-Hören fördert die Verständlichkeit und erzeugt die Sicherheit, daß nicht zuviel Neues in schneller Folge auf den Hörer einströmt. Die Instrumente wechseln sich bei ihrer Rede ab, eines hört dem anderen zu, spinnt den Gedanken weiter. So ist das zweite Hauptthema, vom Englischhorn vorgetragen (T. 22 ff.), eine variierte Umkehrung des ersten Hauptthemas – kein Kontrast oder Widerspruch, sondern eine variative Weiterführung des schon Gehörten, trotz der g-Moll-Tonart. Auch das dritte, vom Horn gespielte Thema (T. 28 ff.) zeigt Nähe zum ersten Thema. Die Reden sind eingebettet in eine wenig bewegte Klangfläche; Ruhe und Stillstand sind ihre hervortretendsten Merkmale. Sie wird erzeugt durch lange Liegetöne und -akkorde, die abwechselnd in verschiedenen Stimmen permanent zu finden sind. Daß in dieser Atmosphäre Trompeten und Posaunen störend wirken müßten, ist selbstverständlich, wogegen Hörner die Klanglichkeit bereichern. Die begleitenden Violinen sollen nach Mahlers Angabe über weite Passagen »mit Dämpfern« spielen. Schon in die erste Pause der Ersten Violinen, die ein erstes Hauptthema vorgetragen haben, klingt, aus dem Hauptthema entwickelt, ein Wiegenlied-Motiv der Oboen hinein, erkennbar an der ruhigen Schaukelbewegung. Es tritt in verschiedenen Formen und Stimmen im Satzverlauf immer wieder auf und ist fast ständig präsent. Auch hier ist Wiederholung ein Gestaltungsmerkmal.

Die interpretatorische Spannweite, die Partitur dieses Satzes in klingende Musik zu verwandeln, ist groß. Schon an der Dauer wird das deutlich: Hans Zender braucht für den Satz knapp dreizehn Minuten, Giuseppe Sinopoli fast zwanzig. Mahler selbst veranschlagte fünfzehn Minuten. Eine zu starke Zerdehnung nimmt dem Satz den Charakter des »Andante moderato«, des gemächlichen Gehens. Gerade die Nachahmung dieser menschlichen Bewegung gibt dem Satz seine Eigenheit und setzt ihn von den ihn umgebenden Marschsätzen aufs deutlichste ab. Eine zu schnelle Wiedergabe nimmt ihm wiederum diese Vorstellung.

Mahler läßt im *Andante* der Sechsten an zwei Stellen Herdenglocken erklingen, deren Sinn er gegenüber Guido Adler wie folgt beschrieb: »Mahler wollte, wie er erklärte, damit ›nur ein ganz aus der weitesten Ferne verhallendes Erdengeräusch charakterisieren, das der auf einsamer Höhe Stehende erlauscht, als Symbol weltfernster Einsamkeit‹.«[23] Adler, der große Wiener Musikwissenschaftler, war mit Mahler seit der gemeinsamen Schulzeit in Iglau befreundet. Im ersten großen Mahler-Buch, das 1913 Richard Specht herausbrachte – er lebte wie Mahler in Wien und stand mit ihm in Kontakt – heißt es zu den Herdenglocken: »... der Klang stiller Herdenglocken, der als letzter menschlicher Laut aus dem Tal zu den vereisten Höhen hinauftönt und von nicht mehr zu erreichendem Frieden erzählt.«[24]

Die Herdenglocken erscheinen an zwei Stellen im Satzverlauf. Bei Mahler spricht man bei Passagen, die im Satzverlauf als Fremdkörper erscheinen, von Episoden und unterscheidet zwischen Lied-Episoden und Naturlaut-Episoden. Hier handelt es

---

23 Guido Adler: *Gustav Mahler*, Wien 1916, S. 72.
24 Richard Specht: *Gustav Mahler*, Berlin und Leipzig 1913, S. 282.

sich um Naturlaut-Episoden. Vorher (T. 65 ff.) hatte sich die Atmosphäre der Ruhe in eine gewisse Unruhe verwandelt, und es war zu einer stärkeren Bewegung und zu einer Klangsteigerung gekommen. Hier partizipieren nun auch Trompeten und Posaunen. Die kontrastierenden Partien, die Klangsteigerung sowie die Herdenglocken-Episode, stehen jeweils in Kreuztonarten und setzen sich so von der Grundtonart Es-Dur ab. Die Klangsteigerung erschien in e-Moll, die erste Naturlaut-Episode tritt in E-Dur hervor. E-Dur und e-Moll haben viel größere Nähe als Es-Dur zur a-Moll-Grundtonart der Symphonie, in denen die drei anderen Sätze stehen. Nicht nur die Herdenglocken erzeugen den Naturklang, sondern auch die jagdhornartig geführten Hörner. Nach dieser Episode tritt alsbald die Ruhe wieder ein, und das erste Thema wird, in Es-Dur zurückgekehrt, wieder aufgenommen. Bei der zweiten Herdenglocken-Episode, wiederum in E-Dur, schließt sich ein rauschhafter Ausbruch in Es-Dur, also der Grundtonart, an. Die ruhige Ausgangs-Klangsphäre wandelt sich hier ins Großartige, Überwältigende. Die andere Welt erscheint in ihrer ganzen Schönheit und Pracht. Schließlich erfolgt ein Rückzug in die anfängliche ruhige Klangsphäre, in der der Satz schließt. Die Herdenglocken treten in jenen Partien auf, die durch Tonart und Klangcharakter der friedlichen Es-Dur-Sphäre entgegenstehen. Sie repräsentieren, wie die Zitate des frühen Mahler-Schrifttums belegen, die Erde, wenn auch nur in ihren letzten hörbaren Klängen auf dem Weg in eine andere, bessere Welt. Diese bessere Welt erscheint in den Es-Dur-Partien des *Andante moderato*. Die negative Welt repräsentieren die anderen drei Sätze in verschiedenen Ausprägungen. Auch im ersten und letzten Satz treten Herdenglocken innerhalb von ruhigeren Feldern auf. Sie stellen das Bindeglied dar, den letzten Kontakt mit der Welt auf dem Weg, von ihr fortzukommen. In den Es-Dur-Partien ist Mahler das Fortkommen gelungen. Zwischenzeitlich läßt sich die Welt noch einmal in ihren letzten Klängen hören, die von nicht mehr zu erreichendem Frieden erzählen. Ein bemerkenswertes Diktum ein Jahr vor Ausbruch des Ersten Weltkrieges! Wußte Specht das 1913 oder Mahler schon 10 Jahre früher, als er die Symphonie komponierte? Das ist die Frage nach dem Primat von werkorientiertem oder rezeptionsorientiertem Verstehen von Kunst. Von Mahlers Biographie und vom Werk her ist eine solche Vision denkbar, aber nicht zwingend. Die Rezeptionsdokumente hingegen sprechen eine deutliche Sprache. Gerade an der Wirkung seiner Musik in der Zukunft war Mahler interessiert!

Nicht nur in der Sechsten Symphonie, sondern überall sind es bei Mahler die ausladenden langsamen Sätze, in denen sich eine für ihn positive Gegenwelt niederschlägt. In der Dritten Symphonie ist es der Schlußsatz, dem er den Titel *Was mir die Liebe erzählt* gab. Ebenso ein Schlußsatz ist es in der Neunten Symphonie, hier angereichert mit der Melancholie der Todesahnung. Das berühmteste Beispiel ist sicher das *Adagietto* der Fünften Symphonie, das dem Film *Tod in Venedig* die Musik lieferte. Es wurde gemutmaßt, es sei ein Liebeslied an Alma. Wenn man bei Mahler Frieden finden will, wird man ihn sicher in diesen langsamen Sätzen suchen müssen. Und das *Andante moderato* der Sechsten Symphonie unterscheidet sich nicht prinzipiell von den anderen langsamen Sätzen Mahlers. Schlägt man noch einmal die Brücke zum Lied, dann ist allem voran an die Rückert-Vertonung *Ich bin der Welt abhanden gekommen* zu denken: vollständigste Gegenwelt in der absolut stillstehenden Klangfläche. Und noch muß an den Schluß des fünften *Kindertotenliedes* gedacht werden und an manche andere Passagen aus diesem Zyklus von Antizipando-Musik. (Mahler verlor, drei Jahre nachdem er den Zyklus der *Kindertotenlieder* vollendet hatte, seine ältere Tochter Maria Anna im Alter von fünf Jahren in der Folge von Diphterie.)

Natürlich war der Friede seit jeher in solchen langsamen, leisen Stücken oder Partien beheimatet, schon in manchen a cappella-Sätzen der Renaissance, und dann in der Vokal- und Instrumentalmusik vom Barock bis ins 20. Jahrhundert. Unendlich ist die Liste solcher Musik, die nach Frieden klingt, ob man nun an den langsamen Satz aus Beethovens Neunter oder aus Brahms' Vierter denkt. Das Wiegenlied aus Schuberts später B-Dur-Klaviersonate kommt in den Sinn, mit seinen unglaublichen harmonischen Rückungen, die jedesmal eine neue Welt auftun. Im 20. Jahrhundert mag man an den Schluß von Alban Bergs Violinkonzert denken oder an die vielen meditativen Sätze von Olivier Messiaen. Aber nur selten ist hier politischer Frieden gemeint. Meistens kann es alles Schöne, Sanfte, Zarte der Welt sein, ebenso Liebeslied, Meditation, Schlaflied und Gebet. Und manchmal hat es Not, sich vom Kitsch abzusetzen, wo der Schritt ins Süßliche nahe ist: bei der mit musikalischem Weichzeichner aufgenommenen Soft-

Klassik, den populären Highlights wie etwa das *Ave Maria* Bachs und Schuberts, das *Air* von Bach, das *Largo* von Händel, die *Träumerei* von Schumann und so vieles andere mehr, gar nicht zu reden von entsprechenden Erscheinungen der Pop-Musik.

Der politische Friede braucht genauere Bedeutungsträger, um in der Musik erkannt werden zu können. Die liefert häufig ein Text oder Titel, ein erklärendes Wort. Den politischen Frieden ohne Worte rein musikalisch zu etikettieren, ist schwierig und bisher wohl kaum gelungen. Er tut sich schwer, sich nur in Musik zu identifizieren. Am ehesten gelingt es vielleicht in der Pastorale. Aber auch hier gibt das Umfeld der Szenerie, wie es in der Antike beschrieben ist, semantische Hilfestellung. Bei Mahler tritt Frieden in der Sechsten Symphonie als das Gegenteil vom musikalisch dargestellten Krieg in Erscheinung. Erst in der Umgebung von Kriegsklängen kann man bei Mahler politischen Frieden in der Musik entdecken.

Albrecht Dümling
Der Krieg als permanenter Anachronismus

*Drei Komponisten um Brecht: Hanns Eisler,
Kurt Weill und Paul Dessau*

Die Übersiedlung von Wien nach Berlin im Sommer 1925 war ein wichtiger Schritt für Hanns Eisler, verließ er damit doch die Stadt seiner Jugend und der Lehrzeit bei Arnold Schönberg, um das Gelernte anzuwenden. Praxis bedeutete für ihn nicht nur die Weiterentwicklung der dort üblichen künstlerisch-technischen Standards, sondern damals bereits den Wunsch, den in den Werken der Zweiten Wiener Schule vorherrschenden Ästhetizismus zu sprengen und das eigene Schaffen auch für Gesellschaftskritik zu öffnen. Schon am ersten Stück, das der 27jährige Komponist an seinem neuen Wohnsitz vollendete, läßt sich diese Zielsetzung ablesen. Es ist das *Kriegslied eines Kindes* (1925), eine Komposition für Singstimme und Klavier, die am Schluß den Vermerk trägt »Berlin, 18. September 1925«. Der groteske Text stammt aus einer Sammlung von Kinderreimen, die Walter Benjamin in jenem Sommer in der *Frankfurter Zeitung* veröffentlicht hatte.[1] Die übliche Rollenverteilung wird darin umgekehrt: Nicht die Mutter schickt ihren Sohn in die Schlacht, sondern das Kind seine Mama. Deren ungewohnte Aufgabe begrüßt es enthusiastisch, mehrfach die Zeile »Meine Mutter wird Soldat« wiederholend. In seiner Phantasie malt der Sprößling sich allerdings nicht nur die prachtvolle Uniform aus, die die Mutter dann tragen darf, den »Helm mit Kaiser Wilhelm drauf«, sondern auch weniger angenehme Konsequenzen:

> Dann kriegt sie gleich ein Schießgewehr,
> Da schießt sie hin und her.
> Dann kommt sie in den Schützengraben,
> da fressen sie die schwarzen Rab'n.

---

[1] Vgl. Rudolf Stephan: *»Zeitungsausschnitte« und »Kinderreime«. Zu einigen Liedern von Hanns Eisler und Theodor W. Adorno*, in: Österreichische Musikzeitschrift, Bd. 39, 1984, S. 18-22.

Vorübergehend wird das Kind von Grauen gepackt (was Eisler durch extreme Tonlagen in Gesangsstimme und Klavier zum Ausdruck bringt). Auch der Gedanke ans Lazarett dämpft Bewegung und Dynamik. Dann allerdings kehrt die Kriegsbegeisterung wieder und damit der Ruf »Trara, tschindra«, der lautmalerisch Militärkapellen nachahmt. Indem Eisler solche Äußerungen einer / einem Minderjährigen in den Mund legt, deutet er jeglichen Militarismus als Ausdruck von Unreife und Gedankenlosigkeit.

Das schmetternde »Trara, tschindra« wird jeweils als Tritonusintervall gesungen, beim ersten Mal mit den Tönen f'''-h'', später als a'''-es''' und es'''-a''. Mit den Tönen A-Es huldigte man innerhalb des Schönberg-Kreises sonst dem Lehrer, zitierte man damit doch seine Initialen. Bei diesem Lied hingegen handelt es sich um eine äußerst differenzierte Huldigung, die sich nur noch unter kompositionstechnischen Aspekten positiv auf den Lehrer bezog. Eisler bewunderte ihn als musikalisches und pädagogisches Genie, beurteilte ihn andererseits geistig-ideologisch als »entsetzlichen Kleinbürger«. Wenn er nun gerade in diesem Lied das Erkennungszeichen seines Lehrers verwendete, so übte er damit subtil versteckte Kritik an dessen Haltung zum Militär. Bei Ausbruch des Ersten Weltkrieges war Schönberg von seinem damaligen Wohnort Berlin eilig in die Heimatstadt Wien zurückgekehrt, um als Soldat an den Kampfhandlungen teilnehmen zu können. Seine patriotische Haltung brachte er damals in einer markigen Marschkomposition *Die eiserne Brigade* (1916) zum Ausdruck, die er seinem Oberleutnant widmete. Als ihm sein Schüler Alban Berg kurz nach dem Krieg den Plan vortrug, die Leidensgeschichte eines armen Soldaten aus Büchners *Woyzeck*-Drama auf die Opernbühne zu bringen, lehnte Schönberg dies brüsk ab.

Wohl noch während seiner Lehrzeit bei Schönberg notierte Eisler in sein Tagebuch: »Schönberg hat eine Ähnlichkeit mit Napoleon: auch er duldet nur Schafsköpfe in seiner Umgebung.«[2] Angesichts so grundlegender weltanschaulicher Differenzen mit dem Lehrer kam er erst gar nicht auf die Idee, diesen wegen seiner Textwahl zu konsultieren.[3] Seine eigene Ablehnung des Krieges

---

2 Hanns Eisler: *Wiener Tagebuch*, in Hanns Eisler: *Musik und Politik. Schriften. Addenda*, Leipzig 1983, S. 18.
3 Auch Berg hat, obwohl ihn Schönbergs Ablehnung schwer traf, sein Opernprojekt schließlich doch realisiert.

stand schon fest, bevor er im September 1916 als gerade Achtzehnjähriger zum Militärdienst eingezogen wurde. Unter dem Einfluß seines älteren Bruders Gerhart hatte sich Hanns Eisler als Dreizehnjähriger einem »Sprechklub sozialistischer Mittelschüler« angeschlossen, wo er Schriften von Kautsky, Marx und Engels kennenlernte. Wegen eines Antikriegshefts, das der Bruder im Herbst 1914 herausbrachte, war die elterliche Wohnung polizeilich durchsucht worden. Auch Hanns Eisler war den Behörden dadurch kein Unbekannter mehr. Als er sich 1916 bei seinem Bataillonskommandeur meldete, wußte dieser bereits von der sozialistischen Einstellung des Rekruten. Er warnte ihn streng vor Agitationsversuchen, weil er anderenfalls sofort erschossen würde.[4] Eisler haßte den Militärdienst mit seinen anstrengenden Gefechtsmärschen. Alle freie Zeit nutzte er für musikalische Arbeiten, so für ein Oratorium *Gegen den Krieg* (1917), dem er chinesische Texte von Li-Tai-Pe in der Übertragung von Klabund zugrunde legte. Sie entstammten einem Insel-Bändchen, das er ins Feld mitgenommen hatte. Während die Skizzen für dieses Oratorium bei einem Brand vernichtet wurden, konnte er das Lied *Der müde Soldat* (1917) nach einem altchinesischen Gedicht von Schi-King im August 1917 »im Felde« vollenden und retten. Es ist die früheste Liedkomposition, zu der sich Eisler auch später noch bekannte. Tiefen Eindruck hinterließ bei ihm das menschliche Leid, das er in einem Kriegslazarett erlebte, sowie die Konfrontation mit dem Tod, der ihn seitdem immer wieder beschäftigte.[5]

In Bertolt Brecht entdeckte Eisler einen Geistesverwandten, als er dessen *Ballade vom toten Soldaten* kennenlernte. Brecht hatte zu den zwanzig Strophen dieses Gedichts, die er unter dem Titel *Legende vom toten Soldaten* in die *Hauspostille* übernahm, eine moritatenhafte Melodie geschrieben, die er oft zur Gitarre öffentlich vortrug. Mit kaum einem Werk rief er stärkere Wirkung und stärkeren Widerstand hervor als mit diesem Gedicht, das die Sinnlosigkeit des »Heldentods« anprangert und das Kurt Tucholsky als »lyrische Leistung großen Stils« pries. Als Eisler im Jahre 1926 eine Opernrevue mit dem Titel *Der Tod* entwarf, wollte er darin

---

4 Jürgen Schebera: *Hanns Eisler. Eine Biographie in Texten, Bildern und Dokumenten*, Mainz 1998, S. 17.
5 Im Januar 1918 vollendete er in einem Garnisonsspital die Liedgruppe *Tod*, im Dezember 1918 das Lied *Totenopfer*. 1921 skizzierte er eine Oper *Der Tod* und 1926 eine gleichnamige Opernrevue.

Brechts *Legende* verwenden. Zum zweiten Bild notierte er: »Der Heldentod (Schützengrabenszene) Ballade vom toten Soldaten??«.[6] Dieses Projekt, welches seine erste künstlerische Auseinandersetzung mit Brecht bedeutet hätte, blieb leider unausgeführt. Als Eisler im Frühjahr 1928 die Bühnenmusik zu *Kalkutta, 4. Mai* von Lion Feuchtwanger schuf, stieß er erneut auf eine inhaltlich verwandte Brecht-Vorlage: auf die *Ballade vom Weib und dem Soldaten*, die der Dichter in dieses Stück eingefügt hatte. Er komponierte das Gedicht unter dem Titel *Ballade vom Soldaten* (1928) und eröffnete damit eine große Reihe von Brecht-Vertonungen, die sein ganzes Schaffen durchziehen. Den Warnungen der Frau vor den Gefahren des Krieges – bei Eisler langsam und nachdenklich vorgetragen – entgegnet der Soldat leichtsinnig, diese könnten ihm nichts anhaben. Seine flotten Antworten werden von einem scharfen und zugleich düsteren Marschrhythmus begleitet, der erst verschwindet, wenn die Frau eindringlich warnt: »Ach, bitter bereut, wer des Weisen Rat scheut!«

Mit dem Leid der Soldaten setzte sich Eisler gleichzeitig auch in seinen a cappella-Männerchören *In den Militärbaracken* (nach einem bosnischen Soldatenlied) und *Die erfrorenen Soldaten* (1928) auseinander. Der Text des zweiten Chores stammt von Karl Kraus: »Kalt war die Nacht. Wer hat diesen Tod erdacht! Oh, die ihr schlieft in Betten, daß euch das Herz nicht bricht! Die kalten Sterne retten uns nicht. Und nichts wird euch erretten. Nichts!« Die kurze Komposition beginnt in zartem pianissimo. Nach einer Reprise des Anfangs, die mächtig anschwillt, endet sie anklagend mit der Frage: »Wer hat diesen Tod erdacht!« Die Nähe zu Karl Kraus, dem Eisler schon im Hause Arnold Schönbergs in Mödling bei Wien persönlich begegnet war, blieb ihm weiterhin wichtig. »Wenn Kraus in Berlin war und, nachts zu wach, um Schlaf zu finden, bis zum Morgen im Kaffeehaus saß, gehörten Brecht und Eisler zu den wenigen, die einander ablösten, um dem Schlaflosen Gesellschaft zu leisten. Solche Nachtwache mit Kraus galt als Zeichen moralischer und künstlerischer Auserwähltheit.«[7] Natürlich kannte Eisler auch die von Kraus zwischen 1915

---

6 Joachim Lucchesi und Ronald Shull: *Musik bei Brecht*, Frankfurt a. M. 1988, S. 280.
7 Ernst Fischer: *Eisler und die Literatur*, in: *Sinn und Form. Sonderheft Hanns Eisler*, Berlin 1964, S. 259. Laut Fischer gehörte auch Tolstois Roman *Krieg und Frieden* zu Eislers Lieblingsbüchern.

und 1917 verfaßte tragische Satire *Die letzten Tage der Menschheit*, die bis heute als eines der eindrucksvollsten Beispiele von Antikriegs-Literatur gilt. Für eine Bühnenfassung des separat publizierten, im Januar 1930 am Berliner Theater am Schiffbauerdamm aufgeführten Epilogs *Die letzte Nacht* schuf er die Musik.

Das typische Schicksal des einfachen Mannes, der gutgläubig in eine Armee eintritt und sich dort in eine fremdbestimmte Kriegsmaschine verwandelt, hat den Komponisten immer wieder beschäftigt, so in seiner Musik zum pazifistischen Film *Niemandsland* (1930) von Victor Trivas. Eine charakteristische Szene zeigt den Anteil von Militärmusik an dieser Metamorphose. Man sieht einen deutschen Tischler, der 1914 dem Einrückungsbefehl folgt und zunächst langsam und zögernd zur Kaserne geht. In seinem Buch *Komposition für den Film*, das er zusammen mit Theodor W. Adorno verfaßte, hat Eisler die Funktion von Musik für diese Szene so beschrieben: »Ganz leise setzt Musik ein, Andeutung eines Militärmarschs. Je lauter die Musik wird, desto frischer, rhythmischer, kollektiv einheitlicher werden die Schritte der Männer. Auch die Frauen und Kinder nehmen eine kriegerische Haltung ein. Selbst die Schnurrbärte der Soldaten werden aufgezwirbelt. Triumphierendes Crescendo. Betrunken gemacht von der Musik, marschieren die Einrückenden, zu einer Bande von Schlächtern vereint, in die Kaserne. Abblendung.«[8]

Dieser Krieg ist nicht unser Krieg

Bei der Darstellung von Militarismus und der Klage über die Opfer ließ Eisler es nicht bewenden. Schon sein Männerchor *Die erfrorenen Soldaten* hatte mit der Schlußwendung »Wer hat diesen Tod erdacht!« die Frage nach den Verantwortlichen gestellt. Je näher der NS-Staat heranrückte, um so dringlicher wurde seine Warnung vor neuen Kriegen. Am umfassendsten geschah dies in den Chorvariationen *Gegen den Krieg* (1936), die er komponierte, als das NS-Regime – nicht zuletzt bei der Berliner Olympiade – seine gewaltige Aufrüstung noch hinter der Fassade eines friedliebenden Staates tarnte. Die Verse entnahm Eisler zumeist der Samm-

---

8 Th. W. Adorno und Hanns Eisler: *Komposition für den Film*. Textkritische Ausgabe von Eberhardt Klemm, Leipzig 1977, S. 59.

lung *Deutsche Kriegsfibel*, die Brechts *Svendborger Gedichte* eröffnet. In Auswahl und Reihenfolge der Texte wich der Komponist allerdings von der literarischen Vorlage stark ab. Während der Dichter vor allem die Friedenspropaganda hatte entlarven wollen, konzentrierte sich Eisler auf Grundsätzlicheres: Er wollte das Wesen des Krieges darstellen. Das Motto entnahm er dem Gedicht *Der Krieg, der kommen wird*: »Als der letzte Krieg vorüber war, / Gab es Sieger und Besiegte. / Bei den Besiegten das nied're Volk hungerte. / Bei den Siegern hungerte das nied're Volk auch.«

Die übliche Unterscheidung von Siegern und Besiegten wird damit in Frage gestellt und durch das Gegenüber von Oberen und Niederen, von Herrschenden und Beherrschten ersetzt. Die Herrschenden, so die These, sind immer »Sieger«, selbst wenn sie Kriege verlieren. Umgekehrt sind die Beherrschten, also die einfachen Soldaten, immer »Verlierer«, selbst wenn sie zur Partei der Sieger gehören. Brecht und Eisler forderten dazu auf, den Gegensatz der Nationen durch den der Klassen zu ersetzen. Entsprechend war der Schauplatz des Films *Niemandsland* ein Territorium zwischen den Landesgrenzen, wo Soldaten verschiedener Nationen sich verbrüderten. Jenes Stück Land, in dem Deutsche, Franzosen, Engländer und Italiener gemeinsam eine neue Existenz suchten, stellte die Utopie eines herrschaftsfreien Raumes dar. Während der Film auf den Ersten Weltkrieg zurückblickte, warnte Eisler 1936 in seiner Chorkomposition bereits vor einem zweiten. Die Erkenntnis, daß jeder Feldzug in Wahrheit nicht eine Auseinandersetzung zwischen Nationen, sondern zwischen Oberen und Unteren darstellt, entfaltete er in 24 Variationen. Inhaltlich wie musikalisch sind sie stringent angelegt: Der Warnung vor den Lügen der Herrschenden in den Variationen 1-10 folgt ein subjektiv reflektierendes Intermezzo (Var. 11-13). Die Variationen 14-24 fordern schon zum Widerstand auf, zur Distanzierung von den Kriegsplänen. Am Schluß einer großangelegten Fuge wiederholt der Chor mehrfach den Satz »Dieser Krieg ist nicht unser Krieg.«

Bei dem Schweizer Wettbewerb, an dem er sich mit diesem Chorwerk beteiligt hatte, erhielt Eisler keinen Preis. Daß sich die aus Arthur Honegger, Ernst Krenek und Paul Sacher bestehende Jury statt dessen für zwei Werke von Heinrich Sutermeister und Johannes Zentner entschied, dürfte nicht allein mit dem unbequemen politischen Text von Eislers Zwölftonkomposition zusammenhängen, sondern auch mit deren schwieriger Ausführbarkeit.[9] Eisler setzte sich damals sehr bewußt und systematisch mit dieser Kompositionstechnik auseinander, für die er auch im Rahmen der Volksfront plädierte, wollte er doch politischen und ästhetischen Fortschritt kombinieren. Ebenso auf einer Zwölftonreihe basiert seine in Dänemark geschaffene *Kriegskantate* (1937). Mit Worten aus dem Roman *Brot und Wein* von Ignazio Silone weist sie auf die ökonomischen Motive von Kriegen hin: »Und jetzt will das Regime am Rande des Bankrotts es mit der blutigen Ablenkung durch den Krieg versuchen...« Leider erzielte weder die Chorkomposition noch die Kammerkantate die erwünschte Verbreitung, zumal Eisler schon wenig später seine einflußreiche Position beim Internationalen Musikbüro in Moskau verlor. Sein Versuch, innerhalb des antifaschistischen Widerstands Westeuropas und der Sowjetunion avancierte Kompositionstechniken durchzusetzen, scheiterte an traditionalistischen Gegentendenzen sowie am zunehmend despotischen Stalinismus. Eisler emigrierte deshalb wenig später nach New York, wo ihm eine Professur angeboten worden war. Hier überraschte ihn nicht nur der Stalin-Hitler-Pakt, sondern auch der Beginn des Zweiten Weltkriegs.

Als im Dezember 1941 auch die USA in die Kampfhandlungen eingriffen, überarbeitete er seine Kantate *Gegen den Krieg* und gab ihr den neuen Titel *Vor dem Krieg*. Wieweit es damals überhaupt zu Aufführungen kam, konnte bislang nicht festgestellt werden. Unbekannt ist auch, ob das Chorstück dabei durch eine dokumentarische Film- und Bildmontage ergänzt wurde, wie Eisler es gewünscht hatte. Die deutschsprachigen Exilanten in den USA verfolgten die Nachrichten vom europäischen Kriegsszenario mit großem Interesse, allerdings mit unterschiedlicher Bewertung. Während nicht wenige Flüchtlinge jede deutsche Niederlage feierten, weil damit das Ende des NS-Regimes und damit des Krieges herannahte, lösten solche Nachrichten bei Brecht und Eisler ambivalente Gefühle aus. Für sie waren die deutschen Soldaten nicht nur Täter, sondern auch Opfer. Entsprechend der *Deutschen Kriegsfibel* und den Chorvariationen *Gegen den Krieg* bewerteten sie auch den Zweiten Weltkrieg als eine Auseinander-

---

9 Zur Verwendung der Zwölftontechnik in Hanns Eislers *Gegen den Krieg* vgl. Albrecht Dümling: *Laßt euch nicht verführen. Brecht und die Musik*, München 1985, S. 435.

setzung zwischen Oben und Unten. Kriegsopfer waren für sie nicht nur bei den von Deutschland überfallenen Nationen, sondern auch in den Reihen der Wehrmacht und unter der deutschen Zivilbevölkerung zu finden. In diesem Sinne argumentierte Brecht in den Gedichten *Lied einer deutschen Mutter* sowie *Und was bekam des Soldaten Weib?* (beide 1942), die er für Radiosendungen nach Deutschland schrieb. Im *Lied einer deutschen Mutter* distanziert sich eine Frau von ihrem einstigen Glauben an Nationalsozialismus und Krieg, den sie jetzt – allerdings zu spät – als eine gefährliche Illusion erkennt. Eisler hat dieses Gedicht, das inhaltliche Elemente aus der *Ballade vom Weib und dem Soldaten* und den *Vier Wiegenliedern für Arbeitermütter* (1932) aktualisierend aufgreift, 1943 komponiert. Das zweite Gedicht, das die Gewinne der ersten Kriegsjahre den gravierenderen Verlusten beim Rußlandfeldzug gegenüberstellt, kritisierte er, weil es die Gewinnbeteiligung des einfachen Soldaten überbewerte. Brecht akzeptierte diese Kritik und schlug *Und was bekam des SA-Manns Weib?* als neuen Titel vor.[10] Erst 1956, als die Uraufführung seines Theaterstücks *Schweyk im Zweiten Weltkrieg* endlich bevorstand, schuf Eisler eine musikalische Fassung des Gedichts, nun unter dem Titel *Das Lied vom Weib des Nazisoldaten*.[11] Gemeinsam mit dem *Lied einer deutschen Mutter* gehört es zu seinen meistaufgeführten Antikriegs-Kompositionen.

Gelegentlich verzichtete Brecht in seinen Kriegsgedichten auf die Unterscheidung der Nationen, so in den *Gedenktafeln für die im Krieg des Hitler gegen Frankreich Gefallenen* oder in *Gedenktafel für 4000, die im Krieg des Hitler gegen Norwegen versenkt wurden*. Eisler hat beide Gedichte für sein *Hollywooder Liederbuch* (1942/43) verwendet, wobei er in den Überschriften die Wendung »Krieg des Hitler« entfallen ließ. Beide Kompositionen verknüpfte er durch das Tonsignet B-A-C-H[12] und kennzeichnete die Toten durch dieses musikalische Symbol deutscher Kultur als Angehörige der eigenen Nation. Auch in weiteren Nummern dieses Liederbuchs, so *Erinnerung an Eichendorff und*

---

10 1958 beurteilte Eisler in diesem Zusammenhang die SA als »das Korsett unter den Volksmassen, die in diesen Krieg hineingejagt wurden«. Vgl. Hanns Eisler: *Gespräche mit Hans Bunge*, Leipzig 1975, S. 26.
11 Vgl. Albrecht Dümling: *Und was bekam des Soldaten Weib?*, in Jan Knopf (Hg.): *Brecht-Handbuch*, Bd. 2: *Gedichte*, Stuttgart 2001, S. 354-56.
12 Vgl. Dümling, op. cit. (Anm. 9), S. 476f.

Schumann (1943, nach dem bekannten Eichendorff-Gedicht »Aus der Heimat hinter den Blitzen rot«), *Elegie 1943* (nach Hölderlin) und *Panzerschlacht* (nach Brecht), reagierte der Komponist aus deutscher Perspektive auf die Verlustmeldungen nicht triumphierend, sondern voll Trauer.

Zurück im zerstörten Europa

Nach dem Ersten Weltkrieg hatte Eisler dessen bittere Folgen teilweise mit satirischer Schärfe beschrieben, so in seiner *Ballade von der Krüppelgarde* (1930), die mit den Worten beginnt »Wir sind die Krüppelgarde, die schönste Garde der Welt. Wir zählen fast eine Milliarde, wenn man die Toten mitzählt.« An anderer Stelle heißt es: »Unser Feldmarschall kriecht am Boden und ist nur noch ein Rumpf.« Aber diese Krüppel, die sich kaum mehr aus eigener Kraft fortbewegen können, formieren sich schließlich zum Angriff auf die Kriegstreiber. Solche Töne begegneten nach 1945 nur noch selten. Angesichts der grauenvollen Nachrichten aus Auschwitz und Hiroshima erschienen nun Friedens-Appelle sinnvoller als Schuldzuweisungen.

Nur wenige Monate nach seiner Rückkehr nach Europa besuchte Eisler im August 1948 als österreichischer Delegierter einen internationalen Friedenskongreß in Breslau / Wroclaw. Als kurz darauf im Oktober im Ost-Teil Berlins eine Friedenskundgebung stattfand, gab er eine Erklärung ab, in der es heißt: »Von Berlin ist einer der fürchterlichsten Kriege ausgegangen, den die Welt je gesehen; Berlin selbst ist ein einziger Beweis, daß Kriege sich nicht lohnen.«[13] Aus dieser Zeit, als der Komponist sich noch um einen dauerhaften Aufenthalt in Österreich bemühte, stammt sein *Lied über den Frieden* (1949) nach einem Text von Ernst Fischer, das mit folgenden Zeilen beginnt:

> Der Blitz schlägt ein, und der Regen fällt
> Und der Wind hat die Wolken gebracht;
> Doch den Krieg trägt nicht der Wind in die Welt,
> den Krieg haben Menschen gemacht.

---

13 *Friedensappell*, in Hanns Eisler: *Musik und Politik. Schriften 1948-1962*, Leipzig 1982, S. 47.

Da der Krieg von Menschen geplant und durchgeführt wird, kann er auch von Menschen verhindert werden. Sie müssen allerdings ihr Schicksal selbst in die Hand nehmen und sich aller Kriegshetze widersetzen. Eisler komponierte das Gedicht als Kantate für zwei Gesangssolisten (Mezzosopran und Bariton), Chor und großes Orchester. Anders als bei seinen Chorvariationen *Gegen den Krieg* waren ihm nun Einprägsamkeit und Breitenwirkung wichtiger als avantgardistische Mittel.

Vom plakativen, fast sinfonischen Schwung seines *Lieds über den Frieden* hebt sich der zarte und schlichte Volksliedton ab, den er in der *Kinderhymne* (»Anmut sparet nicht noch Mühe«) sowie im *Friedenslied* (1950) anschlug. Die *Kinderhymne* (1950) ist ein bewußter Gegenentwurf zum *Deutschlandlied*, vor allem von dessen dritter Strophe. Anstelle der fatalen »Deutschland über alles«-Parole heißt es hier: »Und nicht über und nicht unter / Andern Völkern wolln wir sein.«[14] Für das *Friedenslied* verwendete er ein Gedicht, dem Brecht einen Ausschnitt aus Pablo Nerudas *Großem Gesang* zugrunde legte. Obwohl es nicht zur Gruppe der Kinderlieder gehört, die Brecht für ihn zusammengestellt hatte, bezeichnete Eisler auch diese Komposition als Kinderlied. Bei den beschwörenden Zeilen »Friede auf unserer Erde! Friede auf unserem Feld!« ersetzte er metrische Regelmäßigkeit durch den Wechsel zwischen Zweihalbe- und Einhalbetakt. Von den Aufführenden fordern solche Norm-Abweichungen konzentrierte Aufmerksamkeit. Die Melodie der Gesangsstimme endet in den Strophen weder auf dem vertrauten Grundton noch auf einem anderen Element des Tonika-Dreiklangs, sondern auf der zweiten Tonstufe, der Sekunde; dieser Kunstgriff verleiht dem Ganzen einen schwebenden, nachdenklichen Charakter. Dazu trägt auch die Knappheit der Gesangslinien bei, die sich nur zum Schluß zu größeren Melodiebögen ausweiten. Gisela May, die das Lied mit dem Komponisten erarbeitet hat, berichtet, daß dieser eine freundliche Vortragsweise ohne Agitation wünschte. Auch in sein 1952 uraufgeführtes Triptychon *Über den Frieden* nahm er dieses Lied auf, das die Schauspielerin oft und gerne sang. Sie trug damit wesentlich zu dessen Verbreitung bei.

---

14 Vgl. die Interpretation in Dümling, op. cit. (Anm. 9), S. 627ff.

Der zweite deutsche Staat, in den Eisler 1949 von Wien übergesiedelt war, wollte die Lehren aus der Vergangenheit ziehen und deshalb auf den Aufbau einer eigenen Armee verzichten. Als dann aber als Antwort auf die Gründung der Deutschen Bundeswehr doch eine Nationale Volksarmee entstand, hielt Eisler es für richtig, auf einen Text von Wieland Herzfelde ein Lied *Des Friedens Soldaten* (1956) zu komponieren. Es wurde zwar in DDR-Schulbüchern abgedruckt, sonst später aber kaum wieder aufgegriffen. Trotz dieser aktuellen Parteinahme für die Politik der DDR blieb ein Grundimpuls von Eislers Schaffen die vehemente Ablehnung des Krieges, so auch in den Tucholsky-Liedern, die er für seinen Freund Ernst Busch schrieb. Neben *Die freie Wirtschaft* und *Rückkehr zur Natur* ist hier vor allem *Der Graben* (1959) hervorzuheben. Ausgehend von einem Dialog zwischen Mutter und Sohn spricht dieses Lied vom Schützengraben, der zum Massengrab wurde, und appelliert an die Soldaten, sich wie in der Schlußszene von *Niemandsland* über alle Gräben hinweg die Hände zu reichen. In seiner Komposition, in der das Tritonus-Intervall eine wichtige Signalfunktion übernimmt, knüpfte Eisler wirkungsvoll und ohne Klischees an seinen Kampfliedstil der zwanziger Jahre an. Noch kurz vor seinem Tod bearbeitete er unter dem Titel *Ballade vom toten Soldaten* (1960) ebenfalls für Busch Brechts frühestes und weiterhin bekanntestes Anti-Kriegslied, seine *Legende vom toten Soldaten*, für Gesang, Klarinette, große und kleine Trommel, Gitarre, Klavier und Kontrabaß.

Während sich *Der Graben* und die *Ballade vom toten Soldaten* noch auf den Ersten Weltkrieg bezogen, setzte sich die Bühnenmusik zu Johannes R. Bechers Drama *Winterschlacht* (1954) mit dem Zweiten Weltkrieg auseinander. Wenig später, als die Warschauer Uraufführung von *Schweyk im Zweiten Weltkrieg* (1943-56) vorbereitet wurde, vollendete Eisler auch seine Bühnenmusik zu diesem Brecht-Stück. Grundlegend ist die Gegenüberstellung der Welt der einfachen Soldaten, der die Titelfigur Schweyk angehört, und der »höheren Regionen« der Befehlshaber. In bewußter Ironie verwendete Eisler in den »höheren Regionen« Wagner-Zitate, die er allerdings von den tiefsten Orchesterinstrumenten, von Celli, Kontrabässen und Pauken, spielen ließ. Der dicklichen, schwerfälligen Klangwelt der Herrschenden stehen die beweglichen Lieder des Volkes gegenüber. Zu ihnen gehört das bereits erwähnte *Lied vom Weib des Nazisoldaten*, mit dem die Wirtin Kopecka einen Teil ihrer Gäste schockiert, aber auch der freche Moritatenton von *Bei der Kanone dort*, worin Schweyk die grausigen Konsequenzen des Krieges und die Unbelehrbarkeit der Kriegführenden erwähnt: »Eine Kugel kam behende / riss vom Leib ihm beide Hände, / und er stand weiter dort / und lud in einem fort.«

Mit den *Bildern aus der Kriegsfibel* (1957) griff Eisler dagegen wieder auf die Idee zurück, Bilddokumente musikalisch zu kommentieren, die er schon bei seinen Chorvariationen *Gegen den Krieg* entwickelt hatte. Noch kurz vor seinem Tod hatte Brecht seine *Kriegsfibel* veröffentlicht und dabei jeweils Fotografien durch knappe Gedichte ergänzt. Vierzehn dieser Text-Bild-Vorlagen wählte Eisler für seine Komposition, die auch in ihrer knappen, epigrammatischen Form und der oft dissonanten Musiksprache an die Chorvariationen anknüpft. Ganz im Sinne Brechts, der Geigen nicht mochte, verzichtete er auf Streicher und verwandte statt dessen vier Akkordeons. Es ist, als habe Eisler hier noch einmal frühere Auseinandersetzungen mit der Kriegsthematik Revue passieren lassen. So begegnen gleich in der schwankenden Rhythmik der Introduktion die Taktwechsel aus dem *Friedenslied* (1950), während der Schrei »Es ist ihnen kalt!« am Ende dieses Satzes an die *Erfrorenen Soldaten* (1928) erinnert. Nicht selten, etwa in »Seht diese Hüte von Besiegten«, fühlt man sich an das *Hollywooder Liederbuch* erinnert, wobei »Ihr Brüder, hier im fernen Kaukasus« auch inhaltlich an die Epitaphe anknüpft. Während die Nr. 9 (»Doch, als wir vor das rote Moskau kamen«) den Kampfliedstil der 1920er Jahre aufgreift, zitiert der Epilog die freundliche Schlichtheit der in der DDR entstandenen Volks- und Kinderlieder. Neben den *Ernsten Gesängen* (1961/62), seiner letzten Komposition, stellen die *Bilder aus der Kriegsfibel* somit ein Vermächtnis dar. Die Bilanz fällt hier positiver aus als in den *Ernsten Gesängen*, war der zweite deutsche Staat beim Kampf um Frieden doch erfolgreicher als bei der Durchsetzung des Sozialismus.

Kanonensongs: Kurt Weill

Die Kriegsthematik dominiert im Schaffen Kurt Weills und Paul Dessaus nicht so sehr wie bei Eisler, spielt jedoch auch bei ihnen eine bedeutende Rolle. Der Gnade der späten Geburt verdankte

Weill es, daß er während des Ersten Weltkrieges keinen Militärdienst ableisten mußte. Anders als Eisler hatte er sich als Schüler sogar zu nationalistischer Begeisterung hinreißen lassen. Da er zu seinem Bedauern nicht wirklich Soldat sein durfte, übte sich der junge Weill als Mitglied eines »Dessauer Feldkorps« ersatzweise in Kriegs-Geländespielen. Bald war allerdings diese Abenteuerlust verflogen. »Lieber hungern als Soldat spielen«, schrieb er Ende 1917 in einem Brief.[15] Dagegen blieb dem 1894 in Hamburg geborenen Paul Dessau der Militärdienst nicht erspart. Ärgerlich war ihm dies schon deshalb, weil er damit seine Tätigkeit als Bremer Operettenkapellmeister beenden mußte. »Im Herbst des Jahres 1915 ging's an die Front«, schrieb der Komponist in einer autobiographischen Skizze. »Schnell wurde mir der Wahnsinn des Krieges bewußt. Die Herren Vorgesetzten trugen dazu bei, meinen Haß auf den preußischen Kadavergehorsam bis zum Äußersten zu steigern.«[16] Dennoch hat sich Dessau künstlerisch erst relativ spät mit Kriegsfragen auseinandergesetzt, wobei die Begegnung mit Brecht zum entscheidenden Katalysator wurde.

Auch Kurt Weill führte erst die Zusammenarbeit mit Brecht zu dieser Thematik hin. Einen gewichtigen Einstieg bedeutete die *Dreigroschenoper* (1928), wo der Gangsterboß Macheath zusammen mit dem Polizeichef Brown den *Kanonensong* anstimmt. Wehmütig erinnern sich beide Männer ihrer Abenteuer in der Kolonialarmee, in der sie ihre fremdrassigen Opfer im Soldatenjargon zu »Hackfleisch« bzw. Beefsteak Tartar machten. Brecht hatte dieses Gedicht, in dem sich Nostalgie mit skrupelloser Brutalität verbindet, schon 1924/25 nach einer Vorlage von Rudyard Kipling geschrieben und 1926 unter dem Titel *Lied der drei Soldaten* in seine *Taschenpostille* aufgenommen. Immer wieder verwendete er früher entstandene Lieder in neuen Zusammenhängen, so auch hier. Für die Berliner Erstaufführung seines Theaterstückes *Mann ist Mann*, das die Verwandlung eines Mannes in eine Kampfmaschine beschreibt, plante er erneut den *Kanonensong* ein. Die größte Wirkung erzielte dieser aber in der *Dreigroschenoper*, nicht zuletzt wegen Weills frech überdrehter Musik. Ihre flotten Foxtrott-Rhythmen ziehen die Aggressivität ins Heitere und denunzieren sie dadurch.

15 Jürgen Schebera: *Kurt Weill. Eine Biographie in Texten, Bildern und Dokumenten*, Mainz 1990, S. 20.
16 Paul Dessau: *Notizen zu Noten*, Leipzig 1974, S. 34.

Nur wenige Monate nach dem sensationellen Uraufführungserfolg der *Dreigroschenoper* setzten sich Brecht und Weill im *Berliner Requiem* (1928) grundsätzlicher mit Fragen des Todes auseinander. Ob das Werk für einen konkreten Anlaß, etwa für den zehnten Jahrestag des Waffenstillstands von Compiègne am 11. November 1918 oder zur Erinnerung an die Ermordung von Karl Liebknecht und Rosa Luxemburg, geschrieben wurde, ist bislang nicht geklärt, denn beide Themen, Krieg und Revolution, verbinden sich hier. Als Weill am 20. Dezember 1928 seinem Wiener Verlag die Fertigstellung dieser Komposition meldete, sprach er von »7 Stücken teils feierlich tragischen, teils ironischen Charakters«. Drei Stücke daraus, zwei *Berichte vom unbekannten Soldaten unter dem Triumphbogen* sowie das Chorstück *Zu Potsdam unter den Eichen*, setzen sich mit der Kriegsfrage auseinander. In den zwei »Berichten« rechtfertigen die Täter in biblisch-epischem Ton ihre planmäßige Ermordung des unbekannten Soldaten. Wie schon in der *Legende vom toten Soldaten* wird damit der Begriff des Heldentods jenseits aller feierlichen Schicksalhaftigkeit ad absurdum geführt. Der Triumphbogen, unter dem der unbekannte Soldat beigesetzt wird, diene in Wahrheit dazu – so hören wir –, den Toten durch sein zentnerschweres Gewicht an der Auferstehung zu hindern. Im zweiten »Bericht« werden die Zuhörer gebeten, diesen gewaltigen Gedenkstein, der so viele unangenehme Erinnerungen wachruft, endlich zu entfernen. Musikalisch griff Weill in seiner für Tenor, Bariton, Männerchor und Blasorchester geschriebenen Komposition Elemente des Trauermarschs sowie Bachscher Passionen auf. Während er den ersten »Bericht« dem ganzen Chor anvertraute, ließ er im zweiten einen einzelnen Sänger nach vorn treten, der sich von der Gruppe der Mörder distanziert. Als das *Berliner Requiem* am 22. Mai 1929 im Frankfurter Sender uraufgeführt wurde, war der Männerchor allerdings durch einen weiteren Gesangssolisten ersetzt worden. Auch der abschließende Chor *Zu Potsdam unter den Eichen* erklang jetzt in Terzettbesetzung. Mit bitterer Ironie schildert dieses Brecht-Gedicht eine Antikriegsdemonstration, bei der ein Sarg mitgetragen wird:

> Und auf dem Sarg mit Mennigerot
> Stand geschrieben ein Reim
> Die Buchstaben sahen hässlich aus:
> »Jedem Krieger sein Heim!«

Die Obrigkeit duldet solche Proteste nicht und löst die Demonstration gewaltsam auf:

> So zogen sie durch Potsdam
> Für den Mann am Chemin des Dames
> Da kam die grüne Polizei
> Und haute sie zusamm.

Weill komponierte diesen Schluß in munterem C-Dur, wobei er die berühmte Glockenspielmelodie der Potsdamer Garnisonskirche zitierte. Das preußische Motto »Üb' immer Treu und Redlichkeit«, das schon die in den Krieg ziehenden Soldaten beherzigt hatten, diente nun auch den prügelnden Polizisten als Legitimation – Befehl ist Befehl.[17]

In den zwanziger Jahren gab es in Deutschland zahlreiche Arbeiterchöre von teilweise erstaunlich hohem künstlerischen Niveau. Da diese Chöre viele Mitglieder zählten und ein neues Repertoire brauchten, zeigten auch die großen Musikverlage Interesse an diesem vielversprechenden Marktsegment. So richtete die Wiener Universal Edition unter dem Titel »Die rote Reihe« eine eigene Publikationsserie für Arbeiterchöre ein. Als Erwin Stein, ein führender Mitarbeiter dieses Verlages, Weill um einen Beitrag für die Reihe bat, dachte dieser sofort an *Zu Potsdam unter den Eichen*. Zusätzlich schuf er im Herbst 1929 eine neue Bearbeitung der *Legende vom toten Soldaten* für gemischten Chor, wobei er Brechts Melodie wörtlich übernahm. Beide Kompositionen wurden am 26. Dezember 1929 von einem der besten deutschen Arbeiterchöre, dem Berliner Schubertchor, unter der Leitung von Karl Rankl aufgeführt.

Zwischen Brecht und Weill kam es schon bald zu Streitigkeiten über den Vorrang von Text oder Musik, die in der Auseinandersetzung um die Oper *Aufstieg und Fall der Stadt Mahagonny* kulminierten und wesentlich dazu beitrugen, daß der Dichter danach verstärkt und zunächst sogar fast ausschließlich mit Eisler zusammenarbeitete. Obwohl Weill im Bereich einer politisch engagierten Kunst nicht mit diesem mithalten konnte und wollte, hat ihn in den ersten Jahren des Exils die Kriegsthematik noch mehrfach

---

17 Eisler hat dieses Brecht-Gedicht 1937 im vierten Satz seiner *Deutschen Symphonie* verwendet.

beschäftigt. So komponierte er in Paris die Operette *Der Kuhhandel* (1934), wobei ihm das Beispiel Jacques Offenbachs vorschwebte. Das Libretto verdankte er dem ebenfalls nach Frankreich geflohenen ehemaligen Chefdramaturgen des Theaters am Schiffbauerdamm Robert Vambery. Schauplatz ist eine rätselhafte Insel mit zwei nebeneinander existierenden Republiken (Ucqua und Santa Maria). In Santa Maria erscheint eines Tages der Verkaufschef einer amerikanischen Waffenfirma, der mit allen Mitteln die Marktchancen für seine Produkte zu vergrößern trachtet. So verbreitet er Berichte über angebliche Waffenkäufe der Nachbar-Republik und stiftet danach den Kriegsminister zu einem Staatsstreich an. Vor diesem Hintergrund findet eine Liebesgeschichte zwischen den Dorfbewohnern Juan und Juanita statt. Glücklicherweise entgeht Juan dem drohenden Kriegsdienst, weil sich die gelieferten Waffen als untauglich erweisen und die bereits vorbereitete Kriegserklärung ausfällt. Leider fiel die geplante Pariser Uraufführung ins Wasser. Bei der Umarbeitung für London wurde das Stück so entschärft, daß das Publikum keinen Gefallen mehr daran fand.

Weill war bei seiner Ankunft in den USA kaum bekannt und suchte zunächst einen nichtkommerziellen Einstieg außerhalb des Broadway. Die besten Möglichkeiten sah er in einer Zusammenarbeit mit dem von Harold Clurman, Cheryl Crawford und Lee Strasberg geleiteten Group Theatre. Als er 1936 dem Regisseur Clurman Jaroslav Hašeks *Schwejk* als geeigneten Stoff vorschlug, einigte man sich auf eine Übertragung auf das amerikanische Milieu. Es entstand daraufhin das Stück *Johnny Johnson* (1936), das der Dramatiker Paul Green im Jahre 1917 in einer Kleinstadt der US-Südstaaten ansiedelte. Dort enthüllt der Bürgermeister gerade ein von Johnny Johnson geschaffenes Friedensdenkmal, als die Nachricht vom Eintritt der USA in den Weltkrieg eintrifft. Trotz allgemeiner Kriegsbegeisterung bleibt allein Johnny bei seiner pazifistischen Haltung. Als jedoch der amerikanische Präsident Wilson versichert, der jetzige Krieg werde kriegerische Auseinandersetzungen für alle Zeiten beenden, gibt Johnny seinen Pazifismus auf und meldet sich freiwillig zur Armee. Dort führt er als Soldat mit seiner Naivität den Militarismus ad absurdum, so daß er schließlich in eine Nervenklinik eingeliefert wird. Weill übernahm in seine Musik Elemente aus Berliner Kompositionen, so aus *Happy End*, schlug aber oft auch den Tonfall des Broadway an. Zu seinen wirkungsvollsten Musiknummern gehörte wieder ein »Kanonensong«, hier unter dem Titel *Song of the Guns*. Trotz der Mitwirkung ausgezeichneter Künstler und einer erfolgreichen New Yorker Premiere am 19. November 1936 konnte sich das Stück nur kurz halten. Zu ungewohnt war für den Broadway ein so eindeutig politisches Stück, in dem zudem viel gesprochen und nie getanzt wurde.

Mit dem Ausbruch des Zweiten Weltkrieges veränderte Weill seine Einstellung zum Krieg prinzipiell. Er gab seine bislang pazifistische Haltung auf, da er von der Notwendigkeit überzeugt war, mit Waffengewalt gegen Hitlers Armeen vorzugehen. So schloß er sich einer Organisation »Fight for Freedom« an, die entgegen dem verbreiteten Isolationismus ein militärisches Engagement der USA forderte. Eine der zu diesem Zweck geschaffenen Kompositionen war 1942 die Vertonung von Brechts Gedicht *Und was bekam des Soldaten Weib?* Nach mehreren Jahren der Anpassung an seine neue Umgebung war dies Weills erste Komposition in deutscher Sprache. Er schuf sie für ein Rundfunkprogramm »We Fight Back«, das sich vor allem an Deutsch-Amerikaner richtete. Seine Komposition unterscheidet sich allerdings wesentlich von Eislers Vertonung des gleichen Texts. Wie Brecht, der damals seine aktualisierende *Schwejk*-Bearbeitung schuf, betrachtete Eisler die deutschen Soldaten als Opfer und Täter zugleich. Weill dagegen wollte in der feindlichen Armee nicht zwischen Oben und Unten differenzieren. Für die Schlußstrophe wählte er deshalb nicht trauriges Moll wie Eisler, sondern triumphales Dur. Anders als Brecht und Eisler verstand er sich schon längst nicht mehr als Deutscher. Unbarmherzig feierte er nun jeden Tod eines deutschen Soldaten als einen weiteren Schritt zum alliierten Sieg.

Deutsches Miserere und Mutter Courage: Paul Dessau

Anders als Weill fühlte sich der ebenfalls in die USA emigrierte Paul Dessau auch an seinem neuen Wohnsitz noch mit seiner deutschen Heimat verbunden. 1943 kam es in New York zur persönlichen Bekanntschaft mit Brecht. Ebenfalls als Beitrag für die New Yorker Rundfunkreihe »We Fight Back« vertonte Dessau dessen *Lied einer deutschen Mutter* (1943), wobei er eine Melodie des Dichters übernahm.[18] Damit begann ein neuer Abschnitt in seinem Leben. Fast gleichzeitig erfuhr er von der Bombardierung seiner Geburtsstadt Hamburg im Sommer 1943, die auch sein Elternhaus zerstörte. Solche Auswirkungen des Luftkrieges, die im Bewußtsein der Deutschen lange tabuisiert und verdrängt waren, heute aber wieder diskutiert werden[19], mögen Paul Dessau dazu bewogen haben, Brecht bald nach dem ersten Zusammentreffen vorzuschlagen, »eine Art deutsches Requiem« zu schreiben, »ein Werk, das die ungeheure Tragödie unseres Vaterlandes schildert«. Aus bereits vorliegenden, teilweise noch einmal überarbeiteten Texten stellte der Dichter ihm daraufhin ein *Deutsches Miserere* zusammen. Auf dieser Textgrundlage entstand ein dreiteiliges Oratorium für gemischten Chor, Kinderchor, vier Vokalsolisten und großes Orchester, in dessen Mittelpunkt Ausschnitte aus der *Kriegsfibel* stehen. Der erste Teil schildert in fünf Nummern den Weg Deutschlands in Faschismus und Krieg. Einleitend klagt der Chor »O Deutschland, bleiche Mutter! Wie sitzest du besudelt unter den Völkern«. Dem abendfüllenden Werk liegt der Gedanke zugrunde, daß das deutsche Volk nicht erst 1945, sondern schon 1933 besiegt wurde und demnach bereits mit der Machtübergabe an Hitler die Entscheidung für den Zweiten Weltkrieg gefallen sei. Über mehrere Jahre hinweg schrieb Dessau seine Partitur als ein großes Stück Trauerarbeit nieder. Mit dem letzten Teil, für den Brecht auf seine *Vier Wiegenlieder für Arbeitermütter* zurückgegriffen hatte, setzte er dagegen 1947 die Hoffnung in eine künftige Generation, die Kriege nicht mehr kennt.

Schon allein sein Umfang und seine große Besetzung erschwerten Aufführungen des *Deutschen Miserere* (1944-47) und machten es zu einem der unbekanntesten Werke Paul Dessaus. Die westdeutsche Erstaufführung fand erst am 1. September 1999 zum 50. Jahrestag des Kriegsbeginns in Hamburg statt. Viel stärkere Wirkung übte dagegen Dessaus Bühnenmusik zum Brecht-Stück *Mutter Courage und ihre Kinder* (1946) aus, die 1949 am Deutschen Theater in Berlin herauskam. Die Hauptfigur ist eine Opportunistin, die listig vom Kriege profitieren will, am Ende aber alles verliert. In der Interpretation durch Helene Weigel und später Gisela May wurde das *Lied der Mutter Courage* (»Ihr

18 Vgl. Dümling, op. cit. (Anm. 9), S. 501 f.
19 Vgl. Jörg Friedrich, *Der Brand. Deutschland im Bombenkrieg 1940-1945*, München 2002.

Hauptleut, lasst die Trommel ruhen...«) populär. Brecht hatte sich gewünscht, daß das Publikum seine eigenen Lehren aus dem Stück zieht. Zu seiner tiefen Enttäuschung mußte er dagegen feststellen, daß die Zuschauer – wie schon bei der *Dreigroschenoper* – sich mit der problematischen Hauptfigur identifizierten, statt sie zu kritisieren. Hatte er in *Mutter Courage* als Schauplatz den Dreißigjährigen Krieg gewählt, so verlegte er *Das Verhör des Lukullus* (1949) in die römische Antike. Gegenstand auch dieses Stückes ist der Krieg, der hier aus der Totenwelt wahrgenommen wird. Bei der Ostberliner Uraufführung kam es nicht allein wegen Dessaus dissonanter Musik, sondern auch wegen des offenen Schlusses zu einer heftigen kulturpolitischen Debatte. Brecht wurde veranlaßt, den Schluß umzuschreiben und den Feldherrn Lukullus eindeutig zu verurteilen. Der endgültigen Fassung der Oper gab er deshalb den Titel *Die Verurteilung des Lukullus*.

Schon nach dem Ersten Weltkrieg hatte man auf das Ende aller Kriege gehofft. Es folgte ein weiterer Weltkrieg, der noch weitaus schrecklicher ausfiel und eine viel größere Zahl von Opfern forderte. Danach fragte man sich wieder, ob die Menschheit jetzt endlich gelernt habe. Brecht, Eisler und Dessau allerdings wußten, daß auch ein solcher Lernprozeß Kriege nicht abschaffen würde, da diese nicht durch Plebiszite, sondern durch Entscheidung einzelner zustande kamen. Schon unmittelbar nach 1945 bemerkte Brecht die Kontinuität bestimmter wirtschaftlicher Interessen. Im März 1947 schrieb er deshalb noch in den USA seine umfangreiche Ballade *Der anachronistische Zug oder Freiheit und Democracy*, wobei ihm Shelleys *The Masque of Anarchy* als Vorlage diente. In gewisser Weise ist es eine aktualisierte Fortsetzung der *Legende vom toten Soldaten*, wobei sich nun frech und schrill die Drahtzieher des Schlachtens vorstellen. Paul Dessau hat die insgesamt 41 Strophen 1956 für Gesang, Klavier und Schlagzeug komponiert. Zwei Jahre später vertonte auch Hanns Eisler den Text. Für beide war es eine Hommage an einen inzwischen verstorbenen Dichter, der wie kaum ein anderer das Wesen des Krieges erkannt und dargestellt hatte.

Ästhetische Originalität von Text und Musik

Nicht zuletzt dem Rang der Brecht-Texte verdankt es sich, daß die meisten der hier aufgeführten Werke über den konkreten Anlaß hinaus gültig geblieben sind. Schon durch die Textgrundlagen unterscheiden sie sich von Agitprop-Nummern, die auf Tagesaktualität und unmittelbare Wirkung zielen und sich häufig parteipolitischen Zusammenhängen verdanken. Eben dadurch, daß Brecht in seiner *Legende vom toten Soldaten* auf die Nennung spezifischer Namen, Orte und Jahreszahlen verzichtete, sich sprachlich vielmehr an ältere Muster aus der Vorklassik anlehnte und diese in einer »lyrischen Leistung großen Stils« zusammenfaßte, blieb dieses Gedicht über Jahrzehnte hinweg aussagekräftig. Argumente ersetzen hier den bloß emotionalisierenden Appell. Auch wenn Eisler Texte anderer Autoren verwendete, legte er Wert auf inhaltliche Allgemeingültigkeit. Dabei fällt auf, daß sich zwischen 1914 und 1962 seine Sicht des Krieges nicht prinzipiell verändert hatte. Vielmehr bestätigten spätere Ereignisse seine früh aus der Perspektive des zwangsweise rekrutierten Soldaten gewonnenen Erfahrungen. So brauchte Eisler – ähnlich wie Paul Dessau – auch nach dem Zweiten Weltkrieg keine Korrekturen oder Ergänzungen anzubringen oder frühere Werke aus dem Verkehr zu ziehen. Allerdings erwiesen sich Kompositionen, denen Texte von bedeutender literarischer Qualität, etwa von Brecht, Karl Kraus oder Ignazio Silone, zugrunde liegen, zumeist als haltbarer als Vertonungen zweitklassiger Texte.

Obwohl nicht wenige der erwähnten Brecht-Vertonungen Eislers für Theaterproduktionen entstanden, lassen sie sich in der Regel aus diesen herauslösen und auch unabhängig von den Handlungskontexten verstehen. Es gibt allerdings Ausnahmen wie seine Bühnenmusik zu *Winterschlacht*, die deshalb viel seltener unabhängig vom Becher-Stück erklingt. Auch die meisten der auf Kriegsthemen bezogenen Kompositionen Kurt Weills, etwa der *Kanonensong* aus der *Dreigroschenoper* oder die Stücke aus dem *Berliner Requiem*, sind eng auf den jeweiligen szenischen oder inhaltlichen Zusammenhang bezogen und bedürfen meist zusätzlicher Erläuterungen, um auch einzeln verständlich sein zu können. Ähnliches gilt für Dessaus Musik zu *Mutter Courage*. Das *Lied der Mutter Courage* macht nur im Zusammenhang des Theaterstückes Sinn.

Viele der genannten Werke verdanken ihre Haltbarkeit nicht allein dem Rang der Texte, sondern in gleichem Maße der Originalität und der ästhetischen Bedeutung der Musik. In Eislers *Kriegslied eines Kindes* nobilitiert der dichte atonale Tonsatz das schlichte Gedicht. Auch wenn der Komponist bei seinen Massenliedern wieder zur Tonalität und damit zu einem einfacheren musikalischen Material zurückkehrte, so wandte er doch auch hier die Erkenntnisse der Schönberg-Schule an. Eisler und die übrigen mit Brecht verbundenen Komponisten mieden wie dieser verbrauchte Wirkungen und durchbrachen Klischees, beispielsweise durch irreguläre Rhythmik.

Andreas Wehrmeyer
Musik über Krieg und Frieden

Die Siebente, Achte und Neunte Symphonie
von Dmitrij Schostakowitsch

Vorgeschichte

Durch den Überfall der Truppen Hitler-Deutschlands auf die Sowjetunion am 22. Juni 1941 wurde den Künsten des Landes gewaltsam ein neues Sujet aufgedrängt: die so genannte »Kriegsthematik«. Auch die sowjetischen Komponisten konnten sich diesem Thema nicht entziehen. Auf der einen Seite wurde es »von oben« verordnet, patriotisch besetzt und durch staatliche Aufträge sanktioniert; auf der anderen Seite jedoch reagierten die Künstler zutiefst persönlich, legten echte Empfindungen in das Thema und zeigten staatsbürgerliches Bewußtsein – eine Haltung, wie sie seit jeher in Zeiten äußerer Bedrohungen Rußlands künstlerisch kultiviert worden war.

Die patriotische Thematik war bereits in den späten 1930er Jahren aufgekommen. Unter ihrem Vorzeichen entstanden Werke wie z. B. Sergej Prokofjews Kantate *Alexander Newski* (auf der Grundlage des gleichnamigen Films von Sergej Eisenstein), eine Fülle von Massenliedern im Stile von »Wenn morgen Krieg ist...« u. a. Derlei Lieder bereiteten auf eine neue gesellschaftliche Wahrnehmung von kriegerischen Auseinandersetzungen vor, die in jedem Moment losbrechen konnten. Dem dienten auch damals verbreitete Losungen vom Schlage »den Feind auf seinem Territorium schlagen«. Es gibt heute kaum mehr Zweifel an der Tatsache, daß sich die Sowjetmacht seit der zweiten Hälfte der 1930er Jahre ernsthaft auf einen Krieg vorbereitete. Die verbrecherische Politik Hitler-Deutschlands brachte es dann mit sich, daß der Sowjetstaat sein Kriegspotential nicht im Angriff, sondern in der Verteidigung unter Beweis stellen mußte. Mit dem Überfall Deutschlands auf die Sowjetunion zerbrach die Allianz zweier totalitärer und militaristischer Staaten, die im Molotow-Ribbentrop-Pakt ihren Ausdruck gefunden hatte. Die Situation stellte sich damit gänzlich neu dar: Statt als potentieller Aggressor aufzutreten, wurde die Sowjetmacht zum Opfer eines, wie es damals hieß, »wortbrüchigen Überfalls« (»wortbrüchig« vor dem Hintergrund des Nichtangriffspakts). Aus den Niederlagen der ersten Kriegsmonate speiste sich ein enormes ideologisches Potential. Man verkündete, der Krieg sei »groß und heilig«, der Widerstand »heroisch« und die zu kämpfende Sache eine »gerechte«. Das zielte auf eine optimistische Perspektive, entgegen der realen Lage und der niedergedrückten Stimmung der Bevölkerung. Auf diese Weise wurde ein »Kriegsmythos« geschaffen, der auf die neue Situation reagierte, ein Mythos, der dazu bestimmt war, das Weltverständnis des »Sowjetvolks« unter neuen Verhältnissen zu koordinieren. Die wahre Lage der Dinge wurde beschönigt, das öffentliche Bewußtsein mit den Mitteln der Massenpsychologie manipuliert. Das wirkte auf alle Ebenen des gesellschaftlichen Handelns: Es betraf Demonstrationen wie z. B. die Parade auf dem Roten Platz am 7. November 1941, Mitteilungen im Stil der »Berichte des Informbüros«, die gesamte Presse einschließlich ihrer Mitteilungen über Fortschritte an der Front und im Hinterland, die Texte der Massenlieder. – Soweit der Kontext, in dem nun auch neue Kompositionen unter dem Vorzeichen der Kriegsthematik bzw. des Kriegsmythos entstanden.

Das bekannteste Werk aus dieser Zeit ist die *Siebente Symphonie* Dmitrij Schostakowitschs, die sogenannte »Leningrader Symphonie«. In der Geschichte ihrer Verbreitung – d. h. ihrer Aufführungen und Rezeption – spiegelt sich beispielhaft der ganze Komplex der Kriegsthematik. Deshalb werden wir uns diesem Werk ausführlicher zuwenden.

Ausnahmewerk

Die Ausnahmestellung der *Siebenten Symphonie* ist in ihrer ungeheuren, ja bestürzenden Popularität begründet; sie sprengt alle bisherigen Vorstellungen über die »normale« Existenz eines Kunstwerks. Dabei ist das Werk kaum, zumindest nicht in erster Linie musikhistorisch bedeutsam, sondern eher ein Phänomen der Sozialpsychologie, der Soziologie und anderer Disziplinen. Die Symphonie besaß offenbar Eigenschaften, die sie zu einem Objekt der Mythologisierung prädestinierten. Sowohl der Komponist als auch sein Werk wurden, wie Richard Taruskin feststellte, zu Symbolen (*icons*), und zwar mit der Besonderheit, daß letztlich unklar blieb, was sie eigentlich symbolisierten.[1] In der Tat: Es gibt kaum ein anderes Werk (der Musikgeschichte), an das sich so viele erregte Auseinandersetzungen und divergierende Deutungen geheftet hätten. Von Anfang an und lange vor ihrer Fertigstellung war die Symphonie zum Symbolträger vorherbestimmt worden (nur schwer läßt sich heute die Lexik und Phraseologie der Zeit wiederherstellen): als Symbol des »Kampfes«, des »Heroismus« und des »Sieges«. Sie folgte darin geheimen Befehlen »von oben«. In den ersten Kriegstagen hatte das Leningrader Rundfunkkomitee alle Musik aus dem Äther verbannt – eine Entscheidung, die man jedoch rasch wieder korrigierte; und gleichsam als Versöhnungsgeste gegenüber den Hörern wurde die Entstehung der *Siebenten Symphonie* nun um so aufmerksamer verfolgt. So trat Schostakowitsch wiederholt in verschiedenen Sendungen auf und berichtete über die Arbeit an seiner Symphonie.[2] Seine Äußerungen legten den Grundstein für die Deutungs-Stereotypien des Werks:

»Vor einer Stunde habe ich den zweiten Satz meines symphonischen Werks abgeschlossen. Sofern mir die Komposition gut von der Hand geht und es mir gelingt, den dritten und vierten Satz fertigzustellen, wird es meine *Siebente Symphonie* sein. Weshalb ich Ihnen das mitteile? Damit die Hörer wissen, daß das Leben unserer Stadt normal verläuft. Wir sind jetzt alle auf Kriegswacht. Wie alle anderen Bürger Leningrads erfüllen auch die Kulturschaffenden ehrlich und selbstlos ihre Pflichten. Die Klarheit der Konzeption und die schöpferische Energie zwingen mich, das Werk unaufhaltsam zum Abschluß zu bringen. Wenn ich dann demnächst mein neues Werk im Äther vorstelle, erwarte ich aufgeregt Ihr freundliches Urteil. Ich versichere Ihnen im Namen aller Kulturschaffenden und Künstler Leningrads, daß wir unbesiegbar sind und unseren Posten nicht verlassen werden.«[3]

---

1 S. Richard Taruskin: *Defining Russia Musically*, Princeton 1997, S. 484.
2 S. A. Krjukow [Krjukov]: *K svedeniju buduščich letopiscev* [Künftigen Chronisten zur Kenntnis], in: *D. D. Šostakovič. Sbornik statej k 90-letiju so dnja roždenija* [Dmitrij Schostakowitsch. Sammelband zum 90. Geburtstag], St. Petersburg 1996, S. 158-173.
3 *Šostakovič o vremeni i o sebe* [Schostakowitsch über sich und seine Zeit], Moskau 1980, S. 88.

Programm und Mythologisierung

Das Programm der Symphonie, das der Komponist im Radio verlas, gab so bruchlos die offizielle Sicht des Krieges wieder, daß seine Äußerungen über viele Jahrzehnte – auch in der wissenschaftlichen Schostakowitsch-Literatur – als Werk-»Inhalt« ernst genommen wurden:

»Die *Siebente Symphonie* ist eine Programmkomposition, die durch die schrecklichen Ereignisse des Jahres 1941 hervorgerufen wurde. Sie besteht aus vier Sätzen. Der erste Satz erzählt davon, wie in unsere wunderbar friedliche Welt eine schreckliche Kraft eindringt: der Krieg. Ich stellte mir nicht die Aufgabe, die Kriegshandlungen realistisch darzustellen (das Dröhnen der Flugzeuge, das Krachen der Panzer und die Kanonensalven), ich habe keine sogenannte Kriegsmusik geschrieben. Mir ging es darum, den grausamen Inhalt des Kriegs wiederzugeben. Der erste Satz erzählt vom Leben glücklicher Menschen, die an sich und ihre Zukunft glauben. Es ist ein einfaches und friedliches Leben, wie es vor dem Krieg Tausende von Leningradern lebten, die ganze Stadt, das ganze Land. Die ganze mittlere Episode ist vom Thema des Kriegs bestimmt. Im Mittelpunkt steht ein Trauermarsch oder, genauer, ein Requiem für die Opfer des Kriegs. Die sowjetische Bevölkerung ehrt ihre Helden. Dem Requiem schließt sich eine noch tragischere Episode an. Ich weiß nicht, wie diese Musik zu charakterisieren ist. Vielleicht sind es die Tränen der Mütter oder nur die Gefühle, wenn das Leid so groß ist, daß es schon keine Tränen mehr gibt. Nach dem großen Fagottsolo, daß dem Leiden der ums Leben gekommenen Verwandten gewidmet ist, setzt der helle und lyrische Schlußgedanke ein. Ganz an seinem Ende klingt aus der Ferne nochmals das Thema des Kriegs auf und erinnert an weitere Kämpfe. Der zweite Satz ist ein lyrisches Scherzo. Hier wird an angenehme Ereignisse erinnert, an freudige Episoden. All dies ist von Trauer und Nachsinnen geprägt. Der dritte Satz ist ein pathetisches Adagio. Lebensbegeisterung und Ehrfurcht vor der Natur – das sind hier die Gedanken. Der dritte Satz geht ohne Unterbrechung in den vierten über. Gemeinsam mit dem ersten sind es die Hauptsätze des Werkes. Der erste Satz ist der Kampf, der vierte der künftige Sieg. Der vierte Satz beginnt mit einer kurzen Einleitung, der ein lebhaftes und erregtes erstes Thema folgt. Dann hebt ein zweites Thema feierlichen Charakters an, das die Apotheose des ganzen Werks bildet. Die Apotheose entwickelt sich ruhig und überzeugend und wächst gegen Schluß zu großem und feierlichem Klang an. Das sind die Gedanken, die ich den Hörern mitteilen möchte.«[4]

Das Programm enthält die zentralen Motive der staatlichen Propaganda: die friedliche Welt vor dem wortbrüchigen Überfall, die Ungleichheit der Kräfte, die Opfer, der Heroismus und der Sieg. Diese Konstruktion ging in den ersten Kriegsjahren ins kollektive Unterbewußtsein ein. Auf dem Titelblatt der Symphonie prangte der Eintrag: »Der Stadt Leningrad gewidmet«. Die Stadt wurde damit zum Symbol des russischen Widerstandswillen. Um die katastrophale Lage der Stadt und der in ihr Verbliebenen zu beschönigen, waren viele Mittel recht: Das Pathos eines nie dagewesenen Heroismus, der Nimbus von Festigkeit und Selbstsicherheit, der Schein mentaler Ungebrochenheit. Leningrad avancierte zur »Heldenstadt«, die Bevölkerung zu »Helden«, der Widerstand zu »Heldentaten«. Man sprach von »heiligen« Opfern und Leiden.

Zwischen der grausamen Wirklichkeit und ihrer Mythologisierung waren die Grenzen fließend – ganz im Sinne der Propaganda. Einer Mythologisierung wurde nicht nur die Musik, sondern auch der Komponist unterzogen. Im Westen verbreitete man ein Photo, das Schostakowitsch ausgerüstet mit Helm und Feuerwehruniform auf dem Dach des Konservatoriums zeigt. Es sollte den erwähnten Heroismus belegen, sollte zeigen, daß alle Bevölkerungsschichten aktiv an der Verteidigung ihrer Stadt mitwirken. Daß dieser »Heroismus« Pflicht war und ein Sich-Entziehen bestraft wurde (an der Front mit der Todesstrafe), war für die westlichen, insbesondere die amerikanischen Beobachter nicht offensichtlich. Die weltweite Verbreitung der Photographie stieß auf die erwartete Resonanz, auch wenn sie nicht immer zu den gewünschten Resultaten führte. Ein vermögender Amerikaner etwa erklärte Journalisten: »Sollten in Rußland Kräfte zum Löschen von Brandbomben fehlen, bin ich bereit, auf meine Kosten eine professionelle Feuerwehrtruppe als Ersatz für Schostakowitsch zu schicken.«[5] Später stellte sich heraus, daß das besagte Bild nichts weniger als eine Inszenierung war, die Schostakowitsch als

---

4 Ebd., S. 96.
5 Zitiert nach S. Chentowa [Chentova]: *Šostakovič. Žizn' i tvorčestvo* [Schostakowitsch, Leben und Werk], Bd. 2, Moskau 1996, S. 10.

lästig, ja peinlich empfand. Eine weitere Mythologisierung des Komponisten betraf die häufig kolportierte Schnelligkeit seines Schaffens. Mit ihr wurde zu verstehen gegeben, daß schöpferische Kräfte durch schwierige Umstände nicht behindert, sondern eher beflügelt werden. Daß Schostakowitsch jedoch nur nach einem lang währenden Prozeß innerer Vorbereitung zu raschem Komponieren in der Lage war – wie von verschiedenen Zeitgenossen bezeugt –, spielte in diesem Zusammenhang verständlicherweise keine Rolle.

Wenn Schostakowitsch im Rundfunk über die Fortschritte an seiner Arbeit berichtete, war dies stets verbunden mit Appellen »an die Freunde in den Vereinigten Staaten von Amerika und in England, die Kräfte im Kampf gegen den Faschismus zu bündeln.«[6] Diese Sendungen wurden aus dem belagerten Leningrad mit dem Originalton Schostakowitschs in alle Welt übertragen. Regelmäßig erschienen auch von ihm unterzeichnete Aufsätze über die Symphonie in der Presse.

Nach dem Abschluß der Symphonie wirkte Schostakowitsch auch an den Vorbereitungen der ersten Aufführungen mit. In den Proben und Konzerten trat er mit einführenden Worten auf. Es versteht sich, daß alle Konzerte ausführlich von der Presse und dem Rundfunk besprochen wurden. So veröffentlichte man u. a. eine Entschließung des Rates der Volkskommissare der UdSSR, in der die Verleihung einer Staatsprämie an Schostakowitsch empfohlen wurde. Zu dieser Zeit war der Komponist bereits eine öffentliche, mehr noch: eine staatliche Figur, und die Symphonie erhielt aufgrund dessen einen besonderen (von all seinen vorangegangenen Werken abgesetzten) Rang.

Wir wissen nicht, was Schostakowitsch über die Kampagne um seine Symphonie dachte. Offenkundig hatte er keinen Einfluß auf die skizzierten Mechanismen der Funktionalisierung und Ideologisierung und konnte nichts Wesentliches an ihnen ändern. Wie andere Musiker wirkte er an der »Verteidigung« mit – arrangierte klassische Musikstücke für sogenannte musikalische Frontbrigaden, komponierte Propaganda-Lieder und andere Werke und schließlich: die *Siebente Symphonie*. All das tat er absolut aufrichtig.

Es liegt auf der Hand, daß die Symphonie gar nicht anders als

---

6 Ebd., S. 16.

(einseitig) antifaschistisch rezipiert werden konnte. Der Krieg bestimmte das Leben, und jede andere Wahrnehmung wäre unverständlich gewesen. Den sowjetischen Kulturfunktionären fiel es insoweit leicht, die Deutungshoheit über die Symphonie durchzusetzen. Das geschah gleichsam von selbst im offiziell vorgesehenen Sinne. Dessen ungeachtet spürte man auf die eine oder andere Weise »lenkende« Kräfte, insbesondere hinsichtlich der Tatsache, daß die *Siebente Symphonie* im belagerten Leningrad aufgeführt wurde – ohne massive staatliche Unterstützung wäre das nicht möglich gewesen: Die wenigen dagebliebenen Orchestermusiker waren entkräftet und mußten erst einmal wieder arbeitsfähig gemacht werden. Details der Leningrader Premiere hat jüngst A. Krjukow beschrieben; er nennt sie eine »Jahrhunderttat«, wobei er sich nicht scheut die Frage aufzuwerfen, ob der ungeheure Zeit- und Kraftaufwand der Aufführung (unter den gegebenen Bedingungen) gerechtfertigt gewesen sei.[7]

Aufführungen im Westen

Wurde die Verbreitung der Symphonie in der Sowjetunion durch eine riesige Propagandamaschinerie (im Hintergrund) gesteuert, war dies im Westen kaum nötig. Doch auch die erste Aufführung im Westen war politisiert und wurde als ein Ereignis von historischer Bedeutung verstanden. Auch die Umstände, unter denen die Symphonie in den Westen gelangte, waren dazu geeignet, sie zu mythologisieren: Der Mikrofilm der Partitur und der Stimmen wurde unter Umgehung der Kriegsschauplätze per Flugzeug über Kujbyschew, Taschkent, Aschchabad, den Irak, Iran, Ägypten nach Afrika geleitet, um dann per Schiff über den Atlantik nach London zu gelangen (einer anderen Quelle zufolge direkt nach New York). Diese Beschreibung findet sich in fast allen Schostakowitsch-Monographien; und auch dies verlieh dem Werk einen eigentümlich heroischen Glanz, fesselte von den Äußerlichkeiten her und betonte die unglaubliche Wichtigkeit des Geschehens.

Die westeuropäische Erstaufführung fand am 22. Juni 1942 (einer anderen Quelle zufolge: am 29. Juni) in London unter der Leitung von Sir Henry Wood statt. Im Vergleich zur viel beachte-

---

[7] Krjukow, op. cit. (Anm. 2).

ten amerikanischen Erstaufführung hinterließ dieses Konzert allerdings keine tiefere Wirkung (offensichtlich, weil die politischen Verhältnisse, die Stimmung bzw. öffentliche Meinung in England andere als in den USA waren). Die von den sowjetischen Kulturfunktionären aufgeladene Bedeutung des Werks hatte ihre Wirkung nicht verfehlt; und so war es auch im Westen keine Nebensache, wer die Symphonie als erster dirigierte; jeder Dirigent konnte sich sicher sein, mit dem Werk in die Geschichte einzugehen. So kam es in den USA zu einem regelrechten »Dirigentenkrieg« um das Recht der ersten Aufführung. An diesem »Krieg« waren u. a. die Dirigenten Sergej Koussewizki (Boston), Eugene Ormandy und Leopold Stokowski (Philadelphia) beteiligt sowie Artur Rodzinski (Cleveland) und Frederick Stock (Chicago). Sie alle wandten sich an die Botschaft der UdSSR und die Konzertorganisation *Am-Rus Music Corporation* mit der Bitte, das Werk als erster spielen zu dürfen. Ein jeder versuchte, seinen Anspruch durch Argumente zu untermauern, vor allem mit Hinweisen auf besondere Verdienste um die Verbreitung sowjetischer und insbesondere der Musik Schostakowitschs. Koussewizki erinnerte daran, daß er schon ein Jahr vor der Fertigstellung der Symphonie um ihre Erstaufführung ersucht habe. Stokowski bot ein Konzert an, daß zugleich im Radio übertragen und auf Schallplatte erscheinen solle; überdies regte er einen großen Hollywood-Musikfilm über die Symphonie an. Ormandy ließ mitteilen, daß sein Orchester bereits die vorangegangenen Symphonien in Amerika erstaufgeführt habe. Rodzinski pries sich als amerikanischen »Schostakowitsch-Champion« an, der die *Erste Symphonie* auf Schallplatte eingespielt sowie die amerikanische Erstaufführung der *Fünften Symphonie* und Schostakowitschs Oper *Lady Macbeth* in Cleveland und New York dirigiert habe.[8] Es war ein Machtkampf, dessen Einzelheiten die Beteiligten in kein vorteilhaftes Licht setzen. Letztendlich kam es zu folgender Entscheidung: Die konzertante Erstaufführung wurde Sergej Koussewizki zugesprochen, die Erstaufführung im Radio Arturo Toscanini.

---

8 Vgl. hierzu G. Schnejerson [Šneerson]: *Žizn' muzyki Šostakoviča za rubežom* [Schostakowitschs Musik im Ausland], in: *D. Šostakovič: stat'i i materiali* [Dmitrij Schostakowitsch: Aufsätze und Materialien], hg. von G. Schnejerson, Moskau 1967, S. 223-241, sowie K. Meyer: *Schostakowitsch*, Bergisch Gladbach 1995, S. 286.

Die *Siebente Symphonie* und die Aufführung Toscaninis: Das ist ein eigenes Thema voller Merkwürdigkeiten und Widersprüche. In der russischen Literatur heißt es, Schostakowitsch selbst habe unter den beiden zuletzt verbliebenen Kandidaten – Stokowski und Toscanini – den letzteren ausgewählt. Ob dies eine von ihm getroffene Entscheidung war, ist ungewiß. Eigentlich sprach wenig für Toscanini: Das eigens 1937 für ihn gegründete *National Broadcasting Corporation-Orchestra* zählte zu diesem Zeitpunkt – zumindest in der amerikanischen Wahrnehmung – noch nicht zu den großen Orchestern (wie etwa das Boston Symphony Orchestra oder das Philadelphia Orchestra). Auch brachte Toscanini der zeitgenössischen Musik kein besonderes Interesse entgegen. Überdies war er bereits 75 Jahre alt und hatte erst jüngst gestreut, daß es Zeit sei, die »Kampfzone der Kunst« zu verlassen. Daß die Wahl dennoch auf Toscanini fiel, dürfte (wie fast immer im Falle Schostakowitschs) von höchsten sowjetischen Kulturinstanzen entschieden worden sein. Die Aufführung der Symphonie war eine »höchst wichtige Angelegenheit«, die einen besonderen Dirigenten verlangte: eine Figur mit Charisma, die sich nicht allein durch musikalische Kompetenz, sondern auch durch politische Überzeugungen auszeichnete. Und eben das traf auf Toscanini wie auf keinen anderen zu. Wiederholt hatte er in Amerika seine antifaschistische Gesinnung öffentlich kundgetan, und die Aufführung der *Siebenten Symphonie* gab ihm dazu erneut die Möglichkeit. Mit welchen Motiven er sich in Szene zu setzen verstand, zeigen seine Briefe an Leopold Stokowski:

»Ich möchte nicht und will auch in gar keiner Weise versuchen, die Argumente zu entkräften, die Sie in Ihrem Brief vorbringen, um Ihr Recht auf die erste Rundfunksendung der *Siebenten Symphonie* von Schostakowitsch zu beweisen und geltend zu machen. Im Laufe meiner langen Laufbahn habe ich mich nie nach der Ehre gedrängt, die Erstaufführung eines Werkes irgendeines Komponisten zu leiten! Ich bewundere Schostakowitschs Musik, aber ich bringe ihr nicht die gleiche verrückte Liebe entgegen wie Sie. Ich hatte vor einiger Zeit versprochen, die neue Partitur durchzugehen, sobald sie aus Rußland eintrifft. Tatsächlich haben mir jetzt zwei Leute der amerikanisch-russischen Musikvereinigung den Film und einige Tage später auch die erste Kopie der Partitur gebracht... Wie Sie sich vorstellen können, habe ich sie einige Tage lang neugierig durchgelesen... Plötzlich war ich von ihrer Schönheit, ihrer antifaschistischen Tendenz und – ich muß es Ihnen gestehen – von dem heftigsten Wunsch, sie zu dirigieren, tief durchdrungen. Glauben Sie nicht, mein lieber Stokowski, daß es für jedermann – auch für Sie selbst – interessant sein könnte, den alten italienischen Dirigenten (einen der ersten Künstler, der energisch gegen die Faschisten kämpfte) dieses Werk eines jungen russischen und antinazistischen Komponisten spielen zu hören? Ich habe keinen Tropfen slawischen Blutes in meinen Adern – ich bin ein echter und reinblütiger Romane... Möglicherweise bin ich kein sehr intensiver Interpret dieser Art von Musik, aber ich bin sicher, daß ich sie mit Liebe und Bescheidenheit sehr einfach bewältigen werde... Nebenbei hat diese Aufführung für mich heute eine ganz besondere Bedeutung. Denken Sie, mein lieber Stokowski, nur einige Minuten darüber nach, und Sie werden sich sicherlich bereit finden, den Argumenten, die Sie in Ihrem letzten Brief vorgebracht haben, nicht zuviel Bedeutung beizumessen...«[9]

Stokowski hatte bei einem Rußlandbesuch im Sommer 1931 Schostakowitsch kennengelernt und von diesem eine Partitur seiner Dritten Symphonie geschenkt bekommen, die er am 14. Dezember 1932 in Philadelphia aufführte. Zum Repertoire seines Orchesters gehörten in den Kriegsjahren die *Erste* und die *Fünfte Symphonie*, die von ihm selbst angefertigte Orchesterbearbeitung eines Stücks aus den Präludien für Klavier op. 34, die Passacaglia aus der Oper *Lady Macbeth* und schließlich die *Sechste Symphonie*, deren amerikanische Erstaufführung er im November 1940 geleitet hatte. In Briefen an Toscanini spielte er offenbar auf diese Umstände an, worauf dieser ihm dann antwortete:

»Ihr Brief vom Dienstag hat mich sehr beruhigt, weil ich ihn für das Ergebnis eines vollständigen Mißverständnisses gehalten habe – möglicherweise ist mein dürftiges Englisch der Grund dafür gewesen, und das täte mir leid... Ich weiß nicht, ob Sie darüber im Bilde sind, daß ich in der Saison 1938/39 bei der NBC (= *National Broadcasting Corporation*) darauf verzichtet habe, der erste Dirigent der *Fünften Symphonie* von Schostakowitsch zu sein, und zwar meines mageren Interesses dafür – und ich möchte

---

[9] Zitiert nach Harvey Sachs: *Toscanini. Eine Biographie*, München 1980, S. 383-384.

noch einmal wiederholen, daß ich diesmal nach sorgfältigem Studium der *Siebenten* für dieses besondere Werk die stärksten Sympathien hatte, also drängte ich die NBC, es von mir aufführen zu lassen. Versuchen Sie mich zu verstehen, mein lieber Stokowski, nur wegen der besonderen Bedeutung dieser Symphonie. Glücklicherweise sind Sie viel jünger als ich, und Schostakowitsch wird nicht aufhören, neue Symphonien zu schreiben. Sie werden sicherlich alle Gelegenheiten bekommen, die Sie sich wünschen, um sie aufzuführen. Seien Sie sicher, daß ich Ihnen nie wieder im Wege stehen werde...«[10]

In der Schostakowitsch-Literatur wird oft betont, wie enthusiastisch sich Toscanini über die Partitur der *Siebenten* äußerte und wie sehr er sich bemühte, in das Werk und die Welt ihres Autors einzudringen. Die Generalprobe beendete er mit den Worten: »Jetzt mögen die Interpreten kommen«,[11] womit er nichts weniger als den Anspruch einer maßstabsetzenden Darbietung erhob. Nachdem er die Partitur erhalten hatte, zog er sich mit ihr fünf Tage zurück und gab erst danach seine endgültige Entscheidung bekannt, das Werk aufzuführen (ein Detail, das in der russischsprachigen Literatur fehlt). Einige Tage später konnte er das Werk angeblich auswendig, war sich aber in der Wahl der Tempi nicht sicher (entsprechende Angaben in der Partitur fehlten). So wandte er sich an Schostakowitsch, der ihm Näheres sowie die Gesamtlänge von 75 Minuten mitteilte. Bekannt wurde das Telegramm, das Toscanini daraufhin zurücksandte: »Differenz von einer halben Minute. Gruß. Toscanini«.

Tatsächlich ging Toscanini mit der Partitur recht frei um; und so wurde seine Aufnahme für viele zu einem Musterbeispiel dessen, wie die *Siebente Symphonie* nicht zu spielen sei. Selbst Schostakowitsch äußerte sich ablehnend über die Toscanini-Aufnahme und beklagte die Verfälschung des Werkgedankens. Doch die zeitgenössische amerikanische Kritik hielt sich zurück. Die auch in Amerika gewünschte Mythologisierung des Werks hatte zur Folge, daß selbst offenkundige Widersprüche und Unstimmigkeiten als unwesentlich abgetan wurden. Wo immer man die Symphonie in den USA spielte, war der Erfolg vorherbestimmt, denn kaum anders als in der Sowjetunion gab es eine massenme-

10 Ebd., S. 384.
11 Zitiert nach Chentowa, op. cit. (Anm. 5), Bd. 2, S. 92.

dial gesteuerte »Vorbereitung« auf die Wahrnehmung des Werks, die lange, bevor es irgendwo real erklang, ihre Früchte trug. So gerieten die Aufführungen in der Regel zu einem politischen Bekenntnis; und fast immer wurden ihnen einleitende Worte vorangestellt, die dazu aufriefen, eine zweite Front gegen Nazi-Deutschland zu eröffnen. Nachfolgend einige Zitate aus zeitgenössischen Rezensionen, die für die Rezeption in den USA charakteristisch sind: »Die Symphonie gibt uns mentale Kraft und die Hoffnung, daß eine neue Welt entsteht. Sie verdient unsere Dankbarkeit in Form unverzüglicher Hilfe an unseren großen Verbündeten. Möge die zweite Front all das zum Leben und zur Blüte bringen, was wir in dieser Musik hören...« (*Daily Worker*). »Was für ein Land, dessen Künstler unter den harten Bedingungen dieser Tage in der Lage sind, ein Werk von solcher Schönheit und von solch hoher Gesinnung zu schaffen...« (*Post Meridian*). »Noch nie hat ein Werk, aus welchem Land und welcher Epoche auch immer, einen solchen Eindruck hinterlassen wie diese Symphonie. Denn noch nie wurde ein Werk mit so hohen Zielen und unter solch exzeptionellen Umständen geschaffen...« (*Musica*).[12]

Doch es gab auch Stimmen, die das Werk aus »rein« musikalischer Sicht beurteilten und die Qualität einer so offen politisierten bzw. ideologisierten Komposition in Zweifel zogen. Derlei Stimmen gingen jedoch in einer Welle allgemeiner Apologetik unter. Dabei waren die vorgebrachten Einwände berechtigt; und es verwundert kaum, daß sie im folgenden immer wieder anklingen sollten – jüngst etwa in einem Aufsatz von Richard Taruskin, in dem dieser, nicht frei von polemischer Zuspitzung, die *Siebente Symphonie* wie folgt charakterisiert: »Es ist ein plump programmatisches Werk, aufgeblasen und anachronistisch, übervoll an klangmalerischer Kriegsmusik in zyklisch-thematischer Dramaturgie, ein Werk, das einem vorkommt wie ein fellbedecktes Mammut aus dem ewigen sowjetischen Frostboden. Seine Rhetorik ist unanständig bombastisch: mit einer echten *banda* in den Ecksätzen, einer theatralischen Bach-Travestie im verschleppten Adagio-Satz (Passions-Choräle, massierter Geigenklang, monologisierende Chaconne). Sein Weg zur grandiosen Apotheose reproduziert unkritisch das Napoleon-Szenarium Beethovens. Die

---

12 Zitate (aus dem Russischen rückübersetzt) nach Schnejerson, op. cit. (Anm. 8), S. 234-238.

Mittel, die zur Wiedergabe der Idee eingesetzt werden, beleidigen in ihrer Grobheit jeden feineren Geschmack, ebenso wie die Okkupanten hörbar die russische Erde in einem betäubenden Marsch verwüsten, einem Marsch, der schamlos das Muster von Ravels Bolero kopiert (bis hin zum plötzlichen *ostinato* der Trommel). All das steht unter dem ›Banner‹ vulgären Geschmacks. Mehr noch, die hier vorliegende Absenkung musikalischer Werte vollzieht sich im Namen eben der heiligen humanitären Ziele, die sich schreierisch in den Überschriften der Alltagspresse finden.«[13]

Seinerzeit jedoch stand einer positiv-voreingenommenen Rezeption der Symphonie im Westen, speziell in den USA, nichts im Wege. Man kann heute nur darüber staunen, wie leicht die aus der Sowjetunion stammenden Deutungsmuster im Westen übernommen und in welchem Ausmaß sie wirksam wurden. Auch die Verbreitung der Symphonie verdient der Erwähnung. Allein in der ersten Konzertsaison 1942/43 wurde das Werk 62mal in den USA gespielt; hinzu kamen zahlreiche Radioübertragungen, die im ganzen Land zu empfangen waren. Die russischen Emigranten, unter ihnen zahlreiche Musiker, waren von dieser Entwicklung alles andere als begeistert. Als Sergej Rachmaninow von einem Journalisten aufgesucht wurde, der einen Aufsatz über ihn schreiben wollte, beschied ihm der Komponist resigniert: »Why write it? All of us Russian composers are forgotten: there is only one – Shostakovich.«[14]

Es ist bemerkenswert, daß gerade ein Stück »reiner Musik«, d. h. kein wortgebundenes Werk (wie etwa Oper, Kantate und Lied – den hofierten Genres der Doktrin des sozialistischen Realismus), eine solche Bedeutung für die Sowjetunion erlangte. Dabei fanden Intention und Erwartung zu einer tendenziellen Deckung: Die Sowjetmacht transportierte ihre Ideologie in einem Werk »hoher symphonischer Musik«, das die großen Dirigenten (Amerikas und der Welt) bereitwillig spielten, da ihnen a priori Aufmerksamkeit und Erfolg garantiert war. Die Hörer schließlich wurden von der Musik einem Appell gleich aufgerüttelt und gaben durch ihr Interesse an dem Werk ihrem antifaschistischen

---

13 Richard Taruskin: *Faksimil'noe izdanie Sed'moj* [Die Faksimile-Ausgabe der Siebenten Symphonie], in: *Muzykal'naja akademija* Nr. 4, 1997, S. 133.
14 Victor Seroff: *Sergei Prokofiev. A Soviet Tragedy*, London 1969, S. 275.

Protest Ausdruck. Einspruch gegen den Krieg hatte diese Musik inspiriert; dies teilte sich den Hörern mit, weckte Emotionen gegen Faschismus und Krieg. Es lag in der Natur der Sache, daß sich, je breiter die Musik wirkte, ihre ursprüngliche Botschaft verflüchtigte, träge wurde wie ein erlahmendes Schwungrad. Andererseits verfehlte der Ton des humanistischen Impetus die Hörer nicht. Alle »verstanden« und »begrüßten« die Symphonie in einer wenn auch nur unverbindlichen Weise. Ihre musikalische Qualität – d. h. Aspekte von Stil, Sprache, Form u. a. – war dabei nebensächlich; und kam es doch einmal zu Fragen, begnügte man sich mit formelhaften Feststellungen: der Stil sei »erhaben und heroisch-pathetisch«, die Sprache »zugänglich und menschlich«, die Form »sinnfällig-plakativ« usw.

Schöpferische Antwort

Wir wissen nicht, wie Schostakowitsch auf all das regierte, was mit seiner *Siebenten Symphonie* angestellt wurde: gleichgültig oder bewegt – und wenn, in welcher Weise? Wie in vielen anderen (nicht nur krisenhaften) Situationen hielt sich Schostakowitsch bedeckt und gab, wenn man so will, eine »schöpferische Antwort« mit seiner nachfolgenden *Achten Symphonie*, die er im August 1943 abschloß. Es ist ein umfangreiches fünfsätziges Werk von über einer Stunde Dauer. War die *Siebente Symphonie* nach außen gewandt, für die Öffentlichkeit und mit dem Ziel von Massenwirksamkeit konzipiert worden, rückte die *Achte* das Katastrophische, die Tragik und das Leiden des Kriegs in den Mittelpunkt. Die sowjetischen Kulturfunktionäre hatten eine Fortführung der *Siebenten* erwartet und wurden darin enttäuscht; dieses Werk widersetzte sich analoger Ideologisierung und »Vermarktung« im Westen. Natürlich ließ die amerikanische Kulturindustrie nichts unversucht, mit dem neuen Werk an den Erfolg der *Siebenten* anzuknüpfen; rasch war der Beiname »Stalingrader Symphonie« gefunden, der sich aber in Ermangelung programmatischer Äußerungen oder Erläuterungen durch den Komponisten nicht durchsetzte. Statt Heroik strahlte die *Achte* Pessimismus aus; vor allem das Finale widersprach den Erwartungen: Statt der siegreichen Apotheose erklang eine durchsichtig-leichte Pastorale.

Doch die sowjetische Kritik hielt sich zurück; erst unter dem Vorzeichen der Kulturpolitik von 1948 (»Kampf gegen den Formalismus«) setzte man zur Abrechnung an. Nachstehend Auszüge aus Marian Kowals Pamphlet *Der Schaffensweg des Dmitrij Schostakowitsch* (1948), das die offizielle Kritik an der *Achten Symphonie* – die ähnlich bereits 1943 bestanden haben dürfte – polemisch bündelt:

»Die Partitur des ersten Satzes ist übersät mit zahlreichen technischen Spielarten zur musikalischen Umsetzung von Leidens- und Horrorvisionen. Von all diesen Kunstgriffen ließe sich eine umfangreiche Liste zusammenstellen: Stöhngeräusche im ganzen Orchester, Schmerzens- und Angstschreie in den Streichern... Der Eindruck dieser Musik erzeugt eine physiologische Wirkung, bei der man so schnell wie möglich dem Konzertsaal zu entfliehen trachtet: Man will an die Luft, ans Licht, man dürstet nach einem starken, zornerfüllten und siegreichen Lied! Statt dessen besinnt sich Schostakowitsch im zweiten Satz wieder auf die von ihm so geschätzte Methode der Groteske und der ›Zerrspiegel‹...: aufdringliche Ungereimtheiten und ausgefallene Grimassen, gekleidet in die Form eines Marsches... Der dritte Satz ist eine Art ›Perpetuum mobile‹:... In diese stetig anwachsende, jedoch völlig emotionslose automatische Bewegung brechen nun Rufe der Verzweiflung und des Schreckens ein... Die Musik des vierten Satzes ist kalt und unbestimmt. Es ist, als wolle der Komponist vor einer herannahenden schrecklichen Zerstörungskraft in die Welt der Träume ausweichen. Allerdings sind das keine Freudenträume,... eher schon denkt man an einen kalten und leeren Blick bei der Betrachtung des funkelnden Sternenhimmels, der den Eindruck schwermütiger Hoffnungslosigkeit hinterläßt... Ungeduldig erwartet der Hörer nun das Finale dieser seltsamen musikalischen Erzählung, nachdem seine gespannte Aufmerksamkeit so oft enttäuscht worden ist. Statt dessen beginnt jetzt noch eine weitere, und zwar die endgültige Desillusionierung: ein trocken formalistisches Thema in der Art irgendwelcher Exerzitien, ein leeres Spiel mit Tönen... Wofür, so fragt man sich, waren all die Leiden und Opfer? Doch nicht etwa dafür, daß sich der Komponist, abgewandt vom Leben und von den Hoffnungen des Volkes, in seinem extremen Individualismus bestätigt und sich mit formalen Spielereien beschäftigt? Den sensiblen sowjetischen Hörern war das Heuchlerische im Gehalt der *Achten*

Symphonie nicht entgangen. Sie konnten diese Symphonie nicht akzeptieren.«[15]

»Sieges-Symphonie« und Modell

Offenkundig war Schostakowitsch durchaus bereit, eine triumphale Sieges-Symphonie zu schreiben. Zweimal setzte er im Winter 1944/45 zu einem solchen Werk an, gab aber beide Versuche wieder auf.[16] Angeblich plante er die *Neunte Symphonie* zunächst für Solisten, Chor und Orchester, fand aber keinen geeigneten Text.[17] Eine *Neunte* würde Vergleiche mit Beethovens *Neunter* herausfordern – dessen war sich auch Schostakowitsch bewußt, und das war möglicherweise einer der Gründe, weshalb er sich in eine vollkommen andere, gänzlich unerwartete Konzeption des Werks »flüchtete«. Anläßlich des Sieges über Nazideutschland wünschte man einen pompösen Jubel-Hymnus, doch Schostakowitsch lieferte eine Kammersymphonie ab, leicht, klassizistisch (im Geiste Haydns und Mozarts), mit spielerisch-ironischen Elementen – eine Musik wie ein erleichtertes Aufatmen nach Jahren der Anspannung, der Entbehrungen und der Ungewißheit.

Wie immer man das Werk deuten mag, es verletzte die Stereotypen des »großen« sowjetischen symphonischen Stils. Stummes Erstaunen war die erste Reaktion; zu einer Abrechnung kam es wiederum erst, wie bei der *Achten*, im Zuge der Antiformalismus-Kampagne von 1948. Hier Auszüge aus Marian Kowals *Der Schaffensweg des Dmitrij Schostakowitsch* (1948) zur *Neunten Symphonie*:

»Sogar im Ausland ging man bereits davon aus, daß die *Neunte* von Schostakowitsch eine Symphonie über das siegreiche Sowjetvolk sein würde... Was aber bekamen die Hörer der ganzen Welt... von Schostakowitsch statt dessen zu hören? Sie hörten

---

15 Marian Kowal [Koval']: *Tvorčeskij put' D. Šostakoviča* [Der Schaffensweg des Dmitrij Schostakowitsch], in: *Sovetskaja muzyka*, Nr. 2-4, 1948. Zitiert nach der Übersetzung in *»Volksfeind Dmitrij Schostakowitsch«. Eine Dokumentation der öffentlichen Angriffe gegen den Komponisten in der ehemaligen Sowjetunion*, hg. von E. Kuhn, Berlin 1997, S. 184-185.
16 Vgl. hierzu G. Orlow [Orlov]: *Simfonii D. Šostakoviča* [Die Symphonien Dmitrij Schostakowitschs], Leningrad 1961, S. 221.
17 Vgl. D. Shitomirski: *Blindheit als Schutz vor der Wahrheit*, Berlin 1996, S. 272.

das Thema einer Haydn-Symphonie, dessen Gestalt von der meisterlichen Hand Schostakowitschs sehr bald verunstaltet wurde. Der Formalismus feierte in ›neoklassizistischem‹ Gewand fröhliche Urständ. Anschließend zeichnete Schostakowitsch mit unverhohlener Sympathie das Bild eines fröhlichen Yankee, der unbedarft ein heiteres Motiv vor sich her pfeift... Der alte Haydn und ein waschechter Sergeant der US-Army, wenig überzeugend auf Charlie Chaplin getrimmt, jagten im Galopp mit allen Gebärden und Grimassen durch den ersten Satz dieser Symphonie. Im zweiten Satz, wie schon so oft im Schaffen Schostakowitschs, wird der Hörer paradoxerweise in das Gebiet diffuser astraler Träume entführt... Im dritten Satz wird dem Hörer zugemutet, eine auf modern getrimmte ›Neo‹-Sonatine im Stil der Komponisten des 17. und 18. Jahrhunderts über sich ergehen zu lassen. Der vierte Satz (Largo) frappiert den Hörer durch den urplötzlichen Tiefsinn der Fagott-Stimme, was den Komponisten jedoch nicht daran hindert, ebenso unerwartet dieses Fagott-Thema zu ›modifizieren‹ und wieder in die von ihm so geliebte seelenlose Groteske umschlagen zu lassen. Die rasende Hetzjagd der Galopp-Polka im fünften Satz der Symphonie (eine Art Lachgas in der Musik!) läßt das ohnehin schon irre gemachte Musikempfinden völlig schwindlig werden. Doch nun war es geschafft, das ›symphonische Scherzo‹ vorüber... Noch beim Auseinandergehen fühlten sich die Besucher des Konzerts peinlich berührt, als hätten sie sich zu schämen für diesen von Schostakowitsch fabrizierten und in aller Öffentlichkeit vorgeführten musikalischen Bubenstreich...«[18]

Die *Neunte Symphonie* begegnet der Nachwelt mit einem Sphinx-Lächeln. Nach dem Zerfall der UdSSR gab es allerlei Versuche, Schostakowitschs Musik in direktem Gegensatz zur sowjetischen Ideologie zu deuten; überall begann man nach geheimen Botschaften zu suchen, einer »äsopischen« Sprache, die nur Eingeweihten verständlich war und Schostakowitsch in die Nähe verborgener »Dissidenz« rückte. Für die Deutung der *Neunten Symphonie* waren solche Versuche jedoch nicht sonderlich ergiebig. Einspruch äußert das Werk wohl nur in einem allgemeinen Sinne: indem es wissentlich und vorsätzlich die Stereotypen des »großen« symphonischen Stils zerstört – Stereotypen, auf die

---

18 Kowal, op. cit. (Anm. 15), S. 187-188.

Schostakowitsch nicht allein und vor allem nicht in der Situation des »Sieges« verpflichtet werden wollte. Das dürfte ihm um so wichtiger gewesen sein, als nicht wenige sowjetische Komponisten damals »Kriegssymphonien« schrieben, in denen sie die »jüngsten Ereignisse reflektierten« und sich dabei stilistisch, sprachlich und formal bewußt oder unbewußt an seine *Siebente Symphonie* anlehnten.

Mehr noch: Die Dramaturgie der *Siebenten* – die Exposition der Kräfte des Guten und des Bösen, ihr Aufeinanderprallen, ein kontrastierendes lyrisches Abschweifen, die Trauer um die gefallenen Helden und ein optimistisch-lebensbejahendes Finale – avancierte in der sowjetischen Nachkriegs-Symphonik zum bevorzugten Modell nicht nur der russischen, sondern auch der Komponisten der »Bruderrepubliken« (z. B. des Kaukasus und Mittelasiens). Dieses Modell läßt sich bis in die Mitte der 1980er Jahre verfolgen, in zunehmender Degradierung zum bloßen Klischee. Vergessen wir nicht: Im Kontext der Ideologie des sozialistischen Realismus war die »reine Musik« mit ihren sich selbst genügenden Formen – der Kammer- und der symphonischen Musik – fragwürdig, wenn nicht sogar dem Verdacht des Formalismus ausgesetzt. Wortgebundenheit hingegen garantierte eine definierbare Substanz des musikalischen Werks: ein (vermeintlich) direktes Verstehen, aber auch die Kontrolle über »Inhalte«.

Die Kanonisierung der *Siebenten Symphonie* als »Meisterwerk« sowjetischer Tonkunst brachte es mit sich, daß ihre Dramaturgie bzw. semantische Struktur problemlos als Modell übernommen wurde. Indem man mancherlei »reiner Musik« dieses Modell angedeihen ließ (es ihr unter Umständen auch gewaltsam überstülpte), demonstrierte man »politisch korrekte« Gesinnung bzw. gab sich patriotisch – eine Strategie nicht zuletzt auch, um lästigen Nachfragen und Kontrollen aus dem Weg zu gehen. Das heißt: Das »Kriegsthema« entfernte sich zunehmend von seinen Ursprüngen, wurde zu einer Art ästhetischem Schutz- und Kontrollmechanismus, diente dem Aufweis bzw. der Überprüfung ideologischen Genügens.

Alle Versuche, die *Siebente Symphonie* von einer eindeutigen Programmatik abzulösen – gleichgültig, ob es um die offizielle oder eine verborgen kritische (vermeintlich »dissidentische«) geht – und sie auf ihre »rein« musikalisch-eigengesetzliche Qualität zu reduzieren, haben sich als zweifelhaft und unbegründet erwiesen. Die *Siebente Symphonie* wird die »Leningrader« bleiben und sich nicht von ihrem historischen Kontext trennen lassen. Vorstellungen, das »Ideologische« der Symphonie werde sich verflüchtigen zugunsten ihrer »rein« musikalischen Substanz, haben sich einstweilen nicht bewahrheitet. Das dürfte nicht zuletzt daran liegen, daß sich in der *Siebenten* mehrere Ebenen, Absichten und Bestrebungen kreuzen. Eben dadurch konnte sie ebenso zum Gegenstand verschiedenster Beanspruchungen wie zum Opfer politischer Instrumentalisierung und naiver Begeisterung werden. Hinter all dem freilich steht ein starker moralischer, humanistischer und staatsbürgerlicher Impuls, der den Ausgang der Komposition bildet. Das verleiht dem Schicksal der *Siebenten* wahrhaft dramatische Züge und macht sie zu einem Ausnahmewerk der Musikgeschichte des 20. Jahrhunderts, das uns bis heute in Unruhe hält und dazu berufen ist, Mahnung und Warnung zu sein.

Hanns-Werner Heister
»Ich sitze und schaue auf alle Plagen der Welt...«

Karl Amadeus Hartmanns Komponieren gegen Faschismus und Krieg

Leitmotiv Frieden

Der I. Satz der *1. Symphonie* von Karl Amadeus Hartmann (1905-1963), der mit der für Hartmanns kompositorische Motivierung wie für weite Bereiche der Weltlage charakteristischen Bezeichnung *Elend* beginnt, in tiefer Lage vom Alt psalmodierend vorgetragen, mit einer ausgreifenden Geste, die Klage und Anklage verbindet: »Ich sitze und schaue auf alle Plagen der Welt [...], ich sehe die Mühsal der Schlacht, Pestilenz, Tyrannei, sehe Märtyrer und Gefangene, ich beobachte die Geringschätzung und Erniedrigung, die die Armen von Hochmütigen zu erleiden haben [...]«[1] Was da vielleicht Kontemplation statt Aktion scheinen mag, war bei Hartmann Ausdruck tiefer Empörung über den Weltlauf – den nach 1933 und auch, wenngleich mindestens für Europa und andere »Metropolen« der Welt verbessert, nach 1945. Denn das Ende des Zweiten Weltkriegs mit der militärischen Niederlage des Faschismus war zugleich der Beginn eines »Kalten Kriegs«, der die Welt bis 1989/90 entscheidend prägte. Die Vernichtung von Hiroshima und Nagasaki durch US-amerikanische Atombomben war ein Fanal dafür. In den letzten Jahren vor seinem Tod (1963) wurde Hartmann gerade dieser Aspekt noch einmal nachhaltig vor Augen geführt: Bei der Wiederbewaffnung der Bundesrepublik durch Gründung der Bundeswehr strebten manche sogar eine atomare Bewaffnung bis hin zu Atombomben als taktischen Gefechtsfeldwaffen und Teil der Artillerie an (derzeit seitens der US-Regierung in Gestalt von erdeindringenden, bunkerbrechenden atomaren Gefechtsköpfen wieder einmal aktuell);

---

1 Begonnen hat Hartmann das Werk als *Symphonisches Fragment* (Walt Whitman) für mittlere Frauenstimme und Orchester 1935/36. Uraufgeführt wurde das Werk als *Symphonisches Fragment [Versuch eines Requiems]* erst 1948 in Frankfurt a. M.; 1950 arbeitete es Hartmann als 1. Symphonie um. Diese – oft mehrfachen – Überarbeitungen von Werken aus der NS-Zeit nach 1945 sind bei ihm die Regel.

Hartmann beteiligte sich, seine kritische Tätigkeit auch außerkompositorisch fortsetzend, an Bewegungen gegen diese Tendenzen; in seinem letzten, nicht ganz fertiggestellten Werk *Gesangsszene* (s. u.) hallt etwas von dieser (nach wie vor aktuellen) apokalyptischen Bedrohung explizit nach. Und ebenso wandte er sich, nun im Unterschied zur Situation vor 1945 öffentlich und ebenfalls explizit, gegen immer wieder aufkommende antisemitische Wellen – so mit der Kollektivkomposition *Jüdische Chronik* (1959/1961).

Ein »Leitmotiv der Hartmannschen Kunst, bei der sich kompositorische und politische Aussage überzeugend verbinden«, war dabei die Idee des Friedens.[2] Frieden ist freilich mehr als die Abwesenheit von offenem Krieg.[3] Auch für Hartmann gehörte zu einem qualitativen, erfüllten Begriff von Frieden die fortschreitende, möglichst weitgehende Verwirklichung von Brüderlichkeit, Gleichheit, Freiheit (eventuell ist diese Reihenfolge in Abwandlung zu der Devise der Französischen Revolution die derzeit wichtigste Rangfolge). Im Verein damit gibt es vor allem zwei schlichte, aber wesentliche Bedingungen für eine demokratische, humane Weltordnung: Niemand soll hungern, und alle sollen ohne Angst leben.[4] In der Vorstellung von einer Gesellschaftsordnung, der das Streben nach solchen Zielen immanent ist, ging Hartmann sogar noch darüber hinaus; sie trug für ihn wie für seinen Mentor, den Dirigenten Hermann Scherchen, mindestens bis Ende der 1940er Jahre, den Namen Sozialismus.

1918/1933. Qualitative künstlerische Moderne gegen nazistische modernisierte Reaktion

Das Gegenteil von alldem war und ist der Faschismus als eine besonders terroristische Form dessen, was immer noch Imperialismus heißen kann. »Und dann kam das Jahr 1933, mit seinem Elend und seiner Hoffnungslosigkeit, mit ihm dasjenige, was sich folgerichtig aus der Idee der Gewaltherrschaft entwickeln mußte,

---

2 Eine glückliche Formulierung von Dieter Senghaas: *Klänge des Friedens. Ein Hörbericht*, Frankfurt a. M. 2001, S. 100f.
3 So der Tenor gegenwärtiger Friedensforschung; vgl. u. a. Dieter Senghaas (Hg.): *Den Frieden denken*, Frankfurt a. M. 1995.
4 Ausführlich dazu der andere Beitrag des Verfassers im vorliegenden Buch.

das furchtbarste aller Verbrechen – der Krieg«[5]. Zu den Merkmalen des Faschismus gehört im Kultur- und Kunstbereich eine Ablehnung jeder qualitativ bestimmten, humanen, kritischen Moderne.[6]

In der Auseinandersetzung damit entwickelte Hartmann seine Musiksprache des Widerstands. Er reagierte seinerseits politisch und nahm eben die hervorstechend modernen Strömungen der 1920er Jahre für sich in Anspruch: »Die Epoche der zwanziger Jahre drückte meinem Leben den Stempel auf. [...] Futurismus, Dada, Jazz und anderes verschmolz ich unbekümmert in einer Reihe von Kompositionen.« So Hartmann rückblickend 1955.[7]

Das bezieht sich auf frühe Werke wie einen fragmentarischen Zyklus von Kurzopern *Das Wachsfigurenkabinett* (1929/30)[8] und auf Klavierwerke wie *Jazz-Toccata und -Fuge* (um 1928), *Sonatine* (1931) und (1.) *Sonate* (1932). In der *Sonatine* von 1931 erscheint dabei bereits ein Kurzmotiv, das als Klage-Chiffre später wie eine Signatur Hartmanns Werk durchzieht. Er verarbeitete hier intensive musikalische Eindrücke besonders in München selbst. Neben allgemeinen Musikerfahrungen war das Studium ab 1924 an der Akademie der Tonkunst in München weniger bedeutsam und wohl vor allem für den Erwerb kompositionstechnischer Fertigkeiten ergiebig. Das Studium bei dem konservativen Joseph Haas brach Hartmann 1929 ab. Wichtig für die Avantgarde-Aneignung wurde die Zusammenarbeit mit der Künstlergruppe *Die Juryfreien*, für die er Konzertveranstaltungen mit moderner Musik organisierte.

Politisch stand Hartmann der Linken nahe, ohne sich organisatorisch zu binden. Seine Grundhaltung läßt sich als linksbürgerlicher, sozialistisch getönter Humanismus fassen. Mit seinem

---

[5] Karl Amadeus Hartmann: *Autobiographische Skizze* (1955), in ders.: *Kleine Schriften*, hg. von Ernst Thomas, Mainz 1965, S. 12.

[6] Ausführlich zur Ambivalenz der Moderne selbst wie ihrer Stellung in und zum Faschismus Hanns-Werner Heister (Hg.): *»Entartete Musik« 1938 – Weimar und die Ambivalenz*, Saarbrücken 2001.

[7] Karl Amadeus Hartmann: *Kleine Schriften*, op. cit. (Anm. 5), S. 12.

[8] Text von Erich Bormann; 5 kleine Opern (UA des vervollständigten Gesamtwerks 28. Mai 1988 München); Fragment: 1. *Leben und Sterben des heiligen Teufels* (Rasputin); 2. *Der Mann, der vom Tode auferstand* (nach den Skizzen vervollständigt von G. Bialas und H. W. Henze); 3. *Chaplin-Ford-Trott* (nach den Skizzen vervollständigt von Wilfried Hiller); 4. *Fürwahr* (vervollständigt von H. W. Henze); 5. *Die Witwe von Ephesus* (UA 1930 München).

Engagement gegen Unterdrückung der Menschen wie Bedrohung der Menschenwürde, für eine umfassende Befreiung geht Hartmann über nur technische Avantgarde und modische Moderne hinaus.

Durchgängig wird Hartmanns Intention spürbar, verständlich zu schreiben: »jede Note soll durchgefühlt und jede Zweiunddreißigstel-Pause aufmerksam durchgeatmet sein«[9]. Nachhaltig geltend macht sich in dieser Musik ein impulsiver, auf Mitteilung drängender Charakter. Dabei verschaffen sich extreme Spannungen zwischen Depressivität und Aktivität, Niedergeschlagenheit und Aufbegehren Ausdruck, musikalisch etwa als »Neigung zum weitgespannten Lyrismus, zur äußersten Zartheit« einerseits, andererseits als »der vitale Ausbruch, die motorische Kraft, der Mut zum Exzeß«[10]. In der Auseinandersetzung mit dem Faschismus wurde ihm sein Komponieren zu »Bekenntnis« und »Gegenaktion«. Das Œuvre wirkt als Flaschenpost; wie Schweigen, so fungiert auch musikalische Sprache als Widerstand: »Man kann sagen, daß die niederschrift seiner opera (...) etwas von subversiven handlungen hatte, wie das verfassen von flugblättern oder das abhalten unerlaubter versammlungen«[11]. Auf Aufführungen in Deutschland selbst hatte Hartmann seit der Übergabe der Macht an die Nazis verzichtet – was ihm nicht allzu schwer gefallen sein dürfte, da seine Werke ihres Gehalts und Tons und seiner Haltung wegen sowieso keine Aufführungschancen gehabt hätten. Im übrigen verschafften ihm selbst die Auslandsaufführungen, wo er als Vertreter des »anderen Deutschland« erschien, »Belästigungen«.[12]

Die Machtübergabe an die Nazis brachte zwar für Hartmann einen Bruch in seinem Entwicklungsgang als Karriere, aber den Durchbruch in seiner Entwicklung als Komponist. Denn gerade mit dem Faschismus hatte er den großen Gegenstand und das bedeutende Thema, und mit Antifaschismus und Widerstand als

---

9 Hartmann, op. cit. (Anm. 5), S. 16.
10 Heinz von Cramer: *Hartmann und das Musiktheater*, in: *Karl Amadeus Hartmann und die Musica Viva. Essays. Bisher unveröffentlichte Briefe an Hartmann. Katalog*, München/Mainz 1980 (= Bayerische Staatsbibliothek. *Ausstellungs-Kataloge*. 21), S. 79.
11 H. W. Henze, *Laudatio*, in: *Karl Amadeus Hartmann und die Musica Viva*, op. cit. (Anm. 10), S. 14.
12 Andrew D. McCredie: *Karl Amadeus Hartmann. Sein Leben und Werk*, Wilhelmshaven 1980 (= Taschenbücher zur Musikwissenschaft 74), S. 39f.

wesentlichem Ziel das Integral seiner Produktion gefunden, die erst seine Potenzen voll freisetzten. Daher war ihm denn auch der Zugang zur großen Gattung und Form, die Entfaltung von Komponieren als »Bekenntnis« und »Gegenaktion« ermöglicht.

Wie ein Fanal wirkt die symphonische Dichtung *Miserae* (1934), ein Werk, das Hartmann bis in die 1950er Jahre sogar als 1. Symphonie zählte.[13] Es vermittelt die Charaktere von Trauer und Empörung und zeigt Hartmanns Streben nach musiksprachlicher Deutlichkeit durch Verwendung prägnanter musikalischer Zeichen wie Elemente jüdischer Melodik oder fast mahlerisch gebrochener Militärmusik. Auch ohne explizites Programm weist die Widmung von *Miserae* auf die historisch-gesellschaftlichen Zusammenhänge des Werks hin: »*Meinen Freunden, die hundertfach sterben mußten, die für die Ewigkeit schlafen – wir vergessen Euch nicht. (Dachau, 1933-1934)*«.

Im Ausdrucksbereich von *Miserae* bewegt sich bereits das *1. Streichquartett* (1933), das erste 1933 entstandene Werk. Hartmann entwickelt hier drei Grundtypen auf »Jüdisches« im weiteren oder engeren Sinn bezogener Motivik, die er dann zu Grundmaterial seiner Musiksprache macht. Ein Thementypus steht im Adagio-Tempo mit Umkippen ins Flageolett und wird stets in der hier konkret geprägten Gestalt dann variativ auch in späteren Werken verwendet. Ein weiterer Typus gleicher Herkunft erscheint noch häufiger in Hartmanns Werk – fast ubiquitär als Themenkopf; hier der durch die rhythmische Gestalt Vorhalt- und Vorschlagwirkung vereinende absteigende Halbtonschritt der »Kadenzierung«. Beide Typen sind Zitate nicht von Melodien bzw. diastematischen oder rhythmischen Modellen, sondern von Gestus, Ton und zumal Vortragsweise mit der charakteristischen kleinschrittigen Ornamentik und Melismatik, mit Schluchzern bzw. Vorschlägen und dem Umschlag ins Falsett, das feierlichen, auf besonders intensive Katharsis zielenden Passagen vorbehalten ist (seine Mimesis ist hier das Flageolett).

Ein explizites Zitat jüdischer Musik gleich im Kopfsatz des *1. Streichquartetts* ist das jüdische Lied *Elijahu ha-navi* (Elias, der Prophet). Es wird zugleich eine wesentliche thematisch-motivi-

---

[13] Umfassend zur Symphonik überhaupt Andreas Jaschinski: *Karl Amadeus Hartmann – Symphonische Tradition und ihre Auflösung*, München und Salzburg 1982 (= Musikwissenschaftliche Schriften Bd. 19).

sche Substanz, die auch die Sätze miteinander verklammert. Vor dem Hintergrund einer Zeitsituation, in der selbst Händels Oratorien mit alttestamentarischen Stoffen wie der *Judas Makkabäus* neutextiert werden mußten, zog es Hartmann vor, den messianischen Liedtext im Instrumentalen aufhebend zu verschweigen: »Elias der Prophet /... Bald wird er uns nahen, / Mit Messias, / Davids Sohn«.

1933, 1618–48, 1525. Die Nazizeit als Tiefpunkt deutscher Geschichte

1934/35, noch in einer Zeit, in der das Regime nicht von langer Dauer scheinen mochte, entstand nach Grimmelshausens großem Roman aus dem 30jährigen Krieg die Kammeroper *Des Simplicius Simplicissimus Jugend. Bilder einer Entwicklung aus dem deutschen Schicksal nach H. J. Chr. Grimmelshausen* (Idee und Szenarium Hermann Scherchen) (1934/35).[14] Bedeutsam und sprechend genug ist es, daß Hartmann hier seine unmittelbare Gegenwart mit der Zeit des 30jährigen Kriegs gleichsetzt, unzweifelhaft ein Tiefpunkt der deutschen Geschichte. Mit dem Volksaufstand am Ende des Werks (für den es bei Grimmelshausen kein Vorbild gibt), – Verschränkung des deutschen Bauernkriegs von 1525 mit dem 30jährigen Krieg – werden im *Simplicissimus* Gegenkräfte und Alternativen auf der stofflichen Ebene dargestellt.

Diese Artikulation von Alternativen vollzieht Hartmann aber auch in Material und Sprache selber: Einschlägige traditionsreiche Gattungen sind einmal das »deutsche« Volkslied – aber das progressive, rebellische vor allem – und zum andern der (protestantische oder Luther-) Choral. Hartmann verwendet ihn als Ton und Tonsatztypus, im Finale des *Concerto funebre* von 1939/40 sogar als Tarnkappe eines revolutionären Lieds. Als Zitat, nämlich des

---

14 Auch hier die späte Uraufführung (UA) und Umarbeitungen: UA der Fassung von 1934/35 konzertant 2. April 1948 München, szenisch 20. Okt. 1949 Köln; Neufassung 1956 als *Simplicius Simplicissimus. Drei Szenen aus seiner Jugend* (H. Scherchen, Wolfgang Petzet, K. A. Hartmann), (UA 9. Juli 1957 Mannheim). – Vgl. Rüdiger Behschnitt: *»Die Zeiten sein so wunderlich...«. Karl Amadeus Hartmanns Oper Simplicius Simplicissimus*, Hamburg 1998 (= Zwischen/Töne Bd. 8).

Bach-Chorals *Nun ruhen alle Wälder* im *Simplicissimus*, ist der Choral ausdrücklich einer friedlichen Gegenwelt zugeordnet.

Im Zusammenhang religiöser Stofflichkeit zitiert Hartmann das bereits im *1. Streichquartett* verwendete Lied *Elijahu ha-navi* als Unisono-Vokalise eines Chors da lontano, als wortlosen Gesang eines Fernchors mit der szenisch-realen wie symbolischen Anweisung »von weitem«. Es fungiert dramaturgisch als einstimmiger und damit schon quasi-liturgischer Klagegesang bei der Grablegung des Einsiedels (II. Teil, T. 433 ff.) mit nun deutlich trauermarschartiger Diktion. Die Wortlosigkeit des Chors hat neben dem Motiv der Tarnung wohl noch ein weiteres: den Bezug nämlich auf die Nigunim, die textlosen Gesänge der Chassidim.

Beschwört so Hartmann zunächst pastoral-idyllisch konnotierte Gegenwelten des Friedens, so demontiert er, Grimmelshausen folgend, in der Gleichsetzung von zwei Tiefpunkten der deutschen Geschichte gründlich jede Militär- und Landsknechtromantik (welche die Faschisten ja pflegten). Im I. Teil der Oper tritt ein Landsknecht, wie der fliegende Holländer, gewissermaßen aus dem im Ton Alban Bergs skizzierten Traum-Bild heraus und leibhaftig auf die Szene und bricht so in die pastorale (und bornierte) Idylle des Simplex herein. Nur zum Schein kommt seine Melodie brav und traditionalistisch in historisierender Diatonik daher. Die »quadratische«, simple Periodik ist negativ gemeint und schon mit Unregelmäßigkeiten versetzt. Dies sowie die ostinat-schrille Begleitung, hauptsächlich die einschlägigen »Trommeln und Pfeifen«, dementieren den frischfröhlichen Gestus. In dieser Passage einer tendenziell »häßlichen« kritischen Musik ähnelt bei aller Distanz Hartmann mit kleinen Anschärfungen und unerwarteten, leicht archaisierenden Endungen die Musik seinem eigenen Idiom doch auch wieder an.

Der »*Simplicissimus*«-Oper von Gegenstand, Stoff- und Textwahl her besonders nahe steht die Kantate *Friede Anno 48* für Sopran, gemischten Chor und Klavier. Komponiert hat sie Hartmann von September bis Dezember 1936 in Winterthur (wo er bei dem Dirigenten Hermann Scherchen studierte) und in München. Uraufgeführt wurde die Kantate erst gut dreißig Jahre nach ihrer Entstehung und fünf Jahre nach Hartmanns Tod: 1968 vom Kölner Rundfunkchor zu dessen 20jährigem Bestehen.

In *Friede Anno 48* wählte Hartmann wieder, wie mit seinem

Simplicissimus Grimmelshausen, mit »Barock« und Andreas Gryphius einen der beschlagnahmten Dichter einer als besonders »deutsch« geltenden Epoche. (Gryphius stammt im übrigen aus Schlesien, war also »Grenzlanddeutscher«.) Dazu passen und stimmen die strengen Formen und kontrapunktischen Verfahren im Tonsatz – Madrigalismen und rhetorische Figuren, Imitation und Inversion, Kanon, Augmentationskanon, Doppelfuge u. ä.

Hartmann setzt hier auch konkret im Wechselspiel von Text und Kontext einmal mehr die finstere Jetztzeit mit einer besonderen historischen Leidenszeit in Deutschland in Parallele. »Wir sind ja nunmehr gantz, ja mehr denn gantz verheeret« – so beginnt das Gedicht *Threnen des Vaterlandes Anno 1636*, der I. Satz der Kantate. Es feierte ausgerechnet im Olympiade-Jahr 1936, als das »Dritte Reich« vor allem außenpolitisch auf der Höhe des Erfolgs samt breiter übernationaler Anerkennung zumal bei den jeweils tonangebenden Schichten stand, geradezu ein 300jähriges »Jubiläum«. (Hartmann verwendete das Gedicht bereits in seinem *Simplicissimus*: Dort wird es auf die Musik des I. Zwischenspiels als tröstend-kritischer Kommentar zu den historisch-aktuellen Verheerungen gesprochen.) Hartmann stellt noch die im Jahr 1936 besonders geschärfte und gegen die herrschende Meinung im Olympia-Jahr gerichtete Gedichtzeile voraus: »Welt, rühme was du willst, ich muß die Trübsal preisen.« In der Kantate verzichtet Hartmann aber (schon) darauf, auf den Bauernkrieg von 1525 zurückzugreifen.

Die aktuellen politischen Bezüge werden durch autobiographische ergänzt. 1934 hatte Hartmann Elisabeth Reussmann geheiratet; 1935 war seine Mutter gestorben, und sein Sohn Richard ist im selben Jahr geboren. Der III. Satz, eine Ode mit dem Lob der Liebe, der IV. Satz »An die Mutter« und der V. Satz »Kind, dreimal süßes Kind« nehmen darauf Bezug. Das Kind in der Krippe, das Gryphius meinte, war das Jesuskind. Hartmann säkularisiert die Weihnachtsbotschaft und konfrontiert ihre Friedenshoffnung in harten Schnitten mit der kriegerischen Realität. Zu dem Stichwort »Engelscharen« erklingt eine melodische Wendung, die – wie auch die folgenden Melodien für »Hirten« und »Flöten« – in den Umkreis der bei Hartmann häufigen jüdisch-orientalischen Musik-Elemente gehören. Auch sonst erscheinen oft bildhafte, tonmalerische Formulierungen und rhetorische Figuren wie die Kreuz-Figur. Dazu kommen die strengen Formen und traditionellen kontrapunktischen Verfahren wie Imitation, Kanon, Doppelfuge.

Ein deutliches Beispiel für die »Umfunktionierung« von musikalischen Elementen der von den Nazis okkupierten Traditionen ist Hartmanns Umgang mit dem Choral Johann Crügers *Nun danket alle Gott* (1648) im VI. Satz. Als »Choral von Leuthen« war er schon ein Bestandteil der traditionellen Preußen-Legende, aktiviert durch die »Fridericus«-Filme von Hugenbergs deutschnationaler UFA bereits vor 1933. (Nach dem Sieg des preußischen Heers über das zahlenmäßig stärkere österreichische in der Schlacht bei Leuthen sollen die Soldaten samt Führer Friedrich II. spontan diesen Dankchoral angestimmt haben.) In der Kantate »parodiert« bzw. kontrafaziert Hartmann die Melodie, d. h. er versieht sie mit einem neuen Text – dem von Gryphius. Er setzt so nicht nur das Elend des 30jährigen Kriegs in Parallele zur Gegenwart, sondern läßt auch mitten im Faschismus mit den Worten »indem der süße Fried / ins Vaterland einkehret« eine Alternative zu dessen Kriegsverherrlichung und Kriegsvorbereitung anklingen.

Hartmann ergänzt im Sinne seines »Leitmotivs« Friede am Schluß für den IX. Satz drei eigene Zeilen und komponiert sie, ebenso einfach wie ergreifend, als eine nach wie vor aktuelle, dringlich appellierende Bitte um Frieden:

> »Friede den Menschen,
> Friede den Toten,
> Friede den Lebenden,
> Friede.«

Hartmann übersetzt und paraphrasiert damit das ebenfalls abschließende »Dona nobis pacem« des *Agnus Dei* des Meßordinariums. Dabei fächert er das »nobis« (uns) auf und konkretisiert es, zunächst durch Zurücknahme der Pronominalisierung als »Menschen«, dann durch deren Gliederung in »Tote« und »Lebende«. Die bedeutsame Feinheit, daß die »Lebenden« das schließende Glied bilden, läßt sich wohl als Vorrang der säkular-politischen Dimension vor der religiösen interpretieren.

Im Vergleich zum *Simplicissimus* ist allerdings die Hoffnung vom Politischen vollends ins Religiöse zurückgenommen. War dieses in der Kammeroper in Form der Einsiedelei nur transitorische Zuflucht der »Gesittung«, die Simplicius im Prozeß seiner

Entwicklung notwendig wieder verlassen mußte, um in die weite Welt hineinzugehen, so wird in der Kantate die praktische Weltveränderung – für die in der Kammeroper der Bezug auf den Bauernkrieg steht – ausgeblendet. Das entspricht der im Nazismus bis etwa zum Wendepunkt der Schlacht von Stalingrad Jahr für Jahr sich verfinsternden Perspektive auf ein Ende des Elends. Hartmann hat jedoch – und das ist eine Pointe auch innerhalb der religiös artikulierten Hoffnung – mit dem Titel *Friede Anno 48* und überhaupt mit Stoff und Text der Kantate, zentral mit dem umfunktionierten und umtextierten Choral »Nun danket alle Gott«, mitten im Faschismus bereits dessen Ende imaginär-real vorweggenommen: eben nicht 1618, sondern 1648 als Ende des 30jährigen Kriegs.[15]

1938/1939. Trauermusik gegen Kriegsjubel

Der Beginn des Zweiten Weltkriegs, den der Überfall auf Polen eröffnete, stimulierte Hartmanns Produktivität, da er hierin den Anfang vom Ende des Faschismus sah. Er überwand auch die bei ihm mit der Verfestigung nazistischer Herrschaft entstandenen krisenhaften, fast resignativen Tendenzen, die er 1962, ein Jahr vor seinem Tod, rückblickend so beschrieb: »Zum Stillstand des Schaffens kam die Angst vor dem Kommenden, das Unvorstellbare, die Herrschaft des Ungeistes war wirklich geworden, schien sich auf Dauer einzurichten.«[16] Allerdings hat Hartmann zwischen 1933 und 1939 doch sieben größere Werke komponiert, so daß Andrew McCredie mit einigem Recht meint: »Wie sehr auch

---

15 Hartmann hat, wie erwähnt, nach 1945 viele Werke umgearbeitet – u. a. die »Simplicissimus«-Oper. So verwandelte er auch 1955 die drei Sologesänge der Kantate *Friede Anno 48* in eine dreisätzige (Solo-)Kantate für Sopran und Klavier mit dem Titel *Lamento*. Es bleiben die Sätze »Elend«, »An meine Mutter« und »Friede«. Die Faktur wird komplexer, das Idiom dissonanter und schärfer. Dafür aber scheint der Anklage- und Appellcharakter etwas zurückgenommen, nicht zuletzt deshalb, weil das komplexe Wechselspiel zwischen Solo und Chor wegfällt. Die Bearbeitung insgesamt zeigt jedoch einmal mehr, daß Hartmann versuchte, auch nach 1945 unter neuen politisch-sozialen wie musikkulturellen Bedingungen von Intentionen und Gehalten seines vorausgegangenen Œuvres so viel wie möglich zu retten.

16 Hartmann: *Gedanken zur Ausstellung »Entartete Kunst«* (1962), in *Kleine Schriften*, op. cit. (Anm. 5), S. 75.

Hartmann in dieser Periode unter seelischen Depressionen gelitten haben mag, so blieb doch sein schöpferischer Impetus davon unberührt«.[17]

Dennoch ist an Hartmanns späterer Selbsteinschätzung seiner Stimmungs- und Bewußtseinslage etwas Zutreffendes: Nach der *Simplicissimus*-Oper von 1934/35, die in einer Situation entstanden war, als ein baldiges »Abwirtschaften« der Nazis und eine rasche Wende noch möglich schien, hat er erst wieder im *Concerto funebre* von 1939 (wie dann 1942 in der Symphonischen Ouvertüre mit dem Untertitel *China kämpft* nach einem Sujet Sergej M. Tretjakovs und anderen weitausgreifenden symphonischen Werken während des Kriegs) die wirklichen gesellschaftlichen und historischen Kräfte thematisiert und musikalisch beim Namen genannt, die den deutschen Faschismus dann auch besiegt haben. In den andern Werken der Phase beschwört er hauptsächlich die traditionellen bürgerlichen Zufluchtsorte von Humanität: Natur, Gott, Kunst.

In diesem Violinkonzert ist die Zeitsituation vom Herbst 1939 sehr bewußt ergriffen, auch wenn Anfänge des Werks schon weiter zurückliegen. Hartmann schreibt am 20. Juli 1939 von einer *Trauermusik in einem Satz für Streichorchester*, die er im Herbst beendet haben wolle. Die demnach wohl konzeptionell etwas spätere Ergänzung durch die Solovioline erlaubt ein Konzertieren, das sich, als dialogische Gegenüberstellung von Individuum und Kollektiv, häufig in Hartmanns Werken nicht nur aus dieser Zeit findet (und nicht nur in seinen). Er kann so subjektiver Betroffenheit durch die Zeitläufte noch plastischer und sinnfälliger Stimme verleihen und wenigstens kompositorisch gegen die von vielen empfundene Vereinsamung ankämpfen. Eine zusätzliche biographische Motivierung für die Koinzidenz von Persönlichem und Allgemeinem erscheint in der Widmung an den am 12. Juni 1935 geborenen – einzigen – Sohn Richard.

Als »Gegenaktion« zur »Angst vor dem Kommenden« ist der Trauermusik doch Hoffnung eingesenkt. Dazu ein späterer Selbstkommentar: »Mein *Concerto funebre* entstand im Herbst 1939. Diese Zeit deutet den Grundcharakter und Anlaß meines Stückes an. (…) Der damaligen Aussichtslosigkeit für das Geistige sollte in den beiden Chorälen am Anfang und Ende ein Aus-

---

17 McCredie, op. cit. (Anm. 12), S. 43.

druck der Zuversicht entgegengestellt werden«.[18] Die Verwendung von Choraltypen bis hin zum Zitat – auch sonst häufig bei Hartmann wie in anderer antifaschistischer Musik – ist kein Ausdruck eines positiven Bekenntnisses zur Religion. Neben dem untilgbar Geistlichen konnotiert Choral auch das Allgemeine, die verbindliche Tradition, Geschichte, das Volk – um so mehr, weil es sich im Violinkonzert um recht spezifische Choräle handelt. Und prinzipiell mobilisiert Hartmann alle musikalischen Mittel aus Tradition wie aus Moderne, alle Errungenschaften der Kultur, gegen die faschistische Barbarei: ein allgemeines Merkmal der musikalischen Sprache des Widerstands.

Die vier Sätze des Violinkonzerts – Introduction (Largo) – Adagio – Allegro di molto – Choral (Langsamer Marsch) – sind sämtlich durch Attacca-Anschluß sowie motivisch-thematische Bezüge eng miteinander verbunden. Die ganze Konzeption zielt, auch durch die zusätzliche Genre-Verklammerung von Anfangs- und Schlußsatz, auf das Finale.

Den Bedeutungshorizont umreißt der Titel *Trauermusik*. Dabei prägt der Grundton von Trauer und Zorn, von Klage, die in Anklage umschlägt, noch (oder schon) die Zellen der Komposition. Obwohl die Idiomatik auf der Tonsprache der freien Atonalität basiert – ein Signum der Modernität –, finden sich weite tonale Felder. Wenn Hartmann im Material und der auf Eindringlichkeit und Verständlichkeit zielenden Vokabularbildung ein Gewebe aus semantisch-gestisch oft traditional geprägten Zellen herstellt, so gibt er auch bei Verfahrensweisen und Satztechniken im Dienste eines umfassenden antifaschistischen Komponierens keine traditionelle oder aktuelle Errungenschaft preis. Besonderen Wert legt er dabei auf das von den Nazis als »undeutsch« usw. Stigmatisierte – mit Ausnahme der Zwölftontechnik. (Beziehungen zu ihr reflektiert aber sein Hang, das chromatische Total auf kleinem Raum zusammenzudrängen.) Zur Herstellung thematisch-motivischer (und damit zugleich semantischer) Bezüge dienen etwa Umkehrung und Permutation, variative Fortspinnung und entwickelnde Variation bis hin zur Beibehaltung bloß von Gestus und Kontur, Verarbeitung von Modellen und Elementen präexistenter (fremder oder eigener) Musik von der Paraphrase bis zum wörtlichen Zitat.

---

18 Hartmann: *Concerto funebre*, in *Kleine Schriften*, op. cit. (Anm. 5), S. 53.

In der Introduktion verwendet Hartmann die Melodie des Hussitenchorals – charakteristischerweise »sotto voce«, wie eine Art Flüsterpropaganda –, den unter anderem auch Bedřich Smetanas Zyklus *Má vlast* (im Teil *Tábor* und dann in *Blaník*) sowie, selber anti-faschistisch gemeint, Victor Ullmann in seinem Melodram *Die Weise von Liebe und Tod des Cornets Christoph Rilke* zitieren. (Ullmanns Werk vom Juli 1944 war sein letztes, im Durchgangslager Theresienstadt komponiert vor seiner Ermordung in Auschwitz.) Auf eine weitere zitathafte Anspielung hat Rudolf Stephan aufmerksam gemacht: die Marschepisode im II. Satz ist eine Montage aus zwei im Original getrennten Phrasen in Paul Hindemiths *Trauermusik für Bratsche und Orchester* (I. Satz), die 1936 anläßlich des Todes von George V. entstand und im Januar 1936 von der BBC gesendet wurde.

Die Motorik des Allegro-Satzes spielt auf Modelle von Strawinsky, Bartók, Kodály, Hindemith an, ist also nach Herkunft und Habitus ein bei den Nazis eher unbeliebter Typus von »Asphalt«-Musik. Anders als stilistisch ähnliche Stücke minderen Rangs vermeidet Hartmann den Gestus von Spiel- und Gebrauchsmusik, also auf das, was Bloch »leere, fröhliche Fahrt« nannte. Und zudem bemerken wir auch gerade in der angestrebten Kraftentfaltung die »kadenzierte Interjektion« (Hegel) der Klage. Schließlich finden sich auch Verweise auf den primären Anlaß für das Werk – Polen. Mitgemeint ist es schon über das »Slawische« des Trauermarsches und des Hussitenchorals. Es finden sich aber auch noch zwei direktere Hinweise: Das Tutti-Hauptthema des III. Satzes ist im typischen »Polacca«-Muster gehalten, und überdies spielt Hartmann in einer Passage mit dem Rhythmus der Mazurka auf Polen an.

Das knappe Finale ist formal eine dreiteilige Liedform mit Codetta. Sehr deutlich ist hier ein Konzertieren als Dialog. Die zweite Zeile des Mittelteils vereint dann Solo und Tutti. Und im Schlußteil übernimmt die Stimme des Individuums die Melodie des Kollektivs – der »zweite Choral am Schluß hat den Charakter eines langsamen Schreitens mit einer liedartigen Melodie«.[19] Trotz Verzerrung oder Verfremdung durch melodische Veränderungen, metrische Dehnungen, Einschub der Solozeilen und dissonante Harmonisierung findet sich hier nichts anderes als die

19 Ebd.

Melodie des proletarisch-revolutionären Trauermarsches *Unsterbliche Opfer, ihr sanket dahin*. Der ganze Satz ist dessen symphonische Paraphrase: Übersetzung aus der plebejischen Sprache der Straße in die des Saals, aber auch »Konzert-« als »Kampfmusik«. Das während der russischen Revolution von 1905 verbreitete Lied, Tropierung eines Militärmarsches, wurde auch für Trauerfeiern der Oktoberrevolution verwendet. Hartmann hatte es über den als Anreger und Freund wichtigen Hermann Scherchen, der auch für eine Übersetzung sorgte, kennengelernt.

1939 konnte es Hartmann, dem Zugriff der Nazis ausgesetzt, kaum wagen, dieses Lied der Arbeiterbewegung unverstellt zu zitieren. Durch die Aufhebung in die symphonische Textur entsteht freilich eine Dialektik des äsopischen Sprechens: die dem proletarischen Lied – auch musikalisch, zumal im Mittelteil – übergestülpte Tarnkappe des Chorals macht eben auch das Getarnte weniger leicht sichtbar, ähnlich wie der Umschlag mit literarischem oder naturwissenschaftlichem Titel für politische Schriften. Fraglich ist allerdings, ob es Hartmann hier nicht um mehr als Tarnung, nämlich um eine Verbindung zweier Sphären von »Zuversicht« ging. Hartmann baut in seine Version des proletarischen Trauermarschs Elemente der »jüdischen« Melismatik ein: er vereint die als Rasse und die als Klasse determinierten Hauptopfer des Nazismus. (Allerdings mag auch dabei spätere Angst vor politischer Deutlichkeit hereinspielen: In der durch die Überklebung hindurch sichtbaren Erstfassung wird die Melodie unfiguriert zitiert.)

Das Zitat des »Hussitenchorals« ist Ausdruck von Hartmanns Identifikation mit der Tschechoslowakei als einem ersten Opfer Nazi-Deutschlands und zugleich Ausdruck des Protestes gegen den Münchner Vertrag von 1938. In ähnliche Richtung weist auch das Hindemith-Zitat – abgesehen davon, daß damit auch ein ebenfalls schließlich mißliebiger Komponist geehrt wird. Die englisch dominierte Beschwichtigungspolitik gegenüber dem Faschismus lieferte mit dem Münchner Vertrag die Tschechoslowakei als erstes Land an Nazideutschland aus. Allerdings erinnert Hartmann damit auch – wie in der *1. Symphonie* an die USA und in der Symphonie *L'Œuvre* an Frankreich – an England als eines der klassischen Länder der bürgerlichen Demokratie, das mit dem Überfall auf Polen zum Kriegsgegner wurde.

Zentral ist das Finale mit dem russischen und, als proletarischrevolutionärem, zugleich internationalistischen Trauermarsch. Daß seine diastematische Struktur in thematischen Passagen jedes Satzes erscheint, erhält so eine zusätzliche Begründung, die über die bloß syntaktische einer Herstellung von Einheit hinausreicht: Es geht um »Ausbreitung eines verschiedenartig tragischen Gesanges auf der Suche nach einer wirklichen Perspektive«.[20] Wenn man auch die revolutionäre Melodie hört wie das von Störsendern überlagerte Radio Moskau unter der Bettdecke, so ist doch der Sinn des Satzes sehr deutlich: Hartmann spürte, gegen wen der Krieg sich hauptsächlich richtete, wer der Hauptgegner des Faschismus war und worauf »Zuversicht« sich wirklich gründen konnte. Er weist so auf die revolutionäre Arbeiterbewegung hin und ergreift kompositorisch für sie Partei – der Zeitsituation entsprechend im Modus der Trauer. Dennoch ist in den Trauermarsch »Zuversicht« eingesenkt, deren Realgrund bewußte Geschichtserfahrung und Hoffnung auf den Gang der Geschichte als, trotz aller Rückschläge, ein Gang des »Fortschritts im Bewußtsein der Freiheit« (Hegel) ist: »Ich sagte mir, daß die Freiheit siegt, auch dann, wenn wir vernichtet werden – das glaubte ich jedenfalls damals.«[21]

Wie das fremde Nationale (das Jüdische, Polnische, Tschechische, Russische) und das Internationale, so bildet auch der Verweis auf die *Internationale* einen Gegenpol zum Nationalistischen wie Nazistischen.

Für Hartmann wurden in der Situation der »inneren Emigration« gerade die *Internationale*-Hymne und andere Lieder der internationalen Arbeiterbewegung, des Hauptgegners der Nazis, vermittels des Zitats zu einer zentralen Berufungsinstanz und zu einem Ausdrucksmittel, um deutlich und eindringlich musikalisch zu sprechen. Darin erscheint politisch-gesellschaftlich präzisiert die Hoffnung auf künftige Befreiung, auf Verwirklichung von Freiheit, Gleichheit und internationaler Solidarität.

Hartmanns Produktion war angesichts der gezwungenermaßen selbstgewählten Isolation und der Tendenzen zu Depressio-

---

20 Luigi Nono: *»Simplicius Simplicissimus« und »Concerto funebre«*, in *Kleine Schriften*, op. cit. (Anm. 5), S. 94.
21 Hartmann, *Autobiographische Skizze*, in *Kleine Schriften*, op. cit. (Anm. 5), S. 12. An eine »bessere Zukunft« glaubte er freilich auch noch später; s. z. B. ebd., S. 52.

nen, von denen auch er nicht verschont blieb, qualitativ gewichtig wie auch quantitativ erstaunlich umfangreich. So komponierte er 1940 die *Sinfonia Tragica*, 1944 die Symphonie *Klagegesang*, die Hartmann dann Robert Havemann gewidmet hat. Eins der auch für die Dialektik von aktueller realer Unterdrückung und großem Entwurf für die Zukunft bezeichnenden Werke aus der Kriegszeit ist der dreiteilige Zyklus der *Sinfoniae Dramaticae* von 1942/1943 mit dem Untertitel *Triptychon für Orchester*: I. Teil »Symphonische Ouvertüre ›China kämpft‹«. II. Teil: »Symphonische Hymnen«, III. Teil »Sinfonische Suite ›Vita nova‹«. Dieser ganze Zyklus ist »das größte Projekt im Bereich der Orchestermusik«, das Hartmann je realisierte[22] – gerade in Gegenbewegung zur realen Situation der Entstehungszeit, in der an eine Aufführung nicht zu denken war, und damit ein psychisch-produktiver Kompensationsvorgang, der wohl nicht nur für Hartmanns Umgang mit dem Problem einer »inneren Emigration« bezeichnend ist. Die Realisierung solcher Vorhaben wurde freilich durch seine weitgespannte politische Perspektive begünstigt, die sich nicht wie bei der Mehrheit der inneren Emigranten mit einer religiösen, liberalen oder konservativen Negation des »Nationalsozialismus« begnügte, sondern dem Faschismus ideell eine sozialistische Alternative entgegensetzte. So zitiert (nach dem Nachweis von Helmut Hell und Andreas Jaschinski) Hartmann im Finale der »Sinfonischen Suite« als Teil des 1. Themas die beiden ersten Zeilen des *Internationale-Refrains* (»Völker, hört die Signale...«). Am Schluß des Werks wird die thematische Reminiszenz im übrigen nicht hymnisch-apotheotisch verwendet.

1945. Befreiung und Restauration

Für Hartmann war ein heute fast (wieder) verdunkelter Zusammenhang klar: Die eigentliche, entscheidende Niederlage der deutschen Bevölkerung datiert auf 1933; und 1945 prävaliert gegenüber »Zusammenbruch« bzw. Besiegung die damit verschränkte Befreiung.

Am Anfang wie am Ende des Nazismus steht für Hartmann

---

[22] S. Helmut Hell und Andreas Jaschinski: *Karl Amadeus Hartmann. Sinfonische Suite »Vita nova«*, in: *Melos*, Bd. 50, 1988, S. 2a.

eine mit dem KZ Dachau verknüpfte Erfahrung. War diese in *Miserae* abstrakter präsent, so bildet sie bei der 2. *Klaviersonate* (1945) einen geradezu dokumentarischen Anlaß. Den Ausgangspunkt hat Hartmann als eine Art Motto notiert: »Am 27. und 28. April 1945 schleppte sich ein Menschenstrom von Dachauer ›Schutzhäftlingen‹ an uns vorüber – unendlich war der Strom – unendlich war das Elend – unendlich war das Leid –«. Es handelt sich um einen der Evakuierungsmärsche, mit denen die SS versuchte, die Häftlinge den herannahenden Befreiern zu entziehen. Hartmann sah ihn in Kempfenhausen beim Starnberger See, wo er außerhalb von München bei seinen Schwiegereltern wohnte, um dem Zugriff der Nazis (wie wohl auch der anglo-amerikanischen Bomberverbände) auszuweichen. Die Sonate hat er rasch, wohl in den Tagen zwischen dem Anlaß und dem Waffenstillstand vom 8. Mai 1945 komponiert.

Ein zentrales Moment der Klaviersonate sind wieder die zahlreichen Anspielungen auf präexistente musikalische Modelle und Materialien. So gibt es in Formbau und Genre-Merkmalen Bezüge auf Chopins b-Moll-*Sonate op. 35* (das Scherzo als II., eine Marcia funebre als III. Satz). Dazu kommen Bezüge besonders in Kopfsatz und Trauermarsch zu Hindemiths *1. Klaviersonate »Der Main«* (nach Hölderlin) von 1936, ein Werk, mit dem Hindemith unmittelbar seine Emigration aus Nazideutschland musikalisch antizipiert; weiter verwendet Hartmann in der einfacheren Version des Finale Material aus dem Schlußstück von Hindemiths *Übung in drei Stücken* op. 37. I. Der III. Satz ist in Satztechnik, Anlage und Gestus nach dem Modell des II. und III. Satzes von Bartóks *Suite op. 14* (1916) gearbeitet. Überdies verwendet Hartmann hier weiter seine »jüdischen« Intonationen.

Schließlich paraphrasieren nicht weniger als drei der vier Sätze Lieder der revolutionären Arbeiterbewegung. Gerade diese wurde in der Situation der »inneren Emigration« zu einer zentralen anti-faschistischen Berufungsinstanz und ihre Symbole zu einem Ausdrucksmittel, um deutlich und eindringlich musikalisch zu sprechen – bzw., da Hartmann vorwiegend und seit 1940 ausschließlich für die Schublade komponierte, vorerst zu schweigen mit der Hoffnung, nach einem Neubeginn wieder Gehör zu finden. Nicht zuletzt die Zitate bzw. Paraphrasen in ihrer eindringlichen und eigenständigen kompositorischen Aneignung gegenüber der zugrundeliegenden Idiomatik »fremder« Musik wirken wie musikalische Ausrufezeichen, die als Realien auf die Realität hindeuten und die Stellungnahme des Komponisten noch deutlicher machen. Sie sind einer der Gründe, die Hartmann veranlaßten, das Stück zurückzuziehen, und zugleich einer der Gründe, warum das Stück heute noch oder erst recht sperrig und querständig wirkt. Und selbstverständlich erzeugt die relative Deutlichkeit, die Hartmann gerade durch den denotativen Bezug auf solche präexistenten Lieder samt Text und Sozialkontext anstrebt, bei vielen Vertretern des mainstreams und Status quo Widerstände gegen die Musik des Widerstands. Wird in der Regel neuer Musik gerne vorgeworfen, sie sei unverständlich, so in diesem Fall gerade umgekehrt, daß sie verständlich oder doch verstehbar ist. Und das auch noch als systemkritische politische Stellungnahme...

Drei »kommunistische Lieder« in der viersätzigen Sonate als Basis, dazu der Anfangssatz über jüdische Intonationen, die auch im Finale erscheinen – das schien denn doch zuviel, und Hartmann zog es 1961 in einem Brief an einen Dr. Mittag vom Süddeutschen Rundfunk vor zu behaupten: »Leider habe ich meine beiden Klaviersonaten verbrannt, da ich nicht mehr zu ihnen stehen konnte«[23] – eine noch drastischere »Tarnung« als beim *Concerto funebre.* »Ein eindrucksvolles Beispiel, ein sehr persönliches Dokument und ein für alle anderen ermahnendes, nachdrücklich erinnerndes Zeitzeugnis, wie politisch unmißverständlich reine Instrumentalmusik reden kann, wurde vermutlich gerade deshalb zum Opfer antikommunistischer Schnüffeleien, Verdächtigungen und Hetzkampagnen in den fünfziger Jahren – wie im Amerika McCarthys, so auch in der restaurativen Bundesrepublik Deutschland. [...] Das ›garstige politische Lied‹, das diese Sonate verschlüsselt, ins Textlose verpackt und mit der ganzen verwandelnden Mehrdeutigkeit rein instrumentaler Sprache ausstattet, – dieses ›garstige politische Lied‹, das diese Sonate gleichwohl mutig und ungescheut heraussingt, blieb genau deshalb, zumal für Denunzianten, erkennbar genug und geriet so in die Quarantäne, bis miterlebte Gegenwart zur unverfänglichen Geschichte geworden war.«[24]

---

23 Zitiert nach McCredie, op. cit. (Anm. 12), S. 156.
24 Ulrich Dibelius: *Politisch Lied ein garstig Lied. Karl Amadeus Hartmanns Zweite Klaviersonate,* in: *MusikTexte,* Heft 39, April 1991, S. 46.

Schon die außerordentliche Vielfalt der materialen wie semantischen, musikalischen wie politisch-historischen Bezüge verweist darauf, daß 1945 für Hartmann eben auch kompositorisch kaum als »Stunde Null«, als tabula rasa, aufzufassen war, sondern zwar durchaus als Neuanfang, aber im Bewußtsein von Geschichte als Tradition und Fortschritt. (Ein Zufall, aber ein sprechender, daß die Widerstandsgruppe, mit der Hartmann in Kontakt war und zu der u. a. Robert Havemann gehörte, »Neu Beginnen« hieß.) Im Rahmen seiner Produktion artikuliert Hartmann so besonders nachhaltig und politisch-gesellschaftlich präzisiert die Hoffnung auf bereits beginnende und künftige Befreiung, auf Verwirklichung von Freiheit und internationaler Solidarität. Es blieb, wie bekannt, einstweilen Zukunftsmusik. Viele Hoffnungen wurden durch »kalten Krieg« und Restauration zunichte gemacht. Hartmann am 24. 4. 1948: »Wir sind glücklich, daß wir den Krieg gut überstanden haben. [...] Doch haben wir uns doch so manches ganz anders vorgestellt. Es ist vieles sehr, sehr traurig.« Und am 6. 4. 1948: »Es hat sich nicht so viel geändert, wie wir erhofft hatten«.[25]

1963. Das Ende einer Welt

Natur- und Umweltzerstörung samt Hinweisen auf die »marktwirtschaftlich« agierenden Verursacher thematisiert Hartmann in seinem letzten, nicht ganz vollendeten Werk *Gesangsszene nach Worten aus ›Sodom und Gomorrha‹ von Jean Giraudoux* für Bariton und Orchester (1963). »Molto crescendo et accelerando«, rasch und heftig vom Piano in vier Takten zum dreifachen Fortissimo anschwellend und zugleich rascher werdend, volles Orchester mit in sich heftig bewegten Akkord-Figurationen: »es ist das Wasser der Sintflut.« Davon zwei Takte mit einem dreisilbigen Ostinato, wie eine orchestrale Umsetzung des Schlüsselworts »die Sintflut« – eindringlich, fast beängstigend in seiner anscheinend unaufhaltsamen Mechanik. »Mit diesem Takt«, heißt es in der Partitur, »bricht das Manuskript ab«. Durch Karl Amadeus Hartmanns letzte schwere Krankheit wurde das Werk nicht mehr zu Ende komponiert. Als Abschluß sollte jedoch – nach Äuße-

25 McCredie, op. cit. (Anm. 12), S. 153 und 152.

rungen des Komponisten – der letzte Satz des Textes vom Solisten gesprochen werden, pianissimo: »Es ist ein Ende der Welt! Das Traurigste von allen.«

»Wahrheit, die Freude bereitet und mit Trauer verbunden ist« – das war ein Motto Hartmanns für sein gesamtes Œuvre.[26] Hier, in seinem letzten Werk, erscheinen Trauer, aber auch Zorn und Empörung über das Elend der Welt mit ungebrochener Intensität. Da ist nichts von Resignation, von Sich-Abfinden oder gar Einverständnis mit dem Weltlauf und der Welt, wie sie nun einmal ist.

Wie in Tonfall und Tonsatz vieles an die *8. Symphonie* (1962) und auch die *7. Symphonie* erinnert,[27] so gleicht die Grundhaltung des politisch-musikalischen Engagements besonders dem zeitlich ebenfalls benachbarten Satz *Ghetto* aus dem Kollektivwerk *Jüdische Chronik* (1961). Hatte Hartmann dort mit seinen Kollegen Boris Blacher, Paul Dessau, Hans Werner Henze und Rudolf Wagner-Régeny gegen eine der Wellen neonazistischer Aktivitäten protestiert,[28] so greift er hier ein strukturell noch weiterreichendes Thema auf: das der welthistorisch neuen realen Möglichkeit eines Untergangs der Welt oder genauer der Menschheit, wie sie mit der Atombombe eine technische Grundlage erhalten hatte. Nicht ohne Grund und nicht zufällig hat sich Hartmann daher auch an der Initiative »Kampf dem Atomtod« von 1956 beteiligt. In der *Gesangsszene* entwirft Hartmann ein apokalyptisches »Szenario«, die Vision eines sich vollziehenden Weltuntergangs, und versucht damit, das Unvorstellbare sich und anderen vorzuzeigen, damit aber zugleich – auf dem Konzertpodium und im Medium der Kunst – dagegen zu protestieren.

Den Text wählte sich Hartmann aus einem Drama von Jean Giraudoux. Dessen Stück *Sodom und Gomorrha* war 1943 entstanden, in einer Zeit also, die zumal in den von den Nazis besetzten Ländern real apokalyptische Züge hatte. Was Hartmann an Giraudoux' Drama faszinierte, waren Bilder und Formulierungen, in die Erfahrungen mit der Weltwirtschaftskrise und mit dem

---

26 Hartmann, op. cit. (Anm. 5), S. 43.
27 Ausführlich zum Werk Andreas Jaschinski: *Karl Amadeus Hartmann: Gesangsszene*, in: *Melos*, Bd. 49, 1987, S. 18–43; vgl. auch Andreas Jaschinski: *Karl Amadeus Hartmann – Symphonische Tradition und ihre Auflösung*, München und Salzburg 1982 (= Musikwissenschaftliche Schriften, Bd. 19).
28 Ausführlich dazu im anderen Beitrag des Verfassers im vorliegenden Band.

Zweiten Weltkrieg eingegangen waren – und das noch an einem Sujet entfaltet, das über den Titel (vgl. 1. Moses 18ff.), über Figuren- und Fabel-Elemente sowie Motive etwa aus der Johannes-Apokalypse die große Tradition der Bibel assoziieren ließ. Allerdings hebt Hartmann einige Male bei der Beschreibung der besten aller möglichen Welten die ironisch-zynische Komponente des Textes doch auf und wird ziemlich sarkastisch und grimmig, etwa wenn er die über das »Reich« hereinbrechenden Übel auflistet als »von der Raupe bis zum Erbfeind und den Pfandbriefen Gottes«.

Den Ingrimm einschließend nimmt Hartmann das angekündigte »grauenvolle Schauspiel« beim Wort und ernst: die geschichtliche Erfahrung, daß mächtige, »große Reiche« in Schutt und Asche versinken können – eine Erfahrung, die anscheinend Herrschende wie Regierende von Imperien selbst dann, wenn ihnen das Problem der »imperialen Überdehnung« vorgehalten wird, kaum zur Kenntnis nehmen. Wie für Giraudoux ist auch für Hartmann Sodom und Gomorrha ein kaum verhüllter Deckname für die auf Privateigentum und Warenwirtschaft basierende bürgerliche Gesellschaftsordnung. Auch dachte er dabei sicher an das sogenannte »Dritte«, das zwölf Jahre dauernde »Tausendjährige Reich«.

Eben der Widerspruch zwischen Entfaltung der technisch-zivilisatorischen Kräfte der Menschheit und der Verkümmerung der sozialen und emotionalen Kraft, der Widerspruch zwischen wachsender Naturbeherrschung einerseits und Nichtbeherrschung der gesellschaftlichen Verhältnisse andererseits ist das Hauptthema der *Gesangsszene*. Hartmann sah »den mahnenden Hinweis auf die Barbarei einer überfeinerten Kultur, die jedes Ding, das sie berührt, zu einem Werkzeug der Vernichtung macht, wie neben dem größten vermeintlichen Fortschritt nach wie vor das größte menschliche Elend, das größte Unrecht geduldet wird«.[29] Hartmann sah, wie sich der Reichtum der Erde in den Händen der Wenigen sammelt, und wie die der Vielen leer bleiben. Und er zeigt es. So enthüllt sich das noch ungenannte »Übel« im Kern als eine Wirtschaftskrise, als Überproduktions- oder Unterkonsumtionskrise: Das Geld verliert seinen Wert; Nahrung ist

---

29 Heinz von Cramer: *Zur »Gesangsszene«*, in *Kleine Schriften*, op. cit. (Anm. 5), S. 97.

zwar da, »aber die Menschen leiden Hunger«, weil sie nicht bezahlen können. Auf das Schlüsselwort »Hunger« läßt Hartmann ein geradezu ungeheuerliches Melisma singen oder besser schreien, als infernalisches Glissando-Heulen. Zusätzlich hebt er die Stelle durch gleich vier Vortragsanweisungen hervor: »apassionato – lamento! (sehr steigern, mit großem Ausdruck)«. Der Einspruch, der in seiner Diktion aus dem unerbittlich weiterlaufenden Kontext ostinato-artiger repetitiver Muster heraussticht, ist so als eine bei Hartmann häufige Konfiguration artikuliert: Klage, die in Anklage umschlägt. Im Handlungsverlauf bricht schließlich alles zusammen. Die Natur, die beherrscht schien, kehrt ungebändigt und schädigend zurück. Der »Krieg aller Kriege« erzeugt allgemeines Elend, in einem rapiden, unaufhaltsamen Verfallsprozeß – »immer mehr steigern, immer noch lebhafter und rascher werden« – apokalyptische Plagen: »Hunger, Wahnsinn, Tod«.

Auf dieses Schlüsselwort fällt der zweite Höhepunkt des Werks, den die Singstimme mit immer höheren und immer länger gehaltenen Tönen erreicht. Sie verstummt. Eine zweisilbige, vielfach repetierte Akkordfigur des Tutti, rasch crescendierend, schlägt um in einen leise beginnenden stehenden Akkord, der seinerseits wiederum vom dreifachen Piano bis zum vierfachen Forte anschwillt. (Ein z. B. schon mit ähnlichem Bedeutungshorizont im Finalsatz der *1. Symphonie* verwendetes Motiv, für das Hartmann im Crescendo auf h in Alban Bergs *Wozzeck* ein Modell gefunden hatte.) Ein dröhnender Nachschlag, dann kurze Generalpause und ein aus der variierten Wiederholung von zwei dreisilbig artikulierten massiven Akkorden in Blechbläsern gebildetes Tumultuoso, das in archaisch-geräuschhafte Paukenschläge einmündet, zeigt die Vollendung des »Dies irae«. »Schmerz, Auflehnung, Verzweiflung und die tödlichste Trauer endlich [...] über jenen Todeskeim, [...] womit der Mensch in seiner Hybris selbst die Kräfte und Schönheiten der Natur vergiftet, bis auch sie sich gegen ihn wenden, bis als einzige Hinterlassenschaft die verwüstete Erde bleibt, ein leerer Planet.«[30]

Der Schluß der *Gesangsszene* wirkt zunächst fast resignativ. Nach der Katastrophe kehrt, »langsam (ausdrucksvoll)« das Flötensolo aus der Introduktion wieder, variiert, von drei Tamtams

---

30 Ebd.

ppp (dolce) als Totenklage begleitet. Den letzten Vokalabschnitt hat Hartmann, dem Typoskript des Textes nach zu schließen, sicher auch durch das Stichwort »(Vogel)lied« motiviert, strophisch angelegt. Von den vorgesehenen fünf Strophen hat er drei vollendet. Die überlebende, zerstörte Natur ist menschenfeindlich. Wie um das Trügerische fortdauernder Schönheit anzudeuten, spiegeln sich die klaren Bäche – das »Wasser der Sintflut« in quasi-tonalen synkopierten Begleitakkorden, bis das diesen Wassern zugeordnete Ostinato alles überflutet.

Den Weltuntergang, ein Ende der Welt nahm aber Hartmann so wenig wie seinen eigenen Tod passiv und resignativ hin. Im Unterschied zu vielen früheren Werken fehlt hier der Verweis auf christliche Jenseitigkeit, auf Tröstungen der Religion. Kein höheres Wesen rettet, kein Choral erklingt bei dieser Untergangsszene. Dem »Dies irae« folgt kein besänftigendes »Requiem aeternam«. Hartmann bleibt hier in den realen Schranken des Diesseits. Die Hoffnungen auf eine »bessere Zukunft« der Menschheit, die er zeitlebens nicht preisgab, sind in Gestalt und Gehalt des Werks zurückgenommen. So aber wirken sie doch, getreu Hartmanns humanistischer Zielsetzung, als machtvoller musikalischer Protest, als Appell an den Hörer zu Einsicht und zu einem Handeln, das die im Werk vorgestellten Schrecken zu verhindern hilft. Wenn da Hoffnung ist, dann die eines Trotz alledem, entstanden aus tiefer Verzweiflung und aus dem Willen, die realen Gründe dieser Verzweiflung zu bekämpfen. Gerade aus dieser Absicht heraus versagt das Werk musikalisch-schönen Trost, apotheotische Abrundung. »Das letzte Mal, [...] als wir uns sahen, sagte er mir, nun sei das Stück fast abgeschlossen, ja, die Arbeit wäre so gut wie fertig, die Hauptarbeit jedenfalls, es fehlte nur ein kurzer Teil der Schlußklage noch, und er berichtete von seiner Besorgnis, daß dieser Schluß auf keinen Fall pathetisch oder gar melodramatisch werden dürfe, er solle allein der Verzweiflung des Textes entsprechen, müsse von einer endgültigen Einfachheit sein, und daher die Idee, [...] die abschließenden beiden Zeilen nur noch sprechen zu lassen«[31].

---

31 Ebd., S. 96.

2003/04. Musiksprache des Widerstands

Hartmanns Musik und Musiksprache stehen hauptsächlich im Spannungsfeld zwischen den Zeitbezügen zu »nach 1933« und zu »nach 1945«. Wie er bereits – trotz Studien bei Anton Webern[32] 1942/43 – auf die Einbeziehung der Zwölftontechnik verzichtete, so beteiligte er sich selbst in den 1950er Jahren, trotz aller Begeisterung für das Neue und eine qualitativ-umfassend akzentuierte Avantgarde, an der technisch-avantgardistischen seriellen Durchorganisation des Materials nicht. Er übernahm nur einzelne Errungenschaften, vor allem im Bereich der Instrumentation (etwa die an Pierre Boulez erinnernde Vorliebe für den Klang von Vibraphon oder Marimbaphon, überhaupt ein gegenüber den Werken der 1930er Jahre sinnlicheres, reicher differenziertes Klangbild, gewissermaßen mehr Berg als Hindemith), oder aus Nebenlinien der Entwicklung z. B. Boris Blachers »variable Metren«. Überdies geriet er auch durch das Festhalten an einem symphonischen Konzept als Zentrum seines Werks (insgesamt komponierte er acht Symphonien) an den Rand des Avantgarde-Hauptstroms, wiewohl sich Komponisten wie Hans Werner Henze oder Luigi Nono auf ihn bezogen – kaum jedoch musiksprachlich (obwohl auch Henze eine Beethoven, Bruckner und Mahler bis Hartmann in dieser Hinsicht übertrumpfende ganze Reihe von inzwischen zehn Symphonien schrieb), sondern vorwiegend im Namen eines gemeinsamen Antifaschismus und Antikapitalismus.

Schließlich blieb sein humanistisches Engagement mit seinem Einspruch gegen den Weltlauf, das er ungebrochen durchhielt, ein Querstand zum »falschen«, zum herrschenden Zeitgeist.

Als, wie erwähnt, »Wahrheit, die Freude bereitet und mit Trauer verbunden ist«, vermittelt Hartmanns Musik Einsichten in den historischen Weltlauf und ein grundsätzliches Nicht-Einverständnis mit dessen schrecklichen, repressiven und regressiven Dimensionen. Seine Musik verweist nicht zuletzt darauf, daß Frieden keine Idylle, keine Pastorale ist, sondern erreichbar wird durch Arbeit, Anstrengung, Auseinandersetzung, Konflikt, ja Kampf. Seine symphonischen Konzepte zeigen das schon mu-

---

32 Hartmann nahm 1942/43 in Maria Enzersdorf bei Wien privat Unterricht bei Webern, lehnte aber dessen autoritäre, nazismusfreundliche politische Ansichten ab.

sikimmanent in Ton und Disposition der Werke, einerseits relativ abstrakt durch dramaturgische Anlage, durch Struktur und Formbau, andrerseits sinnlich-konkreter durch klagend-anklagenden, trauernden, empörten, aufrührerischen Gestus, durch das Aufgebot an Klangmassen, an aktiver bis wilder Bewegung. Hartmann verwendet dabei kontrapunktische und variativ entwickelnde oder melodische Fäden fortspinnende Verfahren für eine intensive motivische Durcharbeitung. Er setzt aber weniger auf – tendenziell für ihn wohl harmonisierend wirkende – dialektische Entwicklung im Sinn klassischer Sonaten-Dramaturgie als vielmehr auf parataktische Kontraste. Und gerade durch den Kontrast treten die großen Gesänge der Adagio-Passagen als dunkelleuchtende Antizipationen eines anderen, besseren Weltzustands um so nachhaltiger hervor.

Sein ästhetisch-soziales Ziel, »so schreiben, daß man mich versteht – jede Note soll durchgefühlt und jede Zweiunddreißigstel-Pause aufmerksam durchgeatmet sein«, dürfte Hartmann im Prinzip erreicht haben, jedenfalls was die Werke selber anlangt.[33] Um den ganzen Gehalt der Musik in all ihrer Welthaltigkeit voll zu verstehen, müssen die Hörenden möglichst viel wissen, Musikimmanentes wie Musiktranszendierendes. Angesichts der enormen Vielschichtigkeit von Hartmanns Werken geht es auch ohne solche kognitiven Voraussetzungen. Dann sind allerdings eben mehr oder minder erhebliche Abstriche am vollen Verständnis in Kauf zu nehmen. Das gilt zumal dann, wenn es in Richtung »absoluter« Musik, losgelöst von historisch konkreter Bedeutung, geht. Hartmann selber sprach freilich nicht von »absoluter« Musik, sondern davon, seine Musik, das Werk, »das Ganze soll ein Stück absoluten Lebens darstellen«.[34]

Nachhaltiger noch als seine materialen Errungenschaften erscheint heute das politische Ethos: die Einheit von progressivem Engagement für eine humane Welt erfüllten Friedens und konkreter Sprachlichkeit, wie sie für eine Musiksprache des Widerstands ganz wesentlich und aktuell ist. So findet seine Stimme und das, was er zu sagen hat, verstärkt seit der Krise in den 1970er Jahren (die auch eine Krise der technisch orientierten Avantgarde

33 *Autobiographische Skizze* (1955), in *Kleine Schriften*, op. cit. (Anm. 5), S. 16.
34 *Von meiner Arbeit* (1962), in *Kleine Schriften*, op. cit. (Anm. 5), S. 43.

war) im polyphoner, pluralistischer, freilich auch populistischer und angepasster gewordenen »Konzert« der Neuen Musik und im Kontext eines zwar gefährdeten, aber insgesamt noch einigermaßen intakten antifaschistischen Grundkonsenses immer wieder Gehör und Resonanz. Dabei ist er mit seiner ethisch fundierten, politisch wie konstruktiv durchdachten Musik weder für die permissive (»anything goes«), noch für die repressive (Krieg gegen den »Terror« usw.) Version in Ideologie und Praxis des Neoliberalismus geeignet. Auch in dieser Hinsicht ist und bleibt seine Musiksprache eine Musiksprache des Widerstands.

Walter-Wolfgang Sparrer
Das Nie-zu-Erreichende

Zur Funktion des Friedens in der Musik Isang Yuns

»Der Friedenszustand unter Menschen, die neben einander leben, ist kein Naturzustand (status naturalis), der vielmehr ein Zustand des Krieges ist, d. i. wenn gleich nicht immer ein Ausbruch der Feindseligkeiten, doch immerwährende Bedrohung mit denselben. Er muß also gestiftet werden; denn die Unterlassung der letzteren ist noch nicht Sicherheit dafür, und ohne daß sie einem Nachbar von dem andern geleistet wird (welches aber nur in einem gesetzlichen Zustande geschehen kann), kann jeder diesen, welchen er dazu aufgefordert hat, als einen Feind behandeln.«[1]

Das vorangestellte Kant-Zitat bildet die Einleitung zum »Zweiten Abschnitt« seiner Abhandlung *Zum ewigen Frieden*, »welcher die Definitivartikel zum ewigen Frieden unter Staaten enthält«. Es berührt im weitesten Sinn, wie zu zeigen sein wird, nicht nur die Biographie des koreanischen Komponisten Isang Yun, sondern auch die Konzeption zumindest einiger seiner Werke. Yun dürfte Kants Einsichten geteilt haben, daß

– der »Naturzustand ... ein Zustand des Krieges«, zumindest aber die »immerwährende Bedrohung« durch Feindseligkeiten ist;

– der Frieden »also gestiftet werden« muß;

– und es zur Garantie des Friedens der Sicherung durch gesetzliche, d. h. zwischen den Staaten: völkerrechtlicher Regelungen bedarf.

Positiv formuliert bildet der Frieden eine – und wohl die elementarste – der Voraussetzungen zur Erfüllung gesellschaftlicher wie individueller Bedürfnisse. Bei der Herstellung, »Stiftung«, Durchsetzung oder Realisierung und Pflege des Friedens gibt es gleichwohl zahlreiche, nahezu unendlich viele Zwischenstufen. Frieden, so der indisch-deutsche Komponist Sandeep Bhagwati,

---

[1] Immanuel Kant: *Zum ewigen Frieden. Ein philosophischer Entwurf* [1795], Akademie-Textausgabe Bd. VIII, Berlin 1912/23, Reprint Berlin 1968, S. 348-349.

bedeutet eine Situation, in der Solidarität nicht eingefordert werden muß. Erst eine Konfliktsituation erfordert die Solidarität der Interessen und zwingt einzelne wie Gruppen dazu, diese zu artikulieren und durchzusetzen. Auch vom Versuch einer positiven Bestimmung des Friedens aus erscheint also dieser eher als Das-zu-Erreichende denn bereits das Wirklichkeit Gewordene.

Vom Frieden in Yuns Biographie

Den »Frieden unter Staaten« hat Isang Yun in seiner Heimat Korea nicht erfahren; und kritisch registrierte Yun, der 1957 nach Berlin gekommen war, am Ende seines Lebens den Zuwachs an Fremdenfeindlichkeit im wiedervereinten Deutschland. Kaum ein anderer Künstler aus dem Pufferland Korea, der »Garnele zwischen den Walen«, war wie Yun in die Windungen und Wendungen koreanischer Politik verstrickt; er erlitt ein Wechselbad von Hoffnungen und Enttäuschungen.

Isang Yun wurde am 17. September 1917 in der Nähe von Sanchong geboren, fast eine Tagesreise von der kleinen, im Südosten Koreas gelegenen Hafenstadt Tongyeong entfernt, in der er ab seinem dritten Lebensjahr aufwuchs. Die Eltern kamen aus sozial gegensätzlichen Schichten: Der Vater entstammte der gelehrten aristokratischen Yangban-Tradition, schrieb vor allem Gedichte und vernachlässigte den ererbten Handwerksbetrieb. Er sorgte dafür, daß sein ältester Sohn eine traditionelle Schule besuchte, an der er 1923-25 mit der chinesischen Schrift und Kultur, mit Kalligraphie und Dichtkunst, mit konfuzianistischen und taoistischen Schriften vertraut wurde, bevor er in die an europäischen Mustern orientierten Schulen der japanischen Kolonialmacht eintreten mußte. Yuns Mutter war bäuerlicher Herkunft und hatte Kontakte zur Donghak-Bewegung.

Bei der Philosophie des Donghak (auch Tonghak = östliche Lehre), von der wir heute wissen, daß sie zu Yuns intellektuellem Hintergrund gehört,[2] geht es um die Auseinandersetzung zwischen östlicher und westlicher Lehre – Donghak und Sŏhak –, den

---

2 Vgl. Günter Freudenberg: *Die philosophische Begründung der Musik Isang Yuns*, in: *Ssi-ol. Almanach 2000/01* der Internationalen Isang Yun Gesellschaft e. V., Berlin und München 2002, S. 51-59. Vgl. ders.: *Vom Tao. Zur Frage des Verstehens in Ostasien und Europa*, in: *Ssi-ol*.

Konflikt »zwischen Modernisierung im Zeichen der Verwestlichung einerseits und Rückgewinnung der eigenen kulturellen Identität andererseits«.³ Geprägt wurde sie von Ch'oe Che-U (1824-1864) und 1883 posthum fixiert im »Großen Buch des Tonghak«, einer Sammlung aufs Tao zentrierter lebensphilosophischer Maximen und Reflexionen.⁴ »Das Tonghak-Bewußtsein manifestierte sich im Kampf sowohl gegen das korrupte, traditionelle Machtgefüge als auch gegen das Projekt der Modernisierung in Gestalt der Fremderschließung nationaler Ressourcen und der wirtschaftlichen und militärischen Expansionspolitik Japans; es lebte weiter im Widerstand gegen die japanische Kolonialmacht und später gegen die vom Westen aufgezwungene kapitalistische Industrialisierung.«⁵

In den Gesprächen mit Luise Rinser berichtet Yun über eine – trotz der japanischen Besetzung – schöne, an traditionellen Festen und Bräuchen reiche Kindheit.⁶ Eine prägende Erfahrung war diejenige traditioneller koreanischer Musik, des »Südgesangs« seiner Heimatregion, der buddhistischen Riten, der Musik zu Maskenspielen und schamanistischen Zeremonien; eine weitere ihn musikalisch prägende Schicht waren christliche Choräle sowie europäische Lieder, Schlager und Opernarien. »Europäische Lieder waren das, und leicht zu singen, ganz anders als die einheimischen, die schwermütig waren und sehr verziert und kunstvoll. Die europäische Tonskala gefiel mir, weil sie so klar war.«⁷ Yun begann autodidaktisch Musik zu notieren und »debütierte« als Komponist 1931 mit einer Zwischenmusik, die in einem Kino in Tongyeong aufgeführt wurde. Auf Wunsch seines Vaters besuchte Yun 1931-33 eine Handelsschule in Tongyeong; inoffiziell nahm er in dieser Zeit aber wohl auch Unterricht in

---

Almanach 1998/99 der Internationalen Isang Yun Gesellschaft e.V., Berlin und München 1999, S. 21-36, hier S. 26ff.
Vgl. ferner Du-Yul Song: *Von Donghak bis Kwangju*, in Hanns-Werner Heister und Walter-Wolfgang Sparrer (Hg.): *Der Komponist Isang Yun*, München 1987, erw. 2. Aufl. 1997, S. 40-45.

3 Günter Freudenberg, op. cit. (Anm. 2), S. 53.
4 Ch'oe Che-U: *Das große Buch des Tonghak*, Frankfurt a. M. 1997.
5 Günter Freudenberg, op. cit. (Anm. 2), S. 54.
6 Luise Rinser und Isang Yun: *Der verwundete Drache. Dialog über Leben und Werk des Komponisten*, Frankfurt a. M. 1977, S. 15-40. Im folgenden zitiert als »Yun 1977«.
7 Yun 1977 (Anm. 6), S. 36.

Seoul. Sein Lehrer war wahrscheinlich Choi Ho-yŏng;[8] damals lernte Yun u. a. Partituren von Richard Strauss und Paul Hindemith kennen. Choi war Schüler des deutschen Marine-Kapellmeisters Franz Eckert, der die westliche Musik in Korea eingeführt hatte, und soll seinerseits bereits eine – wie auch immer zu realisierende – Verbindung koreanischer und europäischer Musik postuliert haben. 1933 verließ der 16jährige Yun das japanisch besetzte Korea, um in Osaka Violoncello und Musiktheorie zu studieren. Wahrscheinlich gegen Ende dieser Periode formulierte Yun drei Lebensziele: Er wollte sich einsetzen für die politische Befreiung seines Landes, beitragen zur Verbesserung der Lebensbedingungen der Armen und schließlich als Komponist durch eine Musik hervortreten, die westliche und koreanische Elemente verbindet. Obwohl die koreanische Sprache unterdrückt wurde, ließ der 18jährige in Tongyeong 1935 auf eigene Kosten eine Sammlung koreanischer Volksliedsätze mit Klavierbegleitung drucken.

Sein Studium in Japan unterbrach Yun 1936 aufgrund des Todes seines Vaters. Um die Lebensbedingungen der Armen kennenzulernen, unternahm er von Tongyeong aus einen Fußmarsch nach Seoul und Pyeongyang; während dieses Lebensabschnitts unterrichtete er auch an einer Volksschule in der Region Tongyeong. 1938 veröffentlichte Yun einen Band koreanischer Kinderlieder. Im selben Jahr kehrte er nach Japan zurück und studierte bei Tomojiro Ikenouchi, der seinerseits am Conservatoire in Paris ausgebildet worden war.[9] Erst Ende 1941, als Japan mit dem Überfall auf Pearl Harbour in den Zweiten Weltkrieg eintrat, ging Yun zurück nach Korea, wo sich die Lage erneut verschärfte.

»Im Jahr 1937 startete Japan seinen Großangriff auf China, 1941 legte es sich in Pearl Harbour auch noch mit den USA an. Je hoffnungsloser, desto totaler wurde der Krieg und führte auch in Korea zu extremen Maßnahmen, so zur Assimilationspolitik. Unter dem Schlagwort ›Japan und Korea sind eine Einheit‹ verbarg sich der Plan, Koreas völkische Identität auszulöschen und das Tenno-Reich um eine produzierende Provinz zu vergrößern. Wurde schon in den Schulen nur noch in japanischer Sprache ge-

---

8 Daß Choi Yuns Lehrer in Seoul war, vermutet Yun Chongmo: *Nabi ŭi gum* [Der Traum des Schmetterlings], Seoul 1996 (2 Bde.).
9 Zu den Schülern Ikenouchis zählen u. a. Toshi Ichiyanagi, Maki Ishii, Toshiro Mayuzumi und Makoto Shinohara.

lehrt, so war den Koreanern ihre Muttersprache jetzt auch auf Straßen und Plätzen verboten. Jedermann wurde außerdem genötigt, japanische oder japanisch klingende Vor- und Familiennamen anzunehmen. Schriftsteller durften nur noch japanisch publizieren, und die einheimische Hangul-Schrift verschwand aus Zeitungen und Literatur. Auch mit der Religionsfreiheit war es vorbei. Die Missionare waren zerrissen zwischen Neutralität und Gewissen. Die Japaner machten Kult im Shinto-Schrein zur Vorschrift. Christen, die sich weigerten, verloren ihr Leben. Als Japan Ersatz für die schwindende Zahl seiner Arbeiter und Soldaten brauchte, wurden Hunderttausende Koreaner für die Arbeit in Bergwerken, Fabriken und auf Militärbasen rekrutiert.«[10] Noch im August 1945 lebten ca. zwei Millionen koreanische Zwangsarbeiter in Japan;[11] daß zahllose koreanische Kinder und Frauen dort und anderswo zur Prostitution gezwungen worden waren, wurde einer breiteren Öffentlichkeit erst in den 1980er Jahren bekannt.

Als Yun 1941 nach Tongyeong zurückkehrte, mußte er Arbeitsdienst leisten und Abgaben (Reis) bei der bäuerlichen Bevölkerung eintreiben. Als 1943 seine koreanischen Lieder bei einer Hausdurchsuchung entdeckt wurden, wurde er verhaftet, gefoltert und konnte nach zwei Monaten fliehen. In Seoul tauchte Yun dann unter falschem Namen unter. An Tuberkulose erkrankt, erlebte er in der Universitätsklinik Seoul im August 1945 das Kriegsende. Japaner nördlich des 38. Breitengrads ergaben sich dem sowjetischen, südlich des 38. Breitengrads dem US-amerikanischen Militär. Die japanische Kolonialmacht wurde durch Vertreter anderer Mächte abgelöst.

Nach 1945 beteiligte sich Yun an der Gründung der »Koreanischen Kulturgesellschaft Tongyeong«, die noch heute besteht. Er kümmerte sich um die Kriegswaisen, wobei er nacheinander drei Waisenhäuser leitete, und war Musiklehrer an verschiedenen Schulen in Pusan und Tongyeong. 1948 wurden die einander feindlichen Teilstaaten Nord- und Südkorea etabliert. Den Korea-Krieg 1950 verbrachte Yun, der 1950 geheiratet und eine Familie gegründet hatte, als Musiklehrer in Pusan. Nach dem Ende des Korea-Kriegs unterrichtete er an verschiedenen Hochschulen

10 Conrad Anders: *Korea*, München 1988, S. 211.
11 Harald Schüler, Yaeko Osono und Thomas Hemstege: *Hiroshima – Nagasaki 1945 bis heute*, Hamburg 1981, S. 43.

in Seoul und beteiligte sich als Komponist am Aufbau des Musiklebens. Für sein *1. Streichquartett* und sein *Klaviertrio* erhielt er 1955 den Seouler Kulturpreis, der ihm den Sprung nach Europa ermöglichte: Yun ging zunächst nach Paris, wo er vermutlich mit Messiaen, der damals in den USA war, in Berührung kommen wollte, wechselte dann aber rasch an die Berliner Hochschule für Musik zu Boris Blacher und dem Schönberg-Schüler Josef Rufer, bei dem er das »Komponieren mit zwölf nur aufeinander bezogenen Tönen« fast an der Quelle studierte. In Europa debütierte Yun, 42 Jahre alt, 1959 in Bilthoven und Darmstadt mit den *Fünf Stücken für Klavier* (1958) und der *Musik für sieben Instrumente* (1959). Schon im langsamen Satz der *Musik für sieben Instrumente* erscheint keimhaft und zum ersten Mal die für Yun charakteristische Adaption eines Idioms traditioneller Musik seiner Heimat.

Europa und »Entführung«

Yuns erste Schaffensperiode in Europa galt der Herausbildung einer eigenen und zugleich spezifisch »koreanischen« Idiomatik in Werken, die zur Aufführung im Konzertsaal bestimmt sind. Die Technik des langgezogenen Tons, die er in Anlehnung an die traditionelle chinesisch-koreanische Hofmusik entwickelte und mit zwölftönigen Techniken kombinierte, reflektierte er unter dem Namen »Hauptklangtechnik« in Kompositionen wie *Garak* für Flöte und Klavier (1963) sowie *Gasa* für Violine und Klavier (1963) sowie auch theoretisch.[12] Höhepunkte seiner Auseinandersetzung mit der – relativ statischen – koreanischen Hofmusik bilden *Loyang* für Kammerensemble (1962/64) und *Réak* für großes Orchester (1966); damals entstand auch das buddhistische Oratorium *Om mani padme hum* (1964). Die Uraufführung von *Réak* in Donaueschingen 1966 brachte dem Komponisten Yun einen internationalen Durchbruch. Jäh unterbrochen wurden seine kompositorische Arbeit und sein Leben jedoch im Juni 1967, als ihn der südkoreanische Geheimdienst KCIA aus West-Berlin nach Seoul entführte.

12 *Gespräch mit Isang Yun* (1965), erneut in *Ssi-ol. Almanach 2002/03*, Berlin und München 2004, S. 7–11.

In der Republik Korea lösten die autoritären Regime einander ab. Das durch Polizeiterror, Wahlmanipulation und ständige Mißachtung demokratischer Rechte charakterisierte Regime Syngman Rhee endete nach Studentenunruhen im April 1960 in Mißwirtschaft, Inflation und Korruption. Einer einjährigen Interimsregierung folgte das Regime des Generals Park Chung-hee, der zur Durchsetzung seiner Interessen demokratische Rechte auch förmlich aufhob und im Oktober 1972 das Kriegsrecht verhängte, um die Präsidialdiktatur der Vierten Republik zu etablieren. Einen erheblichen wirtschaftlichen Aufschwung brachte 1965 sein Normalisierungsvertrag mit Japan, der den Import von Kapital und Technik in Gang setzte. Auch Parks Nachfolger Chun Doo-hwan und Roh Tae-woo waren der Etablierung demokratischer Verhältnisse kaum förderlich.

Der Einschüchterung demokratischer Kräfte, der Ausschaltung politischer Gegner und nicht zuletzt dem Ausdruck von Antikommunismus diente die Entführungsaktion im Juni 1967, in der Isang Yun und andere vom koreanischen Geheimdienst KCIA aus der Bundesrepublik Deutschland nach Seoul entführt, gefoltert und des Verstoßes gegen das 1958 erlassene »Gesetz zur nationalen Sicherheit« angeklagt wurden. Dieses Gesetz verbietet jegliche Aufnahme und Vermittlung von Kontakten zu Nordkorea. Yun, der 1963 Nordkorea besucht hatte, wurde mit dem Todesurteil bedroht, nach internationalen Protesten in dritter Instanz schließlich zu zehn Jahren Haft verurteilt. Zuletzt kam er mit Mitteln des Auswärtigen Amtes frei und wurde im Februar 1969 als Staatenloser in die Bundesrepublik Deutschland entlassen.[13]

Von Freiheit und Frieden in Yuns Musik

Erst nach seiner Entführung durch den südkoreanischen Geheimdienst entwickelte Yun jene musikalische Sprache, die ihm ermöglichte, Freiheit und Frieden mit dem nötigen Maß an Deutlichkeit zu thematisieren. Seit Mitte der 1970er Jahre vereinfachte

---

13 Aus der BRD, Holland, Frankreich und den USA sind damals ca. 35 Koreaner entführt worden; 17 davon wurden angeklagt. Siehe dazu Yun 1977, S. 117-177, ferner *Ssi-ol. Almanach 2000/01*, op. cit. (Anm. 2), S. 139-248.

er die Strukturen seiner Musik. Auch griff er erstmals zu Texten aus dem europäischen Kulturraum.

Die Kantate *An der Schwelle* für Bariton, Frauenchor, Orgel, Flöte, Oboe, Trompete, Posaune und Schlagzeug (1975) basiert auf zwei Sonetten von Albrecht Haushofer sowie Versen aus dem Alten (Jesaja) und Neuen Testament (2. Brief des Paulus an die Korinther), die in die Sonette eingeblendet werden. Haushofer war wegen seiner Verbindung zu Männern des 20. Juli 1944 verhaftet und in der Nacht vom 23. zum 24. April 1945 erschossen worden; die Sonette entstanden im Moabiter Gefängnis. Yun verarbeitet hier die Erfahrung von Unrecht, Kerker, Gewalt und Folter. Der erste Teil der Kantate ist eine Auseinandersetzung mit dem Tod; thematisiert wird der Konflikt zwischen der Bereitschaft aufzugeben und aus dem Leben zu scheiden einerseits und religiöser Verantwortung diesem Leben gegenüber andererseits. Der zweite Teil bringt die Vision von Freilassung und Freiheit; Haushofer reflektiert hier die inneren Fesseln und erfährt, während er äußerlich unfrei ist, die innere Freiheit von Begierden und Wünschen. Am Ende steht der Dank für diese während der Haft gewonnenen Erfahrungen.

Das Ringen um Freiheit und Befreiung – innen wie außen – ist der Archetyp von Yuns kompositorischer Arbeit, sein Thema schlechthin. Die Windungen und Wendungen, das Auf und Ab, Hin und Her, Yang und Yin – all das in unablässiger Bewegung Sich-Befindende zielt auf die Herstellung einer Balance, eines Gleichgewichts und Friedens, die Yun für den Augenblick musikalisch realisiert und die sich im Moment des Hörens im Konzertsaal einstellt. Stets zielt Yun auf diese höhere Einheit, die Balance oder Verschmelzung des Gegensätzlichen. Viele seiner Kompositionen wären hier zu nennen.

Das Kämpferische, gelegentlich auch Pathetische, liegt Yuns bis etwa 1971 komponierten Werken eher fern; in ihnen dominiert – wie erwähnt – die relative Statik der koreanischen Hofmusik. Zur Dynamisierung der musikalischen Verläufe – unabdingbare Voraussetzung zur Darstellung der Friedens- und Ausgleichs-Thematik – schrieb Yun Konzerte, in denen er ein Soloinstrument als »lyrisches Ich« dem Orchesterganzen gegenüberstellt. Er begann mit dem *Konzert für Violoncello und Orchester* (1975/76), in dem er die Entführung reflektiert und, vor allem im langsamen Satz, die Todesthematik musikalisch zum Ausdruck bringt. Für weitere Solokonzerte dienten parabelhafte Märchenstoffe sowohl der Konzeption und Ausarbeitung der Werke als auch den Botschaften, die er hinterlassen wollte. So mahnte er im *Konzert für Oboe und Harfe mit kleinem Orchester* (1977) symbolisch die Wiedervereinigung des geteilten Korea an.[14]

Zunehmend vereinfachte er die harmonischen Verhältnisse in seiner Musik, die im Gegenzug flexibler, kontrastreicher und bisweilen auch nach außen hin dramatischer wurde. Die tonalen Elemente – der späte Yun (ab 1984) bevorzugte Terzschichtungen – nutzte er zur Organisation von Schwebezuständen, für das Zwielicht von Yin und Yang. Zumal die schwebende Harmonik des späten Yun der Darstellung von Stille, Harmonie und Frieden in Kammermusikwerken wie dem *Quintett für Klarinette und Streichquartett Nr. 1* (1984), dem *Duo für Violoncello und Harfe* (1984), *Pezzo fantasioso per due strumenti con basso ad libitum* (1988), *Distanzen* für Bläser- und Streichquintett (1988) dient, nicht zuletzt auch dem *Konzert Nr. 3 für Violine und kleines Orchester* (1992) u. a. An die große Friedensepoche des Vereinigten Silla-Reichs (668-918) erinnern und damit mittelbar die Vereinigung Koreas anmahnen soll das Orchesterstück *Silla* (1992).

Isang Yun ist am 3. November 1995 in seiner Wahlheimat Berlin gestorben. In einem Handzettel, den die 1996 gegründete *Internationale Isang Yun Gesellschaft e.V.* zum Druck beförderte, heißt es: »Sein Œuvre umfaßt mehr als hundert Werke, darunter vier Opern sowie mehrere Instrumentalkonzerte. In den achtziger Jahren entstanden fünf große, zyklisch aufeinander bezogene Symphonien; in dieser Zeit entwickelte Yun einen neuen Tonfall auch in seinen Kammermusikwerken, die durch das Streben nach Harmonie und Frieden gekennzeichnet sind. Versöhnung auf der koreanischen Halbinsel war zugleich sein politisches Ziel.« Das war nicht immer so. Die Diktatoren-»Dynastie« Rhee Syng-man, Park Chung-hee, Chun Doo-hwan, Roh Tae-woo wurde von Yun bekämpft. Seine unversöhnliche Haltung gegenüber Südkorea änderte sich erst gegen Ende seines Lebens.

Unmittelbar Stellung zu aktuellen Vorgängen in der Republik Korea nahm Yun in dem Orchesterstück *Exemplum in memo-*

---

14 Vgl. dazu Frank Schneider: *Im Zeichen des Silberflusses. Zum Doppelkonzert für Oboe und Harfe mit kleinem Orchester* (1977), in Heister und Sparrer (Hg.), op. cit. (Anm. 2), S. 217-223.

riam Kwangju (1981). Das Werk ist konkret bezogen auf die blutige Niederwerfung des Volksaufstands in der Provinzhauptstadt Kwangju im Mai 1980, eine Phase der offenen Diktatur des Militärs nach der Ermordung des Diktators Park Chung-hee (Oktober 1979) und vor der Übernahme der Macht durch seinen Nachfolger Chun Doo-hwan (März 1981). Für die seit langem erwartete Verfassungsreform, die Abschaffung des Kriegsrechts sowie weitere Schritte zur Demokratisierung fanden von Ende April bis Mitte Mai 1980 in Seoul und anderen Städten Massendemonstrationen statt. In Kwangju, der Heimat des Oppositionspolitikers Kim Dae-jung, provozierte der brutale Einsatz der Fallschirmjäger einen allgemeinen Volksaufstand und die Ausrufung einer selbstverwalteten »Freistadt Kwangju«. Diese wurde erst nach zehn Tagen, am 27. Mai, auch mit Hilfe US-amerikanischer Soldaten, die von der Grenze zu Nordkorea abgezogen worden waren, gestürmt. Presseberichten zufolge wurden etwa 3000 Menschen mit unvorstellbarer Grausamkeit niedergemetzelt, weitere 500 verhaftet, gefoltert und willkürlich verurteilt.

Yuns *Exemplum* entstand Anfang 1981 im Auftrag des Westdeutschen Rundfunks Köln und wurde dort am 8. Mai 1981 uraufgeführt. Der erste Teil ist ein stilisiertes Schlachtengemälde: Tuttischläge geben das Signal zum Aufstand und münden schon im sechsten Takt in eine Gewehrschüsse symbolisierende Doppeltriole der Blechbläser. Während die Holzbläser mit fluchtartigen Bewegungen reagieren, liegen die Streicher zunächst verstört darnieder, formieren sich aber dann, unterstützt durch Fagotte und Hörner, zum Marsch der Demonstranten in Kwangju. Stilisierte Kampfszenen enden im Einsatz der koreanischen Peitsche Bak, die den Einschlag von Granaten markieren soll.

Der nach einer Steigerungsdramaturgie konzipierte langsame Mittelteil geht aus von der geisterhaften Ruhe nach dem Massaker. Einer Phase scheinbarer Lähmung folgt das Erwachen, das in einem Appell der Blechbläser und Pauken kulminiert. Ein *Lamentoso* der Streicher und Holzbläser, Klage wie Anklage, dann ein irisierendes Klanggewebe, in das Hornrufe eingesenkt sind, beschließen den langsamen Teil. – Aufbruch wie Auferstehung signalisierend, eröffnet eine Rufintonation der Trompeten den dritten Abschnitt. Der »Marsch der Gerechten« (Yun) formiert sich neu und kann trotz der durch die Blechbläser, zuletzt die

Posaunen verursachten Störungen nicht mehr aufgehalten werden.[15]

Yun wollte regimekritische Studenten und Intellektuelle in Korea mit *Mugung-Dong* [Unendliche Bewegung] für Bläser, Schlagzeug und Kontrabässe (1986) ermutigen. Ebenfalls auf seine südkoreanische Heimat bezogen ist sein letztes Orchesterstück *Engel in Flammen*. Dieses *Memento* für Orchester mit *Epilog* für Sopran, dreistimmigen Frauenchor und fünf Instrumente ist zugleich eines von drei letzten Werken, die Yun in der zweiten Hälfte des Jahres 1994 komponierte. Den ersten Teil des Orchesterstücks, dessen Titel *Engel in Flammen* er erst nach Abschluß der Komposition bekanntgab, beendete Yun Ende August. Anfang September wollte er zur Aufführung seiner Werke erstmals »nach 38 Jahren als freier Mensch« seine Heimat Südkorea betreten. Die Einreise scheiterte kurz vor dem Abflug in Berlin. Erneut erkrankt, vollendete Yun die Partitur des Orchesterstücks in Berlin an seinem 77. Geburtstag, dem 17. September 1994. In Hohegeiß im Harz entstanden anschließend zwei weitere Kompositionen: das 2. Klarinettenquintett und das Quartett für Oboe und Streichtrio. Dort schrieb er dann Ende Oktober sein definitiv letztes Werk, den *Epilog*.

Vor der Uraufführung in der Suntory Hall in Tokyo am 9. Mai 1995 gab Isang Yun am 5. April 1995 in Berlin-Kladow folgenden Kommentar: »Die Bezeichnung *Engel* resultiert nicht aus einem christlichen oder religiösen Weltbild; nicht nur in Asien meint man mit diesem Wort auch wirkliche Menschen, die reine oder selbstlose Gedanken haben und Taten vollbringen, die auf Gesellschaftliches, Moralisches oder eben auch auf Religiöses bezogen sind. Der Zusatz *in Flammen* bedeutet Verbrennung, konkret Selbstverbrennung. Bei der Komposition dachte ich an eine Szene, die sich in der Realität mehrfach ereignet hat: verbrennen, den Körper mit Benzin übergießen, sich in Flammen aus einem hohen Gebäude herausstürzen. Und ich dachte dabei auch an die Zuschauer, an die Gesellschaft, die dieses schockierende Ereignis mit einer großen Emotion erlebt. […] Konkret hatte ich junge Menschen in Südkorea vor Augen, vorwiegend Studenten, die im Frühjahr 1991, gegen Ende der Zeit, als Roh Tae-woo Präsident

---

15 Vgl. Hanns-Werner Heister: *Kollektivität und Körperlichkeit. Exemplum in memoriam Kwangju (1981)*, in Heister und Sparrer (Hg.), op. cit. (Anm. 2), S. 234-259.

war, immer wieder demonstrierten und deren Proteste gewaltsam und gnadenlos unterdrückt wurden. Viele gehörten politisch radikalen Gruppierungen an. Aber gerade die Studenten, die durch Selbstverbrennung Selbstmord begingen, hatten keine Zugehörigkeit zu politischen Gruppen; sie sahen nur die Aussichtslosigkeit, die Sackgasse im Kampf um Demokratisierung und Wiedervereinigung, den drohenden Zusammenbruch der Gesellschaft und die Ohnmacht des einzelnen. Sie handelten spontan und verbrannten ihre Körper, um der Gesellschaft einen Schock zu versetzen; sie wollten ein Zeichen setzen, um die Gesellschaft zur Besinnung zu bringen. Ein individuelles Schicksal ist wichtig und absolut, und damals gaben mehr als zwanzig junge Menschen ihr Leben; rein und naiv gingen sie öffentlich in den Tod, um eine moralische und gesellschaftliche Erneuerung anzumahnen. [...] Es ist das letzte Orchesterstück, das ich für mein Volk geschrieben habe. Ich will diese Menschen, die Selbstverbrennung begingen, nicht zu Helden verklären, ich will keine Heiligen aus ihnen machen, aber allein die Tatsache, daß sie ihrer Natur, ihrer reinen seelischen Veranlagung entsprechend handelten und handeln mußten, sollten wir in Erinnerung behalten. [...] Mein Stück soll nicht nur für Korea eine Mahnung bleiben, sondern für ganz Asien, für alle Länder, die sich in einer ähnlichen politischen Situation befinden. Mir geht es um Mitleid oder Mitgefühl, nicht nur um Erinnerung, sondern um eine verantwortliche Erinnerung, um ein Bewußtsein von der gemeinsamen, geschichtlich zusammenhängenden Situation und um eine Solidarität der Völker. Ursprünglich wollte ich zum Thema Selbstverbrennung eine Art Requiem schreiben. Und sollte irgendwann in der Zukunft eine öffentliche Trauerzeremonie für diese Opfer der Gesellschaft, für diese reinen Menschen, diese Engel, die man zur Zeit als Opfer nicht zur Kenntnis nehmen will, zustande kommen, so möchte ich, daß dieses Werk bei einer solchen Trauerfeier erklingt.« Im *Epilog* zum Orchesterstück geht es um das, was die Seele nach dem Tod, dem physischen Ende, hört: »eine neue klangliche Dimension, die im Raum, im Kosmos immer fließt.«[16]

Während sich Yun mit dem *Engel in Flammen* den Opfern der südkoreanischen Politik und Gesellschaft zuwandte, widmete er

---

16 Vollständig abgedruckt ist das Interview in: Walter-Wolfgang Sparrer: *In memoriam Isang Yun. Ein kleiner Bericht zu seinem letzten Jahr und seinen letzten Werken*, in: MusikTexte Nr. 62/63, Januar 1996, S. 87–92.

die *Kammersinfonie II »Den Opfern der Freiheit«* (1989). Diese Auftragskomposition der Alten Oper Frankfurt entstand im Gedenken an die Ideale der Französischen Revolution. Die Mühsal des Befreiungskampfes versuchte Yun hier kompositorisch umzusetzen.

Frieden nannte Yun, der sein Werk ganzheitlich sah und die einzelnen Werke wie Äste und Zweige eines einzigen Baumes, nur ein einziges Bruchstück aus seinem Œuvre: den V. Satz seiner Nelly-Sachs-Symphonie, der *Symphonie V* (1987).

Nelly-Sachs-Symphonie

Mit Nelly Sachs verbindet Yun der Umstand, daß zwar ein einzelnes ihrer Werke (Gedichte) durchaus aus sich selbst heraus verstanden werden kann, daß diesem aber aus der Kenntnis nicht nur des zyklischen Zusammenhangs, dem es entnommen ist, sondern vor allem aus der Kenntnis des sich stets noch entwickelnden Gesamtwerks heraus erst seine volle Bedeutung zuerkannt werden kann. Stets ist bei Yun das (für sich gesehen oft banale) Teil, das kleinste Element, bereits Ausdruck des Ganzen, und das makrokosmische Ganze widerspiegelt im großen stets die Summe der kleinsten Elemente; das Yin ist im Yang und umgekehrt; der Makrokosmos enthält in sich das Vielfache eines Mikrokosmos. Isang Yun hat es so ausgedrückt: »Jede kleinere Klangfigur muß das Grundkonzept des ganzen Stückes enthalten...« und »jedes meiner Stücke muß das Ganze meiner musikalischen Welt enthalten.«[17]

Auch der Text der *Symphonie V* (1987), die als exakt auskalkuliertes Ganzes wirkt, bei dem jedes Detail seinen Sinn hat und aufs Ganze zurückstrahlt, war das Ende eines langen Ringens. Bei der Suche nach einem geeigneten Text stand zunächst die von den Berliner Festspielen (Ulrich Eckhardt und Elmar Weingarten) angeregte Exil-Thematik im Vordergrund: Yun überlegte, ob und wie er »Berlin als Zufluchtsort« thematisieren könne, las u. a. Brechts Gedichte aus dem dänischen Exil – und kam schließlich erneut auf die Holocaust-Thematik und Nelly Sachs zurück.

Mit Nelly Sachs verbindet Yun die Erfahrung realer Bedro-

---

17 Yun 1977 (Anm. 6), S. 100.

hung durch diktatorische Regime, faschistische Geheimdienste und Kriege. Im Sommer 1908 lernte die 17jährige Nelly Sachs während eines Ferienaufenthalts ihre große Liebe kennen: eine Liebe, die nie zur Erfüllung kam und von der wir nur wissen, daß der Mann, den sie liebte, Jahrzehnte später in einem Konzentrationslager ermordet wurde (Nelly Sachs besang ihn als »toten Bräutigam«). Diese Liebe durchdrang ihr Wesen in einem unwiderstehlichen Glücksrausch, dessen Erinnerung ihr zumindest gelegentlich ermöglichte, »den Kerker zu durchbrechen«[18], in dem sich ihre extrem sensible und zurückhaltende Persönlichkeit zumeist gefangen fühlte. Durch Vermittlung von Selma Lagerlöf und anderen konnte die (jüdisch-)deutsche Lyrikerin am 16. Mai 1940 mit einem der letzten Flugzeuge von Berlin nach Stockholm ins schwedische Exil flüchten. Erst 1939/40 hatte sie die chassidische Mystik in den Übertragungen von Martin Buber kennengelernt, wesentlich später *Die Geheimnisse der Schöpfung* (aus dem Buch *Sohar*) in der Übersetzung von Gershom Scholem. Und erst in Schweden wurde sie – durch die Kenntnis der modernen schwedischen Lyrik einerseits und die Arbeit an dem unendlichen Leid, das sie erfuhr, andererseits – zu jener großen, unvergessenen Sängerin des Holocaust.

Yun zeigte kaum mystische Neigungen, war gelegentlich jedoch durchaus zu ekstatischer Intensität fähig.[19] Äußerst konzentriert und voller Bereitschaft, Klänge »zu empfangen«, brauchte er zum Komponieren gleichwohl günstige äußere Umstände, die kaum vermeidbare Isolation der Tagesarbeit, zudem einen gewissen Grad des körperlichen Sich-Wohl-Fühlens, der es ihm erlaubte, die Werke möglichst in einem Zug niederzuschreiben,

---

18 Bengt Holmqvist: *Die Sprache der Sehnsucht*, in ders. (Hg.): *Das Buch der Nelly Sachs*, Frankfurt a. M. 1968, S. 27.

19 Sachs und Yun, christliche wie chassidische Mystik treffen sich im Wissen um die Polarität von Licht und Schatten, Gut und Böse usw. In diesem Sinn gebrauchte Yun das Wort Mystik; er bezog sich dabei insbesondere auf Kunst, die er »taoistisch« nannte: die für ihn »lebenswichtigen« (Ursula Holliger) Grabfresken aus Kangsŏ (um 600), Modell ästhetischer Mehrdeutigkeit, die er immer wieder realisierte, nicht nur in der Komposition *Images* für Flöte, Oboe, Violine und Violoncello (1968). Charakteristisch die Reihung oder Kombinatorik in den Salzburger Vorlesungen: »Mir ging es um Mystik, um Gesellschaft und Weltanschauung.« Vgl. Isang Yun: *Über meine Musik. Vorlesungen an der Salzburger Hochschule für Musik und darstellende Kunst »Mozarteum« (Mai 1993)*, in Heister und Sparrer (Hg.), op. cit. (Anm. 2), S. 297-313, hier: S. 302.

ohne daß längere Unterbrechungen oder Reisen ihn aus seiner Konzentration und Inspiration rissen und das zugrundeliegende Konzept vergessen ließen.

Zu Nelly Sachs gehört der Ausgang von bestimmten Schlüsselwörtern, die sie im Lauf von Jahren und Jahrzehnten weiterentwickelte und die ihr Werk wie einen roten Faden durchziehen. Darunter ist zum Beispiel die Metapher vom »blutigen Abend«, der in den Vertonungen Isang Yuns sowohl in *Teile Dich Nacht* (für Sopran und Kammerensemble, 1981) als auch im II. Satz *Wir Geretteten – Ihr Zuschauenden I* der *Symphonie V* (1987) wiederkehrt, dort als Frage an die Zuschauenden »Wieviel Erinnerung wächst im Blute / Der Abendsonne?« Charakteristische, bei Nelly Sachs immer wiederkehrende Substantive, Schlüsselwörter und Metaphern, sind zum Beispiel Sand, Staub, Asche, Auge, Stern, Abschied, Flucht, Verwandlung, Nacht, Schmerzen, Blut, Tod, Geheimnis, Schweigen oder auch adjektivisch gebrauchte Partizipien wie »versiegelt« oder »verhüllt« (»verhüllte Gestirne«, »der versiegelte Himmel«). Frieden – Freiheit – Atem – das alles Durchdringende: Was einen jeden Komponisten reizen dürfte, ist die Tatsache, daß der Geltungsbereich jedes dieser Worte gleichsam philosophische Ausmaße hat. Yuns Interesse mag sich auch an Paradoxa entzündet haben wie der »schweigenden Sprache / die hier die Luft blitzen läßt«[20], der »gewitternden Tanzkapelle«[21] usw.; entsprachen sie doch seiner taoistischen Vorstellung, daß ins dunkelste Dunkel noch Licht durchdringen müsse. »Abgrund aus Licht« heißt das bei Nelly Sachs. Gleichsam *ein* Prinzip, *ein* Gedanke durchdringt bei Yun wie Sachs monomanisch oder monistisch alles andere. Bengt Holmqvist schrieb über Nelly Sachs: »Sie kämpft, Gedicht um Gedicht, um von dem losgelassenen Bösen nicht überwältigt zu werden.«[22] Yun war da vielleicht robuster, doch beider Hervorbringungen sind erlebt und erlitten, basieren auf realer Erinnerung und wirklichem Erleben; sie sind getragen von der Kraft der Sehnsucht, der Sehnsucht nach – realer wie spiritueller – Einheit.

Bestimmte Worte, die Nelly Sachs im Lauf ihrer künstlerischen

---

20 *Wir winden hier einen Kranz* aus: *Glühende Rätsel*, zit. nach dem 2. Band der Gesamtausgabe *Suche nach Lebenden*, Frankfurt a. M. 1971, S. 15.
21 Aus: *Die Suchende*, zit. nach dem 2. Band der Gesamtausgabe *Suche nach Lebenden*, Frankfurt a. M. 1971, S. 99.
22 Holmqvist, op. cit. (Anm. 18), S. 41.

Entwicklung für sich entdeckte, kehrten im folgenden dann immer wieder. Das Wort »Flucht« erscheint nicht vor Mitte der 1950er Jahre und ist zentral für den Zyklus »Flucht und Verwandlung« (1959). Auch Isang Yun entwickelte im Lauf von Jahren und Jahrzehnten eine spezifische Idiomatik, ein Elementarvokabular. »Seit Anfang der sechziger Jahre bis heute bin ich innerhalb von drei oder vier Stücken nie auf der Stelle geblieben, immer habe ich weiter und weiter gesucht. Mehr und mehr beschränke ich mich nun auf das Substantielle, um mehr Frieden, mehr Güte, mehr Reinheit und Wärme in diese Welt zu tragen« (Yun 1992). Die einmal »gefundenen« Vokabeln verwendete Yun wieder, variierte sie und orientierte sie auf den jeweils veränderten Gesamtzusammenhang hin. Umgekehrt gingen aus dem Reservoir des großen Ganzen immer wieder neue und individuelle Werke hervor. Eines dieser Idiome sind beispielsweise die – von Dirigenten meistens nicht ausgeführten – »Herzschritte«: der durch Fermaten, die die einzelnen Töne längen, ins Stocken gebrachte Tonsatz. Das Bild ist inspiriert durch Nelly Sachs bzw. den Text von Yuns Nelly-Sachs-Symphonie; das Gedicht wird im letzten Drittel des *Erinnerung* betitelten I. Satzes vom Bariton intoniert: »Was für Umwege sind zu gehen / für Herzschritte / bevor endlich / das Erinnerungsboot / das tagfahrende / erreicht (ist)«. Das den »Herzschritten« entsprechende Idiom entdeckte Yun durch den Text; er verwendete es unmittelbar danach in der *Kammersinfonie I* (1987), aber auch in weiteren später entstandenen Werken (bis zum *Quintett für Klarinette und Streichquartett Nr. 2*, 1994).

Erstmals vertonte Yun drei Gedichte der späten Nelly Sachs, die ihm wohl Heinz Holliger nahebrachte, in der Solo-Kantate für Sopran und Kammerensemble *Teile Dich Nacht* (1980). Schubweise wie in systematischer Variation folgten der Chor mit Solovioline und Schlagzeug *O Licht…* (1981), in dem Yun Verse der Sachs mit einem buddhistischen Gebet kombiniert, und der Chor mit Solo-Posaune *Der Herr ist mein Hirte* (1981; Sachs plus 23. Psalm). Während Yun in *Teile Dich Nacht* die faschistischen Greuel der Vergangenheit und die Entfremdung der Gegenwart thematisiert, begibt er sich in *O Licht…* mit lang ausgehaltenen, statischen Klängen weit in ostasiatische Tradition. *O Licht…* basiert auf dem gleichnamigen buddhistischen Gebet und zwei Ausschnitten aus Sachs' Gedichtzyklen »Fahrt ins Staublose« und »Noch feiert der Tod das Leben«. Dabei geht es um »Lichtmusik aus Ebbe und Flut«, um die »unverwundeten Ewigkeitszeichen: Leben – Tod« (Sachs) und – buddhistisch formuliert – die Wiedergeburt im Licht.

Im Gegensatz zu *O Licht...* pointiert Yun in *Der Herr ist mein Hirte* – in der Auswahl der Texte wie der Art ihrer Ausdeutung – wiederum nachdrücklich europäische Traditionen. Den Tröstungen verheißenden Bibeltext des 23. Psalms konfrontiert er mit dem »Chor der Tröster« aus dem umfangreichen Holocaust-Zyklus *In den Wohnungen des Todes* (1944/45). Dieser liegt auch seiner *Symphonie V*, vor allem den beiden kantatenartigen Sätzen II und IV *Wir Geretteten – Ihr Zuschauenden I* und *II* zugrunde. Alle anderen Gedichttexte und -ausschnitte entnahm Yun der von Hilde Domin 1977 in der Bibliothek Suhrkamp herausgegebenen Sammlung von Nelly-Sachs-Gedichten.

Symphonische Welt

Auch innerhalb der *Symphonie V* für großes Orchester mit Bariton solo (1987) erscheint die Friedens-Thematik erst am Ende des Wegs. Das Thema des symmetrisch gebauten Werks ist die Erinnerung an faschistische Vergangenheit. Im Zentrum steht der III. Satz, der *Aufruf* zur Versöhnung, der bei der Drucklegung der Partitur den Titel *Sehnsucht, Durst* erhielt:

> Völker der Erde,
> zerstöret nicht das Weltall der Worte,
> zerschneidet nicht mit den Messern des Hasses
> den Laut, der mit dem Atem zugleich geboren wurde.
>
> Völker der Erde,
> O daß nicht Einer Tod meine, wenn er Leben sagt –
> und nicht Einer Blut, wenn er Wiege spricht –
>
> Leget auf den Acker die Waffen der Rache
> Damit sie leise werden –
> Denn auch Eisen und Korn sind Geschwister
> Im Schoße der Erde –

Die *Symphonie V* steht am Ende eines Zyklus von fünf kontrastierend aufeinander bezogenen Werken, die Yun in dichter zeitlicher Folge zwischen 1982/83 und 1987 komponierte. Die Bedeutung dieses Zyklus ist bald erkannt worden; eine umfassende wie gültige Darstellung legte Ilja Stephan vor.[23] »Man kann die Ideen der Stücke etwa folgendermaßen auf den Punkt bringen: In der *Ersten Symphonie* ist es schlicht die Erinnerung an die Tradition der Gattung; sie folgt den Vorgaben der klassischen Form. In der *Zweiten Symphonie* ist es die Idee des Bogens, der, seinerseits aus vielen kleinen, von *Cis* nach *Cis* laufenden Bögen zusammengesetzt, vom *Cis* im ersten zum *Cis* im letzten Takt verläuft. In der *Dritten Symphonie* ist alles – Form, Orchesterdisposition, Harmonik, Diastematik – vom Bild der Trias Himmel, Erde, Mensch her gedacht. Die beiden Sätze der *Vierten Symphonie* eint die Idee des auskomponierten ›Weiterlebens‹ des Tons. Und der fünfteilig-symmetrischen *Fünften Symphonie* liegt die Idee eines von den ›Messern des Hasses‹ zerschnittenen Klangstroms zugrunde, dessen Integrität erst mit dem letzten Takt des Stückes wiederhergestellt wird. Zusammengenommen ergeben diese fünf Symphonien ihrerseits das Bild eines Bogens.«[24]

Die Symphonien unterscheiden sich formal wie durch ihre Gehalte. In der viersätzigen *Symphonie I* (1982/83), komponiert zur Zeit der großen Demonstrationen gegen Kernkraftwerke und »friedliche« Nutzung atomarer Energie in der Bundesrepublik Deutschland, thematisiert Yun die Bedrohung des Friedens durch die Atombombe. Den ersten Satz verstand er als apokalyptische Zerstörungsvision, den langsamen zweiten Satz – der späte Yun fand zu großen und bewegenden *Adagio*-Sätzen – als Rückblick auf eine verbrannte Erde, das Scherzo als scheinhafte Groteske und den vierten und letzten Satz als »Mahnung«.

Bedeutete die *Symphonie I* Ausdruck des lyrischen Subjekts, Rede des Komponisten an die Menschheit, so ging Yun mit der dreisätzigen *Symphonie II* (1984) umgekehrt von dem Eindruck aus, den die Welt aus der weitestmöglichen Entfernung, aus gleichsam kosmischer Distanz, auf ihn machte: ein rotierendes, in sich brodelndes Schönes und Ganzes. Die einsätzige *Symphonie III* (1985) verstand er ausdrücklich als »philosophisch«, als In-Beziehung-Setzen von dämonisch-zerstörerischen, himmlisch

---

23 Ilja Stephan: *Isang Yun. Die fünf Symphonien. Eine hermeneutische Rekonstruktion*, Musik-Konzepte Nr. 109/110, München 2000. – Ergänzungen aus der Kenntnis koreanischer Traditionen bringt Ae-Kyung Choi: *Einheit und Mannigfaltigkeit. Eine Studie zu den fünf Symphonien von Isang Yun*, Berlin 2002 (= Berliner Musik Studien Nr. 25).
24 Stephan, op. cit. (Anm. 23), S. 161.

helfenden sowie menschlich »verstrickten« und instabil-unbestimmten oder »hin und her geworfenen« Kräften. Nicht politisch werden sollte, so Yun, die *Symphonie IV »Im Dunkeln singen«* (1986); gleichwohl ist ihr Entstehungsprozeß in politische bzw. historisch-gesellschaftliche Zusammenhänge hineingezogen worden. Während der Konzeption dieses zweisätzigen Werks – die einzige Symphonie Yuns, die nicht in Berlin und Deutschland uraufgeführt wurde, sondern als Auftragskomposition zur Einweihung der Suntory Hall in Tokyo – erfuhr Yun von Greueln an koreanischen Frauen und Kindern, die (vor allem in der Endphase der japanischen Besetzung Koreas) zur Prostitution gezwungen oder in der Rüstungsindustrie, in Bergwerken o. ä. als Zwangsarbeiter eingesetzt worden waren. Yun wußte von vergleichbaren Ausbeutungsprozessen in Vietnam und auf den Philippinen – und bezog sich mit seiner *Symphonie IV*, die er als instrumentalen Gesang anlegte, auf die traditionelle Geringschätzung der Rolle der Frauen (nicht nur) in Asien im allgemeinen.

Yun dachte in Bildern sowie relativ systematisch (auch »logisch«, wie er es ausdrückte) in dialektisch oder polar aufeinander bezogenen Gegensätzen. Wie Nelly Sachs wußte er, daß Yin und Yang, Licht und Schatten, Gut und Böse eng beieinander liegen. Seine sparsamen Äußerungen waren – zumindest seit den 1980er Jahren, als ich mehr oder minder regelmäßig mit ihm zusammenkam – durch Erfahrung gesättigt und hoch reflektiert; sie zeigten Grundsätze, die durch taoistisches, buddhistisches, aber auch konfuzianistisches Denken geprägt waren. Dabei machte Yun mit einem jeden Wort und Satz deutlich, daß er sich als Asiate in Europa in einer ihm im Prinzip fremden Welt sah.

»Jeder Zuhörer sieht meine Position zwischen Osten und Westen anders, und das ist richtig so. Man kann meine Musik so oder so hören, als östliche oder als westliche. Daß man das kann, bezeichnet genau meinen Ort. Ich bin weder ein typischer Ostasiate noch ein vereuropäisierter. Ich bin von zwei Kulturen geprägt. Es ist ganz anders bei mir als bei modernen europäischen Komponisten, die in der westlichen Kultur aufgewachsen sind und sich von diesem festen Fundament aus mit östlicher Musik beschäftigen und etwas von der östlichen Musik in ihre westliche hineinnehmen, ohne eine tiefere Verschmelzung zu wollen, Debussy, Boulez, Messiaen und andere. Aber alle diese Komponisten sind physisch und geistig in ihrem eigenen Kulturraum verblieben und haben den fremden Raum nur gelegentlich berührt. Bei mir ist das ganz anders, ich habe meinen Heimatraum physisch verlassen, ich bin eingetaucht in die westliche Welt, ich lebe dort ständig, und ich fing im Westen noch mal von vorne an. [...] Und ich blieb in der westlichen Welt. Ich mußte mich sozusagen künstlerisch auf Leben und Tod auseinandersetzen mit der gesamten westlichen Kultur und westlichen Musik. Das geht nicht so, als ob man nur westliche Kompositionstechniken zu lernen brauchte und schon wäre man ein westlicher Komponist. Man muß zunächst seine eigene Herkunft vergessen und Tabula rasa sein für das Neue und sehr Fremde. Ich habe mir die westliche Musik lernend erkämpfen müssen. Danach mußte ich mich wieder erinnern, daß ich eine östliche Herkunft habe. Und dann erst konnte ich lernen, das, was in mir östlich ist, also das, was strömt, in westlicher Musiksprache auszudrücken, das heißt statt strömen zu lassen, nun aufzubauen, zu strukturieren, aber so, daß es genau das ist, was ich sagen will, in der Musiksprache, die ganz meine eigene, originale ist. Aber... ich finde die ganze Frage, ob ich westliche oder östliche Musik mache, uninteressant. Ich schreibe die Musik, die ich schreiben muß, weil ich ich bin.«[25]

Yuns Sprache war einfach und stark oder kraftvoll zugleich. Dachte er in Bildern oder in Begriffen? Waren seine Begriffe Bilder oder bildhaft? Sie waren jedenfalls stets äußerst konkret, fast pragmatisch: »chorische Sprünge« las ich einmal abends im Manuskript eines Werks, das Yun gerade komponierte. Diese verbal notierte Anweisung zur Komposition galt es am folgenden Vormittag auszuführen; er hat sie aufgeschrieben, um sich klarzumachen oder auch nur festzuhalten, wie die Musik weitergehen würde.

Der Friedens-Satz der Nelly-Sachs-Symphonie

Energisch beginnt der *Friedens*-Satz mit einem großen Streicher-Unisono auf *Cis*. »Unisono« bedeutet hier die radikale Reduktion nicht nur auf Einstimmigkeit und homophonen Satz, sondern

---

25 Yun 1977 (Anm. 6), S. 219f. – Yun verweist hier bereits auf den »dritten Raum«, der von mir wiederholt als »Verschmelzung« östlicher und westlicher Elemente diskutiert wurde, d. h. also eines Ineinanderwirkens der Zeichen, die aus östlicher wie westlicher Sicht gelesen und verstanden werden können.

auch auf die Einheit eines einzigen Tons. In ruhigem Tempo wird das *Cis* mehrfach artikuliert und charakteristisch gefärbt durch kraftvoll pointiertes Einschwingen; der Ton verebbt nicht, sondern wird lang gezogen und klingt dann aus. Bei seiner Wiederholung erfolgen erste heterophone Abweichungen im Auslaut: Tonabschlüsse im auf- bzw. abwärts geführten Glissando. Diese Artikulation ist hymnisch. Sie verzweigt sich heterophon; in fast abrupter Setzung erscheint als zweiter »Hauptton« *A* (ab Takt 6); die Streicher werden nun deutlich in zwei Gruppen, in hohe und tiefe, geteilt. Einen dritten Schwerpunkt im strömenden Klang bildet der – wiederum emphatisch unisono akzentuierte, fast hineingeworfene – Hauptton *Gis* (Takt 13). In kontinuierlicher, spiralförmiger Ausdehnung und Ausweitung schwillt der Satz weiter an; die Bläser, auch die Celesta,[26] kommen hinzu (Takt 17). Glitzernd heraus leuchten dann zweitönige Sehnsuchtslaute von Horn und Trompete. Die Pauke grundiert den Beginn des dritten Abschnitts der instrumentalen Einleitung (wiederum unisono auf *Cis*, Takt 26). Steigernd werden in den musikalischen Fluß noch schwer in sich kreisende Glissandogesten geworfen (auf *H*, ab Takt 30). Wie ein auskomponierter Doppelpunkt drängt das Geschehen auf den vielstimmig ausgeführten Moll-Septakkord über *cis* zu. Unbegleitet setzt nun der Bariton im rhythmisierten Sprechen (ohne fixierte Tonhöhe) ein: »Hier ist Amen zu sagen«.

> Hier ist
> Amen zu sagen
> diese Krönung der Worte die
> ins Verborgene zieht
> und
> Frieden
> du großes Augenlid
> das alle Unruhe verschließt
> mit deinem himmlischen Wimpernkranz
>
> Du leiseste aller Geburt(en).
>
> [Frieden.]

26 Das Stahlplattenklavier Celesta, wörtlich: die »Himmlische«, ist innerhalb der fast einstündigen *Symphonie V* (1987) hier erstmals vorgesehen: Zunächst als Vorschein wie Licht im zarten und transparenten Satz charakterisiert sie später die »leiseste aller Geburten«. Daß Yun sie nur in diesem Satz verwendet, bildet keinen Widerspruch zu seinem Grundprinzip einer relativ gleichmäßigen Belastung der Instrumentalisten, denn das Instrument wird von einem der Schlagzeuger bedient.

Im großen zeigt der *Frieden*s-Satz eine dreiteilige Anlage mit Epilog:

T. 01-37: instrumental (mit Streicherunisono auf *Cis*; ab T. 17: Bläser)

T. 38-73: vokal

T. 74-85: variierte, stark verkürzte Reprise (mit Streicherunisono auf *Cis*)

T. 86-93: Epilog: »Frieden« (vier Takte vokal plus vier Takte instrumental)

Die Vertonung bettet den Text in einen symphonischen Klangstrom ein, aus dem die menschliche Stimme – der Vokalsatz bildet ein homogenes, doch selbständiges Teilsystem – herausragt. Den in der Einleitung bereits entfalteten »großen« Ton behält Yun bei. Einzelne Klanggesten charakterisieren gelegentlich bestimmte Worte; ein eintaktiges, halbkreisförmig ornamental nach oben gewölbtes Klarinettenmotiv malt beispielsweise die »Krönung« der Worte, während der übrige Tonsatz in ruhig voran strömender, selbstbewusst-deklamatorischer Rhetorik aufwärts geführt wird. Das »Verborgene« kostet Yun aus in einer ausgreifenden Glissando-Bewegung, deren Ausführung er durch die Vibrato-Vorschrift noch dramatisiert. (Yun verlangt die Schönbergschen Abstufungen, fordert darüber hinaus aber auch koreanische Gesangstechniken, indem er die Anweisungen »Glissando mit Vibrato« bzw. »Glissando ohne Vibrato« hinzufügt.)

Deklamierend, den Frieden fast triumphal verkündend, beginnt der zweite Abschnitt des Vokalteils mit den Worten »und / Frieden«, die der Solist durch schiere Stützakkorde begleitet skandiert. Als Zeichen oder Interpunktion zwischen den Worten setzt Yun kurze, doch bestimmte (verbindliche), typisch asiatisch-Yun'sche Streicherglissandi. Wiederum schwillt der Klangstrom an, gerät in vielen Farben strahlend in Bewegung für das »große Augenlid / das alle Unruhe verschließt«. Dabei malt Yun »Augenlid« und »Wimpernkranz« durch trillernd wie glissandierend in sich bewegte Klangflächen, ein Idiom, das er an anderen Stellen in anderen Werken gelegentlich auch als »Streicherblumen« bezeichnete. Mit »Du leiseste aller Geburten« nimmt Yun die Dynamik subito zurück; auch wenn er den Tonsatz ausdünnt, müssen die Ausführenden die Intensität der Tonbildung unbedingt beibehalten. Zwei Harfen (mit Debussy'schen Arabesken), die Celesta sowie Gongs flankieren die Andeutung des auf zwei oder zweieinhalb Takte komprimierten Geburtsvorgangs. Relativ abrupt bricht die dramatisch drängende Entwicklung auf ihrem Höhepunkt ab.

Reprisenhaft erklingt das Streicherunisono auf *Cis*, diesmal flankiert durch zarte Tremoli von Glockenspiel, Vibraphon und Holzbläsern sowie sordinierte Blechbläserakkorde. Die zweitönigen Motive werden hier zu dreitönigen erweitert und tragen zum Durchbruch des mit großem Ton auszuspielenden Tuttis bei. In steter Entwicklung (weite Klanggesten der Holzbläser *cantabile*) erreicht die Musik hier, durch Xylophonklänge verstärkt, ihren äußersten Höhepunkt (dem dominierenden *Cis* ist *Fis* als abweichende Färbung beigegeben, Takt 85). Metaphorisch erscheint der Frieden, dessen leise Geburt zuvor im Vokalsatz verkündet wurde, nun als irdisch kraftvolles Baby, das gleichwohl auch zu Beginn des V. Satzes schon präsent war.

Der mit Takt 85 erreichte Höhepunkt findet seine musikalisch notwendige Ergänzung wie Überhöhung im Vokaleinsatz des Epilogs: Ein letztes und einziges Mal, dem Gedicht der Nelly Sachs ein Wort hinzufügend, intoniert der Solist den »Frieden« – in langen Tönen von *H* aus mit einem tremolierenden Abwärtsglissando zum *Fis* hinab und zum *Cis* zurück. Ein letztes Tutti, diesmal himmelhoch hinausweisend, aller irdischen Schwere enthoben, fungiert als Schluß (das viergestrichene *Cis* der Violinen ruht hier auf dem fünfeinhalb Oktaven tieferen *Fis* der Kontrabässe – Terz-Pole um das *A* des Absoluten).

Frieden als erfüllter Augenblick

»Daß dabei alles auf den Frieden hinausläuft, daß dieser am ›Ziel‹ einer langen Entwicklung steht, mag Anlaß zu dem Mißverständnis geben, Yun hätte hier etwa einen eschatologischen Entwurf im Sinne gehabt, als hätte er etwas Wünschenswertes in eine (hoffentlich) bessere Zukunft projiziert. Dies gilt wohl für den vierten, ›Zukunft‹ betitelten Satz von *Mein Land, mein Volk!* mit seiner konkreten politischen Forderung;[27] der ›Frieden‹ am Ende der Fünften Symphonie aber meint etwas anderes. Die Rinsersche

---

27 Gemeint ist der Ruf »tong-il« [Wiedervereinigung] am Ende des vokalsymphonischen Werks.

Interpretation, Yun träume jenseits der koreanischen Wiedervereinigung von einer ›Vereinigung aller Menschen in einem Weltreich des Friedens‹, ist wohl zu schön, um wahr zu sein – auch war Yun, wie gesagt, kein Optimist. Sein Denken zielt vielmehr auf jenen erfüllten Augenblick, dem keine Zeit prinzipiell günstiger ist als irgendeine andere – dem aber gleichwohl viele Umstände feindlich sein können.«[28]

Der *Frieden* ist mit dem V. Satz der *Symphonie V* noch nicht erreicht; er ist »noch nicht gekommen«. (Das koreanische Wort *Mirae* – Titel des Finalsatzes von »*Naui Dang, Naui Minjokiyo!*« [»Mein Land, mein Volk!«, 1987] – bedeutet wörtlich übersetzt das »Noch-nicht-Gekommene« und meint die Zukunft.) Im letzten Satz seiner *Symphonie V* reiht Yun Yin-Yang-Elemente (dazu zählt, äußerlich betrachtet, bereits die Abfolge von instrumentalen und vokalen Teilen), damit ein Ausgleich, eine Balance, sich einstellt, die im Augenblick des hörenden Mitvollzugs Frieden zu vermitteln scheint. Das Thema der *Symphonie V* ist Erinnerung, Vergangenheitsbewältigung. Die Komposition einer *Symphonie VI*, die eine Friedenssymphonie werden sollte und die Yun öfter auch als »Aprèslude« bezeichnete, war ihm nicht mehr vergönnt.

Erreicht wurde ein Gleichgewicht um *Cis*, die Balance auf oder um einen Ton; der Weg – hält man die Töne oder die mit ihnen verbundene Symbolik für aussagekräftig – führt vom *B* (Beginn der *Symphonie I*, 1982/83) bis zum *Cis* (V. Satz der *Symphonie V*, 1987).

Das Gedicht »EINER / wird den Ball / aus der Hand / der furchtbar Spielenden nehmen«, dessen Ende den Text von Yuns *Friedens*-Satz enthält, stammt aus dem Zyklus *Flucht und Verwandlung* (1959). Es kulminiert in der Heilserwartung »Einer wird kommen« und schließt mit dem »Amen«, das in jüdischer wie christlicher Tradition nichts anderes als den traditionellen Segen bedeutet.

Nur zweimal ist Nelly Sachs wieder nach Deutschland gekommen: 1960 besuchte sie Meersburg am Bodensee, wo sie mit dem Droste-Preis ausgezeichnet wurde, dann Alfred Andersch im Tessin sowie Paul Celan in Paris. Die Erregung und die Erinnerungen, die mit dieser Reise zusammenhingen, zwangen sie an-

---

28 Stephan, op. cit. (Anm. 23), S. 169.

schließend zu langen Aufenthalten in psychiatrischen Anstalten. Ihre zweite Deutschland-Reise erfolgte 1965 nach Frankfurt am Main zur Entgegennahme des Friedenspreises des deutschen Buchhandels. In der Frankfurter Paulskirche hielt sie am 17. Oktober 1965 eine ziemlich kurze Rede, und die wenigen Worte, die sie sagte, hätten zu Isang Yun gepaßt, dem 1994 die Rückkehr in seine südkoreanische Heimat verwehrt worden war:

»Wenn ich heute, nach langer Krankheit, meine Scheu überwunden habe, um nach Deutschland zu kommen, so nicht nur, um dem deutschen Buchhandel zu danken, der mir die Ehre erwiesen hat, mir den Friedenspreis zu verleihen, sondern auch den neuen deutschen Generationen zu sagen, daß ich an sie glaube. Über alles Entsetzliche hinweg, was geschah, glaube ich an sie. Viele Begegnungen mit einzelnen deutschen Menschen sind mir unvergeßlich geworden und zeigten mir, wie auf einer Sternenkarte, das Entstehen eines neuen Zeichens, daraus Hoffnung und Frieden sich wieder entwickeln können.

Und wir alle, was sollen wir tun mit dem Wort, das uns geschenkt wurde, als es an seinen Wurzeln zu packen und es beschwörend den Erdball überziehen zu lassen, auf daß es seine geheime, einigende Kraft hingibt an eine Eroberung – die einzige Eroberung auf der Welt, die nicht Weinen, die Lächeln gebiert: die Eroberung des Friedens.

Lassen Sie uns gemeinsam der Opfer im Schmerz gedenken und hinausgehen aufs neue, um, wieder und wieder zu suchen – von Ängsten und Zweifeln geplagt zu suchen, wo vielleicht weit entfernt, aber doch vorhanden, eine neue Aussicht schimmert, ein guter Traum, der seine Verwirklichung in unseren Herzen finden will.«[29]

Noch kürzer faßte sich Isang Yun mit dem Satz: »Taoismus bedeutet, der Mensch und der Kosmos sind in einer großen – Vollständigkeit [...].«[30]

Zu ergänzen ist noch eine andere Art des Friedens, den Isang Yun musikalisch organisierte – die Stille nach dem Kampf, die Ruhe *al niente*, der Weg in den Tod. Dieser Typus zeigt sich im Schluß seines in Pyeongyang komponierten *Streichquartetts V*

---

29 Nelly Sachs. *Ansprachen* anläßlich der Verleihung des Friedenspreises des deutschen Buchhandels, Frankfurt a. M. 1965, S. 43.
30 Isang Yun: *Über meine Musik*, op. cit. (Anm. 19), 297-313, hier: S. 299.

(1990), im Schluß der *Sonate für Violine und Klavier* (1991) und in seinem letzten Werk, dem *Epilog* für Sopran, dreistimmigen Frauenchor und fünf Instrumente (1994), seinem Requiem.

Hartmut Lück
»... De feuilles vertes de printemps et de lait pur...«

Luigi Nono und der ungekommene Frieden

»Mein Ausgangspunkt ist die ideologische Präsenz von Antonio Gramsci. Auch im Bereich der Kultur sprach er immer von der Hegemonie der Idee des Klassenkampfes der Arbeiterklasse. Nachher bin ich durch das Moment des Expressionismus und des Protestes beeinflußt worden... Wenn ich besondere Texte und eine besondere musikalische Technik benutze, so deswegen, weil ich versuche, als Komponist und als Mensch am Klassenkampf teilzunehmen.«[1]

Diese Aussage des Komponisten Luigi Nono (1924-1990) in einem Interview des Jahres 1970 kann paradigmatisch stehen nicht nur für das Bild, das er von sich selbst vermittelte, sondern auch für die Vorstellung, die sich sein Publikum, auch und besonders in Deutschland, von ihm machen konnte. Zwar gehörte der venezianische Komponist in den ersten etwa zehn Jahren ihres Bestehens zur sogenannten »Darmstädter Schule«, also zu jener Komponistengruppe, die sich seit 1946 alljährlich im Schloß Kranichstein bei Darmstadt zu Sommerkursen traf, um die während der Nazizeit verdrängte und totgeschwiegene Musik aufzuarbeiten und neue, avantgardistische Wege für die Tonkunst zu suchen und auszuprobieren. Schon bald aber hatte sich Nono, der seit 1952 Mitglied der Italienischen Kommunistischen Partei war, von den rein technisch verstandenen Neuerungskonzepten der »Darmstädter« entfernt und diese kritisiert, was schließlich auch zum Bruch, vor allem mit Karlheinz Stockhausen, führte. Nono beanspruchte die technisch-ästhetischen Neuerungen auch für sich selbst – ein Anspruch auch gegenüber dogmatischen Positionen innerhalb des sozialistischen Lagers –, aber er verstand sie nicht isoliert oder »autonom«, sondern zwingend im Kontext von Geschichtsbewußtsein und humanistischer Verantwortung des

---

1 Luigi Nono: *Texte. Studien zu seiner Musik*, hg. von Jürg Stenzl, Zürich 1975, S. 241. Antonio Gramsci (1891-1937), führender Theoretiker der Italienischen Kommunistischen Partei.

Künstlers. Titel und Texte vieler Werke Nonos zielten auf ein politisches Verständnis der Kunst, was es gerade im antikommunistisch ausgerichteten Westdeutschland Veranstaltern leicht machte, den zunächst als Neutöner gehätschelten Nono – die meisten seiner Uraufführungen der 1950er Jahre fanden in der Bundesrepublik statt – fallen zu lassen, nachdem deutlich wurde, wes Geistes Kind dieser Komponist war.

Das politische Engagement Nonos, zunächst allgemein humanistisch oder jedenfalls äußerlich nur so weit erkennbar, später immer deutlicher linksorientiert, läßt sich in der Tat fortlaufend dokumentieren: Sein erstes veröffentlichtes Werk, die *Variazioni canoniche* für Orchester (1950), basiert auf derjenigen Zwölftonreihe, die Arnold Schönberg seiner *Ode an Napoleon Buonaparte* op. 41, also einem deutlich antifaschistischen Werk[2], zugrunde gelegt hatte; *Epitaffio per Federico García Lorca* (1952-53) gedenkt durch die Person des von den Franco-Faschisten füsilierten Dichters der Opfer des spanischen Bürgerkrieges; *La victoire de Guernica* (1954) erinnert vermittels des gleichnamigen Gedichtes von Paul Éluard an den heimtückischen Angriff der deutschen »Legion Condor« auf die spanisch-baskische Stadt; *Il canto sospeso* (1955-56) benutzt Fragmente aus letzten Briefen zum Tode verurteilter Widerstandskämpfer aus den während des Zweiten Weltkrieges von den Nazis besetzten Ländern; die Oper *Intolleranza 1960* thematisiert das Schicksal von Gastarbeitern und politischen Gefangenen; Tonbandkompositionen der 1960er Jahre wie *La fabbrica illuminata* (1964), *A floresta é jovem e cheja de vida* (1966), *Musica-Manifesto No. 1* (1968-69) oder *Y entonces comprendió* (1969-70) basieren auf Texten und Originaltönen (sowie deren elektronischer Verarbeitung) aus den Klassenkämpfen und den antiimperialistischen Bewegungen der Dritten Welt in jenen Jahren.

Eine Musik des Kampfes, der Konfrontation, der Anklage, des Aufrüttelns. Ist unsere Fragestellung nach einer Musik des Friedens bei Luigi Nono verfehlt?

Dieser Einwand kann in zweifacher Hinsicht verneint werden. Zum einen, weil Nono sich in einzelnen Passagen der genannten

---

2 Der zugrundeliegende Text von Lord Byron, ein höhnisches Pamphlet, bezieht sich zwar auf Napoleon, wurde von Schönberg jedoch auf Adolf Hitler umgemünzt.

Werke oder auch in ganzen Werken sehr wohl mit Vorstellungen eines Menschseins im Einklang mit sich selbst, der Gesellschaft oder der Natur beschäftigt hat und dies als unverzichtbare Ergänzung des Kampfes empfand; zum anderen, weil er für diese visionäre Klangwelt des Friedens auch ganz bestimmte, häufig wiederkehrende Klangvorstellungen entwickelt hat, so daß sich die Frage eines »hörbaren Friedens« also durchaus nicht nur aus Texten oder Titeln, sondern auch aus dem musikalischen Material selbst beantworten läßt. Genau darum geht es hier, und es soll versucht werden, nicht noch einmal Nonos Gestaltung von »Kampfmusik« nachzuzeichnen – was schon vielfach geschehen ist[3] –, sondern ganz speziell jenen Momenten eines visionären Friedens nachzuspüren, für den Ernst Bloch das Wort »ungekommen«[4] prägte: etwas noch nicht Eingetretenes, aber unbedingt zu Erreichendes, damit der Mensch dem Menschen ein Mensch sei und nicht »nackt unter Wölfen«.[5]

Spanien im Herzen (1):
Epitaffio per Federico García Lorca

Federico García Lorca wurde am 5. Juni 1898 in Fuente Vaqueros bei Granada geboren. Der Student in Madrid war befreundet mit dem Filmemacher Luis Buñuel, dem Dichterkollegen Rafael Alberti und dem Maler Salvador Dalí; mit Studenten gründete er das Wandertheater »La Barraca«, mit dem er von Dorf zu Dorf zog, um die klassischen Dramen von Calderon, Lope de Vega und Cervantes neu zu deuten. Bekannt und berühmt wurde er durch seine Gedichtbände *Romancero Gitano* (»Zigeunerromanzensammlung«), Frucht der Beschäftigung mit Leben und Kultur der andalusischen Zigeuner, und *Un poeta en Nueva York* (»Ein Dichter in New York«). García Lorca rezipierte Sigmund Freud für Spanien – Kritik der versteinerten Sozialstruktur und Psychoanalyse ergaben zusammen eine explosive Mischung; die Frauen-

---

3 Zuletzt Jürg Stenzl: *Luigi Nono*, Reinbek 1998, mit weiteren bibliografischen Hinweisen.
4 Ernst Bloch: *Freiheit und Ordnung. Abriß der Sozialutopien*, Reinbek 1969, S. 181.
5 Nach dem Titel des Romans *Nackt unter Wölfen* von Bruno Apitz, der dessen Erfahrungen im KZ thematisiert.

gestalten in seinen eigenen Dramen wie *Bodas de sangre* (»Bluthochzeit«) oder *Yerma* erscheinen als hin- und hergerissen zwischen tugendhafter Unterdrückung und unterschwellig brodelnder Sexualität. Dies alles stigmatisierte ihn in den Augen der Rechten, die durch ihn Spaniens »Ehre« besudelt sahen, und so gehörte er zu den ersten, die von den Franco-Putschisten umgebracht wurden (am 19. August 1936 in Viznar bei Granada) – für die Konservativen eine »Reinigung« von Blut und Boden, für die spanische und die Weltliteratur ein unersetzlicher Verlust.

García Lorca wurde nicht nur zum Märtyrer des demokratischen Spaniens, sondern sein Nachruhm als Dichter war ungeheuer groß und hält bis heute an – auch und gerade unter Musikern, und in dieser Rezeption nimmt *Epitaffio per Federico García Lorca* von Luigi Nono einen prominenten Platz ein. *Epitaffio* besteht aus drei Teilen, die auch einzeln aufgeführt werden können. Die beiden Eckteile sind gesetzt für Solostimmen, gemischten Chor und Instrumente, wobei die Solisten Text oder Vokalisen singen sowie rezitieren (Sprechgesang), während der Chor, abgesehen vom Epilog des dritten Teils, durchgehend nur als Sprechchor zum Einsatz kommt. Die verwendeten Texte stammen von Federico García Lorca selbst sowie, im Mittelsatz des 1. Teils, von Pablo Neruda. Der 2. Teil, das Zentrum des Werkes, ist rein instrumental für Soloflöte, Streicher, Harfe und Schlagzeug.

Epitaffio No. 1 ist überschrieben *España en el corazón* (»Spanien im Herzen«) und gliedert sich in drei Sätze. Textgrundlage des ersten ist das Gedicht *Tarde* (»Abend«), das Naturbild einer Flußlandschaft in der Abenddämmerung, wo ein einsamer Bootsfahrer von einer schönen Frau aus Granada träumt. »Tres álamos immensos / y una estrella« (»Drei riesige Pappeln / und ein Stern«[6]) – schon der Beginn des Gedichtes ist eine literarisch wie musikalisch beziehungsreiche Anspielung. Sie verweist auf ein ähnliches poetisches Bild in einem Lied des spanischen Renaissance-Komponisten Juan Vasquez aus dem 16. Jahrhundert, wo es heißt »De los álamos vengo, madre« (»Von den Pappeln komme ich, Mutter«), ein Lied, das wiederum dem Komponisten Manuel de Falla, mit dem García Lorca eng befreundet war, als

---

6 Bei den im folgenden zitierten Texten aus *Epitaffio* stammen die Übersetzungen von Rudolf Wittkopf (*Casida de la rosa*) und Enrique Beck (alle anderen).

thematische Grundlage für sein Cembalokonzert diente. »Tarde« ist gesetzt für Klarinette, Harfe, ein kleines Schlagzeug-Instrumentarium, bestehend aus Celesta, Vibrafon und Hängenden Becken, Solo-Sopran, der nur Vokalisen singt, und Solo-Bariton, der den Text des Gedichtes spricht, langsam, gedehnt, in einer fast schwebenden Rhythmisierung; lediglich die letzte Strophe über die Schönheit aus Granada wird gesungen. Das hier durch Harfe, Celesta, Vibrafon und leise Beckenklänge umrissene Klangfeld wird uns noch mehrmals in Nonos Œuvre ähnlich wiederbegegnen: eine ätherische, schwebende Musik des Einklanges von Mensch und Natur, zwischen liebenden Menschen, einer einträchtigen Gemeinschaft.

Luigi Nono bedient sich hier wie auch in seiner Erstveröffentlichung *Variazioni canoniche* der Zwölftontechnik, allerdings nicht in jenem autistisch strengen Sinne »Darmstadts«, sondern – hier wie in späteren Werken – oft angelehnt an »präexistentes musikalisches Material«, d. h. vorhandene Melodien werden in Intervallfolgen zerlegt und in die Reihe integriert; beim *Epitaffio* ist diese vorhandene Melodie die *Internationale*, das berühmte Kampflied der Arbeiterbewegung, dessen Anfangsintervalle Quart, kleine Sekund, kleine Terz und so fort die musikalische Struktur bestimmen, ohne aber als Zitat sofort ins Ohr zu stechen.

Nach den eine geradezu Verdi'sche Kantabilität einhüllenden Naturlauten in »Tarde« wirkt der 2. Satz »La guerra« (»Der Krieg«) nach einem Gedicht von Pablo Neruda, obwohl er im gleichen Klangfeld beginnt, wie der erste endete, als Ganzes wie ein Schock.

»... Pero te vi atacada en las esquinas por los antiguos bandoleros. Iban enmascarados, con sus cruces hechas de víboras, con los pies metidos en el glaciál pantano de los muertos...«	Dann aber sah ich dich überfallen an den Straßenecken von den alten Wegelagerern. Sie gingen vermummt mit ihren aus Vipern gemachten Kreuzen und setzten die Füße In den eisigen Sumpf der Toten.

Das Gedicht entstammt Nerudas Band *España en el corazón*, daher auch der Werktitel bei Nono. Brutal wie der Putsch der Generäle bricht dieser Satz in die Stimmung des friedlichen andalusischen Abends ein, und so ist er auch gemeint. Neben dem nun größeren Ensemble des Orchesters und einer reichen Schlagzeugbatterie kommen ein rezitierender Solo-Bariton und ein gemischter Chor als Sprechchor zum Einsatz. Nono knüpft hier an die Sprechchorbewegung der Weimarer Republik an, neues Klangelement und Mittel der Agitation gleichermaßen. Als wiederum »präexistentes Material« ist das italienische Arbeiterlied *Bandiera rossa*, vor allem hinsichtlich seiner Rhythmik, in die Gestaltung dieses Satzes eingeflossen. Nach dem melodisch bestimmten 1. Satz dominieren hier Rhythmus, eine Gruppe von Trommeln und Tomtoms, Sprechchor (bis zum Aufschrei).

Der 3. Satz aus *Epitaffio No. 1*, überschrieben »Casida de la rosa« (»Kasside von der Rose«), basiert wiederum auf einem Gedicht von García Lorca. Die lyrische Form »casida« kommt aus dem Arabischen (»qasida«) und bezeichnet ein »Zweckgedicht«, also eine Dichtung zu einem konkreten Anlaß; sie benutzt meist die Form des »Ghasel«, eine Versform, die den Reim des ersten Verspaars in jeder geradzahligen Zeile wiederholt. Die ständig wiederholten Reimwörter »rosa« und »cosa« (in der deutschen freien Nachdichtung »Rose« und »Metamorphose«) üben eine fast magische Wirkung aus und geben dem Gedicht etwas Unbewegliches und Zeitloses.

»La rosa	Es verlangte die Rose
no buscaba la aurora:	nicht nach dem Morgenrot;
casi eterna in su ramo,	an ihrem Zweig fast unsterblich,
buscaba otra cosa.«	verlangt sie nach Metamorphose.

Das Gedicht wird dem rezitierenden Solo-Sopran anvertraut; aus dem differenzierten, meist im piano und pianissimo agierenden Ensemble, u. a. wiederum mit Harfe, Celesta, Vibrafon und Hängenden Becken, ragt die 1. Flöte heraus mit betont melodiösen, ornamentierenden Formulierungen, darin bereits das Flötensolo von *Epitaffio No. 2* vorausnehmend. Mit diesem lyrischen Satz wird das erschreckende Kriegs- und Bürgerkriegsbild des vorangehenden Abschnitts zumindest vorübergehend in eine gewisse Distanz gerückt.

Im Gegensatz zu *Epitaffio No. 1* sind die Teile 2 und 3 jeweils einsätzig, wenn auch mehrfach untergliedert. *Epitaffio No. 2* verzichtet auf Solisten und Chor; eine Soloflöte wird begleitet von Harfe, Schlagzeug (wieder unter Einschluß der schon erwähnten »ätherischen« Instrumente) und Streichern. Dennoch ist der Bezug zu García Lorca vorhanden durch ein Gedicht, welches der Partitur vorangestellt ist – als Motto, lediglich zur stillen Lektüre der Interpreten bzw. des Lesers der Partitur, vergleichbar den Hölderlin-Fragmenten in der Partitur von Nonos Streichquartett *Fragmente – Stille, An Diotima* (1979-80). Es handelt sich hier um das Gedicht *Memento*, worin García Lorca seinen eigenen Tod vorausahnt.

> »Cuando yo me muera,
> enterradme con mi guitarra
> bajo la arena...«

> Wenn dereinst ich sterbe,
> begrabt mich mit meiner Gitarre
> unter dem Sande...

Epitaffio No. 2 ist betitelt *Y su sangre ya viene cantando*, was soviel bedeutet wie »Und sein Blut kommt schon, singend« oder »Und sein Blut beginnt zu singen«. Diese Zeile stammt aus dem Gedicht *Llanto por Ignacio Sánchez Mejías*, ein Klagegesang über den Tod des Stierkämpfers Sánchez Mejías, entstanden 1934. Nono bezieht die Zeile auf García Lorca selbst, dessen von den Faschisten vergossenes Blut ebenfalls »zu singen beginnt«, oder, wie Nono es in einem kurzen Einführungstext zum *Epitaffio* formulierte: »Der Gesang des freien Spanien ist um uns und in uns, trotz des Versuches, ihn durch den Mord an Federico García Lorca auszulöschen. Dieser wunderbare Andalusier, der ›wie ein schwarzer Blitz, ewig frei‹ heute noch von Stadt zu Stadt, von Dorf zu Dorf und von Tür zu Tür geht und von der Liebe, der Freude und dem Stolz eines Volkes singt, ist für uns Junge ein Meister, ein Freund, ein Bruder, der uns den wahren Weg weist, auf dem wir mit unserer Musik Mensch unter Menschen sein können.«[7]

Epitaffio No. 2 kann gehört werden als eine Art Flötenconcertino – das Werk wurde dem Flötenvirtuosen Severino Gazzelloni gewidmet und von diesem auch uraufgeführt –, mehr aber noch als rein musikalische Evokation der spanischen Kultur, die aus einem zunächst noch unbestimmten Geflecht von Klängen und Tonpunkten sich in mählicher Temposteigerung herausschält und melodisch wie rhythmisch, dies durch den Einsatz eines Tamburins mit einem typischen Bolero-Rhythmus, deutlich in Erscheinung tritt.

---

[7] Nono sprach den Einführungstext zu *Epitaffio*, aus dem hier ein Ausschnitt zitiert wurde, am 9. 3. 1953 für den Norddeutschen Rundfunk. Eine gekürzte Fassung davon, die auch den hier zitierten Ausschnitt enthält, erschien in Nono, op. cit. (Anm. 1), S. 118.

Gerade dieses Stück löste bei den avantgardistischen Komponistenkollegen Nonos heftigen Widerspruch aus; man warf ihm billigen »Folklorismus« vor, einen Verrat an den hehren Idealen des seriellen Strukturalismus. Der gedankliche Kern dieses Einwandes ist jedoch eindimensional und undialektisch. Denn Nono reflektiert die semantische Schicht dieser Klänge als Hinweis auf die Traditionen der spanischen Zigeunermusik, damit auch direkt auf die dichterische Sublimierung derselben bei García Lorca; ferner erweist sich gerade der Bolero-Rhythmus als die eigentliche Grabschrift (»Epitaffio«), denn Nono wußte, daß die spanischen Zigeuner alljährlich nach Viznar pilgern, wo der Dichter des »Romancero Gitano« ermordet worden war, um dort, auf dem imaginären Grab, zu seinem Gedenken zu tanzen.[8]

Aber auch in einem allgemein-ästhetischen Sinne ist der Einwand, der noch vor kurzem erneut artikuliert wurde,[9] verfehlt: schon zehn Jahre zuvor hatten Theodor W. Adorno und Hanns Eisler in ihrer gemeinsamen Schrift *Komposition für den Film* konstatiert, daß musikalisches Material und kompositorische Verfahrensweise historisch auseinandergetreten seien, was bedeute, daß eine avancierte Verfahrensweise sich auch »veraltetes« oder »verbrauchtes« Material sehr wohl zunutze machen könne. Das Buch führte jahrzehntelang ein apokryphes Dasein und wurde, nach einer englischen Edition und einer gekürzten Fassung 1949 in der DDR, erst 1969 vollständig auf deutsch veröffentlicht.[10] Nono hatte, ohne es zu ahnen, aus der seinerzeitigen theoretischen Position Adornos und Eislers schon die musikalischen Konsequenzen gezogen – ganz abgesehen davon, daß das gleiche Prinzip bereits von Gustav Mahler bei der Einbeziehung von Genreklängen wie Marsch, Ländler, Dorfkapelle u. ä. in seine Sinfonien verwirklicht worden war.

Wenn *Epitaffio No. 1* durch die lyrische Umrahmung des trau-

---

8 *Eine Autobiographie des Komponisten. Enzo Restagno mitgeteilt*, in: Luigi Nono: *Dokumente, Materialien*, hg. von Andreas Wagner. Saarbrücken 2003, S. 34-138, hier: S. 108.
9 Nono und der musikalische Fortschritt. Heinz-Klaus Metzger und Rainer Riehn im Gespräch mit Andreas Wagner, in: Nono, op. cit. (Anm. 8), S. 139-148.
10 Theodor W. Adorno und Hanns Eisler: *Komposition für den Film*, München 1969. Zur Entstehungsgeschichte vgl. Hartmut Lück: *Anmerkungen zu Theodor W. Adornos Zusammenarbeit mit Hanns Eisler*, in: Wilfried F. Schoeller (Hg.): *Die neue Linke nach Adorno*, München 1969, S. 141-157.

matischen Kriegsgedichtes diesen noch in einer gewissen Distanz hält und *Epitaffio No. 2* durch den rein instrumentalen Klang eine gewisse Entrückung darstellt, so bricht fast im gesamten *Epitaffio No. 3* die Realität des politischen Terrors mit unvermittelter Brutalität hervor: *Memento. Romance de la Guardia civil española* (»Romanze der spanischen Zivilgarde«) bezieht sich allerdings nicht auf den Bürgerkrieg, sondern auf ein zurückliegendes Ereignis, das García Lorca in einem längeren Gedicht seines *Romancero Gitano* von 1928 schildert: den mörderischen Pogrom einer paramilitärischen Polizeitruppe in der Zigeunerstadt Jerez de la Frontera.

> »Los caballos negros son Schwarze Pferde. Schwarze Eisen.
> Las herraduras son negras. Auf den Capas glänzen Flecken,
> Sobre las capas relucen die von Tinte sind und Wachs.
> Manchas de tinta y de cera. Ihre Schädel sind aus Blei,
> Tienen, por eso non lloran, darum weinen sie auch nie...
> de plomo las calaveras...«

Der erste Abschnitt des *Epitaffio No. 3* ist geprägt durch Sprechchor und Schlagzeug; ein filmschnittartiger Wechsel des Klangbildes bringt dann leise Tupfer der beiden Harfen und des Schlagzeugs und dazu eine langgezogene Melodie mit kleinen Intervallschritten, deutlich tonal ortbar als es-Moll. Die überraschende Intensität dieser Melodie rührt daher, daß zwei Flöten, Klarinette, Fagott und Horn unisono spielen. Nach den harten Attacken davor wirkt diese Melodie wie ein Stöhnen aus tiefster Seele; darauf folgt der im Laufe des Gedichtes mehrfach ritornellartig wiederholte Satz, hier mit einem Alt-Solo:

> »Oh, ciudad de los gitanos! Stadt, o du Stadt der Zigeuner!
> Quien te vió y no te recuerda?« Wer wohl deiner nicht gedächte,
>   der dich jemals hat gesehen?

Alternierend mit der Schilderung des Lebens in der bedrohten Zigeunerstadt folgt ein größerer rein instrumentaler Abschnitt des Orchesters, eine Sublimierung spanischer musikalischer Kultur vor allem vermittels der Verarbeitung rhythmischer Modelle. Nachdem noch einmal Sprechchor und Schlagzeug den Polizeiüberfall schildern, mündet die Musik in einen lang gehaltenen Akkord der Streicher, der im dreifachen piano beginnt, anschwillt bis zum dreifachen forte und wieder verklingt, ein Akkord, der wiederum, wie schon die Bläsermelodie, vertraut tonal klingt, was sich leicht erklärt, wenn man die Töne dieses Akkordes betrachtet: E – A – D – G – H – E sind die Töne der leeren Saiten einer Gitarre, des spanischen Nationalinstrumentes. Und eben diese Töne – und nur sie – liegen auch dem nun folgenden letzten Abschnitt der Komposition zugrunde, in welchem nur der unbegleitete Chor zu hören ist, der hier zum ersten und einzigen Mal singt, ebenfalls unisono (wie vormals die Bläser), durchgehend pianissimo und wiederum auf die Ritornell-Worte »O ciudad de los gitanos!« sowie auf die Schlußzeilen des poetischen Berichterstatters, der die Bilder auf seine »Stirn«, auf sein eigenes Gedenken, bezieht:

»... Que te busquen en mi frente. Suchet sie auf meiner Stirn.
Juego de luna y arena.« Spiel des Mondes und des Sandes.

Auch hier also ist die scheinbar tonale Wendung kein »Folklorismus«, sondern streng funktional im Sinne der Botschaft, die sich in dieser Musik kristallisiert.

Luigi Nono ist sicherlich unverdächtig, Komponist religiöser Erbauungsmusik zu sein. Doch in einem säkularen Sinne läßt sich das dreiteilige *Epitaffio* durchaus in bildlicher Übertragung als dreiteiliges Grabmal oder dreiteiliges Altarbild deuten oder zumindest mit einem solchen vergleichen:[11] die beiden Seitenflügel (*Epitaffio No. 1* und *No. 3*) zeigen Lebensumstände und leidvolles Geschehen, die Anlaß wurden für die Totenehrung; das Mittelstück, der rein instrumentale zweite Teil, wäre dann gleichsam die dem Irdischen schon enthobene, entrückte »Verklärung des Leibes«. Durch den Verzicht auf Text erscheint dieser Teil zunächst entsinnlicht, erhält aber in Wirklichkeit seine eigentliche ideale Sinnlichkeit erst durch die reine Klangwelt der Musik. Denn es ging Nono nicht um Transzendenz, sondern um eine Botschaft an die Lebenden.

---

11 Man denke auch, mutatis mutandis, an den berühmten Isenheimer Altar von Matthias Grünewald, aufbewahrt im Museum Unterlinden in Colmar im Elsaß; die einstige religiöse Inspiration ist heute hinter dem Charakter als Kunstwerk nahezu vollständig verschwunden.

Spanien im Herzen (2): La Victoire de Guernica

Am 26. April 1937 wurde Guernica – seit dem Mittelalter die heilige Stadt des Baskenlandes, wo die spanischen Könige einen Eid auf die Freiheitsrechte der Basken leisten mußten, bevor sie von diesen anerkannt wurden – durch einen mehr als dreistündigen Luftangriff der deutschen »Legion Condor« unter Führung ihres Stabschefs Wolfram von Richthofen vollkommen zerstört; die Jagdflugzeuge verfolgten flüchtende Bürger und mähten sie mit Maschinengewehrsalven nieder. Hitlerdeutschland unterstützte den Putschistengeneral Francisco Franco: Der Angriff auf Guernica wurde absichtsvoll geführt, um die spanische Republik zu demütigen. Zudem bildete Guernica für Reichsminister Hermann Göring den Testfall, um seine Luftwaffe zu erproben für das, was dann während des Zweiten Weltkrieges zur Regel wurde: der Vernichtungskrieg der deutschen Wehrmacht gegen die Zivilbevölkerung des angegriffenen Landes.

Der Angriff löste weltweite Empörung aus; auch Künstler drückten noch Jahre oder Jahrzehnte danach ihre Verbundenheit mit den Opfern aus: Pablo Picasso schuf sein berühmtes »Guernica«-Bild, Paul Éluard verfaßte sein Gedicht *La Victoire de Guernica*, die Komponisten Paul Dessau, Luigi Nono, Walter Steffens und jüngst Klaus Huber schrieben Werke zu diesem Thema.

Luigi Nonos *La Victoire de Guernica für Chor und Orchester* (1954)[12] nach dem Gedicht von Paul Éluard teilt mit *Epitaffio* den am spanischen Bürgerkrieg sich entzündenden Antifaschismus und musikalisch betrachtet die Technik des durchkomponierten Textes – im Gegensatz zum Verfahren der Textaufspaltung und der Aufteilung der Silben auf unterschiedliche Stimmen im kurz darauf komponierten *Il canto sospeso*. Die 14 Strophen des Gedichtes, die keine Handlung erzählen, sondern aus einer Folge poetischer, metaphorischer Bilder bestehen, gliedert Nono in vier vom Klangcharakter her deutlich unterscheidbare Teile: zwei durch Kampf- und Protestgesten bestimmte, sehr bewegte Teile

---

12 Detailliert zu diesem Werk Hartmut Lück: *»Steht auf! Galeerensklaven des Hungers!« Einige Anmerkungen zu »La Victoire de Guernica« von Luigi Nono*, in: Hanns-Werner Heister und Hartmut Lück (Hg.): *Musik, Deutung, Bedeutung. Festschrift für Harry Goldschmidt zum 75. Geburtstag*, Dortmund 1986, S. 134-139.

an erster und dritter Stelle, einen ruhigen Mittelteil als Insel einer utopischen Hoffnung und einen abschließenden appellativen Teil.

Zum Pauken-Crescendo zu Beginn und den Unruhe und Bedrohung signalisierenden, oft geradezu aufbrüllenden Tonpunkten des Orchesters im ersten Teil setzt Nono den Chor auf die Worte »Beau monde« (»Schöne Welt«) in wiederum Verdi'scher Kantabilität, aber mit den Worten »Voici le vide qui vous fixe« (»Hier ist die Leere, die euch bannt«) und »Votre mort va servir d'exemple« (»Euer Tod wird als Beispiel dienen«) überstürzt sich der Gesang zum Sprechchor und Aufschrei.

Als starker und gewollter Kontrast dazu erscheint der ruhige Mittelteil, worin der Chor durch Stimmen mit »bocca chiusa« (Summen mit geschlossenem Mund) eingehüllt und durch eine fast unwirkliche Klangwelt aus Xylofon, Marimbafon, Vibrafon und Celesta begleitet wird, eine Klangwelt, die als Symbol der Unberührtheit und des Friedens schon aus dem *Epitaffio* bekannt ist.

»Les femmes, les enfants ont le même trésor De feuilles vertes de printemps et de lait pur«	Die Frauen, die Kinder haben den gleichen Schatz Aus grünen Frühlingsblättern und klarer Milch

Diese textliche Verbindung unberührt-organischer Natur mit denjenigen Menschengruppen, die immer wieder paradigmatisch für die unschuldigen Opfer der politisch-militärischen Gewalt stehen, erscheint durch Nonos klanglichen Symbolcharakter als Urbild des Friedens vor dem Angriff wie auch in einer noch utopischen Zeit ohne Krieg und Terror. Nach der erneuten Anklage im dritten Teil bringt der abschließende vierte eine fast choralartige Wendung mit einem Tonvorrat von nur drei Tönen, nämlich gis, cis und fis, was auch eine ganz spezielle Harmonik aus Quart-, Quint- und Sekund-Intervallen ergibt. Genau diese drei Töne hatte Nono bisher in seiner Reihenstruktur ausgespart, so daß die zukunftsgewisse Finalwendung auf die Worte »Nous en aurons raison« (»Wir werden recht behalten«) auch strukturell logisch und schlüssig erscheint, nämlich als Vervollständigung einer Neunton- zur Zwölftonreihe.

In diese Neuntonreihe (b c g a es e f d h) als Grundlage des Werkes ist wiederum »präexistentes Material« eingeflossen, nämlich

Intervallfolgen aus dem bekannten Arbeiterkampflied *Die Internationale*, das auch rhythmische Folgen für diese Komposition lieferte, so z. B. die zweite Melodiezeile auf die Worte »Die stets man noch zum Hungern zwingt« (im französischen Original »Debout! Les forçats de la faim«, wörtlich übersetzt: »Steht auf! Galeerensklaven des Hungers«); Nono kombiniert den Rhythmus dieser zweiten Melodiezeile der *Internationale* mit der Textzeile von Éluard »Ils vous ont fait payer le pain« (»Sie haben euch das Brot bezahlen lassen«) und bringt ihn erneut am Schluß zu »Nous en aurons raison« in den Blechbläsern und Pauken in kanonischer Stimmführung. Die Verwendung gerade dieses »präexistenten Materials« mit der spezifischen Semantik und den auch hörend nachvollziehbaren Intervallfolgen (ohne daß es sich aber um Zitate im eigentlichen Sinne handelt) war für Nono auch ein gewollter »Bruch mit einer Schematik«[13] seiner avantgardistischen Komponistenkollegen: »eine Reaktion gegen das, was in Darmstadt passierte: immer mehr sich wiederholende leere Formeln, höchste Verherrlichung des ›Rationalen‹ als vereinheitlichendes Moment. Diese Art meiner Intoleranz war schon am ›Epitaffio‹ für García Lorca wahrnehmbar...«[14]

»Leb wohl, Mutter, Deine Tochter Ljubka geht fort in die feuchte Erde«

Il canto sospeso für Solostimmen, Chor und Orchester (1955-56) entstand auf Texte aus Briefen zum Tode verurteilter Widerstandskämpfer. Der Titel ist bewußt mehrdeutig und meint »Schwebender Gesang«, aber auch »Unterbrochener Gesang«. Trotz der Eindeutigkeit der Texte sind diese extrem sublimiert durch ihre Aufspaltung in einzelne Silben und phonematische Einheiten und deren Verteilung auf mehrere Stimmgruppen – Nono hielt es für unmöglich, solche intim-emotionalen und gleichermaßen hochpolitischen Texte im traditionellen Sinne zu »vertonen«; sie sollten selbst zu Musik werden, nur so sei das Werk als »Bekenntnis« überhaupt vorstellbar. Zum Nachvollzug der italienisch benutzten Texte, die aber aus verschiedenen Län-

---

13 Stenzl, op. cit. (Anm. 3), S. 35; die hier zitierte Aussage Nonos findet sich ursprünglich in Enzo Restagno: *Nono*, Torino 1987, S. 24.
14 Nono, op. cit. (Anm. 8), S. 80.

dern stammen, ist in diesem Sinne das Programmheft bzw. die Partitur da.

Hierin entfernt sich Nono von dem Verfahren bei *Epitaffio* und *La Victoire de Guernica*, doch gibt es die bisher schon betrachteten Klangcharaktere hier ebenfalls. Und der früher schon mit dem utopischen Frieden verbundene Klangcharakter der Instrumente Vibrafon, Marimbafon, Celesta, Harfe findet sich im *Canto sospeso* ebenfalls, nun allerdings losgelöst von einem auch textlich festzumachenden semantischen Gehalt, sondern, ganz im Gegenteil, gerade mit der wohl erschütterndsten Aussage unter den verwendeten Texten verbunden, der Aussage jener russischen Partisanin Ljubov« Ševcova, die oben schon zitiert wurde: »Addio, mamma, tua figlia Ljubka se ne va nell'umida terra« (»Leb wohl, Mutter, Deine Tochter Ljubka geht fort in die feuchte Erde«). Was bisher in Semantik und Klangcharakter zwar in einem Werk vorhanden, aber doch deutlich getrennt war, ist hier in eins gesetzt: der Tod wird allerdings keinesfalls ästhetisiert (wie im Faschismus, der marschierende Massen wie deren »Heldentod« als politisches Großkunstwerk feierte), sondern das Gedenken an die Opfer der Gewalt wird zur Voraussetzung eines zukünftigen Friedens, der einer Ljubka das Leben erhält; ein solcher Frieden kann dann auch klingend antizipiert werden. Genau das geschieht in diesem 7. Satz des *Canto sospeso*, der damit auch paradigmatisch die Doppeldeutigkeit des Titels einlöst: Der Gesang des Lebens wird durch den Terror der Nazi-Besatzer zwar unterbrochen, aber er schwebt weiter als Botschaft in die Zukunft, wenn es gelingt, die Verhältnisse, die den Faschismus möglich machten, zu überwinden.

Frau, Meer, Natur, Liebe

In mehreren Werken Luigi Nonos gibt es gewissermaßen einen Dreischritt emotionaler Befindlichkeiten in Text und Musik, und zwar mit den Befindlichkeiten »Bedrohung«, »Qual« und »Hoffnung«,[15] so z. B. in *La fabbrica illuminata* (1964) für Sopran und Tonband, in der Kantate *Canti di vita e d'amore – Sul ponte di Hiroshima* (1962) für Sopran, Tenor und Orchester oder in der

---

15 Stenzl, op. cit. (Anm. 3), S. 68.

Tonbandkomposition *Ricorda cosa ti hanno fatto in Auschwitz* (1965-66), die Nono aus seiner Bühnenmusik zum Schauspiel *Die Ermittlung* von Peter Weiss extrahierte.

Diese Ausdrucks-Charaktere »Bedrohung«, »Qual« und »Hoffnung« lassen sich in diesen Werken bis zu einem gewissen Grade bestimmten Abschnitten oder Formteilen zuordnen, doch werden sowohl textlich-verbale wie auch musikalische Materialien zunehmend frei verfügbar; es muß – ähnlich wie im erwähnten 7. Satz von *Il canto sospeso* – keine Kongruenz zwischen Titel, Text und »passender« Musik bestehen. Dies ist beispielsweise in *Canti di vita e d'amore – Sul ponte di Hiroshima* für Sopran, Tenor und Orchester (1962) nach Texten von Günter Anders, Jesus Lopez Pacheco und Cesare Pavese zu bemerken. Der zweite Teil dieses dreiteiligen Werkes ist überschrieben »Djamila Boupachà«, basiert auf dem Gedicht *Esta noche* (»Diese Nacht«) von Jesus Lopez Pacheco und ist für unbegleiteten Sopran gesetzt.

»Quitadme de los ojos	Nehmt mir diesen Nebel von
esta niebla de siglos.	Jahrhunderten von den Augen.
Quiero mirar las cosas	Ich will die Dinge
Como un niño...«	wie ein Kind betrachten...[16]

Das Gedicht drückt Trauer und Schrecken, aber auch Gewißheit eines möglichen besseren Lebens aus; die Überschrift bezieht sich auf eine algerische Studentin, die sich den Befreiungskämpfern gegen die französische Kolonialmacht angeschlossen hatte und nach ihrer Gefangennahme von den französischen »Paras« sadistisch gefoltert und ermordet wurde. Musikalisch ist dieser Abschnitt quasi eine Solo-Arie von erlesener kantabler Schönheit der Melodielinie – ein schreiender Gegensatz zur Assoziation von Folter-Orgien, aber eben, wie schon im *Canto sospeso*, eine musikalische Antizipation einer anderen Welt, einer anderen, menschlich-humanen Gemeinschaft, wo eine Djamila symbolisch zum »niño«, zum »Kind« im Sinne von Gewaltlosigkeit und Frieden werden kann.

Damit tritt zu dem erwähnten Klangcharakter der »ätherischen« Instrumente (Xylofon, Vibrafon, Marimbafon, Celesta, Harfe, Hängende Becken u. ä.) ein weiterer symbolischer Klangcharak-

---

16 Übersetzung: © Schott Verlag, Mainz.

ter hinzu, nämlich die unbegleitete menschliche Stimme, solo oder im Vokalensemble. Und des weiteren suchte Nono mehrmals Texte aus, die zwar im vordergründigen Sinne nicht politisch sind, aber immer wieder bestimmte Begriffe und Bilder enthalten, die symbolisch stehen für eine gewaltlose, nicht entfremdete, friedliche Gemeinschaft; es sind dies solche Begriffe wie »Frau«, »Meer«, »Natur«, »Weinberg« und »Liebe«. So wird bereits das kurze, 1954 entstandene *Liebeslied* für gemischten Chor und Instrumente auf einen eigenen Text, geschrieben für Nuria Schoenberg, Nonos spätere Frau, begleitet von Harfe, Hängenden Becken, Glockenspiel, Vibrafon und (leisen) Pauken. *Sará dolce tacere* (»Es wird süß sein zu schweigen«) für acht Solostimmen (1960) nach einem Gedicht von Cesare Pavese verbindet verschiedene Naturbilder wie das immer wiederkehrende Bild »la vigna« (der Weinberg) mit der Anrede an eine geliebte Frau und schließt musikalisch eine subtil ausgehörte Reihentechnik mit der Kunst des italienischen Madrigals der Renaissance zusammen.

»Anche tu sei collina	Du bist auch Hügel
e sentiero di sassi	und Weg von Steinen
e gioco nei canneti,	und Spiel im Röhricht,
e conosci la vigna	und du kennst den Weinberg,
che die notte tace.	der bei Nacht schweigt.
Tu non dici parole...«	Du sagst keine Worte...[17]

Die acht Stimmen sind in zwei Gruppen aufgeteilt, die keilförmig zueinander stehen, so daß sich hinten der Baß der ersten und der Sopran der zweiten Gruppe treffen. (Daß hier auch die Tradition der Mehrchörigkeit aus Venedigs Kathedrale San Marco aufgegriffen wird, sei nur am Rande vermerkt.) Diese Doppelchörigkeit wie auch die mehrfache Verwendung signifikanter Wörter in einer »Kettenform« klingt ebenso an die Madrigalkunst der Renaissance an wie die gelegentlichen musikalischen Wort-Illustrationen (Madrigalismen). Hierzu gehört auch die Verwendung der »bocca chiusa« (Singen mit geschlossenem Mund), und mit einem solchen Klang endet auch das Stück – mit »süßem Schweigen«. Daß in die zwölftönige Struktur gelegentlich zu signifikanten Begriffen tonale Inseln, d. h. tonal deutbare Segmente der Reihe, eingesenkt sind, überrascht bei Nono nicht mehr.

17 Übersetzung: Marita Einemann (Emigholz)

In einem Werk hat Luigi Nono den Gegensatz zwischen revolutionären Kämpfen einerseits und utopischem Frieden andererseits noch einmal extrem auseinandergezogen, auch durch die völlig unterschiedliche musikalische Realisierung. Es handelt sich um *Musica-Manifesto No. 1* für Stimmen und Tonband (1968-69). Das Werk besteht aus zwei Teilen: »Un volto del mare« für Stimmen und Tonband nach dem Gedicht *Mattino* von Cesare Pavese; und »Non consumiamo Marx«, eine Tonbandmontage aus Straßenrufen der Studentenrevolte vom Pariser Mai 1968, von der Biennale in Venedig sowie ähnlichen Texten und deren elektronischer Verarbeitung.

«La finestra socchiusa contiene un volto sopra il campo del mare. I capelli vaghi accompagnano il tenero ritmo del mare...»	Das halb geschlossene Fenster umschließt ein Antlitz über dem Feld des Meeres. Die losen Haare begleiten die sanfte Bewegung des Meeres...[18]

Der Ablauf des ersten Teils mit dem Gedicht von Cesare Pavese ist nicht genau festgelegt; eine Schauspielerin, die das Gedicht mehrmals rezitiert, und eine Sängerin, die Teile daraus improvisierend singt, beginnen mit ihren Parts, nachdem das Tonband mit transformierten Vokalklängen schon mehrere Minuten gelaufen ist. Musik und Gedicht ergeben das Bild eines befreiten, sinnlichen Lebens, also eines Lebens, welches im zweiten Teil der Komposition als erst noch zu erkämpfendes artikuliert wird. Der Gegensatz der beiden Teile ist gewollt; dennoch trug sich Nono mit dem Gedanken, beide Teile gleichzeitig abzufahren, ein Versuch, der allerdings nur im Studio unternommen wurde und nicht in eine Aufführungsversion einmündete. Die Begriffe »Meer« und »Antlitz«, die Naturbilder und die Wendung an eine Frau verbinden den ersten Teil von *Musica-Manifesto* mit anderen Lyrik-Vertonungen Nonos wie *Sarà dolce tacere* oder *Ha venido. Canciones para Silvia* für Solosopran und sechs Soprane (1960) nach dem Gedicht von Antonio Machado *La primavera ha venido* (»Der Frühling ist gekommen«), geschrieben zum ersten Geburtstag von Nonos Tochter Silvia.

18 Übersetzung: Programmheft »Pro Musica nova« Radio Bremen 1970 und Jürg Stenzl in Nono, op. cit. (Anm. 1), S. 415.

Duino

»Nach spätem Gewitter – das atmende Klarsein«, diese und andere Worte aus den *Duineser Elegien* von Rainer Maria Rilke bilden die zentrale textliche Grundlage des Werkes *Das atmende Klarsein* für Kammerchor, Baßflöte und Live-Elektronik (1981). Schon im Streichquartett *Fragmente – Stille, An Diotima* (1979-80) hatte sich in Titel und klingendem Resultat ein Komponist geäußert, der nach erweiterten Ausdrucksmöglichkeiten einmal zwischen fragmentarischem Klang und absoluter Stille, zum anderen in einer neuen Beziehung zwischen Klang als solchem und wanderndem Klang im Raum suchte. Gerade dieses letztere, was Nonos Arbeiten bis zu seinem Tode 1990 durchweg bestimmte, ist auch kennzeichnend für *Das atmende Klarsein*, und die technischen Voraussetzungen dafür lieferte das Experimentalstudio der Heinrich-Strobel-Stiftung des SüdwestRundfunks in Freiburg im Breisgau, wo Nono seit 1981 regelmäßig arbeitete.

Was manchen Beobachtern als »Wende« des einstigen »Politkomponisten« erschien, war dies jedoch keineswegs; auch Nono selbst hat gesprächsweise eine solche »Wende« weg von der Politik bestritten. Tatsächlich ist der mikroskopische Blick auf den Klang, ist auch die Idee des im Raum wandernden Klanges lange schon bei Nono vorhanden; dies wird in den Werken nach 1980 lediglich systematisch vorangetrieben. Die Differenzierung beispielsweise der Dynamik gerade zwischen einfachem und sechsfachem piano, die Differenzierung des räumlichen Hörens und schließlich die Einbeziehung mikrointervallischer Klangdispositionen ist ein neuer Schritt musikalisch-ästhetischer Erkenntnis und ersetzt nicht die semantisch-politische Erkenntnis, sondern setzt sie im ästhetischen Bereich fort. Der Sinn eines Werkes ist nicht mehr verbal-semantisch faßbar, sondern das Insistieren auf dem erkennenden Hören ist der Sinn.

Das atmende Klarsein schafft zwischen den live-elektronisch verarbeiteten Klängen der Baßflöte, den nur wenig transformierten Klängen des Kammerchores und den assoziativen Anstößen durch Worte wie »Ins Freie«, »Aus Lust« oder den Titelworten, aus den lang gehaltenen Chorklängen und den Pausen des Nachhalls ein sinnliches Gleichgewicht aus höchster Intensität der hörenden Erforschung und ruhiger Selbstgewißheit, daß diese Art von Klangraum die einzig mögliche Alternative ist zum bewußtlosen und kommerzialisierten Klang-Matsch, der uns als hochpolitische Beschwichtigungs-Industrie tagtäglich umgibt. Jener in Sekunden- und Minuten-Clips portionierte Klang-Matsch, der Hörern und Fernsehern im alltäglichen Leben jahrelang eingetrichtert und dann mit dem grauenhaften Begriff der »Einschaltquote« bestätigend und stabilisierend zurückgetrommelt wird, erfordert als Alternative nicht die dem laufenden Betrieb problemlos integrierbare Protestkunst, sondern eben eine Klanglandschaft, die sich durch ihre Gestalt und ihre »andere« Zeitlichkeit jenen ideologischen Portionierungen verweigert und gerade dadurch zum erkennenden »Klarsein« befähigt. Das ist die wahre Botschaft des »neuen« Nono, nicht weniger politisch als die des »alten«, früheren – aber anders, vertieft, perspektivisch.

Wenn Nono von den Interpreten seines Streichquartetts verlangte, sie sollten sich viel Zeit lassen, so gilt dies für die Hörer gerade seiner späten Werke gleichermaßen. Heute sich diese Zeit zu nehmen, ist ein Akt des Widerstandes gegen den globalisierten Konsumismus; in einem Zeitalter eines »ewigen Friedens« wird diese Art zu hören jedem Menschen möglich sein. Insofern ist *Das atmende Klarsein* und sind es auch die anderen Spätwerke wie das Musiktheater des räumlichen Hörens *Prometeo* (1981-84) oder wie *La lontananza nostalgica utopica futura* für Violine im Raum und Live-Elektronik (1988-89) Antizipationen des Friedens.

Unendliche Möglichkeiten – mögliche Unendlichkeiten

Dieser antizipatorische Charakter ist zwei rein instrumentalen Werken Nonos deutlich einbeschrieben, zwei Werken übrigens aus verschiedenen Perioden seines Schaffens. Das erste ist *Per Bastiana Tai-Yang Cheng* für Orchester und Tonband (1967), entstanden zum ersten Geburtstag von Nonos zweiter Tochter Serena Bastiana; der zweite Bestandteil des Titels verweist auf die zweite Zeile des Massenliedes der chinesischen Kulturrevolution »Dong fang hong / tai yang cheng« (»Der Osten ist rot / der Tag bricht an«, oder, wie es in der singbaren deutschen Fassung des Liedes heißt: »Osten ist rot, Sonne geht auf, Rote Garde grüßt Mao Ze Dong«). Wie bei Nono schon bekannt, wird das Lied nicht zitiert, sondern geht als Folge von Intervall-Verhältnissen, deren Herkunft nur gelegentlich erkennbar wird, in die Struktur der Orchestermusik ein. Das Orchester – übrigens ohne Schlagzeug – ist in drei Gruppen geteilt, drei »Chöre« im Sinne der venezianischen Mehrchörigkeit aus San Marco; dazu erklingt ein Tonband mit frequenzmäßig sehr eng beieinanderliegenden Metallklängen. Nono selbst schreibt: »Aus der Synthese dieser drei verschiedenen akustischen Gruppen geht ein Klangfeld hervor, das Gegensätze integriert oder einander gegenüberstellt, das Momente höchster Durchdringung und äußerster Differenzierung entstehen läßt. Diese extremen Positionen werden im Höreindruck deutlich wahrnehmbar: dadurch, daß das chinesische Lied einmal Kontur annimmt, zum anderen die Konturen wieder verschwimmen.«[19]

Die großen Intervallsprünge und die Tonleiterläufe des chinesischen Liedes vermitteln einen vorwärtsdrängenden, aktivierenden Gestus; Nonos Orchesterwerk hingegen besteht fast durchweg aus räumlich und zeitlich sich verschiebenden, aber in sich weitgehend statischen Klangsäulen der Streicher, Holz- und Blechbläser. Die Musik imaginiert einen Zustand, als sei die Bewegung des Liedes schon an ihr Ziel gelangt, als sei die Sonne eines neuen, besseren Zeitalters bereits aufgegangen. Indem Nono seiner Tochter wünscht, sie möge einen solchen Zustand des Zusammenlebens der Menschheit erleben, schafft er eine utopische Festmusik des Friedens.

Ähnliches, wenn auch in einem völlig anderen Klanggewand, läßt sich an dem Orchesterwerk *A Carlo Scarpa, architetto, ai suoi infiniti possibili* (1984) beobachten. Der Titel ist doppelsinnig (auch dies verwundert bei Nono, nach *Il canto sospeso*, nicht mehr): »Für Carlo Scarpa, den Architekten, für seine unendlichen Möglichkeiten« oder »für seine möglichen Unendlichkeiten« ließe sich der Werktitel übersetzen.[20] Das mittelgroß besetzte Orchester fordert von jedem Musiker solistischen Einsatz, da innerhalb der knapp zehn Minuten des Werkes nie das ganze Ensemble spielt, sondern immer nur wenige – es ist, auch dies ein Moment egalitärer Utopie, ein Ensemble von Gleichen. Außerdem benutzt Nono nur zwei Töne die aus den Initialen Carlo Scarpas abgeleitet wurden, nämlich *c* und *es,* die allerdings durch

---

19 Nono, op. cit. (Anm. 1), S. 133.
20 Carlo Scarpa (1906-1978), Architekt, mit dem Nono befreundet war.

mikrotonale »Höfe« umgeben und verschattet werden. Das meist sehr leise Werk aus gleichsam in einem riesigen Raum schwebenden Klängen eröffnet dem Hörer als dem gewissermaßen hörend Erkennenden die Vorstellung jener Architektur aus Glas, Lichteinfall und grazilen Konstruktionen, für die der Name von Carlo Scarpa, eines ideellen Schülers von Frank Lloyd Wright, steht. Eine Trauer- und Gedenkmusik – gewiß –, aber auch Vorausnahme eines Lebenszustandes mit »unendlichen Möglichkeiten« oder »möglichen Unendlichkeiten«, der heute noch »ungekommen« ist.

Peter Petersen
Friedensvisionen in der Musik von Hans Werner Henze

Als Hans Werner Henze am 26. Oktober 1996 die Ehrendoktorwürde der Universität Osnabrück entgegennahm, bedankte er sich mit einer Rede,[1] die von einem einzigen Wunsch getragen war: dem Wunsch nach Frieden – Frieden in Afrika (wo gerade 28 Kriege stattfanden), in Asien (wo 26 Kriege tobten), in Lateinamerika (wo es elf Kriege gab). Scheinbar gegen alle Vernunft und mit der Attitüde eines naiven Kindes schlug der gerade siebzigjährige, weltberühmte Komponist vor, das Militär abzuschaffen und die frei werdenden Mittel in Einrichtungen der Musik, der Kultur und der Bildung zu stecken. »Es ist nicht unmöglich, sich eine Welt ohne Krieg, ohne Krieger vorzustellen«, sagte Henze. Man könne einen Zustand der Gesellschaft imaginieren, in dem es möglich würde, »systematisch und allgemein die Gewaltlosigkeit, die Toleranz und die Liebe zum Frieden als nationale Hauptthemen zu betrachten.«[2] Henze beendete seine Rede mit dem geläufigen Bibelspruch »Friede auf Erden! Und den Menschen ein Wohlgefallen.«

Henze ist weder naiv noch wirklichkeitsfremd. Es ist erkennbar, daß er die Erwartungen an eine Universitätsrede, zu der ein mit Doktorhut Bestückter eigentlich aufgerufen wäre, absichtlich enttäuschen wollte. Der gewählte Tonfall läßt an die Freiheit des Narren denken, der bei Hofe die ungeschminkte Wahrheit sagen durfte, ohne dafür belangt zu werden. Die frisch erworbene Rolle des Dr. phil. h. c. H. W. Henze gab dem Musiker-Künstler die Möglichkeit, wie ein Narr von Wahrheiten zu sprechen, die nicht zu leugnen sind, die aber von der Politik konsequent beiseite gelassen werden. Z. B.: Den Frieden zu gewinnen ist schwerer als ei-

---

[1] Hans Werner Henze: *Das Rad der Geschichte und die ewige Wiederkehr*, in Sabine Giesbrecht und Stefan Hanheide (Hg.): *Hans Werner Henze. Politisch-humanitäres Engagement als künstlerische Perspektive. Festschrift zur Verleihung der Ehrendoktorwürde der Universität Osnabrück an den Komponisten*, Osnabrück 1998, S. 15-17.

[2] Ebd., S. 16.

nen Sieg herbeizuführen; für einen »Eurofighter« kann man alle Stradivaris der Welt kaufen; Orpheus ist mächtig, Mars ist dumm.

Überblick

Friedenssehnsucht und Friedensvisionen durchziehen das gesamte Schaffen Hans Werner Henzes, das inzwischen mehr als ein halbes Jahrhundert umspannt. Henze wurde am 1. Juli 1926 in Gütersloh in Westfalen geboren, mußte noch als Achtzehnjähriger am Krieg teilnehmen und erlebte den Tag der Kapitulation wie den Moment einer Wiedergeburt.[3] Die Remilitarisierung der BRD und die Tolerierung ehemaliger Nazis in der Adenauer-Regierung trafen Henze wie ein Schock. 1953 übersiedelte er nach Italien, wo er bis heute lebt.

Henzes Werkverzeichnis umfaßt Klavier- und Kammermusik, Orchesterwerke, Lieder, Kantaten, Oratorien, Opern und Ballette. Das Musiktheater kann indes als die eigentliche Domäne Henzes angesehen werden. Eines seiner mehr als zwanzig Musiktheaterwerke ist ein explizites Anti-Kriegsdrama. Es hat den Titel *Wir erreichen den Fluß – We come to the river* und wurde zusammen mit dem englischen Dramatiker Edward Bond 1973 entworfen und 1976 im Royal Opera House London uraufgeführt. Das auf Befreiungsbewegungen in Vietnam und Chile gleichermaßen bezogene Stück erzählt die Geschichte eines Generals, der vom Krieger zum Pazifisten wird.[4]

Andere Stücke Henzes behandeln das Friedensthema zwar weniger gegenwartsnah, ihre Botschaft ist jedoch genauso deutlich wie in der *River*-Oper. Wiederum zusammen mit Bond konzipierte Henze 1976 eine Neuerzählung des Orpheus-Mythos, die in Form eines abendfüllenden Balletts 1979 an den Württembergischen Staatstheatern in Stuttgart in einer Choreographie von

---

3 Hans Werner Henze: *Reiselieder mit böhmischen Quinten. Autobiographische Mitteilungen 1926-1995*, Frankfurt a. M. 1996, S. 64f.
4 S. Peter Petersen: *Hans Werner Henze. Ein politischer Musiker. Zwölf Vorlesungen*, Hamburg 1986, S. 70ff.; ders. nochmals und detaillierter: *We come to the River – Wir erreichen den Fluß. Hans Werner Henzes Opus magnum aus den ›politischen‹ Jahren 1966 bis 1976*, in: *Hans Werner Henze. Die Referate des internationalen Symposions an der Universität Hamburg, 28. bis 30. Juni 2001*, hg. von Peter Petersen (= Hamburger Jahrbuch für Musikwissenschaft, Bd. 20), Frankfurt a. M. 2003, S. 25-40.

William Forsythe uraufgeführt wurde. Abweichend von den antiken Erzählungen lassen die Autoren Orpheus am Ende nicht den wilden Bacchantinnen zum Opfer fallen, sondern zeigen ihn in einer tänzerisch-musikalischen Phantasmagorie als Botschafter der Schönheit unter den aus der Hölle befreiten Menschen.[5]

Auch in Henzes erster in Italien geschriebener Oper, *König Hirsch* von 1953 bis 1955 (auf ein Libretto von Heinz von Cramer nach dem Stück *Il re cervo* von Carlo Gozzi), sind Befreiung und Befriedung die zentralen Inhalte. Im Ambiente eines Märchengeschehens wird ein Usurpator (mit Hilfe der Tiere des Waldes) gestürzt und am Ende ein gerechtes Königreich errichtet.[6]

Henzes *Pollicino* ist nach verschiedenen Märchen von Grimm, Collodi und Perrault regelrecht als Kinder- bzw. Schuloper gestaltet. Das Stück wurde 1980 auf dem Cantiere internazionale in Montepulciano unter Beteiligung von einheimischen Schulklassen und Musikgruppen sowie Gastkünstlern aus ganz Europa uraufgeführt. Es endet mit der Rettung von Kindern vor einem Menschenfresserehepaar und dem Ausblick auf eine friedliche Welt, die den Kindern zugetan ist.[7]

In den beiden jüngsten Opern Henzes, *Venus und Adonis* (München 1995) und *L'Upupa und der Triumph der Sohnesliebe* (Salzburg 2003), stehen am Schluß mythische bzw. märchenhafte Ewigkeitsallegorien (der Aufstieg Adonis' zum Himmel; Kazim als ewiger Wanderer zwischen den Welten), die mit der Idee vom Frieden assoziiert werden können.

Unter den Vokalwerken Henzes tritt die *Sinfonia N. 9* für Chor und Orchester (Berlin 1997) hervor, deren Text auf einer Dichtung Hans-Ulrich Treichels nach Motiven des Romans *Das siebte Kreuz* von Anna Seghers beruht. Der Friedensgedanke verbindet sich hier (wie meistens bei Henze) mit der Idee von Freiheit.

---

5 S. Peter Petersen: *Das Orpheus-Projekt von Hans Werner Henze und Edward Bond*, in: *Der Orpheus Mythos von der Antike bis zur Gegenwart*, hg. von Claudia Maurer Zenck (= Hamburger Jahrbuch für Musikwissenschaft, Bd. 21), Frankfurt a. M. 2004, S. 133-167.
6 S. Klaus Oehl: *Die Oper* König Hirsch *(1953-55) von Hans Werner Henze*, Saarbrücken 2003.
7 S. Hanns-Werner Heister: *Kinderoper als Volkstheater: Hans Werner Henzes* Pollicino, in: *Oper heute. Formen der Wirklichkeit im zeitgenössischen Musiktheater*, hg. von Otto Kolleritsch (= Studien zur Wertungsforschung, Bd. 16), Wien und Graz 1985, S. 166-187.

Henze hat das (ganz unpathetisch endende) symphonische Werk, dessen Finale *Die Rettung* übertitelt ist, »Den Helden und Märtyrern des deutschen Antifaschismus« gewidmet.[8]

Daß in einer bestimmten Phase Nachkriegsdeutschlands (gemeint ist die Studenten- und Intellektuellenbewegung seit Mitte der 1960er Jahre) die Begriffe Frieden und Revolution zusammen gedacht und als synonym empfunden werden konnten, zeigt Henzes »Oratorio volgare e militare«, *Das Floß der »Medusa«* (Hamburg 1968), auf ein Libretto von Ernst Schnabel.[9] Die letzten Worte Charons, des Berichterstatters dieser Geschichte von Verrat und Rettung, lauten: »Die Überlebenden aber kehrten in die Welt zurück: belehrt von Wirklichkeit, fiebernd, sie umzustürzen.«[10]

Dem *»Medusa«*-Oratorium und besonders seinem ›friedensmilitanten‹ Finale diametral entgegengesetzt ist der Liederzyklus *Voices*, den Henze 1973 auf 22 Gedichte des Typs *littérature engagée* schrieb.[11] Das letzte Lied, *Das Blumenfest*, dessen Text auf dem Protokoll eines aztekischen Blumenfestes aus dem *Codex florentinus* des Bernadino de Sahagún in der Übersetzung von Hans Magnus Enzensberger beruht, beschreibt den Frieden im Kontext einer erotischen Handlung; der Frieden erfüllt sich im Glück zweier Liebender.

Wie ein spätes Echo auf diese Vision vom Frieden im Liebesglück erscheint das letzte Lied aus den *Sechs Gesängen aus dem Arabischen* (1996-97), das den Titel *Paradies* trägt und auf ein Rückert-Gedicht (nach Hafis) komponiert wurde (»Meiner Erden Reise ist bedroht vom Feind: wehre seinem Hasse, reiche mir die Hand!«).[12]

---

8 S. Stefan Hanheide: *Hans Werner Henzes* Sinfonia N. 9 *und die Geschichte antifaschistischer Komposition*, in Giesbrecht und Hanheide (Hg.), op. cit. (Anm. 1), S. 19-54.
9 Vgl. Ernst Schnabel: *Das Floß der Medusa. Text zum Oratorium von Hans Werner Henze. Zum Untergang einer Uraufführung. Postscriptum*, München 1969.
10 Ebd., S. 44.
11 Vgl. *»Stimmen« für Hans Werner Henze. Die 22 Lieder aus »Voices«*, hg. von Peter Petersen, Hanns-Werner Heister und Hartmut Lück, Mainz 1996.
12 S. Klaus Oehl: *Die Klavierlieder Henzes: Zwischen neapolitanischem Golf und Morgenland – Von zahmen und wilden Bestien*, in: *Hans Werner Henze. Die Referate des internationalen Symposions an der Universität Hamburg, 28. bis 30. Juni 2001*, hg. von Peter Petersen (= Hamburger Jahrbuch für Musikwissenschaft Bd. 20), Frankfurt am Main 2003, S. 175-192.

Die Orchesterlieder bzw. -stücke. die Henze 1957 auf Gedichte von Ingeborg Bachmann schrieb und mit dem Titel *Nachtstücke und Arien* versah, thematisieren den Frieden unter dem Aspekt der dem Menschen anvertrauten Schöpfung.[13] Mit diesem Werk haben Henze und Bachmann sich zur Antiatombewegung bekannt, die durch die Erklärung der »Göttinger 18« am 12. April 1957 zu einem ersten Höhepunkt gelangt war. »Die Erde will keinen Rauchpilz tragen«, heißt es in der Aria II, deren Text hymnisch endet: »Die Erde will ein freies Geleit ins All / jeden Tag aus der Nacht haben, / daß noch tausend und ein Morgen wird / von der alten Schönheit jungen Gnaden.«[14]

Auch die Orchesterwerke von Henze übermitteln gelegentlich Ideen vom Frieden. Ganz deutlich ist dies im *Requiem* (1990-92) zu hören, dessen letzter Satz mit dem Titel *Sanctus* eine raumklangliche Vision einer Welt in non-hierarchischer Ordnung entfaltet. Von den neun Sätzen des *Requiem* haben drei einen aggressiven, antimilitaristischen Ausdruck, drei Sätze geben der subjektiven Klage über die Opfer von Kriegen und Gewaltherrschaft Raum, und in drei weiteren, darunter dem *Sanctus*, wird die objektive Vorstellung eines besseren, gewaltfreien Lebens evoziert.[15]

Zur Jahrtausendwende komponierte Henze im Auftrag der New York Philharmonic Society ein Orchesterstück, dem er den Titel *Fraternité* (1999) gab. Gleichzeitig schrieb er an seiner 10. Sinfonie (1998-99, uraufgeführt Luzern 2002), deren vier Sätze ebenfalls Überschriften tragen: *Ein Sturm – Ein Hymnus – Ein Tanz – Ein Traum.* Aus der Gesamtanlage der Sinfonie und

13 S. Marion Fürst: »*Gegenbild der heillosen Zeit«. Ingeborg Bachmanns und Hans Werner Henzes Gemeinschaftswerk* Nachtstücke und Arien *(1957)*, in: *Musik/Revolution. Festschrift zum 90. Geb. von Georg Knepler*, hg. von Hanns-Werner Heister, Bd. 3, Hamburg 1996, S. 47-71. S. auch Christian Bielefeldt: »*Hand in Hand, wie Geschwister«. Beobachtungen zum Zusammenspiel der Medien in den gemeinsamen Werken Ingeborg Bachmanns und Hans Werner Henzes*, Bielefeld 2003.
14 Hans Werner Henze: *Nachtstücke und Arien nach Gedichten von Ingeborg Bachmann für Sopran und großes Orchester*, Studienpartitur Edition Schott 4586, Mainz 1958, S. 69-73. Ingeborg Bachmann: *Werke*, hg. von Chr. Koschel u. a., 1. Band: *Gedichte, Hörspiele, Libretti, Übersetzungen*, München / Zürich 1978, S. 161.
15 S. Peter Petersen: *Hans Werner Henze. Werke der Jahre 1984-93* (= Kölner Schriften zur Neuen Musik, Bd. 4), Mainz 1995, S. 51-140.

aus dem Charakter des Finalsatzes kann abgeleitet werden, daß der »Traum« hier – in Anlehnung an Martin Luther Kings berühmtes Wort »I have a dream« – die konkrete Utopie der Gewaltfreiheit im menschlichen Zusammenleben beinhaltet.

Das Orchesterstück *Barcarola*, das Henze 1979 auf den Tod des väterlichen Freundes Paul Dessau schrieb, folgt dagegen der Vorstellung eines Friedens am Ende des Lebens. Geleitet von dem mythischen Bild des Todesnachen, in dem Charon die Sterblichen über den Styx geleitet, mündet die Musik in eine Coda, die ein elysisches Gefühl der Überwindung aller Mühsal auf Erden vermittelt.[16]

Die vielleicht früheste musikalische Imagination des Friedens im Werk Henzes findet sich in der *Sinfonie Nr. 2* von 1949. Mit einem Zitat der Melodie des Kirchenliedes »Wie schön leuchtet der Morgenstern« feiert der Komponist stellvertretend für seine ganze Generation den Wiederbeginn eines kulturellen und brüderlichen Lebens nach der Befreiung von Krieg und Faschismus.[17]

Dieser erste flüchtige Überblick über Friedensvisionen in der Musik Henzes verdeutlicht vor allem, daß der Begriff Frieden sich mit verschiedenen anderen, freilich stets positiv besetzten Ideen verbindet. In der Reihenfolge der angeführten Werke lassen sich folgende Bezugsbegriffe anführen:

Frieden	↔	Freiheit (*River*)
	↔	Schönheit (*Orpheus*)
	↔	Gerechtigkeit (*Hirsch*)
	↔	Fürsorge (*Pollicino*)
	↔	Auferstehung (*Venus & Adonis*)
	↔	Einverständnis (*L'Upupa*)
	↔	Widerstand (*Die Rettung*)
	↔	Revolution (»*Medusa*«)
	↔	Erotik (*Blumenfest*)

16 S. Jörg Rothkamm: »*In memoriam Paul Dessau*«. *Hans Werner Henzes Barcarola per grande orchestra*, in Constantin Floros, Friedrich Geiger, Thomas Schäfer (Hg.): *Komposition als Kommunikation. Zur Musik des 20. Jahrhunderts* (= Hamburger Jahrbuch für Musikwissenschaft, Bd. 17), Frankfurt a. M. 2000, S. 279-311.

17 S. Hartmut Lück: »*Von größtem Dunkel des Zeitalters erfüllt*«. *Hans Werner Henze und seine neun Sinfonien*, in Giesbrecht und Hanheide (Hg.), op. cit. (Anm. 1), S. 113-124.

- ↔ Paradies (*Paradies*)
- ↔ Natur (*Freies Geleit*)
- ↔ Gleichheit (*Sanctus*)
- ↔ Brüderlichkeit (*Fraternité*)
- ↔ Gewaltlosigkeit (*Ein Traum*)
- ↔ Erlösung im Tod (*Barcarola*)
- ↔ Erneuerung (*Wie schön leuchtet der Morgenstern*)

Auf einige Werke von Hans Werner Henze, in denen der Friedensgedanke besonders stark ausgeprägt ist, möchte ich im folgenden näher eingehen.

Musiktheater

Henze hat über seine Oper *We come to the river – Wir erreichen den Fluß* gesagt, daß er nie zuvor seine Musik »so vollständig in die Bezirke des Brutalen, des Grausamen, des Bösen« gezogen hätte, wie es in diesem Fall »die dramatische Wahrheit gebot«.[18] Die »dramatische Wahrheit« war indes durch eine Wirklichkeit bedingt, die das Thema des Stücks bestimmte. Wenngleich die Handlung in einem imaginären Kaiserreich spielt, so sind die historischen Modelle für das Geschehen doch offenkundig. In Text und Aktion wird konkret auf den Vietnamkrieg und auf die Pinochet-Diktatur in Chile angespielt. Die auf der Bühne gezeigten Folgen der Niederschlagung eines Aufstands wurden damals und werden noch heute als Unterdrückung von Befreiungsbewegungen gegen militärische Besatzer oder faschistische Putschisten verstanden. Der harte Klang, der die meisten Teile des Werks beherrscht, ist Ausdruck eines Mitleidens mit den »Verdammten dieser Erde« (Frantz Fanon). Für sie ergreifen Henze und Bond Partei, mit ihrem Kampf um Freiheit solidarisieren sie sich.

Der schmerzliche Grundklang der »Handlungen für Musik« (so der Untertitel der *River*-Oper) darf nicht vergessen werden, wenn der hoffnungsvolle, auf Frieden gerichtete Schluß des Werks ins Auge gefaßt wird. Im Mittelpunkt der Handlung steht ein General, der eines Tages erkennt, welches Leiden und welches Unrecht die von ihm befehligte Armee über die Bevölkerung

---

18 Hans Werner Henze: *Musik und Politik. Schriften und Gespräche 1955-1984*, erweiterte Neuausgabe, mit einem Vorwort von Jens Brockmeier, München 1984, S. 257.

bringt. Er wechselt die Seite, versucht vergeblich, seine selbst erteilten Befehle außer Kraft zu setzen, darunter die Erschießung von Frauen, die an den Leichen der Gefallenen nach brauchbarer Kleidung suchen, er wird ins Irrenhaus verschleppt, geblendet und am Ende getötet. Bevor er stirbt, erscheinen dem Blinden die erschossenen Opfer vor dem inneren Auge. Sie finden zu einer Prozession zusammen, deren Ziel die Überquerung des Flusses und damit das Erreichen eines besseren, gerechteren gesellschaftlichen Zustands ist. Im Ton eines erst verhaltenen, dann immer leuchtender klingenden Hymnus singen die ›Auferstandenen‹, unterstützt vom Orchester, einen Gesang der Hoffnung:[19]

> We stand by the river.
> *Wir stehen am Fluß.*
> If there is no bridge we will wade.
> *Gibt es keine Brücke werden wir waten.*
> If the water is deep we will swim.
> *Ist das Wasser tief werden wir schwimmen.*
> If it is too fast we will build boats.
> *Fließt es zu schnell werden wir Boote bauen.*
> We will stand on the other side.
> *Wir werden auf der anderen Seite stehen.*
> We have learned to march so well
> *Wir haben gelernt so gut zu gehen*
> that we cannot drown.
> *daß wir nicht ertrinken können.*

Die Musik dieses letzten großen ›Canto‹ unterscheidet sich von allem, was in der Oper vorher zu hören war. In einem Vortrag über *We come to the river*, den Henze am 25. November 1975 bei den Kammermusiktagen in Braunschweig hielt – also bald nach Beendigung der Reinschrift der Partitur am 19. September 1975 und ein halbes Jahr vor der Uraufführung des Werks am 12. Juni 1976 –, hat er die abwechslungsreiche Musik beschrieben.[20] Über den Schlußchor sagt Henze: »Ganz am Schluß, zum Gesang an die Hoffnung, werden die wichtigsten Motive der Unterdrückten in eine Intervall-Kette geordnet, zu einer Bildhaftigkeit, wie sie im ganzen Stück nicht möglich war. Alle Angst und Beklemmung

---

19 Textbuch von *We come to the river*, Schott 1976, S. 78 (wörtliche Übersetzung: Peter Petersen).
20 Veröffentlicht in *Musik und Politik*, op. cit. (Anm. 18), S. 255-269.

ist von der Musik abgefallen, und es ist wie ein Neubeginn in einer von allen Schrecknissen, allem Unrecht befreiten Welt.«[21]

In Abbildung 1 ist dieser Charakter abzulesen: In den Bässen wird ein ruhiger Schritt-Gestus vorgegeben, die übrigen Instrumente vollführen leise, sanft dissonierende Espressivo-Gebärden, der Chor der Opfer, der etwas später einsetzt, erklingt im schlichten zweistimmig-homophonen Satz unter (anfänglicher) Beschränkung auf die fünf Tonhöhen *ges-as-b-des-es* (sie entsprechen der pentatonischen Skala, wie sie etwa auch auf den schwarzen Tasten der Klaviatur gegeben ist). Am Ende (auf das Wort »... drown«, nicht in Abb. 1 zu sehen) hat sich der Tonbestand des Chores zu einem diatonisch terzgeschichteten Sechstonklang umgeformt: *d-f-a-c-e-g* (dessen Tonhöhen nun den weißen Tasten der Klaviatur entsprechen). Man kann in der Gleichzeitigkeit von pentatonischen bzw. diatonischen und zwölftönigen Strukturen (diese werden in den Instrumenten realisiert) ein Symbol der kulturellen Einheit des Abendlandes sehen, auf die sich Henze so oft beruft und die in einem Moment des »Neubeginns« in Erinnerung gerufen werden soll.

Spielt der Schluß des Werks ins Oratorienhafte hinüber, so herrscht in den elf vorangehenden Bildern meistens ein dramatischer Charakter vor, der durch die Verteilung der Handlung auf drei Teilbühnen zusätzlich verdichtet ist. In der 4. Szene findet im Vordergrund (Stage I) alltäglicher militärischer Drill (Paradeplatz fegen) statt, der sinnigerweise mit etüdenhafter Musik für Klavier und Piccoloflöte begleitet wird. Im Mittelgrund (Stage II) ist eine junge Frau mit Kind zu sehen, die auf dem Schlachtfeld, das mit Toten und Verwundeten übersät ist, nach ihrem Mann sucht. Zu hören ist hier ein Klangchaos, das sich aus dem Stöhnen der Verwundeten und verschiedenen anderen Äußerungen (z. B. Abzählen, »Zigarette!«) zusammensetzt, überlagert von dem traurigen Gesang der jungen Frau. Im Hintergrund (Stage III) wird ein Erschießungsort gezeigt, auf dem die Hinrichtung eines Deserteurs

---

21 Ebd., S. 268f. Ganz im Sinne Henzes interpretiert Julia Spinola das »Lied der Hoffnung« am Ufer des Flusses: der Fluss erscheine »als Symbol einer ambivalenten Grenzüberschreitung, ist Todesstrom und Weg nach Utopia zugleich«. S. Julia Spinola: »*Das Schöne ist nichts als des Schrecklichen Anfang«. Aspekte des Henze'schen Musiktheaters*, in: *Im Laufe der Zeit. Kontinuität und Veränderung bei Hans Werner Henze*, hg. von Hans-Klaus Jungheinrich, Mainz 2002, S. 77–86, Zitat S. 84.

Abb. 1: Henze, *We come to the river*, Schlußchor (Anfang), Zi. 43/6, (analytisches Particell)

stattfindet; der Delinquent ist der Mann der jungen Frau. Das Orchester dieser dritten Bühne spielt – wie abwesend – beharrlich einen Walzerrhythmus, der ein Überbleibsel aus der Siegesfeier im vorigen Bild ist. Henze kommentiert das Zusammentreffen der heterogenen Handlungselemente und Musikcharaktere so: »[...] die Musik auf Bühne III hat sich nicht von der vorigen Szene getrennt, [...] sie spielt weiterhin Tanzmusik: einen Walzer. So drückt sich Ohnmacht aus, und gleichzeitig wird [...] eine Assoziation geschaffen zu dem entsetzlichen Bild der Lagerkapelle von Auschwitz, die auf Anordnung der Lagerleitung zu Hinrichtungen aufspielen mußte. [...] Hier wird Gewalt selbst durch einen Akt von Gewaltanwendung dargestellt.«[22]

In Abbildung 2 ist der Moment der Hinrichtung, wie er in der Partitur notiert ist, zu sehen. Ganz oben auf der Partiturseite kann man den sturen Dreivierteltakt des Walzers erkennen sowie den Regietext für das Erschießungskommando nachlesen. Die Bläser des zweiten Orchesters und die Stimmen der Verwundeten scheinen mit Entsetzen auf das Geschehen, dem sie nicht beiwohnen, zu reagieren (*fff*-Gesten einerseits, *dolce*-Intonationen andererseits; vokale Glissandi auf das Wort »hilf...!«), während die junge Frau ihrem Kind »sanft« die Worte zusingt: »schlaf. schlaf«. Der General aber verharrt in seinem militärischen System von Befehl und Rechtfertigung, indem er, der sich neben der Frau auf dem Schlachtfeld befindet, vor sich hin sagt: »ich hab nicht getötet.« Liegt in diesem Satz vielleicht der Keim zu den Zweifeln, die den General ja später heimsuchen, so ist der Feldwebel, der direkt nach der (in der Ferne stattfindenden) Erschießung auf ›seinem‹ Paradeplatz noch einmal nachfragt: »gefegt?« (nicht mehr in Abb. 2 zu sehen), von Zweifeln unberührt und scheint offenbar überhaupt frei von Empfindungen zu sein, sofern sie nicht seinen ›Job‹ und die Details der militärischen Ordnung betreffen.

Es gibt noch viele andere dramatisch motivierte musikalische Charaktere in dieser Oper, die Henze anspricht, so den brutal verschmutzten Parademarsch zur Feier des Siegs, oder das Preislied für den Sieger in Form eines ›klassischen‹ Konzerts für Damenchor und Koloraturarie, das die wohlhabende Gesellschaft extra in Auftrag gegeben hat. Von diesen und vielen anderen Musikformen unterscheidet sich die Friedensmusik am Ende grundlegend. Sie klingt rein und wohlgeordnet, wie sie eigentlich nur im Jenseits, das hier der Zustand der Erschossenen ist, imaginiert werden kann. Es handelt sich um eine Friedensvision angesichts einer von Krieg und Gewalt und Klassenherrschaft brutalisierten Wirklichkeit.

In einem der letzten Briefe Edward Bonds an Henze, die die *River*-Oper betrafen, schrieb der Dichter: »It's been very good working with you – and we will do the ballet together. Ever, Edward.«[23] Mit dem »ballet« war das *Orpheus*-Projekt gemeint, das

---

22 Ebd., S. 265.
23 Brief Edward Bonds an Hans Werner Henze vom 3. 10. 1975 in der Paul Sacher Stiftung in Basel.

Abb. 2: Henze, *We come to the river*, 4. Szene (Hinrichtung), Zi. 8/6, (Partiturausschnitt)

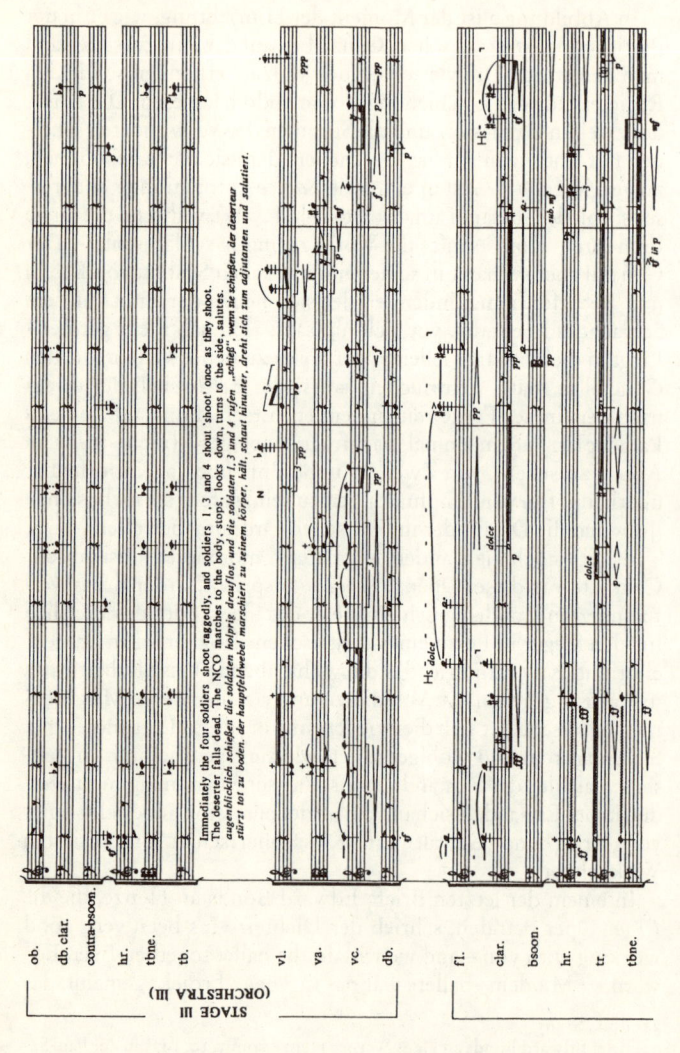

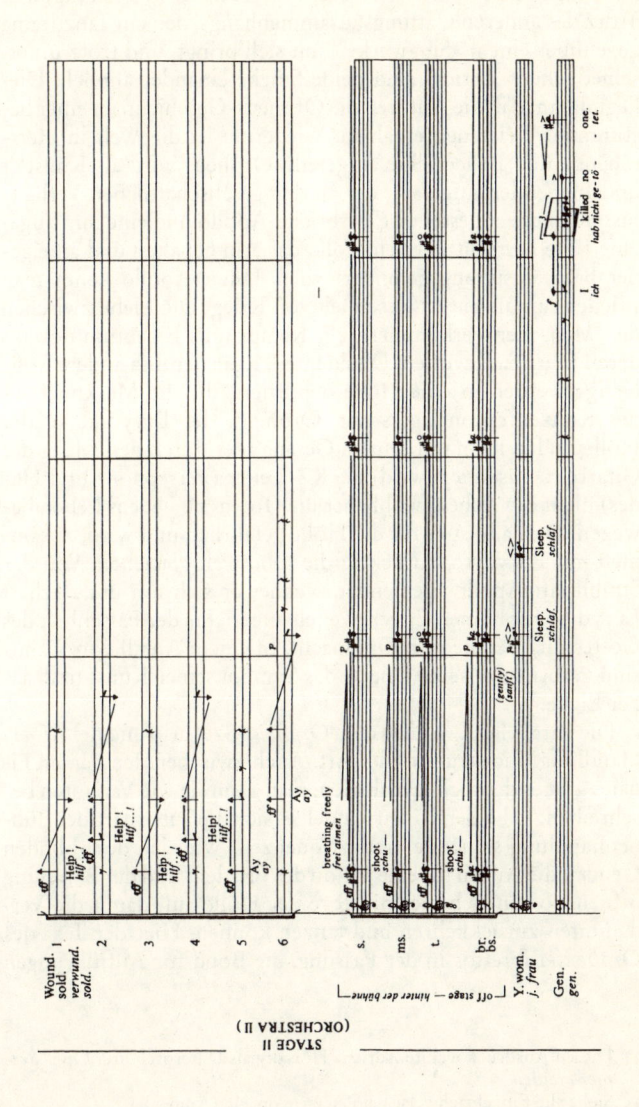
STAGE II
(ORCHESTRA II)
Wound. sold.
verwund. sold.
1
2
3
4
5
6
Help!
hilf...!
Ay
ay
off stage — hinter der bühne
s.
ms.
t.
br.
bs.
breathing freely
frei atmen
shoot
schu —
(gently)
(sanft)
Y. wom.
j. frau
Sleep.
schlaf.
Gen.
gen.
I killed no one.
ich hab nicht ge - tö - tet.

zu diesem Zeitpunkt (Oktober 1975) bereits in Planung war. Trotz des anderen Gattungszusammenhangs, den ein Tanzdrama gegenüber einem »Singwerk«[24] mit sich bringt, und trotz unterschiedlicher »stories« sind beide Stücke einander ähnlich. Dies liegt daran, daß die Autoren die Orpheus-Geschichte in einer bestimmten Weise neu erzählen. Wiederum ist die Welt in Herrschende und Beherrschte aufgeteilt. Orpheus wird als Künstler und Liebender aufgefaßt, der an den gesellschaftlichen Verhältnissen, in die er gestellt ist, zerbricht. Apollo und eine ihm zugetane Elite herrscht über ein Volk, das arm gehalten und an eigener Kunstausübung gehindert wird. Unter Apollo kennt man Frieden nur als die Abwesenheit von Krieg. Die Liebe zwischen den Menschen verkümmert, ein Kampf ums Eigentum des anderen führt zu Revolten, Dissidenten, Künstler und andere Mißliebige werden in eine Hölle deportiert, die die Merkmale eines Konzentrationslagers hat. Orpheus, der Eurydike in der Hölle findet, kann mit seinem Gesang (der durch den Klang der Gitarre repräsentiert wird) die KZ-Leiter (Persephone und Hades) nicht erweichen, wohl aber die ›Toten‹ zu neuem Leben bewegen. Deshalb ist er für die Hölle gefährlich und wird, zusammen mit Eurydike, zurück in die Oberwelt getrieben. Von der Strahlkraft Apollos geblendet, wendet er sich um und verliert Eurydike für immer. Er verzweifelt angesichts der Falschheit des Gottes und der eigenen Ohnmacht: In einem Anfall von Wahnsinn zerbricht er seine Leier – das Symbol seiner Kunst und seiner Liebe.[25]

Die Parallelen zwischen dem *Orpheus*-Szenario und der *River*-Handlung sind struktureller Art. Auch zwischen den beiden Finales gibt es deutliche Analogien; man kann sie wie Varianten beschreiben. In beiden Fällen handelt es sich um außerhalb der Bühnenhandlung stehende Traumsequenzen. Wie sich dem blinden General die Augen für eine Vision des Friedens und der Befreiung öffnen, so tun sich hier die Tore der Hölle auf, damit die Verdammten zurückkehren und tanzen können. Hier der Text des *Orpheus*-Librettos in der Fassung, die Bond für Aufführungen

---

24 Diesen Ausdruck wählte Adriana Hölszky als Untertitel ihrer Oper *Bremer Freiheit*.
25 Siehe alle Einzelnachweise bei Petersen, op. cit. (Anm. 5).

im Konzertsaal geschrieben hat und die in diesem Fall vom Sprecher rezitiert wird, während die Musik pausiert:[26]

> Orpheus sleeps
> *Orpheus schläft*
> The broken lyre is under his head
> *Die zerbrochene Leier liegt unter seinem Kopf*
> Stars thunder but we see them at a distance that makes them silent
> *Die Sterne donnern doch die Weite des Himmels macht sie schweigen*
> So Orpheus sleeps: as deeply as the stars
> *Deshalb schläft Orpheus: so tief wie die Sterne*
> He who brought music and dancing lays silent and still
> *Der die Musik brachte liegt reglos und stumm*
>
> Orpheus wakes
> *Orpheus erwacht*
> He sits on the ground and takes up the parts of his lyre as a man might arrange the parts of his own shadow
> *Er sitzt auf dem Boden und hebt die zerbrochenen Teile seiner Leier auf wie ein Mann es tun würde der die Teile seines eigenen Schattens zusammensetzt*
> Then with a gesture made by those who till the earth and tend the machines he touches one of the strings
> *Und mit der Gebärde dessen der den Boden bebaut und die Maschinen bedient berührt er eine der Saiten*
> It sounds – and the other strings tremble
> *Es klingt – und die anderen Saiten erzittern*
>
> Then he strikes the lyre with his hand
> *Dann schlägt er die Leier mit seiner Hand*
> And the people run into the streets at the sound of this music
> *Und die Menschen laufen auf die Straßen hinaus beim Klang dieser Musik*
> The doors of hell open and the damned walk into the world
> *Die Pforten der Hölle öffnen sich und die Verdammten kehren heim in die Welt*
> And Orpheus goes through the crowd till he finds Eurydice
> *Und Orpheus geht durch die Menge bis er Eurydike findet*
> And plays new music on his broken lyre for the world to dance to
> *Und er spielt eine neue Musik auf seiner zerbrochenen Leier damit die Welt dazu tanzt*

26 Edward Bond, Sprechertext für konzertante Aufführungen des *Orpheus*-Balletts von Hans Werner Henze, Schott-Verlag Mainz, Aufführungsmaterial; Übersetzung ins Deutsche von Hans-Ulrich Treichel. Zum Vergleich der Texte in Konzert- und Bühnenfassung vgl. Petersen, op. cit. (Anm. 5).

Orpheus spielt »eine neue Musik« – dieser Gedanke bestimmt das Finale des Balletts. Der Hörer wird Zeuge einer nochmaligen Erfindung einer musikalischen Sprache, so als machte man sich Gedanken darüber, wie die Beziehungen zwischen Menschen neu geregelt werden könnten. Der Vorgang ist rein symbolischer Natur, das heißt die »Neuheit« der Musik zeigt sich in Klangzeichen, die etwas bedeuten, das relativ zur bisher im Stück gehörten Musik neu ist. So werden z. B. die bis dahin geltenden Zwölftonreihen, die der Welt Apollos bzw. Orpheus' zugewiesen waren, fallen gelassen und durch eine neue Tonreihe ersetzt, die aus elf (!) Tönen besteht. Statt nun aber, wie man denken könnte, für das Finale ein neues, auf elf Tönen basierendes Kompositions*system* zu errichten, verzichtet Henze bei dieser symbolischen Neuordnung der Tonwelt auf jegliche Verfestigung zu einer Technik, indem er die allmähliche Entfaltung der Elftonreihe mit der sukzessiven Einführung der Oktavregister und der Klangfarben durchkreuzt. Die Grundfarben für Orpheus und Eurydike werden aus der bisherigen *Orpheus*-Musik übernommen: Gitarre, Harfe und Cembalo. Neu ist aber die Einbeziehung der gezupften Klaviersaiten,[27] womit Apollos Leitinstrument, das Klavier, seines Schlagcharakters beraubt, also verwandelt und in die Welt von Orpheus und Eurydike integriert wird.[28] Im Anschluß an das eröffnende Zupfquartett treten sodann immer mehr Klangfarben hinzu, die nun in dem neuen Zusammenhang auch eine neue Wirkung entfalten. Die Holz- und Blechbläser symbolisieren nicht mehr den Herrschaftsanspruch Apollos, das Schlagzeug steht nicht mehr für Sturm und Revolte. Am Ende ertönt das gesamte Orchester in einer Klangpracht, mit der im Gestus einer Apotheose die Vision einer friedlichen, zur Liebe und Schönheit bereiten Welt gefeiert wird.

Wiederum ist zu bedenken, daß diese Friedensvision außerhalb der Realität der Balletthandlung steht. In dieser herrscht eine sehr vielfältige Klangsprache, die nicht selten zu herben, bis an die Schmerzgrenze führenden Dissonanzballungen findet. In den

---

27 Das Spiel »im Klavier« – dem Instrument, das Apollo zugewiesen ist – kommt zwar schon früher vor, hat dort aber eine andere, vom jeweiligen dramatischen Kontext abhängige Bedeutung.
28 Im Regietext der Partitur steht der Satz: »Die Musik der Menschen ist zur Musik Apollos geworden. Die Musik Apollos ist zur Musik der Menschen geworden.« (*Orpheus*-Partitur S. 379.)

Abbildungen 3 und 4 sind zwei kontrastierende Passagen einander gegenübergestellt: Der Tanz von Orpheus und Eurydike nach der ›Auferstehung aus der Hölle‹ und die Musik von Persephone und Hades als Götter der Unterwelt. Der Tanz der Liebenden in einem geträumten Elysium ist von zartem Charakter. Cembalo (Eurydike) und Streicher (Orpheus) vereinigen sich in einem Tonsatz, der partiell identisch ist. Die beiden Parts sind in rhythmischer Hinsicht locker koordiniert, was daran zu erkennen ist, daß die linke Hand des Cembalos immer wieder auf Töne des Streichersatzes übergreift, diese aber mal antizipiert, mal prolongiert. Es ist als ob zwei Tanzende sich berühren, aber nicht festhalten. Im krassen Gegensatz dazu steht die Orgelmusik, mit der die Herrscher über die Hölle dargestellt sind. Das (im Kontext der Hölle) monströs wirkende mechanische Windinstrument wird mit Händen und Füßen traktiert. Die Töne werden zu dichtester Dichte (Cluster) zusammengepreßt, Tremolo- und Schleudergesten entfalten eine Schreckenswirkung.

Vokalwerke

Henzes Sehnsucht nach Frieden schließt das Verhältnis des Menschen zu der ihn umgebenden Natur ein. Schon früh beklagte Henze die Zerstörung von Landschaft und das Wuchern von Betonstraßen und -häusern in Westdeutschland. In einem Essay von 1952 schrieb er: »Wir fuhren pausenlos [...] in diesem Lande auf und ab [...]. Von der Autobahn aus, dem endlosen Todesstreifen, konnte man in näherer oder weiterer Ferne diese Orte erblicken, die ersten häßlichen Neon-Röhren an Neubauten, massenfabrizierte Einheitsmöbel, ungroßzügige Gehäuse aus Stahlbeton, in denen die neue Gesellschaft aufwächst, Orte der üblen Nachrede, der Verdächtigungen.«[29] 1953 nach Italien übergesiedelt, erlebte er zusammen mit Ingeborg Bachmann, die es ihm nachtat, die mediterrane Landschaft und die in sie eingebetteten Bauten als wiedergefundene Harmonie von Mensch und Natur.

Wie ein Manifest für den Erhalt der Schöpfung angesichts einer akuten Bedrohung der Umwelt erscheinen die in Italien kompo-

---

29 Hans Werner Henze: *Essays*, Mainz 1964, S. 12. Auch in *Musik und Politik*, op. cit. (Anm. 18), S. 28.

Abb. 3: Henze, *Orpheus*, Finale, T. 516

Orpheus dances with Eurydice

Abb. 4: Henze, *Orpheus*, 4. Szene, T. 239

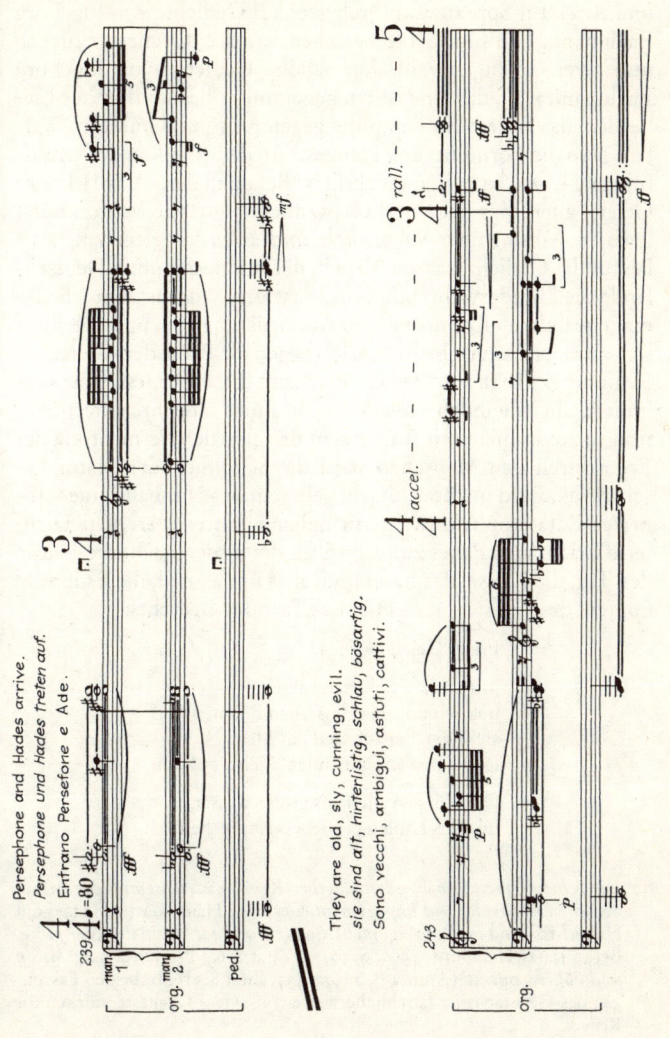

nierten und 1957 in Donaueschingen uraufgeführten *Nachtstücke und Arien* für Sopran und Orchester auf Gedichte von Ingeborg Bachmann. Die fünf Sätze bestehen aus drei Orchesterstücken und zwei Gesängen »auf sehr schöne Gedichte von Ingeborg Bachmann [...], das eine ist ein geheimnisvolles mythisches Liebeslied, das andere ein Pamphlet gegen Krieg und nukleare Waffen« – so die Formulierung Henzes.[30] In den Kritiken der Uraufführung blieb der zeitgeschichtliche Bezug in der »Aria II Freies Geleit« allerdings unbemerkt bzw. unerwähnt, wie Marion Fürst in einem Aufsatz über *Nachtstücke und Arien* dargelegt hat.[31] Anlaß für das Gedicht war die Absicht der Bundesrepublik Deutschland, die Bundeswehr mit Nuklearwaffen auszustatten. Bachmann trat dem »Komitee gegen Atomrüstung« bei und beteiligte sich an einer Unterschriftenaktion gegen die Pläne der Adenauer-Regierung.[32] In ihrem Gedicht erscheint dieser Protest zwar sublimiert, aber dennoch unverkennbar. Fürst faßt ihre Interpretation so zusammen: »In Anbetracht der globalen Vernichtung der Erde durch den Menschen wird die Schönheit der Natur beschworen, wird ins Bewußtsein gebracht, was im Falle einer atomaren Katastrophe unwiederbringlich verloren wäre. Die Dichterin macht sich dabei zur Anwältin der Erde, macht die Natur, den Tag, die Flüsse, das Land und, alles umfassend, die Erde zum Subjekt des Gedichtes.«[33] Hier der Text des Gedichts:

> Freies Geleit (Aria II)
>
> Mit schlaftrunkenen Vögeln
> und winddurchschossenen Bäumen
> steht der Tag auf, und das Meer
> leert einen schäumenden Becher auf ihn.
>
> Die Flüsse wallen ans große Wasser,
> und das Land legt Liebesversprechen

---

30 *Die Schwierigkeit, ein bundesdeutscher Komponist zu sein: Neue Musik zwischen Isolierung und Engagement*, Gespräch Hans Werner Henzes mit Hubert Kolland in: *Das Argument, Sonderband 42, Musik der 50er Jahre*, Berlin (jetzt Hamburg) 1980, S. 50-77, Zitat S. 64. Nachdruck in: *Musik und Politik*, op. cit. (Anm. 18), S. 300-331, Zitat S. 316. In beiden Fassungen des Gesprächs ist fälschlicherweise von »vier« Orchesterstücken die Rede.
31 Fürst, op. cit. (Anm. 13), S. 48.
32 Ebd.
33 Ebd., S. 53.

der reinen Luft in den Mund
mit frischen Blumen.

Die Erde will keinen Rauchpilz tragen,
kein Geschöpf ausspeien vorm Himmel,
mit Regen und Zornesblitzen abschaffen
die unerhörten Stimmen des Verderbens.

Mit uns will sie die bunten Brüder
und grauen Schwestern erwachen sehn,
den König Fisch, die Hoheit Nachtigall
und den Feuerfürsten Salamander.

Für uns pflanzt sie Korallen ins Meer.
Wäldern befiehlt sie, Ruhe zu halten,
dem Marmor, die schöne Ader zu schwellen,
noch einmal dem Tau, über die Asche zu gehen.

Die Erde will ein freies Geleit ins All
jeden Tag aus der Nacht haben,
daß noch tausend und ein Morgen wird
von der alten Schönheit jungen Gnaden.

Henzes Vertonung des Gedichts als Arie für Sopran und Orchester findet sich im vierten Satz des Zyklus', eingerahmt vom dritten und fünften Nachtstück für Orchester allein. Die Singstimme bringt den Text in ruhigem Tempo und mehreren großen Bögen mit gebührender Betonung der Hauptinhalte zu musikalischem Klang. Im Orchester gibt es immer wieder fanfarenartige Klanggesten (vgl. auch Abb. 5, Anfang), die wie lichtvolle Naturschönheiten dastehen, ohne auf die im Gedicht erwähnten Wunder wie Salamander, Nachtigall und Marmor im einzelnen einzugehen. Henze hat sich entschlossen, nicht die drohende Atomkatastrophe (»Rauchpilz«, »Stimmen des Verderbens«) auszudrücken, sondern dem Grundton der Dichtung Gehör zu verschaffen, der hymnisch und affirmativ die Freude an der Schöpfung besingt. Allenfalls läßt sich am Ausklang der Arie im *ppp* die Spur einer Angst ablesen, daß diese Herrlichkeiten vom Menschen zerstört werden könnten. In der Abbildung 5, die den Schluß der Aria II zeigt, ist zu erkennen, wie die Gleichzeitigkeit von dunklen und hellen Farben bis in die Akkordtürme hinein (ganz am Ende ein Es-Dur / Moll-Klang mit großer Septe über einem verminderten Septakkord auf E) zu erleben ist. Auch kann man ablesen, daß die vom Sopran gesungenen Worte »daß noch tausend und ein Morgen« in den Streicherbässen des Orchesters latent mitklingen, wenn diese die Gesangsmelodie wiederholen, wobei die Spielanweisung »cantando« ein übriges tut, um die Sprachnähe der Instrumentalstimme zu belegen.

Der Ausdruck der Liebe zur Natur und die Beschwörung des Friedens mit ihr wird durch ein Zitat aus Henzes gleichzeitig (1957) vollendetem Ballett *Undine* zusätzlich verdeutlicht. Marion Fürst hat nachgewiesen, daß an mehreren Stellen der *Nachtstücke und Arien* ein Klangzeichen vom Untergang Undines, wo sie in ihr Element zurücktaucht, vorkommt.[34] Das Begehren des menschlichen Mannes nach einer Wasserfrau, das ein gestörtes Gleichgewicht zwischen Mensch und Natur symbolisiert, wird so mit dem monströsen Anspruch der Moderne, die Naturkräfte bis in die Atome hinein beherrschen und manipulieren zu können, in Parallele gesetzt.

Nach Beethoven eine »Neunte« zu schreiben, dazu noch für Chor und Orchester, fordert den Vergleich mit dem berühmtesten Sinfoniefinale der Musikgeschichte, also mit der Ode »An die Freude«, geradezu heraus. Henze wußte dies selbstverständlich, als er den Kompositionsauftrag des Berliner Philharmonischen Orchesters und der Berliner Festwochen annahm und seine »Sinfonia N. 9« über Anna Seghers Roman *Das siebte Kreuz* am 11. September 1997 zur Uraufführung in Berlin bringen ließ. Gewohnt, dialektisch zu denken,[35] setzte Henze sein fast einstündiges Werk in ein antithetisches Verhältnis zu Beethovens Sinfonie. Statt eine oratorische Szene aufzubauen, in der die Weisen und Heroen (Gesangssolisten) die Ideale einer besseren Welt dem Volk (Chor) verkünden und es in den gemeinsamen Schlußjubel hineinziehen, macht Henze den Chor über alle sieben Sätze hin zu einem kollektiven Subjekt, das sich meistens sogar in der 1. Person Singular vielstimmig äußert. Dominiert bei Beethoven ein humanistischer Idealismus der Weltumarmung (»diesen Kuß der ganzen Welt«), so ist Henzes Werk von Angst und Verzweiflung

---

34 Ebd., S. 61, 64, 70.
35 Unter Verwendung eines Hegel-Zitats hat Henze 1981 einen Aufsatz über Beethovens 9. Sinfonie herausgebracht: Hans Werner Henze und Jens Brockmeier: *Nur insofern etwas in sich selbst einen Widerspruch hat, bewegt es sich, hat Trieb und Tätigkeit. Überlegungen zur Exposition der Neunten Sinfonie Beethovens*, in: *Die Zeichen* (= Neue Aspekte der musikalischen Ästhetik II), hg. von Hans Werner Henze, Frankfurt a. M. 1981, S. 333-365.

Abb. 5: Henze, *Nachtstücke und Arien*, Aria II, Schluß
(analytisches Particell)

bestimmt. Finden Schiller und Beethoven mit der Anrufung des »guten Vaters« am Ende zu einem aufgeklärten Glauben, so lassen Henze und Seghers die Menschen vergeblich auf die Hilfe Christi und der Heiligen hoffen (»Der Herr hat den Schmerz geschaffen, wir loben den Herrn, wir loben die Finsternis«).

Wie bereits erwähnt, liegt den sieben Sätzen der 9. Sinfonie von Henze eine Dichtung von Hans-Ulrich Treichel über Motive des Romans *Das siebte Kreuz* von Anna Seghers (1942) zu Grunde. Die sieben Sätze haben Überschriften: 1. *Die Flucht*; 2. *Bei den Toten*; 3. *Bericht der Verfolger*; 4. *Die Platane spricht*; 5. *Der Sturz*; 6. *Die Nacht im Dom*; 7. *Die Rettung*. Mit Bezug auf den letzten Satz schrieb Treichel im Programmheft der Uraufführung: »Der Flüchtling entkommt den Toten – ebenso, wie er seinen Verfolgern entkommt. Rettung findet er auf einem holländischen Schiff, das ihn den Rhein hinab und in Freiheit bringt. Der große Strom, der für so viele vaterländische Gesänge gut war, darf nun einen einzigen Menschen retten – vor seinem Vaterland. Doch damit ist auch ein Stück dessen gerettet, was wir unter ›Heimat‹ verstehen.«[36] Da in dieser Idee von »Heimat« auch die Vorstellungen Beethovens von Humanität und Freiheit aufgehoben sind, ist am Ende von Henzes 9. Sinfonie auch die Zuversicht von Beethovens Chorfinale dialektisch aufgehoben.

7. DIE RETTUNG[37]

Ruhig ging der Strom, voller Farben,
hoch stand schon die Sonne und überall schien das Land wie durchglüht,
als käme noch einmal ein Sommer,
als wehte noch einmal ein Wind durch die Felder,
als streifte noch einmal ein Licht durch die Auen,
als blühte der Apfel,
als reifte der Wein.

Still lag der glänzende Spiegel des Flusses,
und langsam legte das Schiff sich ans Ufer,
und niemand zeigte ein Zittern,
und keiner schrie einen Schrei,
als gäbe es keine Angst, keinen Tod,

---

36 Programmheft der Uraufführung von Henzes 9. Sinfonie am 11. 9. 1997 in der Berliner Philharmonie, [S. 7].
37 Text in der Fassung der Studienpartitur der *Sinfonia N. 9*, Mainz: Schott 1997, S. 187-200.

als hätte niemals der Himmel gebrannt,
als wären niemals die Gärten zu Gräbern geworden, zu Staub die
  Gesichter,
als gäbe es nur diesen Fluß, nur diesen Steg,
als gäbe es nur dieses Boot,
nur dies raschelnde Schilf,
nur diesen einen Tag.

Das Finale von Henzes *Neunter* läßt affirmative Gesten und »antifaschistisches« Pathos gänzlich vermissen; darin liegt u. a. seine Stärke. Die Dichtung von Treichel erlaubte solche Haltungen auch gar nicht. In einer Kette konjunktivischer Negationen – ein weiterer Sommer ist nur als Möglichkeit gedacht, der eine Tag der Rettung kann die Gewißheit der vielen Tage des Mordens nicht aus dem Bewußtsein ausschließen – wird der Euphorie angesichts der tatsächlich gelungenen Flucht entgegengearbeitet. So bleibt auch Henzes Musik in diesem Finale eher still und verhalten. Das letzte gesungene Wort »Tag«, in einem phrygisch eingefärbten Cis-Moll-Vierklang fünf Takte lang gehalten, darf einmal aufblühen (unterstützt von einem winzigen Trompetensignal, das die Chortöne in höherer Oktave verdoppelt), fällt aber mit dem Schluß der ganzen Sinfonie sogleich ins *ppp* zurück. Henze im Programmheft der Uraufführung: »Statt die Freude, schönen Götterfunken zu besingen, sind in meiner Neunten den ganzen Abend Menschen damit beschäftigt, die immer noch nicht vergangene Welt des Grauens und der Verfolgung zu evozieren, die noch immer ihre Schatten wirft.«[38]

Orchesterwerke

In einem Gespräch mit Albrecht Dümling, das anläßlich von Henzes 70. Geburtstag geführt wurde, hat dieser bestätigt, daß die Erlebnisse unter dem Nazifaschismus von Anfang an sein Komponieren mit bestimmt haben. »Im Anfang waren es Emotionen, persönliche Reaktionen, nicht viel mehr als das. Die ersten Stücke, die ich in Heidelberg während meines Studiums bei Fortner und danach geschrieben habe, klingen so, als ob ich anfinge, meine Erlebnisse in musikalischen Formen darzustellen. Auch

---

38 Op. cit., (Anm. 36), [S. 2].

die Kriegserlebnisse. Zum Beispiel in meiner Zweiten Sinfonie (1948-49).«[39]

Die *Sinfonie Nr. 2* scheint somit das erste Beispiel für eine musikalische Friedensvision bei Henze zu enthalten. Ihre drei Sätze sind finalbetont und folgen der *per-aspera-ad-astra*-Dramaturgie. Der alte protestantische Choral zu Epiphanias, »Wie schön leuchtet der Morgenstern«, erhebt sich am Ende des 3. Satzes in vier (oktavierenden) Trompeten über einem dodekaphonisch dicht gewirkten polyphonen Stimmgewebe, das wenige Takte später in einem massiven, in sich vibrierenden Zwölfklang kulminiert. Diesem Hoffnung und Erneuerung ausdrückenden Finalsatz geht ein schneller und wilder Satz voraus, in dem sich offenbar die Kriegserlebnisse niedergeschlagen haben. Katastrophische Baßgesten einerseits und andererseits eine zwanghafte metrische Organisation (die Taktartenfolge 5/4-4/4-3/4-2/4-3/8-3/4-3/4 bestimmt den ganzen Satz, erst vor-, dann rücklaufend) legen dies nahe. Wie ein funebrales Rezitativ wirkt dagegen der 1. Satz (»Lento«), der eher homophon gehalten und von sprechender Gestik ist.

Die Reihentechnik grundiert alle drei Sätze, wobei bestimmte Manipulationen (z. B. die Zerstückelung der Reihe im 2. Satz) offenbar inhaltlich motiviert sind. Auch die Tatsache, daß die Disposition der Transpositionsstufen der Grundreihe am Ende die Anhebung des Gesamtniveaus um einen Halbton nach oben ergibt (das Werk endet mit der Grundreihe auf *cis* und deren Krebs), korreliert mit der Dramaturgie der Sinfonie. Dabei findet das dodekaphonische Gefüge und somit auch der schließende Zwölfklang eine latente tonale und sogar semantische Anbindung, weil der Ton *cis* sowohl Quinte und Schlußton des Choralzitats als auch letzter Ton der Zwölftonreihe ist (vgl. Abb. 6).

Von ähnlicher Haltung, wenngleich mit den kompositorischen Erfahrungen eines 65jährigen Meisters gestaltet, ist der Schluß von Henzes *Requiem*. Mit dem *Sanctus* als letztem von neun »Geistlichen Konzerten« bringt der Komponist das Werk zu einem quasi religiös-christlichen Abschluß. Freilich ist bei Henze der »Glaube« mehr auf die dem Menschen innewohnenden konstruktiven und friedliebenden Möglichkeiten gerichtet denn auf

---

39 *»Man resigniert nicht. Man arbeitet weiter.« Albrecht Dümling sprach mit Hans Werner Henze über Musik und Politik*, in: *Neue Zeitschrift für Musik*, Bd. 157, Nr. 4, 1996, S. 5-11, Zitat S. 5.

Abb. 6: Henze, *Sinfonie Nr. 2*, Schluß des Finales, Choral und Zwölftonreihe

die »Gnade« eines persönlichen Gottes. In einer Pressekonferenz am Tag der Uraufführung des *Requiem* in Köln am 24. Februar 1993 hat Henze sich so geäußert:[40] »Die Musik verändert sich im Verlauf der einzelnen Konzerte immer mehr in die Richtung eines Denkprozesses, der eben mit dem Sanctus endet. Gemeint ist nicht ›Sanctus, heilig ist der Herr‹, sondern ›Sanctus, heilig ist der Mensch, heilig ist das Leben, heilig sind die Lebewesen, die Welt, die man nicht zerstören darf und in der das Morden streng verboten ist‹ – so könnte man das vielleicht sehen.«

Dem *Sanctus* voran gehen indessen acht Stücke mit überwiegend verzweifeltem und düsterem Charakter: *Introitus – Dies irae – Ave verum corpus – Lux aeterna – Rex tremendae – Agnus Dei – Tuba mirum – Lacrimosa*. Anlaß für die Komposition eines nur von Instrumenten auszuführenden Requiems war der Aids-Tod von Michael Vyner am 19. Oktober 1989. Vyner hatte jahrelang die London Sinfonietta geleitet und mit Henze künstlerisch zusammengearbeitet. Als weiteres einschneidendes Ereignis kam

---

40 Privater Tonbandmitschnitt.

während der Komposition des Werks der (erste) Krieg der USA gegen den Irak hinzu, der am 15. Januar 1991 in seine heiße Phase trat. Die Brutalität dieses Kriegs sowie anderer vorangegangener moderner Kriege hat Henze in den drei aggressiven Concerti des *Requiem* (*Dies irae*, *Rex tremendae* und *Tuba mirum*) musikalisch umgesetzt.[41] Nach all diesem »Heulen + Zähneklappern« – so notierte Henze im Particellentwurf zum *Lacrimosa* – erscheint das *Sanctus* mit seinem renaissanceartigen, hellen Klang wie eine Entlastung der Seele von den Eindrücken der vorangegangenen Musik, die vom Elend der Welt kündet.

Auch über die Musik des *Sanctus* hat Henze sich am Tag der Uraufführung geäußert. Unter Verweis auf die »Concerti sacri« von Gabrieli und die »venezianische Kirchenmusik bis Monteverdi mit ihrer Echotechnik« hob er im *Sanctus* das Hymnische hervor, bei dem »die Assoziation an die Musik der venezianischen Schule« besonders nahe läge. Insgesamt habe der letzte Satz »eine Atmosphäre von Freundlichkeit und Hoffnung – und gutem Wetter.«[42] Dieser Charakter wird sich jedem mitteilen, der das Stück im Konzertsaal oder von einer CD hört. Ein wenig von diesem auffallend hellen und leuchtenden Klang möge die Abbildung 7 vermitteln, die den Tonbestand der letzten Klangfläche wiedergibt. Die dominanten Töne entsprechen dem Kirchenton C-Mixolydisch, dessen dur-naher Klang dem gesamten Stück am Ende eine auf Frieden und Versöhnung gerichtete Farbe gibt.

Das Orchesterstück *Fraternité* schrieb Henze im Frühjahr 1999 im Auftrag der New York Philharmonic Society. Kurt Masur führte es im Rahmen eines Millenniumskonzerts am 11. November 1999 in New York erstmals auf. Das bekenntnishafte »Air pour l'orchestre« *Fraternité* steht in unmittelbarem Zusammenhang mit Henzes *Sinfonie Nr. 10* (1998-2000), deren Folge von vier Sätzen an zweiter Stelle einen ebensolchen erhabenen Instrumentalgesang enthält, wie ihn *Fraternité* anstimmt und wie er in Henzes Œuvre allenthalben begegnet – oft mit der expliziten Bezeichnung »Gran Canto«.

Als hätte Henze an die ebenfalls von Freund Kurt Masur uraufgeführte und »dem Streichkörper des Leipziger Gewandhausor-

---

41 Siehe dazu im einzelnen Petersen, op. cit. (Anm. 15), S. 68 ff., S. 97 ff., S. 116 ff.
42 Privater Tonbandmitschnitt von der Pressekonferenz Henzes am 11.9.1993 in Köln.

Abb. 7: Henze, *Requiem*, Nr. IX: *Sanctus*, Schlußklangfläche

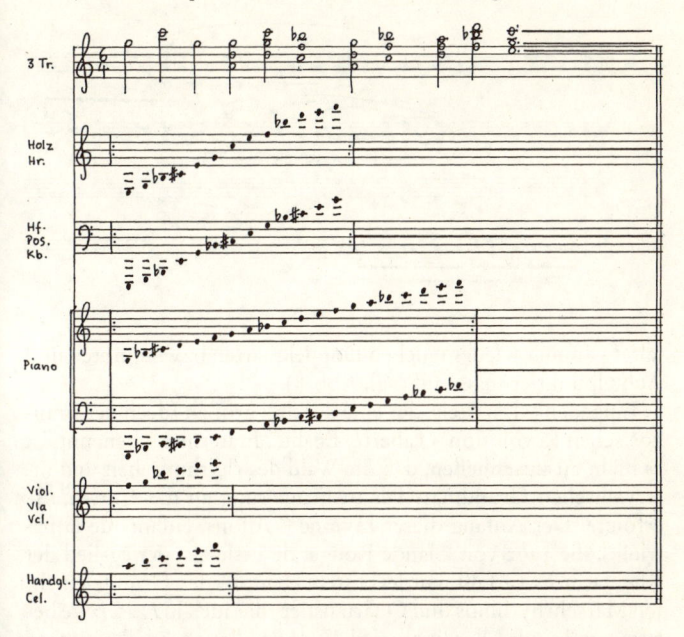

chesters« gewidmete *Seconda Sonata per Archi* von 1996 gedacht (und damit an Masurs mutiges und wirklich »brüderliches« Verhalten zu Zeiten der friedlichen Revolution im November 1989 in Leipzig), läßt der Komponist *Fraternité* mit einem reinen Streichersatz samt einigen Harfentönen beginnen. In wenigen Takten werden alle zwölf Töne sukzessive in ein in tiefer Lage erklingendes Tongewebe eingesponnen, wobei jeder neu gewonnene Tonfaden in der einen oder anderen Stimme weiter leuchtet. Doch nicht gleiche Gültigkeit aller Töne ist die leitende Idee, sondern eine von Quarten dominierte harmonische Farbe wird im ersten, von zwei Flöten beschlossenen Abschnitt exponiert. Im zweiten Abschnitt setzt sich neben dem harmonischen ein rhythmischer Grundcharakter des Stücks durch, dessen Punktierungen an ein feierliches Schreiten denken lassen. So vielfältig auch das nachfolgende rhythmisch-metrische Geschehen ist, und so reich die gern aus homochromen Dreiklängen vermischte Harmonik sich ent-

Abb. 8: Henze, *Fraternité*, T. 104ff. (Auszug)

faltet – immer wieder tauchen Doppelquarten bzw. -quinten und Achtelpunktierungen auf (vgl. Abb. 8).

Eingedenk des Titels, der eine der drei großen Ideen der Französischen Revolution – Liberté, Égalité, Fraternité – benennt, ist es nicht auszuschließen, daß die Wahl des rhythmischen und intervallischen Grundmaterials in Erinnerung an die *Marseillaise* erfolgte. Der Anfang dieser Hymne (»Allons, enfants de la patrie!«), die 1792 von Claude Rouget de Lisle als »Kriegslied der Rheinarmee« verfaßt wurde, besteht eben aus den Grundelementen Marschrhythmus und Quartanstieg, die auch in *Fraternité* bestimmend sind. Allerdings wird die *Marseillaise* schnell gesungen und hat martialischen Charakter, was beides auf Henzes »Air pour l'orchestre« nicht zutrifft. Wenn Henze zur Begründung des Titels ausführt, daß angesichts der heutigen Wirklichkeit die Idee der Brüderlichkeit nach wie vor einen Anspruch auf Erfüllung behauptet – als Henze *Fraternité* schrieb, führte die NATO gerade Krieg gegen Serbien –, dann kann sein schönes, starkes und gewaltfreies Orchesterlied vielleicht auch als ein Bekenntnis zum Frieden gehört werden, als die musikalische Reflexion über alternative Wege zur Verwirklichung der Ideen der Französischen Revolution nach Maßgabe der gemeinsamen Bezugsidee »Paix«.

Max Nyffeler
Die Urangst überwinden

*Zur Dialektik von Befreiung und Erlösung
im Werk von Klaus Huber*

Klaus Huber hat stets betont, Musik sei für ihn eine Form der menschlichen Kommunikation, die Haltung des *l'art pour l'art* genüge ihm nicht. Das bedeutet auch, daß für ihn Musik eine wie auch immer geartete Botschaft darstellt. Wie diese im einzelnen aussieht, bleibt offen – sie kann konkrete Bedeutung annehmen, kritisch zur Welt Stellung beziehen oder ein rein subjektives Bekenntnis darstellen. Doch ohne sie bleibt Musik eine klingende Hülse. Mit dieser Auffassung befindet sich Huber in guter Gesellschaft. Schon Arnold Schönberg sagte: »Es gibt kein großes Kunstwerk, das nicht der Menschheit eine neue Botschaft vermittelt; es gibt keinen großen Künstler, der in dieser Hinsicht versagt.«[1] Und was die Natur dieser Botschaft angeht, so sah sie der von Huber hoch geschätzte Bernd Alois Zimmermann begründet in einem »Zwang zur Mitteilung; mit anderen Worten, der Komponist hat keine andere Wahl als die, der Exekutant seines Auftrags zu sein, wenn er ihn erkannt hat, oder glaubt, ihn erkannt zu haben.«[2] Für Zimmermann wird dieser Auftrag nicht von außen an den Komponisten herangetragen, sondern er kommt aus seinem eigenen Inneren, und zwingt ihn, »einen unbekannten Befehl mitzuteilen, anders ausgedrückt, das Unfaßbare faßbar zu machen«.

Klaus Hubers Auffassung vom Wesen des musikalischen Schaffensprozesses und vom Komponieren als »existentieller Notwendigkeit«[3] ist von diesen Positionen nicht weit entfernt, auch wenn der »Auftrag« nicht immer nur von der inneren Stimme an ihn gerichtet wird und sein »Zwang zur Mitteilung« durch äußere Um-

---

1 Arnold Schönberg: *Neue Musik, veraltete Musik, Stil und Gedanke*, in: *Stil und Gedanke. Aufsätze zur Musik. Gesammelte Schriften 1*, hg. von Ivan Vojtěch, Frankfurt a. M. 1976, S. 26.
2 Bernd Alois Zimmermann: *Intervall und Zeit*, Mainz 1974, S. 23.
3 Klaus Huber: *Umgepflügte Zeit. Schriften und Gespräche*, hg. von Max Nyffeler, Köln 1999, S. 15.

stände manchmal erheblich zugespitzt wird. Diese Zuspitzung kann bis zur politischen Aussage gehen, doch das Apriori des einem inneren Antrieb gehorchenden Schaffens wird nie preisgegeben. So verkürzen sich die Inhalte seiner Werke auch nie auf eine politische Deklaration oder gar eine Handlungsdoktrin, etwa im Sinne der militanten Kompositionen von Hanns Eisler, in denen Musik als »Waffe im Klassenkampf« instrumentalisiert wird. Durch einen oft langwierigen Reflexions- und Kompositionsprozeß werden sie vielmehr hineingesogen in das, was man mit Hegel als »subjektive Innerlichkeit« bezeichnen könnte: in die intimste Sphäre des Ich, wo die von der Außenwelt empfangenen Eindrücke assimiliert und zu einem geistigen Gebilde umgeschmolzen werden. In Gestalt des komponierten Werks wirken die Inhalte wieder nach außen zurück. Der Resonanzraum für Hubers musikalische Botschaften ist das hörende Bewußtsein, ein Ort weniger für handfeste politische Slogans als für differenzierte Reflexionen und seelische Erschütterungen.

Wie diese Botschaften beschaffen sind, wie sie sich musikalisch artikulieren und sich im Lauf der Jahre verändert haben, wird im folgenden näher ausgeführt.

Die Suche nach dem inneren Frieden

»Die Not des Einzelnen, wie die Mißstände der Gesellschaft, die Spaltungen und Kriege der Völker, die Irrungen im Recht, die Verflechtung in alle Sorgen der Freunde, die Fülle der Versuchungen, das stete Schweben des Menschen zwischen Furcht und Hoffnung, die peinliche Unsicherheit seiner Lage, sie kommen hier zu beredtester Darlegung.«[4] Das könnte auf die Musik von Klaus Huber gemünzt sein. Doch es steht in einer philosophiegeschichtlichen Darstellung und bezieht sich auf das Denken von Augustinus. Die konfliktgeladene Konfrontation von Ich und Welt, von Innen und Außen, die sich in Hubers Musik artikuliert, ließe sich ohne Schwierigkeit von dem spätrömischen Kirchenvater geschaffenen Subjektbegriff ableiten. Auch bei Huber tritt ein Subjekt in Erscheinung, das an den Kämpfen seiner

---

4 Rudolf Eucken: *Die Lebensanschauungen der großen Denker*, Leipzig 1912 (10. Aufl.), S. 215.

Zeit teilnimmt und inmitten der Turbulenzen nach einem festen Halt sucht. Der Krieg, ob im Irak oder anderswo, wird so zum Schlachtfeld in der menschlichen Psyche, und eine Welt in Frieden ist nicht möglich ohne den Frieden im eigenen Inneren.

Tief eingetaucht in die Gedankenwelt von Augustinus ist Klaus Huber in *Soliloquia*, seinem ersten großen Oratorium für Soli, zwei Chöre und Orchester, an dem er von 1959 bis 1964 arbeitete. In einer Phase der neuen Musik, da Themen wie Materialfortschritt, offene Form und szenisches Experiment die Diskussion beherrschten, schrieb der stets quer zum Zeitgeist stehende Komponist damit ein großes geistliches Werk, das zwar nicht von der Musiksprache, aber von der Haltung her dem späten Strawinsky näher steht als der damaligen Avantgarde, ohne deren Techniken zu ignorieren. Ein ekstatischer Zug prägt das Werk, in dessen Farbenreichtum, harten Kontrasten und Brüchen sich ein konfliktgeladenes Glaubensbekenntnis artikuliert. Innerer Friede drückt sich in diesen mit großem technischen Aufwand formulierten Selbstgesprächen nicht aus, vielmehr die verzweifelte Suche danach – »ein sehnliches Verlangen nach Errettung durch übernatürliche Macht und nach Versetzung aus aller Not in einen Stand von Ruhe und Frieden«, wie es im zitierten Text über Augustinus heißt. Dieselbe aufgerissene Oberfläche einer monumentalen Großform, dieselben dramatischen Zusammenballungen und Auflösungen des vokal-instrumentalen Klangs, dieselben hoch expressiven und zugleich klar gezeichneten Gesten findet man später wieder im politischen Oratorium... *Erniedrigt – Geknechtet – Verlassen – Verachtet...*, das von den äußeren Bedingungen des menschlichen Lebens handelt.

In der Gegenüberstellung der beiden im Abstand von zwei Jahrzehnten entstandenen Hauptwerke zeigt sich: Innere und äußere Konflikte sind in Hubers Denken zwei Seiten ein und derselben Sache – der menschlichen Existenz. Die Themen, um die sein Denken kreist, lassen sich umschreiben mit Stichwörtern wie Befreiung, Hoffnung auf ein besseres Leben, Kampf gegen Unrecht und Unterdrückung, Solidarität der Schwachen, Apokalypse, Umkehr, Erlösung, Auferstehung, Utopie, Frieden. Diesseitige und jenseitige Perspektiven sind eng miteinander verquickt. In der Verknäuelung sozialkritischer, moralischer und theologischer Fragestellungen und Antwortversuche zeigt sich auch etwas von der Problematik des kritischen westeuropäischen Intellektuellen im späten 20. Jahrhundert, dessen intellektuell-moralischer Anspruch, für das Recht der sprachlos Unterdrückten einzutreten, mit seinem eigenen Status als privilegierter Geistesarbeiter in geschützten gesellschaftlichen Verhältnissen einen unlösbaren Widerspruch bildet. Huber ist sich dieses Widerspruchs bewußt und hat ihn mehrfach zur Sprache gebracht.

Der Schrei nach innen als Meditation über die Angst

Bei *Soliloquia* handelt es sich vom Text her noch um ein eindeutig geistliches Werk – wenn auch eines, das mit seiner subjektivistischen Grundhaltung von der kirchlichen Praxis weit entfernt ist. Doch schon während der Arbeit am Oratorium entsteht ein anderes Stück, in dem erstmals so etwas wie politische Inhalte anklingen: *Moteti – Cantiones* komponiert 1962/63. Die Pointe dabei ist, daß es sich hier ausgerechnet um ein Streichquartett handelt, eine Gattung also, die wie kaum eine andere dem Gedanken der musikalischen Autonomie verpflichtet ist. Der Widerspruch ist charakteristisch für Hubers Tendenz, Inhalte politisch-gesellschaftlicher Art der Musik nicht einfach mittels Texten überzustülpen, sondern sich mit ihnen im musikalischen Material auseinanderzusetzen; das gilt auch für wortgebundene Kompositionen. 1972 sagte er in einer öffentlichen Konzerteinführung zu *Moteti – Cantiones*, das Werk sei aus Meditation entstanden und verlange deshalb auch vom nachvollziehenden Hörer so etwas wie Versenkung. Zugleich verwies er auf den versteckten Gehalt des Werks. Es sind Gedanken, denen man in der Regel nicht mit Meditationsmethoden beizukommen versucht und die auch ihn nach eigenen Worten in einen erregten Geisteszustand versetzten, den er sich rational nicht erklären konnte: »Eigentlich hatte ich mich mit dem Gedanken befaßt, Musik zum Dokumentarfilm über die Atombombe zu schreiben, als ich plötzlich absagte. In jenen Wochen, während ich die Arbeit an *Moteti – Cantiones* begonnen hatte, fand ich einmal auf dem Heimweg am Waldrand eine Taube, die ihre Flügel nicht mehr bewegen konnte. Ich setzte sie auf einen Holzstapel. Am andern Tag war sie dort gestorben. Ein faulender Apfel, über den sich drei Waldschnecken beugten, wurde mir zum gekrönten Schädel des Todes. Wenige Tage später raste die Kuba-Krise ihrem explosiven Höhepunkt zu... Was ich damit andeuten will: Ich war im Innersten erschüttert und empfand existentielle Angst, ohne daß ich genau hätte erklären können, warum. Nun schrieb ich eine Musik nieder, die diese Angst zu überwinden suchte.«[5] Wer Angst hat, sucht nach Kommunikation, um sie zu überwinden, indem er darüber spricht. Für Huber ist es ein musikalisches Sprechen. Er habe, so erläuterte er weiter, diese Botschaft in der Hoffnung auf Gehörtwerden »hinausgeschrien«, doch der Schrei habe sich ganz nach innen entladen: »Es ist eine außerordentlich verhaltene Musik daraus entstanden [...] Deshalb könnte man diese Musik mit einigem Recht eine Meditationsgrundlage über die ›Angst in der Zeit‹ nennen.« Auf die musikalische Aussage verweisen vordergründig allenfalls die »apokalyptischen Andeutungen« in den Untertiteln der Partitur: Interventio nigra – Interventio ignis – Silentium Cantionis.

Das Einschmelzen sozialer, politischer oder allgemein gesellschaftlicher Vorstellungen in das Kunstwerk und die Transformation dieser Inhalte in subjektive künstlerische Bekenntnisse – Merkmal einer »engagierten Musik« – zeigen sich vom Streichquartett *Moteti – Cantiones* an in immer deutlicherer Weise. Was hier beginnt, setzt sich acht Jahre später fort in dem von Huber als »komponierte Apokalypse« bezeichneten Werk... *inwendig voller Figur*... und erreicht seine politisch zugespitzte Form im großen Oratorium... *Erniedrigt – Geknechtet – Verlassen – Verachtet*... aus den frühen 1980er Jahren. Danach zieht sich die politische Aussage mehr ins Innere der Musik zurück; sie erweitert sich zum Plädoyer für den leidenden Menschen überhaupt, ohne an Dringlichkeit einzubüßen, und wird zu einem wichtigen Motor der Suche nach neuen musikalischen Ausdrucksmitteln. Zu nennen wären hier Werke wie *La terre des hommes* (1987-89) über Texte u. a. von Simone Weil, *Die Erde bewegt sich auf den Hörnern eines Ochsen* (1992/93) für europäische und arabische Musiker, das Bühnenwerk *Schwarzerde* nach Osip Mandel'štam (1997-2001) und *Die Seele muss vom Reittier steigen* (2002) über einen Text von Mahmud Darwisch. Perspektiven des Innen und Außen, subjektives Bekenntnis und objektive Bestandsaufnahme, heilende und zerstörerische Kräfte bilden in diesen Werken einen komplexen Antagonismus, der sie als Kampfplatz überindividu-

---

5 Huber, op. cit. (Anm. 3), S. 151.

eller Ideen und Emotionen erscheinen läßt. Die enorme Kommunikationsfähigkeit von Hubers Musik liegt nicht zuletzt darin, daß sie solche Inhalte im musikalischen Material selbst zu plastischer Anschauung zu bringen vermag.

Das große Erschrecken an der Welt, wie es im Streichquartett *Moteti – Cantiones* als unterschwellige Erschütterung spürbar wird, tritt in zwei großen Werken der nächsten Jahre, *Tenebrae* (1966/67) und *...inwendig voller Figur...* (1970/71), mit beklemmender Deutlichkeit in Erscheinung. In beiden Werke durchdringen sich innere und äußere Dimension wiederum auf charakteristische Weise, und die Inhalte prägen sie nicht nur in der Ausdrucksgestik, sondern auch in der Struktur. Das Orchesterstück *Tenebrae* bringt den Kreuzestod Christi mit rein instrumentalen Mitteln zu drastischer Darstellung. Huber bezeichnete es als eine »Passionsmusik ohne Text« und »eine ganz und gar profane Auslegung des Kreuzes«. Mit dem Passionsgeschehen überschneidet sich eine Reise in imaginäre Räume, denn als Inspiration diente dem Komponisten auch Jean Pauls Geschichte *Der Traum vom All*, in der ein Bote den zwischen Furcht und Hoffnung schwankenden Dichter durch den Kosmos führt. »Tenebrae«, die Sonnenfinsternis an Karfreitag, erhält somit noch eine spekulativ-astronomische Dimension. Die Verfinsterung des Lebens drückt sich in unverstellt realistischen Klängen aus, die mit ihrem gräßlichen Stöhnen, Seufzen und Gurgeln dem Inneren des gemarterten Körpers abgepreßt scheinen. Das alles geschieht, wohlverstanden, mit rein instrumentalen Mitteln. Ähnliche Körpergeräusche, wenn auch ohne konkrete Konnotation, sind später allenfalls noch in Dieter Schnebels Vokalkomposition *Maulwerke* wiederzufinden.

Die Situation von Folter und Tod wird in *Tenebrae* auch auf der Ebene der Struktur nachgezeichnet. Das Stück basiert auf drei miteinander verschränkten Zwölftonreihen und ist mit serieller Disziplin durchkonstruiert. Entfesselte Technik wird dabei als Metapher von Kälte, Unmenschlichkeit und Entfremdung eingesetzt, das Klangbild dominieren zerhackte Strukturen, zugespitzte Klangfarben und starre Bläseraggregate. Die subjektiv als endlos erlebte Dauer des langsamen Sterbens wird durch einen Zeitraster von weit auseinanderliegenden, glockenähnlichen Geräuschklängen vergegenwärtigt, die sich als zweite, statische Zeitschicht der »erzählenden« Ebene überlagern. Das Protokoll des

Leidens gipfelt in einer auskomponierten Agonie, gefolgt von einer befreienden Auflichtung des düsteren Klangs. Darin öffnet sich schließlich eine Perspektive auf Auferstehung. Huber verwendet hier die Zeilen des Chorals *Christ ist erstanden* in einer so dichten Überlagerung, daß sie wie bewegte, innerlich fluktuierende Cluster erscheinen. Auch hier gibt es eine Parallele zum späteren politischen Oratorium *... Erniedrigt – Geknechtet – Verlassen – Verachtet...*; das Verfahren kommt hier im Schlußteil (»El pueblo nunca muere« – das Volk stirbt nie) ebenfalls zur Anwendung. Huber benutzt die Töne des Bach-Chorals *Christ lag in Todesbanden* als »Mutterakkord« für eine quasi filmisch wirkende Schlußtotale, in der die in mystischer Ferne verdämmernden Klänge die Möglichkeit einer Befreiung von säkularer Unterdrückung versprechen. Das verweist auf die Ambivalenz von Hubers Utopievorstellung: Der politische Begriff der Befreiung und der theologische der Erlösung lassen sich nicht voneinander trennen.

Entmythologisierung der Endzeitprophetien

Auch bei *... inwendig voller Figur...* steht eine Angstvision im Zentrum. Diesmal hat sie eine explizit apokalyptische Ausrichtung. Textvorlagen sind Ausschnitte aus der Apokalypse des Johannes und die Zeilen, die Albrecht Dürer unter seine Zeichnung *Traumgesicht* von 1525 setzte. Bild und Text von Dürer evozieren eine Weltuntergangs-Vision, die Huber mit einiger Berechtigung als Vorahnung einer Atombombenexplosion interpretierte. Konsequenterweise fügte er deshalb an einer entscheidenden Stelle des Stücks per Tonbandeinspielung Wortfetzen aus dem Gespräch der Bomberbesatzung von Hiroshima ein. »Ich erschrak so sehr, daß mir, als ich erwachte, mein ganzer Körper zitterte und ich lange nicht recht zu mir selbst kommen konnte«, lautet der Schluß von Dürers Notiz. Es erstaunt nicht, daß Huber darauf angesprungen ist – mit ähnlichen Worten beschreibt er oft seine eigene Betroffenheit angesichts der Gedanken, die ihn am Anfang eines neuen Stücks bedrängen.

Bei der Erstsendung von *... inwendig voller Figur...* im Schweizer Radio hat sich Klaus Huber 1971 ausführlich über die gedanklichen Hintergründe dieses Werks geäußert und zugleich eine Art Poetik des engagierten Komponierens entworfen. Er versuche, sagte er, in seinem Werk die Urangst der Menschheit vor einem Weltende mit musikalischen Mitteln auszudrücken, und deshalb verstehe er seine Musik als Ausdrucksmusik in einem extremen und zugleich sehr allgemeinen Sinn. »Ich schreibe also eine extrem engagierte Musik nicht mit der Absicht, soziale Strukturen durch sie verändern zu wollen. Ich schaffe diese engagierte Musik, um durch sie das einfühlende Erleben und damit das Bewußtsein des Aufnehmenden durch den Choc und die Turbulenz der Aussage zu erschüttern und auf diese Weise zu verändern [...] Deshalb glaubte ich immer und glaube auch heute daran, daß Musik legitimiert sei, sich auf der Ebene von Religions- und Glaubensinhalten zu bewegen, vorausgesetzt, diese bleiben sehr allgemein. Das hieße, sofern sie eben keine Ideologien sind. Von da an ist Musik Bekenntnismusik.«[6]

Obwohl Klaus Huber in ... *inwendig voller Figur* ... »menschliche Urangst« klangmächtig beschwört, bleibt er nicht bei einem fatalistischen »Ja so ist es« stehen. Als wacher Zeitgenosse, der den amerikanischen Atombombenabwurf auf Hiroshima und Nagasaki erlebt hat und Zeuge des anschließenden atomaren Wettrüstens der Großmächte geworden ist, weiß er, daß die zeitlose Vision der Apokalypse heute zu einer geschichtlichen Realität geworden ist. Der Weltuntergang ist menschlich machbar geworden. Schon 1971 denkt er deshalb nach über die Möglichkeit einer »Entmythologisierung jeder Endzeitprophetie«. Er bezeichnet sie als dringliche Forderung an das Gegenwartsbewußtsein und stellt in gut aufklärerischer Weise fest: »Diese entscheidende Auflösung der Mythen hat wesentlich schon begonnen. Ich bleibe streng bei der Sache: Als neu geschaffene Wissenschaften haben sich seit dem Ende des Zweiten Weltkriegs Futurologie und Friedensforschung mehr und mehr in den Dienst der Menschheit gestellt. Verschiedene bedeutende Philosophen der Gegenwart stützen sich seither auf ihre Ergebnisse.«[7]

---

6 Ebd., S. 156.
7 Ebd., S. 159.

Metanoia

Der hier erstmals gewagte Seitenblick auf die Möglichkeiten eines politischen Verhaltens, das den blinden Lauf des Schicksals durch rationales Handeln aufhalten könnte, wird von da an für Klaus Huber zunehmend zu einer zentralen Perspektive. Sein Bestreben, »das Bewußtsein des Aufnehmenden durch den Choc und die Turbulenz der Aussage zu erschüttern und auf diese Weise zu verändern«, wird zu einem Leitgedanken, der sich in vielen seiner Werke auf die unterschiedlichste Weise artikuliert. Dabei kristallisiert sich im Lauf der Zeit eine Vorstellung heraus, die Huber mit dem Stichwort der »Umkehr« verknüpft: Die Erschütterung des Bewußtseins soll zu einer Besinnung und zu einer Änderung der falschen Lebenspraxis führen. Unübersehbar ist der Bezug zum predigthaft-mahnenden »metanoeite!« aus Matthäus 3 und 4: Durch Buße und innere Umkehr soll der Mensch das ewige Heil erringen. Auch hier wieder sind bei Huber religiöse und politische Motive untrennbar miteinander verbunden. Er errichtet über diesem Begriff ein komplexes Gedankengebäude, das er in einem im Umfeld seines Oratoriums... *Erniedrigt – Geknechtet – Verlassen – Verachtet*... entstandenen Aufsatz[8] ausführlich erläutert. Unter Bezugnahme auf den kritischen Theologen Johann Baptist Metz sieht er die Notwendigkeit eines »Neuen Bewußtseins« gekommen, das die äußere Realität unter neuem Blickwinkel zu sehen erlaubt und zugleich den Künstler, der die Welt in seinem Inneren bewältigen muß, der Gefahr der reinen Introspektion enthebt. Huber ist zwar der Überzeugung, »daß ein erster Ausbruchsversuch nach innen gehen muß«, doch er folgert: »Aus dem Ausbruchsversuch nach innen folgt nicht Flucht, sondern Umkehr, als radikales Um-Denken, umgewendetes Fühlen, umgekehrtes Handeln.« Er zitiert eine zentrale Stelle bei Metz, in der dieses Bewußtsein charakterisiert wird: »Der Sinn des Habens wird durchkreuzt vom Sinn der Liebe: ›Die ihr Leben besitzen, werden es verlieren, und die es gering achten, gewinnen.‹ Diese Art von Unterbrechung, die senkrecht einschlägt und unsere mit sich selbst versöhnte Gegenwart stört, heißt mit einem bekannten biblischen Wort ›Umkehr‹, Umwendung der Herzen, metanoia.

---

8 *Um der Unterdrückten willen. Gegen die Verdinglichung des Menschen und der Kunst*, in Huber, op. cit. (Anm. 3), S. 162-176.

[...] Die Umwendung der Herzen ist in der Tat die Schwelle zur messianischen Zukunft. Sie ist die radikalste und anspruchsvollste Form der Umwendung und des Umsturzes, und dies schon deswegen, weil die Umkehr der Verhältnisse nie all das ändert, was eigentlich geändert werden müßte.«

Der Ruf nach *metanoia*, nach dem Umdenken, taucht bei Huber in ganz unterschiedlichen Zusammenhängen auf. Von der Orgelkomposition mit dem Titel *Metanoia* (1995) verfertigte er beispielsweise eine erweiterte Version mit Altposaune, zwei Knabensopranen mit Orgelpfeifen und kleinem Schlagzeug, in der die Kinder den Ruf nach Umkehr von der Orgelempore herab erklingen lassen. Wie in *Senfkorn* ist es auch hier wieder der unschuldige Knabensopran, dem Huber die Vision eines besseren Morgen anvertraut. Auf eine stumme Geste reduziert sich der Aufruf im Streichquintett *Ecce homines* von 1998, wo die fünf Spieler sich an einer bestimmten Stelle abrupt von ihren Sitzen erheben sollen und einen Augenblick lang erstarrt stehen bleiben sollen. Eine explizit politische Deutung erfährt der Begriff im 1989 uraufgeführten Orchesterzyklus *Spes contra spem*, einer Auseinandersetzung mit der Ästhetik Richard Wagners und der hinter ihr stehenden Gesellschaftsformation, dem Kapitalismus der Krupp-Zeit. In dem mit »Umkehr« betitelten dritten Teil über Textfragmente aus der *Ästhetik des Widerstands* von Peter Weiss verknüpft Huber die Idee der Umkehr mit dem kompositionstechnischen Begriff der Umkehrung; ein über den ganzen Umfang des Orchesters ausgebreiteter Klang wird hier schrittweise in seine intervallgetreue Umkehr verwandelt. Damit gerät, wie Huber anmerkt, »das Unterste zuoberst und umgekehrt«; ein gesellschaftlicher Umwälzungsprozeß wird in der musikalischen Struktur abgebildet. Ein letztes Beispiel: In *Umkehr – im Licht sein...* (1997) nach Texten von Osip Mandel'štam, Max Frisch, Elias Canetti, Martin Buber und Kurt Marti erhält der Begriff der Umkehr neben einer deutlichen gesellschaftskritischen Komponente auch eine Färbung ins Zeitlos-Jenseitige, hervorgerufen durch Frischs Worte »Ewig sein: Gewesen sein« und Mandel'štams Auferstehungs-Metaphern, die Huber ins Zentrum des Werks rückt.

Der Schrei nach außen als ambivalente Utopie vom Reich der Freiheit

Mit dem sowohl theologisch als auch politisch verstandenen Begriff der Umkehr rückt – neben den Exponenten einer kritischen Theologie in Deutschland wie Johann Baptist Metz und Dorothee Sölle – die lateinamerikanische Theologie der Befreiung zunehmend ins Blickfeld von Klaus Huber. Deren diesseitige Interpretation religiöser Heilsideen ermöglicht ihm eine konkrete politische Stellungnahme, ohne daß er von seiner kompositorischen Praxis der Ausdrucks- und Bekenntnismusik abrücken muß. Seine neuen Erfahrungen führen schließlich zum Hauptwerk der achtziger Jahre, ... *Erniedrigt – Geknechtet – Verlassen – Verachtet...*, das 1982 fertiggestellt wird. In ihm werden beide Seiten – die Erwägung konkreten politischen Handelns und der bekenntnishafte künstlerische Ausdruck – in eine über einstündige Großform zusammengezwungen. Aus der Synthese entsteht ein monumentales, im Detail jedoch skrupulös durchgearbeitetes Fresko, das mit großer Dringlichkeit die Utopie einer sich aus den Fesseln von Ausbeutung und Unterdrückung befreienden Menschheit entwirft. Den sieben Teilen liegen Texte aus der Bibel und von zeitgenössischen Autoren zugrunde, darunter Dokumentationsliteratur aus der Hand der im Titel genannten Betroffenen: von einem Stahlarbeiter, einem schwarzen politischen Gefangenen in einem US-amerikanischen Gefängnis, einer Mutter aus einer brasilianischen Favela. Eine besondere Rolle spielen die dichterisch-politischen Manifeste des nicaraguanischen Priesters und Revolutionärs Ernesto Cardenal, dessen Denken einen großen Einfluß auf Huber ausgeübt hat.

Auf Parallelen zur orchestralen Passion *Tenebrae* wurde schon im Hinblick auf die Schlußchoräle hingewiesen. Auch in der Funktion, die Huber einer rational durchstrukturierten, alle Subjektivität auslöschenden Kompositionstechnik zuweist, gibt es unübersehbare Ähnlichkeiten: Während die technoide Verhärtung der kompositorischen Struktur in *Tenebrae* die Gewalt repräsentiert, die Christus am Kreuz angetan wird, steht sie in *Erniedrigt...* für die Gewalt der sozialen, ökonomischen und militärischen Unterdrückung, die dem wehrlosen Individuum an den gesellschaftlichen Rändern der Ersten und Dritten Welt widerfährt. Struktur ist somit kein Selbstzweck zur Erzeugung eines stimmigen Werkganzen, sondern Struktur wird zum selektiv und oft polemisch eingesetzten Ausdruckmittel und Bedeutungsträger in einer inhaltlich bestimmten Dramaturgie.

In der Peripetie des Werks, als fünfter von sieben Teilen, findet sich das kammermusikalische *Senfkorn*, das Huber schon 1975 komponierte und später in dieses Werk einmontierte. Mit seiner historisierenden Besetzung (Knabenstimme, Oboe, drei Streicher und Cembalo) bildet es einen gleichsam exterritorialen Hort der Ruhe inmitten der zum Teil tumultuösen Kollektive und leitet die Wendung zur Utopie ein, die am offenen Schluß des Werks steht. Der vom Kind teils gesungene, teils gesprochene Text stammt aus Cardenals freier Nachdichtung von Psalm 36 (37): »Verlier nicht die Geduld, wenn du siehst, wie sie Millionen machen. Ihre Aktien sind wie das Heu auf den Wiesen [...] Den Führer, den du heute siehst, wirst du bald nicht mehr sehen, du wirst ihn suchen in einem Palast – und nicht finden. Die neuen Führer werden Pazifisten sein und Frieden machen [...] die Großmächte sind wie die Blumen auf den Wiesen und die Weltmächte sind wie Rauch.«[9] Diesen Text verknüpfte Huber mit einer original biblischen Friedensmetapher, den viel zitierten Zeilen aus Jesaja 11, 6-7: »Und Kuh und Bär befreunden sich und werfen beieinander ihre Jungen. Und Stroh frißt gleich dem Rind der Löwe.« Dazu zitiert er musikalisch die Baß-Arie *Es ist vollbracht* aus der Kantate Nr. 159 von Johann Sebastian Bach, und zwar an der Stelle, wo Bachs Stimmführung durch intervallgetreue Spiegelung die Figur des Kreuzes beschreibt. Durch die Symbolik des musikalischen Zitats wird die Aussage des Textes theologisch zugespitzt. Die religiöse Wendung in einem Oratorium, das von Gewalt, Ausbeutung und Unterdrückung handelt, ist im Licht der früheren Werke Hubers nicht erstaunlich. Ungewöhnlich erscheint allenfalls das strategische Kalkül, mit dem der Komponist hier eine musikalisch intim formulierte religiöse Empfindung zum Kernstück einer politischen Aussage umfunktioniert. Die Stelle ist ein Kabinettstück dialektischer Rhetorik.

---

9 Ernesto Cardenal: *Psalmen*, Wuppertal 1968, S. 22-23.

Mystische Versenkung als Quelle des Widerstands

Hubers kompositorische Entwicklung von der Darstellung existentieller Problematiken zur Formulierung explizit politischer Aussagen ist in... *Erniedrigt – Geknechtet – Verlassen – Verachtet...* an ihrem Höhepunkt angelangt. In den nachfolgenden Werken beziehen sich die Inhalte wieder mehr auf die inneren Auseinandersetzungen des Individuums. Die Musik ist auf der Suche nach einem neuen Tonfall der direkten Rede, ein dialektisches Jonglieren mit der Semantik taucht allenfalls wieder im dramaturgischen Zusammenhang des Bühnenwerks *Schwarzerde* auf. Mit der neuerlichen Betonung der innersubjektiven Prozesse tritt auch eine Eigenschaft, die Hubers Musik seit dem Frühwerk eingeschrieben ist, wieder stärker zutage: die Tendenz zum Mystizismus. Sie zeigt sich unter anderem in der Wahl seiner literarischen Vorlagen; die Textquellen reichen von Hildegard von Bingen über barocke Dichter bis zum Sufismus und zum Fabriktagebuch von Simone Weil. Die Gestalt der französische Kommunistin, die soziales Engagement mit christlicher Ethik und einer mystisch gefärbten Philosophie verband, steht im Zentrum von *La terre des hommes* (1987-89). Das Stück bildet eine Art dialektische Fortsetzung von... *Erniedrigt – Geknechtet – Verlassen – Verachtet...* Was dort zur Monumentalarchitektur und zur Darstellung großer kollektiver Erregungszustände führte, wird hier zurückgenommen in die fein austarierte Besetzung von 18 Soloinstrumenten und den individuellen Ausdruck von zwei Vokalsolisten (Mezzosopran und Countertenor/Sprecher). Die Situation des leidenden, entfremdeten Menschen wird mit den Worten von Simone Weil aus konsequent subjektiver Sicht dargestellt und wird erst im Durchbruch zu einer anderen, nicht benennbaren Dimension überwunden. Hier findet das Ich seine Kraft zum Widerstand gegen die entfremdeten Verhältnisse. Der Komponist verwendet an dieser Stelle erstmals Drittteltöne, vollzieht den Schritt ins Unbekannte also auch musikalisch. Im Epilog von *La terre des hommes* tritt auch erstmals der russische Dichter Osip Mandel'štam in Hubers Schaffen in Erscheinung; er sollte in den neunziger Jahren seine Ästhetik nachhaltig prägen und zur Hauptfigur des 2001 uraufgeführten Bühnenwerks *Schwarzerde* werden. In *La terre des hommes* kombiniert Huber Worte der Simone Weil mit den Fragmenten aus einem Gedicht von Mandel'štam, die er auch im fast gleichzeitig entstandenen Streichtrio *Des Dichters Pflug* verwendet hat: »Besser spaltet mein Herz, dieses meine, auf zu Scherben von tiefblauem Klang.« Diese Verse werden im russischen Original von einigen Instrumentalisten in den musikalischen Satz eingestreut. Die Selbstpreisgabe eines ermatteten Individuums (Weil) und das utopische Aufgehen in einer poetischen Metapher (Mandel'štam) vereinigen sich zum Schluß des Werks zu einer mystischen Vision.

Hinwendung zur arabischen Kultur: Die Entdeckung des Eigenen im Fremden

Diese Verinnerlichungstendenz bei einem gleichzeitig ungebrochenen Ausdruckswillen führt schließlich zu einer Sprengung der theoretisch-ideologischen Grundlagen des Komponierens – des gleichschwebend temperierten Systems. Gegen dessen normierende und nivellierende Tendenzen hat Huber mit reinen Intervallen, Drittel- und Vierteltonabweichungen seit den sechziger Jahren immer wieder angekämpft. In den neunziger Jahren überwindet er es endgültig. An seine Stelle treten eine ausdifferenzierte Dritteltönigkeit und, daran anschließend, eine völlig neuartige, an den arabischen *maqamat* orientierte Tonalität. Auch hier ist die Erschließung von neuem musikalischem Material gekoppelt an die Erschließung neuer Inhalte.

Über den Franzosen Julien Jalal Weiss, der in Damaskus und Bagdad klassische arabische Musik studiert und das renommierte arabisch-französische Ensemble »Al Kindi« gegründet hat, lernt Huber 1991 das grundlegende Werk *La Musique arabe* von Baron Rodolphe d'Erlanger kennen. Es ist das Jahr des ersten Golfkriegs, und aus einer strikten Antikriegshaltung heraus beschließt der Komponist, die Kultur des neuen »Erzfeindes« gründlich zu studieren. Er stößt auf arabische Philosophen, Naturwissenschaftler und Musiktheoretiker des Frühmittelalters wie al-Kindi, al-Farabi und Ibn Sina (Avicenna) und entdeckt bei der Lektüre verschüttete Gemeinsamkeiten in den europäischen und arabischen Kulturtraditionen. Zusätzlich eignet er sich Kenntnisse über das System der arabischen *maqamat* an, den Tonreihen, die ähnlich wie der indische Raga Strukturbaustein und Ausdrucksträger in einem sind. Das erste aus diesen Studien resultierende

Werk ist *Die Erde bewegt sich auf den Hörnern eines Ochsen*, eine »Assemblage« für Sufi-Sänger, drei arabische und zwei europäische Instrumentalisten sowie sechsspuriges Tonband über einen poetisch-politischen Text des Iraners Mahmoud Doulatabadi. Die auf alten Traditionen beruhende improvisatorische Praxis des Orients und das konzeptuelle westeuropäische Musikdenken werden darin in ein spannungsvolles Gleichgewicht gebracht. Die Uraufführung mit dem Ensemble »Al Kindi« und Sheik Hamza Chakour findet 1994 in Witten statt. Es ist der seltene Fall einer europäischen zeitgenössischen Komposition, die in der arabischen Öffentlichkeit zur Kenntnis genommen wird. Die englischsprachige Ausgabe der Zeitung *Al Ahram* (Kairo) widmet dem einzigartigen interkulturellen Projekt eine ganze Zeitungsspalte, in der festgestellt wird: »Many Eastern musicians have attempted to do this, but Huber is a rare example of a Western composer striving to do so.«[10] Im gleichen Jahr folgen die *Lamentationes de Fine Vicesimi Saeculi* (1994), wo die neuen kompositorischen Methoden auf das Sinfonieorchester angewendet werden.

Einflüsse des arabischen Musikdenkens finden sich auf der Ebene der Materialdisposition von da an in zahlreichen Werken von Klaus Huber. Im *Kammerkonzert »Intarsi«* (1993/94) für Klavier und siebzehn Instrumente beispielsweise erscheinen sie, sublimiert zu »Arabesken« und kaum merklichen harmonischen Umfärbungen, erst in dem mit »Giardino arabo« betitelten Epilog, der eine gelassene Heiterkeit verströmt. Oder im *Streichquintett »Ecce Homines«* von 1998 wird eine »arabische Intonation« mit drittel- und vierteltönigen Strukturen und mit der vortemperierten Mitteltönigkeit verschmolzen. Die Intervallstruktur eines *maqam* dient in all diesen Fällen nie zur Erzeugung einer neuen Art von serieller Kombinatorik. Huber übernimmt bloß bestimmte Strukturmerkmale eines *maqam*, die zum gedanklich-kompositorischen Kontext passen, und verknüpft diese auf vollkommen unsystematische Weise mit seinen eigenen Verfahren.

In der Komposition *Die Seele muß vom Reittier steigen...* für Violoncello, Baryton, Kontratenor und 37 Instrumentalisten hat die Reihe der arabisch beeinflußten Werke Klaus Hubers einen vorläufigen Höhepunkt gefunden. Ihr liegt ein Text des palästi-

---

10 *Al Ahram*, englische Ausgabe, 20.-26. Jan. 1994, S. 9.

nensischen Dichters Mahmud Darwisch zugrunde, der im Brennpunkt eines unerklärten Kriegs entstanden ist: im besetzten Ramallah des Jahres 2002. Politische Aktualität vermischt sich darin mit historischen und mystischen Perspektiven zu einem Weltentwurf, der demjenigen Hubers nicht unähnlich ist. Den Kräften der Gewalt und Zerstörung begegnet das Werk in Text und Musik mit einer Haltung der geistigen Abrüstung, wie sie sich in der Titelmetapher ausdrückt. Der Freiheitsraum, der so gewonnen wird, nimmt in der Komposition auf klanglich suggestive Weise Gestalt an.

Die inhaltliche Gleichgestimmtheit von Textautor und Komponist scheint in deren künstlerischer Entwicklung eine Entsprechung zu finden. Wenn es in einem Zeitungsartikel über den weltbekannten palästinensischen Autor heißt, daß seine Verse aus jüngerer Zeit vertrackter und schwieriger erscheinen, und die Frage gestellt wird, ob seine Hinwendung zu den Traditionen der islamischen Mystik Ausdruck wachsender politischer Enttäuschung sei oder »nur« eine künstlerische Fortentwicklung darstelle,[11] so läßt sich diese Fragestellung durchaus auch auf Klaus Hubers künstlerische Entwicklung im letzten Jahrzehnt übertragen. In beiden Fällen muß die Antwort wohl lauten: Die Konzentration auf innere Prozesse bewirkt keine Entpolitisierung des Kunstwerks, sondern führt im Gegenteil zu einer verschärften Wahrnehmung der Außenwelt und zu einer von Nebensächlichkeiten gereinigten Reflexion im lesenden bzw. hörenden Bewußtsein. (Ähnliche Reaktionen hat auch das Spätwerk von Luigi Nono seit seinem *Streichquartett »Fragmente – Stille. An Diotima«* ausgelöst.) Die öffentliche Resonanz scheint das zu bestätigen: Mahmud Darwisch genießt im arabischen Raum die Popularität eines Popstars, und Hubers Vertonung seiner Verse in *Die Seele muß vom Reittier steigen...* wurde bei der Uraufführung in Donaueschingen 2002 übereinstimmend als das bedeutendste künstlerische Ereignis des Festivals gewürdigt.

Die Ebene der komponierten Texte ist nur ein Ort, wenn auch der auffälligste, an dem sich Klaus Hubers Auseinandersetzung mit der arabischen Kultur niedergeschlagen hat. Von nachhaltigerer Bedeutung für seine künstlerische Neuausrichtung sind die

---

11 Wolfgang Günter Lerch: *Poet des Volkes*, in: *Frankfurter Allgemeine Zeitung*, 31. 1. 2004.

tiefgreifenden Veränderungen, die er mit der Übernahme von *maqam*-Strukturen in seine Kompositionstechnik am temperierten europäischen Tonsystem vorgenommen hat.

Das ist alles andere als eine Flucht vor der Welt in die Ästhetik. Angesichts der Konfrontation zwischen europäisch-nordamerikanischer und arabischer Kultur, die von Radikalen auf beiden Seiten konflikthaft zugespitzt wird, besitzt eine künstlerisch vermittelnde Tätigkeit, selbst wenn sie nur im Innern des musikalischen Materials stattfindet, klar erkennbare politische Implikationen. Wenn globale Konfliktstrategien sich zunehmend als Kampf der Kulturen artikulieren, stellt ein künstlerisches Konzept, das sich auf grundlegende kulturelle Fragestellungen konzentriert, die aktuellste Art einer politischen Stellungnahme durch die Kunst dar.

Peter Niklas Wilson
»Kein Friede hat Musik für unentbehrlich erklärt«

Zur resistencia cultural *in der Musik von Graciela Paraskevaídis und Coriún Aharonián*

Standortfragen

Was heißt hier Frieden? Aus der Perspektive einer Komponistin, eines Komponisten aus Montevideo stellt sich die Frage nach der Beziehung von Musik und Frieden anno 2003 auf andere Weise als aus der eines mitteleuropäischen Tonsetzers. Wenn sie nicht gar ein wenig absurd wirkt. Musik und Frieden? Graciela Paraskevaídis, argentinisch-uruguayische Komponistin griechischer Abstammung, Jahrgang 1940, wirkt anfangs gar irritiert. »Mir scheint, daß diese Begriffe zu nicht passenden bzw. nicht ergänzenden Kategorien gehören«, schreibt sie mir, und fährt fort: »Von welcher ›Musik‹ spricht man nun? Ich kenne keine Musik, die zum Frieden auf der Welt verholfen oder beigetragen hat. Und von welcher Art ›Friede‹ spricht man eigentlich? Hier in Uruguay herrscht kein Krieg, aber die sozialen Umstände (steigende Arbeitslosigkeit, Inflation, Anzahl der Auswanderer, der Obdachlosen, der hungernden Kinder) betreffen einen größeren Teil der Gesellschaft, die aufgrund sozialer Ungerechtigkeit gewalttätig geworden ist. Das ergibt einen internen Kriegszustand, von dem, wie üblich, nur die Zivilbevölkerung betroffen ist.«[1]

Musik und Frieden? Coriún Aharonián, gleichfalls Komponist, gleichfalls Jahrgang 1940, gleichfalls Uruguayer mit europäischen Wurzeln, Sohn armenischer Auswanderer, bemerkt trokken: »Historisch gesehen, ist die Suche nach einer Beziehung zwischen Musik und Krieg einfacher.«

Musik und Frieden, Musik und Krieg, Musik und Politik: Wie

---

1 Alle nicht anders nachgewiesenen Zitate von Graciela Paraskevaídis und Coriún Aharonián entstammen der Korrespondenz mit dem Autor vom Sommer 2002 und 2003. Die Äußerungen Aharoniáns wurden, ebenso wie die unten zitierten Passagen aus CD-Booklets, vom Verfasser aus dem Englischen übersetzt.

man in den Wald hineinruft, so schallt es heraus. Und so ist es gut, so ist es wichtig, diese Frage nicht nur an Komponisten aus Mitteleuropa zu richten, sondern an solche aus der »Dritten Welt« (ein gewiß problematischer Begriff, den zu verwenden ich mich indes nicht scheue, da dies auch meine uruguayischen Dialogpartner tun). Zum Beispiel an Graciela Paraskevaídis und Coriún Aharonián, zwei profilierte Künstler aus einem Land, dessen Kultur eineinhalb Jahrzehnte lang, bis 1985, im Würgegriff einer brutalen Militärdiktatur lag, aus einem Land, in dem die Abwesenheit von Krieg noch lange nicht Frieden bedeutet(e), einem Land, das auch heute, bald zwei Jahrzehnte nach Ende der Diktatur, nicht ohne weiteres friedlich genannt werden kann. Einem Land also, in dem Musiker andere Lösungen finden mußten, noch immer finden müssen, um mit der »dialektischen Utopie« (Paraskevaídis) der Idee eines »hörbaren Friedens« umzugehen, einem Land, in dem Komponisten, wollten sie nicht, wie so viele ihrer Vorgänger, blind und taub in die neokolonialistische Falle tappen, ihre Rolle von vornherein anders zu definieren hatten als, sagen wir, in der Bundesrepublik oder in Frankreich.

Eine absurde Entscheidung

Graciela Paraskevaídis und Coriún Aharonián, uruguayische Komponisten, beide Jahrgang 1940: Bereits in diesen bloßen Namen und Daten ist vieles an Information chiffriert. Paraskevaídis und Aharonián: Kinder von Einwanderern, Entwurzelte, die sich weder vorbehaltlos mit der Kultur ihrer Eltern (und damit der Fortsetzung kolonialistischen Musikimports) noch mit den vor Ort gewachsenen, den indigenen Musikkulturen identifizieren, die sie ebensowenig einfach als ihre »eigenen« deklarieren können und wollen. Paraskevaídis und Aharonián: Angehörige einer Generation der Identitäts-Suchenden, denen bewußt ist, daß »ihre« Musik stets ein komplexes, ein hybrides kulturelles Konstrukt sein wird, eine Melange, eine »musica impura«.

Paraskevaídis und Aharonián: Eine Komponistin, ein Komponist aus der Nachfolgegeneration der heroischen Figuren der europäischen und US-amerikanischen Avantgarde, der Überväter Cage, Stockhausen, Boulez, Nono, die die Standards definierten, nach denen bis heute, meist recht unreflektiert, entschieden wird, welche Musik der Gegenwart denn als »zeitgemäß« gelten darf, welche als anachronistisch oder provinziell aussortiert wird – euro-amerikanische Standards, versteht sich, in deren Kalkül für die abweichende Realität eines Komponisten, einer Komponistin in Uruguay wenig Platz ist. Paraskevaídis und Aharonián: Mitglieder einer Generation auch, die die emanzipatorischen Aufbruchsbewegungen in der sogenannten Dritten Welt und ihre brutale Niederschlagung gleichermaßen erlebte, will sagen: am eigenen Leib erfuhr.

Komponisten zwischen Europa und Lateinamerika, zwischen den arrogant gesetzten »Weltstandards« der euroamerikanischen Avantgarde und der kraß abweichenden kulturellen Realität eines Drittwelt-Staats, zwischen künstlerischem Anspruch und populistischen und folkloristischen Verlockungen – kein Wunder, daß Graciela Paraskevaídis von der »absurden Entscheidung« spricht, »heute in Uruguay Musik zu komponieren«.[2]

Aber was bleibt Graciela Paraskevaídis und Coriún Aharonián, europäisch ausgebildeten Komponisten mit einem genauen Sensorium für die alles andere als nach westeuropäischen Mustern organisierte gesellschaftliche Wirklichkeit des Landes, das sie trotz aller Rückschläge, trotz mancher Verzweiflung als ihr Heimatland betrachten, denn anderes übrig, als sich eben dieser Absurdität auszusetzen, sie mit Sinn zu erfüllen? Coriún Aharonián sagt es so: »Wenn der Apfel einmal angebissen worden ist, gibt es keinen Schritt zurück. In einer Welt, die über fünf Jahrhunderte von Westeuropa kolonisiert wurde, gibt es auf absehbare Zeit keine Möglichkeit, die kulturellen Modelle Westeuropas zu ignorieren.«

Nicht ignorieren, aber eben auch nicht blind adaptieren: Wenn etwas die Eigenarten der Musik eines Coriún Aharonián, einer Graciela Paraskevaídis ausmacht, dann die Beharrlichkeit, mit der beide nach Wegen jenseits von kritikloser Europa-Hörigkeit und provinzieller Selbstgenügsamkeit gesucht haben, nach Wegen zu einer Musik, die die Dynamik der musikalischen Moderne reflektiert, aber eben auch die Besonderheiten der kulturellen Realität Lateinamerikas, einer alles andere als friedlichen Realität. Gemäß dem Motto, unter das Aharonián sein eigenes Komponieren gestellt hat: »Die Aufgabe des lateinamerikanischen Komponisten

---

2 Booklet zur CD *Magma*, S. 4 (siehe untenstehende Hörempfehlungen).

ist eine zweifache. Er / sie muß die Modelle, die in den Zentren der kulturellen Macht geschaffen worden sind, meistern, um nicht aus dem Spiel ausgeschlossen zu werden und die Verbindung mit seiner/ihrer Gemeinschaft zu verlieren, die bereits durch alle pädagogischen Institutionen (die Schulen und die Medien) in diesen Modellen unterwiesen worden ist. Zugleich muß er / sie dem die schwierige Suche nach Gegenmodellen hinzufügen, in einer kollektiven Anstrengung, allmählich eine zukünftige eigene Musik aufzubauen.«

Mestizen-Musik

Ein dramatischer Einstieg. Mächtige, rhythmisierte Schläge von vier großen Trommeln und zwei Pauken: kurz-kurz-lang. Nach fünfzig Sekunden eine zweite Klangschicht: ein hoher, schriller Cluster der Blechbläser, in weiten Abständen wiederholt. Nach zweieinhalb Minuten eine weitere: Klarinetten und Bratschen überraschen mit einer tänzerischen – folkloristischen? – Figur in ternärem Rhythmus. Die Oboen antworten mit einem ruhig aufsteigenden Dreitonmotiv. Aber »antworten« sie wirklich, oder ist das nur eine zufällige Koinzidenz? Allmählich wird offenkundig, daß die acht instrumentalen, räumlich getrennten Gruppen von *Mestizo*, 1993 im europäischen Neue-Musik-Machtzentrum Donaueschingen uraufgeführt, eben nicht miteinander »sprechen«. Sie sind alle präsent. Doch jede folgt einer eigenen Logik des Tönens und Schweigens, des Ein- und Aussetzens: das leise, solitäre G von Altflöte, Kontrafagott und zehn Celli. Der derb herausbratzende Cluster von tiefen Posaunen und Tuba. Die leichtfüßige melodisch-rhythmische Geste des Saxophontrios. Es kommt zu Überlagerungen und Auslöschungen, aber zu keinem Dialog. Die Gruppen bleiben für sich. Vermeintliche Zusammenhänge zwischen ihnen sind nur ein Konstrukt des Hörers. Ein Klangspektrum faltet sich auf, entfaltet sich, doch da wird keine Geschichte erzählt, nichts »entwickelt«. Innerhalb der einzelnen Schichten gibt es Veränderungen, Permutationen, Varianten. Aber insgesamt bleibt die Musik von großer Starrheit. Ausdruck stellt sich per Überlagerung und Kontrast her: wenn das klagende Oboen-Motiv auf den pechschwarzen Posaunen-Tuba-Cluster trifft. Wenn wieder jäh die Trommeln (denen Kontrabässe tonale

Konturen verleihen) dazwischenfahren. Wenn sich das »folkloristische« Klarinettenmotiv mit der ebenfalls rhythmisch prägnanten Saxophonfigur verzahnt. Und nicht zuletzt über die Spannung der Pause, der unberechenbar langen Stille. *Mestizo*: ein Baukasten musiksprachlicher, semantisch geladener Elemente mit schier unbegrenzten Kombinationsmöglichkeiten. Oder, in Aharoniáns Worten: »eine nicht-diskursive Konstruktion aus festen Verhaltensweisen«[3], der willkürlichen Entscheidung des Komponisten zufolge fünfzehn Minuten lang, doch potentiell endlos. »Manche der Klanggesten scheinen Zitate zu sein, sind es aber de facto nicht. Was zitiert wird, ist der Gestus, nicht der Text: Es geht um einige der Bezüge zu jener Klangwelt, die mich in meiner lateinamerikanischen Mestizo-Soundscape umgeben hat.«[4] Solche Bezüge beginnen aber schon, eher unauffällig, auf der Ebene der Klangerzeuger. Die vier »großen Trommeln« von *Mestizo* sind, genau betrachtet, nämlich gar keine europäischen Orchesterinstrumente, sondern »Wankaras«, Baßtrommeln der traditionellen Musik der bolivianischen und peruanischen Hochebene, die mit sogenannten »Chirleras«, Schnarrsaiten aus Naturfasern, versehen sind und mit weichen Schlegeln aus Pflanzenfasern in Schwingung versetzt werden. Später gesellt sich ihnen eine »Vaina« hinzu, eine Rassel aus dem getrockneten Samengefäß des Flamboyant-Baums. In anderen Kompositionen, so etwa dem Quartett *Los cadadías* (1980) und dem Klavierstück *Y ahora?* (1984), spielt Aharonián mit elementaren musikalischen Gesten aus Tango und Milonga, den populären Musikformen der Rio de la Plata-Region.

Musik also als »Mestizo-Soundscape«, wie Aharonián sagt, als komplexes Klangbild, dessen Material, dessen Phoneme nicht sauber der einen oder anderen kulturellen Sphäre, der einen oder anderen Tradition zuzuordnen sind. »Amerika ist per definitionem ein Mestizo-Kontinent. Ethnisch mestizisch und vor allem kulturell. Meine Komposition möchte diesen Zustand zelebrieren.«[5] Eine Feier mit Hintersinn, versteht sich. »Indem ich den Mestizo-Zustand zelebriere, möchte ich gegen Ethnozentrismus und all seine degenerierten Abarten protestieren: Chauvinismus, Intoleranz, Rassismus, Genozid. Ich möchte jenen zurufen, die es

---

3 Booklet zur CD *Los Cadadías*, S. 21.
4 Ebd., S. 22.
5 Ebd.

noch immer nicht wissen, daß niemand auf der Welt nicht-mestizisch ist. Daß, anthropologisch gesehen, das Konzept von Reinheit unvereinbar mit dem des Menschseins und damit mit dem von Gesellschaft ist.«[6]

Und so ist diese Orchestermusik aus Uruguay, für ein renommiertes deutsches Neue-Musik-Festival komponiert, mindestens doppelt kodiert: eine Klangschichten-Komposition, die mit Räumen im wörtlichen wie im übertragenen Sinn arbeitet, eine Studie in der immer neuen Kombination weniger reduzierter Klanggesten, durchaus mit den ästhetischen Codes der Neuen Musik Europas les- und hörbar. Aber auch: eine Komposition über die Gleichzeitigkeit des Verschiedenen, über die Koexistenz heterogener kultureller Module, akustischer Signale diverser historischer, sozialer, regionaler Provenienz, eine semantisch aufgeladene Musik über das Mestizische, wie es die Kultur Uruguays prägt. Doch natürlich nicht nur sie.

Reduktion als Politikum

Drei Flöten, drei Klarinetten, doch alles andere als die eloquenten Bläserfigurationen, die eine solche Besetzung erwarten ließe. Statt dessen lang gehaltene Klänge an der unteren Schwelle des Hörbaren. Pausen. Und wieder Klänge, im mikrotonalen Miteinander Reibungen erzeugend, Differenz- und Kombinationstöne. Graciela Paraskevaídis' *todavía no* (»noch nicht«) aus dem Jahr 1979, weniger ein Stück, eine greifbare Gestalt denn eine vergiftete Klangatmosphäre, wie eine Kopfschmerz-induzierende akustische Glocke, die schwer über den Dingen liegt. Und die Dinge im Uruguay von 1979, sie waren geprägt von der anhaltenden Militärdiktatur. Die Komponistin in ihrem Werkkommentar: »Die Alpträume waren noch nicht vorbei, die Grausamkeit und die Furcht haben noch nicht geendet, Schmerz und Tod waren noch nicht zu ihrem Ende gekommen. Die Klänge bewegen sich, als seien sie geknebelt, werden in Stille erstickt, suchen brüderlich und hoffnungsvoll nacheinander.«[7] *todavía no*: Zweifelsohne ein klingender Kommentar zu einer alles andere als friedlichen Situa-

---

6 Ebd.
7 Booklet zur CD *Magma*, S. 7.

tion, doch eben keine Musik des demonstrativen Aufschreis, sondern eine leise Gegenwelt, eine, die bei aller politischen Suggestion, bei aller reibungsreichen Gespanntheit der Klänge, der Sensibilität, der Musikalität nicht entbehrt.

Aber dann ist solche Suggestion ja bereits im Material angelegt. »Technik, Material, Struktur und Inhalt sind mit Ideologie verknüpft«[8], sagt Graciela Paraskevaídis, die sich vom Konstrukt einer »reinen«, einer »neutralen« Musiksprache vehement distanziert: Bereits die technischen Merkmale, die scheinbar so abstrakten Charakteristika einer Musik sind in ihren Ohren a priori politisch signifikant. Und wenn die Komponistin von ihrem »selbst auferlegten Ziel der Suche nach Einfachheit, Kargheit und Stille«[9] spricht, wenn sie präzisiert, dieses reduktive Ethos sei ein »Versuch, mich von gewissen rhetorischen Elementen und Gesten zu befreien, die mich gestört haben, wie unnötige Länge und diskursive Komplexität, die oft auf der Schau von vielen meist unspielbaren und unwichtigen Noten und hochgekünstelten technischen Erklärungen beruhen«, so sind diese ästhetischen Entscheidungen auch immer politische gewesen, wie Paraskevaídis unter Rekurs auf ihre eigene Biographie ausführt. »Ich bin im Zweiten Weltkrieg geboren und in wechselnden Diktaturen in Argentinien aufgewachsen und dann als Erwachsene unter den nazifaschistischen Militärdiktaturen der Region (Argentinien, Uruguay, Brasilien, Chile...) reif und schließlich alt geworden. Zweifellos hat die politische Situation eine Rolle gespielt. Diese außermusikalische Situation hat gewiß dazu beigetragen, daß ich eine Musik aus der Stille, aber auch aus der Wut heraus gestalten möchte, obwohl das ›Außermusikalische‹ weder direkt noch deskriptiv oder anekdotisch hörbar sein sollte.« Wobei sich diese Wut leise, unterschwellig artikulieren kann wie in *todavía no*, aber durchaus auch lautstark und in heftigen Klanggesten entladen mag wie in den bläserlastigen Stücken der *Magma*-Serie (1966-84) – oder aber in unversöhnlichem, unvermitteltem, unaufgelöstem Kontrast von Fortissimo und Pianissimo, von extrem hohen und extrem tiefen Tönen polarisiert wie im Klavierstück *un lado, otro lado* (»eine Seite – andere Seite«, 1984).

Wenn Coriún Aharonián in einem Text zu *Mestizo* von »Karg-

8 Ebd., S. 3.
9 Ebd., S. 6.

heit, Ökonomie der Mittel, einer Vorliebe für Wiederholungen, für die Aufeinanderfolge formaler Blöcke, für Stille als Klangelement, für das Kleine und für Kontraste«[10] spricht, so sind dies nicht allein Charakteristika seines Orchesterstücks, vieler seiner Stücke, sondern auch wesentliche Aspekte der Musik von Graciela Paraskevaídis – Aspekte eines politischen Minimalismus (Aharonián spricht von »essentialism«), den Graciela Paraskevaídis indes weniger als »Personalstil« denn als akustische Chiffre einer ganzen Generation lateinamerikanischer Komponisten begreifen möchte, die unter ähnlichen politischen, kulturellen, ökonomischen Bedingungen arbeiteten und arbeiten. »Reduktion, Wiederholung, extreme Register und Dynamik und besondere Klangfarben sind in der Komponistengeneration, zu der wir beide in Lateinamerika gehören, nicht so selten zu finden. Auch in den unmittelbar danach kommenden nicht. Vielleicht sollte man zunächst eher von einem ›Zeitgeist‹ sprechen, der unsere Musiksprache durchdringt, nicht zuletzt im Einklang und in Verbindung mit einer politisch-ideologischen Haltung.«

Und so kann man *Mestizo* und *todavía no* als Exempel eines Komponierens sehen, das Strategien musikalischer Reduktion aus völlig anderen Motiven – und dann auch mit merklich anderen Resultaten – einsetzt als beispielsweise die Vertreter der Minimal Music der Vereinigten Staaten, – eine entscheidende Differenzierung, die Coriún Aharonián folgendermaßen faßt: »Es gibt einen ›Minimalismus‹, der in den 1960ern in den USA entstand, der interessant, intelligent, nett und sogar amüsant ist, aber dem Eskapismus verfällt, der Hypnose, der Manipulation, dem Autoritären (sowohl gegenüber dem Publikum als auch den Ausführenden, die in eine Art Sklaven oder zumindest Roboter des Komponisten-Gurus verwandelt werden) [...]. In Lateinamerika gibt es möglicherweise einige Beispiele eines Minimalismus, dem der tiefe Respekt für andere ein wichtiges Anliegen ist, die expressive Potenzierung jedes einzelnen Klangs, die Verwendung eines Minimums an Ressourcen für ein Maximum expressiver Resultate. Dies ist natürlich Reduktion oder Essentialismus, aber als ideologischer und gefühlsmäßiger Antipode jenes angelsächsischen Mainstream-Minimalismus.«

Man muß Aharoniáns recht pauschale Verurteilung des US-

---

10 Booklet zur CD *Los Cadadías*, S. 22.

amerikanischen Minimalismus (der keineswegs so homogen ist, wie es obige Charakterisierung suggeriert) nicht teilen, um doch zu registrieren, daß in ihr neben der bewußten Abgrenzung auch berechtigter Stolz mitschwingt, das wohlbegründete Selbstbewußtsein, mittlerweile auf dem »dritten Weg« eines eigenen musikalischen Tons zwischen bloßem Europa-Echo und exotistisch-rückständiger Folklore-Verhaftetheit ein gutes Stück vorangekommen zu sein.

Musik in Großen Zeiten

Keine Frage: Die elektroakustische Musik des vorigen Jahrhunderts hat die kompositorischen Möglichkeiten immens erweitert. Hat, was rhythmische Komplexität, was die Geschwindigkeit musikalischer Abläufe betrifft, Grenzen menschlicher Ausführbarkeit transzendiert. Hat das Repertoire potentiell musikalischer Elemente ins Uferlose vergrößert. Hat die Welt der Geräusche dem kompositorisch formenden Zugriff erschlossen. Hat stufenlose Übergänge zwischen Klängen, zwischen Timbres gestaltbar gemacht. Doch manchmal scheint es, als sei ihr vielleicht größtes Potential nur von den wenigsten erkannt worden: die Chance einer neuen Art von »sprechendem« Komponieren, das mit Klangproben der realen Welt operiert, diese aber nicht nur als interessantes »Material« betrachtet, dessen Assoziationsgehalt, dessen »Welthaltigkeit« dem strukturellen Entwurf eher abträglich sind, sondern, ganz im Gegenteil, ihre Aura, ihre Semantik bewußt mitkomponiert. So gesehen, ist es durchaus angebracht, Coriún Aharonián als einen der verkannten großen Komponisten elektroakustischer Musik zu betrachten. Man höre nur *Gran tiempo*, 1974 im Studio der *Groupe de Musique Expérimentale* in Bourges realisiert. *Gran tiempo* ist Tonbandmusik, elektroakustische Musik, aber keine elektronische, sind doch sämtliche Klänge mit dem Mikrophon eingefangen worden: Stimmen in allen ihren Nuancen zwischen Lauten spielender Kinder und Befehlston, Papierrascheln, das Knistern von Plastiktüten, Kratzen und Schaben auf diversen Materialien, Stein-auf-Stein-Geräusche. Und, vor allem: Stille. Im Raum der Stille, unter der akustischen Lupe des Mikrophons, gewinnen die Klänge überlebensgroße Präsenz. Das Anzünden eines Zündholzes gerät zum Mikrodrama. Die subtile hörspielartige Dramaturgie von *Gran tiempo* macht jedes Klangdetail übersignifikant, lädt es mit Bedeutung auf, schürt Erwartungen, weckt Assoziationen und semantische Spekulationen. Was ist das für eine Stille, in der plötzlich jedes Geräusch überlebenswichtig wird? In der jeder Vokalklang wie eine Botschaft aus einer hermetisch abgeriegelten Welt wirkt? Nicht-diskursive Musik – wirklich? Wenn sich da über Minuten Kratzgeräusche zu einem infernalischen Schaben verdichten, das jäh abreißt, bis nach einer quälenden halben Minute Stille leise Kinderstimmen aus der Ferne, dann ganz in der Nähe klickende Geräusche einsetzen, wie der Abzug eines Revolvers, dessen Magazin leer ist... wird auch der nächste Schuß nur ein Schein-Schuß sein? Und dann Stimmlaute, die Andeutung eines Stöhnens, eine Minute später Laute menschlichen Erstickens, die man, wenn man partout will, natürlich auch auf der puren Materialebene »nur« als vokale Anverwandlung der diversen Schab- und Knistergeräusche interpretieren kann, die ihnen vorausgehen – wieder, wie in *Mestizo*, diese unauflösbare Doppelkodierung von musikalisch-struktureller und semantischer Kompositionsarbeit. Auf beiden Ebenen ist *Gran tiempo* ein Meisterstück: eines der klangfarblichen Kontraste, Spannungen und Übergänge, eines von minuziös inszenierten Nah- und Fernwirkungen, ein Meisterstück aber vor allem der Andeutung, der Auslassung, der Allusion, der Suggestion, nicht minder suggestiv als der Titel. Denn von welcher »Großen Zeit« ist da die Rede, ein Jahr nach Beginn der Militärdiktatur in Uruguay?

Solche Kunst des Sagens durch Nicht-Sagen, der mehrdeutigen Geste, des eloquenten Details war im Uruguay jener Zeit wohl die einzige Möglichkeit, überhaupt als Komponist der Opposition Stellung zu beziehen. (Graciela Paraskevaídis ihrerseits realisierte 1975 *huauqui*, eine elektronische / elektroakustische Komposition, die das Verstummen zur beredten Geste machte.) Und doch: Wieviel mehr vermittelt solche Musik heute von der extremen psychischen Anspannung jener Zeit – und um wieviel genuin musikalischer wirkt sie dabei – als so manche lautstarken Aufschrei- und Solidaritätsbekundungs-Werke, die andernorts entstanden, dort, wo das politisch-künstlerische Statement kein existentielles Risiko für seinen Schöpfer barg?

Resistencia cultural

Diese Großen Zeiten aber sind vorüber, zumindest in Uruguay, wo seit Mitte der achtziger Jahre wieder formal Demokratie eingekehrt ist, wenn auch in jener neoliberalen Variante, die das Land zum willenlosen Spielball der Interessen von Geberlandkonferenzen, Internationalem Währungsfonds und multinationalen Konzernen machte. Graciela Paraskevaídis' Resümee vom Sommer 2003 fällt ernüchternd aus: »Auf politischer Ebene hat sich in den letzten Jahren eine etwas unerwartete Wende gezeigt. Die Rechte, die ständig nach rechts rutscht und fröhlich die neoliberale Globalisierung hochjubelt, versucht, alles, was in ihrem Weg steht, zu privatisieren. Gelegentlich hat sie sogar Parolen der Linken getarnt und verdreht (vor neun Jahren z. B. hat der damalige Staatspräsident zu einem ›No pasarán‹ im Fernsehen aufgerufen, obwohl der ursprüngliche Sinn dieser Worte völlig anders gemeint war). Damit wird uns geschickt vorgemacht, wie offen und fortschrittlich sie geworden ist, indem sie das inzwischen anachronistisch gewordene ›rote‹ Gespenst weiter für jedes Unheil im Lande beschuldigt und anklagt.«

Wer braucht da noch Kultur? Und gar Kultur als Widerstand, *resistencia cultural*, wie es das unausgesprochene Motto der im Lande verbliebenen Künstler während der Diktatur war? »Während der Diktatur«, meint Aharonián heute, »war kulturelle Betätigung ein klarer Ausdruck des Widerstands. Nach ihrem Ende ist sie, jedenfalls nach der überwiegenden öffentlichen Meinung, kein Ausdruck des Widerstands mehr, weil es keine verdammten Feinde mehr gibt. Aber da weder die reaktionären Politiker noch die fortschrittlichen glauben, daß Kultur wichtig für Freiheit und Unabhängigkeit ist und fast niemand schöpferische Aktivitäten unterstützt, entwickelt sich die gesamte Gesellschaft zurück, was ihr Verhältnis zu ihren schöpferischen Mitgliedern, inklusive der Komponisten, angeht. War die Dritte-Welt-Situation vor 1985 schwer, so ist sie es heute mindestens ebenso.«

Und die Linke? Graciela Paraskevaídis' Fazit, 18 Jahre nach Ende der Diktatur, ist nichts weniger als vernichtend. »Umgekehrt rutscht die Linke in jämmerliche populistische Klischees hinein, die für Kultur und Musik unheilbringend sind. Nur einige Beispiele: Tango wird vom Sinfonieorchester als attraktive Show mit Sängern und Tänzern in abgelegenen Stadtvierteln pompös präsentiert, um dem Volk ›Kultur‹ näher zu bringen. Und dasselbe Sinfonieorchester spielt am nächsten Tag und zum x-ten Mal das herkömmliche Repertoire der ›großen‹ europäischen Tradition des 19. Jahrhunderts. Das ausdrucksstarke Ritual von afrouruguayischer Trommelmusik wird zu einer touristischen Sehens- und Hörenswürdigkeit abgewertet. [...] Als politische Opposition hat es die Linke nie für wichtig gehalten, ihre langjährige Oppositionsrolle auszunutzen, um eigene alternative, umfassende, tief eingreifende, langfristige Kultur-, Musik-, Kunst- oder Erziehungsprojekte auszuarbeiten und zu entwickeln.« Frieden? Kultur? Musik? Und gar Neue Musik? » ›Neue‹ Musik wird ignoriert. Sie führt eine fast untergründige Existenz.«

Musik und Frieden: encore

Und da kommt dann ein Musikjournalist aus Deutschland mit Fragen nach dem Verhältnis von Musik und Frieden. Hat man keine anderen Sorgen? »Keine Musik kann einen internen oder externen Frieden schaffen oder wiederherstellen«, stellt Graciela Paraskevaídis klar. »Kein Friede hat Musik für unentbehrlich erklärt. Und die Komponisten stehen völlig hilflos und nutzlos da. Und daß sie stur dabeibleiben, Musik weiter zu komponieren, bedeutet nicht, daß sie daran glauben, den Frieden wiederbringen und aufrechterhalten zu können. Es ist nicht Aufgabe der Musik, an Frieden zu denken. Eher sollte sie eine kritische Funktion als Zeitzeuge erfüllen. Geister dazu bewegen, sich einer Situation bewußt zu werden.«

Auch Coriún Aharoniáns Rhetorik ist eher die des fortgesetzten Kampfes als eine der Versöhnung. »Die verantwortlich denkenden schöpferischen Menschen müssen gegen die Indifferenz fast aller Institutionen ankämpfen, um ihre historische gesellschaftliche Rolle weiter zu erfüllen.« So marxistisch hörte man es heute wohl schwerlich aus einem westeuropäischen Komponistenmunde. Aber dann: Gäbe es aus der postkolonialen, der Post-Diktatur-Perspektive Uruguays denn so viele triftige Gründe, die marxistische Analyse auf der Müllhalde der Geschichte zu entsorgen? Und so fährt Aharonián fort: »In dieser Situation ist jede kreative Handlung ein neuerlicher Akt kulturellen Widerstands. Die einzige Überlebensmöglichkeit der Gesellschaft eines kolonialisierten Landes in der imperialistischen Weltordnung ist, kulturelle Fakten zu produzieren, auch musikalische. Wie mein Lehrer, der Musikwissenschaftler Lauro Ayestarán, immer sagte: Die Musikkultur einer Gesellschaft hängt nicht davon ab, was sie konsumiert, sondern davon, was sie erzeugt. Viele Theoretiker der Dritten Welt sind in die Falle des Geschwätzes des Imperialismus gefallen und wiederholen papageiengleich, die Konzepte von Imperialismus und Kolonialismus gehörten der Vergangenheit an, und glauben, wir hätten die Dinge verändert, einfach indem wir das Wort ›Globalisierung‹ verwenden. Unterdessen wird der Kapitalismus von Tag zu Tag gnadenloser, ebenso wie der kulturelle Krieg der großen Machtzentren. Kultureller Widerstand sollte für jeden bewußten Bürger eine historische Verpflichtung sein.«

Was also heißt hier Frieden, Musik und Frieden, Musik für den Frieden? Wessen Frieden? Harmonieselige Weltmusik-Niedlichkeiten zur Beruhigung des westlichen Weltgewissens, zur Selbstversicherung der eigenen Weltoffenheit und Toleranz? Das ist schwerlich der dritte Weg, den Künstlerinnen und Künstler wie Graciela Paraskevaídis und Coriún Aharonián einmal eingeschlagen haben.

Und doch, bei aller situationsbedingter Distanz zu unserer offensichtlich doch sehr eurozentrisch gestellten Frage: Gegen Ende unserer E-mail-Korrespondenz macht sich Coriún Aharonián dann doch einige Gedanken, welche speziellen Qualitäten Musik denn haben müsse, um friedfertige Dispositionen zu fördern. Gedanken, die ebenso hörenswert sind wie seine Musik, die Musik von Graciela Paraskevaídis und die so vieler lateinamerikanischer Komponistinnen und Komponisten, die auch heute noch allzu selten auf den Programmen der großen europäischen Neue-Musik-Festivals steht, allen weltoffenen Bekenntnissen zum Trotz. »Eine Musik, die auf irgendeine Weise toleranter gegenüber den ›Anderen‹ ist, birgt die Chance in sich, dem ›Frieden‹ näher zu sein«, schreibt Aharonián. »Aber das Anders-Sein kann auch gegen das ›Andere‹ verwendet werden, so wie in der sogenannten ›Weltmusik‹, dem neuesten Schritt imperialistischer Ausplünderung. [...] Prinzipiell könnte man sagen, daß eine Musik, die den Menschen hilft, sensibler zu sein, dem Frieden zuarbeitet, daß eine Musik, die den Menschen hilft, bewußter zu sein, dem Frieden zuarbeitet. Daß eine Musik, die sich nicht aufdrängt, oder die ihr Publikum nicht erschlägt (wie ein Teil des US-amerikanischen und europäischen Minimalismus), die nicht monumental und ›schön‹ ist (wie Orff), dem Frieden zuarbeitet. Daß eine Musik, die den Hörer nicht unterschätzt, indem sie sich in die Geschichte flüchtet, dem Frieden zuarbeitet. Daß eine Musik, die nicht vorgibt, die Musik für ›alle‹ zu sein, dem Frieden zuarbeitet. Daß eine Musik, die nicht vorgibt, ›die‹ Zukunft zu sein, dem Frieden zuarbeitet.« Aber was wäre ein musikpolitisches Statement von Coriún Aharonián ohne eine skeptische Coda? »Prinzipiell. Und vielleicht. Denn nachdem sie komponiert worden ist, kann beinahe jede Musik von jemandem in einer Machtposition verwendet werden, um seine / ihre Macht zu bestätigen. Oder um seine / ihre Privilegien aufrechtzuerhalten (so wie Nonos Musik heute Bertelsmann gehört, einem Feind von Nonos Denken und einem der fünf großen Multis der Musikindustrie), was eine andere Art und Weise ist, Macht zu bestätigen, einmal mehr ohne Rücksicht auf die Schöpfer der Musik und selbst gegen sie.«

Zum Weiterlesen empfohlen:
Max Nyffeler: *Zwischen dem Eigenen und dem Fremden. Die lateinamerikanische Komponistin Graciela Paraskevaídis*, in: *MusikTexte* 94 (August 2002), S. 19-24. Thomas Beimel: *Klangliches Magma und ideologische Wut. Zu einigen Kompositionen von Graciela Paraskevaídis*, in: *MusikTexte* 94 (August 2002), S. 25-32 (in der gleichen Ausgabe von *MusikTexte* auch Werk- und Schriftenverzeichnisse der Komponistin sowie eine Diskographie). Monika Fürst-Heidtmann: *Militancia cultural. Der lateinamerikanische Komponist Coriún Aharonián*, in: *MusikTexte* 43 (Februar 1992), S. 39-43 (in der gleichen Ausgabe auch ein Verzeichnis von Aharoniáns Werken bis 1990). Wolfgang Rüdiger: *»Wie mit Trauer und Wut«: Annäherungen an ein Klavierstück von Coriún Aharonián*, in: *Üben & Musizieren*, Nr. 1, 1999 (über *Y ahora?*).

Zum Weiterhören:
Graciela Paraskevaídis: *Magma. Nine Compositions*. Tacuabé T/E 26 CD (Vertrieb: *MusikTexte*, Köln) (enthält neun Kompositionen aus den Jahren 1966 bis 1993, darunter auch *todavía no*, *huauqui* und *un lado, otro lado*).
Graciela Paraskevaídis: *libres en el sonido*. Tacuabé T/E 40 CD (sieben Instrumentalwerke aus den Jahren 1992-1998).
Coriún Aharonián: *Gran Tiempo. Electroacoustic Compositions*. Tacuabé T/E 25 CD (sieben Kompositionen aus den Jahren 1967 bis 1984).
Coriún Aharonián: *Los cadadías. 9 Compositions*. Tacuabé T/E 35 CD

(Werke aus den Jahren 1968 bis 1998, darunter *Mestizo*, *Los cadadías* und *Y ahora?*).

Kurz(auto)biographien der Komponisten
Coriún Aharonián wurde 1940 in Montevideo, Uruguay, als Kind armenischer Eltern geboren, die den Genozid der Jahre 1915 bis 1923 überlebt hatten. Er studierte Musik in seinem Heimatland, wo er auch ein Studium der Architektur begann. Seine musikalischen Studien wurden durch Kurse unterschiedlicher Dauer in Chile, Argentinien, Frankreich, Deutschland und Italien komplettiert. Er betrachtet die Komponisten Héctor Tosar und Luigi Nono, den Musikwissenschaftler Lauro Ayestarán und die Pianistin Adela Herrera-Lerena als seine einflußreichsten Lehrer.

Abgesehen von seiner Tätigkeit als Komponist hat sich Aharonián als Chordirigent betätigt. Er ist Autor von Büchern, Essays und Artikeln zu musikalischen und kulturellen Themen. 1984/85 war er Gast des Berliner Künstlerprogramms des DAAD in Berlin; außerdem erhielt er weitere Einladungen als Composer in Residence sowie diverse Aufträge für elektroakustische und Instrumentalkompositionen. Er hat in Uruguay und im Ausland Komposition gelehrt, sowohl »E-Musik« als auch Popularmusik. Er war Professor an der Nationaluniversität von Uruguay und Gastdozent in mehreren anderen Ländern und wurde zu zahlreichen internationalen Tagungen eingeladen. Er hat sich als Organisator musikalischer und kultureller Aktivitäten engagiert sowie als Mitbegründer diverser Institutionen, darunter der Cursos Latinoamericanos de Música Contemporánea, deren Executive Secretary er war (1971-1989). Außerdem war er Mitglied des Präsidiums der Internationalen Gesellschaft für Neue Musik (IGNM) und des Leitungskomitees der International Association for the Study of Popular Music (IASPM). Er lebt in Montevideo.

Graciela Paraskevaídis, geboren 1940 in Buenos Aires, Argentinien, als Tochter griechischer Eltern, lebt seit 1975 in Montevideo, Uruguay. Kompositionsstudien am Nationalkonservatorium ihrer Heimatstadt bei Roberto García-Morillo sowie 1965/66 unter anderem bei Gerardo Gandini und Iannis Xenakis am Centro Latinoamericano de Altos Estudios Musicales. 1968/71 als Stipendiatin des DAAD Schülerin von Wolfgang Fortner an der Freiburger Musikhochschule. 1984/85 Gast des Berliner Künstlerprogramms und 1998 der Akademie Schloß Solitude. Langjährige Tätigkeit als Privatdozentin. 1985-92 auch Professorin an der Nationaluniversität in Montevideo. Als Komponistin verschiedene Preise, Jurorinnentätigkeit und Aufträge für Instrumentalkompositionen. Mitorganisatorin musikalischer Aktivitäten in Argentinien und Uruguay. Mitglied des Organisationskollektivs der Cursos Latinoamericanos de Música Contemporánea und des Núcleo Música Nueva.

Vortragsreisen und Lehraufträge sowie Teilnahme an musikwissenschaftlichen Tagungen in Lateinamerika und Europa. 1990-2000 Mitherausgeberin des *World New Music Magazine* der IGNM. Zahlreiche Veröffentlichungen über zeitgenössische lateinamerikanische Musik, darunter zwei Bücher (*La obra sinfónica de Eduardo Fabini* und *Luis Campodónico compositor*).

III
Historische Rückblicke

Silke Wenzel
Von der musikalischen Lust am Kriegerischen

> »Kunst ist die Freude am ungefährlich Bewegten«
> *(Aby Warburg)*

»... und hol' der Teufel alle Kritik!«

Mitten im Ersten Weltkrieg schrieb der Philosophie-Student Hellmuth Falkenfeld: »Daß der Krieg nicht bloß an das menschliche Gesicht sich wendet, daß er auch noch mit ebensolcher Eindringlichkeit dem Gehörsinn sich darbietet, das beweist seine letzte furchtbare Gewalt über den Menschen. Das Auge kann man schließen, das Ohr aber nur verstopfen; wer den Krieg nicht sehen will, muß ihn hören. [...] Viele, die den Anblicken des Krieges gegenüber standgehalten haben, haben die Geräusche der Schlacht zum Wahnsinn geführt.«[1] Ungeachtet der technischen Besonderheiten des Ersten Weltkriegs gilt diese Feststellung nicht weniger für alle bislang geführten Kriege. Kaum eine Kriegsbeschreibung, ob literarisch oder chronikal, kommt ohne den Verweis auf die akustische Dimension des Krieges aus, kaum einem Autor gilt sie als periphere Begleiterscheinung. Gerade die Söldner der frühen Neuzeit mußten sich mit den »Errungenschaften« einer von Historikern diagnostizierten »militärischen Revolution«[2] auseinandersetzen: Der zunehmende Einsatz von Feuerwaffen aller Art in Schlachten und Belagerungen, von der Kanone bis zu den diversen Handfeuerwaffen, bedeutete eine weitere Verschärfung der Lebensbedrohung. So ist es nicht verwunderlich, daß diese akustische Eindrücklichkeit, die stets das Töten und Getötet-werden impliziert, gerade in Musik nach Bewältigungsformen sucht, also in jener Kunst die im Gegensatz zu Literatur und Bildender Kunst, als einzige in der Lage ist, Akustisches zu greifen, nachzuahmen und zu stilisieren.

Nun steht allerdings die musikalische Verarbeitung des bluti-

---

1 Hellmuth Falkenfeld: *Die Musik der Schlachten. Aufsätze zur Philosophie des Krieges*, 2. vermehrte Auflage, Berlin 1918, S. 45.
2 Geoffrey Parker: *Die militärische Revolution: Die Kriegskunst und der Aufstieg des Westens 1500-1800*, Frankfurt a. M./New York 1990.

gen Sujets in ihrer Produktion wie Rezeption einer ernsthaften »Bewältigungsform« des Krieges zunächst diametral entgegen: Als 1528 das vierstimmige Chanson *La guerre* von Clément Janequin in Paris erschien, konnte vermutlich niemand erahnen, welchen Siegeszug die musikalische Reproduktion einer Schlacht in der Musikgeschichte einmal führen würde. Ab diesem Zeitpunkt riß die Lust von Ausführenden und Publikum an musikalisch verarbeitetem Kanonendonner, an Musketenschüssen, Schlachtrufen und Kriegssignalen nicht mehr ab und erfaßte schließlich nahezu alle sozialen Schichten, von Hof und Kirche über das städtische Bürgertum bis hin zu den Landsknechten selbst. Janequins *La guerre* wurde in ganz Europa für alle nur erdenklichen Instrumente und Ensembles arrangiert und schließlich auch als *Missa »La Bataille«* vom Komponisten selbst mit der Messe im Gottesdienst, dem ordinarium missae, in Einklang gebracht.[3] Schlag auf Schlag entstanden weitere Vokalbataillen und – historisch weiter fortgeschritten – gigantische Orchesterschlachten, gerade auch von den bekanntesten unter den Komponisten. Selbst die Kammer- und Hausmusik wurde schließlich zu einem beliebten Ort für die fanfarenartigen Repetitionstöne, musikalischen Signale und kriegerischen Verarbeitungen von Nationalliedern. Man reproduzierte sie auf Blockflöte, Laute und später vor allem auf dem Klavier.

Seit ihrer »Erfindung« entwickelte sich die Bataille damit zu einer Gattung der Musikgeschichte, die in ihrer historischen Unverwüstlichkeit nur mit der Messe zu vergleichen ist.[4] Die akustisch-konkrete Darstellung des Krieges faszinierte in der Nachfolge Clément Janequins Komponisten wie Andrea Gabrieli (*Aria della battaglia per sonar d'istrumenti da fiato*, 1590), Heinrich Ignaz Franz Biber (*Battalia*, 1673), Johann Kuhnau (*Der*

[3] Dies blieb allerdings nicht ohne Widerspruch von seiten des Vatikan.
[4] Eine Geschichte der Bataille wurde mehrfach geschrieben. Vgl. hierzu Werner Braun: Artikel *Battaglia*, in Ludwig Finscher (Hg.): *Die Musik in Geschichte und Gegenwart*, 2., neubearb. Ausgabe, Sachteil Bd. 1, Kassel/Basel/London 1994, Sp. 1294-1306; Rudolf Gläsel: *Zur Geschichte der Bataglia*, Diss., Leipzig 1931; Johann Herczog: *Die Entstehung der Battaglia als musikalische Gattung*, Diss., München 1983; Karin Schulin: *Musikalische Schlachtengemälde in der Zeit von 1756 bis 1815*, Tutzing 1986, sowie Gertraut Maria Pressler: *Die Battaglia in den Chansons und Madrigalen des 16. und 17. Jahrhunderts. Ein Beitrag zur musikalischen Toposforschung*, Diss., Wien 1991.

Streit zwischen David und Goliath, aus *Musicalische Vorstellung einiger biblischer Historien*, 1700), Wolfgang Amadeus Mozart (z. B. Contretanz *La Bataille*, 1788), Ludwig van Beethoven (*Wellingtons Sieg oder Die Schlacht bei Vittoria*, 1813), Franz Liszt (*Hunnenschlacht*, 1856/57), Peter I. Tschaikowski (*1812. Ouverture solennelle*, 1880) oder Richard Strauss (*Schlacht* in der Tondichtung *Ein Heldenleben*, 1899) – von den Opernbatailles bei Georg Friedrich Händel, Giuseppe Verdi und vielen anderen ganz zu schweigen.[5] Selbst die Zäsur in der Kriegsbewertung um 1750, wie sie sich zum Beispiel im bissig-aufklärenden Spott Voltaires äußerte, konnte diese Lust des Publikums nicht wirklich trüben. Und auch im 21. Jahrhundert, im Wissen um die verheerenden Kriege der vergangenen Jahrhunderte, zeugen die zahlreichen Einspielungen von Beethovens *Wellingtons Sieg* von der Begeisterung der Hörer. Es scheint, als habe sich an der kriegerischen Freude des Musikkenners, wie sie z. B. Carl Friedrich Zelter in einem Brief an Goethe am 9. Mai 1816 zum Ausdruck brachte, kaum etwas geändert: »Gestern abend wurde die Beethoven'sche Schlachtsinfonie auf dem Theater gegeben und ich hörte sie aus der weitesten Ferne am Ende des Parterre, wo sie ohne alle betäubende Wirkung ist und mich dennoch ergriffen, ja erschüttert hat. Das Stück ist wirklich ein Ganzes und teilt sich verständlich auf und zu. Kanonenschläge und Kleingewehrfeuer sondern sich von beiden Seiten erkennbar ab, das Orchester arbeitet wie ein Schlachtgewühl und Getümmel, das wirklich aus musikalischen, aneinander hängenden Gedanken besteht und das Ohr interessant beschäftigt. Dies alles hängt nun wirklich gar gut aneinander, läßt sich aber selbst vom guten Ohre nicht gleich erfassen, denn gestern hat es mir ungemeinen Spaß gemacht; auch war die Ausführung prächtig, wiewohl noch 20 Violinen mehr nicht

---

[5] Eine Zusammenstellung der nahezu unüberschaubaren Anzahl an Kriegswerken findet sich – wenn auch fast ohne Differenzierung der jeweiligen gesellschaftlichen Absicht – bei Ben Arnold: *Music and War. A Research and Information Guide*, New York/London 1993. Einen differenzierten Einblick in kriegsbezogene Kompositionen gibt Dieter Senghaas: *Klänge des Friedens. Ein Hörbericht*, Frankfurt a. M. 2001, S. 40-67. Zur Kriegsdarstellung auf der Opernbühne vgl. bes. Jörg Calließ: *Flüchtige Töne – Ewiger Friede. Fünf Präliminarartikel für eine Erkundung der Opernbühne in Absicht auf den Frieden*, in Ulrich Menzel (Hg.): *Vom Ewigen Frieden und vom Wohlstand der Nationen. Dieter Senghaas zum 60. Geburtstag*, Frankfurt a. M. 2000, S. 575-606.

zuviel gewesen wären. Vivat genius, und hol' der Teufel alle Kritik!«[6]

Die Bataille als »akustische Literatur«

Jene Kritik, die der Teufel holen sollte, bezog sich selbstverständlich nicht auf die gesellschaftliche Freude am musikalischen Kriegsgeschehen, sondern auf die Ästhetik einer realitätsnahen Programmusik. Denn die kompositorische Strategie einer Bataille erscheint zunächst denkbar einfach: Ausgehend vom Lärm realer Kriegshandlungen werden akustische Teilbereiche des Kriegerischen musikalisch nachgeahmt und ineinander verzahnt: Lärm und Geräusch, die von Kriegsgeräten verursacht werden – vom Kanonendonner bis zum Pferdegetrappel; musikalische Elemente, die den Krieg begleiten, von Trommel- und Trompetensignalen über nationale Lieder und christliche Choräle bis hin zu Marsch- und Schlachtmusik; vokale und verbale Elemente, vom Tonfall des Befehls über das traditionelle Kriegsgeschrei bis hin zu Victoria-Rufen sowie schließlich auch Nachahmungen diverser Kampfgeräusche wie z. B. des körperlichen Schlagens. Die Simplizität, mit der die verwendeten Gestaltungsmittel systematisch gegliedert werden können, verweist bereits auf ein wesentliches Charakteristikum der Gattung Bataille: ihre kompositorische Überschaubarkeit. Diese ist es auch, die die zeitgenössischen Musiktheoretiker immer wieder – wenn überhaupt – zu abfälligen Kommentaren bewegte.[7]

Tatsächlich gleicht bereits die erste Bataille von Clément Janequin in ihrer Mischung aus Signalmusik und onomatopoetischer Nachahmung des Kampflärms stellenweise eher einem akustischen Comicstrip als einer Komposition – und dieser Eindruck täuscht vermutlich nicht.[8] Ähnlich wie die »graphische Literatur«

---

6 Brief Zelters an Goethe vom 9. Mai 1816, in *Karl Friedrich Zelter – Johann Wolfgang Goethe* [sic]. *Briefwechsel. Eine Auswahl*, hg. v. Hans-Günter Ottenberg, Leipzig 1987, S. 174f.
7 Die vermutete bloße Handwerklichkeit vieler Kompositionen drückte sich z. B. im Wort »Battaglien-Steller/und dergleichen« aus, das Johann Beer als Bezeichnung für den Komponisten Andreas Hammerschmidt überliefert. Vgl. Braun, op. cit. (Anm. 4), Sp. 1305.
8 Zur Struktur sowie zu den verschiedenen Rezeptionsweisen von Comics vgl. insbesondere Dietrich Grünewald: *Comics – Kitsch oder Kunst? Die*

ihre Geschichten durch eine Verbindung von Bild, »gesprochenem« Text und Onomatopöien erzählt, stellt die Bataille mit akustischen Mitteln eine Handlung dar. Man könnte ihre Form daher auch als »akustische Literatur« bezeichnen. Dabei verbindet sie in den frühen Formen zunächst noch epische Erzählung mit dramatischer Darstellung.[9] So steht z. B. der Beginn von *La guerre* ganz und gar in der epischen Tradition: »Escoutez tous gentilz Galloys, / La victoire du noble roy Francoys. / Et orrez, si bien escoutez / Des coups ruez de tous costez.«[10] Direkt im Anschluß allerdings beginnt der Text den Zuhörer bereits in das Geschehen zu ziehen, indem die Sprache auf den Imperativ umschwenkt und nunmehr aus dem Geschehen heraus »spricht«. In der rhythmischen Organisation der Sprache und den suggestiv-kreisenden Wortwiederholungen ist dabei die beginnende Bewegung zu erahnen: »Phifres soufflez, frapez tabours / Soufflez, iouez, soufflez tousjours / Tournez, virez, faitez vos tours, / soufflez, iouez, frapez tabours.«[11]

Der zweite Teil des Chansons stellt die eigentliche Schlacht dar. Seine Form ist eine ausschließlich akustisch-szenische, die auf eine distanzierende Verbalsprache weitgehend verzichtet. Verschiedene Ausrufe und sprachlich-musikalische Nachbildungen werden übereinander geschichtet und imitieren auf diese Weise das Chaos der Schlacht:

Von, pa ti pa toc... von von / ta-ri-ra-ri-ra-ri-ra reyne / pon, pon, pon, pon / la la la... poin poin / la ri le ron [eingestreut:]

Bildgeschichte in Analyse und Unterricht. Ein Handbuch zur Comic-Didaktik, Weinheim und Basel 1982. Zur Struktur der lautimitierenden Wörter und ihrer Funktion im Comic vgl. die ausführliche Einleitung in Ernst J. Havlik: *Lexikon der Onomatopöien. Die lautimitierenden Wörter im Comic*, Frankfurt a. M. 1981.

9 Gläsel hinterfragt, ob die französischen Vokalbattaglien an szenische Darstellung gebunden waren und verweist dabei auf die Verbalisierungen szenischer Vorgänge im Chanson-Text, wie z. B. »Croisez vos bastons« in *La guerre*, lehnt es aber schließlich doch ab; vgl. Gläsel, op. cit. (Anm. 4), S. 39f. Auch m. E. ist es wahrscheinlicher, daß der Reiz der Janequinschen Chansons gerade darin lag, daß sie das Szenische imaginativ heraufbeschwören konnten, d. h. daß sie in der Lage waren, über Text und Musik szenische Bilder im Zuhörer entstehen zu lassen.
10 Hört alle, Franzosen, den Sieg des französischen Königs, und hört, indem ihr zuhört, die harten Schläge von allen Seiten.
11 Pfeift Pfeifer, schlagt Trommler, pfeift, spielt, pfeift immerzu, dreht euch, wendet euch, tanzt, pfeift, spielt, schlagt die Trommel.

masse masse [massé = Kopfstoß], ducque, ducque / France! France! Courage, Courage! / Donnez des horions! [horions = Schläge]

Chipe chope, torche, lorgne / pa ti pa toc, tricque, tricque, licque, licque / [eingestreut:] Tue, tue, tue! / à mort, à mort, à mort, à mort, à mort, à mort! / Courage, prenez! Frappez, tuez! / Serre, serre, serre, serre! / Gentilz gallans, soyez vaillans!

Ta-ri-ra-ri-ra-ri-ra / pa ti pa toc tricque, trac zin zin / [eingestreut:] France! France! Courage! Courage! / Frapez dessus, ruez dessus / Fers émoluz, Chiques dessus, alarme, alarme!

Die comicartige Darstellung blieb nicht auf die Vokalmusik beschränkt. In den instrumentalen Batailln entsprachen den onomatopoetischen Wortbildungen äußerst erfindungsreiche Klangeffekte, welche die bis dahin bekannten Spielweisen häufig sprengten. Bei Heinrich Ignaz Franz Biber heißt es z.B.: »NB.: wo die Strich sindt [Notationsbeispiel] mus man anstad des Geigens mit dem Bogen klopfen auf die Geigen, es mus wol probirt werden, der Mars [ein Teil seiner Bataille] ist schon bekannt, aber ich hab ihn nicht bösser wissen zu verwenden, wo die Druml geth im Baß muß man an die Saite ein Papier machen daß es einen strepitum gibt, im Mars aber nur allein.« Und im Abschnitt »Die Schlacht« schreibt er sogar: »NB.: Die Schlacht muß nit mit dem Bogen gestrichen werden, sondern mit der rechten Handt die Saite gschnelt wie die stuck [= Kanonen], Undt starck!«[12] In den späteren Batailln ist die Typisierung des akustischen Materials also so weit fortgeschritten, daß eine »akustische Erzählung« auch ohne Text auskommt.[13] Mit rein instrumentalen Mitteln werden die verschiedenen akustischen Kriegseindrücke reproduziert, um dann im weiteren die einzelnen Elemente neu zu komponieren und mit ihnen eine weitgehend in sich geschlossene Handlung zu erzählen.

Die Bataille markiert demnach die Schnittstelle zwischen Epik und Dramatik in der Kriegsdarstellung: Dem Zuhörer wird eine Schlacht nicht nur erzählt, er soll sie auch erleben, als ob er dabei

---

12 Vgl. Heinrich Ignaz Franz Biber: *Battalia*. Partitur, hg. v. Nikolaus Harnoncourt, Wien/München 1971, S. 4 und 11.
13 Zur instrumentalen Stilisierung und Typisierung von realen Vorbildern vgl. insbesondere Hubert Unverricht: *Hörbare Vorbilder in der Instrumentalmusik bis 1750. Untersuchungen zur Vorgeschichte der Programmmusik*, Diss. Berlin 1954.

wäre. Die akustische Darstellungsform versetzt den Zuhörer unmittelbar ins Geschehen selbst, zieht ihn an die Front, mitten unter die jeweiligen Söldner bzw. Soldaten. Eine Distanz zwischen Handlung und Rezipient, wie sie z. B. in Literatur entsteht, ist hier nicht gewollt.

Diese Form »akustischer Literatur« kann also darstellend erzählen: Geschichten, Abläufe, Entwicklungen. Anders als Wort und Schrift, benötigt sie dafür keine »Übersetzung« der Wahrnehmung, sondern kann – ähnlich wie der Comic – die Wahrnehmung selbst als Erzählmodus verwenden. Das bedeutet: Als Erzählform ist die akustische Literatur unmittelbar, und in dieser unmittelbaren Form der Wahrnehmung sind Situationen anwesend und doch nicht anwesend, fiktiv, aber scheinbar doch real. Indem sie das akustische und nicht das visuelle Medium als Darstellungsmittel wählt, ermöglicht sie jedermann, das akustische Erleben mit eigenen Bildern zu füllen. Die akustische Information wird dabei in bereits vorhandene Vorstellungsbilder übersetzt. Denn anders als bei der traditionellen Programmmusik erklärt sich die Bataille weitgehend aus sich selbst heraus. Die große Rolle, die Krieg bis heute in allen Gesellschaften spielt, sorgt in jedem Menschen für »innere Bilder«, die jederzeit über das akustische Modell evoziert werden können und zugleich einen hohen Grad an Emotionalität in sich tragen. Die Bataille benötigt daher weder eine literarische noch eine bildkünstlerische Vorlage – das Thema selbst erzwingt die Konkretion des Bildes.

Während allerdings das ebenso unmittelbare Medium Bild auf die rechteckige Begrenzung sowie zeitlich auf den einzelnen Moment angewiesen ist, kann die musikalische Bataille Ereignisse in ihrer zeitlichen Abfolge darstellen, kann Bewegung und Dynamik differenzieren und suggeriert damit zugleich die Beherrschung des Raumes und die Kontrolle über die Bewegung in ihm.[14] Berühmt geworden ist in dieser Hinsicht der Beginn von Ludwig van Beethovens *Wellingtons Sieg oder die Schlacht bei Vittoria* (1813), einem Werk, mit dem Beethoven den Sieg der Engländer über Jérôme Bonaparte, den Bruder Napoleons, in Spanien feierte. Beethoven läßt die englischen und französischen Truppen jeweils

---

14 Der Begriff »musikalisches Schlachtengemälde«, der sich eingebürgert hat, trifft daher den Sachverhalt denkbar schlecht.

gesondert aufziehen und plaziert hierfür die entsprechenden Instrumente einschließlich der Maschinen für Kanonen und Gewehrfeuer auf zwei gegenüberliegenden Seiten, entfernt vom eigentlichen Orchester. Sofern möglich, soll die räumliche Wirkung noch gesteigert werden: »Auch müssen auf jeder Seite zwey gewöhnliche Militär-Trommeln seyn, welche vor jedem Marsch auf ihren Trommeln gleichsam die *Entrade* machen [...] und wo möglich sich in einer Entfernung stellen, und sich immer mehr und mehr nähern, um das Anrücken der Truppen recht täuschend vorzustellen.«[15] Die näher rückende Bewegung wird zudem in der Instrumentierung verdeutlicht: Als erstes sind die Trommelschläge zu hören, dann treten die Trompetensignale hinzu und schließlich sind alle Bläser zu hören: beim englischen Aufzug mit dem Marsch *Rule Britannia*, beim anschließenden französischen Aufzug mit dem Spottlied über die Engländer, *Marlborough s'en va-t-en guerre*. Selbst in der harmonischen Disposition erzielt Beethoven noch eine räumliche Wirkung: Die englische Seite tritt in Es-Dur auf, die französische in C-Dur.

Für die fiktive militärische Bewegung im Raum sprengt Beethoven also den traditionellen Rahmen des Konzertpodiums und nutzt ihn für eine akustische Szenerie. Zugleich wird mit dieser Aufstellung das Publikum einbezogen und befindet sich teilweise mitten unter den musikalisch-kämpfenden Truppen.

Es mußte nicht immer so aufwendig sein. Um die Bewegung im Raum zu markieren, reichte es häufig, auf traditionelle musikalische Mittel zurückzugreifen und mit ihnen eine räumliche Bewegung zu simulieren. So sind frühbarocke Bataillen wie z. B. Andrea Gabrielis *Aria della battaglia per sonar d'istrumenti da fiato* teilweise doppelchörig angelegt. Und die Verwendung von unterschiedlich thematisch-melodischem Material, das zur Charakterisierung der beiden Seiten dient, ist in der Bataille fast schon selbstverständlich. Eine einfache, aber nicht weniger effektvolle Darstellung für räumliche Bewegung findet sich z. B. in William Byrds (ca. 1540-1623) *The Battle* (1591), einer mehrteiligen Komposition für das Virginal. Die Flucht der Feinde stellt Byrd durch eine stereotype, zunächst zögerlich-behäbige Formel dar, die immer schneller wird und schließlich in kurzatmige Me-

---

15 Ludwig van Beethoven: *Bemerkungen für die Aufführung*, in: *Wellingtons Sieg oder Die Schlacht bei Vittoria*, Eulenburg-Taschenpartitur, London/Mainz 1985, S. VI.

Abb. 1: Ludwig van Beethoven: *Wellingtons Sieg oder Die Schlacht bei Vittoria*, Aufzug der französischen Truppen (Edition Eulenburg No. 1367). Mit freundlicher Genehmigung von Schott Musik International

NB. Dieses Trommeln wird eine Weile fortgesetzt und nach und nach immer stärker, nämlich von *crescendo poco a poco* bis zum *ff*. – Leidet es der Platz, fängt man von der äußersten Entfernung an, und nähert sich mehr und mehr.
NB. This drumming is continued for a while, getting stronger all the time, i. e. crescendo poco a poco up to ff. If space permits, it starts from the furthest distance and comes nearer and nearer.

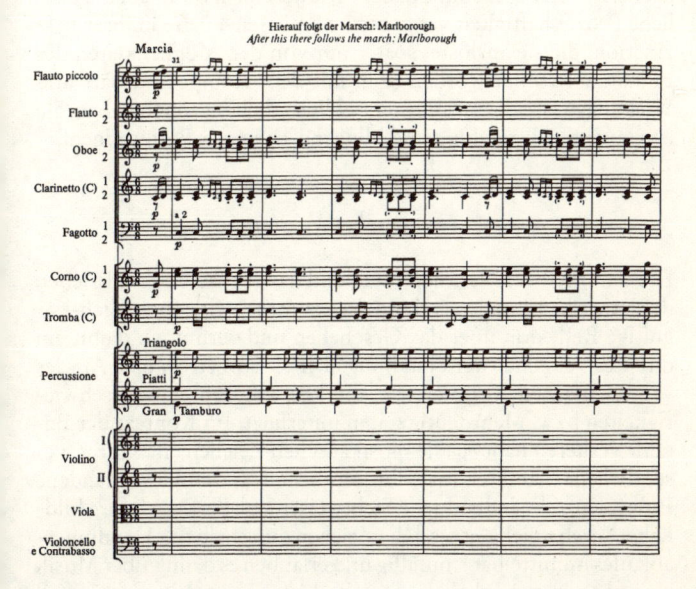

lodiefloskeln übergeht. Selbst noch das Stolpern der Fliehenden wird durch gegen den Taktakzent gerichtete Achtel abgebildet (Takte 12/13). Daß die Flucht mit einem großräumig nach unten gebrochenen Dreiklang beginnt, also einer Art melodischer Umkehrung des Angriffssignals, und mit einer engschrittig-kleinen melodischen Figur in der imaginierten Ferne endet, ist nur ein weiterer musikalischer Witz innerhalb des kurzen Stückes.

Die Basis für eine musikalische Darstellung kriegerischer Handlung ist also die Bewegung im Raum, unabhängig davon, ob sie szenisch abgebildet wird, wie bei Beethoven, oder ob sie innermusikalisch simuliert wird. Die Entdeckung, daß sich Ereignisse und Erlebnisse in Musik unmittelbar und »wirklichkeitsgetreu« nacherzählen lassen, ohne dabei – wie bei einem Bild – auf die zeitliche Prozeßhaftigkeit verzichten zu müssen, dürfte in ihrer Faszination, die sie auslöste, später nur von den Möglichkeiten des Films übertroffen worden sein, mit dem Kompositionsart und Wirkungsweise der Bataille tatsächlich etliches gemein haben. Sie ist akustische Erzählung und klingend-bewegtes Bild in einem.

»Automatisches Verstehen«

Die unmittelbare Wahrnehmung und das ebenso direkte Erleben der Kriegshandlungen verhindern – zumeist – eine sprachlich-kognitive Reflexion über das Geschehen und vermitteln damit ein direktes Verstehen der Handlung; d. h. sie sorgen für eine Art des »automatischen Rezipierens«, die kaum Interpretationsschwierigkeiten bzw. Mehrdeutigkeiten unterliegt. Im Kontext der Bataille verlieren nahezu alle musikalischen Zeichen eines ihrer wesentlichen Charakteristika: ihre ansonsten fast immer vorhandene Polyvalenz, die individuelle Sichtweisen zuläßt. Durch ihre bildliche Anschaulichkeit sind die Zeichen innerhalb des Handlungsablaufes unmittelbar sinnfällig und erlauben es damit, über Musik einen konkreten Inhalt zu vermitteln:[16] Ein Angriffssignal wird als Angriffssignal verstanden, und der meist von Theatermaschinen produzierte Kanonendonner ist auch als Kanonendonner zu erkennen. Die Vereindeutigung der musikalischen Mittel ist da-

---

16 Auch diese Eigenschaften teilt die Bataille mit dem Comic. Vgl. hierzu Grünewald, op. cit. (Anm. 8), S. 17; dort auch der Begriff »automatisches Rezipieren«.

Abb. 2: William Byrd: *The Battle,* »*The Retreat*«

her fraglos ein wesentliches Kriterium bei der Betrachtung der musikalischen Schlacht. Denn auf der Basis kriegerisch-akustischer Materialien ist ein hoher Grad an Allgemeinverständlichkeit garantiert, können verhältnismäßig viele Rezipienten ihre Vorstellung von Krieg mit dem Gehörten in Einklang bringen.

Das automatische Verstehen bezieht sich allerdings nicht nur auf onomatopoetische Nachahmungen bzw. auf raffinierte Klangeffekte, sondern ebenso auf die innermusikalischen Strukturen, d. h. auf die melodischen, harmonischen und rhythmischen Vorgaben. Die »pareille harmonie«, wie Gläsel die harmonisch gleichförmige Faktur der Bataillen-Kompositionen nannte,[17] sorgte auch musikalisch für ein »automatisches Verstehen«, ebenso wie die typischen kriegerischen Trommelrhythmen. Auch die z. B. von Beethoven und Tschaikowski verwendeten Nationallieder bzw. Nationalhymnen konnten ohne Anstrengung »verstanden« werden. Die innermusikalischen Parameter einer Bataille forderten demnach vom Zuhörer kaum Aufmerksamkeit. Mit dem simplen Verharren in den tonalen Grundstufen sorgten sie umstandslos für eine unmittelbare Befriedigung von Hörerwartungen.

Eine solche gefällige Anlage der Kompositionen war keine Erfindung der Komponisten, sondern lag im realen Vorbild selbst, nämlich in der Kriegsmusik, begründet. Der Inbegriff des Kriegsinstrumentes, die Trompete, war an die sogenannte Naturtonreihe gebunden und damit auch an den Dreiklang, auf dem nahezu alle Kriegssignale basierten. Selbst als sich die Kriegsmusik von der Trompete als Hauptinstrument gelöst hatte, belegte man die nun entstandenen Bläserformationen mit dem bezeichnenden Namen »Harmonien«. Das harmonisch simple Gerüst einer Bataille, das sich aus dem realen Vorbild ergab, bildete demnach die gesicherte Basis, auf der nun schnelle Bewegungen möglich wurden, ohne als Bedrohung wahrgenommen zu werden. Entsprechend lebt die kompositorische Faktur gerade von der Spannung zwischen statischer Harmonie und schneller Bewegung.[18] William Byrds *The Retreat* (vgl. Abb. 2) hält den C-Dur-Dreiklang fast als eine Art harmonischen Orgelpunkt fest, und auch Beethovens Aufzug der französischen Truppen mit *Marlborough s'en va-t-en guerre* verharrt in C-Dur (Abb. 1). Selbst noch das Schlachtchaos eines Jane-

---

17 Vgl. Gläsel, op. cit. (Anm. 4), S. 68.
18 Ebd., S. 69, sowie Schulin, op. cit. (Anm. 4), S. 8.

quin spielt sich innerhalb einer einzigen Harmonie ab. Die musikalische Struktur der Kriegsmusik gab demnach den harmonisch-melodischen Rahmen, in den dann auch andere akustische Kriegsäußerungen wie z. B. das Schlagen Janequins oder das Getöse Bibers integriert werden konnten. Die Lebensbedrohung der realen akustischen Dimension einer Schlacht wurde auf diese Weise wortwörtlich in schönster Harmonie aufgelöst.

Zwei Interessen konnten somit in der Bataille optimal zur Deckung gebracht werden: der künstlerische Rückgriff auf authentisch-reales Material zur Darstellung einer Kriegssituation und die unmittelbare Befriedigung von harmonischen Hörerwartungen. Es bleibt also zu vermuten, daß die musikalische Lust am Krieg ihre Kraft u. a. genau aus dem Gegensatz einer »eigentlich« tödlichen Bedrohung einerseits, ihrer darum um so wirksameren harmonischen Entschärfung andererseits zieht.

Distanz

Die Vorgehensweise entspricht allerdings nicht nur künstlerischen, sondern auch analytisch-rationalen Kriterien: Ein unbegreifliches und zudem in der Realität überaus bedrohliches Erlebnis wird in seine Einzelbestandteile zerlegt. Mit dem nachahmenden Erfassen des Kriegslärmes in Lautgestalten bzw. durch Klangeffekte beginnt zugleich die Verfügbarkeit seiner einzelnen Komponenten. Sie sind als benennbare »Gestaltungsmittel« manifest geworden. Dies ist um so wichtiger, als die akustischen Eindrücke des Krieges unter anderem darum so bedrohlich wirken, weil sie flüchtig sind, d. h. von den Kämpfenden nicht festgehalten und auch nicht »besiegt« werden können. Wie wichtig ein solches rationales Begreifen der flüchtigen Kriegsakustik in der frühen Neuzeit auch außerhalb künstlerischer Verarbeitungsformen war, zeigen z. B. die akustischen Berechnungen des Musiktheoretikers Marin Mersenne zur Tonhöhe des Kugelpfeifens, in Abhängigkeit von Entfernung und Geschwindigkeit des Geschosses. Mersenne empfahl daher den Ballistikern des Heeres ein differenziertes Gehör.[19] Ob kriegsakustische Realität oder musikalische

---

19 Vgl. Marin Mersenne: *L'harmonie universelle*, Paris 1636 (Neudruck: Paris 1965), *8. Livre de l'utilité de l'Harmonie*, S. 37ff.

Fiktion: Durch die objektivierende Materialisierung von Kanonendonner und Musketenschüssen verliert die flüchtige akustische Bedrohung ihren Schrecken. Mit der physikalischen Berechnung bzw. der künstlerischen Reproduktion haben Heerführer und Musiker, Soldaten und Zuhörer scheinbar die Macht über den Kriegslärm zurückgewonnen.

Allerdings geht es nicht nur darum, einzelne akustische Elemente einer Schlacht zu bezwingen, sondern um die Beherrschung des Kriegsgeschehens als Ganzes. Was sich in der musikalischen Handlung und den verschriftlichten Programmen von Bataillekompositionen spiegelt, ist keineswegs der »realistische« Ablauf eines Schlachtgeschehens, sondern lediglich dessen »gemachter« Stereotyp. Diese stereotype Form der Bataille bezeichnet Rudolf Gläsel als »totale Battaglia« und legt für sie generell den folgenden Aufbau fest: »Aufmarsch der Truppen, Kampfsignal, Befehle, Kampflärm [...], Sieges- oder Danklied.«[20] Mit diesem Aufbau »entsprach die historische Battaglia schon bei Janequin genau dem, was sich über drei Jahrhunderte hinweg als Battagliaform gehalten hat.«[21] So besteht Janequins *La guerre* von 1528 aus zwei Teilen, die in sich nochmals unterteilt sind: In der prima pars wird zunächst der Sieg des französischen Königs in Erinnerung gerufen und direkt im Anschluß das Siegeslärmen zum kriegerischen Werberuf umgedeutet. Mit der Ermunterung zur Schlacht werden die Kriegsvorbereitungen beendet. Es folgt die secunda pars, die eigentliche Schlachtdarstellung. Sie zeigt den Beginn der Schlacht, den Angriff, den eigentlichen Kampf und schließlich die Entscheidung, die mit der Flucht der Feinde endet. In abschließenden Victoria-Rufen kommt die Siegesfreude zum Tragen, in die sich noch nachhallend der Ruf der fliehenden Schweizer mischt: »toute frelore, bi got« (alles verloren, bei Gott). Nicht viel anders sieht der musikalische Schlachtverlauf in Franz Liszts symphonischer Dichtung *Hunnenschlacht* aus, die 1856/57 nach dem gleichnamigen Gemälde von Wilhelm v. Kaulbach entstand. In der von Liszt autorisierten Einleitung Richard Pohls heißt es: »Im Beginn derselben [der *Hunnenschlacht*] wirbeln die Figuren der gedämpften Violinen wie Nebelwolken auf; sie verdichten sich mehr und mehr, je höher sie steigen; wir hören die

---

20 Gläsel, op. cit. (Anm. 4), S. 63.
21 Schulin, op. cit. (Anm. 4), S. 6.

Hörner-Schlachtrufe der Hunnen, welchen die Trompetensignale der Römer antworten. Mit einem wilden Schlachtgesang stürzen sich die gefallenen Hunnen in die Geisterschlacht; ein Choralgesang geleitet die kämpfenden Geister der Römer, welche dem wütenden Ansturm Trotz bieten. Immer fanatischer wogt der Vernichtungskampf, immer grimmiger wird das Gewühl – bis plötzlich Licht durch die finsteren Wolken blitzt; es geht vom siegenden Kreuze aus. Mächtige Fanfaren verkünden den Triumph des Christentums! Das Orchester schweigt: die Waffen senken sich. Wir hören Orgelklänge; sie intonieren den uralten Choral: ›Crux fidelis, inter omnes [...]‹. Sanfte, flüsternde Stimmen ringen sich jetzt durch Nacht und Nebel empor; der Kampf ist aus; Frieden und Ruhe kehren in Roms Gefilde zurück. Der Schlachtgesang wird zum Dankgebet! In hoc signo vinces!«[22]

In der musikalischen Schlacht werden also einzelne Handlungsstationen zu einem allgemeingültigen Kriegsmodell zusammengefügt, das selbst dann noch erhalten bleibt, wenn es eigentlich um eine idealistisch-religiöse »Durch-Nacht-zum-Licht«-Darstellung geht, wie dies in Franz Liszts *Hunnenschlacht* zweifellos der Fall ist. Mit der Konzentration auf ein solches Modell entziehen sich Bataillen der Darstellung von komplizierten Sachverhalten und Wechselwirkungen, die eine realitätsbezogene Darstellung von Krieg erforderte.[23] Die unberechenbaren Abläufe einer Schlacht sind auf ein kalkulierbares Klischee reduziert worden.

Die Trivialität ist Programm.[24] Erst die Überschaubarkeit des eigentlich Lebensbedrohlichen und seine wohlsortierte Anordnung (einschließlich des geplanten Chaos) sorgt für jene Lust, die das Publikum der Bataille entgegenbringt. Denn innerhalb des zusammengesetzten Modells haben Kriege »selbstverständlich« einen rationalen, vorhersehbaren Ablauf, an dessen Ende meist »Victoria« steht – der Krieg ist gewonnen. Über die musikalische Organisation wird also Krieg wieder planbar; Ausführende und Hörer beherrschen das kriegerische Geschehen scheinbar mühelos und

---

22 Franz Liszt: *Hunnenschlacht*, Eulenburg's kleine Orchester-Partitur-Ausgabe, Leipzig o. J., S. XI.
23 Vgl. hierzu Reinhard Döhl: Artikel *Comics*, in Günther und Irmgard Schweikle (Hg.): *Metzler Literatur Lexikon. Begriffe und Definitionen*, 2., überarb. Auflage, Stuttgart 1990, S. 85.
24 Vgl. Grünewald, op. cit. (Anm. 8), S. 17.

übernehmen die Kontrolle über einen als kalkulierbar unterstellten Ablauf: So kommt es zur Begrenzung des nicht zu Begrenzenden. Die musikalische Bataille wird zu einer Art universeller Kriegsvorstellung, in der der Ablauf einer Schlacht beherrschbar ist.[25] Dies erscheint um so reizvoller, als es dabei im realen »Vor-Bild«, das die akustisch-musikalische Reproduktion evoziert, um Leben, Töten und Getötet-werden, um die Existenz selbst geht.

Die Freude an der Bataille resultiert also aus einer Form der Distanzierung: Die musikalische Reproduktion hebt die Ohnmacht gegenüber dem bedrohlichen Kriegslärm und dem unberechenbaren, letztlich eigendynamischen Schlachtgeschehen im fiktiven Raum auf. So betrachtet, war die musikalische Gattung Bataille durchaus eine Art »Bewältigungsform« des Kriegswesens. Allerdings bezog sich die emotional-rationale Distanzierung nicht etwa auf jene Macht, die über Krieg oder Frieden entschied – wie es eine realitätsgerechte und differenzierende Darstellung täte –, also auf Kaiser und Könige, Waffenhändler und Heerführer, sondern sie bezog sich auf die tödliche Waffentechnik selbst[26] sowie auf eine in der Realität nicht zu überschauende Kriegsführung. Über die musikalische Reproduktion des Kriegerischen und die damit einhergehende Reduktion auf ein Modell verliert das Furchtbare seinen Schrecken[27] und wird letztlich sogar lustvoll besetzt – wider besseres Wissen. Je größer die existentielle Bedrohung in der Realität wäre, um so größer ist scheinbar auch die Freude an ihrer Wirkungslosigkeit in der reproduzierenden Fiktion. Denn Musikinstrumente als »Waffen« einzusetzen, ist der – lustvolle, aber leider eben nur fiktive – Triumph des Menschen über die tödliche Technik.

25 Ähnlichen Rezeptionsmechanismen unterliegen bis heute Veranstaltungen wie z. B. die verschiedenen Wettbewerbe der Militärmusik, in welchen der körperlich realisierte, spielerische Ablauf von Figuren und Formen zu (Marsch-)Musik die totale Beherrschung des Raumes suggeriert. Zwar ist dabei – im Verhältnis zu realer Kriegsführung – die musikalische Signalgebung anachronistisch, dafür aber sind die Darsteller authentisch.

26 Gerade in bezug auf die Technik ist es dann auch interessant, daß Beethovens *Wellingtons Sieg* zunächst für ein Panharmonikon, einen mechanischen Orchesterapparat, komponiert wurde.

27 Über dieses künstlerische Verfahren, das nicht auf die musikalische Reproduktion beschränkt ist, vgl. Hans-Jürgen Horn: *Ares und Dionysos. Vom Aufbruch einer antiken Fragestellung*, in ders. und Hartmut Laufhütte (Hg.): *Ares und Dionysos. Das Furchtbare und das Lächerliche in der europäischen Literatur*, Heidelberg 1981, S. 13-25.

Identifikation

Die Distanzierung von der unerklärbaren Macht des Kriegerischen durch seine musikalische Reproduktion ist allerdings nur eine der gesellschaftlichen Funktionen der Gattung Bataille. Sie ebnet den Weg für die zweite und ermöglicht es, daß Ausführende und Zuhörer von der Unmittelbarkeit der akustischen Darstellung in das Kriegsgeschehen hineingezogen werden und am fiktiven Spiel mitwirken. Von der Verkehrung des Bedrohlichen in ein überschaubares Spiel bis hin zu einer Identifikation von Spielenden und Hörenden mit den »Kriegshelden« ist es nur ein kleiner Schritt. Daß es dabei nicht um die Identifikation mit den »Kleinen« geht, sondern mit jenen, die das Spiel befehlen, versteht sich fast von selbst. In einer Konzertkritik über Beethovens *Wellingtons Sieg* hat E. T. A. Hoffmann die Lust an solchen identifikatorischen Machtphantasien auf den Punkt gebracht und sie gleichzeitig mit der musikalischen Struktur einer Bataille verbunden: »Die Bedingungen, daß die wahre musikalische Malerei nicht einzelne Laute der Natur nachpfuschen, sondern dahin streben müsse, in dem Gemüt des Zuhörers die Empfindung aufzuregen, die ihn in der Wirklichkeit erfassen würde, hat der große Meister Beethoven in der gedachten Komposition auf glänzende Weise erfüllt, und durch die sinnige Art, wie Herr Möser [...] die Aufführung angeordnet hatte, trat alles so ins helle rege Leben, daß jeder, der jemals einer Schlacht beiwohnte oder wenigstens in ihrer Nähe war, ohne großen Aufwand von Phantasie Konzertsaal und Musik vergessen und jene verhängnisvollen Augenblicke noch einmal im Innern erleben mußte. Schreiber dieses bemerkte mit wahrer Lust einen Militär von höherm Range, der ganz in sich verloren dastand und, als nun Schlag auf Schlag der Sturm der Dissonanzen den höchsten Punkt, die Krisis der Schlacht bezeichnete, unwillkürlich nach dem Säbel griff, als wolle er sich an die Spitze des Bataillons setzen zum entscheidenden Angriff. Ein mildes Lächeln überflog sein Gesicht, als er in dem Augenblick die Täuschung des innern Sinns gewahrte.«[28]

So verwundert es wenig, daß die an den Höfen entstandenen Batailllen sich als Hausmusik schließlich in fast jedem sozialen Be-

---

28 E. T. A. Hoffmann: *Noch einige Worte über das Konzert des Herrn Konzertmeister Möser am 26. März d. J.* [1820], in ders.: *Schriften zur Musik. Singspiele*, Berlin/Weimar 1988, S. 346f.

reich wiederfanden, an den Höfen wie im städtischen Bürgertum. Noch in der spielerischen Nachahmung einzelner Angriffssignale auf der Laute oder dem Klavier spiegelt sich jene Macht, die das gesamte Kriegsgeschehen koordiniert. Der einzelne Spieler kann unmittelbar ins Geschehen eingreifen, er darf mitspielen – und: Er darf die kriegerischen Truppen zum Sieg führen. Im musikalischen Spiel wird ihm damit jene Macht gegeben, die auch der reale Kriegsmusiker inne hatte – auch wenn dieser selbst nur im Dienste eines Befehlshabers stand. So heißt es z. B. in einem Kriegslehrbuch von 1616 über die militärischen Aufgaben des Trompeters: »Der Trommeter befehlet durch sein Clang der Trommeten / der gantzen Compagnie auffzuwachen / sich zum Auffzug fertig zu machen / außzuziehen / er befehlet durch sein Clang / gegen den Feindt zustreitten / er führt vnnd mahnet sie in eylender als langsamer Zeit / sich zum Streit gerüst vnd bereit zumachen: Er commandiret vnd befehlet Mann vnnd Roß mit aller Eyligkeit den Feindt anzugreiffen / oder dem Feindt zu widerstehen: Er commandiret durch sein Clang der Trommeten / vom Feindt abzulassen / oder abzuziehen: Er commandiret die zerstrewete Compagnie, sich widerumb zusamen zu lesen / in vorige Orter zugeben: In summa an seinem Commandament, ist nicht ein weniges / sondern offt viel vnnd viel gelegen [...].«[29] Die Freude, die über die Verfügbarkeit und Benutzung des Materials entsteht und die zugleich dessen Beherrschung suggeriert, führt also schließlich zur Identifikation mit dem – selbstverständlich siegreichen – Feldherrn. Die Verwendung von Kriegssignalen und Nationalliedern, wie sie z. B. Beethoven in seine Bataille eingewoben hat, beteiligt jeden einzelnen an diesem Sieg, läßt ihn mitkämpfen im virtuellen Kriegsgetümmel, das ohne Gefahr für die eigene Existenz vonstatten geht.

Die Freude konnte noch gesteigert werden durch den Schein der Authentizität, der fast alle Bataillen umgibt. Von Janequin bis Beethoven, von Mozart bis Liszt beziehen sich die Kompositionen auf einen konkreten historischen Ort, auf eine bestimmte Schlacht oder einen namentlich genannten Feldherrn. Wolfgang Amadeus Mozarts Contretanz *La Bataille* (KV 535) wird am 19. März 1788 in der »Wiener Zeitung« mit dem Titel *Die Belage-*

---

29 Johann Jacobi von Wallhausen: *Kriegskunst zu Pferdt*, Frankfurt a. M. 1616, S. 56.

rung Belgrads angezeigt,[30] und der Contretanz *Der Sieg vom Helden Coburg* (KV 587), in dem Mozart ein Marschlied auf den »Helden Coburg« zitiert, feiert dessen Sieg über die Türken im Oktober 1789. Beide Kompositionen sind allerdings im Unterschied zu den früher zitierten musikalischen Schlachtengemälden von ganz unspektakulärer Art und überdies von extremer Kürze. Auch Peter I. Tschaikowskis *Ouverture solennelle 1812*, 1880 retrospektiv komponiert, stellt eine historisch konkrete Situation dar: den Kampf der russischen Truppen gegen Napoleon im »Vaterländischen Krieg«. Demnach besteht das Bedürfnis, der akustischen Erzählung ein konkretes, geschichtliches Ereignis zugrunde zu legen. Der Komponist selbst versteht sich als Berichterstatter und Chronist.

Auch das verarbeitete Material beansprucht für sich zumeist Authentizität. Bereits bei Janequin sind die musikalischen Kriegssignale dem realen Signalwesen entnommen und werden zudem noch mit dem ihnen entsprechenden Befehl verbal unterlegt – von den vielen Nationalliedern, Nationalhymnen und Chorälen ganz zu schweigen. Ein ähnliches Verfahren läßt sich auch anhand von Bildmedien nachweisen, gerade in der frühen Neuzeit: »Die Geschichte der Bildmedien ist geprägt von der Faszination durch das Dokumentarische, oder genauer: durch den Schein der Authentizität – ebenso sehr wie von der Wirkungsmacht der Fiktionen, von der verführenden Kraft der Virtualität.«[31] Francis Haskell geht in seinem Buch *Die Geschichte und ihre Bilder* sogar so weit, daß er gerade für Bilder der frühen Neuzeit den Begriff der »Reportage« einführt.[32]

Die Frage nach der Authentizität stellt sich im Fall der Bataille vermutlich nochmals anders: Zwar ist für die einzelnen Materialien eine bestimmte Authentizität zu belegen, dennoch geht es hier von vornherein nicht um eine Dokumentation, wie dies bei einem Bild der Fall ist. Anders als bei Text und Bild, stellte und stellt niemand an eine Bataille den Anspruch der originalgetreuen Reportage. Das authentische Material diente vermutlich weniger

---

30 Erobert wurde Belgrad erst am 7. Oktober 1789.
31 Klaus Kreimeier: *Authentizität und Fiktion. Strategien des Dokumentarischen in den technischen Bildern*, in: Zeitschrift für Literaturwissenschaft und Linguistik, Heft 106, 1997, S. 94-106, hier S. 98.
32 Vgl. Francis Haskell: *Die Geschichte und ihre Bilder*, München 1995; auf ihn beruft sich auch Klaus Kreimeier.

dem Bedürfnis, Historisches für die Nachwelt zu erhalten, als vielmehr dazu, den Identifikationsprozeß des Hörers mit der real-fiktiven Situation herzustellen.

»Friedensfeiern«

Die Grundlage für die vergnüglich-musikalische Erzählung einer Schlacht ist demnach die Verwandlung des real Tödlichen in ein ungefährliches Spiel, das die Lust an der imaginären Macht über die existentielle Bedrohung in den Vordergrund stellt und diese Bedrohung zugleich in der Reproduktion entschärft. Dies war zu keinem Zeitpunkt ein individuelles Vergnügen, und die Bataille war mitnichten eine sich selbst genügende Kriegsreflexion. Selbst dort, wo man sie als Allegorie oder Metapher tarnte – als Kampf zwischen Gott und Teufel, Gut und Böse, Mensch und Universum oder, etwas schlichter, als Liebeskrieg –, blieb ihr Vorbild der reale Krieg, und auf ihn und seine Akzeptanz wirkte sie zurück. So werden z. B. im Abschnitt *La guerra* der *Las ensaladas* des Spaniers Mateo Flecha (1581 postum erschienen) Kanonaden und Kriegsmusik eingesetzt, auch wenn es eigentlich um die Geburt des »Erlösers« als Besieger Luzifers geht.[33] Und schon eine der frühesten Liebesbatailles aus dem späten 14. Jahrhundert[34] beginnt mit dem Schlachtruf »Alarme, alarme« – zu den Waffen.

Gesellschaftlich ließ sich die künstlerische Suggestion eines gefahrlosen Krieges insbesondere für Kriegs- und Staatspropaganda z. B. im Rahmen von Friedensfesten nutzen. Allerdings geschah dies nicht durch eine sprachlich-verbale Propaganda bzw. über die traditionellen Kriegsmusikbereiche vom Anstacheln bis zum Durchhalten, sondern über die Suggestion, Krieg sei ein ungefährliches Vergnügen. Die Bataille bot damit eine musikalische Form für alle akustischen Verkehrungen, die auch ansonsten zu den Friedens- und Siegesfeiern gehörten. Die Bataille griff also auf die gleichen Mechanismen zurück, die auch anderen Friedensfest-Ritualen zugrunde lagen: dem sogenannten »Gesundheits-

---

33 Vgl. Braun, op. cit. (Anm. 4), Sp. 1297.
34 Grimace: *Alarme, alarme...*, in Willi Apel (Ed.): *French Secular Music Of The Late Fourteenth Century*, Cambridge/Massachusetts 1950, S. 122.

trinken« zu freudigem Kanonendonner und Kriegsmusik,[35] den Kanonenschüssen innerhalb eines »Te deum« oder den zahlreichen Feuerwerken. Sie alle demonstrierten die durch den Frieden erreichte Gefahrlosigkeit von Waffen – und bereiteten damit »postwendend« den nächsten Krieg vor.[*]

---

35 Vgl. z. B. Hartmut Laufhütte: *Das Friedensfest in Nürnberg 1650*, in Klaus Bußmann und Heinz Schilling (Hg.): *1648 – Krieg und Frieden in Europa*, Münster/Osnabrück 1998, Textband, S. 347–357.
* Ich danke York Reynolds, der zur Zeit über das Thema »Singen und Kämpfen« promoviert, für die zahlreichen Anregungen und seine diskussionsfreudige Kritik.

Éva Pintér
»Da pacem, Domine« –
kompositorische Annäherungen

»Das Ringen um Frieden« – mit diesen Worten hat Rainer Kunad (1936-1995) nicht nur das Hauptanliegen seines *Orgelkonzertes* (1971) offenbart, sondern auch die zentrale Stelle der Friedensbitte in diesem Werk betont. *Da pacem, Domine* wie auch sein deutsches Pendant *Verleih uns Frieden*[1] hat unzählige Komponisten inspiriert, und dies nicht zufällig. *Da pacem* gilt spätestens seit dem 9. Jahrhundert als selbständiger Satz, d. h. als selbständiger Träger der Fürbitte für Frieden sowohl in der katholischen Liturgie als auch in der mehrstimmigen Musik: Text und Melodie sind nicht etwa Bestandteil der Messe (wie »Dona nobis pacem« im Schlußteil des »Agnus Dei«), auch nicht ein Teil der *Missa pro Pace*,[2] wenngleich in der letzteren die biblische Textvorlage von *Da pacem* als Lesung vorkommt.

Da pacem, Domine – wie *Verleih uns Frieden* seit Mitte des 16. Jahrhunderts – ist etwas Persönlicheres als ein Meßsatz: Es ist nicht allein ein allgemeines Flehen wie »Lamm Gottes, gib uns den Frieden« in der Messe, sondern eine konkrete Ausformulierung der Bitte um den Frieden, den nur Gott bringen kann, dies aber erst nach einem »Streit«, d. h. nach Kampf und Krieg. Der vorliegende Aufsatz möchte deshalb die *Da pacem*- bzw. *Verleih uns Frieden*-Melodie in ihrem eigenen musikgeschichtlichen Zusammenhang darstellen und dabei auf eine doch zu weit führende, dementsprechend eher unkonturierte Herstellung allgemeiner inhaltlicher Beziehungen zu anderen Friedensbotschaften wie »Et in terra pax«, »Dona nobis pacem«, »Fiat pax« o. ä. bewußt verzichten. Vielmehr soll im folgenden untersucht werden, auf welche ästhetisch-musikalische Weise die »Botschaft« des Textes, d. h. der inhaltliche Kontrast zwischen Krieg und Frieden in den

---

[1] Quelle von Melodie und Text der Notenbeispiele: *Gotteslob. Katholisches Gebet- und Gesangbuch*, Osnabrück 1996, S. 361-362.
[2] *Liber Usualis, Missae et Officii*, Paris – Tournai – Rom 1953, S. 1285-1287.

Da pacem, Dómine, in diébus nostris, quia non est álius qui pugnet pro nobis, nisi tu Deus noster.

Verleih uns Frieden gnädiglich, Herr Gott, zu unsern Zeiten. Es ist doch ja kein andrer nicht, der für uns könnte streiten, denn du unser Gott alleine.

vergangenen Jahrhunderten überhaupt wahrgenommen und veranschaulicht wurde.[3]

Die melodischen und liturgischen Ursprünge von »Da pacem, Domine« bzw. »Verleih uns Frieden«

Die gregorianische Melodie *Da pacem, Domine* wird im allgemeinen auf das 9. Jahrhundert datiert,[4] und ihre Textquelle wies Carl Marbach im alttestamentarischen 2. Buch der Makkabäer 4,1 (im weiteren 2. Makk. 4,1) sowie im Buch Jesus Sirach 36,5 (im weiteren Sir. 36,5) nach.[5] Der textliche Zusammenhang zwischen der biblischen Vorlage und der gregorianischen Antiphon (= Wechselgesang in den täglichen Stundengebeten vor und nach den Psalmen) erscheint auf den ersten Blick recht vage, denn im Bibeltext von 2. Makk. 4,1 steht lediglich der Satz »Adaperiat cor vestrum in lege sua et in praeceptis eius et faciet pacem« und in Sir. 36,5 nur das Bekenntnis »ut cognoscant te sicut et nos agnovimus quoniam non est Deus praeter te Domine«,[6] also zwei eher allgemeinere Aussagen. Die textliche Erweiterung von »faciet pacem« auf »faciat pacem in diebus vestris« im gregorianischen Responsorium (= Antwortgesang nach den Lesungen in Stundengebeten) *Ada-*

---

3 Es ist nicht Ziel dieses Aufsatzes, alle *Da pacem*- bzw. *Verleih uns Frieden*-Vertonungen vollständig aufzulisten. Wichtige Hinweise für *Da pacem*-Vertonungen liefern Stefan Hanheide: *Friede als Gegenstand musikalischer Komposition*, in Wolfgang Augustyn (Hg.): *PAX. Beiträge zu Idee und Darstellung des Friedens*, München 2003, S. 459-490, sowie Dieter Senghaas: *Klänge des Friedens. Ein Hörbericht*, Frankfurt am Main 2001, S. 77-82. Über die instrumentalen Bearbeitungen s. auch Klaus Schneider: *Lexikon Programmusik. Stoffe und Motive*, Kassel 1999, S. 84-86.
4 Vgl. Fußnote 1 (Notenquelle); siehe auch Hanheide, op. cit. (Anm. 3), S. 465. Eduard Emil Koch datiert das Stück früher: »Vielleicht noch in's sechste Jahrhundert, jedenfalls in Gregors Zeit gehört die vom Vorsänger vor dem Psalmengesang der Gemeinde angestimmte *Antiphona pro pace*« (Eduard Emil Koch: *Geschichte des Kirchenliedes und Kirchengesangs der christlichen, insbesondere der deutschen evangelischen Kirche*, Bd. I, S. 75-76. 1866, Neudruck Hildesheim – New York 1973).
5 Carolus Marbach: *Carmina Scripturum scilicet Antiphonas et Responsoria ex Sancto Scripturae fonte in libros liturgicos Sanctae Ecclesiae Romanae derivata*, Straßburg 1907, Nachdruck: Hildesheim 1994, S. 374.
6 Übers.: »Möge er seinem Gesetz und seinen Geboten euer Herz öffnen und Frieden schaffen« (2. Makk. 4,1) bzw. »Und sie werden erkennen, wie wir erkannt haben, daß es keinen Gott gibt außer Dir« (Sir. 36,5).

periat Dominus weist schon etwas deutlicher auf die *Da pacem*-Antiphon hin; noch bemerkenswerter aber ist die konkrete textliche Verbindung mit dem Schluß der Antiphon *Tua est potentia*.[7]

Ganz offenkundig wird die Verbindung zwischen 2. Makk. 4,1 und der *Da pacem*-Antiphon in jenem mehr oder weniger kohärenten gregorianischen Zyklus aus dem 9.-13. Jahrhundert, in dem sowohl *Da pacem* als auch die anderen Antiphonen und Responsorien des Stundengebets ihre Textvorlage aus den Makkabäer-Büchern schöpfen. Dabei verdeutlicht gerade *Da pacem* die Intention des alttestamentarischen Textes, indem die im 1. Buch der Makkabäer geschilderte historische Kriegszeit des 2. Jahrhunderts v. Chr. im 2. Makkabäer-Buch zur Veranschaulichung der göttlichen Gerechtigkeit dient. Deshalb muß Marbachs liturgische Anordnung von *Da pacem* und den anderen, umgebenden Gesängen auf der Vorlage von 2. Makk. hier korrigiert werden, denn diese Anordnung basiert auf dem *Liber usualis*, einer stark reduzierten Sammlung des mittelalterlichen gregorianischen Repertoires. Die Antiphonen des ursprünglichen Stundengebets werden hier lediglich dem *Magnificat*, dem Lobgesang Mariä, im Abendgebet zugeordnet;[8] *Da pacem* selber erscheint sogar nicht einmal in diesem Kontext, sondern nur im Anhang des *Liber Usualis*, also als Suffix.[9] Dies läßt den Usus des Mittelalters außer acht, denn damals gehörte *Da pacem* zu einem Fest, das »Responsoria de libro Machabeorum«, »De Machabeis« o. ä. genannt wurde; es diente als Grundlage für eine »Historia«, d. h. für einen Zyklus aus Responsorien und Antiphonen zum Feiern eines / einer Heiligen im Oktober.[10]

---

7 »Tua est potentia, tuum regnum Domine, tu es super omnes gentes: da pacem Domine in diebus nostris.«
8 *Liber Usualis*, (Anm. 2), S. 993-995: *Adaperiat Dominus, Refulsit sol, Exaudiat Dominus, Tua est potentia*. Die Antiphonen *Accingimini filii potentes* und *Ornaverunt faciem* des mittelalterlichen Stundengebets kommen im *Liber Usualis* nicht vor.
9 *Liber Usualis*, ebd., S. 1867-1868 mit der Überschrift »Pro pace«.
10 Quellen:
 – *Antiphonale monasticum* aus Worcester (13. Jh.) in: *Paléographie Musicale*, Bd. XII, Bern 1971
 – *Antiphonale monasticum* aus Lucques (12. Jh.) in: *Paléographie Musicale*, Bd. IX, Bern 1971
 – *Antiphonale Sarisburiense* (13. Jh.). Facsimile (Hg.): Walter Howard Frere, Farnborough 1966
 – Antiphonale aus Compiegne (2. Hälfte des 9. Jhs.), Antiphonale mit

Zu diesem Fest erscheint *Da pacem, Domine* in den Antiphonen-Sammlungen aus Worcester, Lucques, Salisbury, Bamberg, Ivrée sowie in der »französischen« Antiphonale, wobei *Da pacem* in den Antiphonalen aus Worcester und Salisbury einen eigenständigen, von der allgemein bekannten Melodie abweichenden Duktus präsentiert.

Im 9.-11. Jahrhundert erfuhr die gregorianische Musik eine Verbreitung, die das Repertoire gleichermaßen variierte und bereicherte. Die lebendige Tradition, die ja in der tagtäglichen Ausübung des Melodieschatzes stets geschliffen und geändert wurde, brachte einen wesentlichen Unterschied in den »Dialekten«: »Während in Italien, England sowie im heutigen Frankreich und Belgien die *diatonische* Melodieformulierung herrschte, erschienen in den ›ostfränkischen‹ Gebieten – ungefähr von den heutigen Niederlanden bis Ungarn (im Osten) und Venedig (im Süden) – die gleichen Melodien in einer mehr oder weniger *pentatonisierten* Gestalt.«[11] Auch *Da pacem* erfuhr offensichtlich so eine »pentatonisierende« Variante, in der die Kleinsekundschritte gewöhnlich durch eine kleine Terz ersetzt werden, hier konkret beim Wort »alius« (statt »a-h-a-h-c̲-h-b« nun »a-h-a-h-d̲-h«), denn die Melodie kommt in dieser Gestalt in der Choralbearbeitung von Jan Pieterszon Sweelinck[12] vor.

Als deutsches Pendant von *Da pacem* fertigte Martin Luther 1529 die Übersetzung *Verleih uns Frieden* mit einer Melodie, die allerdings keineswegs auf der gregorianischen Antiphon basiert, sondern auf jenem ambrosianischen Hymnus *Veni redemptor gentium*, der nach dem Trienter Konzil und dessen Verlangen nach »Neuordnung« und »Reduzierung« aus dem gregorianischen Repertoire verschwand.[13] Dem Luther-Choral fügte Johann Walter 1566 eine zweite Strophe hinzu: *Gib unsern*

---

französischem Repertoire (11. Jh.), Antiphonale aus Bamberg (Ende des 12. Jhs.), Antiphonale aus Ivrée (11. Jh.), Antiphonale aus Monza (Anfang des 11. Jhs.), Antiphonale aus Verona (11. Jh.), nur Texte bzw. liturgische Anordnung in René-Jean Hesbert: *Corpus Antiphonalium officii*, Rom 1963-1979.

11 László Dobszay: *A gregorián ének kézikönyve*, Budapest 1993, S. 62 (Übers. d. Verf.).

12 Jan Pieterszon Sweelinck (1562-1621): *Da pacem, Domine. 4 Variationen, manualiter et pedaliter* aus der Tabulatur Lynar A 1 (um 1637-1642), S. 133-139, Neuausgabe: Kassel 1956.

13 Dobszay, op. cit. (Anm. 11), S. 305-307.

Fürsten nach dem biblischen Text von 1. Timotheus 2,2 und Jeremias 29.

Missa »Da pacem« – ein Beispiel aus der Renaissance

»Die gregorianische Musik strebt nicht an, Inhalt oder Emotion eines Textes auszudrücken. Sie ist nicht in jenem Sinne Dienerin des Textes, daß sie die Bedeutung oder Stimmung einzelner Worte darstellen würde«[14] – László Dobszay beschreibt hier jene grundlegende musikalische Eigenschaft der Gregorianik, die zwar durch die flexible Variation eines melodischen Topos einigen Worten durchaus hervorgehobene Deutungen zu verleihen vermag, jedoch keineswegs als eine Art »Wortillustration« zu verstehen ist. Dementsprechend wurde die Friedensbotschaft von *Da pacem* in der gregorianischen Antiphon nicht durch einen primär musikalischen »Ausdruck« vermittelt, sondern – etwas vereinfacht ausgedrückt – dadurch, daß das Stück als Träger einer Friedensbitte überhaupt erklang. Dies dürfte auch bei den mehrstimmigen Vertonungen des 15.-16. Jahrhunderts ebenso gelten. Wie Stefan Hanheide richtig bemerkt, ist in jenen zahlreichen Motetten, denen *Da pacem* zugrunde liegt, »eine spezifische Art der musikalischen Darstellung des Friedens ... nicht erkennbar. Durch das Festhalten am melodischen Material der Antiphon sind hier von vornherein Grenzen gesetzt, denn aus den einzelnen Melodiezeilen ist ein Wort-Ton-Bezug nicht zu entnehmen.«[15] Verwendung oder gar ein konkreter Anlaß sind in diesen Werken nur selten zu erkennen; auch wurde *Da pacem* im 15.-16. Jahrhundert zu unterschiedlichen liturgischen Festen gesungen.[16]

Die Motette in der Renaissance kannte zwar durchaus eine emotionelle Textdeutung – man denke nur an die Kompositionen von Josquin Desprez –; der motettische Duktus der *Da pacem*-Vertonungen verrät aber etwa über den Kontrast zwischen Krieg und Frieden kaum etwas. Wenn überhaupt in dieser Zeit die Musik einer *Da pacem*-Motette den Text »deutet«, so geschieht dies höchstens auf einer symbolischen und artifiziellen Ebene, z. B. in der Verwendung der Kanontechnik: »Der Kanon konnte ... eine

---

14 Ebd., S. 190-192.
15 Hanheide, op. cit. (Anm. 3), S. 469.
16 Ebd., S. 469-470.

symbolische Rolle einnehmen und dann durchaus als musikalisches Symbol, wie Friede geschieht, verstanden werden: Im Kanon geht die eine Stimme aus der anderen hervor, beide sind unmittelbar aufeinander angewiesen, der Kanon funktioniert nur, wenn beide Stimmen ihre Melodie einhalten, die eine Stimme muß sich auf die andere verlassen können, beide sind aneinander gebunden. Gegenseitige Bindung und Verläßlichkeit, die konstituierenden Bestandteile des Kanons, sind auch für den Erhalt des Friedens unerläßlich.«[17]

Unter diesem Aspekt ist eine musikalisch ausformulierte »Friedensbotschaft« in der *Missa »Da Pacem«* durchaus wahrzunehmen. Die seit Jahrzehnten anhaltende Diskussion, ob dieses Werk von Josquin Desprez (um 1440-1521) oder von Noel Bauldeweyn (um 1480-1530) stammt (früher hat man sie sogar auch Jean Mouton zugeschrieben),[18] ist in diesem Zusammenhang wenig relevant – eine kompositorische Lösung ist nicht danach zu beurteilen, ob sie von einem großartigen Tonsetzer wie Josquin oder von einem angeblichen »Kleinmeister« wie Bauldewyn stammt, sondern allein nach ihren normativ-ästhetischen Eigenschaften.

Die »Agnus Dei«-Sätze der *Missa »Da pacem«* liefern einen schlüssigen Hinweis darauf, wie der Text der gregorianischen Antiphon mit rein kompositionstechnischen Mitteln eine eigene Betonung erhält. Gewiß war es im 15.-16. Jahrhundert durchaus üblich, »Agnus Dei« zunächst in einer geringeren Stimmenzahl, dann – im dritten und letzten Abschnitt »Agnus Dei, qui tollis peccata mundi, dona nobis pacem« – in einer erhöhten Stimmenzahl zu vertonen und dadurch diesen abschließenden Teil der Messe als eine Art musikalische »Krönung« hervorzuheben. In der *Missa »Da pacem«* bringt jedoch dieses Verfahren nicht allein eine klangliche Bereicherung, sondern eine kompositionstechnisch neuartige Lösung. Das erste »Agnus Dei« (mit der Textendung »miserere nobis«) wird vierstimmig vertont: Der »cantus firmus« (also die *Da pacem*-Melodie) erklingt im Kanon des Te-

---

17 Ebd., S. 465.
18 Nach den Forschungen von Edgar H. Sparks (*The Music of Noel Bauldeweyn*. New York 1972) zählt die *Missa »Da pacem«* nicht zu Josquins Werken und wird in den heutigen gängigen Musiklexika auch als »nicht-authentisch« erwähnt. Clytus Gottwald plädiert dagegen eindeutig für Josquins Autorenschaft: s. Clytus Gottwald: Begleittext zur LP-Aufnahme »Musik-Konzepte« 60 266/7 sowie zur CD-Aufnahme »Musica mensurabilis II« (Bayer Records 100 272, Vertrieb: Note 1).

nors und des Basses, während die zwei oberen Stimmen sich in freier Imitation entfalten.[19] Im abschließenden, sechsstimmigen »Agnus Dei« (nun mit der Endung »dona nobis pacem«) wird die »cantus firmus«-Melodie im zweiten Sopran, Tenor und zweiten Baß im Oktavkanon gesungen, und zwar mit einem Abstand von zwei ganzen Tönen (in den damaligen Notenwerten: Brevis). Als Gegenpol dazu singen erster Sopran, Alt und erster Baß ihre imitierenden Partien. Die Schlußworte »Dona nobis pacem« fallen gerade mit der letzten Zeile von *Da pacem* (»Nisi tu, Deus noster«) zusammen – das Flehen nach Frieden und die Zuversicht auf Gott erhalten hier tatsächlich eine gemeinsame Bestätigung: »Da pacem« und »Dona nobis pacem« bilden nun eine musikalische Symbiose.

Textausdruck als spezifisches stilistisch-musikalisches
Phänomen im frühen 17. Jahrhundert –
*Heinrich Schütz und seine »*Da pacem*«- bzw.*
»Verleih uns Frieden«-Vertonungen

Die allgemeine Feststellung, die *Da pacem*-Motetten der Renaissance vermittelten den Text nicht im Sinne von »Illustration«, könnte mutatis mutandis für die instrumentalen *Da pacem*-Werke eines Jan Pieterszon Sweelinck ebenso gelten wie auch für die Choralvertonungen von *Verleih uns Frieden*. Auch in diesen Stücken schöpft die Musik nicht so sehr aus den konkreten Worten als vielmehr aus der Melodie selbst: nicht die Vertonung also, sondern der »Anlaß«, der öffentliche Vortrag innerhalb eines musikalisch-liturgischen Rahmens, ist dabei der richtige Vermittler der Friedensbitte.[20]

19 Vollständigkeitshalber sei hier erwähnt, daß in einer der überlieferten Quellen der Messe, nämlich in der Handschrift aus München (Mus. Ms. 7), ein weiterer »Agnus Dei«-Satz mit der Endung »miserere nobis« vorkommt. Auch dieser Satz ist vierstimmig, verwendet allerdings selbst die »cantus firmus«-Melodie in einer verzierten Form und bindet somit diese in das imitatorische Geflecht der anderen Stimmen ein. Diese Münchner Handschrift, die zwischen 1514 und 1520 geschrieben wurde, ist übrigens die einzige, die Noel Bauldeweyn als Autor der Komposition benennt.
20 In diesem Kontext sind u. a. auch die Schlußchoräle der Kirchenkantaten *Am Abend aber desselbigen Sabbats* BWV 42 und *Erhalt uns, Herr, bei deinem Wort* BWV 126 von Johann Sebastian Bach zu deuten.

Da sprechen die drei Motetten von Heinrich Schütz, *Da pacem* SWV 465 (für zwei Chöre und Basso continuo), *Verleih uns Frieden – Gib unsern Fürsten* SWV 354-355 (für zwei Soprane/Tenöre, zwei Violinen und Basso continuo) sowie *Verleih uns Frieden – Gib unsern Fürsten* SWV 372-373 (für fünfstimmigen Chor) wahrhaftig eine andere musikalische Sprache. Diese spezifische musikalische Ausdrucksweise ist allerdings nur aufgrund jenes musikgeschichtlichen Wandels zu verstehen, der sich seit Ende des 16. Jahrhunderts zuerst in Italien, danach aber auch in den anderen europäischen Ländern vollzog.

Der wichtigste stilistische Zug dieses Wandels war die Ablehnung der bis dahin herrschenden mehrstimmigen Polyphonie im weltlichen Madrigal und in der Kirchenmotette. »L'oratione sia padrona dell'armonia e non serva« (»Der Textvortrag soll die Herrin und nicht die Dienerin des musikalischen Satzes sein«), schrieb Claudio Monteverdi im Vorwort seiner *Scherzi musicali* (Venedig 1607), und damit befürwortete er einen »neuen«, expressiven musikalischen Stil, der tatsächlich dem Wort den Vorrang gab. Der expressive Sologesang (die sog. »Monodie«) und die Oper – Gattungen, die in dieser Zeit entstanden – sind Geschöpfe dieser Bestrebungen, die ihre Ideale im antiken Theater (oder wie dieses damals verstanden wurde) sahen. Selbstverständlich starb das fünfstimmige Madrigal, die »Hauptgattung« in der weltlichen Musik des 16. Jahrhunderts, nicht aus, war es ja seit seiner Blütezeit ein Terrain, illustrative Wortdeutungen auszuprobieren (daher der Terminus »Madrigalismus«); auch fanden die ersten Versuche des »neuen« Stils oft im Rahmen dieser Gattung statt. Aber auch die Motette, durch den kanonisierten Stil eines Giovanni Pierluigi da Palestrina zunächst noch recht verschlossen für die »neuen« Ideen, öffnete sich im Laufe des frühen Seicento immer mehr einer expressiven Textdeutung und -illustration.

Alle diese Strömungen fand Heinrich Schütz während seiner Aufenthalte in Italien (1609-1613 bzw. 1628-1629) vor, sowohl das fünfstimmige manieristische Madrigal und die polyphon-traditionelle Motette als auch den neuen konzertierenden Stil und nicht zuletzt die grandiose venezianische Mehrchörigkeit eines Giovanni Gabrieli. Sehr feinsinnig faßte Schütz die Wandlung, die zwischen seinen beiden italienischen Aufenthalten stattgefunden hatte, zusammen: »Als ich zu Venedig bei meinen Freunden einkehrte, erkannte ich, daß der musikalische Kompositionsstil sich einigermaßen gewandelt habe und man teilweise von den alten Gesetzen abgewichen war, indem man den modernen Ohren durch einen neuen Kitzel zu schmeicheln suchte. Ich habe nun Geist und Kraft daran gesetzt, um mit meinem Fleiß etwas in dieser neuen Kompositionsart hervorzubringen, damit ihr sie kennen lernen könnt.«[21]

Prachtvolle Mehrchörigkeit wie konzertierender Sologesang – diese beiden Eindrücke wie auch jener »strengere« Motettenstil, der gerade bei Schütz eine entscheidende Ausreifung für die »deutsche« Motette erfuhr, erscheinen geradezu exemplarisch in seinen drei »Friedensmotetten«. Die lateinische Vertonung *Da pacem* wurzelt in der venezianischen Mehrchörigkeit à la Gabrieli und verbindet den geistlichen Inhalt mit dem Anlaß eines prunkvollen Staatsfestes. Die beiden *Verleih uns Frieden*-Vertonungen zeigen wiederum – trotz unverkennbar ähnlicher musikalischer Idiomatik – zwei unterschiedliche kompositorische Herangehensweisen und damit auch zwei verschiedene Akzentsetzungen im Text.

Als erste der drei »Friedensmotetten« entstand *Da pacem*, und zwar anläßlich des Kurfürstenkollegtages in Mühlhausen / Thüringen (4. Oktober bis 3. November 1627). Den Text der gregorianischen Antiphon trägt Chorus I fünfstimmig vor, allerdings ohne die Verwendung der ursprünglichen *Da pacem*-Melodie; vielmehr bringt die Motivik der in kunstvoller Polyphonie verfaßten Abschnitte eine fast flehende melodische Geste. Was zunächst wie ein geistliches Werk erscheint, wird mit dem Einsatz des 2. Chores gleich kontrapunktiert: die fröhlichen »Vivat«-Hochrufe für die in Mühlhausen versammelten Kurfürsten (der Text stammt wahrscheinlich von Schütz selbst) stellen die »weltliche« Seite dar und dienen dabei als musikalische Interpunktionen. Doch inhaltliche Aussage und zum Teil auch Motivik der beiden scheinbar kontrastierenden Chöre stehen in engem Zusammenhang,[22] um am Schluß dann gemeinsam die lateinische

---

21 Zitiert aus der lateinischen Vorrede von *Symphoniae Sacrae I* (Venedig 1629) in der deutschen Übersetzung von Rudolf Gerber in *Heinrich Schütz. Neue Ausgabe sämtlicher Werke*, Bd. 13, Kassel 1957, S. 5.
22 Zur komplexen Form des Werkes s. die Analyse von Werner Bittinger in *Heinrich Schütz. Neue Ausgabe sämtlicher Werke*, Bd. 38, Kassel 1971, Vorwort, S. XX-XXII.

Friedensbitte *Da pacem* und deren flehende Gestik quasi als letzte Quintessenz der Komposition vorzutragen.

Ob die konzertierende bzw. die fünfstimmige chorische Fassung von *Verleih uns Frieden* durch die beschränkten Aufführungsmöglichkeiten inmitten des Dreißigjährigen Krieges oder durch die Hinwendung Schützens zum konzertierenden bzw. motettischen Stil zu erklären ist, soll hier dahingestellt bleiben. Fest steht, daß beide Werke in Sammlungen erschienen, die innerhalb von einem Jahr veröffentlicht wurden, und zwar gegen Ende des Krieges: das »solistisch« besetzte, konzertierende *Verleih uns Frieden* erschien in der Sammlung *Symphoniae Sacrae II* (Dresden 1647), die »chorische« Vertonung in der *Geistlichen Chormusik* (Dresden 1648).[23] In diesen Vertonungen verfuhr Schütz ganz anders als bei seinem *Da pacem*. Sie sind nämlich keine prachtvollen »Staatsmusiken« (sie erklangen vermutlich im liturgischen Rahmen eines Gottesdienstes),[24] und ihr ganzer musikalischer Habitus vermittelt eine ganz persönliche Botschaft – wonach sonst hätte sich ein Künstler, ja überhaupt ein Mensch inmitten des Grauens des Dreißigjährigen Krieges sehnen können?

Die beiden *Verleih uns Frieden*-Motetten sind miteinander eng verwandt, nicht nur dadurch, daß sie den Lutherschen Choral (zumindest teilweise) verwenden, sondern noch entscheidender dadurch, indem sie den Text ganz im Sinne der frühbarocken Affektenpraxis interpretieren. Das auffallendste Merkmal ist dabei der Kontrast zwischen Bitte (»Verleih uns Frieden gnädiglich«) und der Schilderung des dem Frieden vorausgegangenen Kampfes (»der für uns könnte streiten«). Letztere wird durch eine signalartig-repetierende, rhythmisch stark geprägte, akkordische Musik in Dreiklängen veranschaulicht, die auf jenen »Battaglia«-Stil zurückgreift, der zwischen Ende des 16. und Anfang des 17. Jahrhunderts in Italien sehr beliebt war und im »stile concitato« (= »aufgeregter Stil«) eines Claudio Monteverdi, z.B. in dessen *Il Combattimento di Tancredi e Clorinda* (1624), eine un-

---

23 Der Begriff »chorische Vertonung« wurde hier nur als Hinweis auf den Titel der Sammlung verwendet und will nicht aufführungspraktisch verstanden werden.
24 Über die verschiedenen Aufführungsmöglichkeiten des konzertierenden *Verleih uns Frieden* SWV 354-355 inmitten eines Gottesdienstes s. das Vorwort von Werner Bittinger in *Heinrich Schütz. Neue Ausgabe sämtlicher Werke*, Bd. 16, Kassel 1965, S. IX.

gemein expressive Ausformulierung erfuhr.[25] Dennoch sind die beiden Vertonungen Schützens in ihrer Ausdrucksweise absolut individuell.

Die konzertierende Motette »lebt« aus jenen kurzen Gesten, die sowohl in den zwei Violinen als auch in den zwei Singstimmen durch ausgeschriebene dynamische Kontraste zwischen »forte« und »piano« einen Echo-Effekt hervorrufen und durch den steten Wechsel zwischen Singstimmen und Instrumenten durchaus an die späte, konzertierende Form der venezianischen Mehrchörigkeit denken lassen; die kontrastierenden Tempovorschriften »Presto« bzw. »Tarde« sind wiederum Merkmale des neuartigen »stile concitato«. Wie am Anfang des Stückes, beim Wort »Verleih«, wird auch im zweiten Teil (*Gib unsern Fürsten*) das Schlüsselwort »Frieden« mehrfach, geradezu affirmativ hervorgehoben, und auch das abschließende »Amen« ist eine logische Fortsetzung dieser Technik, indem es wieder einmal ein zweisilbiges Wort – vorher »Verleih« und »Friede«, nun »Amen« – durch mehrfache Wiederholung betont und dadurch den gedanklichen Kreis einer Friedensbitte und deren Bestätigung abschließt.

Das fünfstimmige *Verleih uns Frieden* aus der *Geistlichen Chormusik* setzt dagegen den Text in den »strengeren« Rahmen der Motette. Die Verwendung des Lutherschen Chorals – hier allerdings nur die erste Zeile (zweiter Sopran, T. 10-14) – wie etliche motivische Verwandtschaften, vor allem im zweiten Teil (*Gib unsern Fürsten*), verbinden dieses Werk zweifellos mit dem konzertierenden *Verleih uns Frieden* aus den *Symphoniae Sacrae II*; auch hier ist der Kontrast zwischen kontrapunktischen und homophon-rezitierenden Abschnitten bei »Verleih uns Frieden« bzw. »der für uns könnte streiten« deutlich wahrzunehmen. Gleichwohl bestimmt der stilistische Unterschied auch den Unterschied zwischen Ausdehnung und Reduzierung: die konzertierende Motette ist beinahe doppelt so lang wie die fünfstimmige Vertonung. In letzterer gibt es viel weniger Textwiederholungen, der musikalische Ausdruck wirkt deutlich knapper – aber vielleicht

---

25 Daß Schütz diesen »Battaglia«-Effekt des »stile concitato« kannte, belegt u. a. sein *Es steh Gott auf* (SWV 356), ebenfalls aus den *Symphoniae Sacrae II*, das eine Paraphrase des Tenorduetts »Armato il cor« (aus: *Scherzi musicali*, Venedig 1632) von Monteverdi ist – es ist eine Huldigung an den italienischen Meister, zugleich aber, noch entscheidender, die allgemeinere Aneignung des neuen, expressiven Stils.

gerade deshalb um so eindringlicher. Das abschließende »Amen« in *Gib unsern Fürsten*, z. B., erfährt hier lediglich eine kurze, imitatorische Vertonung – aber dieser Schluß weist auf den ebenso imitatorischen Anfang von *Verleih uns Frieden* kompositionstechnisch genauso deutlich zurück wie dies in der konzertierenden Motette mit anderen Stilmitteln veranschaulicht wurde.

»Da pacem« *bzw.* »Verleih uns Frieden« *als Friedenssymbol in zwei Werken aus den 1970er Jahren*

Da pacem und *Verleih uns Frieden* erfuhren bis zu unserer Zeit zahlreiche Vertonungen, ohne allerdings die affektbetonte Musiksprache eines Schütz aufzugreifen. Diese blieb eher die Ausnahme im Gegensatz zur allgemeineren Intention, die Friedensbotschaft meist lediglich durch die bloße Verwendung der Melodie oder des Textes zu vermitteln. Indes ist so eine kompositorische Verfahrensweise keineswegs als ästhetische Be- oder Verurteilung zu deuten, denn die »Friedensbotschaft« ist in diesen Werken sehr wohl wahrzunehmen. So basiert z. B. *Verleih uns Frieden* (1831) von Felix Mendelssohn Bartholdy (das er selber »kleines Lied« nannte)[26] nicht auf der Lutherschen Melodie; vielmehr komponiert Mendelssohn die Friedensbitte durch das allmähliche Ansteigen vom tiefen bis hohen Register sowie durch die Steigerung der Stimmenzahlen wie ein großbogiges Crescendo aus, an dessen Ende die Friedensbitte quasi als kollektives Flehen einer ganzen Gemeinde erklingt.

Auch die dreistimmige Choral-Motette *Verleih uns Frieden*[27] von Hugo Distler (1908-1942) bearbeitet die Luthersche Melodie auf eine kompositorische Weise, die scheinbar nicht so sehr von der Deutung einzelner Worte, also des Inhalts selber, Gebrauch macht, sondern den Choral in die typische Musiksprache Distlers integriert. Gerade diese Musiksprache vermittelt jedoch den tiefen inhaltlichen Sinn von *Verleih uns Frieden*, indem nach den imitatorischen Zeilenanfängen die Schlußworte »gnädiglich« »Zeiten«, »streiten« und »alleine« durch längere Melismen eine besondere Betonung erhalten. Das Orgelstück *Da pacem, Do-*

---

26 Brief an Franz Hauser vom 30. Januar 1831; zitiert im Vorwort der Notenausgabe (Carus 40 481/01).
27 aus: *Der Jahrkreis* op. 5 (1932-1933).

mine (1984) des Schweizers Hans Studer (1911-1984) verbindet wiederum die alte Gattung der Choralphantasie mit jener musikalischen Steigerung, die den Glauben an Gott und die wachsende Zuversicht auf Frieden gleichermaßen veranschaulichen soll: »Der Text der Antiphon ... gab kaum Anlaß zu virtuos ausmalender Interpretation. Es sind vor allem die eher besinnlichen, ruhigschlichten kontrapunktischen Sätze und ihre Kulmination im Schlußchoral, die hier der Friedensbitte musikalischen Nachdruck verleihen.«[28]

Die kompositionstechnisch zwar ganz unterschiedliche, gedanklich jedoch durchaus vergleichbare Deutung von *Da pacem* im 20. Jahrhundert soll hier anhand zweier größer angelegter Werke erörtert werden, zweier Werke, die beide Anfang der 1970er Jahre entstanden sind: das *Konzert für Orgel, zwei Streichorchester und Pauken* (1971) von Rainer Kunad sowie die Kantate *Pragensia* (1972) von Petr Eben (geb. 1929).

Das *Orgelkonzert* von Rainer Kunad bildet den abschließenden dritten Teil einer Trilogie aus drei Konzerten für Tasteninstrumente und Orchester: Dem Werk gingen das *Klavierkonzert* (1969) und das *Konzert für vier Tasteninstrumente (Cembalo, Klavier, Ionica, Celesta) und Orchester* (1970) voraus. Ein gemeinsamer Zug dieser Werke ist die Auseinandersetzung mit der Bogenform, also mit einem zyklischen Zusammenhang zwischen den einzelnen Sätzen. In dieser Formgestalt erhält der mittlere Satz logischerweise eine zentrale Bedeutung, und dies ist beim *Orgelkonzert* nicht zufällig mit dem Friedensgedanken verbunden. Die Friedensthematik durchdringt Rainer Kunads Schaffen von dem frühen Oratorium *Pax mundi* (1966) bis zu solchen späten Werken wie die Chormotette *Dona nobis* (1982) oder die *Sinfonie des göttlichen Friedens* (1989); im *Orgelkonzert* wird sie zum Hauptgedanken des ganzen Werkes.

In den fünf Abschnitten des Konzertes sind – der Bogenform entsprechend – die Teile 1 und 5 sowie 2 und 4 miteinander thematisch verbunden, »wobei der dritte Abschnitt durch die Einbeziehung eines alten Friedenshymnus das inhaltliche Anliegen formuliert, dem das ganze Werk gewidmet ist: das Ringen um Frieden. Hineingestellt in das stereophone Spannungsfeld zweier symmetrisch aufgebauter Streichorchester und Paukengruppen,

---

28 Max Favre im Begleittext der LP-Aufnahme Cantate 750 001.

wird die Orgel im dialektischen Wechselspiel zur Verkünderin des Friedensgedankens«.[29] (Der »alte Friedenshymnus« wurde vom Komponisten »Da pacem« genannt,[30] und dies wurde sowohl im Booklet der CD-Aufnahme des Werkes[31] als auch von Klaus Schneider[32] übernommen. In Wirklichkeit handelt es sich nicht um das gregorianische *Da pacem*, sondern um die Melodie von *Verleih uns Frieden*.) Die zentrale Rolle dieser Friedensbotschaft wird zum einen durch die »Steigerung« der Choralmelodie veranschaulicht: Dem Unisono der Orgel folgen eine kunstvollkontrapunktische Entfaltung samt Diminutionen und Augmentationen (= rhythmische Verkürzungen und Verlängerungen) sowie ein expressiver, akkordischer Abschluß der Streicher quasi als Bestätigung. Zum anderen erscheint in den beiden Pauken immer wieder ein rhythmisch prägnantes, repetiertes Motiv, das schon das Erklingen der Choralmelodie vorbereitet hat und diese dann stets begleitet. Begleitet, ja vielmehr kommentiert, denn in diesen pochenden Paukenschlägen ist nicht nur ein latenter Bezug zu Haydns *Missa in tempore belli* (sog. »Pauken-Messe«) oder Beethovens *Missa solemnis* wahrzunehmen, sondern auch viel weiter reichende Assoziationen zwischen bedrohlichem Todestrommeln und aufgeregtem Herzklopfen. Frieden wird hier mit Bedrohung und Todesangst konfrontiert, und dies war ganz offensichtlich die Intention des Komponisten: »Nicht beschauliche, pseudo-friedliche Lyrik, sondern kämpferische Auseinandersetzung will diese Musik demonstrieren.«[33]

Auch in *Pragensia* von Petr Eben erscheint die *Da pacem*-Melodie (hier tatsächlich die gregorianische Antiphon) an einer zentralen Stelle, nämlich im mittleren Satz der Kantate, und liefert dabei in mehrfacher Hinsicht einen »Kommentar« zum Werk. In Ebens Œuvre ist die enge Beziehung zur Musik des Mittelalters und der Renaissance ebenso charakteristisch wie sein Glauben an eine humanistische Kunst. Beide Aspekte haben autobiographische

29 Rainer Kunad im Programmheft der Uraufführung (11./12. September 1971 in Dresden).
30 Handschriftliche Eintragungen im Programmheft der Uraufführung (im Besitz der Verf.).
31 CD-Serie *Zeitgenossen Ost*, Vol. 7. Hastedt HT 5307.
32 Klaus Schneider: *Lexikon Programmmusik. Stoffe und Motive*, Kassel 1999, S. 85: »Unter Verwendung des ›Da pacem‹«.
33 Quelle s. Fußnote 29.

Züge: Die Vorliebe zu »Alten Zeiten« wurzelt wohl in Ebens Jugendjahren, die er in der alten tschechischen Stadt Český Krumlov verbrachte; das Grauen, das er während seines zwei Jahre langen Aufenthaltes im KZ Buchenwald erlebte, prägte wiederum nachhaltig sein ästhetisch-kompositorisches Profil und seine Überzeugung von der Notwendigkeit einer friedlichen, menschlichen Welt.

Bezeichnend ist schon die Textvorlage von *Pragensia*: Eben wählte einzelne Abschnitte aus dem Traktat *Instructio für das Gießen der Geschütze, Kugeln, Mörser, Glocken, Kannen und Wasserkünste* des Prager Glockengießers Vavřinec Křička z Bitýšky (= Laurentius Křička aus Bitýška, gest. 1570). Vavřinec Křička war um die Mitte des 16. Jahrhunderts tätig,[34] also eigentlich vor jenem »Goldenen Zeitalter« der Prager Kulturgeschichte, die als »Rudolfinische Zeit« nach der Herrschaft des deutsch-römischen Kaisers Rudolf II. zwischen 1576 und 1612 bezeichnet wird. Dennoch ist Ebens Verbindung zwischen Křička und der Rudolfinischen Zeit verständlich, bereitete doch die Tätigkeit solcher Meister das Aufblühen der Wissenschaften und Künste an Rudolfs Prager Hof vor.

Eben wollte eine musikalische Huldigung für Prag schreiben; indes ist *Pragensia* keineswegs ein nostalgischer Rückblick auf ein »Goldenes Zeitalter«. Vielmehr kommen in der Textauswahl Krieg und Tod, Sehnsucht nach Frieden, überhaupt nach einem Leben ohne Armut und Elend vor. So ist der I. Satz eindeutig »kriegerisch«, denn es geht darum, »Wie Feuerkugeln ins Feld und für Städte zu machen sind«. Hier wird der Vernichtungsapparat eines Krieges in fachmännisch-nüchternen Instruktionen erklärt und die erwünschte Wirkung am Schluß genauso nüchtern, aber gerade deshalb grauenvoll zusammengefaßt: »Wo du schiessest hin, da wird Feuer fangen, vielen Schaden anrichten; allda wird brennen es, Flammen und Feuer werden viel schaden gar weit und breit.«[35] Es dominieren homophone, oft marschartige Rhythmen, die durch ihren hartnäckig-aggressiven Impetus einen vorwärtstreibenden Impuls bringen bis zum Fortissimo-Schluß, der das alles vernichtende Feuer wie eine Siegesekstase darstellt.

---

34 Im Prolog seines Werkes vertont Eben die Überschrift zur Skizze der »Singenden Fontäne« von Křička, die vor dem Prager Schloß »Belvedere« steht; in dieser Überschrift wird die Zeit des Baus als 1554-1563 erwähnt.
35 Dt. Übersetzung von Bedřich Eben.

»Es wird doch stets derjenige Gefahr bringen, der bis an die Zähne bewaffnet ist, und immerdar werden die Glocken gegen ihn Sturm läuten oder ihre Stimmen weithin tönen lassen in einem gewaltigen Ruf nach Frieden.«[36] Als Signalrufe für Kriegsgefahr wie auch für Frieden ertönten immer die Glocken – deshalb ist der mittlere Satz von *Pragensia,* »Wie Glocken gegossen werden«, die inhaltlich logische, zugleich kontrastierende Fortsetzung des I. Satzes. Die Beschreibung der »handwerklichen« Herstellung ist genauso nüchtern; die »Wirkung« einer Glocke wird jedoch nicht erwähnt – dies übernimmt Petr Eben, indem er im Laufe des Satzes die gregorianische *Da pacem*-Melodie dreimal als »cantus firmus« zitiert: Die Glocke wird dadurch zum Symbol des Friedens. Die musikalische Verwendung von *Da pacem* ist jedesmal unterschiedlich: Beim ersten Mal erklingt die gregorianische Melodie in einer Fauxbourdon-Technik im Chor fast wie ein starrer Kontrast zum frei rezitierenden Sopransolo. Beim zweiten Mal fügt sich das *Da pacem*-Motiv (Männerchor) in einer rhythmisch verkleinerten Gestalt zum homophonen, im Metrum stets wechselnden, aufgeregten Gesang des Frauenchors. Der letzte Abschnitt basiert auf jenem »Glockenmotiv«, das den Satz einleitete; dieses Motiv wird durch die »cantus firmus«-Melodie buchstäblich umrahmt, denn *Da pacem* erscheint nun im ersten Sopran und im Baß, also in der höchsten und tiefsten Stimme.

Die Friedenssehnsucht wird im III. Satz zu einer allgemeineren Sehnsucht erweitert, nämlich nach der Befreiung von Armut, Krankheit und Tod, was durch das Erschaffen des Steins der Weisen zu erreichen sei. Die Hoffnung von Vavřinec Křička, »Schlaf still, o Tod und ihr Ängste, schlaf still, du Trauer und Elend!«, ist freilich eine Illusion geblieben, und dies veranschaulicht Petr Eben durch das Einflechten des biblischen Spruchs »Vanitas vanitatum, et omnia vanitas« (»Eitelkeit der Eitelkeit, und alles ist Eitelkeit«): »Wir werden auch weiterhin Arzneien gegen Krankheit und Tod suchen. Aussichtslos jedoch ist die Hoffnung, daß Reichtum und ein langes Leben das Maß an Menschenglück erfüllen können.«[37] Erfährt hier vielleicht auch die Friedensbotschaft des II. Satzes eine Relativierung? Bleibt Frieden letztendlich auch nur eine Hoffnung?

36 Vorwort, S. 5.
37 Ebd., S. 6.

Da pacem, Domine trug seit dem 9. Jahrhundert diese Hoffnung auf Frieden. Musikalisch so unterschiedliche Annäherungen wie »cantus firmus«-Messe und -Motette, frei gestaltete Vertonung des Textes oder die Verwendung der Melodie als Zitat resultierten nicht allein aus dem jeweiligen Anlaß (liturgischer Rahmen, politischer Anlaß, allgemeines Flehen), auch nicht allein aus dem allgemein herrschenden musikalischen Stil der jeweiligen Epoche, sondern auch aus der jeweiligen politisch-gesellschaftlichen Situation wie z. B. dem Dreißigjährigen Krieg oder einer meist nicht konkretisierten Sehnsucht nach Frieden in unserer Zeit.[38] Ihr Ziel haben aber *Da pacem, Domine* oder *Verleih uns Frieden* in allen Vertonungen erreicht: die Friedensbotschaft zu vermitteln und dadurch die jeweiligen Zuhörer nachdenklich zu machen.

---

38 Ob die Entstehungszeit des *Orgelkonzertes* von Rainer Kunad und der *Pragensia* von Petr Eben (1971 bzw. 1972) mit dem gewaltsamen Ende des Prager Frühlings 1968 zusammenhängen könnte, ist wegen fehlender diesbezüglicher Aussagen der Autoren hier nur vage zu vermuten. Lediglich einen einzigen, winzigen Hinweis liefert das Vorwort von Petr Eben zum II. Satz seines Stückes: »[ich] flocht in diesen Text einen Satz ein, der mit den Glockenstimmen zugleich *um Frieden für unsere* Tage fleht« (Hervorhebung der Verf.).

Peter Schleuning
Frieden durch Krieg

Beethovens »Sinfonia eroica«

Welche Befreiungs- und Zukunftsphantasien wird ein Jüngling haben, dessen Vater ein Trinker und dessen Mutter schwer depressiv ist, der daher als Bonner Hofmusiker die Rolle des Familienoberhauptes spielen muß und von dem Goethe später in seiner unerklärlichen Hellsichtigkeit sagt, beim Anhören von dessen Musik erscheine es ihm, als »ob dieses Menschen Vater ein Weib, seine Mutter ein Mann gewesen sein müsse«?

Beethoven erlebte in seiner Jugend die Selbstentmachtung des Feudalismus an einem Beispiel kleineren, aber ihm nahen Ausmaßes, auf dessen Fortsetzung im großen er lebenslang mit viel Energie und Arbeit, aber mit ebensoviel Enttäuschung hoffte.

Fürstbischof Maximilian Franz, Herrscher von Kurköln, Sohn der Kaiserin Maria Theresia und fürstlicher Aufklärer wie sein Bruder, der große Reformer und Mozart-Bewunderer Joseph II., gründete sofort nach seiner Machtübernahme 1784 die Bonner Universität und stellte neben vielen anderen Hochschullehrern fünf Jahre später den Franziskanerpater und inzwischen von seinem Kirchenamt entbundenen »Weltgeistlichen« Eulogius Schneider als Professor ein, einen echten Revolutionär, dessen Vorlesungen über klassische und moderne Literatur der junge Beethoven hörte. Einschreibung 14. Mai 1789. Ein Jahr später subskribierte der Bratscher des Bonner Hoforchesters, nämlich Ludwig van Beethoven, eifriges Mitglied der in ganz Deutschland als besonders fortschrittlich geltenden Bonner Lesegesellschaft, eine Gedichtsammlung seines Hochschullehrers. Textprobe zur Feier des 14. Juli 1789:

> Gefallen ist des Despotismus Kette,
> Beglücktes Volk! Von Deiner Hand:
> Des Fürsten Thron ward Dir zur Freiheitsstätte,
> Das Königtum zum Vaterland.
> Kein Federzug, kein: Dies ist unser Wille,
> Entscheidet mehr des Bürgers Los.
> Dort lieget sie im Schutte, die Bastille,
> Ein freier Mann ist der Franzos!

Ab 1793 nahm Schneider eine entscheidende Stellung im französischen Elsaß ein und reiste dort mit einer fahrbaren Guillotine durch das Land, um die Prinzipien der Revolution durchzusetzen, ehe er selbst ein Jahr später sein Leben unter diesem Instrument im Zuge der *terreur*-Phase der Revolution verlor.

Musikalischer Lehrer der Bonner Zeit war Hoforganist Christian Gottlob Neefe, dessen Name zunächst Unschuld atmet wie derjenige von Eulogius Schneider, der jedoch von ähnlichem Holz geschnitzt war wie jener und neben den Werken Mozarts und der Familie Bach auch seine politischen Meinungen dem jungen Beethoven nahegebracht haben dürfte. Ab 1784 war er unter dem Decknamen »Glaucus« der »Princeps« des Bonner Illuminatenordens, also einer jener Organisationen, die versuchten, die Nachfolge der inzwischen überall zumindest observierten, zumeist verbotenen Freimaurer-Gesellschaften anzutreten. Neefe und andere Mitstreiter informierten im *Bonner Intelligenzblatt* die Bevölkerung über die neuesten sozialen und ideologischen Bewegungen im nahen Frankreich. Ein Text von Neefe:

> Die Großen der Erde lieb' ich,
> wenn sie gute Menschen sind,
> ihre Gesetze verehr' ich,
> wenn sie das Beste der bürgerlichen Gesellschaft befördern […]
> Schlimme Fürsten haß' ich mehr als Banditen.

Bereits im November des Jahres 1789 wurde in Frankreich das Kirchengut in Staatseigentum überführt. In Bonn sang man auf die Melodie der *Marseillaise* frei nach Schiller: »Freiheit, schöner Götterfunken…« Ein Dichter und ein Text, die Beethoven lebenslang verehrte und die ihn noch lebenslang beschäftigten. Fürstbischof Maximilian Franz ließ sich trotz weiteren antikirchlichen Maßnahmen im nahen Frankreich in seiner herrscherlichen Position nicht irre machen und beharrte darauf, daß der 1792 mit Stipendium zur musikalischen Weiterbildung nach Wien entsandte Beethoven bald zurückkomme, obwohl dessen Wiener Kompositionslehrer Joseph Haydn um Verlängerung des Aufenthaltes und Aufbesserung der Dotierung ersucht hatte.

Bald schon wird Maximilian Franz von den Franzosen aus Bonn vertrieben, flieht über kurkölnische Besitzungen, etwa Mergentheim, nach Süden und erreicht Wien, wo er im Jahre 1801 in Hetzendorf auf dem Sterbebett liegt, umsorgt von seinem ehemaligen

Hofmusiker und Stipendiaten Ludwig, der dafür seine sonst übliche Sommeridylle in hübscheren ländlichen Stätten aufgibt. Seinen Plan, sein epochemachendes erstes Werk der obersten Instrumentalgattung, der Sinfonie, dem alten Dienstherrn zu widmen, scheitert. Der Fürstbischof stirbt am 8. Juli 1801. Neuer Widmungsträger wird ein Fortschrittlicher anderen Schlages, Baron Gottfried van Swieten, unter Kaiser Joseph II. hoher Repräsentant, unter anderem österreichischer Botschafter in Preußen und so musikalischer Gesprächspartner von König Friedrich II., nun aber nur noch Bibliothekar, jedoch öffentlich ungemein wirksam, wie seine Textarbeit an den späten weltlichen Oratorien Haydns zeigt.

In Beethovens Notizbuch findet sich aus dem Jahre 1796 folgende Aufzeichnung, möglicherweise eine Reaktion auf die ersten Anzeichen seines Ohrenleidens: »Muth. Auch bei allen Schwächen des Körpers soll doch mein Geist herrschen. – 25 Jahre sind sie da, dieses Jahr muß den völligen Mann entscheiden. Nichts muß übrig bleiben.« Er glaubte wirklich lange Zeit seines Lebens, er sei 1771 geboren oder sogar noch ein Jahr später.

Aber die körperfeindliche Machtgeste, dieser unbedingte Kampfeswille, dürfte auch eine andere, eine für Beethoven wichtigere Quelle gehabt haben, nämlich das Phänomen Bonaparte. Dessen Siege in Oberitalien wenden das Blatt der unentschiedenen Revolutionskriege zugunsten Frankreichs. Beethovens Sentenz entspricht in ihrer Gestik dem Satz aus der neuen Verfassung vom 15. 12. 1799, Konsequenz des 18. Brumaire des Jahres (9.11.): »Die Revolution hat die Prinzipien realisiert, nach denen sie begann. Sie ist beendet.« Beethoven schrieb schon ein Jahr zuvor, wiederum in Napoleon-Pose, an seinen Freund Nikolaus Zmeskall von Domanowitz: »hol' sie der Teufel, ich mag nichts von ihrer ganzen Moral wissen, Kraft ist die Moral der Menschen, die sich vor andern auszeichnen, und sie ist auch die meinige [...]«

Musik für Revolution und Bonaparte

Wie reagiert Beethoven außer mit solchen Sprüchen auf Bonaparte und dessen Mission, wie auf seinem eigenen Gebiet, der Musik? Das läßt sich außer an der *Sinfonie Nr. 1* von 1800, deren Rhythmik und Melodik viele Elemente der französischen Revolutionsmusik aufgreift und herausstellt, am eindringlichsten an dem Ballett *Die Geschöpfe des Prometheus* op. 43 zeigen, 1800 begonnen und ein Jahr später uraufgeführt, sowie an der *Sinfonie Nr. 3* op. 55, der später so genannten *Sinfonia eroica*, begonnen 1802, uraufgeführt in privatem Rahmen 1804, öffentlich 1805. In beiden nämlich sind der Frieden, die Utopie des Friedens und wie er erreicht werden mag, zentrale Themen, auch wenn die Verehrung für Bonaparte auf den ersten Blick Derartiges nicht unbedingt vermuten läßt.

Ein Jahr nach Beethovens Ankunft in Wien 1792 wurde am Hoftheater der Italiener Salvatore Viganò als Ballettmeister angestellt. Offenbar hat Beethoven sehr bald zur Partei der Bewunderer dieses Neuerers der pantomimischen Tanzkunst »nach der Natur« gehört. Als Viganò 1799 von einem mehrjährigen Italienaufenthalt zurückkehrte, haben beide Künstler sich zu einem ehrgeizigen und hochbedeutenden Plan zusammengeschlossen, dessen Außergewöhnlichkeit sich in einer für beide geltenden Singularität zeigt: Nie wieder hat Beethoven sich mit der Absicht zu einem Ballett getragen, und nie wieder hat Viganò die Musik zu einem seiner berühmten Ballette einem einzigen Komponisten überlassen, sondern sonst stets eigene und fremde Musikstücke zu sogenannten »Pasticci« zusammengestellt. Dies Zusammentreffen hat offenbar Gründe gehabt, in denen beide Künstler sich in gleicher Absicht aufeinander angewiesen sahen.

Ist der Prometheus-Stoff, diese Verherrlichung des titanischen Diebes des göttlichen Feuers, ohnehin der Symbolmythos der Aufklärung und des Antifeudalismus, so wird er im Libretto des Ballettmeisters Viganò zu einer hochdifferenzierten Argumentation geführt, die mit Sicherheit auch auf Diskussionen mit Beethoven zurückgeht. Quelle für den Stoff sind verschiedene antike Mythen wie auch Versionen der französischen Literatur, vor allem aber das Freiheitsepos *Il Prometeo* des großen italienischen Dichters Vincenzo Monti, welches dieser unter dem Eindruck der napoleonischen Siege und der Gründung italienischer Republiken 1797 in Florenz schrieb und vortrug, und zwar in enger Verbindung zu Bonapartes Adjutant Marmont. Daß Bonaparte vielen republikanisch Gesinnten als »Prometheus der Epoche« galt, ist vielfach belegt, unter anderem auch durch Goethes lebenslange Verehrung für den Franzosen. Nicht allein daß Bonaparte die Hoffnung weckte, er werde die europäischen Fürsten in die Knie zwingen und nach französischem Vorbild entmachten – auch wenn er dann diese Hoffnung trog –, sondern er brachte durch die in den eroberten Gebieten eingeführte fortschrittliche Gesetzgebung den Menschen neue Erkenntnisse und Freiheiten, brachte den Menschen »auch Licht«, wie Goethe 1826 prometheisch sagte, nämlich eine »moralische Aufklärung«. Um die gleiche Zeit noch äußerte sich auch Beethoven auf ähnliche Weise und wiederum in Anspielung auf die Taten des antiken Titanen: Bonaparte »haßte die Finsternis«, habe »der Volkskultur unendlich genützt – er hat durch die langen Kriege die Völker aufgeklärt«, sei »Mäcen der Künste und Wissenschaften« gewesen, »Beschützer des Rechtes und der Gesetze«.

Montis Epos, welches Viganò offenbar in Italien kennenlernte, zeigt die Gleichung vom antiken Titanen und modernen Konsul deutlich genug: Der »cittadino Napoleone Bonaparte Comandante supremo dell'Armata d'Italia« wird in der »Prefazione« des Werkes zum neuen Befreier in antiker Tradition ausgerufen, denn es sei »Prometeo il vostro amico«, da auch jener »combatté lungamente e con valore [Mut] e con senno [Vernunft] contro il despotismo di Giove, e divenne co' liberi suoi sentimenti il flagello [Geißel] perpetuo dei congiurati aristocratici dell'Olimpo«.

Teilweise an Monti angelehnt, zeigt die Kontamination antiker Mythen und moderner Versionen bei Viganò erstaunliche Wendungen, etwa als Prometheus nach vergeblichen Versuchen, den beiden von ihm geformten Tonfigürchen durch das geraubte Feuer zu Vernunft und Schönheitssinn zu verhelfen, in aufflammendem Zorn seine Schöpfungen zu zerstören trachtet, dann aber im Vernehmen einer »höheren Stimme« mit ihnen zum Parnaß aufsteigt, wo Apollo und den Musen nebst anderen antiken Personen durch gute Beispiele, durch Milde und vor allem durch Musik und Tänze die Beseelung der Figuren zu wahren Menschenkindern gelingt, woraufhin alle in begeisterten Jubel ausbrechen, untermalt von jenem Kontretanz, der später das hymnische Ziel der *Eroica* sein wird. Ein deutlicherer Hinweis, daß nicht blinde Gewalt und Zerstörungssucht, sondern friedliche Mittel und vor allem die Kunst die wahren Auslöser menschlicher Tugenden sind, läßt sich kaum denken, wirkt er doch fast wie eine Mahnung an den verehrten Konsul und Kriegsherren. Dies gilt mehr noch für ein frappierendes Detail aus dem zweiten Akt, demjenigen auf dem Parnaß, offenbar eine eigenständige Erfindung Viganòs – warum nicht Beethovens?

Unmittelbar nach der Vermenschlichung der beiden Figürchen tritt die Muse der Tragödie, Melpomene, zwischen die Ankömmlinge und ersticht den Titanen mit dem Dolch, um zu demonstrieren, daß nun erstmals Sterbliche erschaffen worden sind und der Tod in die Welt kommt. Ehe der Titan wieder erweckt wird, ist das Entsetzen der Kinder unbeschreiblich. Sicherlich hat dieser Eingriff in Milde und Schönheit, die auf dem Parnaß walten, jeden Zeitgenossen an die Mordtat der Charlotte Corday an Marat erinnert, am »ami du peuple«, und damit an die Schreckenszeiten der Revolution. Zudem dürfte auch diese Episode auf die Gefahren gemünzt sein, welche der Befreiung durch die blutigen Opfer drohen, mit denen sie erkämpft wird. War der Aufstieg auf den Parnaß eine Mahnung, so wirkt dieses Detail wie eine Drohung.

Ob das Ballett ein Erfolg war, geht aus den widersprüchlichen Berichten nicht eindeutig hervor. Beethoven jedenfalls war sehr unzufrieden und klagte später, Viganò habe seine Sache nicht gut gemacht. Wohl aber wurden einige der Musiknummern später mehrfach mit großem Beifall in den Wiener Augarten-Konzerten aufgeführt, »eine Ehre welche noch keiner Ballettmusik widerfahren ist, als Musikstück aufgeführt zu werden«, so 1803 der Bruder Karl van Beethoven. Als »Musikstück« galt ein eigenständiges, von der Handlung unabhängiges sinfonisches Werk, mithin eines der höchsten instrumentalen Gattung. Vor allem jenes vielstimmige Konzert ist gemeint, welches die versammelten Musen samt ihrem Anführer anstimmen – Apollo auf dem Cello – und das mit seinem sinfonischen Impetus die Menschwerdung der Kinder endgültig macht. Mit diesem Instrumentalsatz wird Beethoven neben allen anderen auch diese Losung ausgegeben haben, daß es seine Paradegattung, die Sinfonie, sei, welche auf entscheidende Weise zur Besserung, Vervollkommnung und Veredelung des Menschengeschlechts beitrage, also jenes »moralische Musikstück« sei von dem Bonaparte als dem eigentlichen Ziel jeder kompositorischen Tätigkeit sprach.

Entstehung und Botschaft der Sinfonie

Genau diesen Weg hat Beethoven dann mit der *Sinfonie Nr. 3* Es-Dur op. 55 weiter verfolgt, und zwar seit den ersten Planungen und Skizzen aus jenem Sommer, als er während eines seiner Aufenthalte auf dem Land um Wien das *Heiligenstädter Testament* verfaßte, inhaltlich dem Prometheus-Thema der drohenden Zerstörung und der Rettung durch die Kunst nahe genug. Vergleichende Analysen von Ballett und Sinfonie haben gezeigt, daß es neben dem Kontretanz noch eine ganze Reihe anderer Elemente, teilweise sogar ganzer Teile, gibt, die aus dem Ballett in die Sinfonie eingeflossen sind. Stets in Parallele gesetzt zur Beobachtung der zunehmenden Schwerhörigkeit und der inneren Reaktion darauf, wird der Prometheus-Stoff durch die Sätze abgehandelt. Von hinten, vom Ergebnis her, dem Kontretanz, denkend und planend, wird von vorne her auf ihn zu komponiert, um ihn über eine thematische Metamorphose melodischer Bruchstücke über immer größere Melodieabschnitte schließlich zu erreichen. Auf diese vollkommen neuartige Weise wird die Menschwerdung der ungeschlachten Naturwesen progressiv dargestellt – von der fetzenhaften Melodik des ersten Satzes, in welchem die »höhere Stimme« durch das vieldiskutierte neue Thema in e-Moll in der Satzmitte vertreten ist, die freudigen Tänze des Erfolges in der beschwingten Rhythmik der Schlußcoda, über die melpomeneische »Marcia funebre« des zweiten Satzes mit ihren vielfachen Todesbildern bis zu den erweckenden Faunstänzen des »Scherzo« mit dem Horntrio, in welchem sich bereits die endliche Erlösung ankündigt. Über die Sätze verteilt zeigt sich eine allmähliche Steigerung vom melodielosen Naturzustand des Sinfoniebeginns zu immer größeren, kunstvolleren und harmonischeren Melodieeinheiten, ein Vorgang, welcher offenbar die allmähliche Vervollkommnung der zu Vernunft und Schönheitssinn sich heranbildenden oder herangebildeten Wesen versinnbildlicht. Mithin kann die Sinfonie nicht nur im strukturellen Sinne als eine der ersten Finalsinfonien gelten, sondern darüber hinaus als eines der ersten musikalischen Ideenkunstwerke der Musikgeschichte.

Im »Finale« ist man zum Resultat vorgedrungen, jedoch nicht einem solchen wie im Ballett, wo die allgemeine Freude sich im Kontretanz ausdrückt, vielmehr zu einem von dem Hymnus ausgelösten Schritt in die Gegenwart, in jene von Beethovens Elend und in jene der napoleonischen Kriege.

Dieses »Finale« ist wohl das Gewagteste an sinfonischen Sätzen, was Beethoven je geschrieben hat. Nicht umsonst sagte er später im Jahre 1817, als der Musikdirektor Kuffner ihn fragte, welche seiner Sinfonien ihm die liebste sei, doch wohl diejenige in c-Moll: »Nein, die Eroica!« Dieser Schlußsatz ist keineswegs ein Freudentaumel, sondern er schildert die Kämpfe um die Befreiung der unterdrückten Länder, welche in den Variationen über das Tanzthema und seinen Baß einmal ungarisch, einmal deutsch, einmal böhmisch daherkommen und dabei Wert und Größe mit Pracht vorführen, etwa durch das gewaltige Baßthema, das offenbar die Kraft deutscher Kunst und Nation anzeigt. Umgeben sind diese Nationenbilder von jenen verwirrenden, da so unheimlichen und dissonanten Fugen, Angehörigen einer Gattung, die bei Beethoven und hier vor allem nicht wie vordem Symbol von Gedankentiefe und Ordnung ist, sondern eines von Kampf und Disharmonie. Das Gegeneinander ist Gegenstand dieser Fugen, nicht das Miteinander wie in manchen Bachschen Fugen, beileibe nicht allen. Und das »Finale« schließt ebenso nicht etwa durch den Hymnus des Kontretanzes als Freuden- und Friedensfanal, sondern durch eine Art Geschwindmarsch auf dem Weg in die erträumte Freiheit. Das Ende ist ein Aufruf, eine Fanfare zur Utopie.

Der Frieden als Auftrag und Hoffnung ist in der Sinfonie überall gegenwärtig, überall da, wo sich der Weg zur melodischen Gestalt, zur Überwindung der Fetzenhaftigkeit zeigt und Inseln melodischer Ruhe aufscheinen. Nicht umsonst hat Beethoven derart lang an dem Stück gefeilt wie sonst nur noch an der *Sinfonie Nr. 9*, die in vieler Hinsicht, in inhaltlicher und daher auch in struktureller, an die 3. Sinfonie anschließt. Man denke nur daran, daß die drei ersten Sätze als Voraussetzung für den Ausbruch in den Schlußhymnus an die Freude verstanden und diesmal sogar wörtlich benannt werden! Die Anforderung, die darin besteht, eine vormals im Ballett sichtbare und in einem Programmzettel wörtlich mitgeteilte Handlung mit ausschließlich instrumentalen Mitteln darzustellen, in Sinnlichkeit zu übersetzen und zugleich darin das eigene Schicksal zu reflektieren, hat ein ungewöhnliches Maß an Anstrengung und Zeit benötigt. Immer wieder mußte das unfertige Werk vom Orchester des Mäzens, des Fürsten Lobkowitz, zur Überprüfung aufgeführt werden, auch wenn es zum Ärger Beethovens nur aus etwa 40 Musikern bestand. Diese Überprüfung betraf nicht nur Details der Harmonik und der Orchestrierung, vielmehr auch Fragen der Gesamtdimension. Der schon erwähnte Bruder Karl berichtete im Februar 1805, sein Bruder habe lange Zeit geschwankt, ob der Anfangsteil des ersten

Satzes, die heute sogenannte Exposition, wie üblich wiederholt werden solle, da er fürchtete, der Satz »würde zu lang seyn«. Der wiederholungslose Klangfluß wäre zweifelsohne der Handlungslogik zugute gekommen. Jedoch entschied sich Beethoven für die Wiederholung, sozusagen für die Musik und für das Publikum, nämlich für eine Erleichterung der Rezeption des Ungewöhnlichen, auch wenn er in Kauf nehmen mußte, daß einer aus dem Publikum, der die Wohltat nicht erkannt hatte, nach der ersten öffentlichen Aufführung im April 1805 stöhnte: »Und sie dauerte eine *ganze* Stunde!«

Paris-Pläne

Was Beethoven mit der Sinfonie außer der inhaltlichen Sendung vorhatte, was er auf der praktischen Seite mit ihr plante, greift direkt in die Tagespolitik ein und nicht nur in diese, bezieht sich auch auf die übergreifenden politischen Zusammenhänge, hat zu tun mit seiner Begeisterung für die Republik und für deren erhofften Begründer, Napoleon Bonaparte. Daß dieser, ungeachtet der Seeherrschaft Englands, jetzt und zukünftig der unumschränkte Herrscher Europas sein werde, mußten auch jene annehmen, die weniger begeistert waren als Beethoven und andere republikanisch Gesinnte, die zusätzlich erwarteten, Bonaparte werde wie in Oberitalien die Herrscher von den Thronen fegen und Republiken errichten. Diese Erwartung hatte für Beethoven weitreichende Folgen.

Im August 1803 meldet Beethovens Schüler Ferdinand Ries dem Bonner Verleger und Jugendfreund Beethovens, Nikolaus Simrock, eine der beiden Sinfonien, die Beethoven in Arbeit habe, sei »bereits schon fertig«. Es ist die Es-Dur-Sinfonie. (Die andere, noch unfertige, ist möglicherweise die 5. Sinfonie.) Die Fertigstellung ist jedoch nicht endgültig, da sich noch bis ins Jahr 1804 weitere Retuschen und Detailänderungen aus der Probenarbeit mit dem Lobkowitzschen Orchester ergeben. Was Ries im Anschluß mitteilt, ist sensationell und dennoch in der Beethoven-Gemeinde fast unbekannt geblieben: »Beethoven wird nun höchstens noch 1½ Jahre hierbleiben. Er geht dann nach Paris, was mir außerordentlich leid ist. Ich habe ihm zwar im Spaß gesagt, er müßte mich als Schüler und Cassier mitnehmen, ich wünschte, daß im Ernst was daraus käme.« Im Oktober schreibt er, wiederum an Simrock: »Beethoven wird nun bald das Sujet«, also das Libretto, »zu seiner Opera erhalten«, nämlich den in Frankreich bereits bewährten Revolutionsstoff *Léonore* von Jean Nicolas Bouilly, aus dem dann der *Fidelio* wird. Und Ries schließt erneut an: »Nach dieser will er weg. Mit jedem Tag vermehrt sich meine Hoffnung mit Recht, ihn zu begleiten.« Im Dezember, wiederum an die gleiche Adresse und scheinbar eine endgültige Absage an einen Verkauf der Sinfonie an deutsche Verlage: »Die neue Symphonie von Beethoven will er nun gar nicht verkaufen und sie für seine Reise aufbehalten, wozu er nun noch eine macht.« Wiederum wohl die 5. Sinfonie. Will man die erste Erwähnung des Umzuges nach Paris ernst nehmen, so müßte dieser für das Ende des Jahres 1804 geplant gewesen sein, jenen Zeitpunkt, bis zu welchem Beethoven wahrscheinlich ein Erproben der Oper auf der Bühne für möglich hält.

An Beethovens Plan lassen sich zwei Fragen stellen, wenn auch nur teilweise beantworten – einmal die Frage danach, welche Gedanken und Ziele Beethoven mit dem Plan verband, dann die Frage nach den Gründen für dessen Scheitern. Für beide Fragen sind die ständigen Wechsel von Kriegs- und Friedenszeiten zu Beginn des 19. Jahrhunderts von entscheidender Bedeutung.

Zerreißprobe: Wien–Paris

Ausgangspunkt des Planes könnte der dem Beginn des dritten Koalitionskrieges von 1805 vorangehende Kriegsausbruch zwischen Großbritannien und Frankreich im Mai 1803 gewesen sein. Es ließ sich voraussehen und bestätigte sich dann auch, daß in der Folgezeit das gesamte Gebiet Mitteleuropas von Kriegen und ständiger Unsicherheit überzogen sein würde – außer Frankreich. Hier würde für lange Zeit Frieden herrschen, Voraussetzung für ungehinderte künstlerische Produktion und für deren Vermarktung, dies auch weil Frankreich im Unterschied zu Deutschland ein einheitlicher Nationalstaat war. Weiterhin ließ sich denken, daß man auf dieser Insel des Friedens an der Seite des Friedensstifters Bonaparte arbeiten und möglicherweise dessen Protektion gewinnen könne. Der Umzugsplan könnte also sowohl eine ganz pragmatische wie auch eine ideologische Seite gehabt haben, die unter anderem in der im Juni 1804 dem Edinburgher Verleger George Thompson mitgeteilten Absicht zusammenfließen, Beethoven könne dann in Zukunft in drei europäischen Städten veröffentlichen, Paris, London und einer deutschen Stadt, und Festpreise nach Gattungen nehmen, eine vollkommen neuartige, im Blick auf die bisherige Verlagspraxis geradezu umstürzlerische Idee: Für die höchsten Gattungen der Instrumentalmusik, Sinfonie und Konzert, je 30 Dukaten, gleich 90 Reichstaler, für Streichquartett und Sonate je 20 Dukaten, gleich 60 Taler, usw. abwärts bis zum Einzelsatz zu 8 Dukaten, also 24 Talern. Beethoven will sich als kompositorischer Bruder des großen Kriegsherrn endlich und auf dessen entschiedene Art von dem Gefeilsche mit den Verlegern befreien und selbst die Geschäfte bestimmen.

Um den dazu notwendigen Einfluß und die daraus erwachsende Macht zu erringen, will Beethoven von den drei höchsten Gattungen je eine Neuproduktion noch in Wien erproben, um sie dann nach Frankreich mitzunehmen und sich mit ihnen als Herrscher auf dem Gebiet der Musik vorzustellen. Dies gilt auf dem Gebiet der Instrumentalmusik für die Es-Dur-Sinfonie, auf dem der Vokalmusik einmal für die Oper, nämlich für den *Fidelio*, dann für die geistliche Musik, nämlich für das noch nicht erwähnte Oratorium *Christus am Ölberg*. Nicht nur die Äußerungen von Ferdinand Ries belegen all dies, sondern auch die Geschichte des Titels der Es-Dur-Sinfonie bis zu ihrer halböffentlichen, dann öffentlichen Uraufführung in den ersten Monaten des Jahres 1805. In dieser Geschichte sind auch bereits die Keime für das Scheitern des Planes zu entdecken.

In jenem zweiten Brief von Ferdinand Ries aus dem Oktober 1803 gehen dem erneuten Hinweis auf den Umzugsplan folgende Äußerungen voran: »Es ist nach seiner eigenen Äußerung das größte Werk, welches er bisher schrieb.« Und: »Er hat viel Lust, selbe [die Sinfonie] Bonaparte zu dedizieren, wenn nicht, weil Lobkowitz sie auf ein halb Jahr haben und 400 Gulden geben will, so wird sie Bonaparte genannt.«

Das Größte dem Größten! Aber: Fürst Lobkowitz als Mäzen Beethovens stellte einerseits das für die Sinfonie unentbehrliche und auf anderen Wegen kaum erreichbare Probenorchester; für deren sogenannten Vorbesitz an Aufführungsmaterial zahlte er – wie damals üblich – eine hohe Summe, war aber andererseits österreichischer Patriot, der später eine eigene Heeresabteilung für den Kampf gegen die Franzosen stellte, so daß er kaum davon angetan gewesen sein dürfte, daß die in seinem Hause geprobte Sinfonie dem Hauptfeind gewidmet oder auch nur nach ihm benannt werden sollte.

Dies findet statt in einer schwelenden Situation, bestimmt von düsteren Vorahnungen neuer Kriegshandlungen, wohl auch Hoffnungen auf eine verläßliche Friedenszukunft. In dieser Zwickmühle versucht Beethoven dreierlei: Die Sinfonie in den Proben bei Lobkowitz zu halten, die Hinwendung des Werkes an Bonaparte zu betreiben, schließlich den Umzugsplan – auch im Hinblick auf die Oper – beizubehalten. Laut Ries sah das Deckblatt von Beethovens Partitur um diese Zeit so aus: Oben nur »Buonaparte«, unten nur »Luigi van Beethoven«. Schwer vorstellbar, daß er sie Fürst Lobkowitz gezeigt hat, der doch sicherlich eine andere Partitur ohne diese Beschriftung in Händen hielt, für deren Gebrauch er bezahlte.

In der Zeit intensiver Proben der Sinfonie im Frühjahr 1804 im Palais Lobkowitz findet die Nobilitierung Bonapartes vom Konsul zum Kaiser auf Lebenszeit statt, begründet mit Attentatsversuchen auf den Geheiligten und mit allgemeinen Unruhemeldungen.

Im März hatte Beethoven noch in einem Brief an den Librettisten Joseph Sonnleithner einen Satz geschrieben, der einen regen, wenn auch verlorenen Briefwechsel mit Frankreich vermuten läßt: »ich habe gestern wieder einen Brief erhalten in Ansehung meiner Reise, welcher meinen Entschluß in Rücksicht dessen unerschütterlich macht [...]«

Dann, etwa im Mai, als die Meldung von der Kaiserkrönung in Wien angekommen sein müßte, soll es laut Ferdinand Ries zum Zerreißen des Titelblattes gekommen sein, begleitet von dem zur Beethoven-Ikone gewordenen Ausruf: »Ist er auch nichts anderes, als ein gewöhnlicher Mensch! Nun wird er auch die Menschenrechte mit Füßen treten, nur seinem Ehrgeize frönen!«

Dies müßte also im Mai oder Juni 1804 stattgefunden haben. Demgegenüber Tatsachen aus dem August des gleichen Jahres: Die überarbeitete Sinfonie trägt nun auf dem Partiturdeckblatt den Titel *Sinfonia grande*, darunter einen Zusatz *intitulata Bonaparte*, welcher ausgekratzt worden ist. Unter der letzten Zeile *Sinfonia 3 op. 55* stand, früher noch lesbar, mit Bleistift: »geschrieben auf Bonaparte.« Beethoven bot das Werk dem Verleger Härtel in

Leipzig an mit der Bemerkung: »Die Simphonie ist eigentlich betitelt Ponaparte [sic].«

Im Oktober zahlt Fürst Lobkowitz die hohe Summe von 700 Gulden für den Vorbesitz des Aufführungsmaterials – etwa 500 Reichstaler – und für die geplante Widmung der Sinfonie noch einmal ganze 80 Golddukaten – mindestens 400 Reichstaler. (Ein Facharbeiter verdiente in der Woche etwa 5 Taler, soviel wie die Monatsmiete für ein möbliertes Zimmer kostete: Vergleichsangaben, die uns nur bedingt Aufschluß geben, da die Waren- und Einkommenswerte nicht vergleichbar sind mit den heutigen, denn – beispielsweise – ein Pfund Kaffee kostete ungefähr zwei Taler.) Der Zusammenhang zwischen allmählicher Rücknahme von Titel und Bestimmung sowie demgegenüber der – auch finanziellen – Bindung an den Mäzen ist offensichtlich, eine Zerreißprobe zwischen den Kriegsparteien und deren Angeboten, von denen die französischen offensichtlich in immer größere Ferne rückten, wenn Beethoven auch in einer für ihn typischen Zähigkeit Bekannten gegenüber im Dezember 1804 ankündigte, der Fürst Lichnowsky, ein anderer Mäzen und alter Freund, werde im kommenden Frühjahr mit ihm nach Paris reisen.

Der Verehrer Bonapartes – nun patriotischer Franzosenfeind?

Wie kam es zum Scheitern des Planes, zu einem Scheitern, welches Beethoven zu Beginn oder im Frühjahr 1805 eingesehen haben dürfte, weshalb auch die Reise mit Lichnowsky nicht zustande kam? Vielleicht hatte er, als der Plan noch reifte, daran gedacht, mit dem Bruder des Bonner Verleger-Freundes Simrock, der in Paris einen Musikverlag gegründet hatte, in Verbindung zu treten und von dort aus sein Imperium zu leiten. Nur: Ein Schwerhöriger, der wenig Französisch beherrscht, mußte er sich nicht an einen Vertrauten halten können, der besser hörte als er, das Geschäft verstand, die Landessprache sprach und vor allem auf Jahre hinaus zur Verfügung sein könnte? Würde jemand wie der Schüler Ferdinand Ries, der dazu bereit war, für eine solch schwierige Aufgabe geeignet sein, schwierig auch, weil Beethoven ein ungemein schwieriger Mensch war?

Sämtliche zu vermutenden Gründe für das Scheitern, zum großen Teil basierend auf historischen Tatsachen, beziehen sich auf Aspekte von Krieg und Frieden, in einem Falle nicht ausschließlich in politischem, sondern auch in individuell-psychischem Sinne.

1. Kennzeichen des Zögerns und Hinhaltens sind die langwierigen, teilweise lügnerischen Verhandlungen über den anvisierten Zeitpunkt Ende 1804 hinaus, nämlich bis 1805, mit mehreren Verlagen zur Vergabe der Druckrechte für Sinfonie und andere Werke. Man gewinnt den Eindruck, Beethoven habe so lange wie möglich die Eisen im Feuer gehalten, um Zeit zu gewinnen und die Entscheidung hinauszuschieben.

2. Ein entscheidender Grund für Zögern und Scheitern könnte ganz persönlicher, nicht öffentlich-politischer Natur gewesen sein, nämlich die Sehnsucht nach seelischem Frieden in einer befriedigenden Liebesbeziehung. Seine Klavierschülerin Josephine von Deym ist seine große Liebe in diesen Jahren, und Beethovens Briefe an sie seit 1805 sind von einer Intensität, die jener der acht Jahre später verfaßten Briefe an die »unsterbliche Geliebte« in nichts nachstehen, welche möglicherweise immer noch die gleiche war wie 1805. Dieses Jahr ist das Jahr der Hoffnung und Entscheidung. Soll er jetzt Wien und damit seine Zukunft verlassen? Jedoch weist Josephine von Deym ihn zurück, da sie – wie sie dem Verliebten schreibt, soweit es ihre erhaltenen Briefentwürfe erkennen lassen – ihn nur lieben könne »wie ein frommer Geist den andern [...] Andrer Liebe bin ich für jetzo nicht empfänglich.« Noch 1806 schreibt sie ähnlich, u. a. »daß sie diese Sinnliche Liebe nicht befriedigen kann«.

3. Die Oper wird im Jahre 1804 nicht fertig. Ihre Uraufführung findet erst Ende 1805 im Theater an der Wien statt, führt im übrigen zu keinem für den Komponisten befriedigenden Ergebnis. Dies aber wäre Vorbedingung für eine erfolgreiche Vorstellung in Paris gewesen, selbst wenn Beethoven auch noch durch dieses Jahr 1805 an seinem Plan festgehalten hätte. Aber selbst wenn die Wiener Uraufführung schon Ende 1804 und mit Erfolg stattgefunden hätte – wäre das eine Garantie für einen gelungenen Auftritt Beethovens in Paris gewesen? Falls es ihm nicht schon vorher zu Ohren gekommen war – was sehr wahrscheinlich ist – und falls

es ihm Fürst Lichnowsky, wenn dieser im Frühjahr 1805 alleine in Paris gewesen sein sollte, nicht mitgeteilt haben sollte, so erfuhr Beethoven spätestens durch den von ihm hochgeschätzten Luigi Cherubini, der ab Juli 1805 für ein Jahr als Vertragskomponist in Wien weilte, daß bei Bonaparte und seinem Kreis sinfonische Musik, schon gar solche wie Beethovens und Cherubinis, wenig beliebt war, sehr dagegen die heitere Operette in Art der Opera buffa von Bonapartes Lieblingskomponisten Giovanni Paisiello, der mit seinem *Barbiere di Seviglia* von 1782 schon vor Rossini Furore machte. Nachdem Cherubini 1797 bei einem Kompositionswettbewerb um einen Trauermarsch für General Lazare Hoche wieder einmal Paisiello unterlegen war, hielt er für Bonaparte eine doppeldeutige Sentenz bereit, in der die späteren Probleme Beethovens mit dem Konsul und Kaiser und dessen politischen und ästhetischen Absichten zusammengefaßt erscheinen: »On peut être habile sur le champs de bataille et ne point se connaître en harmonie.«

4. Die Verzögerung und die Aufgabe des Parisplanes scheinen auch zu tun zu haben mit den voraussehbaren Kriegsereignissen des Jahres 1805, dem Kriegseintritt Österreichs. Die Erkenntnis, daß Bonaparte seine Siege keineswegs dafür nutzbar machte, die Völker der besiegten Staaten einer republikanischen Befreiung näherzubringen und ihre Herrscher zu entmachten, sondern daß er mit diesen Großmachtpolitik trieb und sie auf ihren Thronen erhielt, ja die mit ihm Paktierenden wie etwa den Bayerischen von Kurfürsten zu Königen erhob, hat offenbar in Beethoven allmählich jenen franzosenfeindlichen Patriotismus entstehen lassen, den um diese Zeit viele der alten frankophilen Fortschrittlichen entwickelten – wenn auch, wie schon ausgeführt, bei Beethoven und anderen in innerer Widersprüchlichkeit die Verehrung für Bonaparte dennoch erhalten blieb. Auch die Erfolglosigkeit der Beethovenschen Oper läßt sich auf empfindliche Störungen durch die kriegerischen Ereignisse zurückführen: Am 20. November 1805 wurde sie zum erstenmal im Theater an der Wien aufgeführt, eine Woche nach dem Einzug der französischen Armee in Wien und zwölf Tage vor der Schlacht von Austerlitz.

5. Für den patriotischen Umschwung und damit für die Aufgabe des Parisplanes dürfte ganz wesentlich eine bestimmte Person

verantwortlich oder zumindest mitverantwortlich gewesen sein, nämlich Prinz Louis Ferdinand von Preußen. Beethoven hatte ihn schon 1796 auf einer Berlinreise kennen- und schätzen gelernt, auch als Pianisten und Komponisten. Inzwischen war der Prinz Zentrum eines preußischen Kreises, der eine vehemente antifranzösische Agitation betrieb und entgegen dem Zaudern von König Friedrich Wilhelm III., teilweise auch auf heikle Weise direkt gegen ihn, für einen Kriegseintritt Preußens in die Koalition von Österreich und Rußland warb. Um diesem Ziel näherzukommen, besuchte der Prinz in inoffizieller Mission im September 1804 Mitglieder der Wiener Regierung und ebenso die Herbstmanöver des österreichischen Heeres, ohne allerdings viel ausrichten zu können, desgleichen nach seiner Rückkehr in Preußen und bei dessen König. Dagegen scheint er im Kontakt mit Beethoven recht viel ausgerichtet zu haben. In Wien haben sie sich offensichtlich mehrfach getroffen, ebenso im Lobkowitzschen Schloß Raudnitz in Böhmen, wo Louis Ferdinand in Gegenwart Beethovens die Proben der Sinfonie unter Kapellmeister Anton Wranitzky verfolgte und sich das Werk angeblich dreimal vorführen ließ. Nicht auszuschließen ist, daß er es war, der Beethoven »nach öfterer Aufführung« – wie Bruder Karl im Februar 1805 schrieb – davon überzeugte, daß »es sogar nachtheilig sey, wenn der erste Theil nicht wiederholt würde [...]«, wenn also die Expositionswiederholung im Anfangssatz unterbliebe. Darüber hinaus scheint sich die gute Beziehung der beiden Männer zu einer echten Freundschaft entwickelt zu haben, die möglicherweise auch eine über die Musik hinausgehende Überzeugungsarbeit des Prinzen einschloß, nämlich eine Politik betreffende.

Die preußische Opposition mußte mit tiefem Gram miterleben, wie ohne preußische Unterstützung Österreicher und Russen in der Schlacht von Austerlitz Anfang Dezember 1805 vernichtend geschlagen wurden. Treibende Kraft, diese »Schande« zu tilgen und den Franzosen durch eine Kriegserklärung entgegenzutreten, war wiederum Prinz Louis Ferdinand, diesmal mit Erfolg bei König Friedrich Wilhelm III. Im Juli 1806 machte das preußische Heer mobil gegen die Franzosen, deren Heer in der Zwischenzeit in Bayern Quartier gemacht hatte und nun den Preußen schnell entgegenzog. Die Gegner trafen im Süden Thüringens aufeinander. Kurz vor der für die Preußen verhängnisvollen Schlacht von Jena und Auerstädt starb Louis Ferdinand am

20. Oktober während eines Vorgefechtes bei Saalfeld. Die Nachricht von seinem »Heldentod« dürfte sich wie ein Lauffeuer durch ganz Deutschland und Österreich verbreitet haben. Beethoven wird davon während eines mehrmonatigen, angeblich bis in den Oktober reichenden Sommeraufenthaltes in Fürst Lichnowskys Schloß Graetz nahe dem schlesischen Troppau erfahren haben.

Inzwischen hatte nach äußerst langwierigen Verhandlungen und Querelen die Sinfonie einen Verlag gefunden, und zwar einen in Wien. Ausschlaggebend für diese Wahl wird wohl nicht nur ein möglichst hohes Gebot gewesen sein – nach den Summen für Vorbesitz, Widmung und erste Aufführungen nunmehr die vierte Einnahmequelle –, sondern auch die Sorge, daß angesichts der Kriegsvorbereitungen zwischen Preußen und Franzosen kaum an eine sichere Übersendung einer Partitur oder auch nur eines Briefes von Wien nach Leipzig zu Verleger Härtel zu denken war, also durch das genau in der Mitte zwischen beiden Kriegsparteien zu vermutende und dann auch tatsächliche Aufmarschgebiet Thüringen.

Die Verlagsanzeige über das Erscheinen der Sinfonie findet sich in der *Wiener Zeitung* vom 29. Oktober und 1. November 1806, zweieinhalb Wochen nach dem Tode Louis Ferdinands. Während dieser Zeit hat sich in Wien, wohin Beethoven vermutlich in höchster Eile zurückgekehrt ist, offenbar sehr viel ereignet. In der Verlagsanzeige, welche in alphabetischer Autorenreihenfolge alle verlegten Musikwerke aufführt, erscheint vier Positionen nach Beethoven »Louis Ferdinand Prince de Prusse« mit einem Großteil seiner Werke, op. 2 bis op. 6, ein einmaliger Vorfall in den gesamten Verlagsjahren. Es ist offenbar ein Hinweis auf dasjenige, was vier Positionen darüber steht:

SINFONIA EROICA [folgt die Besetzung] *composta per festiggiare il sovvenire di un grand Uomo e dedicata A Sua Altezza Serenissima il Principe di Lobkowitz da Luigi van Beethoven. Op. 55 No. III delle Sinfonie.*

Es ist das erste Mal, daß der geheimnisvolle Titel ans Licht tritt. Die von mir 1989 nicht ohne Beweismittel aufgestellte Hypothese, er sei auf Louis Ferdinand gemünzt, hat sich inzwischen in der Forschung durchgesetzt und weitere Argumente gewonnen. Unklar und strittig bleibt, auf wen die wohl im letzten Moment erfolgte Änderung des Titelblattes zurückgehen mag: entweder auf den zum Verlagsort zurück geeilten Beethoven oder auf den Widmungsträger Lobkowitz, schon seit langem ein Freund Louis Ferdinands, aber doch wohl kaum ohne Einverständnis des Komponisten.

Zwei naheliegende Fragen schließen sich an, einmal diejenige nach dem Grund des Verschweigens des Namens, dann diejenige, ob die Öffentlichkeit das Geheimnis entschlüsseln konnte und so im Hören der Sinfonie den preußischen »Helden« mitfeierte.

Die erste Frage ist einfach zu beantworten: Die offene Nennung des Franzosenfeindes hätte Druck und Verbreitung der Sinfonie im französisch besetzten Mitteleuropa unmöglich gemacht und Beethoven mit Sicherheit Schwierigkeiten bereitet, Schwierigkeiten, die all jenen entgegenschlugen, die schon vor der Schlacht von Jena und Auerstädt antifranzösisch agitiert hatten wie der Buchhändler Palm: Im August 1806 wurde er von den Besatzern erschossen. Und er blieb nicht das einzige Opfer in einem »Deutschland in seiner tiefsten Erniedrigung«, wie es damals geäußert und empfunden wurde. Nicht ohne Grund also floh unmittelbar nach der Schlacht der dichtende Patriot Ernst Moritz Arndt in seine Heimat, die damals noch schwedische Insel Rügen. Die zentrale Figur des preußischen Widerstandes, Louis Ferdinand, konnte nur verschlüsselt genannt werden.

Die zweite Frage ist schwerer zu beantworten, denn es weist – soweit bisher feststellbar – auch nicht eine Äußerung der Folgejahre offen auf die Identität von »grand Uomo« und Louis Ferdinand hin, auch nicht von Beethoven selbst, was man sich von den Konversationsheften aus den 1820er Jahren erhoffen könnte. Sehr bald schon nämlich hat sich die Klarheit über die Zuweisung verloren, um einem fast 200 Jahre andauernden Stochern im Nebel Platz zu geben, aus welchem, angeregt durch Werktitel, Trauermarsch und deren Zuordnungsangebote, immer wieder napoleonische Generäle, Napoleon selbst als erbleichendes Idealbild, der Admiral Nelson oder andere berühmte, teilweise auch antike Tote, schließlich auch das Schicksal und die Endlichkeit des menschlichen Daseins auftauchen. Ganz am Beginn jedoch, unmittelbar nach dem Jahr der Veröffentlichung, scheint stillschweigend noch ein allgemeines oder teilweises Einvernehmen über die Identität des »grand Uomo« geherrscht zu haben. Zwei Jahre nach dem Tod des Prinzen fand im Leipziger Gewandhaus eine musikalische Gedenkfeier statt, während der neben einem Werk des toten Patrioten nur noch ein weiteres Stück zu hören war – der Trauermarsch aus der *Sinfonia eroica*. Wie hatte er doch seine Botschaft verändert, und wie günstig zeigte sich in dieser inhaltlichen Parodie die flexible Funktionalität der wortlosen Instrumentalmusik, der neuen Sinfonik, wie sie sich gerade auch an diesem Beispiel im 20. Jahrhundert für die KPD, die NSDAP, für DDR und BRD nutzbar machen ließ.

Und nur ein Jahr nach der Drucklegung, im Jahre 1807, schreibt ein Rezensent im *Morgenblatt für die gebildeten Stände*: »Über den zweyten Satz, den Todtenmarsch, möchten wir gern so manche hübsche Bemerkung und Ansicht mittheilen, wenn nur nicht diese insgesammt jedem Kunstkenner sowohl als uns selbst sogleich als alleinige Erzeugnisse der leidigen Überschrift und des einmal bekannten Zweckes unsers Verfassers, und nicht als die Kinder eines wirklichen reinen Bewußtseyns, erscheinen müßten!«

»Jeder Kunstkenner« wußte offenbar, worum es ging. Das »reine Bewußtseyn« lehnte jene Hinweise des Satz- und Werktitels ab, welche vom unbeeinflußten Anhören und Beurteilen des musikalischen Kunstwerkes ablenkten und den Genuß an der bald so genannten »absoluten Musik« behinderten. Der Weg für die späteren Auseinandersetzungen um die Programm-Musik war bereitet, und Beethoven tat – die *Eroica* im Rücken – offenbar gut daran, im Zusammenhang mit der *Pastorale* zu bemerken: »Mehr Ausdruck der Empfindung als Mahlerey.«

Auch sonst tat er in den Zeiten nach Jena und Auerstädt gut daran, sich zurückzuhalten und nicht etwas anzudeuten, vor Louis Ferdinand sei es doch Bonaparte gewesen, der die Sinfonie und ihren Inhalt bestimmt habe, ja auf dem Titelblatt vermerkt gewesen sei. Zweifellos war in Beethoven trotz aller Zweifel immer noch die alte Verehrung für Bonaparte gegenwärtig. Aber er mußte sich in der Situation vor und nach Austerlitz und vor allem dann Jena und Auerstädt taktisch verhalten, um seine persönliche und künstlerische Zukunft zu sichern. Schließlich wird es sich in Wien herumgesprochen haben, daß die Sinfonie Bonaparte heißen oder gar ihm gewidmet werden sollte, daß deren Autor einen Umzug nach Paris geplant hatte und oft und gerne mit dem Franzosen Cherubini zusammen gewesen war, der doch so manches für die revolutionären Feiern komponiert hatte. Hier galt es nun, die patriotische Umwertung der Sinfonie keinesfalls zu stören.

Die Sinfonie ist in der ursprünglichen und in der endgültigen Phase ein zweifaches Verschweigen: in beiden Fällen ein erzwungenes und in beiden Fällen bestimmt vom Schwinden der Hoffnung auf Frieden. Zwar hat der Verzicht der Bestimmung für Bonaparte auch praktische, ja taktische Gründe, doch scheint er auch von der Erkenntnis geleitet zu sein, daß die durch die Sinfonie hindurchgehende und in ihrem Hymnus kulminierende Friedenshoffnung durch die aktuellen Wendungen Frankreichs und Bonapartes sich zur Utopie wandelte, wenn sie nicht gänzlich vernichtet war. Nur noch Krieg als Aussicht.

Er ist es dann auch, der das zweite Verschweigen auslöst. Darunter jedoch scheint eine neue Friedenshoffnung aufzukeimen. Denn im Sinnwandel der Sinfonie, in der Abwendung von Bonaparte hin zu einem Tombeau auf den Märtyrer der deutschen Freiheit, leuchtet eine Alternative auf, die eines fernen politischen Friedens für Deutschland, erreichbar nicht mehr durch das Eingreifen Frankreichs, sondern durch den Aufbruch der eigenen deutschen Kräfte im Widerstand gegen den großen Usurpator, so wie ihn ein Jahr nach dem Druck der Sinfonie Johann Gottlieb Fichte in den *Reden an die deutsche Nation* ausgerufen hatte.

In dieser lang andauernden und aufreibenden Spannung zwischen Kriegsrealität und Friedensphantasie ist die Sinfonie entstanden und bekannt geworden, hat daher bis heute, selbst wenn ihre Bedingungen weitgehend unbekannt geblieben sind, ihre beunruhigende Wirkung erhalten. Eingedenk der historischen Tatsachen und der ihnen anhängenden Folgerungen und Hypothesen ließe sich fragen, welches heutzutage außerhalb eines üblichen Sinfoniekonzertes ein den historischen Gegebenheiten angemessener Anlaß, ein dem wechselnden Gehalt der Musik entsprechender Jahrestag sein könnte, das Werk aufzuführen, ob als *Dritte Sinfonie*, als *Sinfonia grande* oder eben als *Sinfonia eroica*.

Literaturhinweise

Beethoven, Ludwig van: *Briefwechsel*. Gesamtausgabe, Bd. 1 1783-1807, hg. von Sieghard Brandenburg, München 1996.
Bruneis, Walter: *»... composta per festiggiare il sovvenire di un grand uomo«. Beethovens Eroica als Hommage des Fürsten Franz Maximilian*

von Lobkowitz für Prinz Louis Ferdinand von Preußen, in: Österreichische Musikzeitschrift, Bd. 53, 1998, S. 4-24.

Debuch, Tobias: *Prinz Louis Ferdinand von Preußen (1772-1806) als Musiker im soziokulturellen Umfeld seiner Zeit*, Diss. phil., Lüneburg 2003.

Floros, Constantin: *Beethovens Eroica und Prometheus-Musik. Sujet-Studien*, Wilhelmshaven 1978.

Geck, Martin und Schleuning, Peter: *»Geschrieben auf Bonaparte« Beethovens »Eroica«: Revolution, Reaktion, Rezeption*, Reinbek 1989.

Maček, Jaroslav: *Franz Joseph Maximilian Lobkowitz. Musikfreund und Kunstmäzen*, in: *Beethoven und Böhmen. Beiträge zu Biographie und Wirkungsgeschichte Beethovens*, hg. von Sieghard Brandenburg und Martella Gutiérrez-Denhoff, Bonn 1988, S. 147-201.

Ders. und Volek, Tomislav: *Beethoven und Fürst Lobkowitz*, ebda., S. 203-217.

Schleuning, Peter: *Das 18. Jahrhundert: Der Bürger erhebt sich*, Reinbek 1984 und Stuttgart / Weimar 2000.

Ders.: *Beethoven in alter Deutung. Der »neue Weg« mit der »Sinfonia eroica«*, in: *Archiv für Musikwissenschaft*, Bd. 44, 1987, S. 165-194.

Ders.: *Die Geschöpfe des Prometheus. Ballo serio, op. 43*, in Albrecht Riethmüller, Carl Dahlhaus, Alexander L. Ringer (Hg.): *Beethoven, Interpretationen seiner Werke*, Bd. 1, Laaber 1994, S. 314-325.

Ders.: *Sinfonie Es-Dur Eroica op. 55*, ebd., S. 386-400.

Jörg Calließ
Frieden ist in der Oper nicht heimisch

Drei Versuche einer Vermessung der Opernbühne in Absicht auf den Frieden

Welten des Krieges

Frieden hören wir in der Oper eher selten. Überraschend oft handeln die Geschichten, die uns in der Oper erzählt werden, unmittelbar vor, in oder direkt nach einem Krieg.[1]

Ein Beispiel:[2] Die Geschichte, die angetrieben wird von der

---

1 In diesem Text nehme ich Fragen wieder auf, mit denen ich mich bereits in einem früheren Aufsatz beschäftigt habe: Jörg Calließ: *Flüchtige Töne – Ewiger Frieden. Fünf Präliminarartikel für die Erkundung der Opernbühne in Absicht auf den Frieden*, in Ulrich Menzel (Hg.): *Vom Ewigen Frieden und vom Wohlstand der Nationen*, Frankfurt a. M. 2000, S. 575-606. Es ließ sich nicht ganz vermeiden, auf einige Feststellungen und Analysen hier erneut zurückzugreifen. Ich habe mich aber bemüht, neue Perspektiven zu eröffnen und auf Wiederholungen zu verzichten. Deshalb werden einzelne Beispiele, die in der früheren Abhandlung ausführlicher dargestellt wurden, hier nur noch erwähnt. Mit Anmerkungen verweise ich auf die detaillierteren Ausführungen. Eine verwandte Fragestellung habe ich verfolgt in Jörg Calließ: »*und ob's auch die Flügel ihm zerschlagen sollte!« Die Zerbrechlichkeit des Schmetterlings oder: Fördert die Opernbühne interkulturelles Verstehen?*, in Matthias Viertel (Hg.): *Der Interkulturelle Konflikt auf der Opernbühne*, Hofgeismar 2004, S. 99-108.

2 Die Beobachtungen und Einsichten, die ich in dieser kleinen Erkundung mitteile, verdanken sich weniger der Lektüre von Büchern und Aufsätzen als vielmehr dem Besuch von Opernaufführungen, dem Hören von Studioproduktionen und Mitschnitten sowie dem Studium von Partituren und Klavierauszügen. Deshalb werde ich auch auf Literaturverweise verzichten. Unschätzbare Anregungen und Anleitungen haben mir diverse Nachschlagewerke, Enzyklopädien und Opernführer gegeben. Besonders intensiv habe ich immer wieder benutzt:
Pipers Enzyklopädie des Musiktheaters, hg. von Carl Dahlhaus und dem Forschungsinstitut für Musiktheater der Universität Bayreuth unter Leitung von Sieghart Döhring, 6 Bände, München/Zürich 1986-1997; Sigrid Neef: *Handbuch der russischen und sowjetischen Oper*, Berlin 1985; Ulrich Schreiber: *Die Kunst der Oper. Geschichte des Musiktheaters*, 3 Bände, Frankfurt a. M. 1991 / Kassel 2000; Werner Oehlmann: *Oper in vier Jahrhunderten*, Stuttgart/Zürich 1983; Kurt Pahlen: *Oper der Welt*, Zürich 1981; Stanley Sadie (Hg.): *New Grove Dictionary of Opera*, 4 Bände, London 1992.

Macht des Schicksals (Verdi: *La forza del destino*, 1862),[3] spielt im Krieg: in einem der großen Kriege, die um die Mitte des 18. Jahrhunderts auf dem Kontinent um Erbansprüche und Vorherrschaft ausgetragen wurden und an denen – in wechselnden Allianzen – alle großen europäischen Mächte teilnahmen. Sie führt auf Kriegsschauplätze in Spanien und Italien. Es ist aber nicht in erster Linie dieser Krieg zwischen den rivalisierenden europäischen Mächten, über den uns der Librettist Francesco Maria Piave und der Komponist Giuseppe Verdi etwas mitteilen wollen. Der Hörer erfährt kaum, wer da gegen wen kämpft. Alvaro und Carlo haben sich spanischen Truppen angeschlossen, die zusammen mit Italienern im Felde stehen. Wer ihre Gegner sind, wird nicht mitgeteilt. Es ist lediglich vom »Feind« die Rede. Gänzlich unklar bleibt, worum es in dem Krieg überhaupt geht.[4] Piaves und Verdis Interesse gilt entschieden mehr den Personen, die sie auf die Bühne bringen: Leonore, Alvaro und Carlo. Von ihnen wollen sie erzählen und davon, wie ihre Schicksale miteinander verknüpft sind. Sie lassen sie von Liebe und Glück, von Angst, Qual und Verzweiflung, von Wut, Rachsucht und Haß, von Hoffen und Träumen, von Sterben und Tod singen. Und dieser Gesang erschließt menschliches Sein, Empfinden und Leben tiefer als es die Worte, derer er sich bedient, je könnten. Deshalb bewegt und ergreift *La forza del destino*, ergreift Oper ihr Publikum.

Und doch ist es bemerkenswert, wieviel Sorgfalt und Phantasie Piave und Verdi auch auf die Zeichnung der sozialen und politischen Zusammenhänge verwenden, in denen ihre Protagonisten stehen, in denen sie agieren und auf die sie zu reagieren haben. Dabei ist ihnen nicht vordringlich, den konkreten historischen Ort der Handlung prägnant zu umreißen. Ihr Interesse zielt nicht darauf, eine bestimmte Vergangenheit, einen bestimmten historischen Krieg möglichst adäquat abzubilden. Vielmehr setzen sie eine Vielzahl von Mosaiksteinchen zusammen, um das Leben der

---

3 Die Titel der Opern, die in italienischer, deutscher, französischer oder englischer Sprache verfasst wurden, werden jeweils in der Originalsprache angegeben. Die Titel aller anderen Opern werden in der gängigen deutschen Übersetzung genannt. Die angefügte Jahreszahl verweist jeweils auf die Uraufführung.

4 Gekämpft wurde hier im Zuge des Österreichischen Erbfolgekrieges (1740-48) vermutlich um Gebiete westlich von Mailand. Die im Textbuch »Italiener« genannten Truppen stammten wohl aus Savoyen und die als »Feind« bezeichneten Truppen waren natürlich Österreicher.

Menschen, die im Krieg und vom Krieg leben, ohne Romantisierung und ohne Pathos auf die Bühne zu bringen: Wir erleben im 2. Akt, wie die Zigeunerin Preziosilla Kriegsbegeisterung schürt; wir bekommen im 3. Akt ein facettenreiches Gemälde vom Treiben der verrohten Soldateska vorgeführt, die sich durch Spiel, Raub, Prostitution, Saufen und krampfhafte Fröhlichkeit über die Leere ihres Daseins hinwegtäuscht; wir hören den Schlachtenbericht eines Chirurgen und sehen, wie verzweifelt um das Leben verwundeter Krieger gerungen wird. Und wenn schließlich im letzten Akt eine Schar von Bettlern um einen Löffel Suppe aus der Küche des Klosters rauft, erfahren wir, welch grenzenloses Elend und welch äußerste menschliche Entwürdigung der Krieg verursacht hat. Eine wirkliche Beziehung zur Tragödie selbst scheint das alles freilich nicht zu haben. Die Tragödie folgt vielmehr ihrer eigenen Dynamik und entfaltet sich in zahllosen Ungereimtheiten und Unwahrscheinlichkeiten. Und doch ist es dieses Panorama des Krieges, auf das sich die Schicksale der Hauptfiguren gleichsam projizieren. Wenn Alvaro klagt, daß ihm das Leben zur Hölle geworden sei und er die Qual nicht mehr ertragen wolle, und wenn Leonore in einem ebenso aufwühlenden wie bewegenden Gebet um Frieden bittet, dann sind das zunächst natürlich Äußerungen von Menschen, die unter ihrem ganz persönlichen Schicksal leiden. Es sind aber auch Stimmen von Geschundenen, die auf dem Leidensweg von Menschen im Krieg zugrunde gehen. Frieden haben sie kaum kennengelernt, und wenn sie ihn ersehnen, denken sie an nichts als an den Tod.

Das Thema also, mit dem wir es zu tun haben, wenn in der Oper Krieg herrscht, ist die Spannung zwischen gesellschaftlichen Macht- und Gewaltverhältnissen und der Identität, dem Gefühl, dem Handeln und Leiden von Individuen. Das Thema ist nicht der Krieg selbst, sondern der Mensch im Krieg. Dieses Thema beschäftigt die Oper seit ihren Anfängen. Monteverdi hat sich mit ihm in seinem kurzen dramatischen Madrigal *Il combattimento di Tancredi e Clorinda* (1624) ebenso auseinandergesetzt wie in seinem großen Dramma per musica *Il ritorna d'Ulisse in patria* (1640):

Im *Combattimento* führt er mitten in den ersten Kreuzzug. Der christliche Kreuzritter begegnet der von ihm insgeheim geliebten Mohammedanerin in der Schlacht. Beide erkennen einander in der Rüstung nicht und beginnen einen erbitterten Kampf auf Leben und Tod. Im Vorwort des Madrigalbuches erklärt Monteverdi, daß er sich dadurch besonders herausgefordert gefühlt habe, »zwei widerstreitende Leidenschaften in Gesang umzusetzen – den Krieg und die Liebe«. Um diese Spannung zwischen der Raserei des Kampfes und der Leidenschaft liebender Empfindung eindrücklich werden zu lassen, setzt er einerseits musikalische Mittel ein, die zu der Zeit gerade in der sich entfaltenden und verselbständigenden Instrumentalmusik entwickelt wurden: schnelle Tonwiederholungen, rasche Skalen, das Zupfen der Saiten, abrupte forte-piano-Kontraste und ähnliche Spiel- und Ausdruckstechniken. Ungemein anschaulich vergegenwärtigt er mit einem vielstimmigen Streicherensemble das Herangaloppieren Tancredis, das Schwingen der Schwerter, das Stoßen der Schilde, das Klirren der Waffen im Zusammenstoß der Streitenden und das Sich-ineinander-Verbeißen im Kampf. Andererseits entdeckt und entfaltet er eine Form des gestischen Gesangs, in dem Ornamentales keinen Raum mehr hat, der ganz darauf angelegt ist, seelische Regungen auszudrücken, Gefühle und Affekte Klang werden zu lassen. In dem gnadenlos geführten Kampf, den Monteverdi ganz unbeschönigt vorführt, wird Clorinda tödlich verwundet. Ihre Hinwendung zu den christlichen Tugenden Glaube, Liebe und Hoffnung, das Wiedererkennen und die Versöhnung der Liebenden sowie schließlich die Taufe durch Tancredi ebnen ihr den Weg zu einem Tod, der ihr Frieden zu bringen verspricht. Mit beklemmender Eindringlichkeit wird hier bereits am Anfang der Geschichte der Gattung vorgeführt, was in zahlreichen Opern wieder und wieder erzählt und variiert wird: Die Liebe und der Frieden haben in dieser Welt keine Chance. Hier herrscht der Krieg.

In *Il ritorna d'Ulisse in patria* ist der Krieg – so scheint es – vorbei. Monteverdi führt uns in eine aus den Fugen geratene Welt, und wir begegnen Menschen, die schwer gezeichnet sind vom Krieg. Hat er mit *Combattimento* das Problem der Unmöglichkeit von Liebe, Glück und Frieden in einer Welt des Kampfes behandelt, rückt er mit *Ulisse* die Verwüstungen in den Blick, die der Krieg anrichtet und die bleiben, auch wenn der Krieg vorbei ist. Auch dieses Thema wird in vielen Opern späterer Zeiten wieder aufgegriffen: Mit Glucks *Iphigénie en Tauride* (1779), Mozarts *Idomeneo* (1781), Strauss' *Elektra* (1909) und Reimanns *Troades* (1986) seien zumindest einige signifikante Beispiele erwähnt.

Aber auch Webers *Der Freischütz* (1821) spielt – so die Zeitbestimmung im Libretto – »kurz nach dem 30jährigen Krieg«, und wer die Grundkonstellationen und Konflikte in Wagners *Tristan und Isolde* (1865) recht erfassen will, wird die in der Vorgeschichte geführten kriegerischen Auseinandersetzungen, in deren Verlauf Tristan den Verlobten Isoldes erschlug, nicht außer acht lassen dürfen. Was immer sie sonst noch sind – Tristan und Isolde sind nicht zuletzt Opfer eines erbittert geführten Krieges, ihre Beziehung ist belastet mit dem Trauma der Gewalthandlung. Diese Vorgeschichte wird durch Erinnerungen und Erzählung nur skizzenhaft umrissen, ist freilich in dem motivischen Geflecht, mit dem Wagner die Geschichte zugleich erzählt und deutet, vielfältig präsent.

In Monteverdis *Ulisse* wird über die Vorgeschichte selber gar nichts mitgeteilt. Sie können Librettist und Komponist bei ihrem Publikum in allen Einzelheiten als bekannt voraussetzen. Um so prägnanter und offener zeigen sie die Zustände und Vorgänge am Hofe. Nichts von der vielfältig verästelten, aspektreichen Handlung wird in Boten- oder Mauerberichten versteckt. Selbst das grauenvolle Blutbad, mit dem Ulisse die um Penelope werbenden Freier – parasitäre, moralose und verrohte Protagonisten einer zerrütteten Gesellschaft – tötet, findet vor den Augen des Publikums statt, zu den Klängen einer wilden und martialisch schlagenden »Sinfonia di guerra«. Aber auch dieses Blutbad kann Ulisse nicht von seinem ruhelosen Schicksal erlösen, es kann noch keinen glückverheißenden Neuanfang für seine Beziehung zu Penelope eröffnen, es kann Ithaka den Frieden nicht bringen. Gewalt gebiert Gewalt und Krieg kommt nicht zum Ende. Kein Zweifel: Die Griechen werden die Tötung der Freier rächen. Erst das Eingreifen der Götter bringt die Wendung zum Guten. Sie schenken dem Ulisse Sicherheit und Frieden und dem wiedervereinten Paar eine glückliche Zukunft. So interessant es ist, daß die Gewalthandlung, mit der Ulisse die Freier tötet, nicht die Ordnung und den Frieden in der aus den Fugen geratenen Welt wiederherstellt, so bemerkenswert ist für unseren Zusammenhang noch etwas anderes: Die gleiche Musik, die wir hören, wenn Ulisse das Blutbad anrichtet, läßt Monteverdi schon zu dem eher komischen Ringkampf erklingen, den der noch als Bettler verkleidete Heimkehrer mit dem feisten Vielfraß Iro austrägt. Stößt dies nicht vielfältige Assoziationen und Reflexionen an? Einfache

Antworten auf die Frage nach dem Spannungsverhältnis von gesellschaftlichen Gewaltverhältnissen und dem Fühlen und Handeln der Menschen, die in ihnen agieren und reagieren müssen, gibt Monteverdi jedenfalls nicht. Mit der Musik erschließt er vielmehr Dimensionen, die sich mit ordentlich systematisierenden Argumenten und rational geführten Diskursen kaum erschließen ließen – und die hier zu erklären und interpretierend zu ergründen ein zum Scheitern verurteiltes Unternehmen bleiben muß. Ließe sich in Worte fassen, was uns Monteverdis Musik zu sagen hat, brauchten wir sie eigentlich gar nicht.

In den meisten Opernwerken, die in den folgenden Jahrzehnten geschrieben und aufgeführt wurden, findet sich von dem Reichtum und der Tiefe, die Monteverdis Kunst ausmachte, nur noch wenig. Sähe man sich all die längst vergessenen Stücke, die seinerzeit erfolgreich waren und offenbar die Bedürfnisse und Erwartungen des damaligen Publikums trafen, daraufhin an, wie hier das Problem von Gewalt und Krieg behandelt wird, stieße man sicher auf zumeist recht unterkomplexe Vorstellungen.

Aber auch die Werke aus dem 17. und 18. Jahrhundert, die nicht gänzlich vergessen sind, gelegentlich auch heute noch aufgeführt werden, zeichnen sich überwiegend nicht durch eine differenziertere Auseinandersetzung mit dem Problem aus: Gleichwohl ob wir es mit einer Opera seria, mit einer Tragédie Lyrique oder mit der Hamburger Bürgeroper zu tun haben – Krieg ist da allgegenwärtig, ein gleichsam natürliches Phänomen. Er ist probates Mittel der Politik. Seine Legitimität wird nicht in Zweifel gezogen. Im Vordergrund der erzählten Geschichten steht auch hier natürlich nie der Krieg selbst. Im Vordergrund stehen Personen. Um ihre Gefühle und Beziehungen, Händel und Konflikte geht es. Vorangetrieben wird die Handlung durch Hader und Zank, Kabalen, Intrigen, Verrat und eben Krieg. Mit Krieg werden eigene Interessen verfolgt, Streitfälle entschieden und Ziele – sie mögen hehr sein oder auch eher nicht – durchgesetzt. Im Krieg zu bestehen, Mut und Entschlossenheit, Kraft und Geschick zu beweisen, schafft Ehre und Ruhm, Anerkennung und Macht. Im Krieg bewähren sich Männer als Helden. Kämpfen und Siegen wird ihnen zum Sinn des Lebens. Nur als tapfere und erfolgreiche Helden haben sie Anspruch auf Liebe und Glück.

Auch wenn Krieg nicht eigentlich das Thema der Librettisten und Komponisten war, so hat er in den Opern des Barock also doch einen zentralen Stellenwert. Er wird dementsprechend auch vielfältig hörbar. Aufmärsche der Kämpfer und Krieger werden gern für lautstarke und rhythmisch akzentuierte Musik benutzt. In der Tragédie Lyrique haben sie eher Glanz und Schwung wie etwa in Lully's *Armide* (1686), Charpentiers *Médée* (1693) oder Rameaus *Dardanus* (1739/1744). Nicht selten wurden sie auf der Bühne getanzt. In der Opera Seria sind sie demgegenüber eher melodisch ausgeprägt. Besonders eingängige Beispiele finden sich bei Vivaldi, so etwa in *Farnace* (1726), bei Scarlatti in *Il Mitridate Eupatore* (1707) und natürlich in Händels italienischen Opern: in *Deidamia* (1740) zum Beispiel gleich zu Beginn, gilt es doch klarzustellen, daß für den Trojanischen Krieg gerüstet wird.

Vielfältig erhalten die Kämpfer und Krieger Gelegenheit, sich in virtuosen Musiknummern als Helden vorzustellen. Da machen sie aus ihrer Begeisterung für Streit und Kampf keinen Hehl und singen davon, wie sehr es sie danach dürstet, in der Schlacht ihren Mut und ihre Stärke zu beweisen. Gelegentlich wird die bravouröse Attitüde noch unterstrichen durch eine klangmalerische Veranschaulichung der Gefahren, denen der Held im Kampf ausgesetzt ist. Eindrucksvoll etwa illustriert Vivaldi in *Tito Manlio* (1740) in der Arie des Tito das Klirren der Waffen durch eine rhythmische Figur aus einer Achtel- und zwei Sechzehntelnoten, die als Kontrapunkt zu heftig dissonierenden langen Notenwerken erklingt, während das Schwirren der Pfeile im Mittelteil durch rasche Läufe der sich abwechselnden Violinen dargestellt wird. Nicht selten hören wir zudem Arien oder auch Chöre, in denen zu den Waffen gerufen wird oder mit denen die Kämpfenden ermutigt werden sollen. Im 3. Akt von Händels *Rinaldo* (1711) gibt es beispielsweise nicht nur zwei markante Märsche, mit denen die Truppen beider Seiten in die Schlacht ziehen; es finden sich hier gleich fünf Arien, in denen zur Schlacht gedrängt wird beziehungsweise Heldenmut und Kampfesfreude zum Ausdruck kommen. Dementsprechend plastisch malt dann Händel auch die Schlacht selber noch aus. Das stürmische und wechselvolle musikalische Geschehen veranschaulicht präzise den Verlauf der Schlacht, die zunächst ausgeglichen bleibt, in der dann Rinaldo die Stadt einnehmen und die Feinde in die Flucht schlagen kann.

Die Ausformung der Musiknummern, mit denen Krieg und Kampf auf die Bühne gebracht werden, mag bei Händel eine andere Qualität haben als bei den meisten seiner Zeitgenossen; allein auch er bedient sich der weithin standardisierten Formen und Typen der Opera seria. Mit Blick auf unser Thema aber ist bedeutsam, daß bei ihm die Eindeutigkeit und Plakativität, wie wir sie etwa bei Scarlatti, Hasse, Fux, Traetta oder Cimarosa erleben, ganz zu schweigen von den weniger bedeutenden Komponisten der Zeit, kaum je auszumachen sind. Immer findet er Töne, mit denen die Gefühle und Situationen in ihrer Komplexität und auch Widersprüchlichkeit erkennbar werden. Und die Beschädigungen der Menschen, die gestritten und sich bekämpft haben, klingen bei ihm auch noch nach, wenn die Geschichte – der Norm folgend – zum guten Ende gebracht wird. Das hören wir etwa im *Rinaldo* und auf geradezu beklemmend eindrückliche Weise im *Tamerlano* (1724), wenn das Anbrechen einer neuen Zeit der Morgenröte ganz verhalten und in abgetönten Moll-Farben besungen wird.

Nach dem Niedergang der »Opera seria« und der »Tragédie Lyrique« verschwindet der Krieg nicht etwa von der Opernbühne. Und so haben wir weiter Gelegenheit, Märsche, Kampfrufe, Kriegsgeschrei und Schlachtenlärm zu hören. Sie klingen nun aber anders. Schon in den Befreiungs- und Revolutionsopern Ende des 18. und Anfang des 19. Jahrhunderts haben die Märsche durch punktierte Rhythmen eine neue vorwärtstreibende Dynamik. Das hören wir bei Grétry und Cherubini, vor allem aber bei Spontini. Später werden sie zusehends mit Pathos aufgeladen und nicht selten national eingefärbt. Die Musik für den Aufmarsch begnügt sich nicht länger, das Schreiten von Truppen im Rhythmus und Tempo zu regeln. Sie inszeniert den Aufmarsch selbst als bedeutsames heroisches Ereignis. Allerdings finden sich nun auch Beispiele, wo der Marsch eingesetzt wird, um das Militär und den Krieg zu kritisieren oder der Lächerlichkeit preiszugeben. Das eine passiert offensichtlich, wenn Berlioz in *Les Troyens* (1863)[5] am Schluß den Trojanischen Marsch mit gräßlicher Vulgarität spielen läßt und damit Didos düstere Prophezeiung, daß Rom nichts als Gewalt und Zerstörung über die Welt bringen werde, eindrücklich beglaubigt. Das andere hat Offenbach unter ande-

---

5 Vgl. Jörg Calließ: *Flüchtige Töne – Ewiger Frieden. Fünf Präliminarartikel für die Erkundung der Opernbühne in Absicht auf den Frieden*, in Ulrich Menzel (Hg.): *Vom Ewigen Frieden und vom Wohlstand der Nationen*, Frankfurt a. M. 2000, S. 590f.

rem in *La grande-duchesse de Gerolstein* (1867) mit köstlicher Ironie vorgeführt. In Opern des 20. Jahrhunderts werden dann Märsche zunehmend zum musikdramatischen Mittel einer Parteinahme gegen Krieg und Militär. Das können wir etwa in Prokofjews *Krieg und Frieden* (1946), in Liebermanns *Leonore 40/45* (1952) und nirgends eindringlicher und radikaler als in Bernd Alois Zimmermanns *Die Soldaten* (1965) hören. Die ganze Destruktivität und Inhumanität einer Kultur, in der Militär und Krieg Leitbilder für das Denken und Handeln vorgeben, entlarvt Zimmermann nicht zuletzt durch die zu ständig wechselnden Grimassen verzerrten Marschrhythmen.

Auch pathetische Selbstinszenierungen von Helden, Kampfrufe und Kriegsgeschrei gibt es in den Opern des 19. und 20. Jahrhunderts weiter. Hüons heroische Arie in Webers *Oberon* (1826) und Sobinins ähnlich auftrumpfende Arie in Glinkas *Ein Leben für den Zaren* (1836) etwa sind ganz ungebrochene Äußerungen traditionellen Helden- und Kämpfertums. Und wenn Manrico in Verdis *Il Trovatore* (1853) zu den Waffen ruft, dann hat das wahrhaft mitreißenden und Beifall provozierenden Schwung. Daneben aber begegnen wir nun auch Helden, die der Schlachten müde sind, die keinen Sinn mehr sehen können im fortwährenden Kämpfen und sich nach Frieden sehnen. Von Alvaro in *La forza del destino* war schon die Rede. Andere wie der Volkstribun Rienzi in Wagners *Rienzi* (1842) oder Don Rodrigo in Massenets *Le Cid* (1885) und Igor in Borodins *Fürst Igor* (1890) mögen wegen fehlender Fortune nur zeitweise am Sinn des Weiterkämpfens zweifeln, aber der junge Krieger, der zu Beginn von Wagners *Die Walküre* (1870) in die Hütte Hundings und Sieglindes flüchtet, ist doch so erschöpft und desillusioniert, daß er auf die Frage nach seinem Namen antwortet, daß er weder Friedmund noch Frohwalt heißen könne, sondern sich Wehwalt nennen müsse. Wehwalts: Menschen, die unter den Wirren des Krieges leiden, treffen wir in den Opern des 20. Jahrhunderts immer häufiger. Mit Hindemiths *Mathis der Maler* (1935) und Hartmanns *Simplicius Simplicissimus* (1948) seien zumindest zwei Beispiele genannt.

Nun könnte noch dargestellt werden, wo und wie wir Kriegsgeschrei und Schlachtenlärm – und beides gibt es reichlich – in den Opern der Revolutionszeit, des 19. und des 20. Jahrhunderts, hören. Entscheidender als das Aufspüren solcher Musiknummern, in denen wir etwas von Kriegen und Kämpfen hören, und wichtiger auch als der Versuch, ihre jeweilige Eigenart zu erfassen und zu deuten, scheint aber die Verortung solcher Nummern in der semantischen Struktur der erzählten Geschichte. Das konnte für die Opera seria angesichts ihrer weitgehenden Normierung und Standardisierung mit einigem Recht ziemlich pauschal geschehen. Für die Werke späterer Zeiten ist das ganz und gar unmöglich. Allgemeine oder grob gerasterte systematische Aussagen darüber, wie sich die Librettisten und Komponisten mit dem Thema Gewalt und Krieg auseinandersetzen, könnten allzu leicht genau das verfehlen, was wir in ihren Werken erfahren und lernen können.

Begonnen hatten wir mit einem Blick auf Verdis *La forza del destino*. Bleiben wir einen Augenblick noch bei Verdi. Immerhin haben nur fünf der 26 Opern des Italieners nichts mit Krieg zu tun. Aber wie unterschiedlich wird darin die Frage nach dem Krieg und nach dem Verhältnis von Macht- und Gewaltrealitäten und dem Ringen der Menschen um gelingendes Leben thematisiert.

In *Attila* (1846), *La battaglia di Legnano* (1849) oder *Nabucco* (1842) werden ihm die jeweiligen historischen Stoffe zur Projektionsfläche für ein wie auch immer konkret ausgefaltetes Risorgimento-Anliegen. Die Befreiung, wo nötig durch Kampf, wird in den Mittelpunkt gestellt, wenn auch nicht ausgeblendet bleibt, was dieser Kampf kostet, wie Menschen in ihm und durch ihn leiden, vielleicht gar sterben. Das ist allerdings weit entfernt von der Rigorosität, mit der Verdi das Thema in *Forza* behandelt.

In *Macbeth* (1847) andererseits werden ihm der Chor der schottischen Flüchtlinge und die Arie, mit der Macduff den Mord an seinen Kindern beklagt, gleichsam zum archimedischen Punkt, von dem aus die Gewalttaten Macbeth', die Mobilisierung gegen ihn und schließlich der Feldzug, mit dem er niedergeworfen werden wird, gesehen und beurteilt werden müssen. Und doch ist es etwas anderes, was diese Oper wichtig macht: Wir erleben hier auf beklemmend eindrückliche Weise, wie die Gewalttäter sich mit ihrem mörderischen Tun selbst zu Grunde richten. Sie werden aufgefressen von Angst, Verzweiflung und Wahnsinn. Müßte nicht also die gesamte Geschichte von den Szenen her erschlossen werden, die uns dies zeigen? Wie immer wir ansetzen, wir werden das Geheimnis des Stückes allenfalls partiell entziffern, lüften werden wir es kaum.

Das gilt bestimmt auch für Verdis *Il Trovatore* (1853), eine düstere Geschichte, die von Haß, Eifersucht und Rache, Raub und Vergewaltigung, Verbrennung und Mord handelt und uns Menschen zeigt, die im Schatten des grauenvollen Bürgerkriegsgeschehens etwas suchen, was sie herausführt aus der eigenen Einsamkeit und das ihnen das Leben erträglich macht. Dem geben sie in Arien Ausdruck, die von einem Reichtum und einer melodischen Schönheit sind, wie wir sie selten finden. Aber auffällig ist, daß Verdi Themen, Motive, Melodien kaum wiederholt. Es gibt keine Entfaltungen, Ausbreitungen des musikalischen Materials. Das fällt besonders in den Duetten und Ensembles auf. Mit frappierender Konsequenz läßt Verdi jeden Sänger auf das, was der Partner vorgetragen hat, mit einer eigenen Melodie antworten. Sonst ist es in der italienischen Oper üblich, daß – selbst bei Vorliegen gegensätzlicher Affekte – die Melodie des Partners aufgenommen, womöglich weitergesponnen oder variiert wird. Indem Verdi dies hier im *Trovatore* verweigert, entfaltet er eine Fülle von Melodien wie wohl in keiner anderen Oper. Daran kann sich das Publikum gar nicht genug satt hören. Das tröstet es auch über die Widersprüche, Ungereimtheiten und Brüche der Handlung. Aber gehört nicht beides zusammen? Sind nicht die Vielfalt der Situationen, der rasche Wechsel zwischen verschiedenen Schauplätzen und die Handlung, in der keine Logik und kein Sinn mehr zu sein scheinen, ebenso Ausdruck einer durch den Krieg zerstörten Welt wie das Nicht-Zueinanderkommen der Menschen?

Ein ganz anderer Fall ist gewiß *Aida* (1871). Im Gewande der für einen Festakt – Eröffnung des Suez-Kanals – bestellten Repräsentationsoper führt Verdi gleichsam eine Studie über die Entstehung von Kriegshysterie, die Paranoia des Kämpfens, das Berauschen am Sieg und über die verheerenden Zerstörungen, die das alles anrichtet, vor. Der fanatische Schrei nach Krieg reißt gar die Sklavin Aida mit, gegen deren Volk gekämpft werden soll. Mit unausweichlicher Konsequenz werden die entzweiten Kräfte aufeinander gehetzt. In einer düsteren Segnung der Waffen, zu der Verdi eine phantasmagorische Klanglandschaft malt, werden höhere Mächte beschworen, das unheilige Vorhaben zu segnen. Die Schlacht selber wird nicht gezeigt, aber der zuvor angestachelte barbarische Blutrausch klingt in dem martialischen Triumphmarsch, mit dem der Sieg gefeiert wird, nach. Das Unisono von Chor und den auf der Bühne postierten Trompeten entfaltet einen geradezu brutalen Glanz – und in die Pausen schlägt das volle, im

Graben sitzende Orchester mit synkopischen Fortissimo-Akkorden. Da wird die ganze Zerstörung hörbar, die der bejubelte Sieg gekostet hat. Und in dem großen Finale, das den Akt nach der Demütigung der Feinde abschließt, wird keinem mehr Individualität und Profil zugestanden. Feldherr, Geliebte, Rivalin, Vater, König, Priester sind nur mehr Stimmen in einem alles mitreißenden, auf Überwältigung zielenden Ensemble.

In der interpretierenden und rezipierenden Opernpraxis mochte man sich lange der Radikalität, mit der Verdi das Thema Krieg und Menschen im Krieg behandelt, nicht ernsthaft stellen. Uniformen und Fahnen mußten genügen, die Sphäre des Militärischen zu markieren, und blitzende Schwerter, ein paar Hellebarden oder Kanonen und pittoreske Gerätschaften aus dem Fundus verwiesen auf den Krieg. Und wenn gekämpft wurde, war das eher ungelenk und sah ganz bestimmt nicht gefährlich aus. Erst in jüngster Zeit haben Regisseure wie Hans Neuenfels, Peter Konwitschny oder Calixto Bieito die ganze Brutalität und Zerstörungskraft des Macht- und Gewaltgeschehens vorgeführt, das Verdi doch offensichtlich nicht weniger beschäftigt hat als die Menschen, deren Geschichten ja nur vor diesem Hintergrund zu verstehen sind. Geerntet haben sie vielfach massive Ablehnung. Man wollte sich die Freude an den romantischen Liebesgeschichten nicht dadurch verderben lassen, daß man mit den Umständen konfrontiert wurde, in denen die Menschen leben, Liebe und ein bißchen Glück suchen, in Auseinandersetzung mit anderen verteidigen und – oft – schließlich sterben. Ist es Ausdruck einer tief verwurzelten Sehnsucht nach Harmonie und Frieden, daß das Opernpublikum gar zu gern Augen und Ohren gegenüber der Allgegenwart und dem schrecklichen Wirken des Krieges verschließt?

Wie allgegenwärtig er in der Oper ist, soll hier nicht weiter belegt werden. Sicher dürfte mehr als die Hälfte der 80 000 Opern, die seit Peri, Monteverdi, und Cavalli geschrieben wurden, im oder vom Kriege handeln. Und auch in manch anderen Werken lassen sich zahlreiche versteckte Hinweise darauf finden, daß anderswo durchaus Krieg herrscht. So wird oft etwa die plötzliche Abreise einer Person oder das überraschende Auftauchen einer anderen mit Krieg – wo auch immer – begründet. Wie sollte in Mozarts *Così fan tutte* (1790) etwa Don Alfonso das von ihm erdachte Arrangement zur Prüfung der Treue der Damen realisieren, wenn nicht die Einberufung der Herren zum Krieg – schließlich sind sie Offiziere – absolut unverdächtig wäre? Auch die permanente Abwesenheit des Ehemanns der Marschallin in Strauss' *Der Rosenkavalier* (1911) ist in Anbetracht seines Berufes als Soldat mehr als plausibel. Und Figaro hat in *Il Barbiere di Siviglia* (1816) keine Probleme, den verliebten Grafen Almaviva in das Haus des mißtrauischen Vormunds seiner angebeteten Rosina zu bringen, waren doch Einquartierungen von Militär bei Bürgern geübte Praxis. Sparen wir uns weitere Belege: Die Welt des Militärischen und der Krieg sind auf der Opernbühne vielfältig präsent. Mag sie gelegentlich harmlos dargestellt werden oder aber gar idealisiert und glorifiziert, es fehlt nicht an Werken, in denen die Sinnlosigkeit und der Schrecken höchst eindrücklich werden. *Forza* und *Aida* sind solche Werke, *Les Troyens* von Berlioz und im 20. Jahrhundert insbesondere Bergs *Wozzeck* (1925) und Bernd Alois Zimmermanns *Die Soldaten* (1965).

Wie menschenverachtend die Kultur des Militärischen ist, vermittelt sich im *Wozzeck* von der ersten Szene an. Aber Berg vermeidet doch plakative Eindeutigkeit, läßt uns auch sehen und hören, was an ihr fasziniert und erregt, wenn etwa Marie den Aufmarsch der Soldaten mit Begeisterung verfolgt. Vor allem aber führt Berg vor, daß das Brutale, Zerstörerische, Ungeheuerliche nicht eine singuläre Katastrophe, sondern alltägliche Realität ist. Gerade die musikalische Architektonik des gesamten Werkes mit ihren zahlreichen Leitmotivbeziehungen und mit ihren symmetrischen Korrespondenzen, vor allem aber mit ihrer strikten Organisation, die jede Szene in eine der Instrumentalmusik entlehnte Form faßt, macht das mit unhintergehbarer Schärfe deutlich. Solange es eine solche Kultur des Militärischen gibt, haben Menschen keine Chance auf ein menschenwürdiges Leben.

Genau diese Unentrinnbarkeit zu zeigen, ist auch Zimmermanns Anliegen in *Die Soldaten*. Die Geschichte wird hier nicht linear als geschlossener Handlungsablauf erzählt, sondern in einem Panorama von Szenen, die zu verschiedener Zeit spielen und in einem raumhaften Beziehungskomplex simultan zu hören und sehen sind. Die – stark von James Joyce beeinflußte – Idee einer »Kugelgestalt der Zeit« wird Zimmermann zum Hebel, einen komplexen und eben nicht mit Worten zu erfassenden Weltzustand darzustellen. Diese Gleichzeitigkeit von Zuständen und Handlungen wird noch verstärkt durch die Zitierung unterschiedlicher Stile von der Gregorianik über die Klassik und Romantik bis zum Jazz, durch die Einarbeitung von Marschtritt, Motorengeräuschen, Kommandos in verschiedenen Sprachen und unartikulierten Schreien. Besonders bedeutungsvoll ist die kompromißlose Einbindung all dieser Elemente in eine Werkorganisation, die den vom seriellen Musikdenken formulierten Einheitsanspruch einlöst. Zimmermann führt uns nicht nur vor, wie menschenverachtend und zerstörerisch die Kultur des Militärs und des Krieges ist, er gibt auch der Einsicht, daß sie allgegenwärtig ist, eine ästhetische Präsenz.

Momente des Friedens

Frieden hören wir in der Oper eher selten. Wenn Frieden erklingt, hat das meist nicht viel mit den Realitäten zu tun, die uns vertraut sind.

Natürlich gibt es Opern, die mit Krieg nichts zu tun haben, in denen wir noch nicht einmal irgendwelchen Militärs begegnen, von Heldentaten und Kampferfolgen hören oder erfahren, daß irgendwo – vielleicht »weit hinten in der Türkei« – die Völker aufeinander schlagen. Opern also, in denen es Probleme und Konflikte gibt, in denen wohl auch Verwicklungen passieren und Intrigen gesponnen werden, aber wenigstens nicht gewaltsam gestritten und gekämpft wird: Mozarts *La finta giardiniera* (1775) oder Rossinis *L'italiana in Algeri* (1813) wären hier vielleicht zu nennen, auch Flotows *Martha* (1847), Verdis *La Traviata* (1853), Smetanas *Die verkaufte Braut* (1866), Massenets *Werther* (1892) und Strauss' *Intermezzo* (1924), trotz Mord und Totschlag, die dort passieren, auch Mozarts *Don Giovanni* (1787) oder Leoncavallos *I Pagliacci* (1892). Natürlich spielen auch Wagners *Die Meistersinger von Nürnberg* (1868) im Frieden, wenn man auch nicht überhören kann, daß schließlich auf der Festwiese Töne angeschlagen werden, die nicht eben friedensfördernd sind.

All diese Werke entfalten aber kaum eine Ästhetik des Friedens, sie machen nicht wirklich hör- und erfahrbar, was Frieden ist, was ihn ausmacht und ihm Profil gibt. Die Aufmerksamkeit der Zuschauer und Zuhörer wird auf anderes gelenkt als auf den Frieden. Nun mag es gleichwohl interessant und auch ergiebig sein, die hier so ganz selbstverständlich in einer friedlichen Welt erzählten Geschichten daraufhin zu befragen, was denn in dieser

Welt gelingendes Leben und Zusammenleben von Menschen heißt und bedeutet, was die gezeigte friedliche Welt als Welt des Friedens konstituiert oder konstituieren könnte. Dem aber soll hier nicht weiter nachgegangen werden.

Für unseren Zusammenhang ist es zunächst naheliegender aufzuspüren, wo und wie wir in der Oper ganz absichtlich in eine Welt des Friedens versetzt werden. Solche Welten des Friedens sind zumeist in Gefilden angesiedelt, die weit entfernt sind von der Welt, in der die Zuschauer sich auskennen. Friede, so sehen und hören wir in vielen italienischen und französischen Pastoralopern des 17. und 18. Jahrhunderts, herrscht auf dem Lande. In idyllisch-ländlichen Szenen wird uns vorgeführt, wie hier Hirten, Nymphen und Götter einträchtig zusammen leben. Die Geschichten sind meist harmlos und schlicht. Gelegentlich variieren sie Motive der antiken Mythologie. Dann stehen Figuren wie Daphne oder Eurydice, aber auch Liebespaare wie Acis und Galathea oder Daphnis und Chloe im Mittelpunkt. Vielfach aber werden die Geschichten auch so erzählt, als spielten sie sich draußen vor den Toren der Städte ab: in arkadischen Landschaften, in denen Natur und Kunst eine wundervolle Einheit bilden. Es geht um Liebe und Glück und wie beides sich finden läßt. Entscheidend ist nicht die Handlung, die meist wenig Überraschungen bereithält. Entscheidend ist vielmehr, wie hier in Romanzen und Arien, Duetten, Chören und Divertimenti für Tanzeinlagen eine Aura der Harmonie und des Friedens geschaffen wird.

Kaum einer der großen Opernkomponisten der Zeit hat versäumt, eine Pastorale, ein Schäferspiel oder ein bukolisches Singspiel zu schreiben. Wir haben mithin Pastoralopern von Peri, Caccini oder Gagliano, Landi, Cavalli und Cesti, Staden, Keiser, Hasse und Händel, Galuppi, Paisiello und Cimarosa, auch noch von Haydn und Mozart, nicht zu vergessen die französischen Beiträge von Lully, Rameau oder Boismortier. Natürlich hat jeder von ihnen eigene musikalische Mittel gefunden, um diese Aura der Harmonie und des Friedens hörbar zu machen. Und doch lassen sich einige Gemeinsamkeiten feststellen: Helle und transparente Klangsphären bestimmen den Charakter. Neben den Streichern werden bevorzugt die Oboe, die Flöte und das Chalumeau benutzt. Überraschende harmonische Wendungen werden ebenso vermieden wie harsche rhythmische Akzentuierungen. Nicht selten verströmt diese Musik eine Ruhe, die statisch, ja entwicklungslos wirkt, Bewegung nur als sanftes Wiegen imaginiert. Wir hören Echo-Effekte und Naturlaute wie das Murmeln von Bächen, das Rauschen von Blättern und zumal die Stimmen von Vögeln. Das verwebt sich zu einem Wohlklang, der mal lieblich anmutig und sanft, gelegentlich unschuldsvoll naiv, mal eher graziös wirkt. Entscheidend aber ist das Primat, das hier immer der Melodie eingeräumt wird. Der mit sich und der Welt in Frieden lebende Mensch verströmt seine Gefühle in sinnlichen Kantilenen, die etwas mitteilen von seiner Zufriedenheit und seinem Glück. Das kann natürlich einer ganz unterschiedlichen Ästhetik verpflichtet sein. Bei Lully etwa hören wir wieder und wieder einen gleichsam unendlichen Fluß einer Melodie, die sich in kleinen Intervallschritten bewegt, von gleichmäßig gebundenen Begleitfiguren umspielt wird und deren Magie mit fein ziselierten Verzierungen noch gesteigert wird. Bei Staden oder Hasse herrscht demgegenüber ein liedhafter Grundduktus vor.

Wie auch immer: Diese Welten des Friedens, von denen wir in den Pastoralopern hören, haben mit der Welt des Alltags, in dem Menschen vielfach gehindert werden, Liebe, Glück und Frieden zu finden, nichts, aber auch gar nichts zu tun. Sie sind gleichsam der idealtypische Gegenentwurf zu der Welt, in der und mit der die Zuschauer eigene Erfahrungen haben sammeln können. Dies wird nicht zuletzt dadurch offensichtlich, daß wir neben den Pastoralopern von den vielen bedeutenden Komponisten des 17. und 18. Jahrhunderts auch eine haben, die von keinem geringeren als dem Philosophen Rousseau stammt. In seinem Singspiel *Le devin du village* (1752) preist er das unverdorbene Landleben. Hier tritt der Mensch noch dem Menschen in der vollkommenen Transparenz des Herzens gegenüber. Darin liegt ein Reichtum, der durch keine noch so kostbaren Güter – ein galanter Kavalier vom Hofe versucht die Dorfschönheit durch Schmuck für sich zu gewinnen! – aufgewogen werden kann. Mag die Geschichte auch naiv und bieder, die Musik dazu gar ziemlich simpel sein, das kleine Singspiel ist doch ein massiver Angriff gegen gesellschaftliche Zustände, in denen kein Raum ist für das natürliche, überströmend menschliche Gefühl. Das Landleben, so macht Rousseau erfahrbar, ist dem Leben bei Hofe – und damit dem Leben in der sogenannten zivilisierten Welt des 18. Jahrhunderts – moralisch überlegen, weil es die Selbstbestimmung des Menschen erlaubt. Darin, und nur darin liegt die Bedingung von gelingendem Leben und Frieden.

Nur wenige Jahre vor Rousseau hat Rameau die Frage nach den Bedingungen von gelingendem Leben und Frieden an den Anfang seiner Ballettoper *Les Indes galantes* (1753)[6] gestellt. Hebe, die Göttin der Jugend, die Liebe, Glück und Frieden anzubieten hat, macht die bittere Erfahrung, daß ihr niemand mehr folgen mag, alle lieber Ruhm und Ehre in der Schlacht suchen wollen. Deshalb macht sie sich auf die Suche nach neuen Wirkungsmöglichkeiten in entfernten Gefilden anderer Kontinente. Und in der Türkei, in Peru, in Persien und bei den Wilden in den nordamerikanischen Wäldern findet sie tatsächlich Welten des Friedens. Rameau bringt sie mit der ganzen Farbigkeit und Pracht seiner reichen musikalischen Mittel zum Klingen. Für jede Szene bemüht er sich, eigenes Lokalkolorit zu finden: In dem peruanischen Sonnengesang benutzt er dafür ein mehrfach wiederkehrendes Quartenmotiv, von dem aus die Melodielinie pentatonisch entwickelt wird; in den Türkenszenen sind es die eher ungebräuchlichen Tonarten und die weiten Intervallsprünge, die exotisch anmuten, und in dem Indianerbild umkreist die Melodie beharrlich einen Zentralton, während sie ständig durch wechselnde Harmonisierungen in ein neues Licht gerückt wird. All diese Exotismen geben den fremden Welten ihren eigenen Reiz und eine besondere Faszination. Sie machen aber – und das ist für unser Thema von Bedeutung – auch klar, daß diese Welten, in der die Menschen so wunderbar Rivalitäten und Zwist, Streit und Krieg beilegen, Frieden schaffen und so der Liebe und dem Glück Raum geben, weit weg sind.

Opern, die in fremden Ländern spielen, blieben auch nach Rameau in Mode, hatten im 19. Jahrhundert, durch die Pariser Weltausstellung dann noch mal verstärkt, weithin Konjunktur. Wenn dabei auch die Frage nach dem Frieden meist nicht mehr so explizit in den Mittelpunkt gestellt wird wie bei Rameau, so wirkt das Motiv, das er so plastisch ausgemalt hat, doch weiter: Weit weg von unserer Welt gibt es Kulturen, in denen Menschen es schaffen, miteinander in Frieden zu leben. Wenn sie daran gehindert werden oder sich gezwungen fühlen, Gewalt anzuwenden, dann sind daran meist Eindringlinge aus dem Abendland schuld.[7]

6 Vgl. Calließ, op. cit. (Anm. 5), S. 593f.
7 Vgl. Jörg Calließ: »*und ob's auch die Flügel ihm zerschlagen sollte!« Die Zerbrechlichkeit des Schmetterlings oder: Fördert die Opernbühne interkulturelles Verstehen?*, in Matthias Viertel (Hg.): *Der Interkulturelle Konflikt auf der Opernbühne*, Hofgeismar 2004, S. 99-108.

Pastoralopern, wie sie im 17. und 18. Jahrhundert so beliebt waren, gibt es im 19. und 20. Jahrhundert nicht mehr. Allenfalls werden sie mal nostalgisch zitiert wie etwa in Tschaikowskis *Pikovaja dama* (1890). Im 19. Jahrhundert hatte zunächst offensichtlich das Anliegen, in der Oper eine Welt des Friedens hörbar und erlebbar zu machen, keine besondere Attraktivität. In ein realitätsentrücktes Arkadien sollten die Zuschauer nicht weiter entführt werden. Friedensidyllen wurden nun eher in einem biederen bürgerlichen Milieu angesiedelt. Das sind nun nicht mehr die idealtypischen Gegenentwürfe zu einer Welt, deren Unfriede als Problem und ständige Herausforderung empfunden wird; das sind vielmehr selbstzufriedene Affirmationen der spießbürgerlichen Verhältnisse, in denen man es sich so behaglich eingerichtet hat.

Wenn wir übrigens in Opern des 19. und 20. Jahrhunderts etwas hören, was uns Frieden imaginiert, dann sind das meist nur kurze Momente. Da wird die Allgegenwart von Streit, Kampf und Krieg für eine wundersame Weile ausgesetzt, läßt sich ein Vorschein des Friedens, den zu schaffen in dieser Welt nicht gelingen will, hören. Solche Momente gab es schon in den Opern des 17. und 18. Jahrhunderts. Ein besonders schönes Beispiel ist die berühmte Arie des Xerxes in Händels *Xerxes* (1738). Der Heerführer und Frauenverführer ist von seinen Eroberungen ermüdet und setzt sich unter eine Platane, in deren Schatten er Ruhe und ein bißchen Frieden findet. Bezeichnenderweise steht dieses Larghetto – das in unserer Zeit als Largo Karriere bei sakralen Anlässen macht – in der Tonart F-Dur, die vielfach bei der Zeichnung pastoraler Idyllen bevorzugt wurde. Interessanter aber noch ist die Nähe zu Ton und Gestus, den Händel in *Der Messias* im Duett »Er weidet seine Schafe« anschlägt. Die Imagination des Friedens ist offensichtlich zugleich verbunden mit der Erinnerung an ein verlorenes goldenes Zeitalter wie auch mit der Zusage des Evangeliums, daß die Welt von allen Sünden erlöst würde und dann ein Reich des Friedens errichtet werde. Vielleicht ist diese Doppelbindung von Friedensbildern nicht immer so offenbar wie hier bei Händel, aber sie klingt eigentlich überall an, wo pastorale Klänge den Frieden veranschaulichen.

In den Opern des 19. Jahrhunderts wird in den Momenten, die wir als friedvoll wahrnehmen, auch oft die Nähe des Menschen zur Natur, in der er Harmonie und Ruhe erfährt, ausgemalt. Die christliche Zusage, daß der Heiland die Gerechten in ein Reich des Friedens führen wird, ist darin aber kaum mehr aufbewahrt. Es ist die Natur selbst, die für den Frieden steht und im Menschen eine Reinheit der Empfindung evoziert, ihn – wenn er sich denn auf sie einläßt – Frieden finden läßt.

Weber hat das in *Der Freischütz* (1821) mit romantischer Eindringlichkeit thematisiert. Nach einem geheimnisvollen, für alles offenen und zugleich tief verunsichernden Beginn mit leeren Quintgängen der Streicher und Holzbläser erklingt in ungetrübtem C-Dur der ruhig schwebende Gesang von zwei Hörnerpaaren. In einem magischen Augenblick, der sich in der ganzen Oper nicht wiederholt, imaginiert Weber den Inbegriff einer Natur, die Harmonie und Frieden bedeutet. Schnell wird in der symphonisch angelegten Ouvertüre aber die Gefährdung dieses Friedens hörbar. Dafür steht der in dem ganzen Werk allgegenwärtige verminderte Septakkord. Und doch können wir wieder und wieder hören, wie die Menschen in der so gefährdeten und unerlösten Welt Heil und Frieden in der Natur suchen.

Max, der vom Glück verlassene Jägerbursche, beklagt sein Geschick in einem dramatischen Rezitativ mit verzweifeltem Aufbegehren, das sich gar zur Gotteslästerung steigert. Eine Trugschlußkadenz der Klarinette führt seine Gedanken zurück in die Zeiten, in denen er unbeschwert und frohgemut »Durch die Wälder, durch die Auen« streifen konnte. Mag der Text auch von der Treffgenauigkeit des Jagdgewehrs reden, die liedhaft eingängige Melodie, deren kantabler Schwung durch eine reine harmonische Begleitung beflügelt wird, vermittelt etwas von der heilen Welt, in der der Mensch in innerer Übereinstimmung mit der Natur lebt.

Im nächsten Akt gibt es einen weiteren Moment, in dem Weber uns erfahrbar macht, wie das Erleben von Natur Frieden schenken kann. Agathe wartet auf Max. Sie ist beunruhigt, weil er so spät noch unterwegs ist, und dann öffnet sie das Fenster: »Welch schöne Nacht« – und mit wenigen chromatischen Tonschritten, in denen sich die Harmonie von G-Dur zum Dominantsextakkord von H-Dur schwingt, flutet die Mondnacht in den Raum und läßt Agathe Ruhe finden. Ihr Leiden und Hoffen – das macht der weitere Gang der Szene deutlich – ist untrennbar mit dem Leben und Weben der weiten Natur verwoben. Weber konfrontiert uns im Freischütz auch mit den dunklen Seiten der Natur, mit ihren Gefahren und Abgründen. Die Stille der Nacht aber, das Rauschen und Flüstern der Wipfel, das milde Licht des Mondes, all das ist Agathe Grund und Quelle des Friedens.

Auch in romantischen Opern anderer deutscher Komponisten gibt es wundervolle Naturschilderungen, die Harmonie und Ruhe ausstrahlen, wenn sie auch nicht allzuoft die Imaginationskraft haben wie im *Freischütz*, in *Euryanthe* (1823) oder *Oberon* (1826) von Weber.

Das Motiv, dem wir ja auch in Literatur und Philosophie begegnen, wird übrigens gelegentlich sogar zum zentralen Ausgangspunkt von verschiedenen Opern, die von Naturwesen handeln, die sich sehnen, Mensch zu werden und eine Seele zu gewinnen, in der Welt der Menschen aber ihr Glück nicht finden. Hier wären E. T. A. Hoffmanns *Undine* (1816) und die gleichnamige Oper von Lortzing (1845) die bekanntesten Beispiele deutscher Komponisten. Wenn Lortzings kleine Nixe Undine tieftraurig wieder Abschied von der Erde nimmt, eröffnet ihr der Wasserfürst Kühleborn in einem stimmungsvollen Duett voll süßer Wehmut, daß ihr »hier oben... der Frieden nicht erblüht« und sie »in die Heimat« zurückkehren müsse. Dort im Schoße der Natur ist Friede – für Undine, aber nicht nur für sie. Lortzing macht das ganz naiv, ohne großen Aufwand durch die Magie der leise schwebenden Melodie und das sanfte Wogen von Chor und Orchester deutlich. So anheimelnd dieser versöhnliche Schluß ist, von dem kühnen Wurf, den E. T. A. Hoffmann mit seiner *Undine* gewagt hat, ist diese biedermeierliche Idylle Lortzings weit entfernt. Von der Verzweiflung über das Zerbrechen einer großen Utopie und vom Protest gegen die Ordnungen der Menschenwelt, die Hoffmanns Undine bei all ihren dramaturgischen Schwächen ihre singuläre Bedeutung geben, weiß Lortzing nichts. Beiden gemeinsam allerdings ist, daß sie in eine geheimnisvolle Märchenwelt führen, um Geschichten zu erzählen, die von der Suche nach Identität, Menschlichkeit, Glück und Frieden handeln.

Mag die Frage nach der Versöhnbarkeit der Sphären der Natur und der Menschen besonders für die deutsche Romantik typisch sein, sie wird auch von Komponisten anderer Nationalität behandelt. Dargomyžskijs *Rusalka* (1856) und Dvořáks *Rusalka* (1901) seien als besonders eindrückliche Beispiele genannt. Für unseren Zusammenhang aber wichtiger ist zunächst noch der Hinweis auf weitere Momente, in denen die Aura des Friedens durch eine poetisch-stimmungsvolle Beschreibung von Natur evoziert wird. Solche Momente finden sich nämlich nicht nur in Werken deutscher Komponisten wie Weber, Marschner, Spohr, später auch Nicolai, Schumann, Goldmark und natürlich Wagner, der uns ja am Beginn von *Das Rheingold* (1869)[8] gleichsam den Urfrieden hören läßt. Solche Momente finden sich auch in französischen und italienischen Opern und nicht weniger in Opern slawischer oder skandinavischer Komponisten.

Ein Beispiel verdient noch besondere Aufmerksamkeit, das sich in einer Oper findet, die von hochdramatischem Ringen um Macht und Herrschaft erzählt und in der Gewalt und Krieg ganz präsent sind: *Simon Boccanegra* (1857 / hier im Blick die 2. Fassung von 1881) von Verdi. Nach einem Prolog, in dem wir mitten in die Bürgerkriegswirren im Genua des 14. Jahrhunderts versetzt worden sind und die Unversöhnlichkeit der Feindschaft zwischen den Führern der um die Macht konkurrierenden Parteien erlebt haben, malt Verdi zu Beginn des ersten Aktes das im Glanze des Tagesanbruchs badende Meer. Man kann diese raffiniert gestaltete und doch wie reine Natur klingende Musik nicht beschreiben. Man muß sie hören. Und doch sei zumindest angedeutet, mit welchen Mitteln Verdi sie komponiert hat: Die rhythmische Faktur ist zunächst unbestimmt, gleichsam schwankend. Erst im dritten Anlauf gewinnt sie eine klare Neun-Achtel-Kontur, die allerdings bald wieder verschwimmt, um sich später erneut herauszuformen. Trillerketten der Violinen im Terzabstand erklingen ohne den Grundton G. Aus einem Quartsextakkord entsteht ein pentatonisches Motiv, das die Bratschen vortragen, ehe Pikkolo, Flöte und Klarinette über einem gleichbleibenden Sextakkord der Streicher eine sanfte Wellenbewegung formen. Die Grundtonart bleibt zunächst verborgen, klingt dann in reiner Klarheit auf und wird doch wieder unerkennbar, entschwindet gleichsam in den sich brechenden Strahlen der aufgehenden Sonne. Amelias Arie nimmt diese mirakulöse Naturstimmung auf, und ihre wunderbar strömende Melodie spannt sich als weiter ruhiger Bogen, während die Figurationen der einleitenden Musik im Orchester weiter perlen. Als einzige Solonummer der ganzen Oper hat diese Arie eine dreiteilige Anlage mit Reprise und vermittelt damit einen statischen, die Zeitabläufe gleichsam

---

8 Vgl. Calließ, op. cit. (Anm. 5), S. 591 f.

stillstellenden Eindruck. In der düsteren, dunkel-leidenschaftlichen Oper voller Gegensätze, Konflikt und Gewalt ist dieser Beginn des 1. Aktes ein magischer Moment des Friedens, ein Versprechen, daß die von Ehrgeiz und Machtbesessenheit, Unversöhnlichkeit und Haß vorangetriebene Handlung ein gutes Ende nehme könnte. Und Amelia ist in dieser Handlung unverkennbar die lichte Verkörperung der Idee des Friedens. Sie ist es denn auch, die sich in der dramatisch zugespitzten Konfrontation zwischen Plebejern und Patriziern zwischen die Fronten wirft und damit den Weg freigibt für Boccanegras machtvollen Friedensappell. Die eindringliche Mahnung vor politischer Zerrissenheit und der leidenschaftliche Aufruf zum Frieden zitieren Formulierungen aus Briefen Petrarcas an die Dogen von Genua und Venedig und nehmen in dem pathetischen Höhepunkt der Szene »Pace! E vo gridando: amor!« direkt die letzte Zeile von Petrarcas Canzone »Italia mita« auf. In einem beschwörenden Melodiebogen, der vier Takte überspannt, kommt die übergreifende Idee des Friedens zum Ausdruck, die sich auf Italien, die sozialen Parteien in Genua und die Personen des Dramas gleichermaßen erstreckt. Solisten und Chor nehmen mit kadenzierenden Harmonieschritten diesen Impuls auf. Das sich entfaltende große Ensemble, in dem der Vorschein späterer Versöhnung aufklingt, wird gekrönt von der zweimal intonierten wundersam innigen (»dolcissimo«) Friedensmelodie Amelias: Sie findet ihr stilles Ende in einem a capella gesungenen Triller Amelias, in dem die Sextolen der Naturschilderung vom Beginn des Aktes nachzuklingen scheinen.

Bis zu Versöhnung und Frieden ist es aber noch ein weiter Weg, und Boccanegra kostet er das Leben. Sein Sterben steht am Ende der Oper, nicht die Freude am nun doch möglichen Frieden in Genua.[9]

Da capo: Frieden hören wir in der Oper eher selten. Und oft klingt er gewissermaßen aus einer anderen Welt herüber, aus einem bukolischen Arkadien, aus einer fremden Kultur oder eben aus der reinen und unberührten Natur.

Und wenn wir doch einmal in einer Oper, deren Handlung hier in dieser Welt spielt, Frieden hören, so ist er meist nicht von Dauer. Wir erleben häufiger, wie der Frieden zerbricht oder verspielt wird. Weber hat das gleich am Anfang seiner *Euryanthe*

---

9 Vgl. zum Ende des Werkes Calließ, op. cit. (Anm. 5), S. 599f.

(1823)[10] vorgeführt, und nicht weniger eindrucksvoll Schubert in *Fierrabras* (1823),[11] Rossini in *Guillaume Tell* (1829); und auch der Friede, der in Berlioz' *Les Troyens* (1863)[12] zu Beginn des zweiten Teils in Karthago mit Chören, Liedern und Tänzen gefeiert wird, hat keinen Bestand. Aeneas und die Seinen können oder wollen ihn nicht genießen. Sie sind getrieben von der Mission, Rom gründen und damit die Basis für die Erkämpfung eines neuen Weltreichs schaffen zu müssen.

Und doch sind die Momente des Friedens in der Oper, mögen sie auch noch so flüchtig und unwirklich sein, von wundersamer Kraft. In solchen Momenten gelingt, was nach Schiller vornehmste Aufgabe der Kunst ist: die Vergegenwärtigung und Wiederaneignung eines Ideals, das verlorenging in den Wirren der Menschheitsgeschichte, eines Ideals, das die Menschen neu ergreifen muß und ihrem Denken und Handeln einen tieferen Grund und einen höheren Sinn geben kann. In der Oper werden dafür nicht Argumente entfaltet und Diskurse geführt. Ihre Botschaft vermittelt sie nicht durch die sinnstiftende Macht des Wortes. Mag hier der Bariton Worte Petrarcas benutzen, dort das Libretto von einem Könner wie Boito oder Hofmannsthal, Maeterlinck oder Brecht klug konstruiert und sorgfältig durchformuliert sein, es ist doch die Macht der Musik, die dem Ideal Glanz und Strahlkraft gibt, es in die Herzen der Zuhörerinnen und Zuhörer einbrennt. Die suggestive Projektion von Frieden in einer Pastoralidylle Händels, in Rameaus exotischen Welten oder in Wagners Vision von einem mythischen Anfang aller Zeiten kann dies genauso leisten wie Webers Beschwörung der Harmonie von Natur oder der Vorschein von Eintracht und gelingendem Miteinander in den Gewalt- und Kriegsgeschichten Verdis. Die Momente des Friedens in der Oper mögen hinter der argumentierenden Logik, mit der Philosophen und Wissenschaftler, Schriftsteller und Dichter für die Sache des Friedens streiten, vielleicht diffus und vage wirken. Aber sie erreichen das Gefühl, die Seele der Menschen. In ihnen liegt die Kraft, die Menschen und Wirklichkeiten verwandeln kann.

---

10 Vgl. Calließ, op. cit. (Anm. 5), S. 588 f
11 Vgl. ebd., S. 589f.
12 Vgl. ebd., S. 590f.

Das glückliche Ende

Frieden hören wir in der Oper eher selten. Wir bekommen aber Geschichten erzählt, in denen Menschen am Ende so etwas wie Frieden finden.

Mögen die Geschehnisse noch so turbulent und verworren sein, die wir in den Opern der verschiedensten Zeiten miterleben, mögen die Konflikte noch so leidenschaftlich ausgetragen werden, mögen Gewalt und Krieg auch noch so allgegenwärtig sein, wenn der Vorhang schließlich fällt, ist das alles meist vorbei. Am Ende herrscht Friede. Aber was für ein Friede ist das? Und – wichtiger noch – wie ist er gewonnen worden?

Die Frage ist leicht gestellt. Aber läßt sie sich beantworten? Gewiß nicht in Verallgemeinerungen. Wir begegnen in der Oper zu allen Zeiten einer Vielzahl von distinkten Geschichten, und die meisten sind mehrsinnig und rätselhaft. Sie geben ihr Geheimnis nicht preis, wenn wir uns auf den Gang der Handlung konzentrieren und seine Logik zu erfassen suchen, ja nicht einmal, wenn wir die verschiedenen Handlungs- und Tiefenstrukturen sorgfältig aufspüren und analysieren.

Welche Oper bürdet nicht den Interpreten und dem Publikum eine Reihe von kaum lösbaren Fragen auf? Lassen sich Werke wie *L'incoronazione di Poppea* (Monteverdi 1642), *Tamerlano* (Händel 1724), *I Puritani* (Bellini 1835), *Lohengrin* (Wagner 1850), *Aus einem Totenhaus* (Janáček 1930) oder *Le Grand Macabre* (Ligeti 1978) wirklich so nacherzählen und deuten, daß nicht ein tiefes Unbehagen bleibt? Und muß nicht dieses Unbehagen noch viel tiefer sein, wenn die erzählte Geschichte nur mehr als Konfliktgeschichte gefaßt wird, an der in erster Linie interessiert, wie es gelingt, die Geschichte zu einem guten Ende zu bringen, oder warum das Ende der Geschichte nur böse sein kann?

Die Frage also, wie am Ende einer Oper schließlich Frieden wird und was das für ein Frieden ist, läßt sich sinnvoll nur für jede Oper einzeln stellen, und jeder Versuch, sie zu beantworten, reduziert letztlich das jeweilige Kunstwerk auf eine Dimension. Und meist dürfte das noch nicht einmal die Dimension sein, die den Autoren die wichtigste war. Wenn gleichwohl nun einige verallgemeinernde Anmerkungen zu den narrativen Schemata gemacht werden, mit denen die Erzählungen in der Oper zu Ende gebracht werden, so geschieht das nur, um zu eigenen Entdeckungen und Erfahrungen in der Welt der Oper anzustiften und zu einem Umgang mit der Oper zu ermutigen, der Fragen in den Mittelpunkt stellt, die unter Umständen quer zu den jeweiligen dramaturgischen Intentionen stehen.

Wenn Kant im Vorspruch zu seinem bedeutenden philosophischen Entwurf *Zum ewigen Frieden* (1795) von dem Schilde eines holländischen Gastwirtes spricht, auf dem die Worte »Zum ewigen Frieden« mit dem Bild eines Kirchhofs unterlegt waren, verweist er auf etwas, was dem Opernbesucher unserer Tage ganz vertraut ist: Nicht selten endet die Geschichte mit dem Frieden eines Kirchhofs. Gleich am Beginn dieser kleinen Erkundung haben wir das am Beispiel von Verdis *La forza del destino* kurz skizziert. Zu Zeiten Kants konnten die Besucher aber noch darauf rechnen, daß die Geschichte einen guten Ausgang nimmt. Ja, die Erwartung des Publikums war geradezu darauf fixiert, daß die Konflikte gelöst, Streit und Krieg beendigt und Frieden gewonnen wird. Schon in der Frühzeit der Oper, als auf der Bühne noch überwiegend mythologische Stoffe bevorzugt wurden, hatten die erzählten Geschichten meist einen guten Ausgang. Nicht selten erforderte das eine tiefgreifende Veränderung der überlieferten Geschichten: Peris *Euridice* (1600) etwa wird von Orpheus, der mit seinem schmerzerfüllten Gesang die Götter der Unterwelt bewegt hat, ihr das Leben zurückzugeben, aus dem Reich der Schatten wieder an das Licht der Sonne geführt. Eine weitere Prüfung gibt es nicht. Beide feiern am Ende der Oper ihr neu errungenes Glück mit Tänzen und Chören und dürfen sich wohl auf ein Leben in Frieden freuen. Auch Medea, Dido und Antigone finden in Opern des 17. Jahrhunderts Glück und Frieden.

Als sich die Oper schon bald nach ihrer Entstehung zunehmend auch historischer Stoffe bemächtigte, wurde die Gewohnheit, die Geschichten zu einem guten Ende zu führen, durchaus weiter gepflegt. Auf der Bühne waren nun wirkliche Menschen mit ihren Gefühlen und Leidenschaften zu erleben: Liebe und Haß, Treue und Falschheit, Eifersucht und Rachedurst, Besitzgier und Machthunger waren die trivialen dramatischen Motive, die das Geschehen vorantrieben. Dieses Geschehen selbst war meist unübersichtlich, nicht selten gänzlich undurchsichtig. Eine Fülle von Personen, ein Durcheinander von Haupt- und Nebenhandlungen, in denen das Phantastische, Übernatürliche und Wunderbare unvermittelt neben Spiegelungen und Projektionen vergangener oder gegenwärtiger Wirklichkeit stand, sowie wildwuchernde Intrigen, krude Ungereimtheiten und haarsträubende Unwahrscheinlichkeiten machten es nicht eben leicht, am Ende die Handlungsknoten aufzulösen und einen glücklichen Ausgang einzufädeln. Er wurde dann auch oft recht willkürlich durch eine frappierende, alle dramaturgische Logik wie historische Erfahrung verhöhnende Wendung herbeigeführt. Oft gelang das nur durch das Eingreifen eines Gottes – eines »deus ex machina« –, der aus dem Kulissenhimmel auf die Erde herabschwebt, um in der aus den Fugen geratenen Welt Frieden zu schaffen. Aber auch ganz ohne einen Gott zu bemühen, gelingt es Steffani in seiner für den Hannoverschen Hof geschriebenen Oper *La battaglia di Tagliacozzo* (1693), den glücklosen Konradin vor Schauprozeß und Hinrichtung zu bewahren. Er darf eine Nichte Karl von Anjous heiraten und hinfort wohl irgendwo in Frieden leben. Spätestens hier wird deutlich, wie eng der glückliche Ausgang der Opern dieser Zeit durch die Funktion vorgegeben war, die sie bei den höfischen Inszenierungen der absolutistischen Herrscher hatten.

Dafür soll noch ein Beispiel stehen, das für eine Aufführung am Wiener Hof geschrieben wurde: In Cestis Oper *Il pomo d'oro* (1667) erleben wir, welche originellen Lösungen für die Friedensfrage aus der Ergebenheit für das Haus Habsburg erwachsen können.[13] Der trojanische Prinz Paris, der urteilen soll, welcher Göttin der goldene Apfel der Eris mit der Aufschrift »der Schönsten« gebührt, entscheidet sich zwar wie gehabt gegen Minerva und Juno und für Venus, die ihm die Liebe des schönsten irdischen Weibes versprochen hat – und das ist natürlich Helena, die allerdings mit dem König von Sparta verheiratet ist. Sein Urteil löst – und auch das kennen wir – reichlich Streit unter Göttern und Menschen aus. Die Welt wird in mächtigen Aufruhr gestürzt. Aber ehe der zum Trojanischen Krieg eskaliert, greift Jupiter selbst ein. Mit einem Blitzstrahl macht er allen Streitereien ein Ende, greift sich den Apfel und bestimmt ihn der höchsten Fürstin, die jemals die Welt gesehen habe oder sehen werde. Und das ist niemand anders als Margareta Theresia, die frisch vermählte Gattin Kaiser Leopold I. Das Welttheater wird zur höfischen Ze-

---

13 Ein anderes Beispiel wäre Hasses *Egeria* (1764). Vgl. dazu Calließ, op. cit. (Anm. 5), S. 592f.

remonie. Um den Frieden muß sich niemand sorgen, wo die Habsburger herrschen!

Zu Beginn des 18. Jahrhunderts zielten durchgreifende Reformbemühungen darauf, die Handlungsabläufe übersichtlich und das Geschehen damit verständlich zu machen. Die italienische Oper, die ja ganz Europa erobert hatte und für die Entwicklung der Gattung auch im 18. Jahrhundert weiter tonangebend bleiben sollte – eine Sonderentwicklung nahm allein die französische Oper –, wurde dadurch standardisiert. Das schloß zwar Verschiedenheit nicht aus. Aber für die Behandlung ernster Stoffe war nun das dramaturgische Konzept der »Opera seria«, so wie es die Textdichter Zeno und vor allem Metastasio entwickelt hatten, weithin verbindlich.

Bei allem Kult der Empfindsamkeit herrscht eine rationale, dem Vernunftglauben des Zeitalters verpflichtete Dramaturgie. Die Figuren sind auf Grundcharaktere reduziert, mehr Typen als Personen. Der Tyrann, die Liebende, der tapfere Held, die unschuldig Leidende, der böse Verräter, die ehrgeizige Frau sind in allen Verkleidungen dieselben. In der Handlung begegnen sie uns vor allem als Träger bestimmter Affekte. Aber auch die Handlung selbst ist standardisiert. Sie folgt einem klaren Ablaufschema von der Exposition über die Entwicklung und die Peripetie zur Lösung. Zwischen Haupt- und Nebenhandlung ist klar geschieden. Die Konflikte und Situationen sind weitgehend typisiert. So durchschaubar die Gefühle der Personen, so vorhersehbar sind ihre Handlungen. Darum sind natürlich alle Probleme und Konflikte auch lösbar. Der glückliche Ausgang, das *»lieto fine«*, ist die natürliche, notwendige Krönung des dramatischen Geschehens.

Diese Fixierung auf den glücklichen Ausgang erklärt sich zum einen sicher aus der engen Verbindung der Oper mit dem festlichen Zeremoniell, wie sie im 17. und 18. Jahrhundert bestand. Irdische und göttliche Gerechtigkeit werden darin – oft ganz explizit – parallelisiert, und das feudale Herrschertum wird zugleich legitimiert und verklärt. Das Opernfinale zeigt den Sieg eines moralisch begründeten Tugendbegriffes und entfaltet dadurch normbildende Kraft. Diese Kraft wird in den Dienst einer Stärkung der bestehenden sozialen und politischen Ordnung gestellt. Der Friede, der am Ende gewonnen wird, verdankt sich der Weisheit und Güte des absolutistischen Fürsten.

Allerdings dürfte die Fixierung auf den glücklichen Ausgang

noch eine andere Quelle haben. Das Urbild des »*lieto fine*« ist die Apotheose, die Versöhnung, das notwendige Aufgehen in Harmonie, die nach damals noch gängiger Meinung einfach in der »Natur« der Töne liegt. Die gesamte Entwicklung der Musik stand in Europa von je im Zeichen des *harmonia*-Begriffes. So war die mehrstimmige Musik im frühen Mittelalter als Erscheinungsform der alten Weltformel »*concordia discors*« begriffen worden. Das Vermögen der Musik, Widerstrebendes zu versöhnen und alles Seiende im Namen allgemeingültiger Ordnungen einzubinden, gab ihr unter allen Künsten eine herausragende Stellung. Im »*lieto fine*« der »Opera seria« fand das seine prunkvollste Bestätigung. Der Friede, der am Ende besungen wird, verdankt sich also nicht nur dem absolutistischen Fürsten; er erwächst auch aus der Kraft und der Fähigkeit der Musik, Harmonie herzustellen.

Daß aber das glückliche Ende einer Oper auch ausgesprochen obszön sein kann, hat schon ganz früh in der Geschichte der Oper Monteverdi in seiner *L'incoronazione di Poppea* (1642) vorgeführt. Nero hat erreicht, worauf sein Begehren von Anfang an zielte: Moralische Einwände hat er beiseite geräumt, und der Philosoph Seneca, der sie ihm vorhielt, hat sich auf seinen Befehl hin selbst getötet. Seine Gemahlin Ottavia hat Nero verstoßen. Dem lästigen Nebenbuhler Ottone, der sich von Ottavia für ein Mordkomplott gegen Poppea hatte gewinnen lassen, hat er zwar das Leben gelassen, aber alle Titel und Rechte genommen. Er wird künftig weit weg von Rom in der Verbannung leben müssen. Nero kann nun endlich Poppea zu seiner Gemahlin nehmen. Aus dem Himmel schweben Venus und Amor herab, um selbst an der Krönung mitzuwirken. In einem schwelgerischen Schlußduett, das freilich nicht von Monteverdi selbst auskomponiert wurde, besingen Nero und Poppea ihr Liebesglück. Der glückliche Ausgang der Oper wird zu einer Apotheose des Eros. Die kanonisch geführten Gesangsstimmen steigern sich zu einem wahren Taumel des Begehrens und der Glückseligkeit. Aber grundiert ist dieser sinnliche Rausch mit einer ostinaten Baßfigur, deren nach unten weisende Intervallschritte eine Chaconne zu intonieren scheinen, die zugleich geprägt ist von einer Raum und Zeit übergreifenden Strenge wie von einer geheimen Trauer. Mag der Text der Oper zunächst verstanden werden als die Geschichte einer Leidenschaft, die über Leichen geht, die sich über Recht, Gesetz und Menschlichkeit hinwegsetzt, mag das Ende der Geschichte als uneingeschränkte Bejahung des Eros erscheinen, mag man darin ein Fest der Befreiung von niederdrückendem Moralismus erkennen, so weist doch unüberhörbar die Orchesterbegleitung über solch vordergründige Deutungen der Handlung hinaus. Sie trauert über mehr als über den Tod Senecas, die Verbannung Ottones und die Verstoßung Ottavias. Sie verweist auf eine weitergreifende Wahrheit.

Die Mehrzahl der Schlußszenen, denen wir in den Opern der folgenden Jahrzehnte begegnen, bleibt hinter der tiefen Mehrsinnigkeit und Vieldeutigkeit Monteverdis weit zurück. Das glückliche Ende der Geschichte wird meist eher ungetrübt besungen. Nicht selten geschieht das in heiteren Tänzen und glanzvollen Chören. Interessant aber ist, noch genauer zu schauen, wie denn die von Konflikten und Intrigen handelnden Geschichten hier überhaupt zu einem guten Ende gebracht werden. So unterschiedlich nämlich die Schauplätze und so verschieden die historischen Kontexte, die den Rahmen für das Geschehen auf der Bühne abgeben, so regelmäßig sind doch die Muster für die Erreichung des glücklichen Ausgangs. Zumal nach den Reformbemühungen zu Beginn des 18. Jahrhunderts scheinen sie geradezu kanonisiert.

Ein wichtiger Beitrag zur Beendigung von Zwietracht und Streit und zur Herstellung von Frieden ist natürlich die Niederwerfung und Ausschaltung des – selbstverständlich – bösen Widersachers. Besonders oft erscheint dieses Muster in Verbindung mit Kritik an ungerechter Herrschaft. Dem »*lieto fine*« wird der Weg durch einen Tyrannenmord geebnet. Der legitime Herrscher setzt sich durch und nimmt am Ende Huldigung und Jubel des Volkes entgegen. Ein besonders typisches Beispiel hierfür ist *Mitridate Eupatore* (1707) von Alessandro Scarlatti, auf den nicht zuletzt deshalb eigens hingewiesen wird, weil hier der erkämpfte Friede durch den Abschluß eines Vertrages zwischen Mitridate und dem Volk befestigt wird. Grund genug für ungetrübten Jubel.

Sehr häufig werden in der »Opera seria« Feindschaften und Kämpfe durch eine Hochzeit beendet. In der Vermählung des jungen Paares begründet sich eine neue Ordnung, in der Frieden herrschen wird und Liebe und Glück blühen können. Triebkraft für die Auflösung der Konflikte und die Überbrückung der Gegensätze ist natürlich meist die Liebe. In den Opern des 17. und

18. Jahrhunderts finden sich dafür zahllose Beispiele. Es mag genügen, hier auf drei zu verweisen: *Il Tigrane* (1715) von Alessandro Scarlatti, *Artaserse* (1730) von Hasse und nicht zuletzt *Camilla* (1696) von Bononcini, in der allerdings weniger die Macht der Liebe als vielmehr das staatspolitische Kalkül die Hochzeit und damit den guten Ausgang einfädelt.

Bedeutsam für die Stiftung von Frieden in der »Opera seria« ist aber doch etwas anderes: Meist geschieht die Lösung der Konflikte durch den plötzlichen Durchbruch eines der Protagonisten zu größter menschlicher Erhabenheit. Sein Großmut und seine Gnade überwinden die Gräben der Feindschaft und heilen die Wunden, die die Kämpfe schlugen. Auf sie kann eine Ordnung des Friedens gegründet werden. Beispiele für diesen dramaturgischen Mechanismus gibt es so viele, daß hier unmöglich auch nur die wichtigsten genannt werden können. Besonders typisch sind natürlich Opern, für die Metastasio den Text geschrieben hat. Verwiesen sei auf *Antigonos*, vertont u. a. von Hasse (1743), und *Titus*, fast 50mal vertont, nicht zuletzt von Leo (1735), Hasse (1737), Gluck (1752), Jommelli (1753), Traetta (1769), Anfossi (1769) und Mozart (1791). Interessanterweise wird aber das Muster der Konfliktlösung durch Vergebung und Gnade vielfältig variiert. Dabei sind es weniger die Texte, in denen eigene Lösungen gefunden werden. Sie berichten kaum etwas über Motive und Gefühle der handelnden Personen, sondern fassen meist eher umstandslos die Akte des Verzichts auf Rache, der Gewährung von Gnade, des Angebots von Versöhnung und der Ausrufung des Friedens in mehr oder weniger standardisierte Wendungen. So bleibt es der Musik vorbehalten, etwas davon mitzuteilen, was die Menschen bewegt, welche Qualität und welche Kraft das Gnaden- und Versöhnungsgeschehen hat und was für ein Friede es ist, der da nun anbricht.

Natürlich gibt es zahllose Beispiele, in denen die Musik uns wenig tiefere Einsichten vermittelt. Da werden die Gefühle der Beteiligten in bewährten musikalischen Formeln ausgedrückt und der glückliche Ausgang und der gewonnene Friede mit konventionellen Fest- und Feiertönen besungen. Aber es fehlt nicht an eigenständigen Ausgestaltungen. Die größte Vielfalt und den beeindruckendsten Reichtum finden wir gewiß bei Händel. Er hat Form und Inhalt der »Opera seria« gerade dadurch aufgewertet, daß er die Arien seiner Figuren zu höchst vielschichtigen Psychogrammen ausgestaltete und dem Orchester, das meist reicher besetzt war als bei anderen Komponisten des 18. Jahrhunderts, eine eigenständige Funktion zuwies. Mag denn bei ihm am Ende seiner Opern auch oft die Mechanik der »Opera seria«-Dramaturgie ganz den Regeln folgend ablaufen, so beglaubigt er doch das Geschehen mit einer Musik, die höchst spezifisch gefaßt ist und uns tiefere Einsichten über die Gewinnung des Friedens, ja über den gewonnenen Frieden selbst eröffnet. Dementsprechend klingt eigentlich jedes Finale bei Händel anders. In *Herkules* (1745) ist nicht zu überhören, daß der so mühsam zustande gekommene glückliche Ausgang kaum überschäumende Freude und Phantasie freisetzt. Demgegenüber verströmt die Musik, mit der Händel das gute Ende in *Orlando* (1733) feiert, etwas von dem Gefühl der Befreiung und des Überschwanges, das die Beteiligten nach all dem, was sie haben durchstehen und erleiden müssen, erfüllt. Oben war schon davon die Rede, daß Händel in *Tamerlano* (1724) das Anbrechen einer neuen Zeit der Morgenröte ganz verhalten in abgetönten Moll-Farben besingen läßt. Zu tief sind offenbar die Beschädigungen der Menschen, die das erbitterte Streiten und Kämpfen überlebt haben und nun den glücklichen Ausgang der Geschichte besingen. Auch in *Radamisto* (1720)[14] finden nach extremen Situationen der Prüfung und Bewährung, in denen Händel uns erschütternde Einblicke in das Leiden, die Verlassenheit und die Verzweiflung seiner Protagonisten eröffnet hat, die Liebenden am Ende glücklich vereint zusammen. Den Schlußgesang, mit dem das gepriesen wird, weitet Händel zur Verherrlichung einer ethischen Idee, der Gattenliebe, zum Hymnus auf die universale Humanität. Hier weist die Musik weit über die Horizonte der »Opera seria« hinaus.

Gleichwohl hat sich diese Form mit ihrem Zwang zum glücklichen Ausgang noch lange gehalten. Selbst Mozart, Gluck und Rossini haben sich ihrer weiter bedient. Aber in dem Maße, in dem der Absolutismus als Herrschaftsordnung und als Garant von Frieden fragwürdig wurde, verlor das Modell des *»lieto fine«* seine Leuchtkraft. Angesichts einer zunehmenden sozialen Differenzierung und Dynamik, angesichts einer fortschreitenden Individualisierung und angesichts der Entwicklung von Selbstbewußtsein und Selbstverantwortung bei immer mehr Gliedern der

---

14 Vgl. Calließ, op. cit. (Anm. 5), S. 598f.

Gesellschaft, konnte das Muster der Friedensstiftung durch die Gnade eines Herrschers, mochte er auch noch so edel und großherzig sein, nicht mehr als Wegweiser für eine unter Konflikten und Kämpfen leidende Welt gelten. So werden denn in den Opern Ende des 18. und Anfang des 19. Jahrhunderts neue Muster entfaltet, nach denen eine Geschichte zum guten Ende gebracht werden kann.

Wie kein anderer hat Mozart sich in seinen Opern auf das Problem eingelassen, daß die traditionellen Vorstellungen über die Bedingungen und Möglichkeiten friedlichen Zusammenlebens nicht mehr taugen. Selbst in den Opern, die noch dem »Opera seria«-Modell folgen, macht er deutlich, daß der Zwang zum »*lieto fine*« keine Antwort auf das geben kann, was die Menschen entzweit und gegeneinander treibt. In *La clemenza di Tito* (1791) verzichtet er gar darauf, den eigentlichen Gnadenakt zu komponieren und als Accompagnato-Rezitativ auszugestalten. Die Worte werden in einem Secco-Rezitativ gesungen, das Mozart von seinem Adlatus schreiben ließ. Der Gnadenakt hat nichts Erhabenes mehr. Er ist nicht wie ehedem Ausdruck der Souveränität und Machtvollkommenheit des Herrschers, sondern wird gleichsam aus Zwang gewordener Gewohnheit vollzogen, er ist vorhersehbar und kommt fast automatisch. Ob mit solch' einem Akt sich Frieden begründen läßt, kann durchaus bezweifelt werden. Aber ein solcher Zweifel wird nicht erst durch die Hohlheit des Begnadigungsrituals genährt, er ist bereits in der Personendramaturgie des Werkes angelegt. Während Vitellia und Sesto blutvolle, mit leidenschaftlichen Gefühlen und widersprüchlichen Empfindungen ausgestattete Charaktere sind, bleibt der Kaiser erhabenes Marmorbild, bleich und uninteressant, Repräsentant des barocken Machtkosmos, der nicht mehr wirklich lebendig ist. Der Abstand zwischen ihm und denen, die er zu begnadigen hat, ist längst zerstört. So ist es nur konsequent, daß nicht der *Verschwörer* Sesto, sondern der *Freund* Sesto begnadigt wird. Der Seinsgrund des absolutistischen Staates – der Gnadenakt – wird ins Private aufgelöst.

Schon in dem Singspiel *Die Entführung aus dem Serail* (1782) hatte Mozart darauf verzichtet, die Worte der Vergebung und der Gnade musikalisch zu beglaubigen. Dem Bassa Selim hatte er eine Sprechrolle übertragen und damit jede Möglichkeit einer musikalischen Vertiefung seiner Gefühle und seiner Handlungen vorenthalten. Zwar ist sein Gnadenakt, mit dem er Konstanze und Belmonte die Freiheit gibt, alles andere als eine hohle Geste. Aber er bleibt aufklärerische und aufgeklärte Prosa. Er bringt die Handlung natürlich zu einem für die Liebenden glücklichen Ende; und doch liegt der tiefere Grund für dieses glückliche Ende anderswo. Die entscheidende Weichenstellung geschieht in dem großen Duett zwischen Konstanze und Belmonte. Ihr Fluchtversuch ist aufgedeckt. Sie sind gefangengenommen worden und müssen eine strenge Bestrafung befürchten. In dem Duett nun versichern sich beide ihrer Liebe und Treue. Sie sind bereit, miteinander und füreinander zu sterben. Mit dem ebenso ekstatischen wie innig bewegten Sprung auf das b" bekräftigt Konstanze, daß ihr der Tod an der Seite des Geliebten »Wonne« bedeute. Diese unverbrüchliche Todesbereitschaft befreit sie aus allen Bindungen und Zwängen dieser Welt. Welche Gewalt hätte ein Herrscher über die Liebenden, die den Tod nicht scheuen? Die Verkündigung der Utopie der Liebe, die sich nichts und niemandem mehr unterwirft, macht die Frage der Gnade nachrangig.

Mozart unterstreicht das nachdrücklich: Nach dem kunstvoll gestalteten und tief bewegenden Zwiegesang zwischen Belmonte und Konstanze klingt das abschließende Vaudeville, mit dem die Freigelassenen dem Bassa für seine Huld danken, bewußt einfach und unprätentiös. Es hat etwas von einem altklugen Kindergesang, atmet Rhythmus und Geist eines Abzählverses. Und doch gelingt es Mozart, uns hier zu zeigen, wie brüchig der Frieden noch ist. Jeder Strophe gibt er ein eigenes Gesicht. Wenn Belmonte, Konstanze, Pedrillo und Blondchen nacheinander die Melodie aufnehmen, gestattet er jedem kleinere Nuancen, gestaltet er die Begleitung unterschiedlich aus. Auch Blondchen singt zunächst die Melodie getreu nach, wendet sich im Refrain aber gehässig gegen Osmin, den Aufseher des Bassa. Kaum aus der Todesgefahr befreit, attackiert sie den Menschen, der sie liebt und an sich binden wollte. Sie nennt ihn ein »Tier« und fragt, »ob man so was ertragen kann«. Osmin, so bloßgestellt und gedemütigt, schlägt zurück: »Verbrennen sollte man die Hunde«. Die Melodie für diesen Ausbruch lehnt Mozart an Blondchens Tonfall an. Schon hiermit macht er deutlich, daß es zu einfach wäre, in dem Aufseher den Störenfried zu sehen, den Unzivilisierten, der des nun zu erwartenden Friedens nicht würdig wäre. Aber er geht noch weiter: Zunächst hören wir, wie es allen den Atem verschlägt. Aber dann kommentieren die Europäer den verzweifelten Wutausbruch Osmins mit einem allgemeinen Moralsatz »Nichts ist so häßlich als die Rache!«. Das klingt plakativ und sententiös. Aber selbstgerecht setzen die tugendhaften Europäer noch eins drauf: »Ohne Eigennutz verzeihen, ist nur der großen Seelen Sache!« Bei dieser Weisheit führt Mozart die Stimmen kurz nach B-Dur. Das ist die Subdominante der Grundtonart F-Dur, erweist sich aber hier ironischerweise als zu hoch, so daß die Singenden das nur wenige Takte durchhalten. Das Motto ist hörbar zu hochgestimmt, als daß die Europäer es füllen könnten. Ihr Gesang klingt zugleich pathetisch und überzogen. Weder das Wort »groß« noch das Wort »Seele« wird betont, aber das Wort »Sache« erhält Nachdruck. Dann wird der Rundgesang wieder aufgenommen; und das klingt nun vollends banal, wie eine lästige Zeremonie. Im Duett zwischen Belmonte und Konstanze waren die Erlebnistiefe und Hingabefähigkeit der Menschen zu hören. Nichts davon klingt nach, wenn hier der gute Ausgang der Geschichte besungen wird. Die darein geschriebene Moral ist nicht mehr als eine konventionelle Formel. Sie hat keine Seele. Frieden, weiß uns Mozart, braucht mehr.

In seiner Commedia per musica *Le Nozze di Figaro* (1785)[15] entfaltet Mozart dann gleichsam eine eigene Theorie des Friedens. Wenn wir irgendwo in der Oper eine Auseinandersetzung mit der Frage nach den Bedingungen und Möglichkeiten des Friedens finden, die dem Ernst der Frage gerecht wird und zeitlose Antworten gibt, dann in diesem Werk. Auf der Basis der Komödie *La folle journée* von Beaumarchais und gestützt durch den genialen Text da Pontes gelingt es Mozart, eine Geschichte zu erzählen, in der es um die Beziehungen zwischen höchst individuell charakterisierten Personen geht. Die von Beaumarchais übernommene Ausgangskonstellation ist vorgegeben durch die ständische Schichtung des Ancien régime. Aber spätestens im Finale des 4. Aktes wird offenbar, daß die auf Ungleichheit gebauten Strukturen dieses Regimes nicht mehr tragen, daß die traditionellen Muster, Ordnung und Frieden zu gewährleisten, nicht länger funktionieren. Der Abstand zwischen dem Herrscher und den Untertanen ist zerstört. Es gibt nicht mehr die Pathos-Spanne zwischen dem, der richtet und ordnet, und denen, die seiner

---

15 Vgl. Calließ, op. cit. (Anm. 5), S. 575 ff. und 602 ff.

Herrschaft und seiner Gnade unterworfen sind. Sie ist von zwei Seiten her aufgezehrt:

Der herrische, im Begehren wie im Zorn gleichermaßen rücksichtslose Graf ist zwar noch ganz erfüllt von dem naiven Glauben an die Vorrechte des Adels, welche die Zeit schon in Frage stellt, aber er hat mit seiner Untreue gegenüber seiner Gattin, mit seinen amourösen Abenteuern und Intrigen seine moralische Autorität längst verspielt. Die Ensembles des 1. Aktes hatte er noch alle beherrscht. Hier war er noch der überlegene Souverän. Im Finale des 2. Aktes ist seine Rolle schon längst nicht mehr dominant, und es gelingt ihm nicht einmal mehr, die Führung an sich zu reißen. In der Arie des 3. Aktes zeichnet Mozart dann das höchst komplexe Portrait eines Mannes, der sich dagegen auflehnt, Macht und Einfluß zu verlieren, gar verlacht zu werden. Die Schlußkoloratur, mit der er sich selbst einredet, daß er letztlich jubilieren werde, klingt geradezu wie die Parodie der traditionellen Triumphgesänge obsiegender Operntyrannen. Im anschließenden Sextett bleibt ihm nur noch eine unwirsch polternde, die sich entwickelnde Harmonie der anderen störende Gegenstimme.

Aber die Zerstörung der Pathos-Spanne ist nicht allein dem Autoritätsverlust des Grafen infolge seiner eigenen Unmoral, Verlogenheit und Lasterhaftigkeit geschuldet. Sie ist auch eine Folge der Entwicklung, in der die anderen Personen der Handlung Selbstbewußtsein gewonnen und sich selbst als autonome Persönlichkeiten entdeckt haben. Sie sind nicht mehr willens, sich der Willkür des Grafen zu unterwerfen. Im Finale des 4. Aktes wird nun – wie schon angedeutet – der Konflikt endlich öffentlich. Der Graf glaubt noch, er habe eine Verschwörung aufgedeckt und es sei nun an ihm, durch Bestrafung Moral, Recht und Ordnung wiederherzustellen. Gnade zu gewähren, ist er nicht bereit. Dem Flehen der Untertanen, er möge ihnen doch verzeihen, schleudert er ein sechsmaliges »No« entgegen. Just in diesem sechsmaligen »Nein« macht Mozart aber deutlich, daß der Mann am Ende seiner Möglichkeiten ist: Die Ausrufe beginnen auf E, dem höchsten Ton des a-Moll-Dreiklangs, fallen dann abwärts und enden auf dem höchsten Ton des Dominantseptakkordes zur Grundtonart G-Dur. Mozarts Tonartendramaturgie entlarvt, wie tief der Mann in der Sackgasse steckt. Er kann die Krise nicht mehr beherrschen, die Konflikte nicht lösen.

Die Lösung der Spannung und die Herbeiführung des glücklichen Ausgangs gestaltet Mozart in einem Ensemble,[16] das Ziel- und Angelpunkt der gesamten Dramaturgie des Werkes ist und als streng konstruierter musikalischer Bau entfaltet wird. Die Lösung des Konfliktes wird hier nicht besungen und gefeiert, sondern real zustande gebracht.

Nachdem der Graf hat einsehen müssen, daß es seine eigenen Verfehlungen sind, die Moral und Ordnung stören, und er die Autorität und die Macht nicht mehr hat, den Frieden wiederherzustellen, bittet er seine Gattin, die er betrogen und gedemütigt hat, ihm zu verzeihen. Sie verzeiht, und indem sie die melodische Geste aufnimmt, mit der er sie darum bat, bietet sie ihm wirkliche Versöhnung. Hier geht es um mehr als das Verzeihen von Verfehlungen und einen zeitlich begrenzten Brückenschlag. Hier geht es nicht wie im »*lieto fine*« der traditionellen »Opera seria« darum, eine wie auch immer geartete alte Ordnung wieder zu heilen. Hier wird eine neue Ordnung geschaffen, die Ordnung einer versöhnten Beziehung, es wird ein Bund zwischen Menschen geschlossen, die sich in all ihrer Unvollkommenheit und Eigenheit ohne jede Illusion sehen. Und dieser Bund ist offen für andere. Er lebt aus dem Geist der Humanität, die jede Anmaßung von Ungleichheit aufgeben kann. Die Menschen finden in ihm zueinander, indem sie ihre Gefühle wahr und tief zulassen und mitteilen, ehrlich zueinander sind und sich gegenseitig anerkennen. Das Ensemble, in dem die einzelnen Stimmen die von der Gräfin angestimmte Melodie mit spezifischen Abwandlungen aufnehmen und höchst kunstvoll miteinander verwoben werden, hat eine magische Wirkung, die Raum und Zeit zu transzendieren scheint. Manchem mag das nach Utopie klingen. Für Mozart aber ist das Allzumenschliche nicht etwa aufgehoben, sondern ausdrücklich eingebunden. Die Versöhnung, die eine Sozietät der Gleichen schafft, ist bei ihm ein innerweltliches Projekt, das Frieden ganz konkret begründet und trotz aller menschlichen Unzulänglichkeit und über alle Gegensätze und Konflikte hinweg immer wieder erneuern kann.

Ganz anders sieht das Projekt aus, das wenige Jahre nach *Le Nozze de Figaro* auf den Opernbühnen Europas in Mode kam: Einige wenige Jahre lang begeisterte sich das Publikum – zuerst in Frankreich, bald in allen Metropolen Europas – an den Schrek-

---

16 Dazu ausführlicher Calließ, op. cit. (Anm. 5), S. 602 ff.

kens- und Rettungsopern mit ihrer oft kruden Verbindung von rohem, abenteuerlichem Realismus und kühnem Rettungspathos. Da konnte es erleben, wie durch mutiges Handeln Ängste und Schrecken überwunden, Not und Gefahr beseitigt, gar Hungerstürme und Kerker aufgebrochen wurden. Besonders interessante Werke dieses Typus sind *Lodoiska* (1791), *Les deux journées* (1800) und *Faniska* (1806) von Cherubini, *La caverne* (1793) von Le Sueur, *Gulnar* (1798) von Dalayrac, *Leonora* (1804) von Paër und *Joseph en Egypte* (1807) von Méhul.

Die dramatische Logik folgte meist einem einfachen Schema, und die Frage, wie die Rettung möglich wurde, schien nicht besonders interessant. Offensichtlich kam es vielmehr darauf an, eine Realität auf die Bühne zu bringen, in der Not und Gefahr, Schrecken und Ängste zum Alltag gehören. Vor allem freilich wollte das neue Publikum wohl an dem Ereignis der Rettung teilhaben, mochte sie auch auf abenteuerliche, fast unglaubliche Weise geschehen. Da konnte es sich dann daran berauschen, wie sich – um Romain Rolland zu zitieren – »die trunkene Wollust einer freien Seele« aussingt.

Vielleicht wären die Schreckens- und Rettungsopern längst vergessen, hätte nicht Beethoven in *Fidelio* (als *Leonore* 1805 uraufgeführt, überarbeitet 1806 und in der dritten Fassung als *Fidelio* 1814) eine Geschichte erzählt, deren äußerer Handlungsverlauf ganz in dieser Tradition steht.

Der glückliche Ausgang der von Unfreiheit und Unterdrückung handelnden Oper wird in einem Finale vollzogen, das mit dem Auftritt eines Ministers beginnt. Schon seine Ankunft wird in strahlendem C-Dur besungen. Ihn führt »des besten Königs Wink und Wille« hierher in das Gefängnis, in dem – soweit wir wissen – nur einer der Gefangenen ungerechtfertigt eingesperrt ist. Dieser Mann allerdings muß qualvoll leiden, weil der Gouverneur ihm das Licht des Tages verwehrt und kaum noch zu essen geben läßt. Aber die Mission des Ministers beschränkt sich nicht darauf, den Akt der Willkür zu beenden und diesen Gefangenen zu befreien und zu rehabilitieren. Nein: Er will der »Frevel Nacht« enthüllen, »die all' umfangen, schwarz und schwer«. Die Zeit der Tyrannei ist vorbei. Er sucht als Bruder die Brüder; und so weitet sich denn die Befreiung des zu Unrecht eingekerkerten Florestan zu einer Befreiung aller. Das Aufschließen der Ketten Florestans durch Leonore gestaltet Beethoven noch zu einem tief bewegenden Augenblick, in dem die Gefühle der Menschen ganz unmittelbaren Ausdruck finden. Dann aber bricht ein Jubel aus, der alle und alles mitreißt. Die individuellen Schicksale gehen auf in dem chorischen Enthusiasmus, der Gattenliebe und Humanität besingt, vor allem aber den Sieg der Idee der Freiheit: Beethovens Musik läßt hier die von seinen Librettisten konstruierte Opernhandlung hinter sich und gestaltet die Raum und Zeit überschreitende Vision einer Hoffnung. Sogar die wahrhaft heroische Tat Leonores, die eine Rettung Florestans überhaupt erst möglich gemacht hat, da sie dem zum Mord entschlossenen Gouverneur mutig entgegengetreten ist, geht in dem Freudentaumel unter, der die Struktur und die Dramaturgie der Gattung Oper sprengt und – ähnlich wie das Finale der 9. Sinfonie – eine eigene Ästhetik der Menschheitsbefreiung entfaltet.

Als Beethoven noch an seiner Rettungsoper arbeitete, mit der er wie kein anderer für die Ideen der Revolution in ihrer ganz ursprünglichen Reinheit stritt, hatte längst ein intensives Suchen nach neuen Stilen begonnen. Eine Zentralfigur in diesem Prozeß war gewiß Gasparo Spontini.

Spontini, der noch in *Fernando Cortez* Napoleons Machtpolitik verherrlicht hatte, trug keine Bedenken, wenig später die französische Restauration in prachtvollen Ausstattungswerken zu feiern oder für Berlin romantisch angehauchte, nationale Historienopern zu liefern. Er wußte sich den wechselnden Zeitläufen jeweils anzupassen und brachte seine Geschichten auch ganz umstandslos zu dem Ende, das jeweils erwartet wurde.

Viele andere Komponisten scheinen damals kein Interesse gehabt zu haben, eigene, womöglich neue Wege zu entdecken, auf denen am Ende einer von Konflikten und Kämpfen handelnden Geschichte Frieden gewonnen werden könnte. Ihnen war – wie Heine über Rossini spottete – »nach den großen Kämpfen und Enttäuschungen« der »Sinn für die großen Gesamtinteressen des Menschengeschlechts« verlorengegangen. Sie interessierte nur mehr »das isolierte Gefühl von einzelnen«. Verhandelt wurden dementsprechend zumeist Privatsachen oder – um noch einmal Heine zu zitieren – die »Angelegenheiten der Ichheit«. Die Herstellung eines glücklichen Ausgangs der Geschichte bereitete da keine Probleme, konnte sie sich doch bewährter Muster bedienen, mochten sie nun der »Opera seria« oder »Opera buffa« entstammen, den Befreiungsopern oder der volkstümlichen Singspieltradition, eine politische Profilierung gewannen sie eh nicht. Aber schon Rossini legt mit *Guillaume Tell* noch eine Oper vor, die sich sehr entschieden wieder der großen Fragen der Gesellschaft annimmt. Das gute Ende, das die Geschichte hat, wird – in diesem Punkte konsequent Schiller folgend – unter Einsatz aller Kräfte von den zur Freiheit drängenden Eidgenossen erkämpft. Ein berauschender Erfolg war dem Werk 1829 nicht beschieden, und in vielen Ländern Europas wurde das revolutionäre Potential des Werkes mit großem Mißtrauen betrachtet. Vielleicht aber traf auch die Tatsache, daß die Geschichte einen glücklichen Ausgang hatte, nicht mehr den Geschmack der Zeit.

Im 19. Jahrhundert wurden nämlich dem Publikum auf der Opernbühne zumeist Geschichten erzählt, in denen es keine glückliche Lösung der Probleme und Konflikte mehr gibt. Zunächst mochten verschiedene Komponisten noch davor zurückgeschreckt haben, ihre Opern tragisch enden zu lassen. So hat etwa Rossini seine Oper *Tancredi* (1813) in der ersten Fassung entgegen der Vorlage Voltaires zu einem Ende geführt, in dem der sterbende Solamir die Unschuld Amenaides versichert und damit den Weg zu einer glücklichen Versöhnung ebnet. Aber in einer zweiten Fassung für Ferrara steht am Ende dieser großen Tragödie der Mißverständnisse der Tod des Helden. Nur im Sterben erfährt er etwas von der Liebe und dem Glück, das ihm in dieser Welt nicht vergönnt war.

Wieder und wieder werden in den Opern des 19. Jahrhunderts Geschichten erzählt, deren innere Spannungen und Widersprüche sich nicht mehr in einem glücklichen Ende auflösen lassen. Ob wir in Bellinis *Il Pirata* (1827) oder *Norma* (1831), Halévys *La Juive* (1835), Donizettis *Lucia di Lammermoor* (1835) oder *Roberto Devereux* (1837), in Meyerbeers *Les Huguenots* (1836), Verdis *Ernani* (1844) oder *Aida* (1871) gehen, immer erleben wir, daß die Protagonisten den ersehnten Frieden allein im Tod finden können.

Die Opernbühne ist nicht länger der Ort, an dem die Idee des Friedens als Möglichkeit, die sich konkret realisieren ließe, vorgestellt wird. Auf ihr werden wir vielmehr mit emphatisch scheiternden Lebensträumen konfrontiert. Und wir erfahren, daß diese Lebensträume scheitern, weil die sozialen und politischen Verhältnisse ihnen keinen Raum geben. Leonora und Alvaro, Aida und Radames, von denen ja schon ausführlicher die Rede war, können Glück und Frieden nicht finden, weil die Welt, in der sie leben, von Gewalt und Willkür, Zwietracht, Streit und Krieg beherrscht ist. Ganz illusionslos zeigt Musorgskij in *Boris Godunov* (1874), daß auch der Tod eines Gewaltherrschers, der sich durch Skrupellosigkeit und Mord an die Macht gebracht hat, den Frieden nicht bringen wird. Der nächste Usurpator wird vom Volk zwar noch als Heilsbringer bejubelt, aber die Klage des Gottesnarren, mit der das Werk schließt, läßt die düstere Aussicht auf das Andauern von Hunger, Elend und Finsternis beklemmend lebendig werden.

In vielen Opern des 19. Jahrhunderts stehen am Ende nicht nur Sterben und Tod der Protagonisten, sondern gleich die große Katastrophe, der Untergang. In Aubers *La muette de Portici* (1828) wird der Aufruhr der Fischer blutig niedergeschlagen und die Szene vom ausbrechenden Vesuv verschüttet. Meyerbeers *Les Huguenots* (1836) endet im Blutbad der Bartholomäusnacht. In seiner 1849 uraufgeführten Großen Oper *Le Prophète* fliegen am Ende bei der Explosion des Pulverturms der belagerten Stadt Münster die eingeschlossenen Wiedertäufer zusammen mit den in die Festung eindringenden kaiserlichen Truppen in die Luft. In Verdis *I Vespri Siciliani* (1855) geht der Aufstand gegen die Fremdherrschaft der Franzosen in einem allgemeinen Massaker unter, und im Finale von Saint-Saens' *Samson et Dalila* (1877) werden Hebräer und Philister von den Trümmern des einstürzenden Tempels begraben. Am Ende von Wagners Weltendrama *Der Ring des Nibelungen* steht *Götterdämmerung* (1876) mit Weltenbrand und grandiosem Untergangsrausch.

Überleben kann die Aussicht auf eine Wendung zum Guten, auf Glück und Frieden im 19. Jahrhundert fast nur im Lustspiel. Bei Wagner bleibt immerhin in der Musik, die nach dem Weltenbrand der *Götterdämmerung* in einem visionären Epilog von Erlösung spricht, noch die Hoffnung aufgehoben, daß es eine andere Welt geben könnte, in der Menschen in Frieden leben werden. Aber den Mut, eine solche Welt konkret zu denken, wie das Mozart am Ende des 18. Jahrhunderts noch getan hat, bringt im 19. Jahrhundert kaum einer der großen Opernkomponisten mehr auf.

Im 20. Jahrhundert, im Jahrhundert der Extreme, im Jahrhundert, das durch verheerende Weltkriege, Massenmorde und Genozide geprägt ist, in dem aber auch die Menschenrechte und die

Demokratie zunehmend Verbreitung fanden, gibt es weiter viele Opern, die von Ausweg- und Hoffnungslosigkeit geprägt sind. Zwar geht es den Librettisten und Komponisten jetzt oft vor allem darum, das Innenleben der Menschen, ihre innere Bedrängnis und Zerrissenheit oder ihre Entfremdung und Einsamkeit zu erkunden, uns etwas über ihr Unbewußtes und Verborgenes mitzuteilen, aber sie teilen uns meist auch etwas über die Verhältnisse mit, in denen diese Menschen leben. Und nicht selten wird der Unfriede der Welt gespiegelt in der Friedlosigkeit der Figuren und die Friedlosigkeit der Figuren als Quelle der Unfähigkeit zum Frieden entdeckt. Solche Geschichten können keinen guten Ausgang finden.

Nirgends ist das eindrücklicher zu erleben als in *Herzog Blaubarts Burg* (1918) von Bartók. In dem mehrsinnigen und vieldeutigen Stück mag es primär um das Verhältnis der Geschlechter und um die Enthüllung der seelischen Räume des Mannes durch die ihn liebende Frau gehen; aber es ist nicht unerheblich, was Judith beim Öffnen der sieben Türen findet: Ketten, Messer und Henkerbeile, ein ganzes Arsenal von Waffen sowie unvorstellbare Reich- und Besitztümer, an denen Blut klebt, einen See der Tränen und schließlich Blaubarts frühere Frauen, im Raum der Erinnerung eingeschlossen. Das alles verweist darauf, wie Blaubarts ganze Existenz auf Grausamkeit und Gewalt gründet. Was immer er mit seiner Härte und Brutalität, seiner Grausamkeit und Gewalt gewonnen haben mag, Frieden und Glück haben sie nicht gebracht. Nicht dem Land und nicht den Menschen. Ja, letztlich haben sie seine eigene Fähigkeit zu Liebe und gelingendem Miteinander vernichtet. Mit ihnen hat er sich selbst in ein düsteres Gefängnis eingeschlossen – ein Gefängnis des Unfriedens. Die Oper freilich erzählt noch mehr. Sie erzählt auch von seiner Sehnsucht nach Liebe und von seiner Hoffnung, mit Judith endlich Glück zu finden. Vor allem erzählt sie davon, wie Judiths Forschen nach seiner Vergangenheit, ihr Eindringen in sein Innerstes und ihre Enthüllung seiner Geheimnisse jede Aussicht, daß beide zueinanderkommen und Glück finden könnten, zerstört.

»Die Welt draußen«, von der im Prolog die Rede ist, ist friedlos und »voller Feinde«. »Aber« – sagt der Sprecher des Prologs – »nicht daran sterben wir«. Bartók interessiert primär das Innen. Dieses Innen freilich ist nicht zu trennen von der Friedlosigkeit draußen. Hoffnung gibt es für beide Welten nicht. Hatte die pentatonische Fis-Sphäre am Beginn der Oper die Düsternis und Verschlossenheit von Blaubarts Burg charakterisiert, so steht sie am Ende als Symbol für die Ausweglosigkeit.

Frieden ist, wie gesagt, in der Oper nicht heimisch. Aber es gibt im 20. Jahrhundert denn doch wieder Opern, in denen die Geschichten zu einem guten Ende geführt werden. Gerade die prominentesten Beispiele sind freilich nicht unverdächtig, konkreten politischen Interessen mehr verpflichtet zu sein als dem Anliegen, eine Welt des Friedens zu entwerfen. So leidet etwa *Krieg und Frieden* (1945) darunter, daß Prokofjev in den Zeiten des Großen Vaterländischen Krieges von 1941 bis 1945 darauf aus ist, der Geschichte eine linearkausale Dramaturgie zu geben. Tolstoj hatte die Vielzahl seiner Personen und individuellen Schicksale mit der Bewegung eines Landes verknüpft, das zur Nation heranwächst, und dabei die widersprüchlichen nationalen Ideale selbst zur Diskussion gestellt. Von diesem Ringen um neue Standortbestimmungen und von der Gestaltung neuer Verbindungen und Verhältnisse, von dem Wesen einer Gemeinschaft, die aus Kontrasten, Kontrapunktischem, Widersprüchlichem und Gegenläufigem erwächst, weiß Prokofjevs Geschichte nichts mehr zu vermitteln. Er konzentriert sich auf die Niederwerfung des verhaßten Eroberers und die Befreiung von Land und Leuten. Daß Adel, Intelligenz, Bauern, Städter und Soldaten sich durch die Französische Revolution und durch den Krieg herausgefordert sahen, auch ihr Leben und Zusammenleben auf neue Grundlagen zu stellen und für die Zeit nach dem Sieg über Bonaparte eine neue Ordnung zu schaffen, die Frieden in dem Land gewähren könnte, kommt in der Oper nicht in den Blick.

Mit der Fixierung auf die Befreiung durch mutiges Handeln und entschlossenen Kampf gegen Fremdherrschaft und Unterdrückung steht Prokofjev nicht allein. Gerade sozialistische Autoren haben zahlreiche Bühnenwerke geschaffen, deren dramaturgische Muster ganz von dieser Fixierung geprägt sind. Als fast willkürlich herausgegriffene Beispiele seien genannt: *Nordwind* (1930) von Knipper, *Der stille Don* (1935) von Dzeržinskij, *Im Sturm* (1939) von Chrennikov, *Die Familie Taras* (1947) von Kabalevskij, *Oktober* (1964) von Muradeli, *Der arme Konrad* (1959) von Forest, *Esther* (1966) von Hanell, *Der Feuerring* (1967) von Terterjan, *Karin Lenz* (1971) von Kochan, *Levins Mühle* (1973) von Udo Zimmermann, *Sabellicus* (1974) von Kunad und *Čapaev*

(1977) von Cholminov. Leitmotiv in all diesen Opern – so mannigfaltig ihre Sujets und so unterschiedlich ihre dramaturgische Struktur – ist die Hoffnung auf eine bessere Zukunft, und die wird nicht anders als durch Bildung eines richtigen politischen Bewußtseins und eben durch Kampf gewonnen werden können. Der glückliche Ausgang ist gesichert, wenn alles niedergeworfen und vernichtet ist, was die Selbstbestimmung der werktätigen Klassen hindern könnte. Ein Leben in Freiheit, Gerechtigkeit und Frieden – so lernen wir – wird nur genießen können, wer erst einmal zu Aufstand, Revolution und Krieg bereit ist.

Ein ganz anderes Muster für die Herbeiführung eines glücklichen Endes erleben wir in *Der Friedenstag* (1938) von Strauss. Politisch verdächtig ist es nicht weniger als Prokofjevs *Krieg und Frieden*, lobte doch die Zensur die darin ausgedrückte heroische Haltung, um schließlich zu befinden, daß der in der Oper propagierte Pazifismus »auch der Pazifismus des Führers« sei. Die Oper spielt während des 30jährigen Krieges in einer vom Feind belagerten Festung. Hoffnung auf Entsatz gibt es nicht. Eine Übergabe aber lehnt der Kommandant ab. Er fühlt sich durch den Befehl des Kaisers gebunden, die Festung bis zum letzten Atemzug zu verteidigen und notfalls auszulöschen. Den Bitten der erschöpften Einwohner und seiner geliebten Frau zum Trotz ist er bereit, in der aussichtslosen Situation die ganze Festung zu sprengen, ehe sie den Feinden in die Hände fällt. Als die Lunte schon angesteckt ist, donnern drei Kanonenschüsse, und auf dieses Signal hin ertönt mächtiges Glockengeläut, das den Abschluß des Friedens verkündet. Woher der Frieden kommt, wer ihn ausgehandelt hat, wie er möglich wurde und was das eigentlich für ein Friede ist, erfahren wir in der Oper nicht. Überraschend und unmotiviert bricht er plötzlich aus. Allerdings bedarf es noch des mutigen Einsatzes der Frau des Kommandanten, die ihren Mann darin hindert, dem feindlichen Heerführer mit dem Schwert in der Hand entgegenzutreten. Dann aber ist nur noch lauter, nicht enden wollender Jubel. Strauss hat den mehrchörigen, C-Dur-gestählten Friedenshymnus, der die Bühnenhandlung apotheotisch beschließt, penibel genau nach den Vorbildern des C-Dur-*Fidelio*-Finales und des D-Dur-Finales der 9. Sinfonie Beethovens geformt. Aber wo Beethoven eine utopische Vision entfaltet, in der allein schon wegen der Aussparung der Quinte im D-Dur des orchestralen Schlußakkordes noch Raum für Zweifel und Vorsicht bleibt, überwältigt Strauss durch affirmativ auftrumpfende Eindeutigkeit. Der Friede, der hier besungen wird, hat etwas gewaltsam Überwältigendes. Es liegt nicht fern, diesen Schluß als Endsiegjubelfeier zu hören.

Ob man den Schluß von Brecht / Dessaus *Die Verurteilung des Lukullus* (1949)[17] als befriedigenden Schluß empfinden kann, mag dahingestellt bleiben. Sicher aber ist das Werk eine radikale und musikalisch beredte Abrechnung mit Raubzügen und Kriegstaten. Ursprünglich hatten Brecht und Dessau am Ende des Verhörs auf ein Urteil verzichten wollen. Es sollte gut und böse gegeneinander abgewogen, die Spreu vom Weizen getrennt werden, und dann sollte das Gericht sich zur Beratung zurückziehen. Vorhang zu! Alle Fragen offen! Es gibt Hinweise, daß es den Autoren dann aber doch zu riskant erschien, in einer Zeit, die alle Maßstäbe der Humanität erschüttert hatte, auf die moralische Urteilskraft des einzelnen Hörers zu vertrauen. Entscheidend war freilich wohl der Druck, den die Partei ausübte: Sie verlangte eine eindeutige Verurteilung des römischen Feldherrn. So tilgten Brecht und Dessau alle Passagen, die Verständnis und Sympathie für den vor dem Totengericht stehenden Lukullus hätten wecken können. Die Oper endet nun mit dem Urteilsspruch des Totengerichts, der Lukullus und wohl auch den Kriegsverbrechern aller Zeiten gilt: »Ah ja, ins Nichts mit ihm, ins Nichts!« In den einzelnen Phasen des Prozesses hatte Dessau jeweils nur kleine, charakteristisch zusammengestellte Instrumentalgruppen eingesetzt. Jetzt im Finale kommt das gesamte Orchester mit großem Schlagzeugapparat zum Einsatz. Die lakonische Archaik des Rhythmus vermittelt den Eindruck eines Weltgerichts. Ob es das Ende aller Gewaltgeschichte bedeutet und Grundlage für eine neue Friedenswirklichkeit werden könnte oder ob es gleich das Ende aller Geschichte bringt, muß spekuliert werden.

Töne für die Hoffnung findet Dessau nicht. Die hören wir etwa bei Klebe am Ende seiner hintergründigen Komödie *Jakobowski und der Oberst* (1965). Klebe bringt in dem von Ächtung und Verfolgung, Flucht und Verlorenheit geprägten Schicksal des Juden Jakobowski die ganze Ungeheuerlichkeit der nationalsozialistischen Gewaltherrschaft und das Grauen des von Hitler angezettelten Krieges auf die Bühne. Am Ende aber klingt ein wenig

---

17 Vgl. Calließ, op. cit. (Anm. 5), S. 601f.

Hoffnung auf: In einer ganz schlichten, vom Cello intonierten Kantilene wird die Vision des rettenden Meeres evoziert.

Auch bei Komponisten wie Berio, Nono, Dallapiccola oder Henze und Rihm klingt am Ende immer wieder Hoffnung auf. So schließt Berio etwa seine Oper *La vera storia* (1981) mit einer schlichten Canzone im Stile Monteverdis: »Forse dei là di secoli il male si cancella« (vielleicht wird dereinst in Jahrhunderten das Böse ausgelöscht sein). Mag dieser Canto di speranza auf eine gerechtere Gesellschaft nur vertrösten, so bringt er über die Kraft der Musik doch einen Vorschein dieser gerechteren Gesellschaft in unsere Welt. Die Hoffnung wird damit Teil der Realität und verwandelt sie.

So weit mag Henze in seiner jüngsten Oper *L'Upupa* (2003) nicht gehen. In *König Hirsch* (1956) hatte er noch ein Finale gewagt, in dem das Böse besiegt und die Tyrannei überwunden wird, weil das Volk Hoffnung schöpft und sich zur Idee von Freiheit und Friede bekennt. In *L'Upupa* spricht am Ende nur noch die Musik dunkel, geheimnisvoll glitzernd, ganz innig, schwärmerisch und voller Sehnsucht von der Suche nach einer Zeit, in der die Menschen in Frieden zusammenleben werden. Aber ob der Friede in dieser Welt geschaffen werden kann oder allein in der Kunst zu finden wäre, bleibt in dem märchenhaft verkleideten, vielfach verrätselten »Nachtstück aus dem Morgenland« offen.

Entschieden konkreter und wohl auch politischer ist die Perspektive, die Nono in *Intolleranza* (1960) weist. Mit der Verurteilung von Gewalt, Ausbeutung und Krieg mag er sich nicht begnügen; und die Utopie einer besseren Welt ist für ihn nicht einfach nur ein süßer Traum, wie er in Märchen und Legenden kultiviert wird und der allenfalls auf dem Theater ganz wundersam alle Widersprüche und Konflikte heilt. Nono erzählt die Geschichte eines Mannes, der alles zu erleben und zu erleiden hat, was den Menschen im 20. Jahrhundert ein Leben in Frieden verwehrt: Leben in der Fremde, Bergwerksarbeit, Not, Hunger und Heimweh, Trennung von der Frau, Verrat, Verhaftung und Folter, Gehirnwäsche und Konzentrationslager. Ja selbst Krieg und die Explosion einer Atombombe sind in das Panorama des Unfriedens eingewoben. Hatte den Mann anfangs allein die Sehnsucht nach der Heimat getrieben, so entwickelt er angesichts der Absurditäten und Grausamkeiten seiner Gegenwart und unter dem Eindruck des unermeßlichen sinnlosen Leidens Freiheits- und Friedenswillen. Die einzelnen Stationen der Geschichte mögen fast idealtypisch konstruiert und häufig sogar grob plakativ gezeichnet sein. Mit leidenschaftlichem Engagement gestaltet ist aber die politische Identitäts- und Bewußtseinsbildung des Protagonisten. Um sie inhaltlich zu profilieren, integriert Nono Teile aus Gedichten von Ripellino, Paul Eluard, Vladimir Majakovskij und Bert Brecht ebenso in sein als Textcollage angelegtes Libretto wie zeithistorische Zitate, die etwa auf den spanischen Bürgerkrieg, den Algerienkrieg, den Kampf der italienischen Partisanen im 2. Weltkrieg, die Bürgerrechtsbewegung in den Vereinigten Staaten und die Antikriegsbewegung in den 1950er Jahren verweisen. So werden vielfältige Bezüge und Assoziationen hergestellt, wenn der Protagonist bei seinen mitgefangenen Gefährten Solidarität und Liebe entdeckt, jene Gefühle, die »das System« versucht hat, im Herzen der Menschen auszulöschen. Durch sie findet er Ermutigung und Kraft, den Kampf gegen Intoleranz und Unterdrückung aufzunehmen. Als eine verheerende Flut alles überschwemmt, entschließt er sich, nicht weiter nach der verlorenen Heimat zu suchen, sondern hier zu helfen und für eine Verbesserung der Lebensverhältnisse zu arbeiten. Die Oper endet in dem Gefühl des Vertrauens auf etwas Neues, durch das das Verhältnis der Menschen zueinander erneuert, dem Leben ein Sinn und der Welt Friede gegeben wird. Eine hochkomplexe Musik, die vielfältige Gestaltungsmittel einsetzt, aggressive Blechbläserattacken und zornige Schlagzeugexzesse, in höchster Höhe ihre Melodien spinnende Solosoprane oder transparente lyrische Klänge von A-cappella-Chören, Tonbandeinspielungen mit Alltagsgeräuschen und Wortdeklamationen mal hart gegeneinander setzt, dann wieder aufeinander bezieht und schließlich zu einer über das Detail hinausreichenden Einheit verschmilzt, beglaubigt diesen Durchbruch zu Menschlichkeit, Solidarität und Verantwortung.

Auch in Zeiten, in denen wir nicht mehr darauf rechnen können, daß – wie in Brecht / Weills *Die Dreigroschenoper* (1928) – die reitenden Boten des Königs kommen, um die Geschichte zu einem guten Ende zu bringen, vermag die Oper noch Perspektiven zu weisen, die aus »diesem Tale, das von Jammer schallt«, herausführen. Heimisch ist der Frieden in der Oper nicht. Aber die Oper bewahrt das Wissen, daß wir seiner bedürfen, sowie die Hoffnung, daß er möglich ist.

IV

Krieg und Gewalt.
Warnung und Trauerarbeit

Sabine Giesbrecht
»Lieb' Vaterland, magst ruhig sein«

Musik und Nationalismus im deutschen Kaiserreich

Die Zugehörigkeit zu einer Nation wird – im Kaiserreich ebenso wie in anderen europäischen Staaten – wesentlich durch kulturelle Faktoren bestimmt. Der deutsche Bürger blickt mit Stolz auf die Leistungen von Bach und Beethoven, Goethe und Schiller, Gutenberg und Luther oder Brahms und Wagner – Leitfiguren, die mit ihren Werken ideell die Nation repräsentieren, unter deren Einfluß und Schutz sie sich entwickelt haben. Auf eine gemeinsame Geschichte zurückzublicken und sich als Kulturnation zu betrachten, schafft Gefühle der Verbundenheit und Identität. Von den Werken eines Bach oder Beethoven Besitz zu ergreifen, ist aus dieser Sicht also ein Akt der Teilhabe am nationalen Erbe, dem das vereinte Interesse großer Teile der bürgerlichen Gesellschaft gilt.

Die Bedeutung der Musik im national integrativen Sinne ist im deutschen Reich erkannt und konsequent gefördert worden. Mit musikalischer Hilfe ließ sich hautnah das stolze Gefühl für das gewachsene politische Gewicht Deutschlands nachempfinden und Loyalität gegenüber der Monarchie als Bewußtsein erleben, gemeinsam Zeuge einer »großen Zeit« zu sein. Dieses Gemeinschaftsgefühl schlägt in Krisenzeiten um in Aggressivität gegen Andersdenkende und potentielle Feinde, die dem Land eines Tages gefährlich werden könnten. So überlebt trotz des Aufschwunges von 1871 – etwa angesichts der politischen Unruhen in Frankreich – die Furcht vor einer »Revanche« und fördert in manchen Kreisen des Bürgertums einen Patriotismus, der sich vehement gegen innere und äußere Gegner richtet. Eine verschworene »Schicksalsgemeinschaft« rückt zusammen und öffnet sich für ein nationalistisches Gedankengut, das nach der Reichsgründung organisierte Formen annimmt.[1] Die Musik spielt dabei eine bedeutende Rolle. Bei Festen und Feiern bedient man sich – mehr oder weniger offen – antidemokratischer, fremdenfeindlicher und an-

---

1 Otto Dann: *Nation und Nationalismus in Deutschland 1770-1990*, 3. Aufl., München 1996, S. 190-210, hier S. 210.

tisemitischer Äußerungen und verbreitet das Credo einer nationalistischen Ideologie, nach der die politische Welt, ebenso wie die der Kultur, dualistisch in Freunde und Feinde eingeteilt ist. In diesem System erscheint die deutsche Kunst in ihrer Existenz gefährdet, eine Tendenz, der nach Auffassung ihrer Protagonisten durch die Herausbildung hegemonialer Kulturvorstellungen entgegengetreten werden muß. Die Distanz zu den ehemaligen Gegnern, vor allem den Franzosen, wird systematisch vergrößert, indem ihre Musik als ästhetisch unzulänglich und Produkt einer moralisch minderwertigen Nation dargestellt wird. Das Gefühl der Bedrohung und die damit verbundene Angst läßt solche Diffamierungen als Akt nationaler Selbsterhaltung erscheinen und legitimiert einschlägige Artikel in einem Teil der Presse. Diese nimmt mit Vorliebe den »Erbfeind« ins Visier, dem die deutsche Nationalbewegung noch aus napoleonischen Zeiten wichtige Impulse verdankt.

Zeitzeuge und schärfster Kritiker dieser Entwicklung ist Paul Bekker, dem insbesondere Richard Wagner als gefährlicher Nationalist erscheint, dessen europaweiter Siegeszug »dem Triumph von 1870/71« entspreche.[2] Wagner hatte 1871 unter anderem mit ästhetisch fragwürdigen Lobeshymnen auf Reichsgründung und Kaiser hämische Töne gegen den westlichen Nachbarn angeschlagen. Im Gegenzug mischt sich im Ersten Weltkrieg Claude Debussy mit antideutschen Kompositionen und unsäglichen chauvinistischen Äußerungen in die Auseinandersetzungen ein.[3] Beide Parteien schüren Vorurteile, die das Klima vergiften und den ästhetischen Bodensatz für einen forcierten Nationalismus vorbereiten, der sich in dumpfen Ressentiments gegen »Ausländerei« und übertriebener Aufwertung deutscher Musik ausdrückt. Im Ersten Weltkrieg eskaliert diese Entwicklung, so daß man von einer kulturellen Mobilmachung sprechen kann, deren Sprengkraft bis in die 1930er Jahre fortwirkt.

---

2 Paul Bekker: *Die Weltgeltung der deutschen Musik*, Berlin 1920, S. 30 u. S. 32f.
3 *Berceuse héroique* (1914) und die Vokalkomposition *Noël des enfants qui n'ont plus de maison* (1915). Bei letzterer soll auf Textverständlichkeit geachtet werden, damit kein Wort von dem Text verlorengeht, »den die Raubgier unserer Feinde inspiriert hat«, s. Jean Barraqué: *Claude Debussy in Selbstzeugnissen und Bilddokumenten*, Reinbek 1964, S. 151.

Musik und Nationalismus

Nationalgefühl manifestiert sich, wie der Begriff besagt, weniger als intellektuelles Bewußtsein, sondern in Form von Empfindungen, welche mit Hilfe bestimmter Musik aktiviert und intensiviert werden können. Das alltägliche Musikleben bietet genügend Anlässe, Nationalgefühle emphatisch zu erleben. Hymnen und einschlägige Liedsätze verschönern den Schulalltag und bereichern Veranstaltungen der Universitäten und Vereine. Militärische Aufmärsche und Platzkonzerte sind Anziehungspunkte für die große Menge, die sich auch mit Vergnügen als Zaungast bei offiziellen Festveranstaltungen einfindet, an denen das deutsche Kaiserreich wahrlich reich ist. Auf diese Weise wird nationales Engagement mit Leben gefüllt, entfaltet sich im gesellschaftlichen Zusammenleben und erhält Anreize aus dem Unterhaltungsbedürfnis und der Schaulust der Bürger.

Gesteigerte patriotische Gefühle lassen sich durch Vokalmusik erleben, deren Texte geeignet sind, die Empfindungen in gewünschte Bahnen zu lenken. Nationale Lieder und Chorsätze sprechen mit einprägsamen Melodien Publikum und Sänger gleichermaßen an und erzeugen beim gemeinsamen Singen ein Gefühl inneren Gleichklangs. Außerdem bewirkt das aktive Singen mehr eigenen Einsatz und persönliche Anteilnahme als das bloße Zuhören. Laienchöre sind daher im Kaiserreich besonders beliebt und gehören zu den Hauptträgern des nationalen Gedankens. Die Vereinigungen von Sängern, Turnern und Schützen sind Stützen bürgerlicher Geselligkeit und sorgen für eine allgemeine Akzeptanz deutscher Lied- und Chorliteratur.

Das von ihnen verbreitete Repertoire geht zu einem großen Teil auf die Befreiungskriege zurück und wird während der Revolutionen von 1830 und 1848, der Rheinkrise von 1840 und ihren Folgen durch jeweils aktuelle Kompositionen ergänzt. Thematisiert wird in den gegen Frankreich gerichteten Liedern häufig der Rhein, nach Ernst Moritz Arndt »Deutschlands Strom, nicht Deutschlands Grenze.«[4]

---

4 Zwischen 1840 und 1850 sind etwa 400 Rheinlieder entstanden, viele mit antifranzösischer Tendenz, z. B. *Der deutsche Rhein*, in Anlehnung an die *Marseillaise* auch *Colognaise* genannt, von Nikolaus Becker (»Sie sollen ihn nicht haben, den freien deutschen Rhein«). Das Lied existiert in etwa 100 Vertonungen, u. a. von Robert Schumann; vgl. Andreas Eichhorn: *Der*

Bei den Instrumentalkompositionen ist es die Militärmusik, die als Ausdruck der Staatsmacht und ihrer politischen Ziele ein umfangreiches Repertoire an Märschen, Hymnen und Liedern offeriert, die aus Sicht jedes »anständigen« Patrioten unabdingbar zum nationalen Selbstverständnis gehören. Als soldatische Aufgabe im weiteren Sinne ist sie Teil der Landesverteidigung, wird aber auch zu Unterhaltungsaufgaben herangezogen.

Die zweckfrei konzipierte Instrumentalmusik hingegen ist nicht ohne weiteres im politischen Interesse zu nutzen. Es bedarf gewisser manipulativer Begleitumstände, um mit ihrer Hilfe nationalistische Emotionen zu wecken. Im Rahmen offizieller Festveranstaltungen lassen sich aber auch den »klassischen« Meistern entsprechende Wirkungen abgewinnen. Grundsätzlich ist jede Musik instrumentalisierbar, wenn man ausreichende propagandistische Vorarbeit leistet und mit einem Publikum rechnen kann, das offen für solche Beeinflussung ist.

Aufrüstung gegen den »Erbfeind« – zum Funktionszusammenhang von Feindschaft und nationaler Kultur[5]

Das Anliegen, in dem sich die meisten Bürger in deutschen Landen einig wissen, ist die nationale Einheit, der spät erreichte, identitätsstiftende Zusammenschluß einzelner Teilstaaten, der nach drei Einigungskriegen, zuletzt gegen Frankreich, erreicht worden war. Den Einheitsgedanken halten im Vorfeld zahlreiche Lieder und Hymnen wach, die den Boden bereitet und die Sehnsucht immer wieder angefacht haben.[6] Ihre Existenz oder zumindest ihr Ansehen verdanken sie nationalen Konflikten. Prototyp ist *Deutschland, Deutschland über alles*, die Hymne des Heinrich

---

Rhein als Symbol, Programm und Bedeutung in der Symphonik des 19. Jahrhunderts, in: *Deutsche Meister – böse Geister? Nationale Selbstfindung in der Musik*, hg. von Hermann Danuser und Herfried Münkler, Schliengen 2001, S. 185-205, hier S. 186f.

5 Weitere Ausführungen zur Funktion und Bedeutung der deutsch-französischen Feindschaft für die Nation, s. Michael Jeismann: *Das Vaterland der Feinde. Studien zum nationalen Feindbegriff und Selbstverständnis in Deutschland und Frankreich 1792-1918*, Stuttgart 1992, S. 16ff. u. S. 241ff.

6 Hermann von der Pfordten: *Deutsche Musik auf geschichtlicher und nationaler Grundlage dargestellt*, Leipzig 1917, S. 27.

Hoffmann von Fallersleben aus dem Jahr 1841. Die schöne, ernste, einfach zu behaltende Kaisermelodie Joseph Haydns galt bereits während der Napoleonischen Feldzüge als musikalische Antwort Wiens auf die *Marseillaise*, die Nationalhymne der französischen Eroberer.

Auch weniger prominent vertonte Gedichte mit mobilisierender Wirkung, von den Befreiungskriegen bis zum Ersten Weltkrieg, verdanken ihre Entstehung der deutsch-französischen Feindschaft. Der Franzose ist jedem Schulkind als »Erbfeind« bekannt, nicht zuletzt durch die *Wacht am Rhein*,[7] ein Kampflied, dessen fanfarenartiger Refrain antifranzösische Ressentiments wachhält. Der Bedrohung jenseits des Rheins, so erzählt uns der Dichter Max Schneckenburger, ist nur mit permanenter Wachsamkeit von deutscher Seite zu begegnen. Die Melodie stammt von Karl Wilhelm und ist wegen ihres Marschcharakters zur Unterstützung von Truppenbewegungen geeignet. Sozusagen gesamtdeutsch wird das Lied in seiner Funktion als Kriegs- und Sturmlied des deutsch-französischen Krieges. Später erhält es den Rang einer Nationalhymne und wird im Ersten Weltkrieg als Kampflied reaktiviert.

Damit die Animositäten gegenüber Frankreich auch in Friedenszeiten nicht in Vergessenheit geraten, wird der rheinischen Wacht ein weithin sichtbares Denkmal gesetzt, das durch Spenden und unter nicht unerheblicher Beteiligung von Gesangvereinen finanzierte Niederwalddenkmal. Seit dem 28. September 1883 bewacht die Kolossalstatue der Germania mit der Kaiserkrone in der rechten und dem Schwert in Wartestellung in der linken Hand – 225 Meter über dem Rhein – die Grenze zu Frankreich. In den Sockel sind fünf Strophen der *Wacht am Rhein* sowie Allegorien vom Vater Rhein und seiner wiedergewonnenen Tochter Mosel eingemeißelt. Mit dieser Symbolik hält das *Niederwalddenkmal*, bis heute ein touristisches Highlight, die Erinnerung an die sogenannte große Zeit und an das antifranzösische Kampflied fest.

Für ein wehrhaftes Deutschland, zu dessen Legitimierung die Legende vom französischen Erbfeind in immer neuen Formen belebt wird, machen sich auch Unterhaltungsromane stark. *Jena*

---

7 Text 1840 von Max Schneckenburger, Melodie und Satz 1854 von Karl Wilhelm; s. Walter Moßmann und Peter Schleuning: *Alte und neue politische Lieder*, Reinbek 1978, S. 17-62.

Abb. 1: *Gruß vom Nationaldenkmal. Die Wacht am Rhein*, datiert 24. 6. 1905

oder Sedan heißt einer der Schlüsselromane von Franz Adam Beyerlein aus dem Jahr 1903. Zu nicht nachlassender Verteidigungsbereitschaft am Niederrhein ruft Rudolf Herzog unter anderem in *Die Burgkinder* auf. »Laß sie nur kommen, die Halunken, die Franzosen«, erklärt Clara Viebig in ihrem programmatischen Roman *Die Wacht am Rhein*. Darin rechtfertigt sie den Tod eines bei Spichern Gefallenen als notwendiges Opfer, als patriotische Tat und Preis für »das ganze, große geeinigte Deutschland im höchsten Mittagssonnenglanz«.[8]

Für die Anerkennung der Komponisten spielt die nationale Zugehörigkeit mehr und mehr eine Rolle, wie sich an den nach den Befreiungskriegen aufkommenden, leidenschaftlich geführten Auseinandersetzungen über Person und Werk Carl Maria von Webers zeigt. Nach Richard Wagner hat nie ein deutscher Musiker gelebt – ein Urteil, das vor allem auf die patriotischen Männerchöre nach Gedichten von Theodor Körner *Lützows wilde verwegene Jagd*, *Gebet vor der Schlacht* und *Du Schwert an meiner Linken* sowie seine romantische Oper *Der Freischütz* zurückgeht. Hans Pfitzner versteigt sich zu der Behauptung, der *Freischütz* habe seinerzeit »den Sieg der deutschen Musik über welschen Tand entschieden«.[9]

Am heftigsten betreibt Richard Wagner das Geschäft des Nationalismus. Der Komponist verübelt es den Franzosen ein Leben lang, daß er seinen *Tannhäuser* 1861 in Paris nach Pfeifkonzerten und inszenierten Tumulten zurückziehen muß, ein Ereignis, das nach Meinung zeitgenössischer Musikwissenschaftler »den Charakter eines Attentates auf die Kultur«[10] aufweist. Wagner revanchiert sich nach Beendigung des deutsch-französischen Krieges mit heftigen Angriffen und benutzt den 100. Geburtstag Ludwig van Beethovens im Jahr 1870 zu einem Ausfall gegen die Feinde. »Der deutsche Geist« habe durch Überwindung der bloß gefälligen Kunst in seinem Werk »den Menschengeist von tiefer Schmach erlöst«. Die von Beethoven entwickelte künstlerische Höhe und der damit verbundene Reichtum an Formen seien nur der deutschen Nation gegeben; den Franzosen seien diese Quali-

---

8 Clara Viebig: *Die Wacht am Rhein*, 1902, zit. nach d. Ausg. Düsseldorf 1983, S. 361.
9 Bernhard Adamy: *Hans Pfitzner. Literatur, Philosophie und Zeitgeschehen in seinem Weltbild und Werk*, Tutzing 1980, S. 279.
10 Ferdinand Pfohl: *Richard Wagner*, Berlin und Wien 1911, S. 252.

täten abhanden gekommen, und dieser Verlust spiegele sich ebenso im Zustand ihres Staates wie ihrer Kunst.[11]

Positionen dieser Art finden Zustimmung und Nachahmer, die mit noch militanteren Formulierungen an die Öffentlichkeit treten. Beethoven wird zum musikalischen Freiheitshelden deklariert, der im Reich der Töne der Weltherrschaft des Erbfeindes ein Ende gemacht und »die Herrschaft der Ausländer für immer gebrochen« habe. Ihm sei es zu verdanken, daß die vaterländische Musik »sich als kühne Mitkämpferin gegen welsche Herrschaft« zeige.[12] Positionen dieser Art tragen nicht unwesentlich zur Aktualisierung eines dumpfen Nationalismus mit fundamentalistischen Zügen bei. Derweil bewacht man in Deutschland mit Argusaugen jede Bewegung am Rhein, seit Ernst Moritz Arndt ein »heiliger« Strom, bei Freiligrath 1870 auch »der deutscheste«.[13]

Der bunte Rock – Militärmusik

Über den Rhein wacht das Militär, stolzer Sieger dreier Schlachten, welches das geeinte deutsche Reich erkämpft hat und dessen Sicherheit garantiert. Angeführt von Musikzügen ziehen die Soldaten durch die Straßen, bewundert vom Großteil der Bevölkerung: »Der Soldate, der Soldate, ist der schönste Mann im Staate«,[14] verkündet der Operettenkomponist Walter Kollo augenzwinkernd seinen amüsierten Zuhörern und präsentiert ihnen elegant uniformierte Lieutenants, denen bewundernde Blicke der

11 Richard Wagner: *Beethoven. 1870*, in ders.: *Die Hauptschriften*, hg. von Ernst Bücken, Stuttgart 1956, S. 260, S. 282 u. S. 284.
12 A. Trottmann: *Zu Beethoven's 100jährigem Geburtstag*, in: *Leipziger Illustrierte Zeitung* vom 17. 12. 1870, zit. nach Jeismann, op. cit. (Anm. 5), S. 265 f. – Cosima Wagner läßt sich sogar zu der Äußerung hinreißen, der Krieg gegen die Franzosen *sei* bereits die Zentenarfeier für Beethoven; s. Martin Gregor-Dellin: *Richard Wagner. Sein Leben, sein Werk, sein Jahrhundert*, München 1980, S. 631.
13 Hasko Zimmer: *Auf dem Altar des Vaterlands. Religion und Patriotismus in der deutschen Kriegslyrik des 19. Jahrhunderts*, Frankfurt a. M., 1971, S. 94.
14 *Der Soldate*, aus: Walter Kollo: *Immer feste druff! Vaterländisches Volksstück in vier Bildern* von Hermann Haller und Willi Wolff, Uraufführung am 1. Oktober 1914 in Berlin, Theater am Nollendorfplatz.

Frauen folgen. Wenn *die Musik kommt*,[15] vorweg der artistisch mit seinen Stöcken agierende Tambourmajor, so sammeln sich viele Schaulustige auf den Straßen, um den bekannten Traditions-Märschen der Militärorchester zuzuhören und sich an der unterhaltsamen patriotischen Demonstration zu erfreuen.[16]

Die Militärmusik repräsentiert als Vorhut der marschierenden Truppe die wehrhafte Seite der Nation. Sie wird von gut ausgebildeten Musikern betrieben, besteht aus unterschiedlichen Formationen von Blasinstrumenten mit Schlagwerk und ist in Krieg und Frieden zur Begleitung der Soldaten verpflichtet. Das Repertoire setzt sich in erster Linie aus Märschen zusammen, deren zentrale Funktion in der Organisation des Gleichschrittes besteht. Der Rhythmus gewährleistet eine optimale Koordination der Bewegungen und dient so der Orientierung bei Paraden, Aufmärschen oder längeren Marschetappen. Der akzentuierte Viervierteltakt ist das grundlegende Element der Disziplin dieser Musik, dessen Diktat sich die gesamte Kompanie unterwerfen muß. Ein individuelles Ausscheren ist unmöglich. Die kollektive Bewegung soll nach Aussagen militärischer Fachleute die Schlagkraft der Armee vervielfachen: »Wie beim Geschoß, so muß auch in dem Soldaten selber etwas zur Entzündung gebracht werden, das ihn vorwärtstreibt und fortreißt. Immer ist der Marsch einer der stärksten Traditionsträger gewesen. Als machtvoller Ausdruck des die Truppe beseelenden Geistes hat er mit seinem Zauber und seiner elementaren Wucht die Armee durch Leid und Freud, durch Glück und Unglück geführt.«[17]

1817 beginnt der preußische König Friedrich Wilhelm III. mit einer Sammlung von Armeemärschen, die später durch Opernmärsche ergänzt werden. Preiskonkurrenzen für Märsche und nationale Wettkämpfe von Militärorchestern, bei denen sich zei-

---

15 *Die Musik kommt*, klavierbegleitetes Sololied von Oscar Straus, op. 54, geschrieben 1901 für das Künstlerkabarett *Überbrettl* des Ernst von Wolzogen, nach einem Gedicht von Detlev von Liliencron.

16 Das Militär in seiner Funktion als Schauobjekt und Erziehungsmittel beschreibt Roswitha Flatz: *Krieg im Frieden. Das aktuelle Militärstück auf dem Theater des deutschen Kaiserreichs*, Frankfurt a. M. 1976, S. 8. *Im bunten Rock* ist der Titel eines 1902 in Berlin uraufgeführten Schauspiels, auf das die Verfasserin eingeht, s. S. 310 u. Abb. Nr. 48 und 49.

17 Karl von Seeger: *Marschallstab und Kesselpauke. Tradition und Brauchtum in der deutschen und österreichisch-ungarischen Armee*, Stuttgart 1941, S. 159.

gen soll, welches Land musikalisch am besten abschneidet, beleben die Konkurrenz und den Musikmarkt. Anläßlich der Pariser Weltausstellung von 1867 nehmen neun europäische Staaten an Wettspielen teil, bei denen sich Preußen den ersten Platz sichern kann.[18]

Mit der Marschmusik prägt sich der Öffentlichkeit ein unterhaltsames Modell ein, das zugleich Assoziationen zum Soldatenleben hervorrufen und soldatischen Geist verbreiten soll. Wilhelm Wieprecht, Reorganisator der preußischen Militärmusik, ist zeitlebens darum bemüht, den militärischen Charakter der Heeresmusik hervorzuheben. Sie muß als »Kriegskunst« möglichst realistisch in Erscheinung treten, selbst wenn die dazu verwendeten Mittel grob und ästhetisch nicht mehr zu rechtfertigen sind. Bei patriotischen Veranstaltungen setzt er zur Markierung des Geschützdonners eine Riesentrommel mit Büffelhautüberzug ein: »Ja, in B. konnte es sogar geschehen, daß ein Artillerie-Offizier, der zu ungewöhnlicher Stunde mit mehreren bespannten Geschützen seines Weges zog, auf die verwunderte Frage seines Bekannten: ›Wohin?‹ in vollem Ernst antworten konnte: ›Zu Wieprecht in's Concert‹. In demselben... hatten nämlich wirklich die Geschütze ›mitzuspielen‹. Auch Gewehrfeuer hat Wieprecht häufig mit angewandt.«[19]

An die ursprüngliche Funktion als Kriegskunst erinnert die auf Dreiklängen aufgebaute Signal- und Fanfarenmelodik; weitere typische Merkmale sind Tuschs, Imitationen von Pferdegetrappel, aggressive Trommelwirbel und dynamische Steigerungen. Gangart und Aktionsform bestimmen das Tempo der Märsche. Die Infanterie benötigt sowohl langsame wie Geschwind-Märsche im 4/4-Takt, während die Präsentier- und Parademärsche berittener Truppen in den bei der Kavallerie üblichen Bewegungsarten Schritt, Trab und Galopp eher im 6/8-Takt ausgeführt werden. Der Galopp des Kavalleriemarsches unterstützt die Attacke.

Marschtitel und eingefügte Lieder sollen Spieler und Publikum an glorreiche nationale Augenblicke erinnern. So komponiert der

---

18 A. Kalkbrenner: *Wilhelm Wieprecht, sein Leben und sein Wirken nebst einem Auszug seiner Schriften*, Berlin 1882, Nachdruck: Forschung und Reprint 1981, hg. von Hans-Joachim Winter im Auftrage des Arbeitskreises Militärmusik in der Deutschen Gesellschaft für Heereskunde, S. 56-62.
19 Ebd., S. 77.

preußische »Stabshoboist« und Direktor der Musikchöre des dritten Armeekorps Gottfried Piefke im Kriegsjahr 1864 den *Alsenströmer* sowie den *Düppel-Schanzen-Sturmmarsch*, der mit dem preußischen Zapfenstreich eröffnet wird und im Mittelteil das Soldatenlied *Steh' ich in finst'rer Mitternacht* zitiert. In die Annalen eingegangen ist auch der *Königgrätzer*, der am 3. Juli 1866 auf dem Schlachtfeld von Königgrätz unter der Leitung des Komponisten vorgetragen wird.[20] Als Trio erklingt der *Hohenfriedberger*, seinerzeit noch Friedrich dem Großen zugeschrieben, der 1745 im zweiten Schlesischen Krieg bei Hohenfriedberg erfolgreich gegen Maria Theresia antrat. Piefkes bekannteste Komposition ist der Armeemarsch *Preußens Gloria*, für dessen Aufnahme sich auch die Berliner Philharmoniker unter Herbert von Karajan nicht zu fein sind.[21]

Zur Militärmusik gehört der Zapfenstreich, das Signal zum Sammeln der Truppe, sowie der große Zapfenstreich, bei dem einzelne Heeresgattungen zu feierlichen Anlässen gemeinsam auftreten. Friedrich Wilhelm III. hatte nach russischem Vorbild angeordnet, diesem Ritual ein geistliches Lied anzufügen. Der russische Zapfenstreich, der auch in Deutschland praktiziert wird, endet mit Dmitrij Bortnjanskijs *Ich bete an die Macht der Liebe*.[22] Die deutsche Version favorisiert Beethovens *Die Himmel rühmen des Ewigen Ehre* oder das Deutschlandlied.

Eine Steigerung des großen Zapfenstreichs sind die »Militär-Monstre-Konzerte«, die zuerst von Wieprecht angeboten werden. Sie bilden den Rahmen zu Manövern oder den Abschluß nationaler Feierlichkeiten. Konzerte mit Subdirigenten und 500 bis 600 Mitwirkenden sind dabei keine Seltenheit.

Damit ist eine weitere Funktion der Militärmusik benannt; sie appelliert an das nationale Empfinden und ist Bindeglied zwischen »Volk« und Heer. Allein ihre Präsenz in den Straßen der Haupt- und Garnisonsstädte ist bemerkenswert. Der französische Komponist Hector Berlioz kommentiert fasziniert die Allianz von Militär und Musik: »Es sind nicht Regimentsmusiker,

---

20 *Deutsche Armeemärsche*, Bd. 2, 2. Aufl., Berlin 1980, S. 108.
21 Auf der CD *Radetzky-Marsch. Preußische und österreichische Märsche*, DG 1967/1974, zusammen unter anderem mit dem *Hohenfriedberger*, *Alte Kameraden* von Carl Teike und *Fridericus Rex* von Carl Loewe.
22 Der Text stammt von Gerhard Tersteegen.

sondern Regimenter von Musikern«, die zu jeder Tageszeit durch die Straßen Berlins ziehen.[23]

Mit dem Militär, seinem Reglement und der schmissigen Marschmusik ist immer die verteidigungsbereite Staatsmacht in der Öffentlichkeit präsent. Allerdings gerät das leicht ins Vergessen angesichts der bunten Gala-Uniformen, der Fahnen, Orden und Ehrenzeichen, in deren Schmuck die verschiedenen Truppenteile zu Fuß oder zu Pferde an der grüßenden und winkenden Bevölkerung mit klingendem Spiel vorüberziehen. Die Straße ist die Bühne, auf der die Soldaten als kostümierte Akteure in geordneter Formation dem Bürger eine kostenlose Show anbieten. Ihr Kommen und Gehen sowie die Theatralik militärischer Aufzüge insgesamt ist in zahlreichen Liedern festgehalten.[24] Die Operette der Kaiserzeit favorisiert Sujets mit Soldaten im Manöver und Offizieren als Hauptdarstellern, die in schnarrendem preußischen Kommandoton nach dem Motto *Donnerwetter, tadellos!*[25] zakkige Sprüche auf das Publikum loslassen.

Konzerte, die der gehobenen musikalischen Unterhaltung dienen, werden oft von Militärmusikern bestritten, die verschiedene Instrumente beherrschen, weshalb Wieprecht die Auffassung vertritt, es sei »grausam, die Musikchöre unserer Armee mit ihren Fähigkeiten allein auf den Marsch zu beschränken.«[26] Sie werden daher auch für anspruchsvolle Werke eingesetzt, die Wieprecht für Blasorchester arrangiert. Bekannt sind seine Bearbeitungen der zweiten, dritten, fünften, siebenten und neunten Sinfonie von Ludwig van Beethoven, meist für Infanteriemusik gesetzt. Er schreckt aber auch nicht vor Bläsersätzen der Klaviersonaten zurück, so der *Sonate pathétique* oder dem Trauermarsch aus op. 26. Bei den Ouvertüren bevorzugt er *Egmont*, *Coriolan* und *Prometheus* oder bearbeitet Opernausschnitte von Meyerbeer, Wagner, Spontini, Gluck, Händel und Mendelssohn. Anläßlich eines Be-

---

23 Hector Berlioz: *Memoiren*, hg. von Wolf Rosenberg, München 1979, S. 316.
24 G. W. Harmssen: *Die blauen Dragoner, sie reiten mit klingendem Spiel durch das Tor*; Richard Eilenberg: *Die Wachtparade kommt*, op. 78, oder *Jetzt kommt das Militär*, Marsch, op. 214; Leon Jessel: *Parade der Zinnsoldaten*; Paul Lincke: *Siamesische Wachtparade* aus der Operette *Nakiris Hochzeit*, 1902 u. v. a.
25 *Donnerwetter – tadellos*, Revue von Julius Freund, Musik von Paul Lincke, UA Berlin 1908.
26 Kalkbrenner, op. cit. (Anm. 18), S. 107.

suchs des russischen Zaren Nikolaus I. ist Friedrich Wilhelm IV. stolz, dem hohen Besuch zu zeigen, »wie unsere Musik nicht nur in der Militair-Verfassung, sondern auch in der Tonkunst wurzelt«.[27] Wieprechts differenzierte Bearbeitungen basieren auf einem durch Holzbläser verfeinerten und instrumententechnisch immer wieder modernisierten Bläserensemble, das auch künstlerischen Anforderungen nachzukommen vermag. Der aufkommenden Kritik an der pietätlosen Aussparung der Streicher, die als Seele des Orchesters gelten, wird entgegengehalten, daß die Besetzung der sinfonischen Orchestermusik mit Bläsern eine wünschenswerte Popularisierung der Klassiker darstelle und als »Kulturtat« zu werten sei.[28] Darüber darf jedoch nicht vergessen werden, daß die Anwesenheit von Militärorchestern in bürgerlichen Konzertsälen eine Gewöhnung der Öffentlichkeit an eine von staatlichen Interessen abhängige Musikkultur bedeutete und der militärische Gestus mit seinem martialischen Blechbläserklang und disziplinierenden Rhythmus die Hörerfahrung prägte.

»Heil, Heil dem Kaiser« – zur bürgerlichen Chorbewegung

Die Reichseinigung unter Wilhelm I. und der damit erworbene Machtzuwachs ist auch bekannten Komponisten zu Kopfe gestiegen. Ausgerechnet Richard Wagner, der in dem »Kartätschenprinzen« von 1848 nicht gerade das Ideal eines Monarchen sah, verfaßt in einer sich überschlagenden Sprache einen Kaisermarsch mit angefügtem *Volksgesang*, in den alle einstimmen sollen: »Heil! Heil dem Kaiser! König Wilhelm! Aller Deutschen Hort und Freiheitswehr! Höchste der Kronen, Wie ziert Dein Haupt sie hehr! ... Trutz dem Feind, Schutz dem Freund, allem Volk das deutsche Reich zu Heil und Nutz.«[29] Das Stück wird am 5. Mai 1871 in Anwesenheit des Kaisers aufgeführt, und der Schlußchor avanciert zur patriotischen Pflichtübung vieler Gesangvereine. Cosima teilt ihrem Tagebuch erfreut mit, daß die Franzosen für

27 Ebd., S. 27; zu den Bearbeitungen s. S. 69f.
28 Max Chop: *Geschichte der deutschen Militärmusik*, Hannover 1926, S. 15f.
29 Zit. nach Hartmut Zelinsky: *Richard Wagner. Ein deutsches Thema*, Frankfurt a. M. 1976, S. 29f.

jeden von ihnen ausgezischten Takt des *Tannhäuser* nun endlich Prügel erhalten hätten.[30]

Auch andere Komponisten fühlen sich bemüßigt, die Reichsgründer in ihren Werken zu feiern und der nationalen Hochstimmung Ausdruck zu geben. So widmet Johannes Brahms sein 1871 geschriebenes *Triumphlied* für Chor, großes Orchester und Gesangssolisten Wilhelm I. und bezeichnet es intern als *Bismarck-Lied*. Einer der Höhepunkte des monumentalen Werkes mit seinen achtstimmigen Halleluja-Chören ist das Zitat des Chorals »Nun danket alle Gott«. Er drückt unmißverständlich die Siegesfreude des Komponisten aus, der nach eigenem Bekunden glücklich ist, wenn »die Franzosen gute Schläge kriegen«.[31]

Eine Flut patriotischer Gebrauchsliteratur taucht bei zahlreichen nationalen und kirchlichen Festtagen auf, die für den Sedantag oder weitere Siegesfeiern, für Kaisers Geburtstag, Denkmalseinweihungen oder andere Anlässe komponiert werden. Für die Feiergestaltung sind in der Regel die örtlichen Chorleiter und Musikdirektoren, Sänger, Dirigenten oder Musiklehrer zuständig, die sich bemühen, im Gesamtchor der Nation vertreten zu sein. Für die Männerchöre und Laienorchester, die gemischten Chöre mit wenigen professionellen Sängerinnen und Sängern sind anspruchsvolle Stücke oft kaum zu bewältigen, daher müssen einfache Kompositionen, auch einstimmige Volksgesänge, etwa zum Gebrauch in öffentlichen Schulen[32] geschaffen werden, die der großen Nachfrage eher entsprechen. Organisiert im Deutschen Sängerbund, 1862 mit dem Ziel gegründet, »das deutsche Lied in einer großen Volksgemeinschaft dem Dienste des geeinten Vaterlandes zu weihen«,[33] bemühen sich regionale Vereine und ihre komponierenden Chorleiter um die Bereitstellung eines

---

30 Gregor-Dellin, op. cit. (Anm. 12), S. 637. Wagner selbst fand das Bombardement von Paris wünschenswert und sprach wenige Tage nach der Schlacht von Sedan Cosima gegenüber die Befürchtung aus, der Waffenstillstand könne zu früh geschlossen werden.

31 Sabine Giesbrecht-Schutte: *Gründerzeitliche Festkultur – Die »Bismarckhymne« von Karl Reinthaler und ihre Beziehung zum »Triumphlied« von Johannes Brahms*, in: *Die Musikforschung*, Bd. 52, 1999, Nr. 1, S. 70-88.

32 Heinz Lemmermann: *Kriegserziehung im Kaiserreich. Studie zur politischen Funktion von Schule und Schulmusik 1890-1918*, 2 Bde., Lilienthal 1984.

33 Franz Josef Ewens: *Das deutsche Sängerbuch. Wesen und Wirken des deutschen Sängerbundes in Vergangenheit und Gegenwart*, Karlsruhe und Dortmund 1930, S. 17.

Repertoires für die jeweils anfallenden Festivitäten. Traditionelle Chorsätze von Felix Mendelssohn, Robert Schumann u. a. erklingen einträchtig neben Stücken, mit denen die Monarchie, der Kaiser und das Haus Hohenzollern, gern auch *Fridericus Rex*, oder der alte Dessauer sowie andere Führergestalten wie Otto von Bismarck verehrt werden. Der Reichskanzler gilt als bevorzugter Adressat überströmender Beweise musikalischer Huldigung,[34] die ästhetisch häufig recht fragwürdig sind: »Der Thron und Reich umfriedet, das Kaiserschwert geschmiedet, stolz trug das Reichspanier, Bismarck, wir jauchzen dir! Hurra, hurra, hurra!« Trotzdem werden solche Stücke akzeptiert, versprechen sie doch Loyalität der bürgerlichen Männerchorbewegung, deren Bedeutung Bismarck zu schätzen weiß. Als der Deutsche Sängerbund um Unterstützung für Karl Wilhelm, den Verfasser der *Wacht am Rhein*, bat, spendete er dem verarmten Musiker jährlich 1000 Taler.

Mit Chorwerken lassen sich monarchische Leitvorstellungen besonders effektiv verbreiten, da der Einfluß der Sängergemeinschaften, Turner und Schützen tief in bürgerlichen Kreisen verankert ist. Ein Teil des Repertoires übermittelt latent oder offen nationalistische Botschaften, die sich in Proben und Festkommersen in den Köpfen der Sänger und bei den Aufführungen beim Publikum befestigen können. Männerchöre vertreten dabei eher als die gemischten Chöre eine nationaldeutsche Zielsetzung.[35]

Bei Sängerfesten wetteifern Massenchöre in Gruppen von über 5000 Personen um den Sieg, wie beim deutschen Sängerfest in Nürnberg im Jahr 1861. Die geradezu »gigantomanische Masseninszenierung« übt eine bedeutende Wirkung auf die deutsche Nationalbewegung aus.[36] Die Herausgeber der offiziellen Festschrift warnen die Nation vor der Gefahr aus Frankreich, wogegen sich die deutsche Nation wehrhaft zusammenschließen müsse. Es fällt

---

34 Sabine Giesbrecht-Schutte: *Bismarck-Lieder und Bismarck-Kult*, in: *Regionale Stile und volksmusikalische Traditionen in populärer Musik* (= Beiträge zur Popularmusikforschung, Bd. 17), Karben 1996, S. 6-29. Das zitierte Lied stammt von Heinrich Schmieden.

35 Friedhelm Brusniak und Dietmar Klenke: *Sängerfeste und die Musikpolitik der deutschen Nationalbewegung*, in: *Die Musikforschung*, Bd. 52, 1999, Nr. 1, S. 29-54, hier S. 33.

36 Dietmar Klenke: *Der singende »deutsche Mann«. Gesangvereine und deutsches Nationalbewußtsein von Napoleon bis Hitler*, Münster u. a. 1998, S. 104.

nicht schwer, in den sängerisch synchron agierenden Männerformationen, die mit Begeisterung ihre Sache vortragen, das Modell einer singenden Truppe vor Augen zu haben.

Die Breitenwirkung solcher Veranstaltungen kann nicht hoch genug veranschlagt werden. Konkurrierende Chöre sowie durch geringe Eintrittspreise angelockte Besuchermengen gewährleisten eine Resonanz über die Region hinaus.[37] Höhepunkt der Festlichkeiten ist das Kaiserpreissingen, für das Wilhelm II. einen Wanderpreis stiftet. Per Erlaß teilt er am 27. Januar 1895 mit: »Zu meiner Freude habe ich in letzter Zeit mehrfach Gelegenheit gehabt, wahrzunehmen, wie die deutschen Männergesangvereine bestrebt sind, den vaterländischen Gesang zu pflegen und zu fördern. Eingedenk dessen, daß deutsches Lied und deutscher Sang alle Zeit auf die Veredelung der Volksseele einen segensreichen Einfluß geübt und die Nation in der Treue gegen Gott, Thron, Vaterland und Familie gestärkt haben, wünsche ich am heutigen Tage meiner warmen Teilnahme an diesen Bestrebungen besonderen Ausdruck zu geben.«[38] Der Wettbewerb wird 1899 zum ersten Mal in Kassel ausgetragen. Dem Sieger winkt eine goldene Kette mit dem Wahlspruch »Im Liede stark, deutsch bis ins Mark«. An ihr befestigt sind Goldglieder mit den eingravierten Namen der Dichter Uhland, Arndt, Brentano, Körner, Scheffel sowie der Komponisten Brahms, Schumann, Schubert, Adolf Jensen und Theodor Koschat. Das vierte und letzte Preissingen findet 1913 zur Zentenarfeier der Schlacht bei Leipzig in Frankfurt statt. Es wird mit Wagners *Kaiserhymne* eröffnet und läßt das Repertoire der Befreiungskriege wieder aufleben, die in fundamentalistischem Überschwang als heilig gefeiert werden. Um die Erinnerung aufzufrischen, druckt *Der Türmer* die bekanntesten Lieder mit Text und Noten ab.[39]

---

37 Andreas Eichhorn: *Vom Volksfest zur »musikalischen Prunkausstellung«. Das Musikfest im 19. Jahrhundert als Forum bürgerlicher Selbstdarstellung*, in: *Die Musikforschung*, Bd. 52, 1999, Nr. 1, S. 5-28, hier S. 16.
38 Abdruck bei Ewens, op. cit. (Anm. 33), S. 373.
39 Danielle Goubard: *Das Frankreichbild in der Zeitschrift Der Türmer (Jg. 1898-1920). Ein Beitrag zur komparatistischen Imagologie*, Diss. masch., TH Aachen 1977, S. 130f.

Omnipräsenz der Marschmusik

Die Marschmusik, eines der Wahrzeichen des preußisch dominierten deutschen Reiches und Inbegriff straffer soldatischer Führung, durchdringt das gesamte soziale Leben. Ihr politischer Gehalt und militärischer Gestus werden allerdings von den Bedürfnissen nach Unterhaltung abgeschliffen und konsumierbar gemacht. Marschkompositionen für zivile Anlässe konkurrieren dabei mit denen aus soldatischer Tradition. Wo ein für die Öffentlichkeit sichtbarer Auftritt gewünscht ist, so bei Hochzeiten oder Beerdigungen, bei Sportfesten oder Aufzügen auf der Straße, wird Marschmusik eingesetzt und trägt zur feierlichen Stimmung bei. Ihr sozialer Gehalt ist die inszenierte Theatralik, die das Publikum auch von der Bühne her gewohnt ist und daher auch andernorts favorisiert. Es ist durchaus üblich, z.B. populäre Opernmärsche zu arrangieren und lebenspraktischen Zwecken zuzuführen. So kann man bis heute Felix Mendelssohns »Hochzeitsmarsch« in Bearbeitungen für Harmonium, Orgel oder Streichquartett hören. Die Multifunktionalität und das Auftreten sowohl in der Kunst- wie in der Gebrauchsmusik sind Basis der Omnipräsenz des Marsches.

Die politische Propaganda profitiert insbesondere von der Zwitterstellung zwischen ziviler und militärischer Nutzung. Beethovens oder Wagners Marschkompositionen sind im Konzertsaal beliebte Eröffnungsstücke, »Rausschmeißer« oder Zugaben. Als Haus- oder Salonmusik entfaltet etwa der *Yorcksche Marsch* von Beethoven einen eher privaten Charakter, anläßlich der Mobilmachung allerdings hat er eine ganz andere Wirkung.[40]

Die Kunstmusik verleiht dem Genre zusätzliches soziales Ansehen, wie am Beispiel des Trauermarsches zu zeigen ist. Bei Heldengedenktagen oder offiziellen Trauerfeiern erklingen häufig Marschsätze aus Beethovens Klaviersonate op. 26 bzw. Chopins op. 35, die durch ihre ästhetischen Qualitäten den Feierlichkeiten einen noblen Rahmen geben. Das Pathos jedoch ist ein anderes als das des Originals. Isoliert vom sinfonischen Gesamtzusammenhang konvertiert der universale Ausdruck der Trauer in Beetho-

---

[40] Der *Yorcksche Marsch* gehörte auch im Zweiten Weltkrieg als »Volksweise« zu den am meisten gespielten deutschen Militärmärschen; s. Max Unger: *Beethovens Militärmärsche*, in: *Musik im Kriege*, Nr. 7/8, 1943, S. 121-124.

vens »Marcia funebre«, dem eindrucksvollen zweiten Satz und Kernstück der *Eroica*, zum national vereinnahmten Totengedenken.

Als Unterhaltungsmusik bereichern sämtliche Marschmodelle die bürgerliche Geselligkeit. Haus- und Salonmusik holen das Genre ins Wohnzimmer, wo lustige Marschlieder oder Gesellschaftsspiele mit straffen Soldatenliedern und militärischen Symbolen[41] der gemeinsamen Unterhaltung dienen. Im Repertoire des Klavierunterrichts bürgern sich Marsch-Potpourris aller Art, zum Teil mit militärischen Propagandatiteln ein, die auch wegen ihrer Munterkeit und leichten Spielbarkeit gefragt sind. Ein Militärmusiker wie Richard Eilenberg vertreibt seine Arrangements gern mit patriotischen Überschriften wie *Kaiser Wilhelm I. Gruß an sein Volk* oder *Ein Hoch der Kaiserstadt Berlin*.[42]

Marsch-Einlagen sind unverzichtbare Bestandteile populärer Konzerte, wobei Opernmärsche häufig die Vorhut bilden, an die sich beliebte militärische Traditionsmärsche ohne Bruch anschließen. Vorreiter ist wieder Wilhelm Wieprecht, z. B. mit folgendem, auch für die Kaiserzeit durchaus typischem Programm: Wagners Ouvertüre zu *Rienzi*, Chor und Triumphmarsch aus *Conradin von Hiller*; *Halleluja* aus Händels *Messias*, Krönungsmarsch aus Meyerbeers *Prophet* sowie die bekannten Preußenmärsche *Dessauer, Hohenfriedberger, Coburger* und zum krönenden Abschluß die Kaiserhymne *Heil Dir im Siegerkranz*.[43] Diese Art der Zusammenstellung gibt dem Konzert eine anspruchsvolle, aber auch unterhaltende Note, ohne auf das militärische Gepräge zu verzichten.

Zur Omnipräsenz des Marsches tragen zeitgenössische Revuen und Operetten bei. Zündende Marschmelodien von Paul Lincke

---

41 Beispiel: *Kneiptafel mit militärischen Signalen*, Musikalischer Ulk, Parodien und Da-capo-Scherze. Musikalische Gesellschaftsscherze zum Vortrag in vorgerückter Stunde, hg. als Serie im Bloch-Verlag, o. J. – Die anwesende Gesellschaft wird in *Kompagnien* geteilt, die – unterbrochen von Signalen, Zapfenstreich, *Sturmmarsch* mit *Hurrahs* – singend, mit den Fäusten trommelnd und pfeifend das Spiel bestreiten.

42 Sabine Schutte: *Für Gott, Kaiser und Vaterland! Über Marschkompositionen Richard Eilenbergs*, in dies. (Hg.): *Ich will aber gerade vom Leben singen. Über populäre Musik des ausgehenden 19. Jahrhunderts bis zum Ende der Weimarer Republik*, Reinbek 1987, S. 187-212.

43 Programm von 1838; s. Ludwig Degele: *Die Militärmusik, ihr Werden und Wesen, ihre kulturelle und nationale Bedeutung*, Wolfenbüttel 1937, S. 148.

wie *Das ist die Berliner Luft, Luft, Luft* oder Walter Kollos *Die Männer sind alle Verbrecher* avancieren zu bekannten Schlagern und lassen sich dazu noch als »Schieber« tanzen. Paul Lincke bezeichnet seine Erfahrung mit dem stets präsenten Militär als Urerlebnis der Kindheit.[44] Nicht zuletzt wegen seiner Märsche und Marschlieder haben ihn später die Nazis für ihre Ziele vereinnahmt.

Wie der Marsch die Lebenswelt bürgerlicher Schichten durchdringt, zeigen Turner- und Radlermärsche aus der Welt der Sportvereine. Auch die lieben Kinder haben Spaß daran. Ihre dem Nachahmungstrieb entsprungenen Versuche, Krieg zu spielen und sich mit Holzgewehren oder zu Weihnachten geschenkten Trommeln zu »bewaffnen«, gestalten sich mit Marschmelodien, z. B. der *Wacht am Rhein*, noch interessanter:

Abb. 2: Feldpost, Marschieren als Kinderspiel: »Lieb Vaterland, magst ruhig sein«

Die Darstellung zeigt eindrucksvoll, wie mit Hilfe der Musik der Primat militärischen Denkens bis tief in die Struktur der bürgerlichen Familie hineinreicht.

44 Otto Schneidereit: *Paul Lincke und die Entstehung der Berliner Operette*, Berlin 1981, S. 22f.

Erster Weltkrieg

Im August 1914 beseitigt der Beginn des Krieges vorübergehend politische und soziale Gegensätze und läßt die Wellen nationaler Solidarität hochschlagen. An allen Fronten toben Propagandaschlachten mit Werbung für die Unterstützung der ausziehenden Truppen. Viele Soldaten, die nach langen, oft von Gesang begleiteten Märschen die Front erreichen, werden mit speziellen Liederbüchern ausgestattet, einige sogar in Granatenform. Die Produktion kriegsbegleitender Lieder, Texte und Sprüche steigt explosionsartig. Allein im August 1914 entstehen anderthalb Millionen Kriegsgedichte, berichtet Carl Busse stolz in der Einleitung zu seiner Ausgabe *Deutsche Kriegslieder 1914/1916*.[45] Mancher Titel ist bereits Programm, wie das Liederbuch *Deutsche Dresche* von Max Freundmann[46] zeigt, auf dessen Einband feindliche Soldaten durch Fußtritte, Bajonett und Pistole »erledigt« werden mit dem bekannten Kommentar »Jeder Stoß – ein Franzos, jeder Schuß – ein Russ, jeder Tritt – ein Britt«. Die *Wacht am Rhein* darf im nationalen Chor nicht fehlen und verbreitet »schlagkräftig« ihre militärische Botschaft (Abb. 3).

Der Verlust jeglicher zivilisatorischer Kontrolle zeigt sich in Haßgedichten und aggressiven Liedern gegen Franzosen, Russen und insbesondere gegen die Engländer.[47]

Daheim läßt sich die patriotische Hochstimmung in Konzerten und Veranstaltungen erleben, aus denen die Menschen gestärkt und mit dem Gefühl, einer großen, von Feinden bedrohten Kulturnation anzugehören, herausgehen. Soldatenlieder oder die seit Jahrzehnten bewährten antifranzösischen »Schlager« kommen im Konzertsaal noch einmal zu neuen Ehren. Textlich bearbeitet, kommentiert und effektiv instrumentiert rufen sie das Publikum zur Wachsamkeit auf, z. B. mit Hilfe der *Wacht am Rhein*, die als Bestandteil der 1914 geschriebenen *Vaterländischen Ouvertüre* von Max Reger wirkungsvoll plaziert ist. Der Komponist verwendet in diesem Werk noch weitere Nationalmelodien in quodlibet-

---

45 *Deutsche Kriegslieder 1914/1916*, hg. u. eingeleitet von Carl Busse, 3. vollst. umgearb. u. vermehrte Aufl., Bielefeld u. Leipzig 1916.
46 *Deutsche Dresche. Neue Lieder und alte Weisen*, Berlin 1914.
47 S. Joachim Utz: *Der Erste Weltkrieg im Spiegel des deutschen und englischen Haßgedichts*, in: *Kultur und Konflikt*, hg. von Jan Assmann und Dietrich Harth, Frankfurt a. M. 1990, S. 373-413.

Abb. 3: Feldpost: »Lieb Vaterland magst ruhig sein, wir schlagen alles kurz und klein«

artigen Verbindungen,⁴⁸ den Choral von Leuthen *Nun danket alle Gott*, das *Deutschlandlied* und *Ich hab mich ergeben mit Herz und mit Hand* von Hans Ferdinand Maßmann. Das Deutschlandlied, dieses »Glaubensbekenntnis der deutschen Seele«,⁴⁹ hat nicht nur die Hörer im Konzertsaal als Thema im noblen *Kaiserquartett* von Joseph Haydn, sondern auch die kämpfenden Soldaten im Krieg elektrisiert und beflügelt.

48 Rainer Cadenbach: »*Das Werk will nur Musik sein*« – *Zitate in Max Regers Kompositionen*, in: *Reger-Studien 2. Neue Aspekte der Regerforschung*, hg. v. Susanne Shigihara, Wiesbaden 1986, S. 96-101.
49 Karl Storck: *Kampf hinter der Front. Kriegsaufsätze für Deutschtum in Leben und Kunst*, Stuttgart 1915, S. 68; im Krieg sei die Hymne zum »Schlacht-, Sieg- und Todesruf des deutschen Volkes« geworden. – Auch Adolf Hitler schildert die Wirkung des *Deutschlandliedes* im Ersten Weltkrieg. Zunächst geht er auf die *Wacht am Rhein* ein und fügt ergänzend hinzu: »Aus der Ferne drangen die Klänge eines Liedes an unser Ohr und kamen immer näher und näher, sprangen über von Kompagnie zu Kompagnie, und da, als der Tod gerade geschäftig hineingriff in unsere Reihen, da erreichte das Lied auch uns. Und wir gaben es nun wieder weiter: Deutschland. Deutschland über alles, über alles in der Welt!«, in: *Mein Kampf*, 70. Aufl., München 1933, S. 180f.

Wie bereits in Friedenszeiten, so beeilen sich nach Kriegsbeginn Chorleiter und Dirigenten, auf die politischen Ereignisse mit speziellen Lied- und Chorsätzen zu reagieren. Da die Aufführungsbedingungen ungünstig und die Männergesangvereine zum Teil nicht mehr funktionsfähig sind oder sich sogar auflösen müssen, schließen sich die auf wenige Zurückbleibende geschrumpften Vereine zusammen; Urlauber und Verwundete füllen die Lücken auf und bestreiten Abschieds- und Gedenkfeiern, Wohltätigkeitsveranstaltungen oder Konzerte im Lazarett.[50]

Das patriotische Repertoire soll Sieger und Heroen der Vergangenheit ins Gedächtnis rufen. Mit der Erinnerung an Otto von Bismarck, den eisernen Kanzler, der 1915 hundert Jahre alt geworden wäre, wird dazu aufgefordert, sich dem Vaterland bedingungslos zur Verfügung zu stellen. Auch der Kaiser und die kämpfende Generalität, unter ihnen Paul von Hindenburg, der Sieger der Schlacht bei Tannenberg, sind Vorbilder und Adressaten nationaler Lieder, Chorsätze und Huldigungsgedichte.[51]

Das Unterhaltungstheater beeilt sich, die Kriegsereignisse für großstädtische Schichten der Bevölkerung mit einschlägigen Beiträgen konsumierbar zu machen. Das Einschwenken auf die Gattung der »Immer feste druff-Stücke« und anderer Produkte der »Kriegsbelustigung« resultiert aus der Auffassung, das Theater als Waffengattung und Instrument staatlicher Propaganda zu benutzen[52] und knüpft an die Theatralisierung des Militärs aus Friedenszeiten an. Es leuchtet ein, daß das Theater in dieser Zeit den Krieg nicht in seiner realistischen Form auf die Bühne bringen, sondern schmissige Shows, Schwänke oder witzige Lieder anbieten muß, um das Publikum bei Laune zu halten und abzulenken. So gibt z. B. Victor Hollaender seinem *Vaterländischen Zeitbild* von 1914 den Titel *Und der Michel lacht dazu*. Die originellen Couplets, überwiegend im Marschgestus gehalten, sollen militärische Stärke demonstrieren, Feindbilder verschärfen und Optimismus verbreiten nach dem Motto: »Wir werden das Kind schon

---

50 Richard Kötzschke: *Geschichte des deutschen Männergesanges hauptsächlich des Vereinswesens*, Dresden 1927, S. 259.
51 Vgl. Hoffmeister: *Handbuch der musikalischen Literatur, Märsche*, darunter Hindenburgmärsche und Lieder in verschiedenen Besetzungen, Bd. 15, 1914-1918.
52 Vgl. Flatz, op. cit. (Anm. 16), S. 249f.

schaukeln, das eine ist gewiß, daß Deutschland nach dem Kriege 'ne Ecke größer ist.«[53]

Über die Wirkung der Militärmusik im Kriege berichtet Militärkapellmeister Friedrich Ahlers eindrucksvoll.[54] Die Mobilmachung sei in festlichem Rahmen erfolgt: »Superintendent Brück weiht die Fahnen. Das Niederländische Dankgebet braust hoch, begleitet vom hellen Trompetenklang der Regimentsmusik auf der Empore«. Als die ersten Züge gen Westen rollen, spielt man in Stargard Lindemanns Marsch *In der Heimat da gibt's ein Wiedersehn* (S. 28). Anläßlich eines Gefallenengedenkens schreibt er: »Immer hat die Regimentsmusik zu blasen. Wie gut, daß man sie hat! Wieviel freundlicher ist alles mit ihr! Und wie wertvoll ist ein Musikmeister, der mit seinem Musikkorps stets zur Stelle ist, schönste Stücke... parat hält und sie zu Herzen gehend erklingen läßt« (S. 35). Bei den völlig erschöpften Regimentern in den Quartieren nördlich von Cambrai werde die Regimentsmusik dankbar empfangen. Bei schlechtem Wetter erlaube die Abwesenheit feindlicher Flieger hin und wieder auch Marschmusik. Am schlimmsten sei es in der Champagne, »wo der staubige Kalkboden in die Instrumente kriecht, wo Insekten eine schwere Plage sind und das Trommelfeuer die verscharrten Leichen freilegt... Überdies kommt Kampfgas zur Anwendung. Da gibt es nichts mehr zu blasen«, merkt Ahlers lakonisch an (S. 38).

Musikalische Kriegsrüstung

Die durch den Krieg verunsicherte Zivilbevölkerung braucht Ablenkung, Trost und Zuspruch, daher wird eine geeignete Auswahl des Konzert- und Theater-Repertoires zur kriegswichtigen Aufgabe. Der Musikwissenschaftler Arthur Seidl, bekannt durch seine Arbeiten über Richard Wagner und Richard Strauss, macht sich daher Gedanken über eine *Musikalische Kriegsrüstung*. Unter diesem Titel veröffentlicht er 1915 eine Liste mit Musikbei-

---

53 Zitat aus Nr. 4; die anderen Lieder, verfaßt von Leopold Ely und Otto Otto, heißen bezeichnenderweise: *Immer drufff! Fürs teure Vaterland; Mädel, liebes Mädel mein; Lenchen, laß uns Fähnchen pieken; Hindenburg; Unsere 42er Brummer; Raus mit den Sisters, raus mit den Misters!*
54 Alle Zitate aus Joachim Toeche-Mittler: *Musikmeister Ahlers. Ein Zeitbild unserer Militärmusik 1901-1945*, Stuttgart 1981, S. 28-38.

spielen, die bei Andachten, Abschiedsfeiern, vaterländischen Abenden oder Heldengedenkfeiern der geistigen Aufrichtung dienen sollen.[55] Es werden fast nur deutsche Komponisten vorgeschlagen, am häufigsten Johann Sebastian Bach, Ludwig van Beethoven, Johannes Brahms und der offensichtlich für die Nation vereinnahmte Franz Liszt. Berühmte französische oder italienische Namen und Werke sind weitgehend ausgeschlossen. Dieses Vorgehen wird bei Seidl nicht weiter begründet, denn es steht in einer Tradition, in der die moralische und ästhetische Minderwertigkeit »welscher« Kultur in nationalistischen Kreisen für selbstverständlich gehalten und die Überlegenheit der angeblich gefährdeten deutschen Musik unermüdlich behauptet wird.[56]

Seidls Beitrag besteht in der Auswahl thematisch einschlägiger Chorsätze, Kunstlieder, Kantaten, Opernausschnitte, Choräle und kirchenmusikalischer Werke. Hinzu kommen Sinfoniesätze, sinfonische Dichtungen und Ouvertüren, d.h. Instrumentalwerke mit passendem Titel oder Programm. Nicht das Werk als ästhetisches Ganzes steht im Vordergrund, sondern die verständliche »Botschaft«, z.B. das *Sei getreu* aus Mendelssohns Oratorium *Paulus* oder der Liedsatz aus Schuberts Streichquartett *Der Tod und das Mädchen*.

Die Liste erfaßt kaum die repräsentativen Werke der Komponisten. So ist etwa Max Reger unter anderem mit einem *Hymnus des Hasses*, mit *Variationen und Fuge über »Heil dir im Siegerkranz«* sowie der bereits erwähnten *Vaterländischen Ouvertüre* und dem *100. Psalm* vertreten. Drastisch reduziert auf wenige marginale Stücke ist das Werk des Opernkomponisten Giacomo – hier Jacob – Meyerbeer, der nur mit einer *Schiller-Kantate*, einem *Schillermarsch* für Orchester sowie dem *Lied vom Brandenburger Tor* präsent ist.

---

[55] Sabine Giesbrecht: *Musikalische Kriegsrüstung. Zur Funktion populärer Musik im Ersten Weltkrieg*, in: *Populäre Musik im kulturwissenschaftlichen Diskurs II* (= Beiträge zur Popularmusikforschung, Bd. 27/28), Karben 2001, S. 161-184.
[56] Karl Storck spricht in dem Sammelband *Kampf hinter der Front* (op. cit., Anm. 49, S. 21f.) davon, daß die Deutschen sich in die Sklaverei fremdländischen »Affengeistes« begeben hätten, und benutzt häufig den Begriff »Auslanddienerei« (S. 34). Der Autor diskriminiert die französische Kultur als schlampig und verwahrlost; die Menschen seien dreckig, ihre Gesinnung sei gemein und niedrig und die Art ihres Umgangs würdelos. Im Vergleich zu den Franzosen wären sogar die Russen noch besser (S. 38).

Rezeption Ludwig van Beethovens und Johann Sebastian Bachs

Der Vorschlag Seidls, Ludwig van Beethoven und Johann Sebastian Bach, die bekannt sind für ihre humanistische oder christliche Orientierung, zur »Kriegsrüstung« heranzuziehen, bedarf der Erklärung. Voraussetzung ist die besondere nationale Wertschätzung, die bei Beethoven auf der Grundannahme beruht, er habe – wie bereits Richard Wagner 1870 behauptete – mit seinem Werk die Hegemonie deutscher Musik begründet. Auch nach dem Ersten Weltkrieg wird der Komponist als größter Musiker aller Zeiten und Verkörperung des Deutschen schlechthin bezeichnet. Seine Werke gelten als Ausdruck nationaler Tiefgründigkeit, wobei vor allem die fünfte Sinfonie »der deutschen Musik für alle Zeiten Weltmachtstellung geschaffen« habe.[57]

Ferner verkörpert Beethoven den Typus des Geisteshelden, der sowohl als Privatperson wie als Künstler vorbildlich um Sieg und Überleben gerungen hat. Die von Seidl empfohlene Oper *Fidelio* oder die Ouvertüren zu *Egmont* und *Coriolan* sind Beispiele für den Kampf um Freiheit und zeugen von einer heroischen Haltung des Komponisten, die sich auch aus einer hochgradig idealisierten Biographik herleiten läßt. Die Werkstruktur selbst, der Sinfonie- und Sonatensatz mit seinem dualistischen Ringen thematischer Gegensätze, wird als Ausdruck titanischen Durchsetzungswillens nach dem Muster »per aspera ad astra« interpretiert. Bei der Satzfolge löst der Schluß die angesammelten Spannungen; und die sinfonische Schlußapotheose, besonders die der Neunten Sinfonie, dürfe die Wiederaufrichtung des Menschen feiern.[58] Die dramatische *Eroica* und die Fünfte, die Schicksalssinfonie im düsteren c-Moll, sind, ebenso wie die Klaviersonate *Pathétique*, nach Seidl offenbar geeignet, die vom Krieg geschlagenen Zuhörer geistig aufzurichten und auf einen Sieg oder eine bessere Zukunft einzustimmen. Die sechste Sinfonie und die *Missa solemnis* sollen wohl eher Trost spenden, während die Klaviersonate *Les Adieux*[59] vermutlich wegen ihres Programms einen Platz in der Liste gefunden hat.

---

57 Ferdinand Pfohl: *Beethoven*, Bielefeld und Leipzig 1926, S. 65.
58 Richard Benz: *Die Stunde der deutschen Musik*, Jena 1923, S. 331f.
59 Op. 81a, mit den von Beethoven autorisierten Satzüberschriften *Lebewohl*, *Abwesenheit* und *Wiedersehen*.

Auf diese Weise gerüstet sollen die Leiden des Krieges besser ertragen werden. Aber dieser Trost hat seinen Preis. Der mutig seinem Schicksal entgegentretende Mensch als universales Leitbild wird instrumentalisiert und die Idee der Versöhnung der Gegensätze ins Gegenteil verkehrt. Zwangsverbrüdert mit Krupp und anderen Vertretern der Rüstungsindustrie bleibt die humanistische Botschaft Beethovens, der Feldherr im Reich des Geistes sein wollte und die Höherentwicklung der Menschheit anstrebte,[60] auf der Strecke.

Auch Johann Sebastian Bach entgeht nicht der Indienstnahme für nationalistische Ziele. Mehr noch als Beethoven wird er als »urdeutscher« Komponist betrachtet, dessen Werke im Boden der deutschen Sprache wurzeln, welche eine grundlegende nationale Gemeinsamkeit herstellt: »O heiliger Johann Sebastian Bach, nun endlich wird deine Musik wieder Volkssprache. ›Und wenn die Welt voll Teufel wär‹, jubeltest du den Sieg der deutschgläubigen Seele ... In diesen Tagen, wo endlich wieder einmal alle Deutschen im gleichen Gebete sich zusammenfinden, ist diese den Urtiefen des Gottgefühls entquollene Musik die Muttersprache unseres Gebets.«[61] Die hier angesprochene, als typisch deutsch empfundene Religiosität und Innerlichkeit führt dazu, daß Bach den Beinamen fünfter Evangelist[62] erhält. Seidl folgt offenbar dieser Deutung, indem er die weltläufige Instrumentalmusik des Komponisten ausspart und statt dessen Kirchenmusik zur Aufführung vorschlägt, die geistlichen Beistand verspricht. Es dominieren Choräle, die Tod und Trauer, Weltabgewandtheit und Sehnsucht nach dem Jenseits ausdrücken.[63] Mit ihrer Begleitung können sich Hinterbliebene getröstet ins Unvermeidliche fügen und ihre Trauer um die Gefallenen fraglos akzeptieren. Diese auch von Teilen der protestantischen Kirche vertretene Haltung legitimiert den Tod für Kaiser, Volk und Vaterland als Ausdruck höchster politischer Werte der Nation.[64] Auch Trennung, Ver-

---

60 Martin Geck: *Von Beethoven bis Mahler. Die Musik des deutschen Idealismus*, Stuttgart und Weimar 1993, S. 2.
61 Karl Storck: *Krieg und Musikpflege*, in ders.: *Kampf hinter der Front*, op. cit. (Anm. 49), S. 178.
62 Karl Hesselbacher: *Der fünfte Evangelist*, 4. Aufl., Stuttgart 1934.
63 Hier einige Beispiele: *Komm süßer Tod; Wenn wir in höchsten Nöten sein; Aus tiefer Not schrei ich zu dir; Ich hatte viel Bekümmernis; Liebster Gott, wann werd' ich sterben; Weinen und Klagen.*
64 Wolfgang J. Mommsen: *Die Trauer um die gefallenen Soldaten*, in ders.:

wundung oder Verstümmelung kann in den von Chorälen dieser Art begleiteten Gottesdiensten akzeptiert und angesichts der Überzeugung, für eine gerechte Sache zu kämpfen, als patriotisches Opfer in christlicher Demut ertragen werden. Die kirchliche Gemeinschaft verwandelt sich in eine nationale, in der die Trauer alle Beteiligten zusammenrücken läßt.

Die prominentesten Choräle *Nun danket alle Gott* und das Lutherlied *Ein feste Burg ist unser Gott*, angeblich »das Trutzlied des Deutschtums überhaupt«,[65] entfalten ihre integrative Wirkung auch außerhalb der Kirche. Als kollektiv gesungenes »Glaubensbekenntnis«[66] läßt sich in dieser Zeit fast jeder Choral für politische Ziele nutzen. So berichtet Karl Storck 1914 von der »gewaltigen« Stunde, als auf dem Potsdamer Platz in Berlin gegen Mitternacht sich die Kunde vom Tannenberger Sieg verbreitet und in einem wuchtigen Choral entlädt. Das stärkste Kunsterleben, »die Gleichheit des Empfindens einer Gesamtheit«, erfülle sich nur selten so wie in dieser Kriegszeit.[67]

Um mit »klassischer« Musik aufzurüsten, ist also eine gelenkte Art der Rezeption im Rahmen einer nationalen Inszenierung nötig, die einen Generalangriff auf den zivilen Charakter bürgerlicher Kunst vornimmt. Unter diesem ideologischen Ansturm muß die von Humanität und den Gedanken der Aufklärung geprägte traditionelle Musikkultur Einbußen ihrer Glaubwürdigkeit hinnehmen. Bereits nach dem Ersten Weltkrieg ist sie nicht mehr die gleiche wie zuvor, sondern trägt Spuren der Zerstörung.

Ausblick auf die Nachkriegsjahre

Nach der Kapitulation ist die Weimarer Republik zwar zur Abrüstung verpflichtet, in vielen Köpfen, auch in denen einiger Musikfachleute, ist der Krieg allerdings keinesfalls zu Ende. Der Ruf nach »Vergeltung« wird laut, verbunden mit dem Wunsch, die ehemaligen Feinde, etwa »die französisch-belgische Canaille« sowie das »polackische Lumpengesindel« mit einem musikalischen

---

Bürgerstolz und Weltmachtstreben, Deutschland unter Wilhelm II. 1890-1918, Frankfurt a. M. u. Berlin 1995, S. 727-736.
65 Von der Pfordten, op. cit. (Anm. 6), S. 37.
66 Benz, op. cit. (Anm. 58), S. 25.
67 Storck, op. cit. (Anm. 49), S. 177.

Aufführungsboykott zu belegen.[68] Der Gedanke, möglichst bald wieder aufzurüsten und sich für die Niederlage und die durch den Versailler Vertrag auferlegten Restriktionen zu revanchieren, wird in zahlreichen Bürgerhäusern gesellschaftsfähig. Man kann an alte Feindbilder anknüpfen, dem Antisemitismus erneut Nahrung zuführen und auf diese Weise die Verantwortung für erlittene Verluste den Gegnern anlasten.

Wieder ist es die Musik, welche ein soziales Klima verbreitet, innerhalb dessen jenes Zusammengehörigkeitsgefühl gedeihen kann, das dem vor nationalen Ressentiments dampfenden kulturellen Mutterboden günstig ist. Zu den Kameradschaften, die sich dafür bereithalten, den alten Geist der Weltkriegszeit nicht in Vergessenheit geraten lassen, gehören unter anderem Kriegervereine, z. B. der 1918 gegründete »Stahlhelm«, ein Bund der Frontsoldaten, der mit seinem neuen Liederbuch die »Ehemaligen« zum Wiederaufleben des alten »Frontgeistes« aufruft. Es gehe darum, den Opfergeist zu stärken und sich in der Gemeinschaft der Sänger auf den notwendigen späteren Kampf vorzubereiten.[69]

Auch das *Kyffhäuser-Liederbuch*[70] pflegt ähnliche nationalistische Gedanken.

Die Militärmusik kann an Vorkriegszeiten anknüpfen und erhält nach der nationalsozialistischen Machtergreifung Verstärkung durch Kapellen der SA und SS. Der Rundfunk vergrößert

68 Bruno Schrader: *Die Pflicht der musikalischen Vergeltung*, in: *Neue Zeitschrift für Musik*, Bd. 86, 26. Juni 1919, zit. nach Eckhard John: *Musik-Bolschewismus. Die Politisierung der Musik in Deutschland 1918-1938*, Stuttgart und Weimar 1994, S. 83.
69 *Stahlhelm-Liederbuch*, hg. von der Bundesleitung des Stahlhelm, Oldenburg 1924, Widmung von Franz Seldte, S. 9f.: »Singen wir alten Frontsoldaten mit der heranwachsenden Jugend und mit allen anderen Volksgenossen die alten herrlichen Weisen unseres Volksliedes... Diese nationale Gefühlswelt wird dann aber auch wiederum nationale Willensimpulse auslösen. Diese werden erstarken und schließlich fähig sein, unbedingte Hingabe und Opfer zu bieten, wenn einst der Tag kommen wird, an dem das deutsche Volkstum von der Ostsee bis an den Rhein, vom Belt bis zum Steirerland seine nationale Einheit und Freiheit sich wieder wird erkämpfen müssen!«
70 *Kyffhäuser-Liederbuch* (*Vaterländisches Volkslied*), hg. von Wilhelm Werckmeister, Leipzig 1929. – Der 1899 gegründete »Kyffhäuserbund der deutschen Landes-Kriegerverbände« gehörte bereits in der Kaiserzeit zu den Formen des »organisierten Nationalismus von rechts« mit antidemokratischer Tendenz, s. Dann, op. cit. (Anm. 1), S. 197f.

den propagandistischen Wirkungskreis beträchtlich. Auf Massenveranstaltungen sind wieder die alten, schneidigen, preußischen Militärmärsche zu hören und erfreuen sich großer Wertschätzung als »heimatgebundene«, urdeutsche Musik.[71] Wie es heißt, sollen sie als »Hohelied deutschen Kraftbewußtseins« das völkische Empfinden stärken, einen »Damm gegen artfremde Einflüsse« bilden und als »geistige Waffengattung der Wehrmacht« zum Kampfinstrument gegen »Negerjazz« benutzt werden.[72]

Die bereits aus Vorkriegszeiten hinreichend bekannten rassistischen und antisemitischen Ausfälle häufen sich und fungieren als Speerspitzen jener Fraktionen, die von der Hegemonie alles Deutschen, insbesondere der deutschen Kultur, überzeugt sind. Der verlorene Krieg facht den schwelenden Haß gegen die Siegermächte, gegen alles Fremde, gegen ausländische Musik und »artfremde« Kultureinflüsse noch einmal heftig an. Davon zeugt die 1921 erschienene Arbeit von Konrad Huschke *Die deutsche Musik und unsere Feinde*. In ihr dominiert das Gefühl extremer nationaler Kränkung, verbunden mit existentieller Angst vor dem Untergang der deutschen Musik und Sieg fremder Kulturen. Die Feinde seien in ihrer Gesamtheit kulturelle Versager, die Engländer musikalisch »die jammervollsten Stümper« (S. 10f.) und die Amerikaner, die den Ausgang des Krieges mitbestimmt haben, kulturlose, »himmelan stinkende Krämerseelen« (S. 39). Nach Rundumschlägen gegen die Franzosen, Italiener und Russen beansprucht Huschke nachdrücklich den Führungsanspruch der deutschen Musik (S. 40), der im Verlauf der Ausführungen noch durch ein rassistisch-antisemitisch nuanciertes Feindbild untermauert wird. In Analogie zu der fast gleichzeitig erschienenen Polemik Hans Pfitzners gegen Paul Bekker[73] greift Huschke die moderne Musik pauschal an, welche »die deutsche Seele in der Kunst niederdrücken und eine auf jüdisch-orientalischen und südeuropäisch-gallischen Halbernst aufgebaute spielerisch-flache internationale Kunst schaffen soll, in der das Schönste und Edelste, was wir Deutsche und nur wir Deutsche zur Kunst beitragen können, so gut wie ausgeschaltet ist« (S. 73). Feinde sind

---

71 Georg Kandler: *Der Beitrag der Militärmusik zur völkischen Musikerziehung*, in: *Völkische Musikerziehung*, Bd. 6, April 1940, S. 77.
72 Degele, op. cit. (Anm. 43), S. 198, S. 209 u. S. 201.
73 Hans Pfitzner: *Die neue Ästhetik der musikalischen Impotenz, ein Verwesungssymptom*, München 1920.

nach Huschkes Auffassung auch alle Pazifisten, Kommunisten und Spartakisten, die als gefügige Werkzeuge »dem Irrweg des Internationalismus« verpflichtet sind (S. 77f.).

Die zitierten Äußerungen machen deutlich, wie ein radikaler Nationalismus dem Antisemitismus die Tür noch weiter als zuvor öffnet. Richard Wagner hat es in seiner gegen Meyerbeer, Mendelssohn, Heine und Börne gerichteten Schrift über das Judentum in der Musik vorgemacht. Konrad Huschke befindet sich, unter Berufung auf Hans Pfitzner, in gleicher Gesellschaft. Die diesbezügliche Einstellung beider Autoren kann als Übergang nationalistischer Positionen in faschistische bezeichnet werden. Für Pfitzner und Huschke ist die Moderne ein Produkt des »jüdischen Internationalismus«, eine These, die, wie die Ausstellung *Entartete Musik* im Jahr 1938 dokumentiert, von den Nationalsozialisten aufgegriffen wird.

Musikalisch aufgerüstet wird nach 1933 auf der Basis altvertrauter nationalistischer Traditionen, und zwar mit größter Militanz und verheerenden Folgen. Wie heißt kurz vor Beginn des Zweiten Weltkrieges die aktuelle *Wacht am Rhein*:

> »*Von Fels zum Meer, vom Belt zum Rhein*
> soll Deutschland für die Deutschen sein:
> Herunter vom Despotenthron
> mit Levy, Cohn und Sobelsohn!
> Der ist des Vaterlands nicht wert,
> der nicht den deutschen Namen ehrt!
> Frisch, frei und hochgemut
> gen welsche Brut.«[74]

---

74 Degele, op. cit. (Anm. 43), S. 209. – Bezüglich dieses Nationalliedes sei darauf hingewiesen, daß Hitlers große Offensive in den Ardennen, mit einem riesigen Aufgebot an Soldaten und Kriegsmaterial, unter dem Codewort *Wacht am Rhein* vorbereitet wurde; s. Hrowe H. Saunders: *Die Wacht am Rhein. Hitlers letzte Schlacht in den Ardennen 1944/45*, 2. Aufl. Emmelshausen 1999.

Uli Otto
Und zum Glück gibt es sie doch!

*Militärkritik und Friedenssehnsucht
im deutschen Lied*

Bis in die jüngere Gegenwart standen in deutschen Gebrauchsliederbüchern einer Fülle von martialischen und heroisierenden, den Krieg verherrlichenden und militaristischen Liedern vergleichsweise nur sehr wenige Antikriegs- bzw. Friedenslieder gegenüber, zumal gerade auch in den ersten Jahrzehnten des 20. Jahrhunderts zahllose Ausgaben von Soldatenliederbüchern immer noch kritiklos dem hurrapatriotischen Militarismus vor allem des 19. Jahrhunderts gehuldigt hatten. Nicht zuletzt von daher scheint das Genre Friedenslied in Deutschland auf den ersten Blick zumeist eine bloße Randerscheinung zu sein.

Dem Phänomen, daß derartig viele Soldaten- und Kriegslieder im öffentlichen (Unter)Bewußtsein gespeichert und tiefer verankert waren als eben eventuelle Friedens- und kritische Kriegslieder, liegen dabei wohl mehrere Ursachen zugrunde. So kann von einem breiteren Interesse am Lied – und dies übrigens gerade auch seitens der Wissenschaft bzw. der zu dieser Zeit entstehenden Liedforschung – ohnehin erst ab dem ausgehenden 18. bzw. beginnenden 19. Jahrhundert gesprochen werden. Dies war eine Epoche zahlreicher Kriege, die trotz zeitweiliger bitterer Niederlagen zu Anfang des 19. Jahrhunderts, trotz aller Not und allen Elends, welche auch die nachfolgenden Auseinandersetzungen der Epoche für viele Menschen mit sich brachten, letztendlich für Deutschland siegreich abliefen und überdies noch im Rückblick verklärt wurden. Der Liedbestand mußte also schon insofern eine »Verfälschung« erfahren, als im Regelfall ohnehin nur die Lieder der Sieger »überlebten«, während es den Unterlegenen oder den gegen den Krieg Opponierenden verboten war, Lieder zu verfassen und sie gar auch noch öffentlich zu singen. Zudem erfolgte nur zu oft auch eine Instrumentalisierung der Kriegsopfer – und das heißt hier vornehmlich der im Kampf gefallenen Soldaten – als Märtyrer, die als beispielhaftes Vorbild für den zukünftigen nationalen Kampf vor dem endgültigen Sieg zu dienen hatten, wohingegen zivile Opfer im Lied zumeist kein Thema waren und damit auch im Lied weitestgehend ausgespart blieben.

Darüber hinaus kann man ebenfalls seit dem 19. Jahrhundert auch zum ersten Mal von einem staatlicherseits verordneten Liedgut sprechen, dessen Vermittlungsinstanzen vor allem Schule und Militär waren, welche von den Bürgern, d. h. hier den Männern, normalerweise durchlaufen werden mußten. Seit den »Volkskriegen« des beginnenden 19. Jahrhunderts wurde das Lied zudem ganz bewußt auch seitens der Politiker sowie vieler Militärs – erwähnt seien hier etwa der Freiherr vom Stein sowie Gneisenau und Blücher – als Mittel der Propaganda zur geistigen und emotionalen Ausrichtung der Bevölkerung erkannt und ausgiebig genutzt. Das Medium Lied wurde mithin zu einer beliebten und häufig gebrauchten Waffe gegen die jeweils aktuelle feindliche Macht: Mit seiner Hilfe sollte der Gemeinsinn geweckt, die deutsche Nationalwürde erhoben, Haß gegen fremde Unterjochung und Vertrauen in die eigenen Kräfte geweckt werden, weswegen sich Gedichte und Lieder nunmehr sogar erstmals in den im Heer gedruckten Feldzeitungen fanden. Ansonsten wäre beispielsweise der langandauernde Erfolg der Lieder eines Ernst Moritz Arndt, Theodor Körner oder anderer zeitgenössischer Tagesdichter kaum so durchschlagend gewesen.[1] Dagegen wurden Lieder, die derartigen Intentionen zuwiderliefen, seitens der militärischen Führung von vornherein verboten, so etwa das pessimistisch anmutende *Holde Nacht, dein dunkler Schleier decket [...] Traurig, traurig, daß wir uns're Brüder hier und dort als Krüppel wandern sehn*, dessen Text und sentimentale Melodie bei den militärischen Führern Anstoß erregten.

Die Geschichte des Liedes war somit immer auch eine Geschichte der Liedzensur.

Auch nach der deutschen Reichsgründung des Jahres 1871 wurden so beispielsweise umlaufende sozialdemokratische Liedsammlungen kritisch beäugt und zensiert; auch das Liedgut der

---

1 Ernst Weber: *Lyrik der Befreiungskriege (1812-1815). Gesellschaftspolitische Meinungs- und Willensbildung durch Literatur*, Stuttgart 1991, S. 75 ff. »Arndt besaß auch in Gneisenau einen Freund in der alliierten Heeresleitung, der entscheidend zu seiner Popularität in der Armee beigetragen hat. [...] Wichtige Militärs wie Gneisenau, Scharnhorst oder Blücher hatten die meinungsbildende Funktion der Lyrik erkannt und stützten, zum Teil gegen den Willen der Zensoren, Druck und Verbreitung«.

Armee wurde nunmehr durch Soldatenliederbücher »verordnet«. Ebenso unterlagen die Schulen vielfachen diesbezüglichen Regeln und Reglementierungen und einer ständigen und rigoros gehandhabten Aufsicht. Auf diese Weise wurde alles Mißliebige unterdrückt und das Genehme unterstützt und gefördert; so entstand durch die bewußte Pflege des akzeptierten ideologischen Liedgutes ein fester Kanon von offiziellen Gesängen, die dabei nicht auf einzelne Gruppen beschränkt waren, sondern durch gruppenübergreifende Institutionen wie Schule, Armee und Sängerbünde weit verbreitet wurden.

Es waren in der Folge nicht zuletzt Otto von Bismarck, der deutsche Reichskanzler und Vollender der von vielen Bürgern ersehnten Reichseinheit, und Kaiser Wilhelm II., die sich immer wieder gerade für die deutsche Sängerbewegung als *den* Träger des nationalen Liedes und deren Repertoire einsetzten. So versicherte sich etwa der deutsche Kaiser der Loyalität der Massenbewegung der deutschen Männerchöre ab 1899 unter anderem durch ein regelmäßig alle vier Jahre veranstaltetes Kaiserpreissingen und initiierte zudem ein Männerchorgesangbuch, welches – 1906 in Leipzig herausgegeben – bis zum Ersten Weltkrieg unter dem Namen *Kaiserliederbuch* so weite Verbreitung fand, daß das preußische Ministerium für Wissenschaft, Kunst und Volksbildung es später als Volksliederbuch für die deutsche Jugend drucken ließ. Und auch Otto von Bismarck war sich der Bedeutung des Liedes beim Kampf um die nationale Einheit Deutschlands nur zu bewußt und wies immer wieder nachdrücklich auf dessen Rolle als beeinflussendes Moment der Politik und Geschichte hin, so etwa am 18. August 1893 in Bad Kissingen vor dem dortigen Gesangverein: »Des deutschen Liedes Klang hat die Herzen gewonnen; ich zähle es zu den Imponderabilien, die den Erfolg der Einheitsbestrebungen vorbereitet und erleichtert haben. Und so möchte ich das deutsche Lied als Kriegsverbündeten für die Zukunft nicht unterschätzt wissen, Ihnen aber meinen Dank aussprechen für den Beistand, den die Sänger geleistet haben, indem sie den nationalen Gedanken erhalten und über die Grenzen des Reiches hinausgetragen haben.«[2] Denn es war das bereits in der

---

2 Hier zit. nach Sabine Giesbrecht-Schutte: *Bismarck-Lieder und Bismarck-Kult*, in Helmut Rösing (Hg.): *Regionale Stile und volksmusikalische Traditionen in Populärer Musik* (= Beiträge zur Popularmusikforschung, Bd. 17), Karben 1996, S. 6-29, hier S. 9.

Napoleonzeit entstandene und sodann im Verlauf des weiteren 19. Jahrhunderts überaus rapide sich entwickelnde deutsche Männergesangvereinswesen, das sich von Anbeginn an – und dann bis weit ins 20. Jahrhundert hinein, als der verlorene Zweite Weltkrieg eine Zäsur setzte – als ein nur zu bereitwilliges Vehikel für das von oben propagierte und auch durchaus akzeptierte und verinnerlichte nationale und militärverherrlichende Liedgut der Epoche erwiesen hatte, welches ebenfalls zumeist in der Zeit der Befreiungskriege entstanden war und anschließend von Generation zu Generation weitergegeben zum dominierenden historischen Liedrepertoire gerade auch in den verschiedenen Gebrauchsliederbüchern des 19. und der ersten Hälfte des 20. Jahrhunderts wurde.[3]

Darüber hinaus trug die militärisch geprägte Festkultur der wilhelminischen Epoche, wo an zahllosen nationalen Feier- und Gedenktagen der »ruhmreichen Helden« wiederum vor allem der Befreiungskriege der Jahre 1813 bis 1815 gedacht sowie an ihre Taten erinnert wurde, ihr Teil zur Verbreitung und Festigung eines sanktionierten Liedbestandes bei. Der Kritik standen mannigfache obrigkeitliche Verbote, Unterdrückungs- und Zensurmaßnahmen gegenüber, welche sich gegen jegliches auch nur in Ansätzen oppositionelle Liedgut richteten, das dem nationalen und militaristischen Zeitgeist im Geringsten hätte entgegenstehen können. »Bei Beethoven- oder Schillerfeiern, zu Kaisers Geburtstag, zum Sedanstag oder zur Denkmaleinweihung, bei Truppenparaden, sonntäglichen Platzkonzerten oder Heldengedenkfeiern sorgen Chöre und Musikgruppen für gute Stimmung mit Hilfe einer Musik, welche das Publikum unterhalten und ihm die nationale Symbolik mit schmissigen Rhythmen und aufmunternden melodischen Wendungen vorführen soll. Der Aktivierung von Hochgefühlen dient ein Repertoire, das die nationale Solidarität zu mobilisieren vermag und sich zu diesem Zweck einer einprägsamen und verständlichen Musiksprache bedient«, beschreibt Sabine Giesbrecht-Schutte das damalige Musikleben

---

3 Hierzu erschien gerade in den letzten Jahren die äußerst informative und lesenwerte Publikation von Dietmar Klenke: *Der singende »deutsche Mann«. Gesangvereine und Deutsches NationalBewußtsein von Napoleon bis Hitler*, Münster u. a. 1998, die sich mit der Entstehung des deutschen Männergesangvereinswesens und seinen Traditionen und Entwicklungen bis ins 20. Jahrhundert hinein beschäftigt.

bei den zahllosen Staatsfeiern jener Jahre.[4] Und hier kam eben gerade den deutschen Männergesangvereinen eine ganz besondere Rolle und tragende Funktion zu, zumal diese die ihnen entgegengebrachte obrigkeitliche Wertschätzung durchaus zu schätzen und sich dem Deutschen Reich in treuer Loyalität verbunden wußten. Dies traf im übrigen auch für die deutschen Gesangvereine im Ausland zu, wo »Kulturarbeit« im Regelfall ebenfalls als bewußt eingesetztes Mittel gegen eine Assimilierung ihrer Mitglieder in der neuen Heimat funktionalisiert und instrumentalisiert wurde, denn die »Verbindung von Gesang und nationaler Identität« war eine Konstante im Leben der deutsch-ethnischen Minderheiten und treibende Funktion für die Pflege des deutschen Männergesangs.«[5]

Die planmäßige Propagierung und konsequente Durchsetzung eines genehmen und systemstabilisierenden Liedrepertoires haben somit dazu beigetragen, daß eine andere zeitweise ebenfalls verbreitete Liedtradition im deutschen Bürgertum abgelehnt bzw. verdrängt wurde: die vor allem seit der Zeit des Vormärz sowie während der Revolution von 1848 entstandenen Lieder sowie die späteren widerständigen und militärkritischen Lieder der Arbeiterbewegung nach den »ruhmreichen deutschen Einigungskriegen«, insbesondere nach dem deutsch-französischen Waffengang von 1870/71. Dieses Liedgut fiel alsbald der Vergessenheit anheim, zumindest was das Gros der deutschen Untertanen anbelangt, die an diesen Teil ihrer Vergangenheit nicht erinnert werden wollten.

Eine grundsätzliche Mitverantwortung und »Mitschuld« an

4 Sabine Giesbrecht-Schutte: *Zum Stand der Unterhaltungsmusik um 1900*, in Kaspar Maase und Wolfgang Kaschuba (Hg.): *Schund und Schönheit. Populäre Kultur um 1900*, Köln 2001, S. 114-161, hier S. 118. Und an anderer Stelle beschreibt sie anschaulich, wie all diese Feierlichkeiten, Paraden und Platzkonzerte vor allem der geistigen Aufrüstung und Militarisierung der breiten Öffentlichkeit dienten. (S. 148). Dieser Melange aus glorreicher Traditionspflege und Volkstümlichkeit, gipfelnd in einer auch geistigen Militarisierung, hatten auf Dauer im übrigen auch große Teile der Arbeiterschaft kaum etwas entgegenzusetzen.
5 Meike Tiemeyer-Schütte: *Das Deutsche Sängerwesen in Südaustralien vor Ausbruch des Ersten Weltkrieges zwischen Bewahrung von Deutschtum und Anglikanisierung*, Münster-Hamburg-London 2000. Dieses Phänomen dürfte auch für andere nationale Minderheiten, für Menschen in der »ethnischen Diaspora« – und dabei nicht nur in dem behandelten Zeitraum – zutreffen.

dieser mißlichen und auf weite Strecken völlig einseitigen Quellenlage und der Tradierung eines einseitig ausgerichteten Liedgutes kommt dabei von Anfang an den zeitgenössischen Liedsammlern und Liedforschern zu, die – hier echte »Kinder ihrer Zeit« – nur zu oft bereits eine »Schere im Kopf« hatten und sich nur zu bereitwillig einer Vor- bzw. Selbstzensur unterwarfen und somit von vornherein eine »Vorauswahl« des zu sammelnden und zu veröffentlichenden Liedgutes trafen, zumal sie oftmals von Anbeginn an selbst dezidiert bestimmte volks- und nationalerzieherische Ideale vertraten, in deren Dienst sie sich bisweilen sogar bewußter Verfälschungen, Umdichtungen, Weglassungen und Hinzufügungen schuldig machten.

So wollte bereits mit Johann Gottfried Herder der Initiator der Volksliedforschung durch seine Sammelarbeit vor allem den deutschen Vaterlandsgeist entfachen helfen und sammelte von daher ausdrücklich jene Lieder, die dem Zweck der Herausbildung eines Nationalstaates dienlich sein sollten, wohingegen er bestimmte andere Lieder der unteren städtischen Schichten, die sich diese für ihre eigenen Zwecke und Bedürfnisse zurechtgesungen hatten, ganz bewußt von vornherein ausschloß. Auch bei der Sammeltätigkeit eines Achim von Arnim und Clemens Brentano[6] (*Des Knaben Wunderhorn*, 1806-1808) ging es vor allem anderen um den »nationalen Gebrauchswert« der gesammelten Lieder, deren Inhalte zur Propagierung eigener politischer Ideen verändert und umgeschrieben wurden. Und gerade auch in einer der bis heute umfassendsten und nach wie vor wichtigsten Ausgaben deutscher Volkslieder – nämlich dem *Deutschen Liederhort* eines Ludwig Erk und Franz Magnus Böhme[7] – wurde der Inhalt von Böhme unter »vaterländischen Gesichtspunkten« bearbeitet, welchen alles »Mißliebige« zum Opfer zu fallen hatte.[8]

---

6 Achim von Arnim und Clemens Brentano: *Des Knaben Wunderhorn. Alte deutsche Lieder*, hg. von H. G. Thalheim, 3 Bde., 1966.
7 Ludwig Erk und Franz Magnus Böhme: *Deutscher Liederhort*, I-III, Leipzig 1893 ff.
8 Böhme redigierte die umfang- und materialreichen Volksliedaufzeichnungen aus Erks Nachlaß nach eigenem Gusto und unterschlug oder veränderte daher fast alle oppositionellen Lieder in militärfreundlichem Sinne. So findet sich bei ihm zwar das antimilitaristische Lied *O König von Preußen* abgedruckt, doch unterschlug Böhme ganz bewußt dessen Melodie, um seine weitere Verbreitung zu verhindern! Und in dem darauffolgenden Kommentar begründet er den Abdruck des Liedes entschuldigend damit, daß

Zwar entstanden bereits seit der ersten Hälfte des 19. Jahrhunderts immer wieder grundlegende und bis heute wichtige, dabei äußerst materialreiche Sammlungen gerade zum deutschen historisch-politischen Lied und gerade zum Soldatenlied: Erwähnt seien hier nur Leonhardt Freiherr von Soltaus *Ein Hundert Deutsche Historische Volkslieder*, Rochus Freiherr von Liliencrons *Die historischen Volkslieder der Deutschen vom 13. bis zum 16. Jahrhundert*, die zahlreichen und umfassenden Sammlungen eines Franz Wilhelm Freiherr von Ditfurth, welche sich des historisch-politischen Liedes seit der Zeit des Dreißigjährigen Krieges bis hin zum deutsch-französischen Krieg von 1870/71 annahmen, sowie nicht zuletzt das dreibändige Opus *Historische Lieder und Zeitgedichte vom 16. bis zum 19. Jahrhundert* von August Hartmann und Hyazinth Abele.[9] Doch sahen sich auch diese Sammler dabei durchaus ebenfalls dem nationalen Zeitgeist verpflichtet, wie dies bisweilen bereits in den Zueignungen im Vorwort mancher ihrer Bücher zum Ausdruck kommt.[10] Und was Ditfurths

er von den »Klageliedern über Soldatenschicksal [...] nur als Kulturbilder, fern von demonstrativer Absicht einige Proben aufgenommen« habe. Hier zit. nach Wolfgang Steinitz: *Deutsche Volkslieder demokratischen Charakters aus sechs Jahrhunderten*, Berlin 1955, Bd. 1, S. 328. Und auch bei Ernst Richard Freytag: *Historische Volkslieder des sächsischen Heeres*, Dresden 1892 sucht man dieses Lied vergeblich. Ähnlich geht Böhme auch bei dem Lied »Wie ist doch die Falschheit groß in der Welt« vor, wo er bezüglich dessen erster Strophe glaubte hervorheben zu müssen: »Diese Klage der Ausgehobenen wird jetzt nicht mehr gesungen«. Auch wird das Lied sodann im Liedregister des dritten Bandes der Erk-Böhme unterschlagen.

9 August Hartmann und Hyazinth Abele: *Historische Volkslieder und Zeitgedichte vom 16. bis zum 19. Jahrhundert*, 3 Bde., München 1907-1913. Erwähnung finden müssen an dieser Stelle auch die Sammlungen eines Ludwig Uhland, August Heinrich Hoffmann von Fallersleben, Jakob Grimm und Ludolf Parisius, die sich ebenfalls immer wieder oppositionellen Liedgutes annahmen und nicht zuletzt auch darob negative Konsequenzen für sich zu gewärtigen hatten. Grimm, Hoffmann von Fallersleben und Uhland gingen ihrer Professuren verlustig, Parisius wurde seines Richteramtes enthoben, und für Ditfurth bestand von vornherein keinerlei Aussicht auf eine staatliche Anstellung.

10 So sind Franz Wilhelm Freiherrn von Ditfurths *Historische Volkslieder vom Ende des Dreißigjährigen Krieges bis zum Beginn des Siebenjährigen Krieges* aus dem Jahr 1871 »in tiefster Ehrfurcht und Ergebenheit« »Seiner Majestät dem Deutschen Kaiser Wilhelm I., dem sieg- und ruhmgekrönten Wiederhersteller des Reiches« gewidmet, und eine ähnliche Widmung – diesmal an Seine Exzellenz, den Königlichen General-Feldmarschall, Chef des General-Stabes der Armee und Chef des Colberg'schen Grenadier-

Sammlung historischer Volkslieder der Jahre 1815 bis 1866 anbelangt, die er 1872, also nach der Reichsgründung, in Berlin herausbrachte, sah der Herausgeber sich zu einem vorgeschobenen entschuldigenden Vorwort veranlaßt, um den Abdruck einiger eben auch kritischer Lieder – schließlich behandelte die Sammlung auch die Zeit des Vormärz und der Revolution von 1848/49 – zu rechtfertigen und etwaiger Kritik schon im Vorfeld zu begegnen.[11] Obwohl sich in diesen Sammlungen immer wieder auch verschiedenste Kriegsklagen, nachdenkliche oder vorsichtig kritische Liedertexte finden lassen und sie insgesamt – gerade auch wegen ihrer Materialfülle und ihres Quellenwertes – einen wichtigen Beitrag zu einer detaillierten Mentalitätsgeschichte leisten, stehen chauvinistische und hurrapatriotische Töne also auch hier folgerichtig im Vordergrund, spiegelt sich im Großteil des darin enthaltenen Liedgutes vor allem der nationalistische und kriegsbejahende Zeitgeist der Epoche wider.

Bewegende antimilitaristische oder friedensheischende Lieder aber hat es eben in Fülle bereits auch früher gegeben, als offiziell seitens des Staates ein anderes Liedgut gefordert und gefördert wurde, welches man programmatisch unter den Titeln zweier po-

Regiments Nr. 9, Großkreuz und Ritter höchster Ehren Herrn Grafen von Moltke – findet sich in seinen *Historischen Volks- und volksthümlichen Liedern des Krieges von 1870-71* aus demselben Jahr. Und auch Hans Zieglers *Deutsche Soldaten- und Kriegs-Lieder aus fünf Jahrhunderten*, (Leipzig 1884) sind wiederum ausdrücklich Helmut von Moltke als dem Chef des Generalstabs zugeeignet. Und für Freytag, op. cit. (Anm. 8) hat das Königlich Sächsische Kriegsministerium nach Auskunft des Herausgebers zahlreiche handschriftliche und gedruckte Materialien, Aufzeichnungen und Liederbücher beigesteuert, wofür der Herausgeber Sr. Exzellenz, dem Herrn Kriegs- und Staatsminister Edlen von der Planitz seinen herzlichen Dank abstattete und seine Sammlung ganz ausdrücklich »dem Königlich Sächsischen (XII.) Armeekorps« widmete.

[11] »Der Herausgeber hat mehrfache Bedenken gehabt, vorliegende Sammlung zu veröffentlichen. Das darin Vorgebrachte dürfte nach manchen Richtungen hin unangenehm berühren. In Erwägung aber, daß die Geschichte ein Recht hat, mochte er doch um so weniger etwas davon vorenthalten, als ohnehin der hier betretene Zeitraum historischer Volksliederdichtung noch sehr spärlich ausgebaut ist. Dahin entschied sich auch der Rath einsichtsvoller Männer. Möge sie denn aufgenommen werden, wie sie gegeben ist – sine ira et studio« (hier zitiert nach Franz Wilhelm Freiherr von Ditfurth: *Die historischen Volkslieder von der Verbannung Napoleons nach St. Helena 1815 bis zur Gründung des Nordbundes. Aus fliegenden Blättern, handschriftlichen Quellen und dem Volksmund gesammelt und herausgegeben*, Berlin 1872).

pulärer Liedsammlungen des 19. Jahrhunderts subsumieren kann: *Mit Leyer und Schwert* bzw. *Lieder zu Schutz und Trutz*.[12] Es bleibt das Verdienst des Ostberliner Volkskundlers und Liedforschers Wolfgang Steinitz, die obigen Sammlungen, daneben aber auch andere Quellen auf dieses oppositionelle Liedgut durchgesehen und sich seiner erstmals systematisch angenommen und Beispiele daraus wissenschaftlich aufbereitet und publiziert zu haben. In der Folge haben die westdeutsche Liedforschung, auch die bundesdeutsche Folkszene der 1970er Jahre sowie über diese dann auch die diesbezügliche DDR-Szene dieses Liedgut für sich entdeckt und in Besitz genommen.[13] So entstand in der Folge eine Reihe von interessanten Gebrauchsliederbüchern, die an der Arbeit von Wolfgang Steinitz anknüpfen und auf ihr aufbauen konnten.[14]

---

12 Theodor Körner: *Leyer und Schwert von Theodor Körner. Lieutenant im Lützow'schen Freikorps. Einzig rechtmäßige, vom Vater des Dichters veranstaltete Ausgabe*, Berlin 1814, sowie Franz Lipperheide (Hg.): *Lieder zu Schutz und Trutz. Gaben deutscher Dichter aus der Zeit des Krieges im Jahre 1870*, 4 Teilbände, Berlin 1870/71.
13 Vgl. Rolf W. Brednich: *Die Rezeption von Wolfgang Steinitz', »Deutsche Volkslieder demokratischen Charakters« in der Bundesrepublik*, in: *Deutsches Jahrbuch für Volkskunde und Kulturgeschichte*, Bd. 23, 1980, S. 141-148. Siehe hierzu auch Ingeborg Gansberg: *Volksliedsammlungen und historischer Kontext. Kontinuität über zwei Jahrhunderte.* Frankfurt a. M./ Bern/New York 1986 sowie Gisela Probst-Effah: *Lieder gegen »das Dunkel in den Köpfen«. Untersuchungen zur Folkbewegung in der Bundesrepublik Deutschland*, Essen 1995.
14 An dieser Stelle sollen stellvertretend nur einige wenige dieser Bücher Erwähnung finden, so etwa Annemarie Stern (Hg.): *Lieder gegen den Tritt. Politische Lieder aus fünf Jahrhunderten*, Oberhausen 1974 (dies ein Liederbuch, das beispielsweise auch zahlreiche Lieder der 1960er und 1970er Jahre enthält) sowie Annemarie Stern (Hg.): *Lieder aus dem Schlaraffenland. Politische Lieder der 50er-70er Jahre*, Oberhausen 1976, daneben Hein und Oss Kröher (Hg.): *Das sind unsere Lieder. Ein Liederbuch.* Frankfurt a. M. o. J.; Zupfgeigenhansel (d. i. Erich Schmeckenbecher und Thomas Friz) (Hg.): *Es wollt' ein Bauer früh aufstehn – 222 Volkslieder*, Dortmund 1978; Zupfgeigenhansel (Hg.): *Kein schöner Land in dieser Zeit*, Dortmund 1984.

Kritische Soldaten- und Antikriegslieder von den Kabinettskriegen des 18. Jahrhunderts bis hin zur Revolution von 1848/1849

Das Lied ist zweifellos der ursprünglichste, unmittelbarste und wohl auch authentischste Seismograph menschlicher Gefühle in all ihrer Bandbreite und von daher ein Medium, welches von vornherein prinzipiell für alle Themen offen steht. Und eines der elementarsten Gefühle stellt wohl nicht zuletzt die *Furcht vor Krieg* und den damit verbundenen Schrecken und Nöten dar. Auf der anderen Seite stehen das menschliche Grundbedürfnis und die *Sehnsucht nach Frieden und Harmonie*. Antikriegslieder entstehen daher vor allem in Zeiten von Kriegen oder wenigstens von akuter Kriegsbedrohung, d. h. in Zeiten einer zumindest drohenden Abwesenheit von Frieden oder als Antwort auf empfundene Einschränkungen und Eingriffe ins Leben der Menschen bzw. als Kritik daran: seien es beispielsweise die Rechtlosigkeit und Unterdrückung der Soldaten, der auf ihnen lastende Drill sowie die Härten des soldatischen Lebens schon zu Friedenszeiten. Lieder, die sich wie auch immer mit dem Thema Krieg und Frieden auseinandersetzen, sind mithin zumeist gebunden an das menschliche Leben beeinträchtigende, sie bedrohende und gefährdende konkrete Ereignisse. Das Lied orientiert sich also im Regelfall am konkret Erfahrbaren und realiter Erfahrenen und ist schon ob seiner notwendigen »Verknappung« bzw. »Verkürzung« durch Strophenform und Metrik konkret, das heißt an konkrete Inhalte gebunden, mithin kaum zur Darlegung abstrakter Gedankenkonstrukte geeignet, zumal es im allgemeinen nicht als Selbstzweck, sondern auf ein Gegenüber, ein »Publikum« hin verfaßt worden ist. Sein Autor verfolgt nur zu oft moralische, pädagogische, ideologische Absichten und Zielvorstellungen, will im besten Fall informieren und belehren, oftmals aber auch beeinflussen und indoktrinieren, wodurch das Antikriegslied ein Pendant und Gegenpol zum Kriegslied darstellt. Dabei war gerade der mitteleuropäische Raum ständiger Schauplatz blutiger kriegerischer Auseinandersetzungen, war nur zu oft »verheert« in doppeltem Wortsinn: zum einen Aufmarsch- und Stationierungsgebiet der verschiedensten Heere mit allen Einschränkungen und Belastungen für das Leben gerade auch der Zivilbevölkerung bereits zu Friedenszeiten, zum anderen umkämpftes und verwüstetes

Kampfgebiet, wenn es denn zu kriegerischen Auseinandersetzungen kam.

Doch die Folgen von Kriegen konnten die Menschen auch dann sehen, wenn eine direkte und unmittelbare Bedrohung oder Beeinträchtigung für viele von ihnen nicht einmal gegeben war, so etwa zu Zeiten der Kabinettskriege, von denen die Bevölkerung wenn möglich gar nichts merken sollte. Regelrechte langandauernde und tief verwurzelte Traumata riefen dabei vor allem der Dreißigjährige Krieg sowie im 19. Jahrhundert der Rußlandfeldzug Napoleons und deren zahllose Opfer hervor, mußte doch in den Jahren zwischen 1618 und 1648 rund ein Drittel der Bevölkerung Deutschlands – also bei weitem nicht nur Kombattanten, sondern vor allem Zivilisten – durch Krieg und Kriegsfolgen das Leben lassen: Von den rund 400 000 Soldaten aus den verschiedensten Ländern Europas, die dem Franzosenkaiser 1812 nach Rußland folgen mußten, kehrten nur etwa 18 000 Mann, das heißt ganze fünf Prozent, in ihre Heimat zurück. Noch zur Zeit des Dreißigjährigen Krieges hatten die Heere dabei aus Landsknechten bestanden, die freiwillig unter die Soldaten gingen, da sie sich dort ein besseres Leben erhofften. Im Gegensatz dazu wurden seit Beginn des 18. Jahrhunderts die Soldaten – und hier vor allem leibeigene Bauern – im eigenen Land ausgehoben oder, z. T. in großem Stil, aus benachbarten Staaten zwangsgepreßt. Das Werber-Unwesen und ständig die Bevölkerung bedrohende Zwangsrekrutierungen, darüber hinaus die vor allem das Landvolk belastenden Kontributionen und sonstigen Zwangsabgaben und -leistungen zugunsten der stehenden Heere schon in Friedenszeiten sowie zur Führung der vom Landesherrn als notwendig erachteten Kriege; weiterhin die Bestrafung der Zivilbevölkerung, die etwa der Aufforderung, desertierte Soldaten einfangen zu helfen, nicht in gebührendem Ausmaß nachkam; schließlich nach den Kriegen der Anblick verelendeter Krüppel und Kriegsinvaliden, die sich – ohne jegliches Anrecht auf staatliche Unterstützung – als Bettler durchs Leben schlagen mußten: dies alles waren belastende und prägende ständige Erfahrungen vieler Generationen, welche sich folgerichtig auch im Medium Lied niederschlugen. Und was die zwangsgepreßten Soldaten selbst anbelangt, sahen sich diese bereits in Friedenszeiten rigorosem Drill, schlechter Verpflegung und schon bei kleinsten Dienstvergehen oder den geringsten Unbotmäßigkeiten brutalen Bestrafungen ausgesetzt – als Beispiel sei hier nur das Spießrutenlaufen erwähnt, das viele Soldaten wenn nicht das Leben, so doch die Gesundheit kostete –, auch dies sind ständig wiederkehrende Themen zahlreicher zeitgenössischer Lieder. Daneben stehen die Verzweiflung, wenn man dann tatsächlich in den Krieg zu ziehen hatte, wo man nur Hunger, Krankheit sowie den Tod zu gewärtigen hatte, und auf der anderen Seite die Klagen der Bauern darüber, daß das Land verwüstet, der Hof und das ganze Besitztum von feindlicher Soldateska ausgeplündert und ihre Familien mißhandelt worden seien.

»Krieg« wurde also sogar bereits in Zeiten des äußeren Friedens oftmals schon gegen die eigenen zum Militär gepreßten Untertanen geführt, die durch derartige Drillmaßnahmen für den Ernstfall zu willen- und seelenlosen Marionetten beziehungsweise blind funktionierenden »Kampfmaschinen« erzogen werden sollten. Mit den Worten *'s ist Alles lauter Falschheit wohl in der ganzen Welt*[15] beginnt ein gegen Ende des 18. Jahrhunderts entstandenes Rekrutenabschiedslied, das zu den am weitesten verbreiteten und am häufigsten aufgezeichneten deutschen Volksliedern des 19. und beginnenden 20. Jahrhunderts gehört[16] und welches die zeitgenössischen Zwangsrekrutierungen thematisiert hat; und das Lied *Mit List hat man mich gefangen*[17] beschreibt ausführlich, welch zweifelhafter Methoden man sich bei der Soldatenwerbung bediente. Eines der bekanntesten und populärsten Lieder gegen den Söldnerdienst, das durch Peter Rohland, Hein und Oss Kröher sowie dann vor allem Hannes Wader in den 1960er sowie 1970er Jahren wieder in Erinnerung gerufen und in der Folge von zahlreichen Gruppen der deutschen Folkrevival-Szene revitalisiert wurde, das ebenfalls bereits gegen Ende des 18. Jahrhunderts entstandene *O König von Preußen*,[18] setzt

---

15 S. Steinitz, op. cit. (Anm. 8), Bd. 1, S. 368. Siehe auch Heide Buhmann: *Lieder gegen Söldnerdienst und Krieg im 18. und 19. Jahrhundert* (Wissenschaftliche Hausarbeit im Fach Deutsch zur 1. Staatsprüfung für das Lehramt an Gymnasien), Marburg 1978, Anhang, S. I.

16 S. Steinitz, op. cit. (Anm. 8), Bd. 1, S. 380. Danach stammen die ersten datierten Aufzeichnungen aus der Zeit nach 1840, die letzten aus dem Jahr 1941. Noch am 1. August 1914 wurde dieses Lied von den Burschen gesungen, die zur Mobilmachung von Laufen a. d. Eyach nach Ebach (Württemberg) zogen. S. ebd., Bd. II, S. 349, Lied Nr. 250 sowie Bd. I, S. 334ff.

17 Ebd., S. 451f.

18 Ebd., S. 317ff., 348f.

sich ebenfalls beredt mit dem geisttötenden Soldatenalltag, dem militärischen Drill, dem ständigen stupiden Exerzieren, der mangelhaften Verpflegung, den harten Bestrafungen schon bei geringsten Verfehlungen, den daraus resultierenden Desertionswünschen, dem Spießrutenlaufen ob des letzteren Vergehens und mit der Schutz- und Mittellosigkeit des Kriegsveteranen nach seiner Dienstzeit auseinander. Die Tatsache, daß gerade dieses Lied seinerzeit in ganz Deutschland Aufnahme und Verbreitung gefunden hat, weist darauf hin, daß es in den Armeen der übrigen deutschen Länder außerhalb Preußens nicht viel besser ausgesehen haben dürfte, was das Los ihrer Soldaten anbelangt. Derartige Lebensbedingungen spiegelt auch *Bin doch ein Sklav, ein Knecht*[19] wider, das in den 1970er Jahren zum Repertoire des schwäbischen Volkslied-Duos »Zupfgeigenhansel« zählte. Andere Lieder der Epoche beschreiben daneben den schwunghaften Soldatenhandel manches Landesherrn, der zahllose Landeskinder zwang, für immer von ihrer Heimat Abschied zu nehmen, um an Kämpfen z. B. gegen die Aufständischen in den englischen Kolonien – etwa in den Jahren von 1775 bis 1783 in Amerika – teilzunehmen und derart aus ersten »Kriegsopfern« nur zu oft zu verhaßten Kriegstätern zu werden.[20]

Aus dem 18. Jahrhundert sind darüber hinaus einige Lieder überliefert, die sich mit konkretem Kriegsgeschehen bzw. dessen Folgen beschäftigen, so etwa die *Schlacht bei Prag* (1741), in welchem die Soldaten sich als bloßes Kanonenfutter dargestellt fin-

---

19 Ebd., S. 357ff.
20 Hierzu jetzt eine Freiburger Dissertation von Annette Hailer-Schmidt: *»Hier können wir ja nicht mehr leben«. Deutsche Auswandererlieder des 18. und 19. Jahrhunderts – Hintergründe, Motive, Funktionen* (Phil. Diss.), Freiburg/Br. 2003. Im übrigen führte der Einsatz hessischer Söldner, die von ihrem Landesherren, dem Landgrafen von Hessen-Kassel, seit 1775 an die englische Krone für den Krieg gegen die Rebellen George Washingtons verschachert worden waren, während der Aufstände des ausgehenden 18. Jahrhunderts in Irland dazu, daß die »Hessians« in manchen irischen Liedern zu einem Synonym für eine brutale und verhaßte Soldateska gegen den irischen Freiheitskampf wurden. Siehe hier die Lieder *Boolavogue*, Nr. 58 – *Páid O'Donoghue*, Nr. 59 – *The Cow that Ate the Piper*, Nr. 60 – *Father Murphy*, Nr. 64 – sowie *The Ballyshanon Lane*, Nr. 75 in Terry Moylan (Hg.): *The Age of Revolution in the Irish Song Tradition 1776 to 1815*, Dublin 2000, hier S. 45-47, 50f., 59f. Sowohl was die deutsche Militärgeschichtsschreibung als auch was die Liedforschung anbelangt, ist dieses Thema dabei bisher völlig unberücksichtigt und unbearbeitet geblieben.

den.²¹ Und das vor 1763 entstandene *Soll denn gar kein Frieden werden* beinhaltet eine vehemente Aufforderung an Friedrich II. von Preußen, sein »Schwert« einzustecken und dem gerade auch für sein Land verheerenden Siebenjährigen Krieg endlich ein Ende zu machen.²² Mit dem mißlichen Schicksal der Kriegsinvaliden, die ihr Leben zumeist als elende Bettler zu fristen hatten, setzen sich die Lieder *Folgt nicht der Trommel Ton*²³ und *Der Invalid*²⁴ auseinander, in denen sich kein Wort vom sorglosen Heldentum des Soldatenlebens offizieller Soldatenlieder findet.

Die Volkskriege des beginnenden 19. Jahrhunderts, zumal die unglücklich verlaufenden Koalitionskriege gegen das revolutionäre Frankreich, führten sodann zu einer nochmaligen Verschärfung der Situation, die sich ebenfalls in zahlreichen Liedern niederschlug, zumal gerade auch die Niederlagen gegen Napoleon den Opfern keinen Trost gewähren konnten, ja die Opfer angesichts der aktuellen Situation zunächst erst einmal sinnlos erscheinen mußten. So findet sich folgerichtig auch hier in vielen Liedern nichts von Soldatenherrlichkeit und -heldenmut, wie sie ansonsten in vielen anderen oftmals chauvinistischen Haßgesängen der Zeit tradiert wurden. Vielmehr tritt hier beispielsweise der triste und beschwerliche Alltag auf dem Marsch gegen den Feind – etwa in die Champagne – in den Vordergrund. Zudem finden auch die leeren Siegesversprechungen der Militärführung sowie die enttäuschten Hoffnungen der Soldaten immer wieder ihren beredten Ausdruck. Während die französischen Revolutionsheere immerhin für »fraternité, égalité, liberté« in den Kampf zogen, hatten die zwangsgepreßten Söldner der Alliierten dem nichts entgegenzusetzen. So heißt es in einem Lied nach der Kanonade von Valmy – *Bei Valmy auf der Höh*²⁵ –, daß es der einfache Soldat sei, der seinen Kopf hinzuhalten habe, er müsse »ausbüßen in der Welt«, was »andere verschuldet haben«. Und auch ein Lied zur desaströsen *Schlacht bei Austerlitz*²⁶ im Jahre 1805 zeigt vor allem pazifistische Tendenzen und beschreibt im Gegen-

---

21 Heide Buhmann, op. cit. (Anm. 15), S. 55.
22 Ebd.
23 Wolfgang Steinitz, op. cit. (Anm. 8), Bd. 1, S. 317ff.
24 Ebd., S. 375ff.
25 Ebd., S. 426f.
26 Franz Wilhelm Freiherr von Ditfurth: *Historische Volkslieder 1763-1812*, Bd. 2, Berlin 1872, S. 286f.

satz zu zahllosen anderen martialischen Kriegsliedern vor allem die Schrecken des – zumal verlorenen – Krieges, gibt der tiefen Friedenssehnsucht seines Verfassers Raum und Ausdruck, anders als etwa zahllose »Märtyrerlieder« des darauffolgenden Jahres, welche den Heldentod des Prinzen Louis Ferdinand von Preußen in einem Vorpostengefecht bei Saalfeld unmittelbar vor der für Preußen verheerenden Niederlage in der Doppelschlacht von Jena und Auerstädt thematisieren und zumeist verherrlichend in den Mittelpunkt stellen.[27]

Eines der bewegendsten Antikriegslieder der Epoche, welches sich »in epischer Breite« mit den verheerenden Kriegsfolgen gerade auch für die Zivilbevölkerung auseinandersetzt, entstand dann aber im Zusammenhang mit der für die Franzosen siegreichen Schlacht bei Regensburg im April 1809, nachdem Österreich sich nach dem spanischen Volksaufstand gegen Napoleon zu einem übereilten Vorgehen gegen Frankreich hatte hinreißen lassen. Dieses 25-strophige Lied von der *Schlacht bei Regensburg*[28] zeigt die solidarische Verbundenheit der geschlagenen Soldaten auf; es dominieren darüber hinaus die Bilder von Tod und Kriegsschrecken. Als Gründe für die Ablehnung des Krieges werden in epischer Breite die Verwüstungen und Plünderungen des Landes sowie die Trauer um die Kriegstoten, zumal die etwaigen Angehörigen, dargestellt. In dem bekanntesten älteren deutschen Soldatenlied *Der gute Kamerad* aus demselben Jahr hat Ludwig Uhland das Kriegsgeschehen dagegen »auf eine rührende Episode, auf ein Einzelschicksal reduziert«,[29] wobei das Erlebnis des Kameradentodes die eigene Existenz erschüttert. Auch nachdem sich dann seit 1812 das Blatt zuungunsten des Franzosenkaisers zu wenden begann und die alliierten Truppen in der Folge zunehmend Kriegserfolge verzeichnen konnten, entstanden keineswegs nur propagandistische Donnerschnulzen und haßerfüllte Triumphgesänge; vielmehr stehen in zahlreichen Liedern auch nach Siegen auf dem Schlachtfeld gegen die Franzosen gerade die

27 *Schlacht bei Jena* s. Freytag, op. cit. (Anm. 8), S. 64 f.; *Saalfeld. Jena 1806*, ebd., S. 66 f.; *Prinz Louis Ferdinands Tod*, s. Ditfurth, op. cit. (Anm. 26), S. 292 f., dsgl. Ziegler, op. cit. (Anm. 10), S. 313; *Prinz Louis bei Saalfeld*, s. Ditfurth, op. cit. (Anm. 26), S. 313.
28 Uli Otto und Eginhard König: *Ich hatt' einen Kameraden. Militär und Kriege in historisch-politischen Liedern in den Jahren von 1740 bis 1914*, Regensburg 1999, S. 233 ff., Nr. 84.
29 Ebd.

Kriegsopfer im Mittelpunkt, so etwa nach dem »Aderlaß« des napoleonischen Rußlandfeldzuges, der im brennenden Moskau und dann durch die vollends verlustreiche Flucht der französischen Expeditionsheere und ihrer zahlreichen Verbündeten im russischen Winter sein unrühmliches Ende fand. Beispielhaft mögen hier stellvertretend *Kaiser Napoleons Abendlied 1813*,[30] *Soldaten aus Rußland*[31] und das bekannte *Fluchtlied 1812* (»Sie haben ihn geschlagen, mit Mann und Roß und Wagen«)[32] Erwähnung finden, obwohl das Ausmaß der Katastrophe, die ausgestandene Not und die immensen Opfer nicht annähernd adäquat beschrieben werden können.[33]

Und auch die Völkerschlacht bei Leipzig im darauffolgenden Jahr sowie die Schlacht bei Waterloo 1815, die das Schicksal Napoleons endgültig besiegelte, zeitigten beileibe nicht nur haßerfüllte Triumphgesänge der nur zu lange Zeit gedemütigten Alliierten ob der nunmehrigen Siege über den verhaßten französischen Kaiser. So drückt das etwa 1813/1814 entstandene *Soldat bin ich gewesen*[34] die Gefühle eines Verfassers aus, der, als Kriegsfreiwilliger der Schlacht bei Leipzig, sechs Monate verwundet darniederlag und im Anschluß daran das elende Schicksal des Invaliden auf sich nehmen mußte, dem eben wieder einmal mehr wie so vielen anderen Leidensgenossen der Dank des Vaterlandes keineswegs gewiß war, sondern den »nichts als Elend und Pein« erwartete. Und wie die an der Schlacht nicht unmittelbar beteiligte Zivilbevölkerung das Leipziger »Völkerschlachten« wohl

30 August Hartmann, op. cit. (Anm. 9), Bd. II, S. 141 ff.
31 Paul Kiem: *Oberbayerische Volkslieder*, München 1934, S. 202 ff.
32 Dieses Lied findet sich wohl in nahezu jeder Liedanthologie des 19. und 20. Jahrhunderts abgedruckt, die historisch-politische Lieder zum Inhalt hat. Wir haben es entnommen aus Ludwig Erk und Franz Magnus Böhm, op. cit. (Anm. 7), Bd. II, S. 158 f.
33 Gerade auch gemäß der Internationalität der Expeditionsheere war das russische Desaster Napoleons dabei ein Thema nicht nur für deutschsprachige Lieder. So stellt ein Pendant des letzteren Liedes das irische *The Bonny Bunch of Roses* dar, das sich ebenfalls ausführlich mit dem Rußlandfeldzug des französischen Kaisers auseinandersetzt und das auf der Grünen Insel bis in unsere Tage bekannt und verbreitet ist. Und noch im Jahr 1996 entstand im übrigen ein Lied aus der Feder des bekannten schottischen Liederschreibers und Gitarristen Mark Knopfler (er war früher Gründungsmitglied der Formation »Dire Straits«), das sich mit der Besetzung Moskaus durch die französischen Truppen auseinandersetzte: *Done With Bonaparte* auf der CD *Golden Heart*.
34 Otto und König, op. cit. (Anm. 28), S. 314, Nr. 154.

nur zu oft erleben mußte, schildert *Die Schlacht bei Leipzig*,[35] dessen Verfasser, der seinen Wohnsitz offensichtlich in der Nähe des Kampfgeschehens hat und dessen »Hütte« während der Auseinandersetzungen in Flammen aufgeht, Augenzeuge der erbitterten Kämpfe wird, und der danach »wohl übers blutige Schlachtfeld gehen« und »die armen Menschen leiden seh'n« muß: »Viel Tausend sah ich ganz zerhauen, das Blut, das floss ganz strömeweis« (Str. 3). Das Lied endet mit der inständigen Hoffnung auf Frieden, »wo alle Menschen seufzen fort« (Str. 6).

Auch der endgültige Sieg bei Waterloo, nach Napoleons Rückkehr von Elba und nach dessen 100-Tage-Herrschaft, rief immer wieder durchaus nachdenkliche Töne hervor, so etwa in *Bei Waterloo stand eine Eiche*,[36] wo vor allem der unglücklichen Schlachtopfer gedacht und in der letzten Strophe tiefer Friedenssehnsucht Ausdruck gegeben wird: Der Vater weint um seinen Sohn und die Mutter um ihr geliebtes Kind: »Ei so schick uns Gott den stillen Frieden, daß wir in unsere Heimat ziehn« (Str. 5). Und als das zentrale Thema findet sich der Friede schließlich in *Die Friedensfeier* (1815)[37] des vormaligen Augustinerpaters Marcelin Sturm. Um dieses Gottesgeschenk erst richtig würdigen zu können, wird in aller Ausführlichkeit an die Schrecken des Krieges erinnert, dabei zunächst allerdings wieder nicht aus der Sicht des kämpfenden Soldaten, sondern des Zivilisten, dem die plündernde und brandschatzende Soldateska arg zugesetzt und den sie an den Rand der Existenz gebracht hat. Mit der 15. Strophe enden diese Reminiszenzen an die schlimme Kriegszeit: Nunmehr wird der Friede als »goldener Mann«, als »Held vieltausend Kronen werth« willkommen geheißen, der den vormaligen Kriegsschauplatz wieder zum Paradies werden läßt. Die Schlußstrophen (22-27) verleihen dem innigen Wunsch nach der Dauerhaftigkeit dieses Friedens Ausdruck – dies dabei sowohl im staatlichen als auch im privaten Bereich.

Vollends diskreditiert aber war das Militär, welches durch seinen Einsatz gegen Napoleon während der Befreiungskriege zeitweise durchaus die Anerkennung breiter Bevölkerungskreise

---

35 Erk und Böhme, op. cit. (Anm. 9), Bd. II, S. 168 f.
36 Ebd., S. 176.
37 *Lieder zum Theil in bayerischer Mundart von P. Marcelin Sturm, ehemaliger Augustiner. In Musik gesetzt nach den eigenen Melodien des Verfassers von dem kgl. Advokaten J. Giehrl in Neunburg vorm Wald 1819*, o. O. o. J.

hatte erringen können, sodann seit den 1830er Jahren und natürlich vor allem während der Revolutionszeit der Jahre 1848 und 1849. Denn seine Einsätze waren in dieser Zeit immer wieder gegen die eigene Bevölkerung gerichtet, als die Soldaten sich auf Geheiß ihrer Vorgesetzten zur Wiederherstellung von Ruhe und Ordnung gegen die eigenen widerständigen Landsleute zu wenden hatten, so etwa während der Hungeraufstände der schlesischen Weber im Jahr 1844 sowie während der revolutionären Ereignisse in Sachsen, Baden und in der Pfalz 1848/1849. Die Forderung der Aufständischen – *Reichet uns die Hand Soldaten*[38] – blieb zumeist unerfüllt, vielmehr kam es dagegen immer wieder zum *Brudermord.*[39] So gipfelt ein im ostthüringischen Altenburg verfaßtes Flugblattlied des Jahres 1848, eine Kontrafaktur auf Wilhelm Hauffs *Steh ich in finstrer Mitternacht*, schließlich sogar in der Aufforderung zum Offiziersmord (Str. 6: »Wir wissen besser, was uns frommt, Und wenn's zum Kampf mit Bürgern kommt; Auf wen der erste Schuss gericht't. Kam'rad? doch davon spricht man nicht...«), nachdem der anonyme Verfasser sich zunächst über die Unbilden und Mißhelligkeiten des Soldatenlebens, zumal in diesen unruhigen Zeiten ausgelassen hat.[40]

Ein Lied – *Nur her mit dem, was wir gefordert*[41] von Johann Karl Hübner, seinerzeit Bauer in Unterheimbach – beschreibt den Bauernaufstand vom 13. bis 15. März 1849, mit welchem die arme Landbevölkerung der Herrschaft Maienfels ihren Forderungen auf Verzicht der Abgaben Nachdruck verleihen wollte, und die Rücknahme des Schießbefehls des gegen sie in Marsch gesetzten Militärs vor dem Rathaus von Neuhütten. Doch war ein Ereignis wie dieses leider wohl die absolute Ausnahme; d.h. im Regelfall ließen die auf die Obrigkeit bzw. den Landesherren eingeschworenen Soldaten sich gegen die eigene Bevölkerung in Marsch setzen. Die wohl bitterste und entschiedenste Abrechnung mit dem zeitgenössischen preußisch-deutschen Absolutismus und Militarismus der Zeit ist wohl das *Badische*

---

38 Wolfgang Steinitz, op. cit. (Anm. 8), Bd. II, S. 174, 192 ff.
39 Ebd., S. 194.
40 Walter Mossmann und Barbara James: *Glasbruch 1848. Flugblattlieder und Dokumente einer zerbrochenen Revolution*, Darmstadt und Neuwied 1983, S. 104.
41 Wolfgang Steinitz, op. cit. (Anm. 8), Bd. II, S. 252 ff. Steinitz entnahm dieses Lied aus Karl Steiff und Günther Mehring: *Geschichtliche Lieder und Sprüche Württembergs*, Stuttgart 1912, S. 936, Nr. 258.

Wiegenlied[42] von Karl Ludwig Pfau, das, unmittelbar nach der endgültigen Niederwerfung des badisch-pfälzischen Volksaufstandes des Jahres 1849 verfaßt, zu einem echten Volkslied wurde. Es ist gewandert und wurde umgesungen, worauf zahlreiche Liedvarianten hinweisen, die zudem teilweise lange Zeit volkläufig waren. Pfau verleiht hier einer erbitterten Mutter Stimme, deren Gatte ein Opfer der mordenden preußischen Soldateska auf deren badischem Rachefeldzug geworden sei, als diese unter dem Kommando des »Kartätschenprinzen«, des preußischen Prinzen Wilhelm und späteren ersten deutschen Kaisers, ihre Hand »über das bad'sche Land« ausstreckte und »zu Rastatt auf der Schanz« »zum Tanz mit Pulver und Blei« aufspielte, um den Badenern ihre Version der »Freiheit« zu oktroyieren. Auch dieses Lied kann man dabei allenfalls als kämpferisch-pazifistisch apostrophieren, wird doch auch hier zur blutigen Vergeltung aufgefordert, da dort, wo der hingemordete Vater begraben liege, noch so mancher Preuße Platz habe ...

Die Lieder zur Zeit des Deutschen Kaiserreichs – von den deutschen Einigungskriegen bis zum Vorabend des Ersten Weltkriegs

Demgegenüber riefen die deutschen Einigungskriege in der zweiten Hälfte des 19. Jahrhunderts vor allem eine Welle nationaler Begeisterung und damit auch breitester Zustimmung für das Militär und gerade den preußisch-deutschen Militarismus hervor, der in der Folge seine Hoch- und Blütezeit erleben konnte. Auch hier trugen zahllose bekannte und unbekannte Liedermacher und Gedichteschreiber ihr Teil zur allgemeinen mentalen Aufrüstung bei, indem sie sich mit ihren Mitteln leidenschaftlich in den Dienst Preußens bzw. später des Deutschen Reiches stellten und vehement gegen die Sache des jeweiligen Feindes Partei ergriffen. Was die Liedinhalte etwa während der deutsch-französischen Auseinandersetzung des Jahres 1870/71 anbelangt, waren für sie vor allem die Siege, die in der blutigen Eroberung Straßburgs kulminierten, der glorreiche Triumph bei Sedan, wo der französische Kaiser gefangengenommen werden konnte, der Marsch auf Paris

---

42 Mossmann und James, op. cit. (Anm. 40), S. 105 ff.

und dessen Beschießung sowie die Kaiserkrönung in Versailles und die Gründung des deutschen Reiches die zentralen und damit schilderswerten Ereignisse. Obwohl viele dieser Waffengänge äußerst blutig und verlustreich gerade auch für die siegreichen deutschen Truppen waren, die nur zu oft lediglich ob ihrer zahlenmäßigen und waffentechnischen Überlegenheit als Sieger aus den Kämpfen hervorgingen, überwiegt in einer Vielzahl der Lieder dennoch hohes Sieger-Pathos, waren vor allem unkritische Heldenverehrung und Lobpreisung der militärischen Führung an der Tagesordnung, während die Schlachtenopfer – und diese dabei wiederum »Schlachtopfer« im engsten Sinne des Wortes – zumeist völlig in den Hintergrund traten und nahezu in Vergessenheit gerieten. Die nationale Begeisterung, die sich bei vielen Bürgern angesichts des bejubelten scheinbar unaufhaltsamen Siegeslaufs breit machte, schwemmte etwaige Kritiker hinweg bzw. machte sie verstummen, ließ militärkritisches oder gar pazifistisches Gedankengut, wenn überhaupt, dann zumeist nur im Verborgenen blühen. So evozierten das Gefecht bei Saarbrücken – dieses übrigens der einzige militärische Erfolg der französischen Truppen –, die Schlachten bei Weißenburg, Wörth, Mars la Tour, Rezonville und Gravelotte, Saint Privat und Beaumont sowie vor allem der Sieg bei Sedan, der den deutschen Truppen den französischen Kaiser in die Hände spielte, sowie die Einnahme von Straßburg eine Vielzahl hurrapatriotischer Donnerschnulzen, in denen sich kein Wort über die z. T. doch erheblichen Verluste an Menschen und Kriegsmaterialien findet. Vielmehr wird hier kräftig am Bild eines militärischen »Spaziergangs« gemalt.

Allerdings geht es in dem in zahlreichen Varianten vorliegenden – wohl auch heute noch bekanntesten – Soldatenlied des Krieges von 1870/71, *Bei Sedan auf den Höhen*, »nicht mehr primär um das Kampfgeschehen, noch wird des Heroismus der eigenen Seite gedacht. Vielmehr stehen hier im Mittelpunkt die Opfer der blutigen und verlustreichen Kämpfe, die in nur zwei Tagen immerhin 26 000 Tote und Verwundete gekostet haben. Ein – je nach Liedvariante – nach den Kämpfen auf Wache stehender Sachse / Bayer / Schütze findet nach der Schlacht einen namentlich bekannten Saarländer, der im Tod seine Anonymität verliert und heraustritt aus der Masse des namenlosen Heeres sowie ein mit Namen bezeichnetes Kreuz erhält. Im Gegensatz zu unzählbaren Donnerschnulzen und Hymnen auf Sedan, die mit Patriotismus und voller Schwulst den Heldenmut beziehungsweise den Heldentod auf dem Schlachtfeld ›für König und Vaterland‹ besingen, denkt der Posten stehende Wachsoldat hier an die vielen Toten und wünscht – zusammen mit seinen Angehörigen – seine gesunde Heimkehr herbei.«[43] Dabei drückt das Lied aber keine Verweigerung, keinen oppositionellen Gehalt im wirklichen Sinne aus, zeigt vielmehr die wirkliche Seite des Krieges aus der Sicht von unten, ohne jedoch gegen den Krieg an sich anzugehen. Sein Sentiment ist resignativ und voller Trauer.

Der anschließende Krieg der französischen Republik gegen die deutschen Invasionstruppen wurde französischerseits sodann noch erbitterter und entschlossener geführt, so daß es mancherorts erst zu langwierigen Belagerungen und Artilleriebeschießungen kam, wie beispielsweise im Fall der Garnisonsstadt Metz, bevor die deutschen Invasionstruppen hier erfolgreich waren. Und von diesen Kämpfen liegen uns immerhin einige Liedtexte vor, die das heroisierende Bild der meisten anderen Lieder doch zumindest ein wenig relativieren und realistischere Einblicke in den tristen Alltag der deutschen Belagerungstruppen zu gewähren imstande sind, so etwa die Lieder *Wie wir Metz erobern*,[44] *Vorposten-Poesie von Metz* sowie *Auf dem Heuboden vor Metz* und *Auf einer Verbandstation 1870*.[45] Von jeglichem platten und chauvinistischen Feinddenken und Hurrapatriotismus scheinen die unbekannten Verfasser der genannten Lieder frei zu sein, deren Texte denn auch nicht auf den Verlauf der Belagerung eingehen, sondern mit bitterem Sarkasmus die Lage des kleinen Soldaten an der Front beschreiben und von all den kleinen Widrigkeiten des Soldatenlebens zu erzählen trachten, die das Leben schon im »Normalfall« zur Hölle machen können und die nur sehr selten Eingang in die zumal zeitgenössische Kriegslyrik gefunden haben. Und in *Auf einer Verbandstation 1870* wird sogar die Humanität und internationale Solidarität des kleinen Soldaten auf beiden Seiten beschworen. Auch der zu dieser Zeit jedweder pazifistischer Tendenzen zumeist wohl völlig unverdächtige August Heinrich

---

43 Otto und König, op. cit. (Anm. 28), S. 600.
44 Franz-Wilhelm Freiherr von Ditfurth: *Historische Volkslieder und volksthümliche Lieder des Krieges 1870-1871*, Berlin 1871, Teil 2, S. 157f.
45 Alle drei letztgenannten Lieder wurden entnommen aus Ziegler, op. cit. (Anm. 10), S. 400ff., Nr. 180, 181, 182. Siehe hierzu auch die ausführlichen Liedkommentare in Otto und König, op. cit. (Anm. 28), S. 652f.

Hoffmann von Fallersleben sieht das Militär in seinem Text *Heldentaten von 1870* durchaus kritisch und ohne große Begeisterung, wenn er vor allem auf den sinnlosen Kasernendrill abhebt, der die Soldaten zu willenlosen und funktionierenden Marionetten ausbildete.[46]

Eines der bekanntesten offen militärkritischen Lieder der Zeit ist aber wohl das bereits vor dem deutsch-französischen Krieg von 1870 verfaßte *Ich bin Soldat* des späteren sozialdemokratischen Redakteurs Max Kegel, welcher »treffend die Unlust des politisch bewußten Proletariers, der sich eben nicht zur Fahne drängt, sondern gegen seinen Willen zum Dienst für Kaiser und Vaterland gepreßt werden muß, wiedergibt. Er argumentiert wieder aus der Sicht des kleinen Mannes, der keinerlei Feindschaft oder Haßgefühle gegen den von der Obrigkeit propagierten ›Feind‹ aufzubringen vermag, sondern in ihm einen Gesinnungsgenossen und ›Bruder‹ sieht. Sein Feind ist dagegen eher sein eigener Vorgesetzter, der – oftmals adelige – Offizier, der ihm, dem gemeinen Soldaten, nur zu oft mit Überheblichkeit und voller Klassendünkel gegenübertritt. Das Lied gipfelt in der Aufforderung an alle Soldaten – ›Brüder‹, egal ›ob Deutsche, ob Franzosen, ob Ungarn, Dänen, ob vom Niederland, ob grün, ob rot, ob blau, ob weiß die Hosen‹, gegen den eigentlichen Feind in der jeweils eigenen Heimat zu marschieren, das heißt gegen die nicht durch den Willen des Volkes legitimierten Herrscherdynastien, die ›Tyrannen‹ zu kämpfen, anstatt sich für deren egoistische Interessen instrumentalisieren und gegeneinander hetzen zu lassen«.[47] Auch

---

46 Ebd., S. 555.
47 Auf die Bekanntheit des Liedes, das auch während des Ersten Weltkriegs – dies ein durchaus strafwürdiges Vergehen – noch gesungen wurde, weist eine Parodie des Redakteurs Carl Hirsch hin, der 1871 wegen verschiedener »Pressevergehen« vier Monate inhaftiert war und seinen Text *Ich bin Soldat* vermutlich während dieser seiner Haftzeit verfasste. »Er steigert in seiner Umdichtung die gegen das Militär gerichtete Tendenz der Vorlage, indem er deren negative Aussage ins scheinbar Positive wendet, was in den satirisch-bitteren Schlusszeilen seinen Höhepunkt findet, wenn zu alljährlich neuen Kriegen und zur Befreiung von der Freiheit aufgefordert wird. [...] Die von Hirsch so umgearbeitete Vorlage formuliert eine entschiedene Absage an das Militär, an jegliches Soldat-sein-müssen. Hirsch radikalisiert den Text sehr geschickt, indem er in den pathetischen Ton gängiger Soldatenlieder beibehält, inhaltlich jedoch den militärischen Dünkel und die Realität des Soldaten konfrontiert, da jeder weiß, dass es so nicht ist, wie das Lied zu behaupten vorgibt. Hirsch erreicht eine viel unmittelba-

Hint'n moga und vorn dürr[48] aus der Zeit der Jahrhundertwende und entsprossen der Feder des Münchner Volkssängers H. Moser richtet sich zunächst »implizite gegen die Vertreter des Offizierskorps, die ihren Untergebenen das Leben oftmals sehr sauer machen konnten. Die zweite Strophe spiegelt den Unmut großer Bevölkerungsteile gegen den deutschen ›Militärstaat preußischer Prägung‹, der auch die Geldbörse des kleinen Mannes arg beanspruchte«. Hier sind es vor allem die Waffen, aber auch die aufstrebende Kriegsmarine, deren schneller und dabei äußerst kostspieliger »Aufbau zur Weltmachtgeltung des Deutschen Reiches beitragen und seinen ›Platz an der Sonne‹ sichern helfen sollte [...]«.[49]

Nicht zuletzt aber waren es in der Folge vor allem zwei Ereignisse, welche die Fragwürdigkeit des Militarismus wilhelminischer Prägung aufzeigten, wozu nicht zuletzt auch verschiedene kommentierende Lieder ihren Teil beizutragen trachteten, etwa die sogenannte »Fuchsmühler Holzschlacht« des Jahres 1894 sowie die Ereignisse um den »Hauptmann von Köpenick« im Jahr 1906. Vor allem die letztere Affäre war es, die wesentlich mit dazu beitrug, das Ansehen des Deutschen Reiches insgesamt zu erschüttern und Deutschland dem Gespött der übrigen Länder preiszugeben.

Zunächst aber war es das brutale Vorgehen einer Abteilung des im oberpfälzischen Amberg stationierten 6. Infanterieregiments »Kaiser Wilhelm«, das – von den lokalen Behörden der Gemeinde Fuchsmühl ob des »unrechtmäßigen« Holzschlagens seitens zweihundert, vor allem älterer Bewohner, die sich ihr »Recht-

---

rere Entschleierung des Militärs, da er sich auf dessen Ansprüche einlässt und nicht einfach nur jammert und klagt«. Letzteres Zitat entnommen aus *Geschichte (1815-1979) in Liedern.* Programmheft der Öffentlichen Abendveranstaltung beim 22. Deutschen Volkskundekongreß 1979 in Kiel 19.06.1979. Zu diesen Liedern, ihrer Geschichte und Überlieferungsform siehe Steinitz, op. cit. (Anm. 8), Bd. I, Nr. 137, S. 399ff.; dsgl. Bd. II, S. XXXIIIf., 331ff., 344ff., 588ff.

48 Maximilian Seefelder: *Die Münchner Volkssänger der Jahrhundertwende,* in: *Sänger- und Musikantenzeitung,* Bd. 28, 1985, S. 263. Das Lied findet sich auch abgedruckt bei Otto und König, op. cit. (Anm. 28), S. 797. Zur bayerischen Volkssängerszene dieser Epoche und ihren Themen siehe Ludwig M. Schneider: *Die populäre Kritik an Staat und Gesellschaft in München (1886-1914). Ein Beitrag zur Vorgeschichte der Münchner Revolution von 1918/19,* München 1975.

49 Otto und König, op. cit. (Anm. 28), S. 798.

holz« für den drohenden Winter holen wollten – am 29. Oktober 1894 im Fuchsmühler Forst mit aufgepflanztem Bajonett gegen die flüchtenden »Rechtsbrecher« vorgegangen war und darob Kritik hervorrief. Es gab im Verlauf der Ereignisse zwei Tote und 18 Verwundete, deren Wunden zumeist von Stichen in den Rücken herrührten. Die Empörung breitester Kreise der Bevölkerung ob dieses sinnlosen Blutbades war ungeheuer. Zwar hatten die Ereignisse für die darin verwickelten Soldaten keinerlei direkte negative Folgen, doch war der gute Ruf des 6. Infanterieregiments »Kaiser Wilhelm« über Jahre hinaus – und dies übrigens nicht nur in der Zivilbevölkerung – ruiniert. Einige Lieder, so das *Fuchsmühler Sechser*- bzw. *Holzlied* sowie das *Fuchsmühler Waldvögerl*, – *D'Fuchsmühl'na*, – *Zu Fuchsmühl war's in Bayern*, – *Wo Fichtelgebirg' und Böhmerwald*, – *Wia bin i vawicha* und nicht zuletzt ein *Fuchsmühler Glaubensbekenntnis*[50] setzen sich in aller Ausführlichkeit und bisweilen sehr sarkastisch und bitter mit diesem Einsatz von Soldaten gegen die eigene Bevölkerung und damit dem Beispiel einer »innenpolitischen Ordnungsfunktion des Militärs« auseinander und benennen die Verantwortlichen der Geschehnisse.

Und Otto Reutter griff 1906 in seiner Bänkelballade *Der Räuberhauptmann von Köpenick*[51] – verfaßt auf die Melodie eines der beliebtesten Chansons der Epoche, *Die Musik kommt* von Liliencron in der Vertonung von Oscar Straus, Standardlied aller damaligen Militär- und Salonkapellen – die Ereignisse um den Schuster und Ex-Zuchthäusler Wilhelm Voigt auf, welchem auch in einem der Hauptwerke der deutschen Literatur, in dem »deutschen Märchen« *Der Hauptmann von Köpenick* durch Carl Zuckmayer ein Denkmal gesetzt wurde. Das Lied prangert die »deutsche Uniformgläubigkeit« an und endet mit der Strophe: »Und die Moral von der Geschicht': Die Hauptsach' ist der Hauptmann nicht! / Die Uniform verschafft Respekt, ganz gleich, wer auch darinnen steckt. / Wo eine Uniform sich zeigt, da wird man ängstlich und man schweigt, / Da wird nur noch ›Hurrah‹ geschrie'n. Ja eine solche Disziplin, / Die hab'n wir nur in Preußen, in Preußen, in Preußen, / Wenn alle Stränge reißen – Stramm hält die Dis-

50 Ebd., S. 841 ff., Nr. 422a, 422b, 422c, 423a, 423b, 424, 425, 426, 427. Siehe zum Hintergrund aber vor allem auch Alfred Wolfsteiner: *Die Fuchsmühler Holzschlacht 1894. Chronologie eines Skandals*, Fuchsmühl 1993.
51 S. Otto und König, op. cit. (Anm. 28), S. 851 ff.

ziplin!« Der preußisch-deutsche Militarismus war mithin der allgemeinen Lächerlichkeit preisgegeben.

Die Lieder des Ersten und des Zweiten Weltkriegs

Nur wenige Jahre später sollte dann der Erste Weltkrieg mit seinen verlustreichen Stellungsgefechten, zudem einem »Massenschlachten« wiederum im engsten und wahrsten Wortsinn folgen, welches den Frontsoldaten in seinem Schützengraben zu einer bloßen Nummer, zu einem »unglücklichen Opfer« werden und heroische oder gar humoristische Gedanken zumeist gar nicht mehr aufkommen ließ. Dieser Krieg, zumal er für das Deutsche Reich dann auch noch verlorenging und alle Mühen und Opfer schon von daher völlig umsonst gewesen waren, forderte unter den beteiligten Völkern einen immensen und bis dato unerreichten Blutzoll. Gustav Mahlers *Revelge*,[52] deren Text der Komponist der Sammlung *Des Knaben Wunderhorn* von Achim von Arnim und Clemens Brentano entnommen hatte und welcher von ihm 1899 vertont und dann 1905 in seinem Zyklus *Sieben Lieder aus letzter Zeit* veröffentlicht wurde, nimmt diesen Krieg mit ästhetischen Mitteln quasi visionär vorweg.[53] Die uns ansonsten aus

---

52 S. Manfred Sievritts: »*Politisch Lied, ein garstig Lied?*«, Wiesbaden 1984, S. 476.
53 Ebd. »Es handelt sich um ein makabres Soldatenlied, das auch in anderen Melodieversionen vorliegt [...] Mahler hat wie in seinen anderen ›Wunderhornliedern‹ keine Volksliedbearbeitungen vorgenommen, sondern den Text neu vertont. Seine Komposition ist trotz volkstümlicher Melodieführung ein schauriges Tongemälde, das dem ›Hurra-Patriotismus‹, der zur Zeit der Entstehung der Komposition in Österreich und Deutschland herrschte, in satirischer Weise begegnet, indem typische Merkmale zwar übernommen, aber durch die Instrumentation verfremdet werden. Der heroische Ton, der in vielen Liedern anderer Komponisten jener Zeit angeschlagen wird [...] ist einer Darstellung gewichen, die das Soldatenleben von seiner grellen und grässlichen Seite beschreibt. Mahler sieht bereits die wenigstens äußerlich scheinbar noch intakte Welt der ›guten alten Zeit‹ des Militarismus, Adels und Großbürgertums zusammenbrechen und nimmt in seinen Werken den fälligen Umbruch vorweg, indem er [...] die bis dahin ausschließlich ästhetische empfundene Kunstmusik, in der das ›Reine‹ und ›Edle‹ des Menschen sich ausdrückte, zu einer Kunstform bringt, in der auch die Schwächen der Gesellschaft wie Verlogenheit, Unmoral, Trivialitäten ihren Platz finden. [...] Die gespenstische Vision des Trommlers,

der Zeit des Ersten Weltkrieges vorliegenden militärkritischen Lieder beschäftigen sich zumeist mit der Not der Soldaten und auch der deutschen Zivilbevölkerung, insbesondere der kleinen Leute, die nicht zuletzt erheblich unter den kriegsbedingten Versorgungsmängeln und der daraus resultierenden Hungersnot zu leiden hatten. Dabei bedienten sich die Verfasser vieler dieser Lieder wieder des Kontrafakturverfahrens; d. h. sie verfaßten ihre Texte auf die Melodien von Volksliedern oder auch populären Liedern der Epoche, die in Zeiten der Wilhelminischen Festkultur gerade allgemein verbreitet waren.[54] Nutznießer des Weltkrieges waren – folgt man diesen Liedern – ausschließlich die Offiziere sowie die wohlhabenden Schichten. So heißt programmatisch der Titel eines aus den Jahren 1916/1917 stammenden und in zahlreichen Varianten existierenden Textes *Der Krieg ist für die Reichen*.[55] Der Melodie von *Du hast Diamanten und Perlen* wurde

---

der von einer Kugel getroffen wird und im Sterben seine Trommel rührt, um die Gefallenen aufzuwecken, und mit einer Armee von Leichen den Feind erschrecken, schlagen und sich schließlich seinem Schätzel als Held präsentieren will, wird musikalisch von Mahler nachgezeichnet«, so die sachkundige Werkanalyse seitens Manfred Sievritts.

54 So war etwa das Lied »*Lass' den Krieg den andern* (*Brot und Frieden hätt' ich gern*) – s. Wolfgang Steinitz, op. cit. (Anm. 8), Bd. II, S. 351 – eine Parodie auf das im Ersten Weltkrieg gerade populäre *Gold und Silber hätt' ich gern*. *Deutschland, Deutschland schwer im Dalles* parodierte Hoffmann von Fallerslebens *Deutschlandlied* aus dem Jahre 1841 (ebd., Bd. II, S. 359). *Es braust ein Ruf wie Donnerhall, in Mannem sind die Kartoffeln all* wurde auf Karl Wilhelms Vertonung der *Wacht am Rhein* verfaßt, welche 1840 von Max Schneckenburger gedichtet wurde (ebd.). *O Deutschland hoch in Ehren, du kannst uns nicht ernähren* lag eines der beliebtesten Vaterlandslieder zugrunde, das vor allem auch nach 1914 im ganzen Heer verbreitet war (ebd., S. 360ff.). Daneben existierten Parodien auf Wilhelm Hauffs *Reiters Morgengesang* (*Morgenrot! Morgenrot! leuchtest mir zum frühen Tod*) (ebd., S. 374-382) sowie Umdichtungen des aktuell beliebten Schlagers *Der Soldate, der Soldate ist der schönste Mann im Staate* aus dem Volksstück *Immer feste druff* von Herman Haller/Willi Wolf (Text) und Walter Kollo (Musik) von 1914 – *Der Soldate, der Soldate, der isst von früh bis spät nur Marmelade* (ebd., S. 371) – oder des bekanntesten Ludwig Uhlandschen Liedes *Ich hatt' einen Kameraden* aus dem Jahr 1809, das von seinem Verfasser in *Ich hatt' mal Marmelade, was Bessres gibt es nicht* (ebd., S. 372) umgeschrieben wurde. Und *Im Jahre 1918, da war der Hunger groß* (*In Bayern liegt ein Städtchen*) (ebd., S. 386ff.) war eine Kontrafaktur auf *In Böhmen liegt ein Städtchen*, ein Lied das auch vorher, d. h. 1848, 1859 und 1866 bereits mehrfach Umdichtungen erfahren hatte.
55 Ebd., Bd. II, S. 241-344.

der Text von *Mein Michel, was willst du noch mehr*[56] unterlegt, der mit der Strophe »Du hast Bataillone, Schwadronen, Batterien und Maschinengewehr, Du hast auch die größten Kanonen. Mein Michel was willst du noch mehr« beginnt und sich in den Strophen 5 und 6 ebenfalls mit der mangelhaften Versorgung des deutschen »Michel« sowie mit dem Kasernendrill und dem anschließenden »Heldentod« auf dem »Feld der Ehre« befaßt.

Ebenfalls mit den vielfältigen Schikanen, denen sich der kleine Soldat bereits zu Zeiten seiner Grundausbildung in der Kaserne ausgesetzt sah, und seiner Erbitterung darob befaßt sich der Text von *Aber ich vergess' ihn nie*, zu dem Schumacher[57] sagt: »In das bayrische Regiment 27 brachte ein Soldat aus Saarbrücken 1917 folgendes bittere Soldatenlied (nach der Schlagermelodie ›Richtig ist der Krieg gekommen‹) mit, das einer Ersatzabteilung des ›Königsregiments‹ entsprungen sein muss: [...] Das Lied habe sich schnell im Regiment verbreitet, und besonders die fünfte Strophe mit der unverhüllten Drohung gegen den Kompaniefeldwebel sei allgemein bekannt geworden«: »Einen hätt' ich bald vergessen, aber ich vergess ihn nie! / Papa Biehl, mein Busenfreund und Spieß der 5. Kompanie, / Ewig bleibst auch du nicht gv; wirst du kv, freue dich: / Ziehn hinaus wir dann zusammen, ich und du und du und ich, / Eines sag ich dir voraus, / Einer kommt nicht heil nach Haus.« Eine Besonderheit dieses Liedes ist hier, wie Schumacher weiterhin bemerkt: »Es fällt allerdings auf, daß in keiner der Strophen das Hungerthema angerührt wird, das in den öffentlich gesungenen Liedern noch am ehesten zum Vorschein kam.«[58] Übrigens hat kein Geringerer als Erich Kästner, der – ebenfalls schon im Ersten Weltkrieg – während seiner Ausbildung zum Kanonier von einem sadistischen Ausbilder so sehr gequält worden war, daß er einen bleibenden Herzschaden davontrug, seinem Schinder und dessen sadistischen Drillmethoden, ebenfalls aus der Rückschau, ein literarisches Denkmal gesetzt und seinen damaligen Rachegefühlen Ausdruck verliehen: »Er hat mich zum Spaß durch den Sand gehetzt / Und hinterher lauernd gefragt: /

---

56 Ebd., S. 353. Dieses Lied findet sich in den 1970er Jahren auch auf der LP *Volkslieder 1* des schwäbischen Folk-Duos »Zupfgeigenhansel«.
57 Wilhelm Schumacher: *Leben und Seele unseres Soldatenlieds im Weltkrieg*, Frankfurt a. M. 1928, S. 174f., hier zit. nach Wolfgang Steinitz, op. cit. (Anm. 8), Bd. II, S. 394.
58 Ebd., Bd. II, S. 394.

›Wenn du nun meinen Revolver hättst – / Brächtst du mich um, gleich hier und gleich jetzt‹? / Da hab ich ›Ja‹! gesagt.«[59] Nicht zuletzt Gedichte wie dieses haben neben seinem Roman »Fabian« dann dazu geführt, daß Kästner während der Zeit des Dritten Reiches zu den verbotenen und »verbrannten Dichtern« zählte.

Bereits während der Zeit des Ersten Weltkriegs war im übrigen auch der Text eines Liedes entstanden, das in der Folge dann zum wohl erfolgreichsten Soldatenlied des Zweiten Weltkriegs werden sollte und sowohl von den Soldaten der Achsenmächte als auch von denjenigen der Alliierten gesungen wurde: *Lili Marleen*. Sein Text entsprang im Jahr 1915 der Feder des damaligen Berliner Gardefüsiliers Hans Leip, wurde 1938 von Norbert Schulze vertont und mit Lale Andersen auf Platte aufgenommen, wobei der Aufnahme zunächst jedoch kein Erfolg beschieden war. Wiegand Stief bezeichnet das Lied als ein »Lied des Widerstandes gegen das Militär«. Das Soldatenabschiedslied »schildert durchaus ergreifend, wie die intimen Beziehungen zwischen dem Soldaten und seiner Partnerin durch militärische Zucht und Ordnung zunächst gestört und später möglicherweise für immer zerstört werden.«[60] Als im April 1941 in Belgrad der Deutsche Soldatensender installiert worden war, wurde *Lili Marleen* täglich ausgestrahlt. Ein zeitweiliges Verbot führte zu einer Flut von Hörerbriefen gerade aus dem Felde, in welchen die Verfasser immer wieder nach »Vor der Kaserne, vor dem großen Tor« fragten, worauf das Lied in einer »fast ritualisierten Ausstrahlung jeden Abend kurz vor 22:00 Uhr [...] im Anschluß an die Grüße der Soldaten«[61] wieder gesendet wurde. Auch ein anschließendes Verbot von *Lili Marleen* seitens des Goebbelsschen Propagandaministeriums, nachdem das Lied bereits in wenigen Monaten die Herzen von Zivilisten und Militärs der ganzen Welt erobert hatte. blieb ohne Erfolg: Zwar wurde *Lili Marleen* nach dem Untergang der 6. Armee in Stalingrad endgültig »als ›wehrkraftzersetzend‹ aus den Programmen der Sender verbannt.«[62] »Umso häufiger aber hörte man es nun

---

59 Erich Kästner: *Lärm im Spiegel (1929)*, zit. nach Erich Kästner: *Gesammelte Schriften für Erwachsene*, Bd. 1 (*Gedichte*), Zürich 1969, S. 111 f.
60 Liedkommentar von Wiegand Stief, in: *Geschichte (1915-1979) in Liedern*, op. cit. (Anm. 47). Programmheft: Öffentliche Abendveranstaltung beim 22. Deutschen Volkskundekongreß 1979, S. 83.
61 Ebd., S. 83.
62 Sievritts, op. cit. (Anm. 52), S. 508.

bei den Gegnern Deutschlands. Besonders für die englischen Soldaten des Afrika-Korps war *Lili Marleen* zum Lieblingslied geworden, und selbst Winston Churchill soll es sich noch vier Jahre nach Kriegsende bei einem Erholungsaufenthalt an der Riviera von einer Tanzkapelle gewünscht haben. Daneben wurde es im Krieg von Marlene Dietrich vor amerikanischen Soldaten gesungen. Überall weckte das Lied – über alle Schützengräben hinweg – die Sehnsucht aller Soldaten nach Frieden und Rückkehr in die Heimat.«[63]

Bertolt Brechts *Legende vom toten Soldaten*,[64] die ebenfalls bereits im Jahr 1917 von ihm geschrieben und von Kurt Weill 1930 vertont wurde, führte mit dazu, daß auch deren Verfasser 1933 ins Exil gehen mußte. »Als ich ins Exil gejagt wurde, stand in den Zeitungen des Anstreichers (gemeint ist hier Adolf Hitler – der

---

63 Ebd. Wie Sievritts in seinem Liedkommentar schreibt: »Ein Soldat erinnert sich in der Ferne an die Laterne vor dem Kasernentor, unter der er einst mit seiner ›Lili Marleen‹ gestanden hatte und die seine Sehnsucht verkörpert. Eine Analyse des Textes macht klar, warum das Lied mit seiner symbolhaften Sprache erst in Kriegszeiten so erfolgreich werden konnte. Bereits die erste Strophe gibt dem Soldaten, der täglich die zerstörende Wirkung von Bomben und Granaten erlebt, die Hoffnung, dass es Werte gibt, die das Grauen überdauern werden: Aus der Gewissheit, dass das ›normale Leben‹, hier symbolisiert durch die Laterne, letztlich unzerstörbar ist, kann er Trost und Hoffnung schöpfen. Die Sehnsucht nach Liebe und Erotik, mit der die Soldaten in der rüden Männerwelt ihres Daseins zu kämpfen hatten, wird mit dem Bild des Schattens verkörpert, in dem die Liebenden sich zu vereinigen scheinen. Dass ›alle Leute es sehen sollen‹, legitimiert diesen Wunsch als etwas völlig Natürliches. In der dritten Strophe wird der Tod, den der Soldat im Krieg ständig zu fürchten hat, milde umschrieben: ›und sollte mir ein Leid geschehen‹. Mit der Frage, ›wer wird bei der Laterne stehn‹, erfolgt jedoch sofort die Ablenkung vom ›ich‹ und die Hinwendung zur Geliebten. Interessant ist auch, dass gerade in dieser Strophe die Laterne personifiziert und zu einer Art Schutzpatronin wird, die den Soldaten zwar lang, aber doch nicht endgültig vergessen hat. Wesentlich für die Möglichkeit des Trostes auch in dieser, den Tod ansprechenden Strophe ist, dass ihr eine weitere folgt, die die Gewissheit des Überlebens ausdrückt. Obwohl die vierte Strophe eigentlich konsequent den Sterbegedanken weiterverfolgt und eine Rückkehr des Liebenden ›aus der Erde Grund‹ meint, dem Grab also, und daher nur die irrationale Vorstellung der Gegenwärtigkeit nach dem Tod zulässt, lässt sie den in den Stellungen liegenden Soldaten die Möglichkeit der Umdeutung offen. Aus dem ›stillen Raum‹ wird die Einsamkeit, und ›der Erde Grund‹ wird zum Schützengraben. So gesehen wird das Ziel, wieder zu Hause zu sein, auch zeitlich konkretisiert: ›Wenn sich die späten Nebel drehn‹« (ebd., S. 505).
64 Ebd., S. 481.

Verf.), das sei, weil ich in einem Gedicht den Soldaten des Weltkriegs verhöhnt hätte. Tatsächlich hatte ich im vorletzten Jahr dieses Krieges, als das damalige Regime, um seine Niederlage hinauszuschieben, auch die schon zu Krüppeln Geschossenen wieder ins Feuer schickte – neben den Greisen und den Siebzehnjährigen –, in einem Gedicht beschrieben, wie der gefallene Soldat ausgegraben wurde und unter der jubelnden Beteiligung aller Volksbetrüger, Aussauger und Unterdrücker wieder zurück ins Feld eskortiert wurde. Jetzt, wo sie einen neuen Weltkrieg vorbereiten, entschlossen, die Untaten des letzten noch zu übertreffen, brachten sie Leute wie mich zu Zeiten um oder verjagten sie als Verräter ihrer Anschläge.«[65] Und auch Erich Mühsam, im Jahr 1919 Mitglied der Münchener Räteregierung, reiht sich mit seinem *Kriegslied*,[66] in welchem er in drastischer Deutlichkeit akribisch die Grausamkeiten schildert, die an den Soldaten bereits während ihrer Ausbildungszeit verübt werden, die sie dann zu herzlosen und bedenkenlos Grausamkeiten verübenden Kampfmaschinen machen, in die Reihe der entschiedenen Antikriegs-Poeten ein, wobei er bereits 1919 nicht zuletzt auch wegen dieser seiner pazifistischen Haltung zu 15 Jahren Festungshaft verurteilt wurde. Zwar 1925 nach fast sechsjähriger Inhaftierung entlassen, wurde er 1933 unmittelbar nach der NS-Machtergreifung erneut festgenommen und ins KZ Oranienburg verbracht, wo er ein Jahr später von den SS-Bewachern aufs schwerste mißhandelt und anschließend aufgehängt wurde.

65 Hier zit. nach ebd., S. 481. Und wie Sievritts weiter ausführt: »Bertolt Brecht überzeichnet in seiner *Legende vom toten Soldaten* das Verhalten der politischen und militärischen Führung, Menschen als ›Kriegsmaterial‹ anzusehen, in zynischer Weise, indem er einen Schritt weiter ins Irrationale geht. Nun erscheint der Heldentod des Soldaten bereits als Ungehorsam, als Kriegsdienstverweigerung und Desertion, dem mit Hilfe der Ärzte begegnet werden muss. Der Tod wird nicht mehr zugelassen, und der gefallene Soldat wird kurzerhand als kriegsverwendungsfähig (›k. v.‹) erklärt. Gleichzeitig wird dem toten Soldaten wiederum der Heldentod als Ziel befohlen. Das Lied beschreibt in detaillierter Beobachtung, welche Personen, Institutionen und Methoden beteiligt sind und eingesetzt werden, damit am Ende der Soldat, so wie er's gelernt hat, in den Heldentod ziehen kann: Der Kaiser, der Doktor, die militärische Kommission, ein Kirchenvertreter, ein Herr im Frack werden genannt und einige Methoden der Mobilisierung des Soldaten wie Schnaps, entblößtes Weib, kirchlicher Segen, flotter Marsch, Fahne (Schwarz-Weiß-Rot), Nationalstolz (nicht französisch sein, hurra schreien), PflichtBewußtsein«.
66 Ebd., S. 538.

Darauf, daß der Militarismus aber auch in der Zeit der Weimarer Republik trotz der damaligen von den Siegern des Ersten Weltkrieges durchgesetzten Begrenzung der Armee auf ein 100000-Mann-Heer in voller Blüte stand, weist Erich Kästners bekannte Parodie auf Goethes »Lied der Mignon« – *Kennst du das Land, wo die Kanonen blühn*[67] – hin, eine Warnung auf die Zeit, die nach seiner pessimistischen Auffassung alsbald kommen sollte – und denn auch kam. Kästner kritisiert hier nicht zuletzt die fortbestehende geistige militärfreundliche, ja militaristische Ausrichtung des deutschen Mannes in allen Lebensbereichen, die dann dem Dritten Reich den Weg ebnen half. Ebenso wandte sich auch Kurt Tucholsky wiederholt mit Liedern gegen das Wiederaufblühen der unseligen Traditionen des deutschen Militarismus zu Zeiten der Weimarer Republik, verfaßte unter anderem sein *An den deutschen Mond*, welcher von oben herab auf die Reichshauptstadt herabsieht, ohne hier etwas grundlegend Neues erblicken zu können (»Siehst in Fenster der Kasernen, wo sie Schwarz-Rot-Gold entfernen... Bist das alles schon gewohnt, Guter Mond, guter Mond –! – Kugelst dich am Firmamente / Über unsere große Stadt, / Siehst die dicke, schwere Rente / Die der Ludendorff noch hat. / Siehst auch nächstens, wenn es später / Manche freien Hochverräter.../ Bist das alles schon gewohnt, Guter Mond, guter Mond! – Aber käme plötzlich einer, / Der trotz Lärmen und Gezisch / Schlüge – wie noch leider keiner – / Mit der Faust auf unsern Tisch – / Sagt der: ›Militär kann gehen!‹ / Ei, dann bliebst du sicher stehen! / Denn das bist du nicht gewohnt, / Guter Mond, guter Mond –!).«[68]

Und nicht unerwähnt bleiben darf hier natürlich auch Tucholskys Lied *Krieg dem Kriege*, welches unter anderem eindringlich das Soldatenelend und den erbärmlichen Tod in den Schützengräben des Ersten Weltkriegs sowie die Desertion ihres obersten Kriegsherrn, des Kaisers Wilhelm, nach Doorn ins holländische Exil in Erinnerung ruft und eindringlich vor dem wiedererstarkenden Nationalismus und Militarismus warnt, und wo am Ende die programmatische Mahnung zu lesen steht: »Krieg dem

---

[67] Erich Kästner: *Herz auf Taille*, 1928, hier zit. nach Erich Kästner: *Gesammelte Schriften für Erwachsene*. Bd. 1 (*Gedichte*), Zürich 1969.
[68] *Das Kurt Tucholsky Chansonbuch. Texte und Noten*, hg. von Mary Gerold-Tucholsky und Hans Georg Heepe, Reinbek 1983, S. 33.

Kriege! Und Friede auf Erden.«[69] Und in seinem Lied *Der Graben*,[70] welches von Hanns Eisler kongenial vertont wurde, erinnert Kurt Tucholsky ebenfalls noch einmal an den verlustreichen, regelrecht menschenfressenden Stellungs- und Grabenkrieg der Jahre 1914 bis 1918. In diesem sei die männliche Jugend der kriegsteilnehmenden Nationen für Interessen, die nicht die ihren waren, sondern diejenigen der »Junker«, und deren »Staatswahn« und »Fabrikantenneid regelrecht« zum »Fraß für Raben« hingeschlachtet und verheizt worden. Vor diesem Hintergrund ruft Tucholsky mit den Worten: »Reicht die Bruderhand als schönste aller Gaben übern Graben, Leute, übern Graben –!« zur Versöhnung der verfeindeten Völker auf.

Gerade die NS-Bewegung aber war sich der Bedeutung des Liedes nur zu bewußt. »Für den Nationalsozialismus wurde das Soldatenlied zum Kampflied, Propagandamittel und Glaubensbekenntnis ›für Führer und Volk‹. Nirgends haben Soldaten mehr gesungen als in der Zeit des Dritten Reiches. Ihre Lieder – mögen sie Volks- und Heimatlieder, Vaterlandslieder oder Kampflieder der NS-Bewegung gewesen sein – nahmen die Züge militärischer Lieder an. Sie wurden zum ›dröhnenden Gelöbnis‹, ihr ›Gleichschritt hallte wider‹ und sie ›peitschten zu freudigem Einsatz‹ auf.«[71] Und während man von daher auf der einen Seite wiederum jegliches dem Regime mißliebige Liedgut unterdrückte und verbot und deren etwaige Verfasser, Verbreiter oder Sänger auf das Härteste zu bestrafen trachtete, bediente man sich andererseits des Mediums immer wieder ausgiebigst in propagandistischer Absicht, um den nationalsozialistischen Menschen heranzuziehen.[72]

In dieser Zeit aber wurden auf der anderen Seite etwa die Lagerlieder zu einem wichtigen Mittel der Selbstbehauptung der in den deutschen Konzentrationslagern Inhaftierten: zu einem regelrechten »Überlebensmittel« der gedemütigten, geschundenen,

---

69 Ebd., S. 156.
70 Kurt Tucholsky: *Gesammelte Werke*, Bd. II, S. 537, hier zit. nach Sievritts, op. cit. (Anm. 52), S. 549f.
71 Ebd., S. 501.
72 Leider hat sich so manches nationalsozialistisch »angehauchte« Lied dann jahrzehntelang in den bundesdeutschen Soldatenliederbüchern der Bundeswehr erhalten, obschon seit spätestens den 1960er Jahren immer wieder Kritik daran laut wurde. S. hierzu auch Otto und König, op. cit. (Anm. 28), S. 2ff.

entrechteten und ständig vom Tode bedrohten Häftlinge in den Lagern des totalitären NS-Regimes, das sich in Verbindung mit seinen Verbündeten dem totalen Vernichtungskrieg gegen die zivilisierte Welt und gegen alle irgendwie »anderen«, »andersrassigen« oder andersdenkenden Menschen verschrieben hatte. Diese Lieder wurden später in der Bundesrepublik lange Jahre hindurch nicht zur Kenntnis genommen und gerieten hier weitgehend in Vergessenheit. Wie Annemarie Stern von daher schreibt: »Gerade deshalb sind die authentischen Lieder des antifaschistischen Kampfes von unschätzbarem Wert. Sie sind Zeugnisse vom Leben und Sterben der Besten des Volkes, die trotz Terror, Folter und Mord ihre ganze, manchmal übermenschlich scheinende Kraft gegen die Faschisten einsetzten. Viele der Verfasser haben die Befreiung nicht mehr erlebt, aber ihre Worte der Zuversicht gaben vielen Illegalen die Kraft, durchzustehen und weiterzuarbeiten bis zum Sieg über die Faschisten. Es gibt Berichte aus den Konzentrationslagern und Zuchthäusern, die ahnen lassen, welche überaus wichtige Rolle die Lieder im Leben der Häftlinge gespielt haben.«[73] Und im Folgenden finden sich bei ihr etliche Lieder aus verschiedenen Konzentrationslagern abgedruckt, so etwa *Die Moorsoldaten*, das *Sachsenhausen-Lied*, das *Buchenwaldlied*, das *Dachau-Lied* sowie das *Lied aus dem Lager Neuengamme* sowie das *Lied der Herberger*, das *Lied vom Frauengefängnis in der Barnimstraße*, das *Kerkerlied* oder Lieder aus dem Krakauer Ghetto, um hier einige Beispiele zu benennen.[74] In all diesen Liedern wird – trotz der schier ausweglosen Situation der Lagerinsassen – der Hoffnung auf eine bessere Zukunft in Freiheit Ausdruck gegeben.

Nach dem Zusammenbruch des »Tausendjährigen Reiches« mußten mehr als 14 Millionen Deutsche die Folgen der verfehlten und menschenverachtenden Politik ihres Landes und seiner Kriegs- und Expansionspolitik tragen und mit ihrer Flucht, Deportation oder Vertreibung für die in ihrem Namen und von Landsleuten begangenen Verbrechen gegen die Menschlichkeit büßen, wobei mehr als zwei Millionen von ihnen dabei ums Leben kamen. Erst in allerjüngster Zeit hat sich eine umfassende Publikation dieses Liedgutes angenommen und stellt südost- und

---

73 Annemarie Stern: *Lieder gegen den Tritt*, op. cit. (Anm. 14) S. 247.
74 Ebd., S. 250ff.

ostdeutsche Lagerlieder und Lieder von Flucht, Vertreibung und Verschleppung in einer breiten, materialreichen und detaillierten Untersuchung vor.[75] Gottfried Habenicht hat hierfür in seiner Untersuchung 143 Lieder zusammengetragen, welche das Schicksal und die Erfahrungen der nunmehr deutschen Opfer in den Lagern der Tito-Partisanen, während der Rußlandverschleppung, der Baragan-Deportation und auf den Wegen der Flucht und Vertreibung nach 1945 thematisiert haben.[76] Somit bietet »dieses Buch [...] eine konzentrierte Rückschau auf eine vor einem halben Jahrhundert äußerst lebendige Liedkategorie und andererseits auch eine schwerpunktmäßige Erinnerung an die in dieser Zeitspanne erfolgte wissenschaftliche Auseinandersetzung mit dem Thema.«[77] Daß derartige Lieder etwa für die Vertreter des Deutschfolkrevivals der 1960er/70er Jahre kein Thema waren, die sich ansonsten doch mit vielen Epochen der deutschen Historie zu befassen wußten, mag auch damit zusammenhängen, daß man sich, soweit man überhaupt Kenntnis von diesem Liedgenre hatte, hier befangen fühlte und keinen etwaigen revisionistischen bzw. revanchistischen Forderungen Vorschub leisten wollte und den Beifall von der falschen Seite fürchtete.[78]

---

75 Gottfried Habenicht: *Leid im Lied. Südost- und ostdeutsche Lagerlieder und Lieder von Flucht, Vertreibung und Verschleppung*, hg. vom Johannes-Künzig-Institut für ostdeutsche Volkskunde, Freiburg 1996.
76 Die einzelnen Liedkapitel tragen dabei die folgenden thematischen Überschriften nach den Titeln seinerzeit umlaufender Lieder, die teilweise in zahlreichen Varianten vorliegen: I. *Traurig ist das Leben in dem Drahtzaun drin*... Lieder aus den Todeslagern der Tito-Partisanen (Nr. 1-74) – II. *Im fernen Osten, auf Russlands Erden*... Lieder der Russland-Verschleppten (Nr. 75-105) – III. *O Baragan, o Baragan*... Lieder aus der Baragan-Deportation (Nr. 106-107) – IV. *Aus der Heimat vertrieben*... (Nr. 108-124) – V. *Fern der Heimat irr' als Flüchtling*... Flucht und Flüchtlingsdasein im Lied (Nr. 125-143).
77 Ebd., S. 15.
78 Dies trifft etwa auch für den Autor dieses Beitrages zu, der – zumal als Sohn Heimatvertriebener aus den ehemaligen deutschen Ostgebieten, die sich im übrigen 1972 für die Ostverträge der Regierung Brandt und den damit verbundenen Verzicht auf die frühere Heimat eingesetzt hatten – sehr wohl Kenntnis von manchen derartigen Liedern hatte und sie noch heute, wenn er etwa auf der Bühne in einem seiner aktuellen Liedprogramme auf dieses Genre eingeht, allenfalls ausführlich kommentiert und in Verbindung mit sonstigen Vertreibungs- und Fluchtliedern vorzustellen vermag.

Hanns-Werner Heister
Ohne Hunger und Angst leben

Musik gegen Repression, Rassismus und Rückschritt

Komponieren gegen den Zeitgeist

Gegen den rückwärtsgewandten, »falschen Zeitgeist« nach der Wende von 1815 hatte schon Beethoven heftige Vorbehalte – und sein Spätwerk ist nicht zuletzt der in gewissem Unterschied zum Klassizismus wirklich heroische Versuch, in höchster kompositorischer Anspannung des Ideellen wie Technischen die Ideale der Französischen Revolution im Zeitalter der Restauration zu bewahren. Eine solche Haltung grundsätzlicher Opposition gegen fehlgeleitete Tendenzen, gegen ein gesellschaftliches System, in dem das Ganze zum Unwahren zu werden droht (und ganz empirisch Unwahrheit in verschiedensten Formen der Lüge, Reklame, Manipulation mit oder ohne Musik gängiges Herrschaftsmittel ist), charakterisiert nicht alle, aber doch einen Gutteil bedeutender und großer Komponierender und ihrer Musik im 20. Jahrhundert. Solche Haltungen werden, wiewohl Mainstream und Zeitgeist sich derzeit (»natürlich«, möchte man sagen) den herrschenden, in Sachen Kunst und Musik postmodernen sowie rechtspopulistischen Trends anpassen, auch im 21. Jahrhundert weiterhin ihre Gültigkeit behalten.

Es ließe sich geradezu eine Musikgeschichte wenigstens des 20. Jahrhunderts mittels solcher spezieller politischer Musik schreiben. Im folgenden können jedoch nur einige für das Komponieren besonders bedeutsame Stationen, Stellungnahmen und Standpunkte im 20. Jahrhundert betrachtet werden. Und ebenso lassen sich nur einige der einschlägigen Komponierenden nennen – abgesehen von den in diesem Buch in gesonderten Beiträgen behandelten. Daß zu solcher Musik unabdingbar auch Populärmusik gehört, die hier nicht weiter thematisiert werden kann, sei wenigstens erwähnt.

In einer Zeit am Ende des 2. und am Beginn des 3. Jahrtausends nach unserer Zeitrechnung, in der »Reformen« einen rabiaten Sozial- und Kulturabbau meinen; in einer Zeit, in der trotz aller Ächtung durch Völkerrecht wie menschliche Vernunft imperialen Staaten Krieg wieder als fragloses, geradezu »natürliches« Mittel internationalen Verkehrs gilt, scheint es an der Zeit, einmal mehr an elementare Wahrheiten zu erinnern. Dazu zählt Kants Traktat *Zum ewigen Frieden*, der durchaus auf einen säkularen, zeitlichen zielt. Dazu zählt auch Theodor W. Adornos treffende Antwort »auf die Frage nach dem Ziel der emanzipierten Gesellschaft«, nach der konkreten Utopie: »Zart wäre einzig das Gröbste: daß keiner mehr hungern soll«, so in *Sur l'eau*, ausgezeichnet durch die Nr. 100 in den *Minima Moralia. Reflexionen aus dem beschädigten Leben* von 1945. Dazu zählt schließlich Hanns Eislers Gedanke in seinem letzten vollendeten Werk, *Ernste Gesänge* (1942/1962). So heißt es in der Nr. 4 vom 12.6.1962, in einer Montage nach einem Gedicht von Helmut Richter, in der Eisler ein Liebesgedicht zur antistalinistischen und prosozialistischen Stellungnahme erweitert: »Ich halte dich in meinem Arm umfangen – / Wie ein Saatkorn ist die Hoffnung aufgegangen. / Wird sich nun der Traum erfüllen derer, die ihr Leben gaben / für das kaum erfüllte Glück: / Leben, ohne Angst zu haben.«

Leben ohne Hunger steht dabei als Chiffre für die ökonomische, soziale und kulturelle Dimension der Lebensweise, Leben ohne Angst für die politische Dimension. Beide bezeichnen damit wesentliche Bedürfnisse. Diese bilden ihrerseits Grundlage und Ausgangspunkt für individuelle wie gesellschaftliche Selbstverwirklichung. Wenn wir Grundbedürfnisse erweitert fassen, ist hierfür ebenfalls substanzielle Kultur erfordert. Diese samt der zugehörigen welthaltigen, differenzierten, humanen Kunst werden wir zur paradoxen Kategorie des notwendigen Luxus zählen dürfen. Politische Musik ist ein Element davon.

Zum Begriff der politischen Musik

Das Politische in der Musik ist eine konzentrierte Form des Gesellschaftlichen in der Musik. Alle Musik hat somit eine latent politische Dimension. Diese wird aber nur manifest und dadurch gesellschaftlich relevant, wenn Musik in den Bereich der Politik einbezogen wird: in die Sphäre von Staat, (organisierter) Auseinandersetzung zwischen sozialen Gruppen, Kämpfen um Macht, (öffentliche) Artikulation kollektiver (allgemeiner wie auch partikularer, besonderer) Interessen.

Das Politische selber ist dabei nicht auf eine einzelne gesellschaftliche Sphäre beschränkt, sondern seinerseits aufgefächert als eine Dimension aller Sphären, von Wirtschafts- und Sozialpolitik bis zu Kultur- und Musikpolitik. In politischen und sozialen Auseinandersetzungen sind oft nationale eingeschlossen – ebenso Klassen- und Parteikämpfe, religiöse und »ethnische« und in neuerer Zeit explizit auch Geschlechterkonflikte.

Für nicht wenige Komponisten wurde das Politische ein Zentrum ihres Schaffens: so etwa für Hanns Eisler, Paul Dessau, Kurt Weill, Dmitrij Schostakowitsch, Fernando Lopes Graça, Karl Amadeus Hartmann, Luigi Nono, Isang Yun, Hans Werner Henze, Klaus Huber, unter den etwas jüngeren Christian Wolff, Helmut Lachenmann, dann Frederic Rzewski sowie Gerhard Stäbler und andere mehr. Bekannte und weniger bekannte wären zu nennen wie Coriún Aharonián und Volker Blumenthaler, Cornelius Cardew und Hartmut Fladt, Armando Gentilucci und Cristóbal Halffter, Peter-Michael Hamel und Niels Frederic Hoffmann, Nicolaus A. Huber und Thomas Jahn, Erich Itor Kahn und Giacomo Manzoni, Allan Pettersson und Rolf Riehm, Friedrich Schenker und Erwin Schulhoff, Ferenc Szabó und Jacob Ullmann, Viktor Ullmann und Wladimir Vogel, Stefan Wolpe und John Zorn.

Mit Musik als Mittel wie Ausdruck der sozialen, ökonomischen, politischen Auseinandersetzungen beziehen die Komponierenden auf verschiedene Weise und von verschiedenen Standpunkten aus Stellung: für die herrschenden Verhältnisse oder gegen sie, also »rechts«, für den Status quo, oder »links«, für qualitative Veränderungen. Sie schreiben agitatorisch-direkt oder indirekt, subtil argumentierend bis hin zu Hermetik. Zitate, Anspielungen auf mehr oder minder bekanntes Material vermitteln in politischer Musik häufig konkrete Stoffe und Bedeutungen. Daß sie beim Hören gekannt und verstanden werden, ist dann eine oft nicht unproblematische Voraussetzung der spezifischen Wirkung.

Hier zeigen sich zwei verschiedene Linien politischen Komponierens, die im Sozialkontext gegenläufig-komplementär sind, in der ästhetischen Debatte aber oft als kontradiktorisch behandelt werden.

Die sozusagen populäre zielt, so programmatisch Hanns Eisler, Paul Dessau oder, stärker noch von Agitprop-Konzeptionen ausgehend, Ferenc Szabó oder, wieder anders gewendet und artikuliert, Dmitrij Schostakowitsch, mit einer »Zurücknahme« von technisch-materialer Avanciertheit, auf direktere Verständlichkeit und Wirksamkeit. Die avantgardistische Linie besteht demgegenüber, so programmatisch z. B. Luigi Nono, auf Fortschrittlichkeit auch und gerade (oder, so Theodor W. Adorno, eigentlich nur) in der materialen, musiksprachlichen Dimension und neigt dazu, mimetische wie kathartische, also darstellende wie emotionale Momente der Musik in deren Strukturen zurückzunehmen. Absichtslos-»absolute« Musik ist dabei dann der eine Pol, appellierend-agitatorische der andere.

Zwei Weltkriege, der Versuch faschistischer Welteroberung zwischen 1922 bzw. 1933 und 1945, Völkermorde, beginnend mit deutschen Massakern in Südwestafrika und türkischen an den Armeniern, schauerlich gipfelnd in der nazistischen Vernichtung der europäischen Judenheit, auch im neuen, 21. Jahrhundert nicht endend, ein generell ungeheuerlich angewachsenes Vernichtungspotential (die Atombombe als monströses Menetekel) einerseits, ein ebenfalls riesiges Potential an Möglichkeiten, um der gesamten Menschheit Frieden und Brot zu verschaffen, speziell zwischen 1917 und 1990 die Existenz eines protosozialistischen Landes, nach 1945 eines Systems, das lange Zeit partiell als Alternative und Perspektive erschien, sein Zusammenbruch schließlich, den manche als »Ende der Geschichte« und Verewigung des Status quo, des bestehenden Zustands ohne grundsätzliche Veränderbarkeit, begrüßen: Das alles ist mehr als genug Gegenstand wie Stoff politischen Komponierens.

Wiewohl auch reaktionäre, systemkonforme Musik aus dem Begriff der politischen Musik nicht herausfällt, bildet deren Kern doch die oppositionelle, alternative Musik. Zentrierend wirkt dabei die Idee eines qualitativen Friedens, flankiert von den beiden Grundprinzipien eines Lebens ohne Hunger und Angst. Je mehr der Krieg als Mittel der Politik in weiten Kreisen geächtet war – etwas Neues in diesem Jahrhundert –, desto nachdrücklicher konnte in Musik die Sehnsucht nach einem umfassenden Frieden artikuliert werden. Und wie »Seismographen« wurden die Komponierenden – jedenfalls die Avantgarde, die sozial verantwortlich, gesellschaftlich bewusst Arbeitenden – empfindlicher denn je gegen Unterdrückung und Gewalt, gegen überlebte Formen von Macht und Herrschaft, gegen Bedrohung und Zerstörung menschlichen Lebens, schließlich auch, zumal seit etwa dem letzten Drittel des Jahrhunderts, gegen die Zerstörung der Natur.

Musik am Ende des bürgerlichen Zeitalters – nationale Frage, Friedensfrage, soziale Frage

Der japanische Sieg über die russische Flotte in der Seeschlacht von Tsushima 1905 und die russische bürgerliche Revolution von 1905 waren ein Signal dafür, daß die gute alte Zeit einer relativen Sicherheit – für eine ziemlich schmale Schicht der Bevölkerung – sich endgültig ihrem Ende zuneigte.

Chronologisch, aber auch sachlich mit dem Datum 1905 verbunden ist Leoš Janáčeks *Klaviersonate »1. X. 1905«*. Sie ist dem Gedenken an einen Tischlergesellen gewidmet, der in Brno / Brünn vom habsburgischen Militär niedergestochen wurde. Das geschah während einer nationalen mährisch-tschechischen Gegendemonstration gegen einen deutsch-österreichischen »Volkstag«, der sich gegen die Einrichtung einer zweiten tschechischen Universität in Brno wandte. Janáček war ein glühender mährisch-böhmischer Nationalist. Auch hier ging es um eine – primär nationale – Emanzipation quasi-kolonialer, unterdrückter Nationen. Die soziale Frage spielt aber unabdingbar mit.

Im I. Satz »Předtucha« (Vorahnung) entwickelt Janáček aus einem seiner gestischen »Sprechmotive« eine kantable, variative Linie mit absinkendem Grundgestus. Der II. Satz trägt den Titel »Smrt« – Tod. Das Tempo ist ein extrem langsames Adagio. Eine aus dem I. Satz abgeleitete sprachlich-körperliche Grundgeste prägt den ganzen Satz: synkopisch einsetzend, stockend, sich aufbäumend und niedersinkend. Der Kampf um Befreiung ist vermittelt mit einer Verbindung von Klage und Anklage.

Eine vergleichbare Haltung zeigt die Sozial-Ballade *Maryčka Magdónova* für Männerchor auf einen Text des plebejischen Dichters Petr Bezruč aus derselben Zeit, 1906/1907. In ihr geht es um ein Mädchen, dessen Vater, ein armer Bergmann des Ostrauer

Kohlenreviers, und dessen Mutter umgekommen sind, das, um seine hungrigen Geschwister zu ernähren, Holz im Herrenwald stiehlt, und, dabei ertappt, aus Angst sich in eine Schlucht stürzt. Gerade das soziale Bewußtsein machte Janáček hellhörig für falsche Töne im Nationalen. In der zweiteiligen Oper Die *Ausflüge des Herrn Brouček* kommt der titelgebende Prager Kleinbürger im I. Teil (1908/1917) beim geträumten Ausflug auf den Mond gegenüber der Boheme noch glimpflich weg; schlecht aber im II. Teil, dem geträumten Ausflug zu den Hussiten, als feiger Spießer gegenüber den wirklichen religiösen Revolutionären.

Auch und gerade der vermeintlich »unpolitische« Arnold Schönberg hatte seinerzeit mehrfach und deutliche Stellung genommen. So 1907 in einer Zeit verstärkter Spannungen zwischen den imperialen Mächten, auf dem Balkan wie in den Kolonialgebieten mit dem Chorwerk *Friede auf Erden* op. 13 auf einen Text von Conrad Ferdinand Meyer. Schönberg sakralisiert das Politische und kann daher die Friedenshoffnung in einer triumphalen Dur-Coda gestalten.

Für die Motivbildung im Refrain ist die abstrakte prosodische Struktur intervallisch konkretisiert: Die sozusagen natürliche Abfolge von Hebung und Senkung des Wortes »Friede« wird beibehalten, aber gedehnt und dadurch unterstrichen, daß sie als Intervallschritt von oben nach unten erscheint. Schönberg bildet sehr komplex sowohl den verbalen Text als auch die Gedanklichkeit, deren Form dieser darstellt, nach; durch die zusätzliche ästhetische Dimension des Musikalischen erscheint das als schon fast sinnlich-gegenwärtig, worauf das Gedicht nur begrifflich hinweist. Das in Dur gehaltene Friedemotiv erinnert an Glockengeläut und verweist damit auf die sakrale Haltung. Die der Motivaufstellung folgende Antwort verlängert den Abstieg des Friedens vom Himmel auf die Erde und verwendet gestisch eine chromatisierte absteigende Linie; als Allegorie fungieren dabei dann Versetzungszeichen, die die Töne »auflösen« und »erniedrigen«. So setzt Schönberg technisch die metaphysisch-idealistische Grundvorstellung um, daß ein Friede Gotteswerk und nicht Menschenwerk sei – dabei machte er später (1917) durchaus praktisch gemeinte Vorschläge zur internationalen Friedenssicherung. Zur dialektischen musikalischen Darstellung des Verhältnisses von wirklichem Unfrieden und idealem Frieden reaktiviert

Schönberg, wenn auch modifiziert, Sprachmittel wie das traditionelle Dissonanz-Konsonanz-Verhältnis oder die Dur-Moll-Polarität als – so seine Selbstauffassung – »ein natürlicher Fortsetzer richtig verstandener, guter alter Tradition«. Der ganze Chor steht, Schönbergs Auffassung von der »Monotonalität« eines Stückes folgend, in D-Dur; davon wird die Mollvariante der Tonika abgespalten. Schönberg komponiert nun den Kontrast von Welt und Überwelt nicht mechanisch als Moll-Strophe und Dur-Refrain. Die ganze II. Strophe, die die Weltgeschichte als negativen Prozeß von Krieg und Unfrieden thematisiert, steht in Nicht-Dur, baut aber auch das Friedemotiv des Refrains ein. Demgegenüber steht dann die ganze triumphierende IV. Strophe als Antizipation des kommenden Friedensreiches in Dur. Er besetzt sogar scheinbar »neutrale« Technik mit inhaltlichem Sinn, so die Differenz von homophonem und polyphonem Satz: Dem imitatorischen Beginn jeder Strophe entspricht die kadenzielle Vereinigung des chorischen Kollektivsubjektes im Refrain, die in der großen Coda der Schlußstrophe ihren Höhepunkt erreicht. So benutzt Schönberg einerseits relativ neutrale kompositorische Mittel für die religiös grundierte Gesamtkonzeption, aber auch substanziell »Geistliches« wie die Tradition von Motette und »reinem Satz« des A-cappella-Stils und schließlich die kirchentonale Einfärbung des Moll.

Schönberg versah den ursprünglich a cappella gesetzten Chor 1911 zur Erleichterung der Intonation mit einer Instrumentalbegleitung ad libitum. Diese reproduktionstechnische Notwendigkeit interpretiert er als politische Allegorie. Vermittelndes Zwischenglied von »Technik« und »Politik« ist die Doppeldeutigkeit von Begriffen wie etwa »Harmonie«. In einem Brief vom 23. Juni 1923 dankt Schönberg Hermann Scherchen für eine von diesem geleitete Aufführung des Chors: »Sagen Sie [...], daß mein Chor ›Friede auf Erden‹ eine Illusion für gemischten Chor ist, eine Illusion, wie ich heute weiß, der ich [1907], als ich sie komponierte, diese reine Harmonie unter Menschen für denkbar hielt, und mehr als das: ohne dauerndes Beharren auf geforderter Höhe des Tones nicht geglaubt hätte existieren zu können. Seither habe ich Nachgeben lernen müssen und gelernt, daß Friede auf Erden nur möglich ist unter schärfster Bewachung der Harmonie, mit einem Wort: nicht ohne Begleitung. Wenn je einmal die Menschen dahin gelangen, Friede ohne Probe, vom Blatt zu singen, dann wird erst jeder Einzelne vor der Versuchung: zu sinken gesichert sein müssen!«[1]

Schönberg hatte da bereits die Erfahrung des Ersten Weltkriegs mit seinen furchtbaren Verwüstungen hinter sich. Die kurze Kriegsbegeisterung vom Sommer 1914 hat auch Schönbergs Schüler Anton Webern und selbst Alban Berg eine zeitlang angesteckt. Bei Hanns Eisler kam die Einsicht am schnellsten. Berg begann im Krieg mit seiner Oper *Wozzeck* (Uraufführung dann 1925), die, mit dem Militärischen als Kern und Milieu, ein nachhaltiger Protest gegen soziale Repression ist. Bei Schönberg selbst hielt sich die nationalistische, ja chauvinistische Haltung länger; so war er ja auch später geradezu besessen vom »Deutschen« und der fraglosen »Weltgeltung« der deutschen Musik.

Noch vor sich hatte die Katastrophenerfahrung des Ersten Weltkriegs Claude Debussy, als er gleich zu Kriegsbeginn seine *Berceuse héroïque* (zunächst für Klavier) schrieb. Mit dem Werk, einem Beitrag für eine dem König Albert I. von Belgien gewidmete Sammlung, protestierte Debussy gegen den Überfall des deutschen Kaiserreichs auf das neutrale Belgien gleich zu Kriegsanfang, wie ihn der preußische Schlieffen-Plan ohne Rücksicht aufs Völkerrecht seit längerem vorgesehen hatte. Daß er als »musicien français« damit einmal mehr die deutsche »Weltgeltung«, deren transnationale Aggression nationale Gegenpositionen legitimierte, in Frage stellte, kam ihm durchaus zupaß. Die Bezeichnung als Wiegenlied kontrastiert sowohl zu den Trauermarsch-Charakteren wie zu dem schließlich triumphalistischen Gestus. In das verfinsterte Gewebe des Tonsatzes baut Debussy Marsch- und Signal-Intonationen ein und zitiert ausgiebig die belgische Nationalhymne *La Brabançonne*.

Kriegsbegeisterung – vor allem bei denen, die nicht an die Front müssen –, nationalistischen Wahn und Wallungen, überhaupt die damit verbundene Verblendung und Verblödung gerade bei den braven Bürgern verspottet dagegen Ferruccio Busoni in seinem Zürcher Exil, in das er als Kriegsgegner geflüchtet war. *Arlecchino oder Die Fenster* hat die Gattungsbezeichnung *Ein theatra-*

---

1 Arnold Schönberg: *Briefe. Ausgewählt und herausgegeben von Erwin Stein*, Mainz 1958, Nr. 68, S. 99.

lisches Capriccio in einem Aufzug (1912/1916; Uraufführung Zürich 1917). Ein gesprochener Prolog Arlecchinos betont ausdrücklich, das »Schauspiel« wende »sich an den menschlichen Verstand«, den viele bei Kriegsbeginn an die Regierenden und bei Vorstellungsbeginn an der Garderobe abgeben, und schließt mit Verweis auf den distanzierend-reflektierenden »Lachspiegel« der Ästhetik. Arlecchino fungiert sowohl als Figur des Spiels selbst wie als Kommentator des Geschehens und überdies noch als Sprachrohr des Komponisten, wenn er im zweiten Satz, Nr. 4 »Marsch und Szene«, den Soldaten definiert: »Etwas, das sich selbst aufgibt. Eine kenntliche Kleidung. Ein Hunderttausendstel. Der künstliche Mensch. – Was ist Recht? Was man anderen entreißen will. – Was ist das Vaterland? Der Zank im eigenen Hause. – Ihr seid Soldaten und kämpft für Recht und Vaterland.« Auch dabei ist Busoni konsequent: Wo es bitterernst gemeint ist, verzichtet er ganz auf Musik und bleibt beim gesprochenen Wort. Nach Beginn des Krieges (ein »Gemetzel«, so Busoni) musste er am bereits fertigen Libretto nur »Türken« verallgemeinernd durch »Barbaren« ersetzen, wie er 1921 in *Arlecchinos Werdegang* schreibt. Wie wichtig Arlecchino als »Identifikationsfigur« für Busoni war, zeigt *Der Arlecchinade Fortsetzung und Ende*, abgeschlossen im Juli 1918. Der Text »spinnt die ethische Idee des Stückes weiter, [...] schwerlich musizierbar und kaum darstellbar«. Arlecchino / Busonis Eltern treten hier auf, und Faust zaubert eine »himmelhohe Mauer aus Blumengeranke« zwischen Familie und Kriegsgewinnlern – »Diplomaten und Kriegern, Kaufleuten und Industriellen, Kornwucherern und Armeelieferanten – und ähnlichem Gesindel.«

Aus einer sozusagen supranationalen Haltung heraus übte selbst der an sich anti-politische Igor Strawinsky in seinen beiden experimentellen Musiktheater-Werken *Renard* (1916) und *Histoire du Soldat* (1918), die ebenfalls beide im Exil entstanden, indirekter, weniger offen, dennoch vor allem im *Renard* deutlich parodierend Kritik am Militärischen, an Krieg und Folgen des Kriegs.

Ebenfalls anders als der Zeitgeist bereits vor und vollends während des Ersten Weltkriegs ist Béla Bartóks Haltung. Als Ungar gehörte er innerhalb der Habsburger »K. u. K.«-Doppelmonarchie einer sowohl unterdrückten wie ihrerseits andere unterdrükkenden Nation an. Seine Erforschung der »Bauernmusik« seit 1905 unterläuft gewissermaßen das Nationale, das auch für ihn ursprünglich ein Ausgangspunkt war, zugunsten des Sozialen.

Gerade mit dem Rückgriff auf Bauernmusik wendet sich Bartók bereits früh gegen den oft mit Chauvinismus verbundenen Rassismus. »Unter den Bauern herrscht Frieden – Gehässigkeit gegen Menschen anderer Rassen wird nur von höheren Kreisen verbreitet!«[2] Daß auch Unterklassen aufhetzbar sind, ist nur ein partiell gültiger Einwand. Objektiv haben sie in der Regel vom Krieg nichts. Dabei sind Glorifizierungen des Kriegs oft propagandistische Inszenierungen; inzwischen erwies sich z. B. die vor allem nachträgliche Geschichte von der allgemeinen deutschen Kriegsbegeisterung 1914 als Legende. Auch die angeblich allgemeine Zustimmung »der Deutschen« zum »totalen Krieg« war eine Veranstaltung von Goebbels. Besonders nachträglich wurde sie natürlich gern geglaubt, da sie die Unterschiede zwischen Drahtziehern und Mitläufern, Unternehmern und Unternommenen einmal mehr verwischte.

Béla Bartóks *Slowakische Volkslieder* für vierstimmigen Männerchor a cappella aus dem Jahr 1917 protestieren gegen Zwangsrekrutierungen für die habsburgische Armee. Das erste Lied mit seiner klagend-psalmodierenden Melodik des Parlando-Typs stammt dabei aus besonders alten Schichten der Folklore. Bogenförmig steigt die Melodie über das charakteristische Intervall der lydischen Quarte auf und sinkt dann symmetrisch wieder ab. Mit anderem Text unterlegt Béla Bartók die Melodie im vierten Lied. (Die anderen drei Lieder haben die neuere, straffe Giusto-Rhythmik.) Durchweg Leitthema ist das erzwungene Verlassen der Heimat, der Geliebten, meist verbunden mit Angst vor dem Sterben. Krieg erscheint als Verhängnis. Die II. Strophe und die Hälfte der III.: »Ach, heißt Lublin das Städtchen / Wo der Krieg begonnen, / War die Sonne finster, / Floß das Blut wie Brunnen. / Floß an uns hernieder / Auf die Augen beide.«

Daß das Verhängnis menschengemacht, daß die Kriegsbeginner und -gewinner »Name, Anschrift und Gesicht« (so Brecht in der *Kriegsfibel*) haben, konnte, wollte oder durfte das Volkslied (noch) nicht sagen.

---

2 Béla Bartók: *Volksliedforschung in Osteuropa*, in: *Béla Bartók. Weg und Werk / Schriften und Briefe*, hg. von Bence Szabolcsi, Kassel, München u. a. 1972, S. 212.

Auch ist der Kontext durchaus ambivalent: Béla Bartók begann sofort am Anfang des Kriegs mit dem Sammeln auch von Soldatenliedern. Die Herausgabe speziell dieser Lieder bei der Universal-Edition in Wien wie die Aufführung wurden von der »Musikhistorischen Zentrale« (im Rahmen des Kriegsministeriums) organisiert. Uraufgeführt wurden sie zusammen mit österreichischen Soldatenliedern im Konzerthaussaal Wien am 12. Januar 1918, in Anwesenheit der Kaiserin. Sie wird, gerade weil der Krieg für die »Mittelmächte« damals längst verloren war, solche Klagetöne ungern gehört haben.

Eine Dialektik von Nationalem, Internationalem und Sozialem aus nochmals anderer, neu-engländischer Sicht artikulierte Charles Ives. Von einer pazifistischen Grundeinstellung ausgehend, empfand er bereits den Beginn des Kriegs als Katastrophe. Er begrüßte dann zwar den Kriegseintritt der USA mit der illusionären bis demagogischen Parole Woodrow Wilsons vom »War to End All Wars«, war aber vom realen Ausgang und den Folgen nach 1918 bitter enttäuscht. Ein Lied wie *In Flanders Fields* (1919), in dem er einmal mehr sein nationales *O Columbia, the Gem of the Ocean* und die national-internationale *Marseillaise* zitiert, spricht einfühlsam davon. Um so mehr hielt er dennoch an der demokratischen Überzeugung von der prinzipiellen Richtigkeit der Entscheidungen von »Majority« und »Masses« fest, würden diese nur in einem herrschaftsfreien, ungehinderten Diskurs artikuliert, und schrieb hierzu neben Liedern auch pragmatische Vorschläge, etwa in Form von Vorschlägen zu »Amendments« zur US-Verfassung. Daß diese von den Regierenden nicht einmal zur Kenntnis genommen wurden, versteht sich. Im Gegensatz zu ihm teilten sie die urbürgerliche Angst vor dem »Aufstand der Massen«, die Ortega y Gassets Buch plakativ unterstützte.

Revolutionen, Evolutionen und musikalische Stellungnahmen gegen die faschistische Gegenrevolution

Der Aufstand der Massen, den sich etwa Ives eher evolutionär vorstellte, erfolgte dann noch im Krieg und als Ende des Krieges revolutionär. Mit der Katastrophe des Ersten Weltkriegs, schließlich mit den Umbrüchen der Oktoberrevolution in Rußland 1917 und der Novemberrevolution in Deutschland 1918 ging die Phase einer relativ ruhigen Zeit – wenigstens in Europa und wenigstens für das Bürgertum – endgültig zu Ende.

Nicht zuletzt durch die Wirksamkeit der revolutionären Arbeiterbewegung wuchs besonders nach 1917/1918 im Vergleich zu früheren Epochen der Anteil jener politischen Musik, die nicht mehr »staatstragend« und systembejahend ist, sondern kritisch und die Perspektive eines umfassenden humanen Fortschritts meint. Dabei kommen neben den großen, besonderen Gegenständen wie Krieg, Frieden, Revolution die alltäglichen, allgemeinen wirtschaftlichen und sozialen Bedingungen der bürgerlichen Gesellschaft musikalisch meist weniger zum Zug. Nach 1917/1918 wird aber die soziale Frage doch oft grundsätzlich musikalisch zur Sprache gebracht, bei Hanns Eisler wie Kurt Weill wie manchen anderen – der Kaiser kannte propagandistisch 1914 keine Parteien, der »Führer« spätestens seit 1923 keine Klassen mehr, Musik gegen den Zeitgeist kennt beides. Das bleibt auch in der Auseinandersetzung mit dem Faschismus grundsätzlich so, wiewohl da wiederum stärker allgemeinere Fragen wie zumal die von Krieg und Frieden und des international-nationalen Kampfs gegen den Faschismus in den Vordergrund treten. Dennoch kommt die soziale Frage immer wieder auf die Tagesordnung der Musik, lebt dort weiter und wieder auf in der Zeit um und nach 1968. Und nicht einmal seit der erneuten Wende von 1989/1990 ist sie ganz vom Tisch.

Bartók bewahrte die Verbindung von Sympathie mit den Massen und antirassistischer Haltung auch nach 1918 und 1933, als nationale und »ethnische« bzw. rassistisch motivierte Konflikte noch zunahmen. Er vermittelt zunehmend intensiver und in Material wie Sprache seiner Musik integriert Folklorismus und Demokratismus, Patriotismus und Internationalismus in weltbürgerlichem, auf Frieden und Versöhnung unter verschiedenen Völkern und Nationen bedachtem Geiste.

Eines der Schlüsselwerke dafür ist die *Tanz-Suite* von 1923. Er verbindet hier in den sechs Sätzen, so skizziert er es 1931, verschiedene Folkloren und Folklore-Elemente zu einer nationenübergreifenden, universalistischen musikalischen Volks- und Festversammlung: »No. 1 [hat] teilweise, No. 4 gänzlich fast orientalischen (arabischen) Charakter; Ritornell und No. 2 ist ungarischen Charakters, in No. 3 wechseln ungarische, rumänische, sogar arabische Einflüsse; von No. 5 ist das Thema derart primitiv, daß man bloß von einer primitivbäurischen Art sprechen kann, und auf die Klassifizierung nach Nationalität verzichten muß.«[3]

Er praktizierte die Vermischung der folkloristischen Quellen und der eingreifenden, verändernden Aneignung fremder Materialien mit der Überblendung verschiedener Folkloren aus einer bewußt anti-nationalistischen, demokratischen, internationalistischen Haltung heraus. So schreibt er in einem zu Recht vielzitierten Brief vom 10.1.1931 an den rumänischen Musiker Octavian Beu, der versucht hatte, Bartók zu einem »compositorul roman« zu machen: »Meine eigentliche Idee aber, deren ich – seitdem ich mich als Komponist gefunden habe – vollkommen bewußt bin, ist die Verbrüderung der Völker, eine Verbrüderung trotz allem Krieg und Hader. Dieser Idee versuche ich – soweit es meine Kräfte gestatten – in meiner Musik zu dienen; deshalb entziehe ich mich keinem Einflusse, mag er auch aus slowakischer, rumänischer, arabischer oder sonst irgendeiner Quelle entstammen.«[4]

Ervin Schulhoff, 1924 aus Dresden in seine Heimatstadt Prag zurückgekehrt, hatte mit dadaistischen Experimenten wie mit neusachlicher Jazzaneignung in antirassistischer Haltung hier bereits neue, im Hinblick auf den Jazz freilich breiteren Zeitströmungen verpflichtete Werke geschaffen. Er setzte sich dann besonders unter dem Eindruck der Weltwirtschaftskrise mit der marxistischen Theorie auseinander. In diesem Zusammenhang entstand auch die Idee zu einer Vertonung des *Kommunistischen Manifests* von 1848. Er hatte schon in Dresden eine Vokalsymphonie *Die Menschheit* (1919) komponiert und dem Andenken an Karl Liebknecht gewidmet. Die Partitur der im September 1932 vollendeten *Manifest*-Kantate für vier Solostimmen, Knabenchor, zwei gemischte Chöre und großes Blasorchester trägt die Widmung »Dem Andenken Karl Marx' zum 50. Sterbedatum«. Widmung wie Titel hatte Schulhoff übrigens ausradiert, als er 1939 nach dem Einmarsch der NS-Wehrmacht in der von den Westmächten im Stich gelassenen Rest-Tschechoslowakei Hausdurchsuchungen

---

3 So Béla Bartók 1931 in einem Selbstkommentar zur *Tanz-Suite*; zitiert nach György Kroó: *Bartók-Handbuch*, Wien 1974, S. 114.
4 Zitiert in Bence Szabolcsi: *Béla Bartók*, Leipzig 1981, S. 134f.

befürchten mußte. Der I. Teil »Es ist hohe Zeit« beginnt mit einer Orchester-Einleitung über dem in regelmäßigen Vierteln leise und behutsam, doch bestimmt und wie unaufhaltsam fortschreitenden Orgelpunkt auf dem Ton d, zu dem auch die kontrapunktischen Seitenbewegungen im sonstigen instrumentalen und dann vokalen Teilsystem immer wieder zurückkehren – ein Symbol für den, je nach Standpunkt bedrohlichen oder verheißungsvollen, Gang der geschichtlichen Bewegung, der im Text des *Manifests* angesprochen wird: »Ein Gespenst geht um in Europa, das Gespenst des Kommunismus.« Schulhoff bzw. sein Librettist Rudolf Fuchs verstärken diesen Gedanken durch Einblendung der bedeutsamen Jahreszahlen 1848 und dann 1917. Auch Karl Amadeus Hartmann befaßte sich mit dem Stoff und begann 1933 eine kleiner dimensionierte *Kantate für Männerchor a cappella nach Worten von Becher und Marx* für sechsstimmigen Chor; dem I. Teil liegt das Gedicht *Kohlenbrot* aus Johannes R. Bechers Sammlung *Graue Kolonnen* (1930) zugrunde; dem II., aus zeitgeschichtlichen Gründen abgebrochenen Teil die Zeile »Wir haben eine Welt zu gewinnen«.

Vieles von der gegen den Faschismus gerichteten Musik ist kompositorisch wesentlich bewußte Entgegensetzung gegen die faschistische Verfemung des »Jüdischen« bzw. »Jüdisch-Bolschewistischen« und zugleich positive Setzung im Kontext einer umfassenden Strategie, die auf – durchaus traditionsbewußte – Modernität zielte. Zu ihr gehört bei Karl Amadeus Hartmann paradigmatisch die Verwendung von »jüdischen« Musik-Elementen. Hartmann ging dabei aus von einer kompositorischen Negation des Antisemitismus als Spitze des faschistischen Rassismus. Dieser bekämpfte auch die »Schwarzen, Braunen, Gelben«, für deren internationale Einigung statt Trennung Brecht / Eislers *Solidaritätslied* (1931) plädiert, sowie, politisch-sozial gewendet, die das Farbspektrum ergänzenden »Roten« als »Untermenschen«. Bei vergleichbarem politischen Ausgangspunkt zu musiksprachlich ziemlich anderen, gemäßigteren Ergebnissen gelangte Michael Tippett mit seinem Oratorium *A Child of Our Time* (1944). Ausgangspunkt und Sujet für Tippett war die Geschichte von Herschel Grynszpan (Grünspan), einem jungen, in Hannover lebenden polnischen Juden, der aus Verzweiflung über das Schicksal seiner Mutter und der Juden überhaupt in Paris den deutschen

Diplomaten Ernst vom Rath ermordete. Das wiederum war für die Nazis ein willkommener Vorwand für die Inszenierung der »Reichskristallnacht« (9. November 1938). Tippett fand jüdische Musik allzu fremd und schwer integrierbar und entschied sich für afro-amerikanische Spirituals als musiksprachliche Stellvertreter. Er bezieht sie zitathaft wie allgemein idiomatisch ein und verweist damit kritisch auf rassistische wie soziale Repression zugleich.

Gemeinschaftskomposition gegen Neonazismus und Vergegenwärtigungen

Nach 1945 war (und ist wohl noch) Abstinenz vom Gesellschaftlich-Politischen die Haltung der überwiegenden Mehrheit der Komponisten. Sie steht u. a. im Gefolge des gleich nach Kriegsende beginnenden »Kalten Kriegs«. Gegenüber der herrschenden Entpolitisierung blieben also die politisch engagierten Komponisten zwar in der Minderheit. Allerdings sind wiederum zum einen unter ihnen einige der bedeutendsten, etwa Luigi Nono oder Hans Werner Henze, oder, mit jeweils anderen sozialen wie ästhetischen Orientierungen, u. a. Hanns Eisler, Paul Dessau, Dmitrij Schostakowitsch. Ihnen erschien ein gesellschaftliches Engagement geradezu selbstverständlich: »Die Einteilung der Kunst in politische und unpolitische, engagierte und nicht engagierte« – so meinte z. B. Karl Amadeus Hartmann 1962 – »erscheint mir ein wenig oberflächlich, denn der Verpflichtung zur Humanität dürfte sich kein Künstler entziehen, der sich nicht dem Nihilismus verschrieben hat.«[5]

Es dürfte politisch bewußte Komponisten wie Dessau, Hartmann, Henze freilich wenig gewundert haben, daß nach 1945 wie nach 1949 alte, Nazismus wie »freie und soziale Marktwirtschaft« übergreifende Strukturen weiterleben und in solchen Rahmenbedingungen immer wieder neonazistische Tendenzen hervortreten. Ein Gemeinschaftswerk, das dagegen protestieren und die Grenzen zwischen West und Ost wenigstens im deutschen Maßstab überwinden sollte, war die *Jüdische Chronik* von 1960/1961.

---

5 Karl Amadeus Hartmann: *Kunst und Politik* (1962), in *Kleine Schriften*, hg. von Ernst Thomas, Mainz 1965, S. 71.

Unmittelbarer Anlaß für die Komposition war eine der zahlreichen antisemitischen und neonazistischen Wellen in der Bundesrepublik Deutschland mit Schmierereien, Grabschändungen, Drohbriefen und dergleichen. Sie begannen damit, daß junge Mitglieder der neonazistischen »Deutschen Reichspartei« am Heiligabend 1959 an der Kölner Synagoge Hakenkreuze oder Parolen malten wie »Deutsche, wir fordern: Juden raus«. Die Synagoge war wenige Wochen zuvor vom damaligen Bundeskanzler Adenauer eingeweiht worden (der z. B. ohne jede Hemmung Hans Globke, einen NS-treuen Kommentator der »Nürnberger Gesetze«, als Staatssekretär beschäftigte).

Paul Dessau fühlte sich hier auch persönlich besonders herausgefordert. Um ein Zeichen dagegen zu setzen, lud er, nach Hanns Eisler der wichtigste Komponist der DDR-Gründergeneration, Kollegen zur Zusammenarbeit ein: zwei aus der DDR, die damals im offiziösen Sprachgebrauch noch gern »Ostzone« hieß (er und Rudolf Wagner-Régeny), drei aus der BRD (Boris Blacher, Karl Amadeus Hartmann, Hans Werner Henze). Die hier friedlich Koexistierenden und Kooperierenden waren nicht nur durch mehr oder minder enge freundschaftliche Beziehungen miteinander verbunden, sondern auch durch ein humanistisches Engagement. Dessen gemeinsamer Nenner ist Anti-Nazismus.

Damit geht das Werk in Gehalt und Gestalt über den unmittelbaren Anlaß hinaus. Kritisch gemeint ist generell ein Gesellschaftszustand, in dem Intoleranz und aggressive Fremdenfeindlichkeit, Kriegs- und Rassenhetze immer noch und immer wieder möglich sind. Die Komponisten zielten darauf (so Henze), »mit den ihnen zur Verfügung stehenden Mitteln einen Protest-Aufruf zu verfassen und auf die akute Gefahr eines Rückfalls in die Dunkelzone des Nazifaschismus nachdrücklich hinzuweisen.« Es ist also eine aktuelle »Chronik«: »Dies geschieht heute«, wie es im Prolog und Epilog heißt.

Nicht nur politisch, sondern auch musikalisch verbünden sich hier sehr verschiedene Individualitäten in einer Art musikalischen »Volksfront«. In ihr prägen sie sich deutlich genug aus, ohne den gemeinsamen Rahmen zu sprengen. Für eine gewisse Einheitlichkeit sorgt schon der Text des Lyrikers Jens Gerlach. Einen Rahmen bildet auch die orchestrale Grundbesetzung: zwei- bis dreifache Holz- und Blechbläser, Pauken und reichhaltiges Schlagzeug, Harfe, Vibraphon und Marimbaphon, Klavier, Kontrabässe. Dazu kommen zwei Sprecher, Alt- und Baritonsolo sowie Kammerchor. Auffällig ist das Fehlen von Hörnern und Streichquartett: romantisch Verschwimmendes, weicher, traditioneller Wohlklang wird vermieden. Dringlichkeit und Deutlichkeit der Warnung sollen nicht gefährdet werden.

Den Prolog hat Boris Blacher sparsam, zeichnerisch ausgesetzt. In dem berichtenden, sozusagen referierenden Gesang wirkt die eingesprengte Sprechstimme um so erschreckender. Wie der Prolog, so geht auch der von Wagner-Régeny komponierte II. Satz von der Gegenwart aus. Zentrales, »sprechendes« Motiv ist eine Dreitongruppe. (Sie markiert im übrigen den Beginn der von Dessau vorgeschlagenen Zwölftonreihe.) Vokal- und Instrumentalpart dialogisieren. Die Erinnerung an die Vergangenheit beginnt im III. Satz, »Ghetto«, mit einer solistischen Klarinetten-Kantilene. Sie entfaltet sich im Wechsel mit dem Orchesterkollektiv und wird zu einer Art Refrain in und zwischen den drei Strophen. Das Material stammt aus Hartmanns individueller Verarbeitung jüdischer Melodie- und Vortrags-Typen. Der Klagegesang berichtet über Stationen eines alltäglich-grauenhaften Kreuzwegs, über eine moderne Passion. Gemeint ist mit dem Ghetto das Warschauer Ghetto. Der Aufstand dort dauerte vom 19. April bis zum 16. Mai 1943. Das verzweifelte Danach hat Schönberg in *Ein Überlebender aus Warschau* (1947) thematisiert. »Wieder« wird mit »Einst« in Beziehung gesetzt, in referierenden Passagen, in chorischen und instrumentalchoralischen Akklamationen oder etwa mit dem nachdrücklich rhythmisch gesprochenen »Schuldig wird der Unschuldige, wenn er nicht warnt vor dem Fall in die Schuld.«

Im »Epilog« (Dessau) ist eine immer weiter ausgreifende Kantilene in Klarinetten und Flöten aus kurzgliedrigen Melismen zusammengesetzt und erinnert an Hartmanns »jüdische« Melodik. Dessau war Sohn eines jüdischen Kantors und hat im Exil auch entsprechende, sogar liturgische synagogale Musik komponiert – als solche bereits eine Form des Protests gegen den nazistischen Rassismus. Wortlose, aber sprechende Vokalisen-Akkorde des Chors erscheinen dann als leise Stimme der Überlebenden, denen die Wiederkehr der Bedrohung die Rede verschlägt. Mit einer vielfach wiederholten Mahnung – vom Chor gerufen, gesungen, geflüstert, vom Orchester gespielt – endet das Werk: »Seid wachsam!«

Mit manchem anderen Stück fortschrittlicher politischer Musik partizipiert die *Jüdische Chronik* an einer Paradoxie: Gerade dann und dort, wo sie nötig wäre, erklingt sie selten. Es war wohl auch eine Fernwirkung der »Berliner Mauer«, daß das etwa Mitte 1961 fertige Werk erst 1966 uraufgeführt wurde: in Köln beim WDR; und einen Tag danach erstmals in Leipzig. Eine Ausstrahlung in den andern ARD-Sendern folgte. Über die Wirkungsmöglichkeiten, zumal die direkten, machten sich die Komponisten sowieso kaum Illusionen. »Es war den Beteiligten klar«, so Henze 1981, »daß ihr Protest nicht so weitreichend und wirkungsvoll ausfallen konnte, als daß damit eine Gefahr von solchen Ausmaßen, wie sie in den Regungen des Neofaschismus enthalten war und ist, auch nur im geringsten gebannt hätte werden können. Aber schweigen hätten wir trotzdem nicht wollen. Wir wußten, die Künstler haben immer zuviel geschwiegen zu den Tagesereignissen, sie haben einmal in verheerendem Ausmaß geschwiegen. Wir sind uns darüber einig, daß auch die kleinen Warnrufe besser sind als das auf Unempfindlichkeit oder Gleichgültigkeit hindeutende Sich-Entziehen ins Unpolitische.«[6]

Immer wieder geht es auch sonst gerade im deutschen Sprachraum um eine Auseinandersetzung mit dem Trauma des Faschismus: Geschichte als Vergangenheit, die nicht vergeht, aber auch als Gegenwart, in der Vergangenheit nachwirkt. Darauf bezieht sich Udo Zimmermanns *Die weiße Rose* über die Widerstandsgruppe um die Geschwister Scholl 1942/1943 in München, zunächst komponiert als »Szenische Dokumentation« (1968), später gestrafft zu einer Kammeroper. Das Faschismus-Thema bleibt weiterhin aktuell – um so mehr als strukturelle wirtschaftliche, institutionelle, mentale Grundlagen weiterwirken. Schon durch ihre internationale Orientierung artikuliert es die aus Korea stammende und in der Bundesrepublik lebende Younghi Pagh-Paan auf spezifische Weise. Ihr Werk *Flammenzeichen* von 1983 für Frauenstimme solo entstand als Beitrag zu einer Veranstaltung *1933 – Zerstörung der Demokratie, Machtübergabe und Widerstand*. Als Textgrundlage wählte sie Flugblätter der studentischen Widerstandsgruppe »Die weiße Rose«. Geschrieben für eine

---

6 Hans Werner Henze: *Zur Berliner Erstaufführung der »Jüdischen Chronik«* (1981), in Hans Werner Henze: *Schriften und Gespräche 1955-1984*, erweiterte Neuausgabe, hg. von Jens Brockmeier, München 1984, S. 344.

Frau, artikuliert Pagh-Paan hier zugleich stofflich die Erinnerung an eine Widerstandsaktion gegen den Nationalsozialismus, bei der Frauen maßgeblich beteiligt waren.

Flammenzeichen – der Titel des Werks stammt aus einer Stelle der Flugblätter, in denen die Mitglieder der »Weißen Rose« ihrerseits die Zeile eines NS-Propaganda-Kampflieds zitierten, um mit diesem Parodierungsverfahren ihre verblendeten Landsleute zu warnen und aufzurütteln: »Frisch auf mein Volk, die Flammenzeichen rauchen...« Pagh-Paan montierte bereits den Text und stellte ein vielfältiges Beziehungsnetz her, das von der Musik seinerseits kommentiert und getragen wird. Der Komposition liegen Fragmente aus folgenden Texten zugrunde: *Kohelet* (Prediger), Sophie Scholl vor dem Volksgerichtshof in München am 22. 2. 1943, Bergpredigt im *Matthäus-Evangelium,* Flugblätter der »Weißen Rose«, letzter Brief von Franz Mitterdorfer, letzter Brief von Professor Kurt Huber. »Ich habe nur eine Frauenstimme verwendet, die sich selbst mit wenigen Schlaginstrumenten begleitet, etwa in der Tradition des koreanischen Pansori [Epenvortrag mit dramatischen Elementen]. Im Sinne dieser epischen Gesangstradition – einerseits Ausdrucksgesang, andererseits Rezitation – ist die Aussage der Texte artikuliert und verstärkt. So wird die kleine Trommel, Inbegriff von Militärmusik, hier in ein Symbol des Widerstandes umgekehrt.«[7] Der Widerstand gilt dabei auch der Diktatur in Süd-Korea selbst: Vergangenheit und Gegenwart werden in Musik miteinander verschränkt.

Humaner Fortschritt nach dem vermeintlichen »Ende der Geschichte«: Zur Notwendigkeit der politischen Musik

Entgegen allem ideologisch-propagandistischen Getöse gerade nach 1989/1990 hat die »marktwirtschaftliche« Gesellschafts- und Weltordnung auf der ganzen Linie versagt. Sie scheitert kläglich, wenn es darum geht, einfache und elementare Bedingungen eines erfüllten Friedens auch nur ansatzweise zu erfüllen: daß, wie

---

7 Younghi Pagh-Paan: Werk-Kommentar zur Uraufführung im Rahmen »Musikfrauen Berlin« innerhalb der Reihe »1933 – Zerstörung der Demokratie, Machtübergabe und Widerstand«, vervielfältigtes Typoskript (1984).

erwähnt, keiner mehr hungert und alle ohne Angst leben: »Im Messzeitraum von 1999 bis 2001 (hatten) etwa 842 Millionen Menschen nicht genug zu essen, obwohl genügend Lebensmittel für alle Menschen dieser Erde produziert werden könnten« (so ist im Bericht der FAO, der Ernährungs- und Landwirtschaftsorganisation der Vereinten Nationen, für 2003 zu lesen). Wären diese beiden Bedingungen verwirklicht, hätten wir bereits eine bessere Welt, eine befreite Menschheit – die sicherlich nach wie vor in verschiedene Gruppen, in regionale, nationale und andere Verbände differenziert bleiben wird. Es ist – oder wäre – jene Welt, für die Gustav Mahler und Alban Berg, Ives und Eisler, Schostakowitsch und Dessau, Nono und Klaus Huber, Beethoven und Henze und andere komponierten bzw. komponieren.

Auch unter diesen Bedingungen bleibt der gesellschaftlich-politische Gehalt in einem erweiterten und vertieften Sinn aufgehoben: etwa in Werken von Peter Michael Hamel oder Nicolaus A. Huber, Luca Lombardi oder Aribert Reimann, Younghi Pagh-Paan oder Graciela Paraskevaídis u. a. m. Bei Gerhard Stäblers *Traum 1/9/92* für Sopransaxophon, Violoncello, Klavier und Ensemble (1992) ist schon der Titel beziehungsreich: Indem Stäbler die Jahreszahl 1992 umformuliert, verweist er auf den 1.9., der, in Erinnerung an das Datum des faschistischen Überfalls auf Polen 1939 und damit der Beginn des Zweiten Weltkriegs, als Weltfriedenstag gefeiert wird. Er bringt damit wieder ein Leit-Thema zur Musik-Sprache. Das Stück, so Stäbler, »ist inspiriert von Schriften Bertolt Brechts, die sich mit der Utopie von einer gerecht(er)en Gesellschaft beschäftigen, eine Utopie, die nach wie vor (oder mehr denn je) fordert, darüber nachzudenken, wie man sie angesichts der sich weltweit verschärfenden Konflikte und ›gemachten‹ Katastrophen tatsächlich – und mit Phantasie – verwirklichen könnte.«[8]

Ausgangspunkt war das Lob des Revolutionärs aus dem Lehrstück *Die Mutter* (nach Maxim Gorkij) von Brecht und Eisler. Stäbler wählte daraus mit Zufallsoperationen 4 Akkorde für ein »Netz« aus, die er jeweils zur Zwölftönigkeit ergänzte. Für die Dimension der Tondauern gewinnt Stäbler Material durch eine Übersetzung des Texts in Morsezeichen – ein Verfahren, das er öf-

---

8 So Gerhard Stäbler im Vorwort der Partitur.

ter angewendet hat. Die musikalisch-metrisch irreguläre Abfolge von Längen und Kürzen, dazu Dehnungen und Verkürzungen ergeben eine flexible, fluktuierende und dabei mit Bedeutung aufgeladene Rhythmik. Schließlich tauchen Schlüsselformulierungen des Brecht-Textes – der stoffliche Voraussetzung ist, nicht aber Inhalt des Werks – noch dergestalt auf, daß auf einer »optisch gut sichtbar placierten« elektrischen Schreibmaschine gleich anfangs der Schluß getippt wird: »Wohin sie ihn jagen, dorthin / Geht der Aufruhr, und wo er verjagt wird, / Bleibt die Unruhe doch.«

Der Weltfrieden ist nicht sicherer, die Menschheit nicht freier, gleicher, brüderlicher geworden. Im Gegenteil. Die Kriege der imperialen Mächte seit 1990 zeigen: Krieg gilt entgegen dem Völkerrecht, also menschheitlichen Regelungen, manchen Regierenden und Herrschenden als geradezu natürliches und gewöhnliches Mittel des internationalen Umgangs zwischen Nationen. Normal scheinen auch Unterdrückung und Ausplünderung fremder Nationen im Interesse der eigenen Nation. Dabei handelt es sich in Wahrheit nicht um die ganze Nation, um alle Staatsbürger, sondern um eine vergleichsweise dünne Schicht von Kriegsgewinnlern, selbst Schichten wie die »Arbeiteraristokratie« eingeschlossen. Wie gewonnen, so zerronnen: Was dabei an vermehrter und verbilligter Warenfülle durch Krieg (hier zu verstehen als gewaltsame Ausplünderung) und gewöhnliche, nicht-gewaltsame Unterdrückung als ein Gewinn für einen etwas größeren Anteil der Bevölkerung erscheint, ist mit einem Verlust an Lebensqualität – an Sicherheit, Humanität, Freiheitlichkeit auch im Innern der Kriegsgewinnerstaaten – teuer erkauft. Die Mehrheit der Bevölkerungen innerhalb der Nationen (einschließlich mindestens eines Gutteils sogar der Unternehmen) wie die Mehrheit der Nationen innerhalb der Welt, der Menschheit, hat vom Krieg nichts.

Anzustreben, ohne oder mit Unterstützung von Musik, ist statt dessen eine Welt, in der alle ohne Hunger und ohne Angst leben können. Bringen wir die eingangs erwähnte, formal zu enge, inhaltlich tendenziell berechtigte Begriffsverwendung von politischer Musik abschließend noch einmal ins Spiel: Trotz der kategorialen wie realen Spaltung und Vielfalt der politischen Musik bildet einen Kernbereich der politischen Musik die Musik, die sich für das Neue, Andere, Humane, für einen nicht technizistisch verkürzten gesellschaftlichen Fortschritt engagiert. Qualitativ näher ist sie auch als gegen Herrschaftsästhetik gerichteter Bestandteil der »*Ästhetik des Widerstands*« (Peter Weiss) zu bestimmen. Als fortschrittlich im Sinn dessen, daß sie Humanität in der Welt fördert, ist solche Musik anders als die Mainstream- und Allerweltsmusik, nicht zuletzt durch neue Sprach- und Ausdrucksmittel: eben Musik gegen den Zeitgeist. Edward Bond, der Librettist von Hans Werner Henzes Ballett *Orpheus*, schreibt 1986 in seinem programmatischen Gedicht *Orpheus hinter Stacheldraht*, den Orpheus-Mythos als zentralen Musik-Mythos aktualisierend: »In Auschwitz hängten sie / Menschen zu Walzermusik / In Chile brachen sie eines Musikers Hände / Mit der gleichen Ironie nahm die Kirche einst Ketzerzungen / Also muß eine neue Musik entstehen / Eine Musik zu der du keine Menschen hängen kannst / Eine Musik die dich hindert, Musikerhände zu brechen.«[9]

Weltveränderung, Weltverbesserung, Vorschein einer besseren Welt: Das ist ein Zentrum der politischen Dimension von Musik. Freilich gilt das eben nur für diejenige Musik, die selber anders ist – also nicht für alle Musik und auch nicht für alle politische. Ihr Zentrum bildet die Musik, deren Produzenten und Produzentinnen sich mit und in ihr für das Neue, Andere, Humane, für einen menschlichen Fortschritt engagieren. Sie ist, als Kunst, Schönheit; sie entwirft progressive, sinnlich-konkrete Gegenbilder zum herrschenden Zustand; macht das, was anders wäre, imaginär-real gegenwärtig: nicht zuletzt einen Friedenszustand, in dem die Macht von Kapital wie Krieg verschwunden, real vorerst mindestens eingedämmt und damit Hunger wie Angst wesentlich verringert wären.

---

9 Zitiert nach Peter Becker: *Musik nach 1950*, in *Europäische Musikgeschichte in Schlaglichtern*, hg. von Peter Schnaus u. a., Mannheim, Wien und Zürich 1990, S. 453.

Hartmut Lück
Orte des Schreckens

*Aufschrei, Empörung und stummes Entsetzen
in der Musik des 20. Jahrhunderts*

Schon der musikalisch-ästhetische Reflex auf konkret erfahrbare, den Komponisten gegenwärtige Örtlichkeiten ist historisch eine ziemlich neue Erscheinung, und der Bezug zu hier so benannten »Orten des Schreckens« allemal. Das ist kein Zufall. Im Gegenteil: Mehrere Gründe lassen es als verständlich erscheinen, daß die klangliche Abbildung solcher Orte des Schreckens zu einem früheren Zeitpunkt der Musikgeschichte unwahrscheinlich, wenn nicht gar unmöglich gewesen wäre.

Dazu gibt es zunächst zwei historisch-ideologische Gründe. Zum einen waren den Menschen früherer, auf Gewalt und Klassenherrschaft basierender Gesellschaften die Schrecken von Krieg, Aggression, Zerstörung und gewaltsamem Tod so allgegenwärtig, daß kaum jemand auf die Idee gekommen wäre, hierin eine Abweichung vom allgemeinen innergesellschaftlichen wie auch internationalen Verhalten zu sehen. Die Möglichkeit, in Orte oder Zeiten des Schreckens hineinzugeraten, war quasi Normalzustand. Demgegenüber – und das ist der zweite Grund – mußten die Menschen nach Aufklärung, Kampf um demokratische Rechte und Entmachtung der alten feudalen oder klerikalen Autoritäten sowie inspiriert durch utopische Vorstellungen egalitärer Gesellschaften zu dem Eindruck gelangen, daß die barbarische Vorgeschichte der Menschheit sich wohl doch allmählich ihrem Ende zuneige. Als genau dies dann nicht geschah, sondern im Gegenteil sich im 20. Jahrhundert die Barbarei weltweit noch potenzierte und die Idee des demokratischen Miteinanders indirekt oder sogar direkt und bewußt durch moderne Usurpatoren verhöhnt wurde, mußte dies nicht nur politisch engagierte Menschen, sondern gerade die Künstler, hier die Komponisten, aufwühlen und zu dem Entschluß bewegen, sich gegen die Barbarei aufzulehnen und somit auch die »Orte des Schreckens« gleichsam ästhetisch zu bannen, um so den Hörern ihrer Werke die Beethoven'sche »Volksrede an die Menschheit« als warnende Botschaft zu konkretisieren.

Ein dritter Gesichtspunkt kommt schließlich aus der emanzipatorischen Entwicklung der Tonkunst selbst: War die Musik in früheren Jahrhunderten funktional an Kirche und Feudalherren und deren Aufträge gebunden, so emanzipierte sie sich, mit dem Erstarken des Bürgertums, von diesen Fesseln; aus dem bis zu einem gewissen Grade der Persönlichkeit des Schaffenden enthobenen, weil durch feste Regeln, Formeln und Funktionen geprägten Kunstwerk entwickelte sich das Konzept der individuellen, ja subjektiven Aussage, verstanden als eigentlicher Beweggrund des Kunstschaffens. Dem Individuum als nun einzig verantwortlicher Instanz des künstlerischen Selbstverständnisses aber wurde nicht nur die eigene, subjektive Befindlichkeit zum Stimulans, sondern zunehmend auch die allgemeinen, gesellschaftlichen Zustände, die sich immer deutlicher auch in der Kunst abbildeten. Von hier bis zur Musikalisierung von Erfahrungen des Schreckens ist es dann nur noch ein kleiner Schritt.

Was aber sind nun die »Orte des Schreckens«? Es sind solche, mit deren Namen als Symbol für dort geschehene schreckliche Dinge sich auf besonders bedrückende Weise die schon erwähnte Desillusionierung über den erhofften Fortschritt der Menschheit zu Humanität und Demokratie, zu Menschlichkeit des Miteinanders und Frieden verbindet. Es sind Orte extrem aggressiver Gewaltherrschaft, von Gefängnis, Folter und Hinrichtung, Orte des massenhaften, kaltblütig geplanten Mordens, Orte sinnloser kriegerischer Zerstörung, der Verletzung von als elementar erachteten Menschenrechten bis hin zum Genozid.

Sei es das begriffslose Entsetzen darüber, daß »so etwas im 20./21. Jahrhundert noch möglich ist«, sei es die politische Überzeugung, daß aufgrund spezifischer wirtschaftlicher und politischer Interessen dergleichen gerade in unserer Zeit keineswegs zufällig immer wieder passiere – zu dem politisch engagierten Anteil der Gesamtbevölkerung gesellte sich entsprechend unter den Komponisten ein bestimmter Anteil von Persönlichkeiten, die in ihren Werken die Unmenschlichkeit ihres Zeitalters anprangerten.

Aufgrund der inzwischen weltweiten Ausbreitung des Konzertwesens gibt es natürlich zahlreiche Kompositionen, die auf die unterschiedlichste Weise humanistische Ideale und den Protest gegen Gewalt zum Ausdruck bringen; selbst die noch recht abstrakte Vorstellung von Musik als »Gegenentwurf« zur Realität deutet in diese Richtung. Und auch die Eingrenzung solcher

Werke auf diejenigen, die ganz konkret »Orte des Schreckens« – als Mahnung und Warnung – thematisieren, bringt immer noch einen beachtlichen Korpus von Beispielen zusammen.

Es kann allerdings nicht die Aufgabe der folgenden Darstellung sein, diese hier alle aufzulisten oder gar nach bestimmten Merkmalen zu katalogisieren. Gerade das tausendfache oder millionenfache, aber eben doch immer wieder individuelle Schicksal der in solchen »Orten des Schreckens« Umgekommenen verbietet recht eigentlich eine gleichsam bürokratische Annäherung an dieses Thema, was einer Verharmlosung gleichkäme. Der Versuch einer Katasterisierung der »Orte des Schreckens« wäre dem Gedenken an Millionen Opfer nicht angemessen.

Es sollen deshalb im folgenden dem Thema wie auch den unterschiedlichen künstlerischen Vorgehensweisen entsprechend ausgewählte Werke vorgestellt werden, die ihr Anliegen auch ästhetisch überzeugend zum Klingen bringen. Es hätte wenig Sinn, Kompositionen aufzuzählen, die lediglich den engagierten Willen des jeweiligen Tonsetzers repräsentieren, ansonsten aber unter das bekannte Verdikt von Gottfried Benn fallen, wonach das betreffende Werk nicht »gut«, sondern nur »gut gemeint« sei. Politisch verstandene Kunst kann nie allein politisch überzeugen, sondern nur durch ihr normativ-ästhetisch zu bestimmendes Niveau.

St. Petersburger Blutsonntag 1905

Am Sonntag den 9. Januar 1905 versammelten sich etwa 140 000 Arbeiter aus St. Petersburg und Umgebung auf dem Schloßplatz im Zentrum der Stadt; sie waren mit Fahnen, Heiligenbildern und Bildern des Zaren Nikolaj II. dorthin gezogen, um eine Bittschrift zu überreichen, der Zar möge ihre unerträgliche soziale Lage verbessern und gegen betrügerische Machenschaften der Fabrikbesitzer vorgehen. Angeführt wurden sie von Pater Gapón, einem Popen, der neben seinem heiligen Auftreten auch ein Agent provocateur der zaristischen Geheimpolizei Ochrana war. Nicht zufällig hatten die politischen Organisationen der Arbeiterschaft vor einer Teilnahme an dieser Demonstration gewarnt, und sie sollten auf schreckliche Weise recht behalten. Denn Zar Nikolaj II. ließ die Demonstranten von seinen berittenen Kosaken umzingeln, die dann plötzlich ohne Vorwarnung das Feuer eröffneten. Dem Massaker fielen über 1000 Menschen zum Opfer, über 5000 wurden verletzt. Aus Empörung über diesen heimtückischen Angriff auf unbewaffnete und friedliche Demonstranten brachen im ganzen Lande Streiks und Unruhen aus, die Rußland an den Rand des Chaos geraten ließen. Mit einigen halbherzigen konstitutionellen Reformen konnte der Zar bis zum Ende des Jahres die Situation noch einmal unter Kontrolle bringen.

Dmitrij Schostakowitsch (1906-1975) hat diesen Ereignissen in seiner Elften Sinfonie »*Das Jahr 1905*« op. 103 (1957) ein bewegendes Denkmal gesetzt. Die klassischen vier Sätze des gut einstündigen Werkes tragen programmatische Überschriften: 1. »Schloßplatz«, Adagio; 2. »9. Januar«, Allegro; 3. »In memoriam«, Adagio; 4. »Sturmgeläute«, Allegro non troppo. Der langsame 1. Satz evoziert den winterlichen Schloßplatz in eisiger Kälte, lange gehaltene leise Akkorde, ein leiser triolischer Paukenrhythmus, kurze Motive und schließlich Zitate der russischen Volkslieder *Slušaj* (»Höre«) und *Arestant* (»Der Gefangene«) bestimmen das Geschehen. Kurzzeitige dramatische Zuspitzungen der sinfonischen Dramaturgie meinen eher eine allgemeine Situation; der Satz verebbt im Pianissimo. Der 2. Satz bringt über einem vorwärtsdrängenden 6/8-Rhythmus Zitate der Lieder *Goj ty naš car' batjuška* (»O du, unser Väterchen Zar«) sowie ein Selbstzitat des Chores »Devjatoe janvarja« (»9. Januar«) aus Schostakowitschs *Zehn Gedichten auf Worte revolutionärer Dichter* für gemischten Chor op. 88 (1951) und zeigt damit zunächst die Versammlung der Demonstranten. In mehreren Anläufen kommt es zu orchestralen Steigerungen mit diesen Liedmotiven und danach zu einem kurzen Adagio mit Reminiszenz an den 1. Satz, aber ein Fugato führt zum katastrophischen Höhepunkt, einer wahren Klang-Orgie des Blechs und Schlagzeugs, den Überfall der Kosaken darstellend. Diese Passage endet wie mit einem Filmriß abrupt, und die Musik des leeren Schloßplatzes aus dem 1. Satz kehrt wieder, nun aber mit der gedanklichen Konnotation, daß der Platz mit Leichen übersät ist. Der 3. Satz basiert thematisch auf dem alten russischen Arbeitertrauermarsch *Vy žertvoju pali* (»Ihr fielet als Opfer«, in der deutschen Nachdichtung von Hermann Scherchen »Unsterbliche Opfer, ihr sanket dahin«); der 4. Satz, ebenfalls mit Liedzitaten als thematischem Material, und zwar der auch international bekannten *Warschawianka* sowie

Besnujtes', tirany (»Seid aufgeregt, ihr Tyrannen«), reißt mit seinem stürmischen Vorwärtsdrängen so etwas wie die Perspektive zur zwölf Jahre später siegreichen Revolution von 1917 auf.

Hermann Görings Generalprobe: Guernica 1937

»Meine junge Luftwaffe bei dieser Gelegenheit in diesem oder jenem technischen Punkt zu erproben« war, wie Reichsminister Hermann Göring 1946 beim Nürnberger Kriegsverbrecherprozeß zugab, der Anlaß oder besser einer der Anlässe für den Angriff auf Guernica am 26. April 1937. Die Unterstützung Hitlerdeutschlands für den Putschistengeneral Francisco Franco im spanischen Bürgerkrieg setzte nicht zufällig hier an: Guernica, weit hinter der Front gelegen, galt im Baskenland als »heilige Stadt«, in der seit dem Mittelalter Spaniens Könige einen Eid auf die Freiheitsrechte der Basken leisteten, bevor sie von diesen anerkannt wurden. Der Luftangriff gerade auf diese Stadt war eine gezielte Demütigung der Republik, die Art und Weise des Angriffs – dreieinviertel Stunden Spreng- und Brandbomben und Maschinengewehrsalven aus den Tiefffliegern auf flüchtende Zivilisten – war ein Vorgeschmack auf den späteren »Vernichtungskrieg« der deutschen Wehrmacht. »Guernica, Stadt von 5000 Einwohnern, buchstäblich dem Erdboden gleichgemacht. Angriff erfolgte mit 250-Kilogramm- und Brandbomben... Bombenlöcher auf Straßen noch zu sehen, einfach toll. –... Es war die geschaffene Voraussetzung für einen großen Erfolg, wenn Truppen nur nachgerückt wären. So nur [!] ein voller technischer Erfolg...«, notierte Wolfram von Richthofen, Stabschef der den Angriff durchführenden »Legion Condor«, kaltschnäuzig in sein Tagebuch.[1]

Paul Dessau (1894-1979), damals in Paris lebender, aus Deutschland emigrierter Komponist, schrieb ziemlich bald danach sein Klavierstück *Guernica* (1937), nicht nur aus seinem persönlichen antifaschistischen Engagement heraus – er hatte ja bereits das Lied *Die Thälmann-Kolonne* (nach einem Text seiner Frau Gudrun Kabisch) für die Internationalen Brigaden in Spa-

---

1 Klaus A. Maier: *Guernica, 26. 4. 1937. Die deutsche Intervention in Spanien und der ›Fall Guernica‹*, Freiburg 1975 (= Einzelschriften zur militärischen Geschichte des Zweiten Weltkrieges, 17); Richthofen-Zitat S. 109.

nien komponiert –, sondern auch unter dem Eindruck des Gemäldes von Pablo Picasso. Dessau übernahm Picassos Collage-Technik als musikalisches Gestaltungsmittel; Klangballungen, Tonfragmente und Seufzergesten werden in eine scheinbar chaotisch anmutende Zwölftonstruktur integriert, geben dieser aber gerade dadurch expressive Dichte.

Luigi Nono (1924-1990) bezieht sich in seinem Werk *La victoire de Guernica* für Chor und Orchester (1954) auf das gleichnamige Gedicht von Paul Éluard. Entsprechend der Abfolge des Gedichtes, das keine Geschichte erzählt, sondern poetisch-symbolische Bilder reiht, besteht Nonos Komposition aus vier Abschnitten: Der erste und dritte bringen herausfahrende Protestgesten, der zweite die Erinnerung (und Zukunftsvision) an das friedliche Guernica, und der abschließende vierte ist als Appell der Opfer konzipiert, vor der Geschichte Recht zu bekommen. Durch Melodie- und Intervallzitate aus der *Internationale* und eine Zwölftonstruktur, die Teil 1-3 aus einer Neuntonreihe entwickelt und Teil 4 auf den restlichen drei Tönen aufbaut – was hörend unmittelbar evident wird –, gestaltet Nono eine Gedenkmusik von großer eindringlicher Kraft.[2]

Wiederum von Picassos Gemälde ging Walter Steffens (geb. 1934) aus, als er *Guernica – Elegie für Viola und Orchester* op. 32 (1976-1978) schrieb; Komponieren nach Bildern ist eine bemerkenswerte Charakteristik des Œuvres dieses Komponisten. Stilistisch ist Steffens nach eigener Aussage Pluralist; um Furcht, Schrecken und Trauer über die Opfer adäquat musikalisch abzubilden, kam ihm die Idee, in die Partitur Schattenbilder von Ju-52-Bombern hineinzumalen, die von den Instrumentalisten assoziativ als Geräuschklänge und Geräuschflächen, etwa durch sulponticello-Spiel der Streicher, auszugestalten sind. Dennoch ist sein Werk wesentlich Trauermusik, wie es auch der Untertitel »Elegie« andeutet.

Eher anekdotischen Charakter – eine Anekdote mit geballten Fäusten – hat die Komposition *A Voice from Guernica* für Bariton und Mandola bzw. Mandoloncello in Scordatura von Klaus Hu-

---

2 Vgl. den Beitrag über Luigi Nono in diesem Buch sowie Hartmut Lück: *»Steht auf, Galeerensklaven des Hungers!« Einige Anmerkungen zu La Victoire de Guernica von Luigi Nono*, in Hanns-Werner Heister und Hartmut Lück (Hg.): *Musik, Deutung, Bedeutung. Festschrift für Harry Goldschmidt zum 75. Geburtstag*, Dortmund 1986, S. 134-139.

ber (geb. 1924); Textgrundlage ist das Gedicht von Ariel Dorfman *Pablo Picasso has words for Colin Powell from the other side of death*. Es erinnert an die Rede des amerikanischen Außenministers vor der UNO am 5. Februar 2003, worin er die Dringlichkeit eines Krieges gegen den Irak beschwor, obwohl die Kriegsvorbereitungen bereits auf Hochtouren liefen. Während seiner Rede war das in der UNO hängende Duplikat des *Guernica*-Gemäldes von Pablo Picasso schamhaft zugehängt worden; aus der Bildsequenz der Fernsehübertragung wurde später diese Passage herausgeschnitten. Hubers grimmig-ironischer Reflex übersetzt Momente der literarischen Struktur in die Musik; das Begleitinstrument, die Mandola, eine »größere Schwester« der Mandoline, ist wiederum ein Bezug zu Motiven Picassos. Die Erinnerung an einen Ort des Schreckens in diesem Werk ist also gleichzeitig eine Warnung vor neuen Schreckensorten, eine Warnung, deren Berechtigung sich nur allzu schnell bewahrheiten sollte.[3]

Vernichtungskrieg im Fernen Osten: Nanking 1937

Nanking, die damalige Hauptstadt Chinas, wurde während des japanischen Eroberungskrieges am 13. Dezember 1937 von den japanischen Truppen eingenommen. Das in den Wochen danach stattfindende Massaker an der Zivilbevölkerung gehört zu den entsetzlichsten Greueltaten der daran ja keineswegs armen Kriegsgeschichte der Menschheit und forderte um die 300 000 Opfer. In einer militärisch völlig sinnlosen Gewaltorgie wurden die Bewohner ganzer Stadtteile planmäßig ermordet, japanische Offiziere machten sich einen Spaß daraus, chinesische Gefangene in Reihen aufzustellen und dann mit ihren Schwertern ein »Wettköpfen« zu veranstalten; außerdem wurden Massenvergewaltigungen selbst von Kindern als neue Art des Terrors eingesetzt; die von Dutzenden von Soldaten geschändeten Frauen wurden häufig danach aufgespießt. Trotz mehrerer Monographien zum Thema Nanking[4] ist der Komplex möglicher militärischer und psy-

---

3 Klaus Huber: *A Voice from Guernica. Programmeinführung*, in: *MusikTexte* 100, Februar 2004, S. 40-41.
4 Zuletzt Iris Chang: *Die Vergewaltigung von Nanking. Das Massaker in der chinesischen Hauptstadt am Vorabend des Zweiten Weltkriegs*, Zürich/München 1999.

chologischer Begründungen für diesen Exzeß bis heute nicht geklärt; auch hat das Ereignis trotz seiner an Genozid grenzenden Dimension in der Aufarbeitung von Krieg und Holocaust unbegreiflicherweise nie eine größere Rolle gespielt.

Vielleicht war dieses nicht begreifliche Schweigen – besonders in Japan selbst ist das Thema nahezu tabuisiert – auch ein Grund für den chinesisch-amerikanischen Komponisten Bright Sheng (geb. 1955), in einer etwa halbstündigen sinfonischen Dichtung der Opfer dieses Massakers zu gedenken. *Nanking! Nanking! Eine Threnodie für Orchester und Pipa* (1999-2000) ist eine vielschichtige und vielfarbige Komposition, die ein Porträt der Stadt Nanking wie auch des schrecklichen Schicksals ihrer Bewohner entwirft, wobei die chinesische Kurzhalslaute Pipa als Soloinstrument hier gleichsam ein Individuum darstellt, das den Terror der Besatzer durchleidet, aber symbolisch überlebt, um an die Menschlichkeit wenigstens der Nachwelt zu appellieren.

Faschismus, Holocaust und Zweiter Weltkrieg: 1933-1945

Die meisten Gedenkmusiken, die sich auf diesen riesigen politischen Komplex mit seinen nahezu unzähligen Orten des Schreckens beziehen, thematisieren direkt lokalisiert oder auch allgemein die Shoah, die »Vernichtung der jüdischen Rasse in Europa«, wie es Adolf Hitler bereits lange vor Ausbruch des Zweiten Weltkrieges und der berüchtigten »Wannsee-Konferenz« zur »Endlösung der Judenfrage« öffentlich formuliert hatte. Doch sind auch andere Orte und das Schicksal ihrer Bewohner (bzw. von Lager-Insassen) ins Blickfeld von Komponisten geraten, auch solche, in denen es nicht um Judenverfolgung ging – wie Katyn' –, und auch solche, deren Nennung post festum in der Nachkriegszeit einen provokativen Tabubruch darstellte – wie Babij Jar.[5]

---

[5] Zu den meisten der im folgenden genannten Orte finden sich Einzeldarstellungen in Gerd R. Ueberschär (Hg.): *Orte des Grauens. Verbrechen im Zweiten Weltkrieg*, Darmstadt 2003.

»*Er schenkt uns ein Grab in der Luft*«: *Auschwitz und Birkenau 1941-1945*

Es waren sicherlich der Auschwitz-Prozeß in Frankfurt am Main und der Prozeß gegen den Organisator der »Endlösung« Adolf Eichmann in Jerusalem in den 1960er Jahren, die dazu führten, daß nahezu zeitgleich mehrere Komponisten, die zumeist auch schon in anderen Werken ihr Engagement für Humanität und Menschlichkeit gezeigt hatten, zum Thema Auschwitz und Holocaust künstlerisch Stellung nahmen. Luigi Nono komponierte 1965 die Bühnenmusik zu dem Schauspiel *Die Ermittlung* – eine Dramatisierung des Auschwitz-Prozesses – von Peter Weiss, woraus er dann ein selbständiges Werk *Ricorda cosa ti hanno fatto in Auschwitz* extrahierte. Es handelt sich um eine dreiteilige elektronische Komposition, die allein auf dem Klang chorischer menschlicher Stimmen basiert, die dann klanglich transformiert wurden. Trotz der scheinbaren »Abstraktheit« dieses Tonbandstückes vermittelt die Musik unwillkürlich einen Eindruck vom Leben und Leiden unter einer Mordmaschinerie, wie es in dieser emotionalen Dichte nur wenigen elektronischen Kompositionen gelungen ist.

Der slowakische Komponist Peter Kolman (geb. 1937) schrieb sein Orchesterwerk *Monumento per 6 000 000* (1964; international vorgestellt beim »Warschauer Herbst« 1967) im polystilistischen Klangfarbenstil der 1960er Jahre, was seinen ästhetischen Vorstellungen zur Versinnbildlichung einer abstrakt großen Zahl, hinter der sich doch millionenfach immer wieder ein Individuum verbirgt, entgegenkam. Das Stück endet mit einem Violinsolo, das auf Wendungen jüdischer Folklore basiert.

In der seinerzeitigen DDR hatte politisch engagierte Musik naturgemäß einen besonderen Stellenwert. So ist es kein Wunder, daß die Ereignisse des Holocaust dort in musikalischen Werken zum Ausdruck gebracht wurden. Eines dieser Werke ist die Kantate *Die Asche von Birkenau* für Altsolo und Orchester (1965) von Günter Kochan (geb. 1930). Birkenau (polnisch: Brzezinka), etwas außerhalb von Auschwitz (polnisch: Oświęcim) gelegen, war 1941 zunächst als Lager für sowjetische Kriegsgefangene (und von diesen) erbaut worden; später wurde es zum Lager der Massentötungen und Verbrennungen. Kochan benutzte als Textgrundlage das Gedicht »Die Asche von Birkenau« von Stephan

Hermlin, das 1949 entstanden und 1952 in dessen Gedichtband *Der Fluch der Taube* veröffentlicht worden war. Das Gedicht besteht aus fünf Strophen, von denen Kochan die ersten drei als in sich abgeschlossene Einheiten und die letzten beiden als einen Block vertonte; nach der ersten und der dritten Strophe gibt es kurze instrumentale Interludien und am Schluß einen instrumentalen Epilog. Ausgehend von dem Wortspiel »Birkenau ohne Birken« verbindet Hermlin Naturbilder mit der Schändung von Mensch und Natur durch die Verbrennungsöfen. Das Gedicht beginnt und endet mit dem Wort »leicht«: leicht wie die Luft, die Kühle, wie fliegende Schwalben, aber auch leicht wie die Asche im Wind und leicht wie das Vergessen; trotz vieler Bilder typischer Naturlyrik signalisiert jedes Wort ein unumkehrbares Dementi eben dieser Naturlyrik. Obwohl Kochan gerade in die Naturbildlichkeit oder das Wort »leicht« immer wieder mit heftigen Ausbrüchen und Dissonanzen hineinfährt, ist seine etwa viertelstündige Kantate ihrem Gesamtduktus nach wesentlich Trauer- und Gedenkmusik.

Krzysztof Penderecki (geb. 1933) schrieb *Dies Irae, Oratorium zum Gedenken der in Auschwitz Ermordeten* für Solostimmen, Chor und Orchester 1967. Grundlage bildet eine Textcollage mit Worten aus den Psalmen, dem 1. Korintherbrief sowie der Apokalypse, dazu dichterische Texte von Władysław Broniewski, Louis Aragon, Tadeusz Różewicz, Aischylos und Paul Valéry. Penderecki verbindet in diesem Werk Momente seines bis ins Geräuschhafte reichenden Klangfarbenstils mit klassischen oratorischen Traditionen, wie er sie auch schon in seiner Lukas-Passion aufgegriffen hatte. Zweifellos ist *Dies Irae* eindrücklicher und musikalisch überzeugender als die späteren eher zur Neoromantik neigenden geistlichen Werke Pendereckis, doch erscheint die Verknüpfung der Opfer des Holocaust mit den biblischen Vorstellungen eines »Tags des Zorns« Gottes problematisch, werden somit doch die Henker der KZs gleichsam zu Werkzeugen der göttlichen Vorsehung.

Der Genozid an den Juden Deutschlands sowie an denjenigen aus den von den Nazis besetzten Ländern wird in vielen Gedichten von Paul Celan mehr oder weniger direkt thematisiert, nicht nur in solchen bekannten Gedichten wie *Todesfuge, Engführung* oder *Tenebrae*, sondern auch in vielen anderen als subkutanes oder nur angedeutetes poetisches Bild. Insofern gehören die häufigen Vertonungen dieser Gedichte ebenfalls in den Kontext der komponierten »Orte des Schreckens«. Besonders die *Todesfuge* hat, obwohl sprachlich und rhythmisch an sich schon ungemein »musikalisch«, immer wieder Komponisten herausgefordert, so Tilo Medek (geb. 1940) zu einem Chorsatz zwischen begrenzter Aleatorik und »Verdi'scher Kantabilität« (Medek); Peter Ruzicka (geb. 1948), der durch Sprecher und Tonband die Musik für Altstimme und Instrumentalensemble gleichsam von den Rändern her »dekomponiert«, um angesichts des Themas jegliche ästhetische »Stimmigkeit« gerade zu vermeiden; Wilhelm Zobl (1950-1991) mit einem Agitationsstück, Detlef Heusinger (geb. 1956) und Harrison Birtwistle (geb. 1934) eher introvertiert. Umfangreiche Werke nach *Engführung* schrieben Aribert Reimann (geb. 1936) und Paulheinz Dittrich (geb. 1930). *Tenebrae* wurde u. a. von Aribert Reimann, Wolfgang Rihm (geb. 1952), Jacques Wildberger (geb. 1922) und Nicolaus A. Huber (geb. 1939) vertont.[6]

Eines der ergreifendsten Werke zum Thema Holocaust schrieb ausgerechnet Arnold Schönberg (1874-1951), der sich nie als politischer Komponist begriffen hatte. *Ein Überlebender aus Warschau* für Sprecher, Männerchor und Orchester op. 46 entstand 1947 nach einer Textvorlage, die Schönberg selbst aus Briefen und Berichten über den Aufstand im Warschauer Ghetto zusammengestellt hatte. Faszinierend und beeindruckend an diesem Werk ist, daß die politische Aussage nicht dem Werk äußerlich »angeklebt« wurde, sondern aus der Disposition der Musik selbst hervorgeht. Schönberg verwendet drei sprachliche Ebenen: Der Sprecher als Erzähler rezitiert englisch, die Zitate des deutschen Feldwebels erklingen in einem berlinerisch eingefärbten Deutsch, der Männerchor singt hebräisch. Und der Akt des Widerstandes und des kämpferischen Unterganges ist ein musikalischer: Als der Feldwebel die Juden zum Abzählen auffordert, damit er weiß, wie viele er »zur Gaskammer abliefern« kann, steigert sich das Zählen zu einem geräuschhaften Rhythmus und geht über in den lauten und trotzigen Männerchorgesang eines alten hebräischen Gebetes: »Schema Yisroel, adonai elohenu« (»Höre, Israel, der Ewige, unser Gott, ist ein einiges, ewiges Wesen«). Daß das Werk nach dem Ende des Männerchores mit einer typischen sinfonischen

---

6 Vgl. dazu Hartmut Lück: *Celan*, in: *Musik in Geschichte und Gegenwart*, Personenteil Bd. 4, Kassel 2000, Sp. 518-524.

Steigerung und einem knalligen Beckenschlag endet, ist nicht etwa ein Zeichen von Konservativismus, sondern unterstreicht gerade den musikalischen Charakter des hier geschilderten Widerstandsaktes.

Die Unfähigkeit zu trauern: Babij Jar und Katyn' 1941

Babij Jar ist eine am nordwestlichen Stadtrand der ukrainischen Hauptstadt Kiev (ukrainisch: Kyiv) gelegene Schlucht; der Name bedeutet soviel wie »Die tiefe bewachsene Schlucht der Bäuerin«. Hier führten die Nazi-Besatzer im September 1941 eines ihrer kaltblütigsten, effizient organisierten Massaker durch: Über 33 000 Juden aus Kiev und Umgebung wurden in nur zwei Tagen planmäßig erschossen und Schicht über Schicht vergraben. Der sowjetische Dichter Evgenij Evtuschenko, als unbequemer Nonkonformist in seinem Land bereits hinlänglich bekannt und mit Mißtrauen der offiziellen Stellen betrachtet, veröffentlichte 1961 sein Gedicht *Babij Jar*, worin er nicht nur an die Greueltat der Nazis erinnerte, sondern diese zum Anlaß nahm, antisemitische Tendenzen in der Sowjetunion anzuprangern. »Über Babij Jar gibt es keine Denkmäler. Die tiefe Schlucht selbst ist wie ein unbehauener Grabstein...«, so beginnt das Gedicht, das die Erinnerung mit der Problematik der Gegenwart verbindet.

Dmitrij Schostakowitsch schrieb seine *Sinfonie Nr. 13* op. 113 (1962) über fünf Gedichte von Evtuschenko, von denen eins speziell für diese Sinfonie entstand; der 1. Satz basiert auf *Babij Jar*. Entsprechend der sehr emotionalen, von Pathos erfüllten Textvorlage – Evtuschenko führt hier Traditionen von Vladimir Majakovskij fort – ist auch die Musik zwischen Trauergestus und empörtem Aufschrei sehr direkt, vor allem in der im dreifachen Forte gipfelnden Schlußpartie auf den provokativen Text, nur der sei ein »echter Russe«, der sich mit dem Schicksal der russischen Juden identifiziere.

Ein zwar kleiner dimensioniertes, aber nicht weniger scheußliches Verbrechen im »Umfeld« von Babij Jar bildet die Grundlage einer Komposition von Babette Koblenz (geb. 1956): *Die Kinder von Bjelaja Zerkow* für Alt, zwei Baritone, zwei Bässe, Klarinette, Akkordeon, Klavier und Schlagzeug (1994-1995), ein Werk, das seinerzeit als Musikprogramm die Ausstellung »Vernichtungskrieg. Verbrechen der Wehrmacht« begleitete. Belaja Cerkov' (ukrainisch heute: Bila Cerkva) ist eine mittelgroße Stadt etwa 60 km südlich von Kiev. Hier war bereits im August 1941 die jüdische Bevölkerung liquidiert worden, nur 60 Kinder waren übrig, die mehrere Tage lang in zwei winzigen Räumen ohne Wasser und Nahrung eingesperrt wurden. Ein Rettungsversuch wurde durch eine Mehrheit von Scharfmachern der SS und der Wehrmacht vom Tisch gewischt, und die halb verhungerten Kinder wurden ebenfalls erschossen. Babette Koblenz verbindet in ihrem knapp einstündigen Werk die dokumentarische Berichtsebene mit einer Schicht im traditionell jüdischen Gesangsstil (Altsolo) und einer Schicht verhalten expressiver Ausdeutung einer teils dokumentarischen, teils dichterischen Textmontage aus deutschen, englischen und russischen Textteilen. In seiner technischen Struktur gehört das Werk, obgleich es konzertant aufgeführt werden kann, eher in den Bereich der Radiokunst. Wichtig erscheint, daß hier nicht die Shoah als Ganzes in einer fast schon wieder ungreifbaren Dimension thematisiert wird, sondern eben das individuelle Schicksal einer kleinen, auf besonders unmenschliche Weise ausgelöschten Gruppe.

Einem ganz anderen Verbrechensumkreis, auch wenn es während des Zweiten Weltkriegs geschah, gehört Katyn' an. In einem Wald in der Nähe dieses etwa 20 km südlich von Smolensk gelegenen Ortes wurden im Frühjahr 1940 durch die damalige sowjetische Geheimpolizei NKWD polnische Offiziere, die bei der Teilung Polens in sowjetischen Gewahrsam geraten waren, ermordet. Die etwa 10 000 in Katyn' Erschossenen bilden dabei nur knapp die Hälfte der tatsächlichen Opfer dieser stalinistischen Terrormaßnahme; man hatte die polnischen Offiziere als »gegnerisch« eingestuft, und um zu verhindern, daß sie als Freigelassene gegen die Sowjetunion kämpfen würden, entschied man sich für die heimliche Liquidation. Die polnischen Nachkriegsregierungen tabuisierten das Thema – in Vasallentreue zur »brüderlichen Sowjetunion« –, obwohl durch Autopsien eindeutig geklärt war, daß auf keinen Fall die Nazis für diese Bluttat verantwortlich waren.

Andrzej Panufnik (1914-1991), seit 1954 im englischen Exil lebender polnischer Komponist, schrieb 1967 sein *Katyn Epitaph* für Orchester; es beginnt mit einem Violinsolo in mehrmals absteigender, elegisch-klagender Melodieführung und steigert sich über choralartige Partien zu einem anklagenden Höhepunkt im dreifachen Forte.

Andere »Orte des Schreckens« aus dem Umkreis der Nazidiktatur waren nur vereinzelt Anlaß für Gedenkmusiken. Eines dieser Werke ist die erste Orchesterkomposition von Karl Amadeus Hartmann (1905-1963), eine sinfonische Dichtung *Miserae* (1933-1934); der Titel ist, nicht ganz korrekt, vom lateinischen Adjektiv »miser« (»elend, kläglich, beklagenswert«) abgeleitet und erklärt sich durch die Widmung: »Meinen Freunden, die hundertfach sterben mußten, die für die Ewigkeit schlafen – wir vergessen Euch nicht (Dachau 1933-1934)«. Mit dieser Zeitangabe und dem Hinweis auf das erste deutsche Konzentrationslager in Dachau ist *Miserae*, abgesehen von warnenden Äußerungen aus der Arbeitermusikbewegung der Weimarer Republik, die erste antifaschistische Komposition. Hartmann, der zwar in Deutschland geblieben war, aber in scharfer Opposition zum Nazireich stand und u. a. absichtlich jahrelang den erforderten »Ariernachweis« verschleppte, läßt in diesem frühen Werk schon das aufwühlende sinfonische Pathos seiner späteren Sinfonien ahnen.

Die Vergeltungsaktion der Nazis für das Attentat auf den SS-Obergruppenführer und stellvertretenden Reichsprotektor Böhmen und Mähren, Reinhard Heydrich, nämlich die Zerstörung des Dorfes Lidice (nordwestlich von Prag) im Juni 1942 und die Liquidierung der gesamten männlichen Bevölkerung einschließlich von Kindern und Greisen, ist als eine der signifikantesten Greueltaten außerhalb der Judenverfolgung in die Geschichte eingegangen.

Der im amerikanischen Exil lebende tschechische Komponist Bohuslav Martinů (1890-1959) verfaßte 1942-1943 sein kurzes Orchesterwerk *Památník Lidicím* (»Denkmal für Lidice«). Es ist ein Trauer-Adagio in der Art langsamer Sinfoniesätze; um den inhaltlichen Bezug zu verdeutlichen, verwendet Martinů ein Fragment aus *Svatý Václav*, dem alten böhmischen Wenzels-Choral, dessen melodischer Duktus zudem gewisse Ähnlichkeiten mit der gregorianischen Sequenz *Dies Irae* aufweist; außerdem zitiert er am Höhepunkt des Werkes auch das als »Schicksalsmotiv« bekannte Thema der Fünften Sinfonie Ludwig van Beethovens. Durch die strukturelle Gegenüberstellung eines aus Holzbläsern gebildeten »Concertino« mit dem übrigen Orchester als »Ripieno«, also das Aufgreifen der barocken Concerto-grosso-Form, erreicht der Komponist trotz der Trauer- und Auflehnungsgesten eine betont lichte Faktur des leise schließenden Werkes.[7]

Nicht auf einen konkreten Ort des Schreckens, sondern auf alle diejenigen, an denen besonders Kinder zu leiden hatten, bezieht sich die *Kindermesse* für zwei Kinderchöre (1974) von Tilo Medek (geb. 1940). Sie wurde komponiert »zum Gedenken der im Dritten Reich ermordeten Kinder«, wie es im Untertitel heißt. Dem Werk liegt eine Textmontage aus dem »Proprium Missarum de Tempore« zum Fest der unschuldigen Kinder (28. Dezember) sowie aus Gedichten von Volker von Törne, Eisik Fleischer, Ilse Weber und Nelly Sachs zugrunde. Medek orientiert sich einerseits an den technischen Fähigkeiten eines ausgebildeten Kinderchores, bezieht aber solistisch oder chorisch gesprochene Texte sowie geräuschnahe Klänge durch Mehrstimmigkeit im Sekundabstand und weitere Klangebenen ein, durch welche die erweiterte Tonalität des Werkes immer wieder aufgebrochen und verfremdet und jeglicher Eindruck etwa einer Verniedlichung verhindert wird, schon gar in einem Satz wie der »Lectio« nach einem makaber-lustigen Kinderreim aus dem KZ Theresienstadt (»Rirarutsch, wir fahren in der Leichenkutsch«).[8]

Als Auftrag der jugoslavischen Botschaft in Moskau aus Anlaß des 40. Jahrestages der Befreiung Belgrads entstand das Orchesterstück *Ritual* (1984-1985) von Alfred Schnittke (1934-1998); der Komponist merkte dazu jedoch an, er habe »aus Ehrfurcht vor den Opfern des Zweiten Weltkrieges« dieses Werk »allen Opfern dieses schrecklichsten aller Kriege« gewidmet.[9] Dies wird musikalisch in einem kurzen, überschaubaren Werk schlüssig. Es beginnt leise im tiefsten Register, steigert sich ganz allmählich zu einem geradezu katastrophischen Höhepunkt, um dann wieder

---

7 Zu Martinů sowie auch zu den bereits erwähnten Werken von Steffens und Nono vgl. Hartmut Lück: *»Musik über Guernica und Lidice und...«* – *Zu Kompositionen von Luigi Nono, Walter Steffens, Bohuslav Martinů und Aribert Reimann*, in: *Osnabrücker Jahrbuch Frieden und Wissenschaft*, Bd. 5, Osnabrück 1998, S. 99-104.
8 Zum Stichwort Theresienstadt: Die Tätigkeit der nach Theresienstadt deportierten Komponisten Victor Ullmann, Pavel Haas, Hans Krása, Gideon Klein u. a. wird in diesem Beitrag nicht behandelt, da diese Künstler zwar zweifellos an einem Ort des Schreckens lebten, dies jedoch in ihren Werken aus begreiflichen Gründen nicht oder kaum thematisierten.
9 Zitiert nach dem Einführungstext des Komponisten im Booklet der Schallplatte BIS CD 437.

ins Pianissimo zurückzusinken, nun aber in den höchsten Lagen, gleichsam zum Himmel hin entschwindend. Auf dem Höhepunkt des Werkes erklingt in den Glocken die *Internationale* – sie kann sich gegen das musikalische Kriegsgebrüll kaum durchsetzen, erklingt aber unbeirrt und unerschrocken weiter, Bedrohtheit und Zuversicht zugleich verkörpernd.

Die Bombe, die die Welt veränderte: Hiroshima 1945

Terror gegen die Zivilbevölkerung, um dadurch gleichsam psychologisch den Sieg oder das Kriegsende näherzubringen, gehört zu den traumatischen Kernerlebnissen aller, die den Zweiten Weltkrieg miterlebt haben, egal in welchem Land. Diese Feststellung will weder bagatellisieren noch etwa nach der Devise »wie du mir, so ich dir« aufrechnen, sondern lediglich verdeutlichen, wie viel Barbarei in den zwischenmenschlichen Beziehungen auch bei zivilisatorisch-technischem Fortschritt immer noch existiert, ein Indiz, daß wir uns noch gleichsam in der Vorgeschichte der Menschheit befinden und die Eröffnung ihrer eigentlichen Geschichte jenseits von Klassenherrschaft, Profitgier und Krieg immer noch aussteht.

Nahezu alle musikalisch thematisierten »Orte des Schreckens« beziehen sich auf eben diesen Terror gegen die Zivilbevölkerung, und auch das letzte hier behandelte Beispiel, der Atombombenabwurf auf die japanische Stadt Hiroshima am 6. August 1945, bildet keine Ausnahme. Eine Ausnahme ist allerdings die Dimension, mit einer einzigen Bombe etwa 200 000 Menschen auszulöschen, dazu unzählige andere durch Strahlung zu verseuchen und zu einem langsamen, qualvollen Tod zu verurteilen.

Die wahrscheinlich erste Komposition zum Thema Hiroshima stammt von dem Japaner Hikaru Hayashi (geb. 1931), eine Folge von vier Chorsätzen a cappella mit dem Titel *Gembaku Shokei* (»Kleine Landschaften von Hiroshima«), deren erster bereits 1958 entstand, der letzte allerdings erst 2001. Der 1. Satz wurde unter dem Titel *Mizu o Kudasai* (»Ich habe Durst«) separat auch in Europa bekannt; offensichtlich unter dem Einfluß der wieder auflebenden Chormusik in der Epoche der europäischen Klassischen Moderne des frühen 20. Jahrhunderts entstand ein kurzes, eindringliches Werk mit der leitmotivisch immer wiederkehrenden Text- und Melodiezeile auf die Worte »gib mir Wasser«.

1962 komponierte Luigi Nono *Canti di vita e d'amore – Sul ponte di Hiroshima* für Sopran- und Tenorsolo und Orchester; der Untertitel bezieht sich auf den ersten der drei Teile des Werkes, dem ein Text von Günter Anders zugrunde liegt. Anders beschreibt in diesem kurzen Prosatext einen Musiker auf einer Brücke in Hiroshima, der kein Gesicht mehr hat, sondern einen Vorhang trägt, damit man eben dies nicht sieht. Dieser Text ist der Partitur allerdings nur zum Lesen beigegeben, er wird nicht vertont, sondern durch den rein orchestralen zweiten Abschnitt des ersten Teiles dargestellt. Vertont wird lediglich ein kurzer italienischer Text, dessen Übersetzung etwa so lautet: »Sie müssen nicht liegen / und fertig. / Ihr Tod ist kein gewöhnlicher Tod, / aber eine Ermahnung und Mahnung.« Bezeichnend für Nono ist hier die Verbindung von ausschwingenden Melodiebögen und geradezu klirrend kalten oder dröhnenden Blechbläserattacken; der Hoffnung auf einen Frühling der Menschheit, auf des Lebens und der Liebe Fülle, wie es der Titel andeutet, ist die Erinnerung an die Schrecken einbeschrieben, ohne daß die Musik aber jemals im naturalistischen Sinne illustrativ wäre.

Das wohl bekannteste Werk von Krzysztof Penderecki ist *Ofiarom Hiroszimy – Tren* (»Threnos für die Opfer von Hiroshima«) für 52 Streicher (1960-1961). Ursprünglich hieß es nur *8'37"*, eine reine Dauerangabe. Spätere Deutungen dieser Zahl als Dauer des Atombombenabwurfs oder als Uhrzeit des Abwurfs sind unrichtig (der Abwurf erfolgte bereits um 8.15 Uhr morgens). Das bisher ungekannte Ausmaß der Einbeziehung von Geräuschklängen und perkussiven Effekten der Streicher hatte jedoch bei der ersten Aufführung eine derart emotionale Wirkung, daß die endgültige Titelwahl durchaus gerechtfertigt erscheint. Dennoch ist auch diese Musik keineswegs naturalistisch – das Bombenflugzeug überquerte die Stadt in großer Höhe und das Motorengeräusch war durchaus nicht übermäßig laut –, sondern sie bildet psychische Befindlichkeiten in einer höchst differenzierten und genau ausbalancierten musikalischen Technik ab. Man hat dem Komponisten gelegentlich »reißerische« und »opportunistische« Titelwahl vorgeworfen, doch muß ihm zugute gehalten werden, daß dieses Werk wie wohl kein anderes Kunstwerk die Erinnerung an diesen »Ort des Schreckens« wachgehalten hat.

Als abendfüllendes und monumentales Werk des Gedenkens präsentiert sich *Voiceless Voice in Hiroshima* für Solostimmen, Sprecher, Chor und Orchester (1989-2001) von Toshio Hosokawa (geb. 1955). Der Komponist, selbst in Hiroshima geboren, schrieb zunächst eine Art Requiem, erweiterte dies dann aber und revidierte auch einige Partien, da, wie er meinte, im modernen, wiederaufgebauten Hiroshima zu wenig an die Pflege einer intakten Natur gedacht worden sei. Sein Werk bezieht viele unterschiedliche textliche und musikalische Ebenen ein: dokumentarische Berichte von Überlebenden und zeitgeschichtliche Texte (gesprochen), Worte aus der lateinischen Totenmesse und Gedichte von Matsuo Bashô und Paul Celan, dazu eine fast polystilistische Musik zwischen europäischer Avantgarde und japanischen Traditionen, eine Musik des stillen Innehaltens und Gedenkens und des ekstatischen Aufbegehrens gleichermaßen; Erinnerung an den »Ort des Schreckens« und Mahnung an die Heutigen, vor lauter Streben nach technischem Fortschritt und wirtschaftlichem Wachstum nicht jene natürliche Umwelt zu vergessen, ohne die menschliches Leben auf diesem Planeten keine Zukunft mehr hätte.

Imaginäre Orte eines realen Schreckens

»Orte des Schreckens« müssen nicht immer eine geographisch genau verifizierbare Örtlichkeit meinen; ein künstlerisch fiktiver, imaginärer Ort mag durchaus konkrete, leidvolle Lebenserfahrungen widerspiegeln. Auch kann ein Künstler Situationen schildern bzw. klingend darstellen, die zwar an keinem konkreten Ort spielen, die aber dennoch jeder Hörer auf mögliche, ihm erreichbare oder vorstellbare Örtlichkeiten beziehen kann. Natürlich gibt es von den künstlerischen Verarbeitungen solcher imaginären Orte des Schreckens zu allgemeinen humanistischen Appellen der Musik fließende Übergänge. Es seien deshalb im folgenden nur drei sehr unterschiedlich konzipierte Werke vorgestellt, um diesen Aspekt zu beleuchten, ohne ihn aber praktisch wie theoretisch umfassend aufzuarbeiten.

Hans Werner Henzes *Sinfonia N. 9* für Chor und Orchester (1995-1997) ist »Den Helden und Märtyrern des deutschen Antifaschismus gewidmet« und basiert auf einem Text, den Hans-Ulrich Treichel aus dem Roman *Das siebte Kreuz* von Anna Seghers extrahiert hat. Sieben Häftlinge sind aus einem KZ geflüchtet, woraufhin die Lagerleitung sieben Platanen fällen und daraus Kreuze herstellen läßt, um die wieder Eingefangenen daranzunageln. Sechs Flüchtlinge werden gefangen oder auf der Flucht erschossen, aber einer kommt durch, und das siebte, leere Kreuz steht im Lager als Symbol des Widerstandes und der Hoffnung.

Die Herausforderung einer »Neunten Sinfonie« nahm Henze direkt an, eben auch mit Chor – der allerdings von Anfang an mitwirkt, im Gegensatz zu Beethoven –, scheute weder vor Pathos noch vor Genremusiken (Wirtshaus, Orgel, Trauermarsch) zurück, auch geräuschhafte Momente werden einbezogen, eine Musik, die gleichsam den Schmutz des Zeitalters in sich aufnimmt. Auch Allusionen oder Strukturparallelen zu vorhandener Musik – Beethovens *Neunte*, Mahlers Typus »Wie ein Kondukt«, Hindemiths *Sinfonie »Mathis der Maler«* – unterstützen die Bedeutungsschichten der Musik. Die Situationen von Lagerhaft, Flucht, Verfolgung sind, da auf Literatur basierend, nicht ortbar und trotzdem Orte einer deutschen Tragödie, die sich ähnlich hundertfach abgespielt hat und hier zu einem beispielhaften Geschehen sublimiert wurde.[10]

Eine gänzlich andere Situation thematisiert John Adams (geb. 1947) in seinem Orchesterwerk *El Dorado*, das zufällig 1991 im Vorfeld des 500. Jubiläums der Entdeckung Amerikas entstand und unbeabsichtigt, aber doch in quälender Koinzidenz etwas mit diesem Datum zu tun hat. Das etwa halbstündige Werk hat zwei Sätze: »A Dream of Gold« und »Soledades«. Adams beschreibt in einem Kommentar,[11] wie er zunächst eine visuelle Vorstellung von zwei kontrastierenden Gemälden hatte: zwei Landschaften, von denen die eine von Menschen bevölkert ist, die andere aber völlig menschenleer. Der uns hier interessierende 1. Satz stellt des Menschen Suche nach Gold, Reichtum und wirtschaftlicher Prosperität durch ein aus vielen Einzelmotiven sich aufschaukelndes

---

10 Näheres zu Henzes *Sinfonia N. 9*, auch im Kontext seines sinfonischen Œuvres, s. Hartmut Lück: »›Von größtem Dunkel des Zeitalters erfüllt‹. Hans Werner Henze und seine neun Sinfonien«, in Sabine Giesbrecht und Stefan Hanheide (Hg.): *Hans Werner Henze. Politisch-humanitäres Engagement als künstlerische Perspektive*, Osnabrück 1998, S. 113-124.
11 Booklettext zur CD Nonesuch/Warner 7559-79359-2; daraus auch die folgenden Zitate.

Orchestercrescendo dar, eine »Rampe«, die schließlich in einen kakophonischen »Overdrive« und einen katastrophischen Zusammenbruch mündet, eine »Maschinerie des Schreckens«, die der Mensch im »Garten Eden« angerichtet hat. Der 2. Satz »Soledades« (»Einsamkeiten«) zeigt dann so etwas wie die Natur in selbstgewisser Ruhe, ohne den zerstörerischen Impakt des Menschen. »A Dream of Gold« ist die Musik einer ökologischen Katastrophe, die mit maschinenmäßiger Folgerichtigkeit und Unbarmherzigkeit abläuft und durch das beschauliche Gegenbild des 2. Satzes keineswegs etwa gemildert wird, denn »Soledades« ist eine Welt ohne Menschen, eine Welt, in der die Natur zurückgeschlagen hat.

Lassen sich die Werke von Henze und Adams gewissermaßen noch als Mahnung und Warnung verstehen, so treibt Bernd Alois Zimmermann (1918-1970) in seiner *Musique pour les soupers du Roi Ubu* (1966) die Desillusionierung über die Möglichkeiten eines künstlerischen Einspruchs gegen die Verheerungen der Wirklichkeit auf die Spitze. König Ubu aus dem bekannten Drama von Alfred Jarry hat sich an die Staatsspitze hochgemordet und -geputscht und lädt im »ballet noir«, wie Zimmermanns Werk im Untertitel heißt, zu einem Staatsbankett, an dessen Ende die Künstler und Intellektuellen durch eine Falltür in den Keller befördert werden, wo der Henker bereits auf sie wartet. Das Stück entstand anläßlich Zimmermanns Aufnahme in die Berliner Akademie der Künste; es ist als Zitatcollage angelegt, in der keine einzige Note von Zimmermann selbst stammt. Im »Entrée« zitiert er alle seine Komponistenkollegen aus der Akademie, in den folgenden Sätzen diverse andere Stücke aus der gesamten Musikgeschichte, eine makaber-lustige Verwurstung von Kulturgut, also genau das, was in den kapitalistischen Ländern tagtäglich stattfindet. Im abschließenden »Marche du décervellage« (»Marsch der Gehirnzerquetschung«) geschieht die Vernichtung der Intellektuellen auf eine auch musikalisch schaurige Weise: Der Anfangsakkord des *Klavierstücks IX* von Karlheinz Stockhausen, der im Original 280mal im Decrescendo angeschlagen wird, erklingt hier 631mal, und zwar mählich crescendierend, dazu kommen als Collage-Motive der Walkürenritt aus *Der Ring des Nibelungen* von Richard Wagner – im Zweiten Weltkrieg Begleitmusik für die Siegesmeldungen von Stuka-Angriffen der Nazis – und die höhnische Gerichtsfanfare aus »Marche au supplice« (»Gang zum

Richtplatz«) der *Symphonie fantastique* von Hector Berlioz, dazu lähmend wiederholte Paukenrhythmen und Einwürfe der Bekken, Kuhglocken und der Großen Trommel.

Noch nie hat ein Komponist derart gnadenlos mit sich, seinen Kollegen und der Welt abgerechnet: ein Szenario des Schreckens, das sich unmittelbar dem Hörer mitteilt, weil in der erfundenen Geschichte des Königs Ubu die Folterkeller aller Diktaturen der Welt auf bedrückende Weise klingende Realität zu werden scheinen. Niemand weiß, wo diese Folterkeller sich tatsächlich befinden, wo die »Verschwundenen« geblieben sind, aber es sind die wahren, die schlimmsten »Orte des Schreckens«.

V

Brücken des Friedens mit Welt- und Popularmusik?

Max Peter Baumann
Traditionelle Musik, Frieden und globale Aufmerksamkeit

Friedenskonzepte manifestieren sich in Musikkulturen mittels gesellschaftlicher Konventionen, die auf harmonischem Zusammenwirken basieren. Traditionelle Musik übernimmt in zahlreichen Gesellschaften eine kleine, wenn auch nicht unbedeutende, friedensstiftende Rolle. Der Hörende bildet gleichsam den Resonanzboden für eine musikalische Friedensfürbitte oder projiziert in die Musik seine subjektiven Friedensphantasien hinein.[1] Musik gilt derart etwa als Mittlerin zwischen kosmischer Ordnung, Natur, Gesellschaft und Mensch und verweist auf die mögliche Harmonie der unterschiedlichen Instanzen zwischen der belebten und unbelebten Natur, zwischen Menschen und numinosen Mächten, Geistern oder dem übergeordneten göttlichen Wirken.

Bereits in der griechischen Antike und im Alten China wurden Musik, Tanz und Gesang als direkte Manifestationen der himmlischen Ordnung verstanden; deswegen galt die Auffassung sowohl im Taoismus, bei Konfuzius wie auch bei Plato, Musik könne die Herzen der Menschen veredeln, und wo Musik aufblühe, herrsche Harmonie und Frieden.[2] Im übertragenen Sinne will dies eine deutsche Redeweise noch nahelegen: »Wo man singt, da laß dich ruhig nieder, böse Menschen haben keine Lieder.« Doch spätestens in den KZ-Lagern hatte angesichts der Märsche und Volkslieder, die bei Appellen und zur Zwangsarbeit erschallten, damit sie die Schreie der Gefolterten übertönen und die zum Gastod Verurteilten »beruhigen« sollten, »Musik auf Befehl« ihre Unschuld und Anmut verloren. Lieder der Häftlinge riefen zum Widerstand auf:

> »Wir trotzen Not und Sorgen,
> denn in uns zieht die Hoffnung mit

---

[1] S. Dieter Senghaas: *Klänge des Friedens. Ein Hörbericht*, Frankfurt a. M. 2001, S. 9.
[2] S. Max Peter Baumann: *Musik*, in Christoph Wulf (Hg.): *Vom Menschen. Handbuch Historische Anthropologie*, Weinheim 1997, S. 978 ff.

> auf Freiheit und das Morgen.«
> (Sachsenhausen-Lied)[3]

Andere Lieder bauten eine Gegenwelt auf, die wie im *Moorsoldatenlied* – wenn auch illusionär – doch von der menschlichen Würde, von Hoffnung und Selbstachtung sangen:

> »Einmal, werden froh wir sagen:
> Heimat, du bist wieder mein.
> Dann ziehn die Moorsoldaten
> nicht mehr mit dem Spaten
> ins Moor!«[4]

Der Weg der Dissonanz, des Widerspruchs durch Widerstands- und Kampflieder, war immer auch ein Durchbrechen etablierter Normen und Gesellschaftsstrukturen, im Aufbegehren gegen das erzwungene Gesetz der Herrschenden (letztlich gegen das »He who pays the fiddler, calls the tune«). Es ist das alte Motiv, das bis in die Moderne hinein seinen Einspruch über Lieder und Texte artikuliert.

Der Mensch interagiert – geschichtlich betrachtet – über das Vehikel des musikalischen Handelns mit seinesgleichen, mit Tieren, Geistern und Gottheiten, mit dem Diesseits und dem Jenseits, mit dem Hier und dem Jetzt, aus der Vergangenheit heraus und ebenso in die Zukunft hinein. Musik übernimmt im Kontext von Ritualen und Liturgien auf unterschiedliche Weise die dienende Funktion einer harmonisierenden, letztlich auch Frieden und Heil bringenden Kraft. Von Orpheus (um 1500 v. u. Z.), dem Lyra spielenden Sängerfürsten über thrakische Stämme, heißt es bei dem Dichter Horaz (*Ars Poetica*, 65-8 v. u. Z.):

> »Orpheus, der Priester und Dichter der Götter,
> brachte die primitiven Menschen ab
> von Gemetzel und hässlicher Lebensweise …«[5]

---

3 Annemarie Stern: *Lieder gegen den Tritt. Politische Lieder aus fünf Jahrhunderten*. 4. Aufl., Oberhausen 1978, S. 252. Im Zusammenhang von historischen Widerstands- und Kampfliedern sei vor allem auf die Sammlung verwiesen von Wolfgang Steinitz: *Deutsche Volkslieder demokratischen Charakters aus sechs Jahrhunderten*, 2 Bde., Berlin 1955/1962.
4 Stern, op. cit. (Anm. 3), S. 250.
5 Vgl. Hermann Koller: *Musik und Dichtung im alten Griechenland*, Bern 1963, S. 49f.; zudem Elisabeth Hämmerling: *Orpheus' Wiederkehr*, Interlaken 1984, S. 109, 265.

Als Kulturstifter ist er Interpret der Götter und politischer Sänger zugleich, der Frieden bringt. Friedensstiftend soll auch Terpanders Magie des Gesanges gewesen sein, der als Kitharode (7. Jahrhundert v. u. Z.) aufständische Rebellen in Sparta mit seinem Gesang zur Ordnung zusammenrief.[6] Musik verhilft gemäß solch kultureller Konzepte auf spezifische Art zu einem inneren Seelenfrieden, sie vermag aber auch die äußere Natur der Menschen zu domestizieren, wilde Tiere zu bändigen – wie etwa in Goethes »Novelle« – oder Menschen von ihrer inneren Unruhe zu befreien – wie in der Geschichte von dem Harfe spielenden David, der den depressiven und zornigen Saul von seiner Krankheit geheilt und ihn zum inneren Frieden gebracht haben soll.[7] In Ostgrönland diente den Eskimos noch bis 1906 der Trommelstreit unter den Kontrahenten als Rechtsprechung. Sie »duellierten« sich auf musikalische Weise mit den zur Rahmentrommel begleiteten Schmählinedern, bis einer sich in der Öffentlichkeit von den Argumenten des andern geschlagen geben mußte.[8] Schamanen bedienen sich in ihren Gesangsritualen helfender Geister oder Ahnen, um Rat für das menschliche Zusammenleben zu holen, um die Natur von schlechten Einwirkungen zu heilen und um menschliche Konflikte friedvoll zu lösen.

Alle alten Weltanschauungen sind geprägt von animistischen oder religiösen Friedensphantasien, die der Musik eine besondere Bedeutung in bezug auf das Transzendente zuerkennen. Der indische Vina-Künstler Ravi Shankar erzählt in seiner Biographie *Meine Musik, mein Leben* (1968) von der Macht großer Musiker und ihrer Kunst, wenn bestimmte Ragas erklingen: Man sagt, daß einige Musiker beim Singen eines Ragas ein Feuer entfachen oder eine Öllampe anzünden konnten, daß sie Regen herbei zauberten, Steine schmelzen, Blumen zum Blühen bringen oder wilde Tiere herbeirufen konnten – sogar Schlangen und Tiger sollen sich im Wald alsbald in einem friedvollen Kreis um den Sänger versammelt haben. Bei den Mbuti-Pygmäen in Zaire wurde in Krisenzeiten der Molimo-Gesang angestimmt. Denn es galt der Glaube, »wenn die Dinge falsch laufen, ist es, weil Gott eingeschlafen

---

6 Vgl. Annette Cramer: *Das Buch von der Stimme*, Zürich 1998, S. 127.
7 S. *1. Buch Samuel*, 16, 23.
8 Paul Collaer: *Amerika. Eskimo und indianische Bevölkerung*, Leipzig 1967 (Musikgeschichte in Bildern, Bd. 1: Musikethnologie, Lieferung 2), S. 56.

ist.«[9] Die Kraft des heiligen Gesanges sollte ihn aufwecken und die Menschen untereinander solidarisieren, damit Normalität und Harmonie im Regenwald wieder einkehrten. Der peruanische Schamane Oscar Miro-Quesada sagt von sich, er sei jemand, der auf Reisen durch sichtbare und unsichtbare Welten mit der Absicht gehe, durch Gebete und Lieder zu heilen und die Harmonie unter Menschen, in sozialen Institutionen und der Natur wieder herzustellen.[10]

Friedenssegen und -gebete sind in gesungener Form in allen Religionen präsent: Dem jüdischen *Shalom Aleichem* (»Frieden sei mit euch«) entspricht das gregorianische *Da pacem, Domine* aus dem 9. Jahrhundert, das seinerseits durch Martin Luther in deutscher Übersetzung zum »Verleih uns Frieden gnädiglich« (1529) übernommen wurde. Im Hinduismus ist es das berühmte Gāyatrī-Mantra, das den »Frieden zwischen allen Ebenen unter den Sterblichen, Unsterblichen und dem Göttlichen« zum Ausdruck bringt.[11] Im Sufismus ist es die Praxis des *samā'* (als reines Hören), mit der »das Ohr der Seele« sich des Namens von Allah erinnert und in der Erinnerung mit dem Friedvollen eins wird.[12]

Nicht nur Gott oder Gottheiten werden mit Musik, Gesang und Trance induziertem Musizieren angefleht, um Frieden und Harmonie auf der Welt zu verwirklichen, sondern auch Heilige Bodhisattvas, Geistwesen und Ahnen. Im rezitierten *Betruf* (Alpsegen) der Innerschweiz wird der Heilige Bruder Klaus heute noch von den Älplern als Friedensstifter und Beschützer vor Kriegen angerufen. In Traditionen mit Ahnenverehrung werden die Verstorbenen mit rituellen Gesängen eingeladen, um das Heil zu erwirken und die Ordnung aufrechtzuerhalten. Wo Musik, Tanz und Gesang eingebettet sind in ein religiöses Weltbild, haben sie in der Regel eine dienend-positive und zugleich auch apotropäische Funktion, ähnlich wie etwa Luther sich in seinen Tischreden äußert:

9 *Mbuti Pygmies of the Ituri Rainforest.* Washington: Smithsonian Folkways, 1992 (CD SF40 401).
10 Robert Gass und Kathleen Brehony: *Chanting. Discovering Spirit in Sound*, New York 1999, S. 101.
11 Ebd., S. 67.
12 Muhammad Al-Jamal Ar-Rafa'I As-Shadhili: *Music of the Soul. Sufi Teachings*, o. O. 1996, S. 14; Hazrat Inayat Khan: *The Mysticism of Sound and Music*, Boston 1996, S. 130ff., 168.

»Ich liebe die Musik. Noch einmal: die Schwärmer gefallen mir nicht, weil sie die Musik verdammen. Denn die Musik ist 1. ein Geschenk Gottes und nicht des Menschen; 2. sie macht das Gemüt froh; 3. sie verjagt die Teufel; 4. sie bereitet unschuldige Freude. Darüber vergehen Zorn, Begierde, Hochmut. Den ersten Platz nach der Theologie gebe ich der Musik. Das lässt sich einsehen aus dem Beispiel Davids und aller Propheten, die alles, was sie zu sagen hatten, in Metren und Gesängen ausdrückten.«[13]

Kosmovision, Weltbild und Frieden

Die Vorstellung von Frieden hängt im großen wie im kleinen eng zusammen mit der Kosmovision, dem Weltbild, also mit der Frage, wie der Mensch bzw. das Individuum seine Stellung innerhalb der Umwelt und der Gesellschaft wahrnimmt und wie man sich demgegenüber einer nur diesseitigen oder auch einer jenseitigen Wirklichkeit definiert. Gemäß der Tradition nordamerikanischer Indianer sind es die rituellen Gesänge, Tänze und Zeremonien, welche den allumfassenden Geist, der alles mit allem verbindet, zelebrieren und sein Fortwirken garantieren lassen. Die Rhythmen des Universums werden wie die steten Trommelschläge nur solange erneuert und wiederholt, solange der Trommler spielt.[14] Grundlegend ist die harmonische Übereinstimmung zwischen innerer und äußerer Wirklichkeit. Wo eine transzendente Wirklichkeit angenommen wird, ist für den Frieden das harmonische Zusammenwirken der supranaturalen Kräfte mit dem menschlichen Tun und Handeln eine unabdingbare Voraussetzung. Diese Ausdrucksformen der Musik machen die Menschen in der Fürbitte glauben. Als rituelles oder als Zeit-Opfer dient sie dem Menschen in der Hoffnung auf eine zukünftige Harmonie. Das Musikopfer will den verlorenen Frieden wieder einsetzen bzw. den noch nicht erreichten Frieden vorwegnehmen, oder es erhebt seinen Einspruch im Aufbegehren gegen die Unmenschlichkeit der Gegenwart. Das Sakrale der Musik macht die Menschen glauben – glauben an die Harmonie des Zusammenwirkens von göttlicher und menschlicher Ordnung. Als Musik ist sie mit den Worten von Peter Sloterdijk ein »Zur-Welt-Kom-

13 Martin Luther: *Werke. Kritische Gesamtausgabe* (Weimarer Ausgabe = WA), Bd. 30/II (Weimar 1909), Neudruck Graz 1964, S. 696.
14 Larry J. Zimmerman: *Native North America*, London 1996, S. 113.

men«, der Wille zur Macht als Klang, im Unterschied zu jener Musik, die in ihrem Unterhaltungscharakter als Sedativum wirkt und als »Opium des Volkes« eher die Welt flieht.[15] Alle orthodoxen Religionen haben in ihrer Geschichte vor den Gefahren der rauschhaften und profanen Musik gewarnt, da sie den Menschen die Geschicke der Welt vergessen lasse und ihn vom richtigen (göttlichen) Weg abbringe.

Transkultur in der Verschränkung von Wissen und Wachen

»Wer aber« – mit den Worten des Dalai Lama – »selbst keinen inneren Frieden kennt, wird auch in der Begegnung mit anderen Menschen keinen Frieden finden, und nie können friedliche Beziehungen zwischen einzelnen oder zwischen ganzen Völkern zustande kommen, solange diese Einsicht nicht beherzigt wird.«[16]

Es scheint, als ob der Weg des inneren Friedens in der heutigen Zeit nachhaltiger durch die Philosophie asiatischer und traditioneller Kulturen geprägt wird, als daß er durch das westlich-technologische Denken einlösbar wäre. Das alte europäische Erbe der mystischen, meditativen und spirituellen Traditionen ist durch das moderne, rational-industrielle Aufklärungswissen überdeckt, wenn nicht fast ganz verdrängt worden. In der interkulturellen Begegnung der Kulturen, im Zeichen der Globalisierung der Probleme und in der weltweit ausgerichteten Bewegung des ökologischen Bewußtseins gerät dieser Anthropozentrismus der Moderne mit seiner einseitig betonten Zweck-Rationalität jedoch zunehmend unter Verdacht, sich von grundlegenden existentiellen Fragen entfernt zu haben. Die reduktionistische Säkularisierung mit ihrer materiellen Sättigung führt aber umgekehrt vermehrt wieder hin zu einem spirituellen Verlangen.[17] Dies wird nicht zuletzt bewußtgemacht durch den vielbeschworenen »Zusammen-

---

15 Peter Sloterdijk: *Weltfremdheit*, Frankfurt a. M. 1993, S. 118, 301, 306.
16 Dalai Lama: *Mein Leben und mein Volk*, München 1962, S. 216.
17 *Wenn Eisenvögel fliegen. Der Buddhismus-Forscher Hans Wolfgang Schumann über das Leben und die Lehre des Siddharta Gautama. Spiegel-Gespräch*, in: *Der Spiegel* 1998, Nr. 16, vom 13. April, S. 122.

prall der Kulturen«.[18] Die gegenwärtige ökologische Erdkrise ist nach Peter Sloterdijk inzwischen die erste Menschheitskrise weltumspannenden Ausmaßes, unter deren Druck sich die alte Lehre von der Weltweisheit neu in eine planetarische Fakultät der Weltwache verwandeln werde. Hatten alle Krisen bis dahin jeweils lokal begrenzte Auswirkungen, so hänge das Schicksal der Erdenbewohner heute »von höheren Metamorphosen der Aufmerksamkeitskoalitionen ab«.[19] Eine Aufmerksamkeitskoalition ebnet – in der »Verschränkung von Wissen und Wachen« – jenen dritten Weg, der weder die Weltflucht im asketischen »Rückzug von der Welt« meint noch der berauschenden »Weltsucht« in der alltäglichen Betriebsamkeit der Droge Welt frönt.[20] Eine Aufmerksamkeitskoalition wäre zu gewinnen mit jener Methode, die mit Varela, Thompson und Rosch den »mittleren Weg der Erkenntnis« einschlägt und die Brücke baut zwischen wissenschaftlicher Theorie und menschlicher Erfahrung.[21] Sie verfolgt bereits mit den Worten von Ervin Laszlo eine »dritte Strategie«, die im interkulturellen und interdisziplinären Diskurs die Kluft zwischen Wissen und Erfahrung überbrückt.[22] Dieser dritte Weg bringt die Vielfalt der kulturellen Werte und deren Erfahrungswissen in den Prozeß der Globalisierung auf kreative und innovative Weise transkulturell ein. Er ist dem weltzentrischen Raum verpflichtet und, dem demokratischen Postulat entsprechend, frei von egozentrischen, ethnozentrischen oder nationalistischen Imperialismen.

Auf dem Weg zum inneren und äußeren Frieden

Seit Ende des 20. Jahrhunderts lassen sich zahlreiche Ausdrucksformen solcher Aufmerksamkeitskoalitionen auf globaler Ebene feststellen. Zu ihnen gehören zum Beispiel, um nur einige zu nennen, *The Watch for World Peace, Global Peace Initiatives Foun-*

---

18 Samuel P. Huntington: *Kampf der Kulturen. Die Neugestaltung der Weltpolitik im 21. Jahrhundert*. 3. Aufl., München 1997.
19 Sloterdijk, op. cit. (Anm. 15), S. 376.
20 Ebd., S. 118, 306, 379.
21 Francisco J. Varela, Evan Thompson und Eleanor Rosch: *Der mittlere Weg der Erkenntnis. Der Brückenschlag zwischen wissenschaftlicher Theorie und menschlicher Erfahrung*, München 1995.
22 Ervin Laszlo: *Global Denken. Die Neu-Gestaltung der vernetzten Welt*, München 1991, S. 47ff.

dation, *World-* und *Earth-Watch*, *Greenpeace*, *The Carnegie Endowment for International Peace*, *Planet-Peace*, *The Saskawa Peace Foundation*, *Save the Planet*, *Cultural Survival*, *Sahabat alam Malaysia* (*Friends of the Earth*), die *Aktionsgemeinschaft Solidarische Welt* usf.[23] Sie vernetzen in einer Neugestaltung und aus dem Blickwinkel einer weltzentrischen Perspektive wissenschaftliche, kulturelle, musikalische und individuelle Erkenntnisse mit regionalen, transkulturellen und globalen Initiativen. Auch im Bereich der Musik, des Musizierens und der Konstruktion von musikalischen Konzeptionen sind solche Tendenzen festzustellen, die – über die engere Bindung eines einzigen und isolierten kulturellen Selbstverständnisses hinaus – globale Strategien verfolgen und gleichzeitig gerade auch musikalisch den interkulturellen Dialog realisieren wollen. Solche Friedenskonzepte basieren nicht zuletzt auf einer Idee, welche – wie jene des *Planetary Healing* – im Einspruch gegen das Leiden von Mensch und Natur eine transnationale Koalition der globalen Befriedung anstrebt. Die Ideen und Vorstellungen wurzeln in unterschiedlichen Traditionen. Sie verfolgen das Ziel, interkulturell aufeinander zu hören. Sie leiten sich aus verschiedensten Kulturen her und sind als »Hörstrategien« weltweit zu verzeichnen.

Im Kontext von Frieden und Befriedung der Welt sind hierbei grundsätzlich drei Vorgehensweisen festzustellen:
  1. *Initiativen der Kontemplation*. Es sind Anregungen, die von der Idee der inneren Einkehr ausgehen, getreulich nach der Vorstellung, nur wer bei sich selbst beginnt und den inneren Frieden findet, wird diesen ebenso handelnd nach außen weiter geben können. Ein möglicher Weg dahin ist das transpersonal gewonnene Erfahrungswissen. Mit diesem werden Musik, Tanz oder Gesang genutzt, um Achtsamkeits- und Gewahrseins-Traditionen einzuüben und veränderte Wahrnehmungs- und Bewußtseinsformen zu erlangen. Oder es ist, unbesehen davon, die spirituelle »Stimme der Stille«, die in der Vorstellung von Bewußtsein und Klang als transpersonaler Urgrund des Daseins gründet. Der Weg des inneren Friedens führt über die individuelle Einstellung und übers subjektive Gewahrwerden. Er reicht von der inneren Aufmerksamkeit bis hin zur Meditation – oder von reduktionis-

23 Vgl. hierzu entsprechende Websites.

tischen Vorformen der *Sound Therapy mit Walkman* bis hin zur esoterischen Musikpraxis aller Schattierungen zwischen Religion, New Age und Edutainment.[24]

2. *Aktionen.* Es sind regional getragene Friedensbewegungen in der sozialen Aktion nach außen hin, die sich vor allem zum Erhalt der Natur, Mit-Kultur und Umwelt einsetzen und nicht zuletzt auch über das Vehikel von Musik und Liederbüchern[25] zur Solidarität des gemeinsamen Handelns im Geiste einer integrierenden, weltzentrischen Sichtweise aufrufen. Es sind Lieder der Hoffnung und des Glaubens zu Themen wie AKW, Rüstung und Krieg, Frauenbewegung, Freiheitslieder und Lieder aus der internationalen Solidaritäts- und Friedensbewegung. Musik bringt die Gruppen zum solidarischen Handeln zusammen.

3. *Transformation.* Der dritte Weg versucht, beide Formen der Aufmerksamkeit, die des inneren Weges der Achtsamkeit-Gewahrseins-Tradition mit dem äußeren Weg des praktischen Handelns abzustimmen und auf integrative Weise miteinander zu verschränken. Zahlreiche überregionale und transnationale Musikfestivals versuchen diesen Weg zu gehen, wo Formen der ökumenischen und ökologischen Kulturbegegnung eine neue Aufmerksamkeit auch im Umfeld des ökonomischen Handelns vermitteln sollen. Ziel ist es, die essentialistisch geprägte Selbstbezogenheit der Einzelkulturen durch ein neues »Bewußtsein frei von Grenzen« zu transformieren.[26]

Alle drei Wege, Kontemplation (Meditation), Aktion und Transformation sind komplementär zueinander. Sie sind innerhalb eines interkulturellen Verstehens praktisch und integral ausgerichtet, denn – wie es ein arabisches Sprichwort sagt –: »Der Frieden kommt durch Verständigung, nicht durch Vereinbarung«.[27]

---

24 Patricia Joudry: *Sound Therapy for Walkman*, St. Denis, Canada 1986. Vgl. des weiteren eine kleine Auswahl im Themenheft Max Peter Baumann (Hg.): *Music and Healing in Transcultural Perspectives*, in: *the world of music*, Bd. 39 (1), 1997, S. 3-109, und Don Campell (Hg.): *Music Physician for Times to Come. An Anthology*, Wheaton, IL 1991.
25 Vgl. z. B. *Liederbuch der Friedensdienste*, Bonn 1982; *Liederbuch für Europa*, München 1979.
26 Ken Wilber: *Wege zum Selbst. Östliche und westliche Ansätze zu persönlichem Wachstum*, München 1991, S. 66ff.
27 Alfred Grunow (Hg.): *Weisheiten der Welt. Vorderer Orient, Indien und Ferner Osten*, Augsburg 1994, S. 34.

Die drei Vorgehensweisen sind jedoch erst dann eine wirkliche Voraussetzung für eine mögliche Aufmerksamkeitskoalition mit globaler Perspektive, wenn es in der postmodernen Welt gelingt, Geist, Kultur und Natur auf ihren transpersonalen Hintergrund hin neu zu befragen und gleichzeitig zu integrieren.[28]

Transkulturelles Bewußtsein aus dem Geist der Verbundenheit?

Traditionelle Musikgruppen aus verschiedenen Ländern begannen unter solchen wegleitenden Ideen die Welt neu zu verstehen, um sich über ihre Vorstellungen, ihr Engagement und ihre Musik für die Sache des Friedens einzusetzen. Ihre Vertreter sind in der Regel davon überzeugt, daß ihre Musik, unbesehen von ihrer kulturellen Einbettung in Geschichte, Kultur und Tradition, in einem übergeordneten Kontext der »einen Welt« und in einem neuen Kontext der globalen Problematik auch »ortlos« verstanden werden kann.[29] Ihre Anliegen weisen über die spezifischen Grenzen ihres eigenkulturellen Verständnisses hinaus und ebnen womöglich die Wege für eine neue Semantik der interkulturellen Verständigung, welche die Vielfalt und Differenz unterschiedlicher kultureller Bilder in einen globalen Diskurs einbringt, ohne daß deren spezifische Tiefenstrukturen essentialistisch zu verstehen wären oder im einzelnen gänzlich hinterfragt werden müssten. Denn Verstehen wird Überlappung, partielle Anteilnahme am anderen; es wird aufmerksame Offenheit und kreative Auseinandersetzung im Dialog des Differenzierens und des gleichzeitigen Integrierens.[30]

In den Jahren 1991 und 1992 reiste eine buddhistische Künstlergruppe von zehn tibetischen Mönchen durch über 108 Städte der Vereinigten Staaten von Amerika, Kanadas und Mexikos. Das

---

28 Ken Wilber: *Eine kurze Geschichte des Kosmos*, Frankfurt a. M. 1997, S. 176.
29 Ram Adhar Mall: *Philosophie im Vergleich der Kulturen. Interkulturelle Philosophie – eine neue Orientierung*, Darmstadt 1995, S. 95 f.
30 Max Peter Baumann: *Intercultural Philosophy, Multiculturalism, and Music*, in Jinko Katsumura und Yoshihiko Tokumaru (Hg.): *Report of World Music Forum: World Musics as a Means of International Understanding – A Multicultural Approach in Music Education*, Tokyo 1996, S. 5-23.

Programm der Lamas aus dem Drepung Loseling Kloster (im Exil von Mundgod im südindischen Karnataka-Staat) war angekündigt unter dem Titel *Sacred Music, Sacred Dance for Planetary Healing*[31] und hatte zum Ziel, anläßlich des Internationalen Tibet-Jahres, auf friedliche Weise eine weltweite Aufmerksamkeitskoalition für Tibet und den Weltfrieden zu schaffen:

> »Die Tournee war konzipiert... als Darbietung von heiligen Riten und Gebeten zur Heilung der vielen Übel, die gegenwärtig diesen kleinen Planeten peinigen, auf dem wir alle leben. Zusätzlich zu den Aufführungen für die moderne Zuhörerschaft trafen die Lamas christliche und jüdische Würdenträger, indianische Ältestenräte, Erzieher, Menschenrechtsaktivisten, Umweltschützer und eine ganze Reihe sozial engagierter Leute.«

In einem Versöhnungsgebet baten die Mönche bei diesen Anlässen den göttlichen Aspekt der weiblichen Schutzgottheit Palden Llamo um ihre Segnung des Guten in dieser Welt. Palden Llamo (skt. Śrīmati Devī / ind. Śakti) ist in der traditionellen Auffassung die Beschützerin Tibets, die persönliche Schutzgottheit des Dalai Lama und zugleich die siegreiche kosmische Mutter. Sie gehört zu den vier zornvollen Beschützern der buddhistischen Lehre (Dharma). Sie möge jeglichen Schaden von allen Lebewesen fernhalten. Als zornvolle Gottheit und Beschützerin des Dharma (*dharmapāla*) sendet sie aber auch Krieg, Katastrophen und Krankheitszauber, wenn die Menschen Unrecht tun durch Verunreinigung von Quellen und Gewässern, von Luft und Erde und durch Töten wilder Tiere, die alle ihrem Schutz unterstehen. Die Vierarmige schwingt ein Zepter mit einem Totenkopf (*be-cen*) aus rotem Sandelholz, hält in ihrer einen Linken eine blutgefüllte Schädelschale (*raktakapala*) und einen Beutel mit Krankheiten; in der zweiten Linken führt sie ein Schwert. Palden Llamo reitet auf einem grauen mit einer frischen Menschenhaut gesattelten Esel bzw. Maultier über einen Blutsee. Sie ist die Gemahlin von Tagshön-Mahākāla, ihrer tantrischen Polarität. Ihre Aufgabe ist es nicht, sich darauf zu beschränken, dem einzelnen zu helfen, als vielmehr dessen Aufmerksamkeit auf den ganzen Kosmos und

---

31 Glenn H. Mullin und Damdul Namgyal: [Kommentar zur CD:] *Sacred Music, Sacred Dance for Planetary Healing. Tibetan Buddhist Monks from the Drepung Loseling Monastery*, Berkeley 1992. CD Music & Arts 736. S. auch das folgende Zitat, S. 1 (aus dem Englischen übersetzt).

sein Geschick zu lenken. Ist der Kosmos bedroht und schwillt das Böse an, so sendet Palden Llamo Kriege, Katastrophen und Krankheiten über die Menschen, um dem Einhalt zu gebieten und um die reine Lehre zu bewahren.[32]

Palden Llamo symbolisiert einen Erleuchtungsaspekt als Erscheinungsform des menschlichen Bewußtseins. Als Gegenaspekt zum männlichen, tigerreitenden Tagshön-Mahākāla (»großer zornvoller Beschützer«; ind. Śiva) einerseits und zu den friedvollen Aspekten andererseits, stellt sie – wie alle verbildlichten Bewußtseinsaspekte – ein Trugbild des eigenen Geistes dar: eine illusorische Gestalt als Vision des menschlichen Bewußtseins. Solche Aufmerksamkeits-Urbilder emanieren gleichsam aus dem eigenen Geist mit dem Charakter einer psychischen Wirklichkeit. Als archetypische Symbole buddhistischer Überlieferung stellen diese Bilder Projektionen dar. Sie sind Gestaltwerdung aus der Tiefe des Bewußtseins. In der entäußerten Gegenüberstellung ermöglichen diese Projektionen, im tantrischen Ritual über Mandalas, Mudras und Mantras, über Bilder, Gesten, heilige Gesänge und Tänze die Bewußtseinswandlung herbeizuführen. »Nicht mehr das dualistische Prinzip von Geist und Körper (Materie) ist das Maßgebende, sondern die Integration des Geistes als eine alles Körperliche und Gestaltete durchdringende Macht«.[33] Bewußtsein und Körper werden nicht mehr nur als einmalige und vergängliche Körperlichkeit erfahren. Die Individuation des Aufmerksamkeits-Bewußtseins bildet eine Voraussetzung für die Überwindung dieser dualistischen Falle der Moderne seit ihrer rigiden Trennung von Subjekt und Objekt, von Materie (*res extensa*) und Geist (*res cogitans*), von Natur und Kultur, Ästhetik und Ethik. Friedvolles Bewußtsein, kämpferische Wachsamkeit und aktives Handeln der Palden Llamo postulieren Vorgehensweisen, die in aller Differenzierung das eine nicht auf das andere reduktionistisch zurückführen, sondern in allen Ansätzen gültige und zugleich integrierende Erkenntnisformen erblicken.

32 Gerd-Wolfgang Essen und Tsering Taski Thingo: *Die Götter des Himalaya. Buddhistische Kunst Tibets*, München 1989, Bd. I, S. 224-226, Bd. II, S. 192-196; Marylin M. Rhie und Robert A. F. Thurman: *Weisheit und Liebe. 1000 Jahre Kunst des tibetischen Buddhismus*, Bonn 1996, S. 303.
33 Detlef-I. Lauf: *Die Geheimlehren tibetischer Totenbücher. Jenseitswelten und Wandlung nach dem Tode. Ein west-östlicher Vergleich mit psychologischem Kommentar*, Freiburg i. Br. 1979, S. 237.

Es ist kaum anzunehmen, daß der innerste Kern des Dharma von den Zuhörern in den Konzerten und Ritualveranstaltungen der tibetischen Lamas in adäquater Weise verstanden wird. Dazu sind die kulturellen Brücken in der Begegnung zwischen Ost und West immer noch zu groß. Dennoch kann eine erste Aufmerksamkeitskoalition entstehen, welche die traditionellen Grenzen überschreitet und im wechselseitigen Näherkommen gerade jenes neue Gewahrwerden entstehen läßt, womit im Informationszeitalter andere Formen der kulturellen Interaktion, Kommunikation und Bewußtwerdung ermöglicht werden. Diese Aufmerksamkeitskoalitionen im religiösen Bereich setzten sich fort etwa in interkulturellen Festivalprojekten wie *Musica Sacra International* (seit 1992), wo unterschiedliche Religionen sich im Singen und Musizieren treffen, oder im Ost-West-Dialog *Gregorian Chant Meets Buddhist Chant* (1996)[34] und im *Welt Festival der Sakralen Musik – Europa*.[35] Letzteres versteht sich als eine globale Initiative der Zusammengehörigkeit in der »Begegnung der globalen Religionen und Kulturen in der sakralen Musik.« Das Festival fand 1999 in Amerika und Afrika, im Jahr 2000 in Japan und als globales Festival zum Abschluß in Bangalore / Indien statt. Initiiert von dem Dalai Lama, stand es unter der Schirmherrschaft von Swami Chidananda, Václav Havel, dem verstorbenen Yehudi Menuhin, Frau Danielle Mitterrand, Prinz Sadruddin Aga Khan, Pandit Ravi Shankar und Erzbischof Desmond Tutu. Wie bei dem von dem Theologen Hans Küng konzipierten *Projekt Weltethos*[36] findet hier in der Kontemplation, in der Aktion und im mittleren Weg der transpersonalen Begegnung ein Gespräch über den

---

34 *Devotions. Gregorian Chant Meets Buddhist Chant. Cantori Gregoriani und Tendai Shōmyō Onritsu Kenkyukai*, London 1996 (CD – JVC-5393 -2).
35 »Seit 1992 bringt das Festival *Musica Sacra International* alle zwei Jahre die Musik der fünf großen Weltreligionen ins Allgäu. In gemeinsamen Konzerten ermöglichen Chöre, Instrumental- und Tanzensembles Einblick in den faszinierenden musikalischen Reichtum von Christen, Juden, Moslems, Buddhisten und Hindus. Ein Festival wider Gewalt und für ein friedliches Miteinander der Völker, Kulturen und Religionen – einmalig in Deutschland.« (Presseinformation 1/03; Bayerischer Musikrat e.V. und Bayerische Musikakademie Marktoberdorf, 2003; www.modmusik.de). Vgl. auch das *World Festival of Sacred Music – Europe. A Global Quest for Unison. An Initiative of the Dalai Lama for the Meeting of Global Religions and Cultures in Sacred Music*, Kommentar von Roland Haas, Eslohe 1999 (Doppel-CD-LC 00 963).
36 Hans Küng: *Projekt Weltethos*, München 1990.

Grundkonsens von Werten, Einstellungen und Maßstäben statt. Diese interkulturelle Begegnung geht davon aus, daß es keinen Weltfrieden ohne Religionsfrieden gibt, keinen Religionsfrieden ohne Religions- und Kulturdialog:

> »Wir betrachten die Vielfalt, wir hören die vielen musikalischen Weisen unseres Kontinents, mit denen Menschen ihren geistigen und jenseitigen Lebenshoffnungen Ausdruck gaben. Es war die Musik, mit der sie versuchten, an die Gefühle des Friedens, die Existenz des Göttlichen und an die Hoffnung auf den Weg dorthin zu rühren. Die Psalmen Israels, die Klagelieder des jüdischen Volkes, die Lieder und Tänze der Derwische, die Hymnen der slawisch-orthodoxen Kirche, die Messen der römisch-katholischen Kirche – sie stehen hier... für diese Sehnsucht aller Kulturen im Alten Europa – jede auf ihre Weise – dem nahe zu kommen. [...]
> Jeder kann teilhaben an der Innigkeit in allen Religionen, dem Göttlichen im Klang eine Präsenz hier in unserem Leben zu geben. Von der melodischen Inbrunst der Sufis bis zu den Liedern der Hildegard von Bingen, von der Psalmenmusik aus der Thora bis zu den Marienliedern der Zigeuner Spaniens, von der byzantinischen Liturgie bis zur Musik Arvo Pärts – alle Klänge aus gelebtem, authentischem Glauben sind aufgerufen, an diesem Festival der Sakralen Musik für das neue Jahrtausend teilzunehmen.«[37]

Es ist nicht erstaunlich, daß auf dem Weg des interkulturellen Dialogs immer schon die musikalischen Begegnungen zwischen Ost und West stärker in den Vordergrund getreten waren. Was bei Ravi Shankar und Yehudi Menuhin im gemeinsamen Musizieren unter dem Thema *West Meets East* (1966f.) musikalisch in Gang gesetzt wurde, hatte im populären Bereich auch bei dem Beatle George Harrison und anderen Musikgruppen bei den Folk-Revival-Bewegungen seit 1959, der *Love and Peace Generation* in Woodstock mit Jimi Hendrix, Joan Baez, Janis Joplin sowie den Rock-Festivals der 1960er seine Entsprechungen. Weltmusikfestivals (*Jazz Meets the World* ab 1963; *WDR-Folkfestival* bzw. später *Weltmusikfestival, Festival Traditioneller Musik* ab 1977, *Horizonte* ab 1979 und *Meta-Musik* ab 1989 in Berlin) und schließlich Festivals im Kontext von World Beat, Ethnopop, World Music, Fusion Music, der britischen WOMAD (*World of Music, Arts, and Dance*, ab 1982) und der WOMEX (*Worldwide Music Expo*, ab 1994) formten und formen das globale Bewußt-

---

[37] Haas, op. cit. (Anm. 35), S. 11.

sein von lokal-traditionellen Werten einerseits und multikulturellen Musikstilen andererseits auch innerhalb der Unterhaltungsmusik.[38] Zwischen den zunächst eher »links« orientierten Folkmusic-Festivals und Liedermachern auf der Burg Waldeck (ab 1964) und der Volksmusik der »heilen Welt« hatte sich der internationale Aktivismus der anglo-amerikanischen Folkbewegung bereits früher positioniert und sich zugleich von der lokal und restaurativ konzipierten Volksmusikpflege abgesetzt, die eher noch einem essentialistisch verstandenen »echten« Volksmusikbegriff nacheiferte.[39]

Über größere Kampagnen von Pop Stars wie Sting, Peter Gabriel, Paul Simon und Milton Nascimiento und über Festivals traditioneller Musik und *World Music Festivals* im Pazifischen Raum, in Australien, in Amerika, durch *The Smithsonian Institution* in Washington, in Berlin durch das Haus der Kulturen der Welt und in Paris durch das *Musée de l'Homme* wurden jedoch direkt und indirekt immer auch traditionelle Musikgruppen gefördert. Ein neues Bewußtsein von der Differenz der Musikkulturen der Welt wurde so über bekannte Künstler im Synergieeffekt geschaffen. Neben dieser Bestandssichtung wurde das Potential kultureller Ausdrucksformen zunehmend auch transkulturell wahrgenommen und als Bausteine für neue, entnationalisierte Musikkreationen genutzt.

Es folgten lange und heftige Diskussionen zur Differenzierung der lokalen und globalen Musikprozesse, so in der Multikulturalismus-Debatte, der Kulturimperialismus-Diskussion und der Emanzipationsfrage von lokalen und traditionalen Musikgruppen im Kontext der Globalisierung. Zwischen Kommerz, »Au-

---

38 Vgl. Max Peter Baumann: *Musikfestivals – Begegnung und Konflikt im transkulturellen Diskurs*, in Wolfgang Fikentscher (Hg.): *Begegnung und Konflikt – eine kulturanthropologische Bestandsaufnahme*, München 2001, S. 218-239.
39 Vgl. Hein und Oss Kröher: *Rotgraue Raben. Vom Volkslied zum Folksong*, Heidenheim 1969; Ernst Klusen und Walter Heimann: *Kritische Lieder der 70er Jahre*, Frankfurt a. M. 1978; Walter Mossmann und Peter Schleuning (Hg.): *Alte und neue politische Lieder*, Reinbek 1978; Urs Hostettler (Hg.): *Andere Lieder. Von den geringen Leuten, ihren Legenden und Träumen, ihrer Not und ihren Aufständen*, Bern 1979; Jürgen Frey und Kaarel Siniveer: *Eine Geschichte der Folkmusik*, Reinbek 1987; Victor Grossman: *›If I had a song‹. Lieder und Sänger der USA*, Berlin 1990; Robert v. Zahn: *Folk & Liedermacher an Rhein und Ruhr*, Münster 2002.

thentizität«, Wahrnehmung des »Anderen« und »Fremden« fluktuierte der Disput.[40] Es artikulierten sich insbesondere auch sozialpolitische Anliegen der Ostermärsche (in England seit 1958), Protestlieder der Anti-Atom-, Anti-Kriegs- und Anti-Apartheidbewegungen und die Fragen um die Rolle der Minderheitenfolklore sowie der lateinamerikanischen Protestsänger nach dem Putsch gegen Allende (1973), die Rolle der Frau in der Musik, jene der Gastarbeiter, der Schwarzen, der Verfolgten und Vertriebenen, der Roma, Sinti und Juden.[41] Diese Formen der *Roots Music* wurden zum Teil auch als musikalische Subversion, Resistance und Revolution verstanden.[42] Die zum Teil ideologischen und generalisierenden Debatten zum Thema *World Music*, Hybridisierung, Crossover, Fusion-Musik, Hegemonie, Dritte Welt, Homogenisierung und kommerzielle Ausbeutung hatten sich mit der Zeit differenziert. Sie orientieren sich zunehmend an Fallbeispielen einzelner Musikgruppen wie etwa den südafrikanischen Ladysmith Black Mambazo (*Two Worlds One Heart*, 1990) oder an der algerisch-französischen Sängerin Djur Djura (*Women of the World, Unite!*, 1992) und vielen anderen mehr.[43]

40 Vgl. Roger Wallis und Krister Malm: *Big Sound from Small People. The Music Industry in Small Countries*, London 1984; Max Peter Baumann (Hg.): *Music in the Dialogue of Cultures. Traditional Music and Cultural Policy*, Wilhelmshaven 1991; Jacques Attali: *Noise. The Political Economy of Music*, Minneapolis 1987 (frz. Originalausgabe 1977); Max Peter Baumann (Hg.): *World Music – Musics of the World*, Wilhelmshaven 1992; Carlos Rincón und Gerda Schattenberg-Rincón (Hg.): *Cantaré. Songs aus Lateinamerika*, Dortmund 1980.
41 Vgl. Ellen Koskoff (Hg.): *Women and Music in Cross-Cultural Perspective*, Urbana 1989; Marcia Herndon und Susanne Ziegler (Hg.): *Music, Gender, and Culture*, Wilhelmshaven 1990; Carol Neuls-Bates (Hg.): *Women in Music. An Anthology of Source Readings from the Middle Ages to the Present*, Boston 1996; Ursula Hemetek (Hg.): *Echo der Vielfalt. Traditionelle Musik von Minderheiten / ethnischen Gruppen*, Wien 1996; Susanne Schedtler: *Das Eigene in der Fremde. Einwanderer-Musikkulturen in Hamburg*, Münster 1998. – Verschiedene Musikfestivals nahmen sich jeweils dieser Themen an, so etwa, stellvertretend hier genannt, die *Musik- und Kulturtage der Sinti und Roma* (Berlin 1992) oder jüngst auch das Projekt *klezmer. welten* in Gelsenkirchen (2003).
42 Ron Sakolsky und Fred Wei-han Ho: *Sounding of Music as Subversion, Resistance, Revolution*, Brooklyn, N. Y. 1995.
43 Vgl. z. B. Timothy D. Taylor: *Global Pop. World Music, World Markets*, New York 1997; Brian Longhurst: *Popular Music and Society*, Cambridge, 1995; Johannes W. Bruslia: ›*Local Music, Not from Here. The Discourse of World Music Examined through three Zimbabwean Case Studies: The*

Der Bewußtseinswandel kam zuallererst nur äußerlich im Zusammenwirken verschiedener Musikstile, Instrumente und Musiken zustande. Nach den weltweiten Adaptionen und Übernahmen von Bob Dylans *Blowin' in the wind*, Pete Seegers *Where have all the flowers gone?*, Buffy Sainte-Maries *The universal soldier*, Wolf Biermanns *Wann ist denn endlich Frieden* sowie von Liedern aus dem *canto general* von Mikis Theodorakis, von Politbarden wie Victor Jara (Chile), Inti Illimani, Atahualpa Yupanqui (*Soy libre, soy bueno*), Mercedes Sosa und vielen anderen etablierte sich neu auch eine Aufmerksamkeitskoalition, welche die Solidarität über die Produktion von Schallplatten und Fernsehaufzeichnungen verbreitete. In der Botschaft *We Are the World* haben berühmte Pop- und Rocksänger eine Schallplatte herausgegeben, die auf einem Hilfskonzert *USA for Africa* (1985) basierte. Sie kamen zusammen, um mit ihren unterschiedlichen Musikstilen ihre eigenen Grenzen zu überschreiten. Das transatlantische *Live-Aid-Concert* in London und Philadelphia, das *Farm-Aid-Concert* in Champaign (Illinois, 1985) und nicht zuletzt die große Initiative im Zusammenwirken verschiedener Länder haben mit dem medialen Ereignis *One World, One Voice* (1990) erste Beispiele eines musikalisch-weltweiten Dialogs und Friedenskonzeptes hervorgebracht, die – wenn auch meist noch mit irischen und anglo-amerikanischen dominanten Musikpatterns und Denkinhalten – an die friedliche Solidarität entfernter Gruppen appellierten. Zunehmend wurde in großen Festivalveranstaltungen sowohl in Europa und Amerika als auch in Asien und Lateinamerika der Identifikationsbegriff der Nation durch globale und transnationale Handlungsräume ersetzt, so etwa im *California World Music Festival*, im *Reggae World Music Festival*, in *Winnipeg's Festival of World Music*, in Veranstaltungen wie *Drums Around the World*, *World Peace Festival*, *Himalaya Festival*, *Pacific Festival*, *Hindu Festival*, *Voices of the World* usw. *Love-Parades*, »Karneval der Kulturen«, aber auch »Afrika-Festivals«, das größte deutsche »Tanz- und Folkfest Rudolstadt«, »Samba-Festivals«, »das Bardentreffen in Nürnberg« und viele andere solcher Großveranstaltungen basieren auf Konzepten,

Bhundu Boys, Virginia Mukwesha and Sunduza, Helsinki 2003. Zur Idee der interkulturellen Festivals vgl. das Themenheft Max Peter Baumann (Hg.): *Folk Music in Public Performance*, in: *the world of music*, Bd. 43 (2+3), 2001, S. 7-206.

welche die friedliche Koexistenz, das Nebeneinander von unterschiedlichen kulturellen Ausdrucksformen und Musikgruppen vorerst auf einer vorwiegend musikalischen und verhaltensgemäßen Ebene einüben lassen bzw. für das »Fremde« sensibilisieren.[44] Es sind wichtige internationale Rituale des Gewahrwerdens und der Begegnung geworden, die im einzelnen oder gemeinsamen Musizieren auf das Potentiell-Andere verweisen und das Miteinander akzentuieren, auch wenn es im Anbeginn nicht unbedingt von einem vertieften interkulturellen Verstehen getragen werden kann. Solchen »Ereignissen« liegt vielfach noch die vereinfachende Grundidee des musikalischen Spektakels zugrunde; sie sind aber eine notwendige Voraussetzung zur Herbeiführung eines Bewußtseinswandels im Konzept der friedlichen Koexistenz. Diese wird die Äußerlichkeit der symbolischen Repräsentation vermutlich erst in einer späteren Phase mittels einer vertieften inneren Wahrhaftigkeit und mittels einer neuen Form von Friedensästhetik einzulösen haben, wie dies durch die Festivals der sakralen Musik bereits vorexerziert wurde.

Auch die Produktionen von Labels und CD-Serien legen Zeugnis von diesem Bewußtseinswandel zum Transnationalen und Transkulturellen ab. Serien und Sammlungen erschienen unter den Titeln *Anthology of World Music, Global Meditation, Voices of the World, Musical Instruments of the World, Global Celebration: Authentic Music from Festivals and Celebrations around the World, Global Celebration: Dancing with the Gods, Voices of the Spirit, Sacred Music of the World, Voices of the Rainforest, Earth Beat, Erdenklang, Klangfarben der Kulturen, Welthören, Sounding of the Planet, Planet Drum, Globe Style, Real World, Endangered Music Project* usf.

Kulturenvielfalt im Zeichen der Globalisierung wurde symbo-

---

44 Hier und im folgenden vgl. man zu einzelnen Gruppen und Themen die umfangreichen kommentierten Kataloge von Patti Jean Birosik: *The New Age Music Guide. Profiles and Recordings of 500 Top New Age Musicians*, New York 1989; Michael Erlewine und Scott Bultmann (Hg.): *All Music Guide. The Best CDs, Albums and Tapes*, San Francisco 1992, und Simon Broughton, Kim Burton u. a. (Hg.): *Weltmusik. Rough Guide*, Stuttgart 2000; zu den traditionellen Sammlungen der Welt vgl. Gabriele Berlin und Artur Simon (Hg.): *Music Archiving in the World*, Berlin 2002. Im Bereich des universitären Musikcurriculums vgl. man den interkulturellen Ansatz beispielhaft anhand des Lehrbuchs, hg. von Jeff Todd Titon: *Worlds of Music. An Introduction to the Music of the World's People*, Belmont, CA 2001.

lisch auch bei der Eröffnung der Fußballweltmeisterschaft in Paris (1998) anvisiert, wo vier überdimensionale Figuren das Miteinander der Kontinente markierten, begleitet von Musik-Collagen, die traditionelle, populäre und synthetische Klänge miteinander verbanden. Anvisiert wurde ein globales Miteinander über die vorerst noch eher oberflächlichen Ideen von Wettkampf, Wettbewerb und Werbung für die Grundidee der »einen Welt« im friedlichen Nebeneinander der vielen kulturellen Unterschiede. Es war ein Versuch, den bedeutsamen Prozeß der Differenzierung in ein transkulturelles Konzept einzuschreiben und auf globaler Ebene neu zu integrieren. Es handelte sich um eine postmoderne Integration der bewußt gewordenen Differenzen, wenn auch noch in einem recht oberflächlichen und veräußerten Gewahrwerdungs-Design. Es ist die symbolische und simultane Repräsentanz der kulturellen Vielfalt als Simulakrum.

Die weltzentrische Integrationsidee setzt den Erhalt und die Anerkennung der geistig-kulturellen Vielfalt als Differenzierung sowie ein friedvolles Bewußtsein voraus. Erst die symbolisch angesprochene Aufmerksamkeit schafft das Gewahrwerden eines transkulturellen Bewußtseins. Musikalische Sampling-Verfahren, wie etwa bei der französischen Gruppe *Deep Forest* (1992), haben auf ähnliche Weise schon Pygmäen-Jodel und traditionelle Wiegenlieder in einem *Round the World Mix* zusammengebracht und in einen »globalen« Kontext eingewoben.[45] Was dem einen Hörerkreis als Fortschritt hin zur globalen Verständigung erschien, wurde von dem anderen als Verletzung der »authentischen« Musikkultur verstanden. Dem einen ist es zu kommerziell, dem anderen ist das Musikalische noch zu westlich-dominant. Dennoch, zwischen dem globalen und dem lokalen Konzept der Musikvorstellungen zeichnen sich zaghaft auf diese Weise das Spektrum und die Grundproblematik des interkulturellen Musikdialogs ab. Es offenbart sich allenthalben eine Mehrfachcodierung derselben Sachverhalte aus der Perspektive der differenten Kulturen, und es wird sicherlich jeweils eine gewisse Zeit brauchen, bis eine harmonischere Übereinstimmung beider »Seelenlagen« zustande

---

45 Zum Fallbeispiel »Deep Forest« vgl. Max Peter Baumann: *Musik und Region im Kontext globaler Konstrukte*, in Sefik Alp Bahadir (Hg.): *Kultur und Region im Zeichen der Globalisierung. Wohin treiben die Regionalkulturen?*, Neustadt a. d. Aisch 2000, S. 431-454, insbes. S. 435 ff.

kommt und die Konzeption einer interkulturellen Hermeneutik sich herauskristallisiert.

Von der Zukunft interkulturellen Verstehens

Eine dieser interkulturell orientierten Aufmerksamkeitskoalitionen ergab sich zwischen dem »Meister der Musik« Lama Gyurmé aus Bhutan und dem französischen Musiker, Keyboarder und Komponisten Jean-Philippe Rykiel. Deren gemeinsames Konzept basierte nicht nur auf dem musikalischen, sondern auch auf dem geistigen Gleichklang gegenseitiger Anerkennung, Verständigung und Vertiefung. Ihr Aufmerksamkeitsprojekt *Die Stimme der Stille* (1997)[46] beansprucht von sich, das »spirituelle Sein« vom täglichen Leben nicht mehr zu trennen: »Es ist ein umfassender Weg, der auch eine Philosophie, eine Metaphysik und im weitesten Sinne eine Psychotherapie einschließt.« Es ist die Verschränkung des inneren und äußeren Weges, bei dem jeder vorerst »nach seiner eigenen Befreiung strebt, damit er um so besser für die Befreiung der anderen arbeiten kann«.[47]

Man darf davon ausgehen, daß die interkulturelle Verständigung in Zukunft dem Menschen insgesamt erst noch eine vertiefte Rolle zukommen läßt. Das Bewußtsein von Aufmerksamkeit wird sich immer wieder von neuem thematisieren und zugleich auf höherer, transkultureller Ebene ein vertieftes Verständnis des eigenkulturellen Vorwissens einschließen. Die Tonaufnahmen, die im gemeinsamen Zusammenwirken von Lama Gyurmé und dem blinden Komponisten Jean-Philippe Rykiel entstanden, entwerfen »ein faszinierendes Zusammenspiel von Intuition und Wissen, von Schönheit und der Kunst ihrer Würdigung«. Die zeitlosen Gesänge wurden mündlich von Generation zu Generation weitergegeben. »Es sind Mantras« – wie es im Kommentar heißt –, »die uns zum Bewußtsein einer Harmonie führen, in der es viele Wege gibt – und jeder von ihnen ist die Stimme«.[48] Mantra ist das, was das Bewußtsein vor negativen Einflüssen, aber auch

---

46 *Die Stimme der Stille. Der Gesang des Lama Gyurmé*. Jean-Philippe Rykiel (Keyboards & Arrangements), Text: Philippe Cornu, Frankfurt a. M. 1997 (CD-SK62 591).
47 S. Kommentar ebd., S. 14, 16.
48 Ebd., S. 11.

vor sich selber beschützen soll. Es ist eine mystische Formel, ein Klang, eine Silbe, ein Wort oder eine Phrase, die durch eine spezielle Kraft ausgestattet ist. Mantras werden gesungen, um die göttlichen Bewußtseinsaspekte anzurufen und um ein Kraftfeld herzustellen. Die subtilen Töne der Mantras sollen das Bewußtsein beruhigen, den inneren Körper harmonisieren und latente spirituelle Qualitäten stimulieren. Es ist eine Meditationstechnik, die im Buddhismus, aber auch im Sufismus, im orthodoxen Christentum und im Hinduismus verwendet wird, indem der menschliche Geist mit dem Klang des Harmonierens eins wird.[49] Es wird gesagt, dass das Bewußtsein auf der subtilen Energie des Atems (*prāṇa, pneuma*) gleitet und so durch die Meridiane des Körpers sich fortbewegt und diesen gleichzeitig reinigt. Wer ein Mantra singt, lädt seinen Atem und seine Energie mit der Energie des Mantras auf und wirkt damit gleichzeitig auf sein individuelles Bewußtsein ein, wie auch auf seinen subtilen Körper.

Das zweifellos berühmteste Mantra ist das Vajra Guru Mantra *om ah hum vajra guru padma siddhi hum* (tibetisch: *om ah hung benza guru péma siddhi hung*). Es ist das Mantra des Padmasambhava, des sogenannten »zweiten Buddha« (bzw. Guru Rinpoche), der die tantrischen Lehren des indischen Buddhismus im 8. Jahrhundert n. u. Z. nach Tibet brachte. Das Mantra des Padmasambhava, d. h. des »Lotos Geborenen«, ist das Mantra aller Buddhas, aller vergangener, gegenwärtiger und zukünftiger Meister. Die Natur wird als Ausdruck und Verkörperung des einen Geistes verstanden, der jene transzendiert und einschließt. Dem Mantra des Padmasambhava wird nachgesagt, es wirke kraftvoll für Frieden, fürs Heilen, für die Transformation des Sängers und es gewähre Schutz in gewalttätigen und chaotischen Zeiten. Das buddhistische Weltbild ist nicht materialistisch, da das Universum als eine zusammenhängende Einheit aus der gleichen Energie (dem gleichen Stoff) verstanden wird. Alle Dinge sind aus einem gleichen Urgrund hervorgegangen. Dieser Urgrund (die Leere), die Einheit aller Dinge und Ereignisse, ist das höchste geistige und gestaltlose Prinzip als kosmische Ordnung (*dharmakāya*). Es ist das Absolute, frei von jeglicher Dualität, in dem potentiell alle

---

49 Vgl. hier und im folgenden Sogyal Rinpoche: *The Tibetan Book of Living and Dying*, hg. von Patrick Gaffney und Andrew Harvey, New York 1992, S. 71, und Sivaya Subramuniyaswami: *Dancing with Śiva. Hinduism's Contemporary Catechism*, 4. Aufl., India 1993, S. 758.

Formen vorhanden sind. Der ganze Kosmos, die ganze Welt ist eine einzige Geistigkeit und gründet in der Einheit aller Dinge und deren Urgrund, in der Leerheit (skt. *śūnyatā*) aller Erscheinungen. Dieser (geistige) Urgrund (das Absolute) entfaltet und manifestiert sich gemäß dieser Auffassung in den verschiedenen Formen der Vielfalt: (1.) im subjektiven »Ich« des Geistes (als Buddha in Form der höchsten Schönheit), (2.) im objektiven »Es« des Geistes der Natur (als Dharma in Form der höchsten Wahrheit) und (3.) im kulturellen »Wir« des Geistes (als Sangha in Form des höchsten Guten).

Der Buddhismus hatte diese Vorstellung von der Einheit und Geistigkeit des Kosmos in den interkulturellen Diskurs gebracht. Er weist unter dem Gesichtspunkt einer weltzentrierten Aufmerksamkeit und im Vergleich der östlichen Philosophie und der modernen Physik auf das Gemeinsame des Trennenden hin:

> »Diese grundsätzliche Einheit des Universums ist auch eine der bedeutendsten Offenbarungen der modernen Physik. Sie tritt im atomaren Bereich zutage und manifestiert sich immer deutlicher, wenn man tiefer in die Materie, hinunter in das Reich der subatomaren Teilchen, eindringt. Das Thema von der Einheit aller Dinge und Ereignisse taucht bei unserem Vergleich der modernen Physik mit der östlichen Philosophie immer wieder auf. Wenn wir die verschiedenen Modelle der subatomaren Physik studieren, sehen wir, dass sie immer wieder auf verschiedene Weise die gleiche Einsicht ausdrücken: dass die Bestandteile der Materie und die daran beteiligten Grundphänomene alle zusammenhängen, zueinander in Beziehung stehen und voneinander abhängen; dass sie nicht als isolierte Einheiten, sondern nur als integrierte Teile des Ganzen verstanden werden können.«[50]

Wichtig ist in der Friedensbewegung der Verweis auf das »Gegenseitig-voneinander-abhängig-Sein«. Nicht die Notwendigkeit, sondern die Einsicht hierüber wird die Grundlage einer weltzentrierten Friedenspolitik ergeben. Es mag sein, daß der westlich-cartesianische Weg der Dualität (Trennung von Natur und Geist) und der östliche Weg der Nicht-Dualität (Geist ist natürlich / Natur ist geistig) zusammen eine Steigerung der Aufmerksamkeitskoalitionen ergeben können und daß beide die differenzierten Ansätze – in Analogie zu Teilchen und Welle – auf einer transkulturellen Ebene auf kreative Weise zu integrieren vermögen. Dies

---

50 Fritjof Capra: *Das Tao der Physik*, 3. Aufl., Bern 1984, S. 132.

setzt allerdings voraus, daß die Welt nicht mehr nur als objektiv-empirisches Flachland wahrgenommen, sondern auch auf ihre subjektiv-interpretierbaren Tiefenstrukturen hin befragt wird. Es wäre jener mittlere Weg, der mit der postmodernen Erkenntnis wahrmacht: Nichts ist vorgegeben, die Welt ist nicht nur Wahrnehmung, sondern zugleich auch Interpretation. In der zyklischen Verschränktheit von Subjekt und Objekt, von Handlung und Erfahrung konstituiert sich Erkennen. Jedes Tun ist Erkennen und jedes Erkennen ist Tun.[51] Deshalb liegt erst im kulturüberschreitenden Erfahrungswissen die potentielle Erweiterung durch neue Perspektiven und in diesem das Erkennen des noch Nicht-Festgestellten. Innerhalb der tibetischen Dreikörperlehre (*trikāya*) weisen die einzelnen Mantra-Silben sowohl auf die äußeren und inneren als auch auf die geheimen Stufen der spirituellen Evolution des Bewußtseins hin. Im Mantra verwirklichen sich demnach auf symbolische Weise die verschiedenen Aspekte der friedvollen Aufmerksamkeit des Geistes: Weisheit, Wissen und Mitgefühl.

Planetarische Aufmerksamkeit: ein Weg, der erst im Gehen entsteht

Das Ziel des spirituellen Erwachens für den inneren und äußeren Frieden offenbart sich in der handelnden Einsicht zur rechten Rede und zum rechten Tun auf der Grundlage der genannten multiplen Aufmerksamkeit. Es ist zugleich auch die Frage nach dem richtigen (oder ewigen) Leben, wie es auf ähnliche Weise unter anderem auch im Shōmyō, einem japanisch-buddhistischen Ritualgesang, zum Ausdruck gebracht wird. Vom japanischen Shōmyō wird gesagt, daß diese Praxis sich direkt von der indischen und chinesischen Tradition herleite. Shōmyō bedeutet »strahlende Stimme«. Das Wort ist eine Übersetzung aus dem Sanskrit *abda śabda vidyā*, was soviel bedeutet wie Wissen, Lernen bzw. Theorie vom Klang und vom Wort. Es handelt sich hierbei um das Wissen, das durch die Macht der Meditation und durch die Aktion des Singens von Sutras erworben und erfahren wird.

---

[51] Humberto H. Maturana und Francisco J. Varela: *Der Baum der Erkenntnis. Die biologischen Wurzeln des menschlichen Bewußtseins*, München 1990, S. 31.

Shōmyō-Gesänge werden in Sanskrit (*bonsan*-Gesänge), in Chinesisch (*kansan*) oder in Japanisch (*wasan*) ausgeführt.[52] In der Omizutori-Zeremonie (Shuni-e), die bis ins Jahr 752 zurückreicht, wird im Tempel von Nigatsu-do von Nara jedes Jahr vom 1. bis zum 15. März ein Buß-Ritual vor dem Standbild des elfköpfigen Kannon (Avalokiteśvara) durchgeführt. Durch die Zeremonie soll die eigene Befreiung erlangt werden, indem man von den negativen Eigenschaften des Begehrens, Zorns und der Unwissenheit geläutert werden möge. Diese drei Gifte verdunkeln und verunreinigen den Geist, so daß der Mensch unfähig ist, die wirkliche Wahrheit zu erkennen, und krank wird. Geist, Körper und Rede sollen durch die Zeremonie gereinigt werden und Heilung bringen. Diese Zeremonie ist aber schon seit Beginn vom Staat für alle Menschen ausgeführt worden, da Naturkatastrophen, Epidemien und Krankheiten als »Krankheitssymptom« der Nation verstanden wurden.[53] Der Kannon bzw. Avalokiteśvara repräsentiert neben der Weisheit den zweiten fundamentalen Aspekt des Buddhismus, nämlich das Bewußtseins- und Aufmerksamkeitskonzept des Mitleidens. Durch dessen transzendentale Bewußtwerdung wird die positive Kreationskraft des Mitleidens aktiviert, um Frieden auf Erden und das Wohlergehen aller Menschen zu erlangen. Die Aufmerksamkeit des Mitleidens ist auch hier ein weiterer und wesentlicher Bestandteil einer Friedenslehre, die den inneren Aspekt des Wissens mit dem äußeren Aspekt des Handelns verschränkt.

Der Kannon gilt als »jener, der die Klänge [d. h. Aufschreie] der Welt hört«. Er ist der »Lord der Welt« und jener, der auf diese Welt mitleidend herunterschaut. Er tritt in 33 ikonographischen Wandlungsformen auf und personifiziert das allumfassende Mitleiden (*mahākaruṇā*). Eine Legende erzählt: Als Kannon auf die Welt hernieder blickte, war ihm – vor Schmerzen und Entsetzen über das planetarische Leiden – sein Kopf in zehn Stücke zerborsten. Amitābha, sein spiritueller Vater und transzendenter Buddha, habe ihm darauf die Bruchstücke in neun Köpfen und einem Gesicht wieder zusammengefügt und als Krone ein Abbild seines eigenen Hauptes zuoberst darauf gesetzt. Die neun Gesichter

---

52 Eta Harich-Schneider: *Buddhist Music* (The Music of Japan, Bd. 4), Kassel o. J. LP-BM 30 L 2015, s. Kommentar, S. 7.
53 *Buddhist Chant of Shuni-e Ceremony, Todaiji*, Tokyo 1997. CD-KICC 5215 (World Music Library), s. Kommentar, S. 1f.

sind gütig, das zehnte jedoch dämonisch. Das oberste (elfte) Gesicht ist jenes des Amitābha, aus dem Avalokiteśvara emaniert ist. Jede Triade dieser Bodhisattva-Gesichter verkörpert in je einem Aspekt das Mitleid für die leidenden Wesen, den Zorn gegen das Böse und die Freude über das Gute.[54] Versinnbildlicht sind zudem die friedfertige Hilfsbereitschaft ohne Eigeninteresse, die Entschlußkraft zur Abwehr von Feinden und die Wunschgewährung in der Absicht, in allen Welten und Zeiten helfend einzugreifen und friedenstiftend das Leiden mindern zu wollen.

Ähnlich wie im tibetischen Mantra des *Om mani padme hum* wird auch in der japanischen Shingon (der »Schule des wahren Wortes«) der Klang als Verkörperung einer spirituellen Kraft verstanden.[55] Mantras werden laut oder innerlich gesungen, um besondere Aspekte des Bewußtseins mit der Bilderzeugungsmethode (*yōgen-hō*) hörend zu vergegenwärtigen und dadurch ein energetisches Feld zu schaffen. »Der Praktizierende visualisiert die Gottheit als Projektion seiner selbst und gleichzeitig sich selbst als Projektion der Gottheit«.[56] Indem das Bewußtsein mit den geheiligten Silben gefüllt wird, wird die visualisierte Essenz als spirituelle Energie im physischen Körper freigesetzt. Das Mysterium der Rede ist das Mysterium der mantrischen Kraft, der kreativen Imagination, aus der Träume, Ideen, Gedanken, Kunst und Kultur, Religion, Wissenschaft und Frieden geboren werden. Erst aus dem mentalen und physischen Zusammenwirken heraus entfaltet sich die innere Harmonie, jene integrale Aufmerksamkeit, die zur Transformation führen kann.

Frieden und Harmonie verlangen heute – sollen diese nicht nur als Abwesenheit von Krieg definiert werden – nach einer transkulturellen Aufmerksamkeitskoalition, einer Koalition zwischen den Kulturen, die das kreative Miteinander auf globaler Ebene neu gestaltet und unterschiedliche kulturelle Ansätze auf einer höheren Ebene der Bewußtseinsevolution erweitert und nicht etwa redu-

---

54 Stephan Schumacher und Gert Woerner (Hg.): *The Encyclopedia of Eastern Philosophy and Religion. Buddhism, Hinduism, Taoism, Zen*, Boston 1994, S. 24f.
55 Vgl. Hori Ichiro, Ikado Fujio, Wakimoto Tsuneya und Yanagawa Keiichi (Hg.): *Japanese Religion*, Tokyo 1981, S. 57.
56 Taiko Yamasaki: *Shingon. Der esoterische Buddhismus in Japan*, hg. von Yasuyoshi Morimoto und David Kidd, Zürich 1990, S. 168.

ziert. Nur auf diese Weise können das Flachland von heute mit der eindimensionalen Ökonomisierung aller Werte auf der einen und die Ethnisierungen fundamentalistischer Werte auf der anderen Seite grundlegend in Frage gestellt werden. Jenseits dieser Ethnisierungs- und Globalisierungsfallen wird der interkulturelle Diskurs vonnöten sein. Dieser interkulturelle Diskurs muß nicht nur von der Politik der Anerkennung der kulturellen Vielfältigkeiten, sondern zugleich auch von der Politik ihrer inhaltlichen Selbstbestimmung getragen sein. Alle Aufmerksamkeiten zusammen, Vielfalt und Selbstbestimmung, regionale und globale Perspektiven, kulturelle und technologische Interpretationen der Welt, Wissen und Wachen, Meditation und Reflexion, innere und äußere Erfahrung, Rede und Tun – all dies sind Grundlagen für eine Transformation des Bewußtseins. In der Verschränkung von Dualität und Nicht-Dualität, wie es uns u. a. die Aufmerksamkeit der buddhistischen Lehre auf interkulturelle Weise dem Westen erkennen läßt, liegt die einzigartige Potentialität der weltzentrischen Aufmerksamkeit-Gewahrseins-Tradition. Das friedenspolitische Bewußtsein wird sich damit von den ethnozentrischen und nationalen Belehrungs- und Bekehrungsgemeinschaften verabschieden und bewegt sich grenzüberschreitend auf dem Pfad einer »lokal-globalen« Lerngemeinschaft fort. Diese »glokale« Lerngemeinschaft ist letztlich transkulturell in ihrer Aufmerksamkeit.[57] Sie hebt das eigenkulturelle, das multikulturelle und das interkulturelle Bewußtsein nicht auf, sondern schließt es in der Transformation ihrer kreativen Werte ein und integriert es in einer weltzentrischen Aufmerksamkeitskoalition eines vom Frieden geleiteten Mitleidens.

Die planetarische Aufmerksamkeit, auf die äußere Welt von innen zu hören, die Kraft zu transformieren, vom inneren Gewahrsein zum äußeren Handeln zu gelangen oder von der äußeren Solidarität zum transkulturellen Bewußtsein in dem einen Geist der Verbundenheit zu agieren – diese planetarische Aufmerksamkeit ist allerdings noch ein langer Weg, der erst im Vollzug des Gehens entsteht.[58]

---

57 Ulrich Beck: *Was ist Globalisierung? Irrtümer des Glaubens – Antworten auf Globalisierung*, Frankfurt a. M. 1997, S 91; vgl. auch ders.: *Macht und Gegenmacht im globalen Zeitalter*, Frankfurt a. M. 2003.
58 Varela u. a., op. cit. (Anm. 21), S. 326.

Friedensästhetik und Musik

Das Musizieren und Komponieren zwischen den Kulturen erfordert eine Reflexion auf ein nichtzentriertes Ästhetik-Verständnis. Ästhetische Einstellungen sind prinzipiell nicht begrenzbar. Der »iterative Charakter ästhetischer Erfahrungsprozesse« pendelt »zwischen einem vielfach erregbaren Imaginationsreichtum und den darauf reagierenden Semantisierungsversuchen«.[59] Ästhetisches Verhalten verweist auf das Potential der Alterität im Bewußtsein, Grenzen zu überwinden, ohne daß die musikalischen Ausdrucksformen sich container-artig von dem Bias eines traditionellen bzw. modernen, eines historischen oder zeitgenössischen, eines nationalen oder globalen Wertesystems unterjochen ließen.[60] Das *concertare* im Sinne der Einübung des friedvollen Harmonierens unter der Signatur eines kulturüberschreitend gemeinsamen Handelns verlangt die Distanz zum Eigenen bei gleichzeitiger Nähe zum Anderen. Die dialogische Konfrontation mit fremden Erfahrungswelten, die sich in der Vielfalt der Musiken manifestieren, wird zum ästhetischen Genuß, wo die Erfahrung ihrer selbst sich in der Erfahrung des anderen dialogisch erfährt.[61] Den Frieden in der Musik hörbar zu machen setzt eine ausbalancierte Kommunikation voraus, die im gegenseitigen globalen Respekt das Traditionale, das Moderne, das Aktuelle, das Imaginäre und virtuell Lokale auf unterschiedliche Weise aushandelt. Hörbar ausgehandelt werden vergangene und neue Werte zwischen den Musikerinnen und Musikern der Einzelgruppe auf der einen Seite und zwischen den Produzenten und den Zuhörern auf der anderen. Dieses Verhandeln von Tradition und Moderne, von Authentizität und Synkretismus, von Widerstand, Transformation und Ökonomisierung kultureller Werte verlangt von jeder Musikerin, von jedem Musiker spezielle Entscheidungsgrundlagen, für jeden Auftritt und für jedes einzelne

---

59 Vgl. Volker Schmidt: *Ästhetisches Verhalten. Anthropologische Studien zu einem Grundbegriff der philosophischen Ästhetik*, Stuttgart 1997, S. 333.
60 Vgl. Christian Utz: *Listening Attentively to Cultural Fragmentation: Tradition and Composition in Works by East Asian Composers*, in: *the world of music*, Bd. 45, Nr. 2, 2003, S. 12, 33. Zum Begriff der geschlossenen oder offenen Container-Kulturen vgl. Paul Drechsel, Bettina Schmidt und Bernhard Gölz (Hg.): *Kultur im Zeitalter der Globalisierung. Von Identität zu Differenzen*, Frankfurt a. M. 2000, S. 6-9.
61 Vgl. Schmidt, op. cit. (Anm. 59), S. 341.

Musikstück. R. Carlos Nakai, ein Mitglied des Ute- und des Navajo-Tribe, der sein indianisches Erbe sorgfältig weiterführt und sich dennoch nicht als Traditionalist versteht, findet es nicht als Hindernis, abwechselnd auch zusammen mit japanischen Ensembles, mit amerikanischen Harfengitarristen, Symphonie-Orchestern, mit Jazz-Musikern und Pianisten oder in einer eigenen Fusionsgruppe mitzuspielen:

> »Was mir von meinen Stammesältesten überliefert wurde, so bin ich nicht hier, um sie zu sein, aber ich bin hier, um ihre Geschichte zu kennen, die eine alte mündliche Tradition ist, die Geschichte, wie ich dazu kam, hier als ein Mensch der Kultur zu sein. Es liegt in meiner Verantwortung, mich auf Grund dieses Wissens zu definieren und jene Erfahrungen darin einzuschließen, die ich in der Welt jetzt als Teil dieser Geschichte habe.«[62]

Ausgehandelt werden nicht nur überlieferte Werte, sondern auch Fragen der Hegemonieanmaßung, der Ästhetik, der Spiritualität und natürlich auch die der Kommerzialisierung und der Copyrights. Die Verknüpfung von Musikinstrumenten und Musikstilen als Ikonen unterschiedlicher Traditionsbegriffe symbolisieren unter diesem Aspekt auf globaler Ebene bereits die kreative musikalische Imagination einer bereits post-nationalen Welt. Es ist das von Appadurai angekündigte Paradigma der transnationalen Anthropologie.[63]

Der japanische Komponist Yūji Takahashi, der die neuesten kompositorischen Trends in Europa und den USA assimiliert hatte und wieder zurück in Japan inzwischen eine neue kritische Aufmerksamkeit in einem mittleren Weg artikuliert, äußerte sich im Hinblick auf den spielerischen Umgang zwischen den Extremen von japanischem Nationalismus, Selbst-Exotisierung und westlicher Projektion des »Japanischen« wie folgt:

> »Weder akzeptieren wir musikalische Traditionen unkritisch noch verneinen wir diese; vielmehr suchen wir eine Methode, traditionelle For-

---

62 *Planet Soup. A Stirring Collection of Cross-Cultural Collaborations and Musical Hybrids*, hg. von Jeffrey Jarno, Roslyn, N. Y. 1995. 3 CDs Ellipsis Arts 3451-3, Kommentar, S. 21.
63 Arjun Appadurai: *Modernity at Large. Cultural Dimensions and Globalization*, Minneapolis 1998, S. 158ff.

men in Symbole umzuwandeln, die sich für eine Dimension öffnen, welche Traditionen tranzendiert.«[64]

Die zunehmende multipolare Orientierung erzeugt – der westlichen Nachmoderne entsprechend – auch in der Konfrontation lokal verorteter Musikästhetiken eine laufende Dekonstruktion von traditionellen Kultur- und Identitätskonzepten. Der scheinbar unveränderliche oder essentialistisch verstandene Wertekanon innerhalb unterschiedlicher Raum-, Zeit- und Kulturtraditionen, zwischen Folklore-, Popular- und Kunstmusik, wurde zwar immer schon durch eine gewisse Dynamik der Grenzüberschreitungen in allen Bereichen des Lebens und der Alltagskultur stetig und mit Nachhaltigkeit in Frage gestellt. Dieselben Prozesse werden heute allerdings wegen ihrer beschleunigten Abläufe schneller, internationaler und verdichteter erfahrbar. Die Beschleunigung dieses Drucks von außen führt notwendigerweise zur De-Essentialisierung, De-Zentrierung, De-Territorialisierung und De-Kontextualisierung von Musiktraditionen und ihren Wertesystemen, zumindest dort, wo die individuelle kreative Offenheit sich gegen ein normatives, kollektives oder systemgebundenes Musizieren und Komponieren durchzusetzen beginnt. Das weltzentrische »Authentische« ist und wird die Form der Hybridisierung, die aber nur aus der zurückgelassenen Perspektive des lokal Verorteten noch als solche interpretiert werden kann.[65] In der Überwindung der eigenkulturellen, oft auch essentialistisch verstandenen Selbstbezogenheit wird das ästhetische Moment um die »hybride« Alterität des schöpferischen Miteinanders erweitert. In der kulturellen Grenzüberschreitung schmelzen gleichsam in »wachsenden Ringen« (Rilke) die Dialoge zur Ästhetik des friedvollen und zugleich streitbaren *concertare* zusammen, bei dem – jenseits der Gegensätze – die Einheit aller

---

64 Vgl. Utz, op. cit. (Anm. 60), S. 27; zu verschiedenen Fallbeispielen anhand des kompositorischen Schaffens im Spannungsgefälle von lokalen, interkulturellen und transkulturellen Ansätzen auf der Folie eines weltweiten Referenzsystems im Kontext einer globalisierten Kultur, vgl. die vier theoretischen Beiträge und Statements von sechs Komponisten im Themenheft: *Traditional Music and Composition, For György Ligeti at His 80th Birthday*, in: *the world of music*, Bd. 45, Nr. 2, 2003, S. 1-152.
65 Zum Topos der Hybridisierung bzw. Kreolisierung vgl. Bernd Wagner (Hg.): *Kulturelle Globalisierung. Zwischen Weltkultur und kultureller Fragmentierung*, Essen 2001, S. 17-23.

Dinge im Ethos ihrer gegenseitigen Durchdringung begriffen werden kann: Das Gemeinsame liegt im kreativen und kommunikativen Potential der Kulturen der Welt, welche die unendliche Vielfalt der individuellen ästhetischen Formen in Kontrasten sichtbar machen. Das *concertare* der neuen Aufmerksamkeitskoalition in dem »Bewußtsein ohne Grenzen« geht bewußt den mittleren Weg einer Ästhetik des paritätischen Aushandelns, und nicht etwa den Weg einer exklusiven Ästhetik mit Normsetzungen, noch jenen einer Negativitätsästhetik.[66] Im Prozeß einer dialogisch gelungenen Aneignung und Darstellung findet die Musikperformance ihre neue ästhetische Authentizität zurück,[67] indem sie sich kontemplativ auf den Weg begibt und lokale Erzähltraditionen in das Gewebe eines transkulturellen Quilts einflicht. In solch einem Sinne bekräftigt auch die UNESCO-Deklaration »Zur kulturellen Vielfalt« vom November 2001, daß im Rahmen der Allgemeinen Menschenrechte der freie Fluß von Ideen, Werten und Bildern gefördert werden möge, daß die Vielfalt der kulturellen Ausdrucksformen Toleranz, Dialoge und Kooperationen erfordert und daß diese interkulturellen und transkulturellen Dialoge zugleich im Gesamtkontext von Demokratisierungs- sowie Friedensprozessen begriffen werden müssen.[68]

---

66 Schmidt, op. cit. (Anm. 61), 348.
67 Joana Breidenbach und Inda Zukrigel: *Tanz der Kulturen. Kulturelle Identität in einer globalisierten Welt*, Reinbek 2000, S. 197-201.
68 *Allgemeine Erklärung zur kulturellen Vielfalt*, verabschiedet von der 31. UNESCO-Generalkonferenz, Paris November 2001 (s. Website der Deutschen UNESCO-Kommission e. V.: Dokumente).

Susanne Binas
Klänge, die verzaubern

*Sehnsucht nach Unversehrtheit und Verständigung
in der Weltmusik*

In den Regenwäldern Papua-Neuguineas unternahm der kalifornische Musikethnologe Steven Feld zwischen 1976 und 1984 seine späterhin berühmt gewordenen Feldstudien und Dokumentationen zur Sprache, Kultur und Musik der Kalulis. Kalulis leben – Vogelmenschen gleich – in Baumhäusern kurz unter den Wipfeln des Bosavi-Regenwaldes im abgeschiedenen Hochland Papua-Neuguineas. Dort waren sie nie direkt der Kolonisierung durch Europäer und Amerikaner ausgesetzt. Erst in den 20er Jahren des 20. Jahrhunderts sollen sie in Kontakt mit ihnen fremden »zivilisierten« Menschen gekommen sein.

»Gesungenes Weinen, geweinter Gesang«[1] – so beschreibt der Berliner Musiksoziologe Christian Kaden die Gesänge der Kalulis, Stimmen, die eine Art Verwandlung von menschlichen Stimmen in Vogelstimmen im Ritual vollziehen. Doch nicht nur die akademische Welt war beeindruckt von diesen außergewöhnlichen Stimmen. Mitte der 1980er Jahre hatte sich der kalifornische Schlagzeuger und Musikproduzent Mickey Hart auf die Suche nach Sounds von Perkussionsinstrumenten rings um den Globus begeben. Am *Smithsonian Institution's Office of Folklife Programs* empfahl man ihm, sich an Steven Feld zu wenden, einen ausgewiesenen Spezialisten, wenn es um traditionelle Musikformen aus dem pazifischen Raum geht. Hart hatte bereits in den 1970er Jahren als Schlagzeuger der Band *Grateful Dead* im Umfeld von Psychedelic Rock und Hippiebewegung für Aufmerksamkeit gesorgt. 1984 – während einer Tournee der Band – kamen Mickey Hart und Steven Feld ins Gespräch. Feld lud Hart zu sich ein, um die Aufnahmen aus Papua-Neuguinea kennenzulernen. Hart äußerte sich überwältigt: »That's incredible, and it's much

---

[1] Christian Kaden: *Gesungenes Weinen, geweinter Gesang. Kunst der Verwandlung in einer Stammeskultur auf Papua-Neuguinea*, in ders.: *Des Lebens wilder Kreis. Musik im Zivilisationsprozeß*, Kassel 1993, S. 19-36.

too important to be kept an academic secret.«[2] Er bat Steven Feld, das Material für eigene Arbeiten im Studio und auf Tonträgern und Konzerten mit der Band *Grateful Dead* verwenden zu dürfen. Feld reagierte zunächst zögerlich: Gesänge der Kalulis auf einem Popkonzert?

Die Geschichte der Neuzeit scheint der fortgesetzte Versuch, die Autorität traditioneller Sozialisationsformen zu untergraben bzw. solche zu kreieren, die in der Lage wären, deren einstige Funktionen aufzuheben. An die Stelle von Bräuchen, Familienbanden und Religionen sind die inkorporierten Normsysteme instrumenteller Vernunft getreten. Die Autorität von Bräuchen und gelebter Erfahrung wird durch komplexe Systeme rationaler Normen ersetzt. Eine im traditionellen – vorindustriellen – Sinne integrierte Gesellschaft, die die rasante Zunahme von Funktionen und Rollen überbrücken könnte, existiert, falls überhaupt, nur noch in imaginierten Gemeinschaften. Jugendszenen, Tourismusmarketing oder MTV sind an die Stelle dessen getreten, was einst die Deutungsmuster gemeinschaftlicher Sinnvermittlung herstellte. Sie sind selbst zu den Deutungsmustern gemeinschaftlicher Sinnvermittlungen geworden. Dabei handelt es sich bei näherer Betrachtung keineswegs nur mehr um imaginierte Gemeinschaften, sondern um ganz konkrete, reelle soziale Handlungsräume. Vor diesem Hintergrund befinden sich kulturelle Identitätskonzepte in einem ständigen Fluß. Sie werden verunsichert sowohl von den fortschreitenden Differenzierungsprozessen innerhalb der Gesellschaften als auch von der Homogenisierung einst voneinander getrennter, spezifischer lokaler Verbindlichkeiten und Lebenswelten.

Universelle – übergreifende – Vorstellungen von Menschlichkeit, der Freiheit des Handelns und der Kommunikation, der Individualität oder auch des Weltfriedens geraten dabei in den Verdacht, als große Erzählungen in der Moderne ausgedient zu haben. Kaum mehr würden sich Theoretiker heute wagen, *die* Wirklichkeit als ein ganzheitliches, integriertes System zu den-

---

2 Steven Feld: *From Schizophonia to Schismogenesis – on the Discourses and Commodification Practices of ›World Music‹ and ›World Beat‹*, in Charles Keil und Steven Feld (Hg.): *Music Grooves: Essays and Dialogues*, Chicago/London 1994, S. 257-289, hier S. 278.

ken. Die Rationalität kapitalistischer Betriebsamkeit gliedert, differenziert, kalkuliert und projektiert. Max Webers Topos von der ›Entzauberung der Welt‹ umschreibt weiterhin korrekt den unaufhaltsamen Prozeß der Rationalisierung aller Gesellschafts-, Wissens- und Lebensbereiche und schließt gleichsam dessen Gegenbewegungen unterschiedlichster Art ein. Aus der Geschichte der Moderne sind uns zahllose Bewegungen, Konzepte und Utopien bekannt, die »den kalten Skeletthänden rationaler Ordnungen« (Max Weber) und ihren unwiderstehlichen Abläufen immer wieder erneut Hoffnungen auf Synthese und Ganzheitlichkeit entgegenzusetzen suchen. Romantische Bewegungen, Remythologisierungen des Denkens, esoterische Weltbilder, Verinnerlichungen, Europamüdigkeit, Verwilderungswünsche, die Rehabilitierung von Fragen nach Einheit, Ganzheit und Sinn weben sich wie ein roter Faden durch die Geschichte der westlichen Moderne. E. T. A. Hoffmann – ein berühmter Vertreter der literarischen Romantik – machte vor gut 200 Jahren schon den ›Maschinenstaat‹ und seine ›normative Gesinnung‹ als diejenigen Kräfte aus, die »... die Wälder umhauen, den Strom schiffbar machen, Kartoffeln anbauen, die Dorfschulen verbessern, Akazien und Pappeln pflanzen, der Jugend ihr Abendlied zweistimmig absingen und die Kuhpocken einimpfen lassen«.[3] Genau zu der Zeit (Ende des 18. Jahrhunderts), als in den westlichen Gesellschaften die Industrialisierung mit ihren auf Arbeitsteilung, Spezialisierung und Rationalisierung basierenden Produktions- und Lebensprinzipien sich durchzusetzen begann, konzipierten unterschiedlichste Denkströmungen »den Beginn eines nachmodernen Zeitalters der großen Synthese, der Versöhnung, der auf höherer Entwicklungsstufe wieder gewonnenen Einheit und Ganzheit«.[4] Immerfort wurden derartige Vorstellungen zu einem wichtigen Teil kultureller Bewegungen der Moderne.

Auch nahezu 200 Jahre, nachdem E. T. A. Hoffmann seine Kritik am ›Maschinenstaat‹ formuliert hatte, existieren kulturelle Vorstellungen und Formen, die trotz aller Unbeliebtheit totalisierender Bewertungsmuster um so mehr von »einer seltsamen Nostal-

---

3 E. T. A. Hoffmann: *Sämtliche Werke*, Bd. IV, Darmstadt 1967, S. 16.
4 Cornelia Klinger: *Flucht – Trost – Revolte. Die Moderne und ihre ästhetischen Gegenwelten*, München/Wien 1995, S. 85.

gie für die Totalität«[5] gekennzeichnet sind. Die auf intellektueller Ebene längst als Meta-Geschichten abgelehnten Vorstellungen von Ganzheit, Geschichte, Harmonie und narrativer Struktur sind dabei wohl nirgends so präsent, wie in den kommerziell produzierten Bildern, Klängen und Images der Populärkultur (Werbung, Kinofilme, Soaps, Popmusik). Sie treffen dabei auf ein Publikum, das augen- und ohrenscheinlich nichts so sehr schätzt wie die Angebote zur ›Verzauberung‹, den Mythos vom Einklang mit sich und der Natur, die Nähe und Unmittelbarkeit in der Kommunikation, das große Ganze und die überschaubaren schönen Geschichten.

In diesen Zusammenhang gehören auch die allenthalben aufgerufenen Topoi von der verständlichsten Sprache der Welt – der *Musik* – und dabei insbesondere das Interesse an solchen Musikformen, Klangbildern und Rhythmen, die lokal und historisch auf unversehrte Idiome verweisen bzw. vage an sie erinnern: an keltische Schlösser, in den Körper gehende Trommelrhythmen oder Stimmen aus dem Regenwald. Offensichtlich eignen sie sich in ihrer ästhetischen Wirksamkeit und einigen aus ihrer Geschichte ins Heute transferierten Bedeutungsschichten als Repräsentationen von in der Moderne unerfüllten Sehnsüchten nach Halt, Mitte und Einheit. Mehr noch als Bilder oder Worte sei Musik ohne Worte und Konventionen in der Lage, Grenzen in Raum und Zeit zu überwinden, Nähe und Unmittelbarkeit herzustellen. »[...] durch Intermodulation zwischen alten, gefundenen Objekten und neuen, von mir mit modernen elektronischen Mitteln geschaffenen Klangereignissen [wird] eine höhere Einheit erreicht: Eine *Universalität* [Hervorhebung der Autorin] von Vergangenheit, Gegenwart und Zukunft, von weit voneinander entfernten Ländern und Räumen...«,[6] kommentierte Karlheinz Stockhausen seine Anfang der 1970er Jahre uraufgeführte Komposition *Telemusik*.

Der Traum von der grenzenlosen Verständigung mittels Musik – er trägt nicht nur Kompositionskonzepte, sondern schmückt z. B. CD-Cover, inspiriert Eröffnungsredner und Werbestrategen, ob *One World – One Music* als Slogan von MTV oder als

---

[5] Veit Erlmann: *Ideologie der Differenz: Zur Ästhetik der World Music*, in: *Popscriptum*, Schriftenreihe des Forschungszentrums Populäre Musik der Humboldt-Universität zu Berlin, Bd. 3, 1995, S. 6-29, hier S. 16.

[6] Karl Heinz Stockhausen: *Telemusik*, in: *Texte zur Musik*, Bd. 3, 1963-70, 1971, S. 75-78, hier S. 75 f.

Statement international bekannter Komponisten, ob als ›Aufhänger‹ in Grußworten von Regierungsbevollmächtigten: »Music and musical performances know no borders; they are the most sublime expression of global humanity and creativity«[7], oder wie der berühmte britische Popstar Peter Gabriel es einmal formulierte: »Music is a universal language, it draws people together and proves, as well as anything, the stupidity of racism.«[8]

Musik als *das* Harmonie- und Verständigungsmodell der Menschheit? In den verschiedensten Zusammenhängen trifft man auf Verlautbarungen, die Musik als die verständlichste Sprache der Welt deklarieren, als eine Welt-Sprache und damit hervorragend geeignet, transkulturelle Begegnungen, Synthesen und Friedfertigkeit zu initiieren.

Zweifellos gehört Musik in ihren unterschiedlichsten Facetten zu den gemeinschaftsbildenden Kulturformen: im Ritual, auf dörflichen Festen, im Stadion, als Hymne oder Trauermarsch, im Konzertsaal, Salon oder auf dem Dancefloor. Egal in welche Region der Welt man seine Ohren oder Mikrophone richtet, Musik übt eine immense sozialisierende Kraft aus. Aber sie klingt nicht überall gleich. Ihre Instrumente und Rhythmen sind höchst unterschiedlich. Sie hat ganz verschiedene Systeme von Differenz herausgebildet, Harmoniemodelle, rhythmisch-metrische Muster, Klangvorstellungen etc. Der Kammerton *a* ist nichts als eine Konvention. Und das gesungene Weinen der Kalulis in seiner für Kalulis bedeutungsbestimmenden Sinnhaftigkeit bleibt für einen Besucher eines *Grateful Dead*-Konzertes Material, jedoch ungewöhnlich genug, um in diesem Zusammenhang ästhetisch reizvoll zu sein. Es wird dekontextualisiert, lebt aber von einer immensen sinnlichen Wirkkraft. Klang oszilliert zwischen kulturell aufgeladenen Bedeutungen und ist gleichsam offen für kulturellen Transfer. Ob ihrer Begriffslosigkeit scheint sich Musik leichter zwischen verschiedenen Kulturen bewegen zu können, als z. B. verbale Texte dies können.

---

7 Grußwort des Bevollmächtigten für kulturelle Angelegenheiten des Außenministeriums der Bundesrepublik Deutschland Dr. Barthold C. Witte, in Max Peter Baumann (Hg.): *World Music, Musics of the World: Aspects of Documentation, Mass Media and Acculturation*, Wilhelmshaven 1992, Vorwort.
8 Peter Gabriel: *Foreword*, in WOMAD Communications and Virgin Records (Hg.): *Worldwide: Ten Years of WOMAD*, London 1992.

»[...] Eine Reise um die Welt. ›Musik‹ gehört zum Leben und bedeutet alles: wie Du Deinen Körper bewegst, wie Du Dich dabei glücklich fühlen kannst. Wenn Du nach der Bedeutung der Musik gefragt wirst, kannst Du gleich fragen, was es heißt, Mensch zu sein.«[9] Seit den 1980er Jahren gibt es nicht zuletzt in Deutschland eine ganze Reihe von musikalischen Aktivitäten (Trommelkurse, Rhythmik-Workshops), Trends (Braintechnologie) und deren Institutionalisierungen (z. B. das *KlangWeltenFestival*, esoterische Verlage, Zeitschriften und Labels), die von sich sagen, daß sie mittels Musik »neue Erfahrungen vermitteln, die auf eine Tiefenschicht des Menschen verweisen, die transkulturell, d. h. allgemeinmenschlich (– nicht an bestimmte ethnische, kulturelle oder regionale Kontexte gebunden –) ist«.[10] Nichtwestliche Musikformen regen dabei die Phantasie offenbar weitaus mehr an als die Argumentationen zu interkultureller Toleranz und Politik.

Dies ist keine Entdeckung des ausgehenden 20. Jahrhunderts. Nicht zuletzt die Geschichte von Phänomenen der sogenannten *Weltmusik* und deren begrifflichen Fassungen legen ein beredtes Zeugnis ab von der Existenz imaginierter Gemeinschaften, von Proklamationen an die Phantasie des Fremden, von erfundenen Stämmen oder, wie Zygmunt Bauman es einmal formulierte, dem Versprechen auf Einstimmigkeit.[11] Welche Formen der Synthese damit gemeint sind, welche Vorstellungen von Harmonie und Verständigung wann, von wem worauf projiziert werden und ob und wie die diversen Formen von Weltmusik tatsächlich eine Gegenwelt zu der durch rationales Kalkül und Markthandeln geprägten westlichen Moderne darstellen, diese Fragen sollen im folgenden zu beantworten versucht werden.

---

9 Aja Addy, Trommler aus Ghana, zu einem Kursangebot der WERKSTATT Düsseldorf, so zitiert bei Wolfgang Martin Stroh: *Handbuch New Age Musik. Auf der Suche nach neuen musikalischen Erfahrungen*, Regensburg 1994, S. 84.
10 Wolfgang Martin Stroh: *Handbuch New Age Musik. Auf der Suche nach neuen musikalischen Erfahrungen*, Regensburg 1994, S. 319.
11 S. hierzu Zygmunt Bauman: *Moderne und Ambivalenz*, Frankfurt a. M. 1995.

Weltmusik – ein historischer Rückblick

Im Jahr 1906 notierte der Musikwissenschaftler Georg Capellen, daß »ein vorurteilsfreies Studium der neueren Musikliteratur leise Zweifel aufkommen lassen würde an der Unerschöpflichkeit europäischer Melodik, Tonalität und Rhythmik. Sehnsüchtig halte man nach neuen Ausdrucksmöglichkeiten Ausschau, nach neuen Quellen, aus denen die Phantasie schöpfen könnte, um die brach liegende Schöpferkraft zu stärken und zu beleben... die Tyrannei des Leittons hat zu einer bedauerlichen Einbuße an Mannigfaltigkeit, Feinfühligkeit und Charakteristik geführt... Durch eine Vermählung von Orient und Okzident gelängen wir zu dem neuen exotischen Musikstil, zur ›Weltmusik‹.«[12] Capellen setzte sich hier mit einem Phänomen auseinander, das die Entwicklung der artifiziellen Traditionen europäischer Kunstmusik zum Ende des 19. Jahrhunderts in entscheidender Weise beeinflussen sollte. Form- und Harmoniemodelle waren in ihrer Komplexität vor dem Hintergrund der eigenen Tradition – des temperierten Zwölftonstufensystems – ausgereizt. Schon Claude Debussy hatte sich für ›außereuropäische‹ Harmoniemodelle (Gamelanmusik) interessiert, und das 19. Jahrhundert kannte immer wieder – auch in der Musik – diverse Formen von Orientsehnsucht und Zigeunerromantik. Wolfgang Amadeus Mozart verlegte seine Geschichte um Liebe und Macht in einen türkischen Serail.

Die in Schriften, Lexika und den Institutionen von Forschung und Lehre bewahrte Musikgeschichte übermittelte uns in erster Linie diese Personen und Werke. Ihr Referenzsystem ist an Werke und Komponisten gebunden, die fast ausschließlich in der artifiziellen Tradition europäischer Musik stehen. Das sinnenfreudige Treiben in den Salons und Tanzhallen des ausgehenden 19. Jahrhunderts war ihr hingegen kaum eine Referenz wert. Und so weiß man noch heute nur sehr wenig von den Spuren lateinamerikanischer Tänze, den Wegen und Begegnungen herumreisender Musiker oder den eher schauerlichen Freakshows inmitten der Weltausstellungen von Paris oder London, bei denen man für ein kleines Entgelt indianischen oder afrikanischen Gesängen lau-

---

[12] Georg Capellen: *Exotische Rhythmik, Melodik und Tonalität als Wegweiser zu einer neuen Kunstentwicklung*, in: *Die Musik*, Bd. 6, 1906/07, S. 216-227, hier S. 216 u. 218.

schen konnte. Mehr noch vielleicht als die sinfonische Tradition oder die des Musiktheaters lebten die populären Musikformen vom kulturellen Transfer, von den Einflüssen aus Übersee, dem musikkulturellen »Gepäck« der ehemaligen Sklaven und Einwanderer, der Exilanten und »Heimatlosen«.

Zeitgleich zu diesen Ereignissen sorgte ein historisch zu nennendes Ereignis für völlig neue Perspektiven der Musikkulturen des ausgehenden 19. und anbrechenden 20. Jahrhunderts. Mit der Erfindung der Schall- bzw. Tonaufzeichnung – 1877 durch Thomas Alva Edison und Emil Berliner, beide mit unterschiedlichen Patenten – wurde ein neues Kapitel der (Welt)Musikgeschichte aufgeschlagen. Erstmals wurde es möglich – wenn auch anfangs technologisch nur sehr unzulänglich –, konkrete Klänge mittels konvertierender Übertragungsmedien zu speichern und damit in ihrer Einmaligkeit, d. h. der individuellen Spezifik eines komplexen Frequenzverlaufes zu fixieren. Damit konnten Klänge auch jenseits der Flüchtigkeit ihrer unmittelbaren Hervorbringung durch einen bzw. viele menschliche Körper und deren Bewegungs- und Stimmbildungsorgane gestellt bzw. gehört werden. »Ohne den Körper« bedeutet hierbei aber niemals tatsächlich »ohne den Körper«. Klang kann als physisches Phänomen trotz aller Vermitteltheit durch Peripheriegeräte immer nur mit Hilfe der an bestimmte körperliche Funktionen gebundenen Sinnesorgane (Ohren, Kreislauf) wahrgenommen werden.

Die Trennung vom Hier und Jetzt (Walter Benjamin), von Körper, Bewegung und Klang bedeutete jedoch insbesondere das Ende der an entsprechende Kategorien (Autor und Authentizität) gebundenen Exklusivität musikalischer Ereignisse. Denn was einmal gespeichert ist, kann beliebig reproduziert, verändert, über weite Strecken transportiert und weiterverarbeitet werden. Schließlich hatten die technischen Möglichkeiten der Speicherung und Konservierung von Klang – anfangs die Phonographen und Phonographenwalzen, später das Tonband und schließlich die Musik-Kassette in den 1970er Jahren – u. a. auch dafür gesorgt, daß die bis dahin ausschließlich oral tradierten Musikformen potentiell in Zusammenhänge jenseits ihrer durch Geographie, Tradition und lang existierenden Gebrauch und entsprechende Funktionen bestimmten Kontexte und Verstehenssysteme integriert werden konnten.

Die Schallaufzeichnung eröffnete der Musikforschung die Möglichkeit, potentiell alle Existenzformen und Phänomene von Musik zum Gegenstand ihrer Untersuchungen und Analysen zu machen. Sie steht seit Ende des 19. Jahrhunderts ob der wachsenden Verfügbarkeit von Musik quasi vor der musikalischen Hinterlassenschaft und Gegenwart der Menschheit, einem universalen Museum und Präsentationsraum. Daraus entwickelte sich der Wunsch nach einer Art Weltmusikgeschichtsschreibung, die nun alle ›Völker‹ in gleicher Weise berücksichtigen sollte. Allerdings konnte sich die Musikforschung damals noch nicht aus der Tradition ihrer eurozentrisch geprägten Kultur- und Musikgeschichtsschreibung lösen – einer Tradition, die sehr stark im universalgeschichtlichen Denken verankert war, vor allem weil der bemühte Begriff des historischen Fortschritts mit evolutionären Vorstellungen verbunden war. Dieser Ansatz der Musikforschung gründete Ende des 19. Jahrhunderts auf einer Entwicklungsperspektive von der Einfachheit zur Komplexität, von primitiver ethnischer, melodisch enger, rhythmisch freier, oral tradierter Musik hin zur Dichte schriftlich fixierter Musik. Verglichen wurde die Musik von »›Primitiven‹ bzw. ›außereuropäischen Natur- und Kulturvölkern‹ mit den ›historisch sicher verbürgten Formen und Darstellungsweisen der Musik des Abendlandes«, so Wilhelm Heinitz 1931 in einem Aufsatz über *Strukturprobleme in Primitiver Musik*.[13] Musikethnologen der Jahrhundertwende zogen ins Feld und sammelten mit Hilfe technischer Aufschreibesysteme (damals Phonographen) umfangreiche Mengen von Tonaufnahmen, zumeist in den Kolonien jener Mutterländer, in deren Metropolen (Amsterdam, Paris, Berlin, Wien) damals die bis heute existierenden Völkerkundemuseen gegründet wurden.

Die Musikgeschichte allerdings sollte sich jedoch jenseits akademischer Zentren und musealer Zusammenhänge rasant entwickeln und verändern. Die wichtigsten Impulse gingen im Laufe des beginnenden 20. Jahrhunderts von der zunehmenden Industrialisierung der Künste, der Anonymität des Marktes und der schon erwähnten technischen Reproduzierbarkeit ihrer »Werke« aus. Elitär-hermetische Positionen traten in Konkurrenz zu solchen,

---

13 Wilhelm Heinitz: *Strukturprobleme in Primitiver Musik*, Hamburg 1931, S. 5.

die aggressiv und provokativ gegen das affirmative Kunst- und Kulturverständnis bürgerlicher Couleur antraten, so z. B. der musikalische Futurismus. War im Kontext der Trivialliteratur, der Tanzhallen oder der Jahrmarktsvergnügungen das Publikum ohnehin zum Maßstab allen Handelns geworden, so sagte man sich auch in den sogenannten ernsten Künsten vom Fokus auf das autonome Werk los und versuchte, die gesamte Situation der Präsentation und Rezeption zum Gegenstand der ästhetischen Gestaltung und Wahrnehmung zu machen. Die »Entdeckung« des Publikums war also nicht den populären Genres allein vorbehalten. Dennoch sollten sich in den Zusammenhängen, wo Angebote auf Nachfragen stoßen mußten, wo der Markt zum wichtigsten Ort des Handelns werden sollte, wo es weder Mäzene noch Förderungen durch die Städte und ihre bürgerlichen Schichten gab, solche Akteure und Organisationsformen des Kulturprozesses entwickeln, die aus der Entkopplung von Musikausübung und Rezeption einen Mehrwert erzeugen mußten. Für die Musik waren dies damals in erster Linie die Verlage und Tonträgerunternehmen.

Unternehmen, die zu Beginn des 20. Jahrhunderts beispielsweise Sprechmaschinen bzw. Grammophone weltweit verkaufen wollten, mußten gleichzeitig Musik auf Tonträgern (damals der Schellackplatte) anbieten: eine Musik, die den potentiellen Käufern gefiel, mit der sie etwas anfangen konnten. So entwickelten die jungen Tonträgerunternehmen auch ein Interesse an Musik aus »entlegenen« Gebieten der Erde, denn das Operationsfeld der Branche war von Beginn an international. Im Jahr 1906 enthielt allein der Katalog der deutschen ODEON schon 11 000 Titel mit sogenannter außereuropäischer Musik. »Frühe *Worldmusic* auf Schellacks«[14] nannte Christoph Wagner die Resultate dieses »Engagements«. Doch das war es mitnichten. Es handelte sich vielmehr um notwendige Strategien, den Verkauf von Grammophonen in den entsprechenden Regionen anzukurbeln. Die in diesem Zusammenhang entstandenen Aufnahmen füllten zwar die Kataloge der Tonträgerfirmen, waren aber keinesfalls für den Export bzw. Vertrieb in Regionen jenseits derer gedacht, in denen sie ohnehin praktiziert wurden. Sicherlich: Musiken der Welt; jedoch

---

14 Christoph Wagner: *Worldmusic auf Schellacks. Über den Umgang mit ethnischer Musik in der Frühzeit der Tonaufzeichnung*, Typoscript zur gleichnamigen Sendung, DeutschlandRadio 22. 05. 1998.

Worldmusic bzw. *Weltmusik* im Sinne der uns heute geläufigen Repertoire- und Marketingkategorie war dies damals nicht: Es gab weder einen weltumfassenden Vertrieb von Musikaufnahmen aus anderen Ländern noch die Vermischung musikalischen Materials und die Entstehung neuer Musik auf diesem Wege. Letzteres kam durch den direkten Kontakt mit anderen Musikformen zustande; Kolonisation, Exil, Migration waren die Transmissionsriemen dieser Begegnungen.

Dennoch hat nicht zuletzt die phonographische Industrie neben der noch jungen Musikethnologie dafür gesorgt, daß Musikformen, wie sie damals praktiziert wurden, überliefert werden konnten und man sich heute noch ein Bild bzw. Klangbild von manchen mittlerweile schon kaum noch praktizierten bzw. nur in sehr engen kulturellen Kreisen bekannten Musikformen machen kann.

Auch nach dem Zweiten Weltkrieg waren es in gehörigem Maße phonographische Entwicklungen und kommerzielle Interessen, die den Prozeß vorantrieben, der späterhin unter dem Stichwort *Weltmusik* bzw. *Worldmusic* firmieren sollte. Unter der Bezeichnung *Edition Capitol of the World Series* veröffentlichte CAPITOL RECORDS – ein amerikanisches Tonträgerunternehmen, das Mitte der 1950er Jahre Teil der zunächst von London aus agierenden EMI wurde – seit 1952 Musiken aus den vom einsetzenden Massentourismus neu erschlossenen Urlaubsgebieten als Andenken an »die schönsten Tage im Jahr«, Calypso aus der Karibik, Samba und Bossa Nova aus Südamerika. Auch für diejenigen, die sich eine solche Reise nicht leisten konnten, waren die körperbetonten Tanzgenres eine angenehme Abwechslung im europäischen Nachkriegsalltag. Harry Belafonte, der in den 1950er und 1960er Jahren fast ununterbrochen den Grammy in der Kategorie »*Best Performance, Folk*« erhielt, war einer der populären Stars jener Zeit. Als schwarzer Nordamerikaner, der fünf Jahre seiner Kindheit in Jamaika verbracht und dort die Musikkultur der ehemaligen Sklaven kennengelernt hatte, repräsentierte er die Lust am sinnenfreudigen und körperbetonten Vergnügen des karibischen Karnevals und machte die Exotik und Trauer der Schwarzen in einer Mischung aus *Calypso*, *Popular Music* und »Political Correctness« gesellschaftsfähig. Belafontes Album *Calypso* (RCA/1956) ging als eines der ersten »Millionseller« in die Musikgeschichte ein.

Jenseits des traditionellen Kanons

Komponisten, Musiker artifizieller Neuer Musik und insbesondere Improvisatoren des Jazz bzw. Composer-Performer der 1960er und 1970er Jahre ließen sich von ihrer Neugier an Klängen aus »entfernten« Regionen der Welt leiten. Diese Neugier richtete sich hauptsächlich auf Spieltechniken und die Art der verwendeten Klangerzeuger. »Ein Moment der Loslösung improvisierter Musik aus der Jazz-Orthodoxie besteht darin, den Kanon der akzeptierten Instrumente zu durchbrechen.«[15] Auf diese Weise entstanden vielfältige Versuche, aus den Musikkulturen der verschiedenen Weltregionen eine Art Synthese zu schaffen und Begriffe dafür zu finden: *Weltmusik*.

Obwohl es auf den ersten Blick vielleicht so scheint, war auch dieses Interesse keinesfalls nur musikalisch motiviert, sondern Teil der sich in konkreten sozialen und kulturellen Zusammenhängen seit den 1960er Jahren in den westlichen Metropolen herausbildenden Hinwendung zu nichtwestlichen Lebensphilosophien, -auffassungen und Religionen.

»Das vermeintlich ›Archaische‹, ›Unverdorbene‹ der anderen Musik bot sich... als ideale Projektionsfläche für all jene Sehnsüchte an, die in den psychischen und physischen Disziplinierungen der eigenen Tradition unerfüllt blieben.«[16] Intuition, Spiritualität und Spontaneität wurden den Erfahrungen instrumenteller Vernunft, wie sie sich in der Arbeitswelt und dem Musikbetrieb darbot, entgegengesetzt. Die kulturellen und sozialen Bewegungen der ausgehenden 1960er und 1970er Jahre in Nordamerika und Westeuropa waren auch Versuche von Selbstvergewisserung und -findung, die sich u. a. mit Hilfe außereuropäischer Musikformen artikulierten. Ein Großteil der aus jener Zeit stammenden künstlerischen Experimente und Stilistiken (Psychedelic Rock, Film, minimal music, Happening, Fluxus) ist nur vor diesem Hintergrund zu verstehen. Besonders im Umfeld von Universitäten an der amerikanischen Westküste zeigte man sich aufgeschlossen für nichtwestliche Lebensformen und deren kulturelle Praktiken und kultivierte ein spezifisches Bedürfnis und Erkenntnisinter-

---

15 Peter Niklas Wilson: *fluchthelfer, projektionsfläche, sample. die improvisierte musik und die musiken der welt*, in: *Neue Zeitschrift für Musik*, Juli/August 2000, S. 34-39, hier S. 35.
16 Ebd., S. 37.

esse in bezug auf Natürlichkeit, Authentizität und Unmittelbarkeit. Man denke in diesem Zusammenhang an das Erfahrungs- und Wertesystem der sogenannten Hippies: Natürlichkeit vs. Normierung (flower power), Kommunen statt Kleinfamilien, Subsistenz vs. Profit, »make love not war«. Nicht zuletzt die in das Soundbild des Psychedelic Rock eingeschriebenen klanglichen, rhythmischen und metrischen Fragmente aus verschiedenen nichtwestlichen Musikpraktiken (vgl. *Grateful Dead*) begannen die bis dahin bindenden formalen Muster der Rockmusik aufzubrechen. Erstmals spielten langandauernde Improvisationsparts, ostinate Rhythmusformen und Soundeffekte eine wesentliche Rolle in der ästhetischen Musterbildung populärer Musikformen.

Die diese Musikformen tragende Generation ging in die Geschichte als die der sogenannten Babyboomer ein. Im Unterschied zur Generation ihrer Eltern – die in Europa den Krieg noch unmittelbar miterlebt hatte – wuchs sie vergleichsweise in Wohlstand auf, sah sich dann aber im Laufe der 1960er und 1970er Jahre mit einer als zunehmend problematisch empfundenen Sicherung dieses Wohlstandes konfrontiert. Erstmals wurden die Resultate fortgesetzter hemmungsloser Industrialisierung spürbar und thematisiert. Zur Erfahrung der ökologischen Krise kamen die nicht enden wollenden kriegerischen Auseinandersetzungen (Vietnam) und deren unzählige Opfer auf beiden Seiten. In der alten Bundesrepublik griffen die Veränderungen einer pädagogischen Liberalisierung. Entwickelt und umgesetzt wurde ein Bildungskonzept, das die Aspekte von Selbsterfahrung und sozialer Zuwendung als zentrale Kompetenzen schätzte. »Nicht [der] analytisch-theoretische, sondern der empathische Zugang zum anderen Menschen stellt[e] die Grundlage des Wertens politischer und auch symbolisch-ästhetischer Vorgänge«[17] für diese Generation dar.

In diesem Kontext erlangten auch bestimmte Musikformen gesteigerte Aufmerksamkeit. *Durch Musik zum Selbst* lautete beispielsweise eine Publikation von Peter Michael Hamel aus dem Jahr 1976. In der von Hamel angestrebten »neuen spirituellen Musik geht es darum, aus allen Musiktraditionen zu lernen, vergessene Hintergründe aufzuspüren und die ursprüngliche Funktion der Musik, ihre Bindung an tiefste menschliche Erfahrungen,

---

[17] Albrecht Göschel: *Die Ungleichzeitigkeit in der Kultur. Wandel des Kulturbegriffs in vier Generationen*, Essen 1995, S. 73 f.

wieder ins Licht zu rücken«.[18] Zentrale Begriffe eines solchen Musikverständnisses waren die der Spontaneität, Intuition, Erlebnis, Begegnung, Empathie und Selbsterkenntnis. In der Abwendung von verschriftlichten Musiktraditionen und der Wiederentdeckung von verschiedenen Methoden des unmittelbaren Zusammenspielens – wie sie insbesondere in nichtwestlichen traditionellen Musikkulturen praktiziert wurden – glaubte Hamel »eine ›Musik zwischen den Welten‹ spielen zu können, die diese Welten auch […] zu vereinen vermag«[19] – nicht Musik um der Musik willen, sondern musikalische Praxis als eine Möglichkeit zur »Selbsterkennung durch Musik«.

In der Auseinandersetzung mit der eigenen Tradition und / oder der eigenen Traditionslosigkeit widmeten sich viele Musiker dann solchen musikalischen Formen, die sich ihrer kulturellen Verwurzelung (angeblich) noch gewiß waren. Ob im Kontext von Jazz, improvisierter Musik und der sogenannten Neuen komponierten Musik, Performances u. ä. wurde die Verwendung außereuropäischer Klangformen immer auch als eine Art Befreiung des Klanges aus seinen traditionellen europäischen Konventionen, Harmoniemodellen und metrischen Texturen erlebt, kommentiert und diskursiv positiv bewertet. Modelle minimalistischen Komponierens (Terry Riley, Philip Glass, Steve Reich etc.) vermeiden Linearität, Anfang und Ende bzw. den Aufbau und das Ableiten von musikalischen Themen. Geräusch, Stille, minimalistische Strukturen, Puls und Repetition, Meditation und statische bzw. zyklische Zeitauffassungen wurden zum festen Bestandteil improvisatorischer und kompositorischer Musikpraktiken auf westlichen Konzertpodien, Festivals und Tonträgerveröffentlichungen. Sie galten als ein Referenzpunkt in der Verweigerung klassischer Musiker- und Komponistenkarrieren nach dem Muster des Konservatoriums, wo Handwerk und Virtuosität als Meßlatten eines erfolgreichen Studiums unumstößlich schienen. Musik aus der Tradition ihrer rationalen Durchdringung zu lösen oder Instrumente nach eigenem Gutdünken zu spielen und keine Noten zu beherrschen, dies waren Vorgehensweisen, die man gleichwohl nur außerhalb der traditionellen Institutionen des Musikbetriebes offensiv vertreten konnte.

18 Peter Michael Hamel: *Durch Musik zum Selbst*, München 1976, S. 9/10.
19 Ebd., S. 161.

Worldmusic als Repertoirekategorie

Jenseits dessen und dennoch verwoben mit entsprechenden Strategien entwickelte sich die Repertoirekategorie *Worldmusic*. Seit dem Ende der 1980er Jahre bis heute stellt sie eine Rubrik der Tonträgerproduktion und Vermarktung von Musik dar. Als konzeptionelle Klammer und Label bezieht sie sich auf entsprechende Veranstaltungen, Künstler, Agenturen, internationale Musik-Messen, den Einzelhandel und Rundfunkformate.

Im Sommer 1987 hatten sich in London etliche Independent-Label zu einer Marketingkampagne zusammengefunden, um den damals im Umfeld populärer Musikformen sich häufenden Produktionen aus dem weiten Feld lokaler Musikkulturen weltweiter Herkunft eine wiedererkennbare Verkaufsplattform zu geben. Vertreter von unabhängigen Labels, Konzertveranstalter, Artist & Repertoire-Verantwortliche, Promotoren und Journalisten wollten dem seinerzeit existierenden Boom und Interesse an nichtwestlicher (Pop-)Musik einen Namen geben, eine identifizierbare Kategorie, ein Etikett bzw. Label, unter dem entsprechende Produkte (Tonträger, Bands, Konzerte, Sendeformate) beworben und verkauft werden sollten. Schließlich ging es auch darum, die »nicht-westlichen« Musikformen in die Gewinnspannen der transnational agierenden Musikwirtschaft zu integrieren. Zur Debatte standen zunächst auch andere Begriffe, wie etwa *Ethnic Music*, *Folk*, *International* oder *Tropical Music*. Doch all diese schienen schließlich ungeeignet, irreführend, nicht mehr zeitgemäß bzw. zu speziell. Stilistisch völlig uneinheitlich wurden unter dem Label *Worldmusic* sehr verschiedene Musikformen zusammengefaßt. Als Repertoirekategorie der Musikwirtschaft bezeichnete sie damals insbesondere Musikformen wie die nordamerikanische *Salsa*, karibischen *Soca* und *Zouk*, algerischen *Raï* und westafrikanische *High Life* Music. Ergänzt durch francoamerikanische Formen (*Cajun*, *Zydeco*) sowie »modernisierte« Formen europäischer Volksmusik (z. B. *Värttinä* – eine finnische Frauenband, die in Frankreich produzierten *Gipsy Kings* oder die um den Globus tourende irische Tanz-Show *Riverdance*); durch ethnologische Raritäten und New Age ergab sich ein bizarres Bild einer globalen Klanglandschaft.

In den Augen ihrer Kritiker bekamen unter diesem Label verkaufte Musikformen – insbesondere die Kollaborationen zwischen westlichen Popmusikstars wie Peter Gabriel oder Paul Simon (*Graceland*), David Burn von den *Talking Heads* oder der Gitarrist Ry Cooder, der in mehreren Alben mit unterschiedlichsten Musikern aus verschiedenen Ländern der Welt zusammenspielte,[20] einen unappetitlichen Beigeschmack. Man warf ihnen vor, sich angesichts der eigenen kreativen Armut anderer Musikformen zu bedienen und diese damit in einen Kontext zu stellen, der ihrer nicht würdig bzw. ihnen fremd sei. »... das, was heute unter dem Namen ›world music‹ passiert, bei welcher der ›Weiße‹ noch weiter den ›Wilden‹ ausbeutet. Er klaut die mythischen Ideen und verkauft seine ›exotische‹ Präsenz auf der Bühne, und als Gegenleistung bietet er dem ›Wilden‹ die Verstärkung und eine simple Elektronik an. Ich möchte den Anhängern der ›World Music‹ empfehlen, als Erkennungszeichen einen kolonialen Tropenhelm auf dem Kopf zu tragen.«[21] Max Peter Baumann hingegen kommentierte, daß es nicht zuletzt die eigenwilligen Begegnungen von scheinbar nicht zueinandergehörenden Musikformen sind, die »die zentrifugalen Wertemonopole der Musik ins rasende Schlingern [...brächten...] Mythische Erzählungen, Kosmovisionen, esoterisches und exotisches Wissen, religiös geprägte Weltbilder, historische Legitimationen, Erinnerungsangebote, meditatives und visionäres Erfahrungswissen, mündliche Überlieferung und mediale Metamorphosen, allesamt weben heute am Flickenteppich unterschiedlicher Bewußtseinsstrukturen und unterschiedlicher Raum-Zeit-Kontinua«.[22]

Steven Feld hatte Mitte der 1980er Jahre zunächst zögerlich reagiert, als der Schlagzeuger Mickey Hart ihn gebeten hatte, einige Passagen von Gesängen der Kalulis ›freizugeben‹. In welchen Zusammenhang würden sie auf den Alben und der Bühne von

---

20 Populär geworden ist Ende der 1990er Jahre in Deutschland insbesondere sein Album *Buena Vista Social Club*, der Soundtrack zu dem gleichnamigen Film von Wim Wenders.
21 Vinko Globokar in einer persönlichen Mitteilung an Peter Niklas Wilson, so zitiert in Wilson, op. cit. (Anm. 15), S. 35.
22 Max Peter Baumann: *Musik im interkulturellen Dialog*, in ders. (Hg.): *Musik im interkulturellen Dialog. Symposium zur Kultur- und wissenschaftspolitischen Bedeutung der Ethnomusikologie in der Hauptstadt Berlin. 13./14. Oktober 1996*, eine Veranstaltung im Haus der Kulturen der Welt unter der Schirmherrschaft von Lord Yehudi Menuhin (Internationales Institut für Traditionelle Musik e.V.), Berlin 1996, S. 43-49, hier S. 44.

Grateful Dead geraten? Mickey Hart soll gegenüber Steven Feld mit einem verschmitzten Lächeln geantwortet haben: »of course! Twenty thousand Deadheads will turn into tree-climbing monkeys about two minutes after I crank up the volume.«[23] Feld war verunsichert. Eigentlich hatte er niemals vorgehabt, die Musik der Kalulis einem großen Publikum zu präsentieren, nur weil es diesem Publikum womöglich gefallen könnte. Andererseits war er als Ethnologe von dem Wunsch beseelt, daß möglichst viele Menschen seiner Begeisterung an der Musik der Kalulis teilhaftig werden könnten. Es vergingen noch einige Jahre, bis Steven Feld sich entschieden hatte, zusammen mit Mickey Hart ein Projekt zur Präsentation indigener Musik aus Papua-Neuguinea unter dem Titel *Voices of the Rainforest* zu organisieren.[24] Für Feld blieb es ein zwiespältiges Unterfangen. »Musical appropriation sings a double line with one voice. It is a melody of admiration, even homage and respect, a fundamental source of connectedness, creativity and innovation... Yet this voice is harmonized by a countermelody of power, even control and domination, a fundamental source of asymmetry in ownership and commodification of musical works.«[25] Indem Feld die Klänge der Kalulis auf Tonbändern dokumentiert hatte, waren sie schließlich medial verfügbar geworden und damit auch Teil eines Medienzusammenhanges, der ihrer Kommerzialisierung potentiell nicht Einhalt gebieten, sondern Tür und Tor öffnen sollte.[26] Dann nützen die Argumente »imperialistischer Nostalgien« wenig, insbesondere dann, wenn sie aus einer gesicherten Position heraus zornig und letztlich ver-

---

23 Steven Feld, op. cit. (Anm. 2), S. 278.
24 Mickey Hart produzierte auf seinem eigenen Worldmusic-Label *Rycodisc* Serien von speziellen Sammlungen; u. a. Mönchsgesänge aus Tibet (*Gyuto Monks* – Freedom Chants from the Roof of the World, 1989 oder *Planet Drums*, 1990).
25 Steven Feld: »*Notes On World Beat*«, in: *Public Culture Bulletin*, Bd. 1, Nr. 1, 1988; S. 31-37, hier S. 31.
26 Vgl. dazu weitere Beiträge der Autorin: *Sampling the Didjeridoo*, in Andreas Gebesmair und Alfred Smudits (Hg.): *Global Repertoires. Popular Music within and beyond the Transnational Music Industry*, Aldershot u. a. 2001, S. 47-56; *Pieces of Paradise – Technologische und kulturelle Aspekte der Transformation lokaler Musikpraktiken im globalen Kulturprozeß*, in Helmut Rösing, Albrecht Schneider und Martin Pfleiderer (Hg.): *Musikwissenschaft und populäre Musik. Versuch einer Bestandsaufnahme*, (= *Hamburger Jahrbuch für Musikwissenschaft*, Bd. 19), Frankfurt a. M. u. a. 2002, S. 187-197.

ständnislos den Resultaten (Transformationen) dessen gegenüberstehen, was sie selbst mit angestoßen haben.

Eine Marketingkampagne ist in erster Linie dazu da, die Sichtbarkeit eines Produktes zu erhöhen, ein bestimmtes Publikum für das Produkt zu interessieren bzw. es um ein bestimmtes Produkt herum – im Falle der Repertoirekategorie *Worldmusic* um nichtenglischsprachige Popmusik und ihre traditionellen Quellen – aufzubauen. Das gesellschaftliche Klima, in das diese Kampagne fiel, war geprägt von einer komplexen Gemengelage aus technologischen, ökonomischen, ideologischen und kulturellen Globalisierungsprozessen und -szenarien.

Die Digitalisierung sämtlicher Kommunikationstechnologien eroberte Mitte der 1980er Jahre die ›Konsumentenmärkte‹ internationaler Metropolen, Westeuropas, Nordamerikas, Japans und Australiens. Für die Musik bedeutete dies u.a., daß die CD von nun an den Platz der Schallplatte einnehmen sollte. Instrumente wie der Sampler – ein Musikcomputer –, der jeden x-beliebigen Klang speichern, bearbeiten und wiedergeben kann, hielten Einzug in den Tonstudios und auf den Bühnen, wurden zunehmend technisch perfektioniert und zugleich preisgünstiger.

Ökonomisch waren jene Jahre gekennzeichnet durch die Ausdehnung und Intensivierung des zwischenstaatlichen Handels und die Liberalisierung von Märkten, den wachsenden Einfluß transnational organisierter und operierender Unternehmensstrukturen (auch in der Musikbranche) und schließlich die Zunahme von Direktinvestitionen im Ausland. Gleichsam hatte sich das Gros einstmals kolonialisierter Länder unabhängig gemacht, der Boykott der südafrikanischen Apartheidpolitik genoß einen hohen symbolischen Stellenwert auch unter Popmusikern (vgl. z.B. Paul Simons Album *Graceland*, veröffentlicht im Jahr 1986, oder die Musikerinitiative *Sun City*, initiiert von Little Steven 1985).

In den westlichen Ländern entwickelte sich die Aufmerksamkeit für ökologische Fragen. Soziale Gerechtigkeit meinte auch den emphatischen Zugang zu anderen Menschen und die Suche nach dem Selbst. Provoziert wurden derartige Vorstellungen von den unendlichen Strömen an Bildern, Klängen und Informationen, wie sie von den Kulturindustrien verbreitet wurden. Dadurch gerieten traditionelle Kulturen und Kulturvorstellungen unter Druck. Neben die Szenarien einer globalen ›Kulturschmelze‹ traten solche, die neotraditionellen Codes und ethnischen Fundamentalismen wieder einen breiteren Raum gaben.

Alternativ wünschte man sich Lebensformen, die sich dem Diktat des Marktes in seiner neoliberalen Verfaßtheit entziehen bzw. dagegen wehren. Nicht zuletzt kulturelle Formen wurden als letzte Zufluchtstätten kritischen Denkens und toleranten Umgangs gedeutet. Die Suche nach Überschaubarkeit und Nähe, Synthese und Halt erhielt angesichts der zunehmenden Fragmentarisierung menschlicher Erfahrungsräume neue Impulse. Deshalb war und ist *Worldmusic* immer auch mehr als ein Label der Musikwirtschaft. Sie bündelt die kulturellen Bedürfnisse nach Synthese und Differenz. Sie ermöglicht Identität in der Aneignung des Fremden. Sie legt Wert auf die Dominanz des Körperlichen und ist dennoch ohne technisches Equipment weder auf die Bühnen noch auf die Tonträger zu holen. Sie unterscheidet sich und ihre Fans von anderen Musikformen und deren Enthusiasten. *Worldmusic* ist nicht die Musik der »nichtwestlichen Welt«; sie ist vielmehr heute diese und morgen wieder jene Musik, die aus »der Fremde« oder der Vergangenheit kommend den eigenen Sehnsüchten anverwandelt wird. All die an diesem Prozeß Beteiligten (Musikwirtschaft, Konzertbesucher, Musiker etc.) wissen nur zu gut um das kulturelle *und* das kommerzielle Potential derartiger Musikformen.

Wer sich Ende der 1980er Jahre bzw. in den 1990er Jahren für Worldmusic, Weltmusik oder Ethnobeat interessierte, war grob umrissen mittleren Alters, d. h. um die 30 und älter, eher weiblich, mittleren Einkommens und mit überdurchschnittlicher Bildung, zumeist im Bereich der Humandienstleistungen und Pädagogik tätig. Diese Gruppe verstand sich selbst als nonkonformistisch und multikulturell engagiert. Ihr Umgang mit *Worldmusic* beschränkte sich nicht auf den Kauf von Tonträgern. Die Interessenten waren kulturell aktiv. Sie besuchten Konzerte und Workshops. Musik galt als Schule der Toleranz und des Verstehens jenseits kultureller Grenzen. Dabei spielten Dritte-Welt-Läden und die ökologische Bewegung eine wichtige Rolle im entsprechenden sozialen Raum. Die Suche nach dem »Authentischen« und »Ursprünglichen«, die Verbindung von Körper, Bewegung, Rhythmus und »handgemachtem« Sound bildeten das kulturelle Feld, in dem *Worldmusic* nachgefragt war.

Nur in der Verbindung von ästhetisch-kulturellen Ansprüchen, die sozial organisiert sind, und den zuvor genannten ökonomischen Aspekten, die kommerziellen Strategien folgen, sind Phänomene wie das der Weltmusik bzw. Worldmusic erklärbar. Kommerzielle Interessen sorgen dabei keineswegs immer nur für das Ende von Vielfalt. Ohne die Möglichkeiten medialer Verfügbarkeit (technologischer und ökonomischer) wüßte man kaum von der Vielfalt der Klänge. Dennoch entzünden sich immer wieder gerade am Phänomen der Worldmusic bzw. Weltmusik heftige Debatten um Einfalt und Vielfalt, Macht und Harmonie. Gemeint ist dabei aber eher eine bestimmte Auffassung von Authentizität, von der wir Mitteleuropäer überzeugt sind, daß sie sich in den Kategorien von Originalität und Individualität äußert. Ethnische Traditionen wünscht man rein, unverfälscht, naturwüchsig. Viele sind enttäuscht, wenn in einer Taverne am Mittelmeer das griechische Volkslied mit synthetischen Rhythmen unterlegt ist.

Worldmusic ist ein Versuch, entsprechende Sehnsüchte aufzugreifen. Denn Musik funktioniert wie ein Medium, durch das hindurch spezifische kulturelle Vorstellungen projiziert werden können. So taugt sie zur Sinnvermittlung. Kultureller Sinn aber ist nicht unmittelbar an der musikalischen Gestalt (Melodieführung, Rhythmik, Metrik etc.) ablesbar. Dies trifft erst recht auf kulturelle Praktiken zu, die in einem medienvermittelten Zusammenhang stehen. Sie dienen nicht der Aneignung im Sinne der Versenkung in ein Werk. Vielmehr spielen ästhetische Strategien des zerstreuten Hörens und fragmentarisierten Wahrnehmens eine herausragende Rolle. Insofern sind gerade das Phänomen und die Repertoirekategorie *Worldmusic* durch die Prozesse der Mediatisierung, Fragmentarisierung und Dekontextualisierung gekennzeichnet. *Worldmusic* wird als Medium von Harmonie und Differenz gleichermaßen gebraucht und repräsentiert die Sehnsüchte nach Ganzheitlichkeit in der Differenz.

Skepsis gegenüber ethnischen Repräsentationen

Seit den ausgehenden 1980er Jahren hat sich in der Welt der Musik sehr viel verändert. Das kommerzielle Interesse an Weltmusik hat nachgelassen. Das Billboard-Magazin beispielsweise stellte die Veröffentlichung von Worldmusic-Charts ein. Label, Veranstalter und der hochspezialisierte Einzelhandel können sich nur noch mühsam am Markt halten oder mußten ihre Aktivitäten vor Ort ganz einstellen und agieren nunmehr ausschließlich als elektronische Verkaufsplattformen. Dennoch ist das Interesse an »nichtwestlichen« Musikformen und Sounds ungebrochen. Dabei »erheben« derzeit – insbesondere im Kontext populärer Musikformen – diejenigen ihre Stimme, die sich losgesagt haben von ethnischen Zuweisungen. In diesen jüngeren Musikformen werden die kulturellen und ethnischen Identitäten des letzten Jahrhunderts dekonstruiert und gesampelt sowie neue Identitäten performativ erfunden.

Ein Beispiel einer solchen Entwicklung stellen die Musikszenen der dritten Migranten-Generation in einigen europäischen Metropolen dar. Von London aus sorgte der sogenannte *Asian Underground* für kulturelle Irritationen und kommerziellen Erfolg zugleich. Einer seiner wichtigsten Vertreter – die Band *Asian Dub Foundation* – äußerte sich in einem Interview einmal sinngemäß: »We ain't ethnic, exotic or eclectic. The only E we use is electric... With your liberal minds, you patronise our culture... With your tourist mentality, we're still the natives. You're multicultural, we're antiracist«. Musiker des Asian Underground vermeiden direkte Bezüge zu den Traditionen ihrer aus Indien oder Pakistan stammenden Großeltern. Wenn ein Tabla-Sound erklingt, dann wird er meist elektronisch verfremdet und ist als solcher kaum noch erkennbar.

Weltweit vermischen sich globale Sounds mit lokalem Slang. Musiker und Musikerinnen in allen Teilen der Welt wollen am Puls der Zeit musizieren. Der Schweizer Musikjournalist Thomas Burkhalter schrieb in einem Artikel mit der provokativen Überschrift *Kein Artenschutz für Weltmusik*: »Da... (den) Produkten (des internationalen Repertoires) nichtwestliche Sounds meist nur als exotischer Geschmacksverstärker beigemischt wurden, konnte die Jugend anderer Kontinente das Eigene nicht als cool und trendy oder zumindest als Basis einer eigenen Soundkultur einstufen.«[27]

27 Thomas Burkhalter: *Kein Artenschutz für Weltmusik. Ein Plädoyer für den Verzicht auf musikalische Monokulturen*, in Haus der Kulturen der Welt (Hg.): *popdeurope. migrating sounds in and out of europe*, Berlin 2003, S. 5.

Auch in Westafrika beispielsweise wächst eine Generation von Musikern heran, die globale Musiksprachen mit lokalem »Slang« verbindet. Es verwundert kaum, daß HipHop bzw. Rap in diesem Zusammenhang eine herausragende Rolle spielt.

Auf dem Booklet eines Samplers, der ganz unterschiedliche Aufnahmen aus dem Senegal vereint, schreibt deren Produzent: »Die Kids verfolgen schon lange im Radio und Fernsehen, was im knapp 5 Stunden entfernten Dakar los ist. Viele senegalesische HipHop-Bands kamen nach Gambia, um dort aufzutreten und ihre neuen Kassetten vorzustellen. Andersherum gingen auch einige Bands aus Gambia nach Dakar, um ihre Kassetten aufzunehmen und zu vervielfältigen.« Damit wollen junge Senegalesen zeigen, wie modern sie sind und daß ihr musikalischer Horizont keineswegs nur aus Djembe-Trommeln und Weltmusikstars wie Youssou N'Dour besteht.

Derartige CDs wird man im *Worldmusic*-Regal vergeblich suchen. Ihre Tracks sind von senegalesischen Rappern für senegalesische Kids gemacht, nicht zuvorderst für das Publikum in Mitteleuropa. Also erreichen derartige Sounds in Europa nur ausnahmsweise die Aufmerksamkeit weniger Spezialisten. Sie scheinen zu weltläufig, zu wenig authentisch und wenig different im Verhältnis zu den globalen Soundströmen: geradezu entzaubert.

Dietrich Helms
Ein bißchen Frieden hören

Vom Krieg und der Befriedung der populären Musik

Mißbrauch von Konsumgütern

»This machine kills fascists« schrieb Donovan, die englische Soft-Variante Bob Dylans, in Anlehnung an Woody Guthrie auf seine Gitarre. Auf dieser Faschistentötungsmaschine zupfte er dann die Begleitung zu Texten mit Spielzeugmetaphorik wie *Little Tin Soldier* (1965) und *Ballad of a Crystal Man* (1965). Das Ziel war klar formuliert, doch wen trafen seine Lieder? Die Schrift auf der Gitarre wirkt heute wie ein Menetekel für den Gitarristen. Wenige Jahre später machte Jimi Hendrix seine Fender Stratocaster zur *Machine Gun* (1970), die hörbar Salven von neun stotternden 32teln schoß: »Well, I pick up my axe and fight like a bomber«. Inmitten von knatternden Schlagzeugsalven, heulenden Glissandogranaten und kreischenden Rückkoppelungsbomben steht ein Ich in den Lyrics, das, wie die Soldaten im Dschungel von Vietnam, kaum mehr weiß, worauf es schießt, warum geschossen wird und wer hier eigentlich auf wen schießt. Zudem wechselt in der letzten Strophe der Erzähler plötzlich von der ersten in die dritte Person. Vietnamkrieg? Straßenkrieg? Rosenkrieg? Generationenkrieg?

Die Geschichte der populären Musik begann mit dem »Mißbrauch von Heeresgerät«.[1] Der erste Schritt des medialen Umschmiedens von Schwertern zu Pflugscharen war die Verwandlung von Heeresfunk in Rundfunk nach dem Ersten Weltkrieg.[2] Ein Verbreitungsmedium mit fast unbegrenzter Reichweite, global, aber auch sozial, überall und von jedem zu empfangen. Es kommuniziert nicht mit Noten, die den Eingeweihten brauchen, um verstanden zu werden, sondern nur mit Klang: kein musikalisches Morsen mehr von Funker zu Funker, sondern Sprechen zu

---

1 Friedrich Kittler: *Grammophon, Film, Typewriter*, Berlin 1989, S. 149.
2 Ebd., S. 149 ff.

jedem, der das vergleichsweise wenige Geld für den Apparat hat, der allein zum Verstehen nötig ist. Das Mikrophon wurde zum virtuellen Ohr des Hörers, das ihm scheinbar objektive Distanz oder intimste Nähe zu den Lippen des Sängers vorgaukelte und aufzwang.[3]

Der zweite Schritt war die Aneignung der militärischen Zeitmaschine Magnetophon durch die Unterhaltungsindustrie nach dem Zweiten Weltkrieg. Im Krieg hatte das Magnetophon feindliche Geheimdienste und das Publikum der Kriegsberichterstattung getäuscht.[4] Jetzt wurde sein Potential für die Unterhaltungsindustrie entdeckt. Hatte die Schallplatte lineare Zeit konserviert und wiederholbar gemacht, machte das Tonband Ereignisse umkehrbar, filterbar, in ihrer Reihenfolge veränderbar und dazu noch beliebig wiederholbar, so daß das Künstliche, Verfremdete, Gefälschte zu einer neuen Realität auch der akustischen Kommunikation wurde. Aus der Steuerung des Hörens durch das Mikrophon und der Fiktionalisierung des Zeitablaufs und des Klangs durch das Tonband entstand der Sound. Das Besondere dieser Musik läßt sich nicht mehr in Noten beschreiben. Man muß hören, um sie zu verstehen.

Zehn Jahre nach Kriegsende wurden dann die Produkte der technischen Pflugscharen, die den Boden für einen äußerst fruchtbaren Markt bereitet hatten, zu Waffen geschmiedet. Der sich anbahnende Krieg war ein »Mißbrauch« von Konsumgütern. Mit Elvis Presley und Bill Haley and his Comets schlug der Rock 'n'Roll ein und hinterließ eine Spur der Verwüstung: zunächst in den Konzerthallen und Kinos, dann auch in der Musiklandschaft. Nicht in den Noten und wenig nur im Text lag die Kriegserklärung, sondern im Sound, dem Schluchzen, Kieksen, Jammern, Stottern der Sänger, dem Kreischen der Saxophone, dem Hämmern der Klaviere, dem Peitschen der Bässe. Es war der Sound, der der heilen Welt von Tin Pan Alley und Schlagern den Krieg erklärte, der dem Rock'n'Roll die Eigenständigkeit brachte. Bis heute haben Urheberrechtssprechung, Musikwirtschaft und Mu-

---

3 Ein Effekt vergleichbar mit den Konsequenzen der Erfindung der Kamera. Vgl. Walter Benjamin: *Das Kunstwerk im Zeitalter seiner technischen Reproduzierbarkeit*, Frankfurt a. M. 1977, S. 23 f.
4 Kittler, op. cit. (Anm. 1), S. 163.

sikwissenschaft mit dem Verlust der ehemals stabilen Welt der notierbaren Töne zu kämpfen.[5]

Folgenreicher war, daß es mit Hilfe des Phänomens Sound gelang, eine Front mitten durch die Gruppe der Hörer zu ziehen, die sie in zwei gegenseitig geschlossene soziale Systeme spaltete. Gab es zuvor nur Hörer einer Musik, deren Stücke, je nach Perspektive, für guten oder schlechten Geschmack standen, für Kunst oder Trivialität, behaupteten jetzt die einen Hörer, daß das, was die anderen hörten, überhaupt keine Musik sei. Und sie hatten recht: Beurteilt man eine Musik, die auf einer Ästhetik des Sounds beruht, mit einer Ästhetik der Töne, kann nur das Eingeständnis des Unverständnisses oder schlimmer, die völlige Ausgrenzung dabei herauskommen. Das gleiche gilt natürlich auch umgekehrt.

Unterhaltungsmusik hatte zerstreut, Rock'n'Roll machte mobil.[6] Sound wurde zu einer Waffe bei der Etablierung eines neuen sozialen Systems, der Jugendlichkeit.[7] Diese Opposition war vielleicht »sprachlos« (Dieter Baacke), aber keineswegs leise und keineswegs stumm. Zehn Jahre nach dem Ende des Weltkriegs der Nationen begann weltweit der Krieg der Generationen. Wiederum zehn Jahre später sollte diese Musik, die von ihrer Umwelt als Kriegserklärung verstanden wurde, Frieden schaffen, in Vietnam und an der Heimatfront.

Politisierung der populären Musik

We shall overcome, von Pete Seeger, Zilphia Horton, Frank Hamilton und Guy Carawan auf der Grundlage eines Traditionals in vielen Sinnen des Wortes komponiert, ist bis heute die Hymne aller Demonstrationen gegen staatliche Macht. Mit »Black and

---

5 Vgl. Dietrich Helms: *Auf der Suche nach einem neuen Paradigma: Vom System Ton zum System Sound*, in Thomas Phleps und Ralf von Appen: *Pop Sounds. Klangtexturen in der Pop- und Rockmusik. Basics – Stories – Tracks*, Bielefeld 2003, S. 197-228.
6 Kittler, op. cit. (Anm. 1), S. 170.
7 Ich verwende bewußt nicht den Begriff der Jugend, der durch demographische Faktoren (Alter, Ausbildungsstand usw.) definiert wird. Jugendlichkeit steht für ein soziales System, daß sich durch bestimmte Modalitäten der Kommunikation und Handlungen von seiner Umwelt abgrenzt. Vgl. Niklas Luhmann: *Soziale Systeme. Grundriß einer allgemeinen Theorie*, Frankfurt a. M. 1984.

white together...« in der zweiten, »We shall live in peace...« in der vierten und »We shall all be free...« in der fünften Strophe deckt der Song die meisten großen Anlässe öffentlichen Protestes ab. Die repetitive Form des Textes macht es einfach, je nach Bedarf weitere Strophen zu ergänzen. Die Melodie beginnt naiv, wie ein Kinderlied, um sich jedoch bereits im dritten Vers zu einem inbrünstigen Spitzenton mit einer anschließenden, für populäre Musik ungewöhnlichen kadenzierenden Spielfigur aufzuschwingen, die den Gestus des Stücks in einen Hymnus umschlagen läßt. Aus dieser kirchenmusikalischen Höhe geht die Melodie wieder drei Verse abwärts, um schließlich im tiefsten Ton zu enden, gewissermaßen als Erdung der Überzeugung, »that we shall overcome some day«.

Um 1960, der Sound des Rock'n'Roll hatte an Durchschlagskraft verloren, entdeckten viele Jugendliche in den Vereinigten Staaten und in England, etliche Jahre später auch in Deutschland, die Bewegungen zur Wiederbelebung der traditionellen Folk-Musik für sich. Dominiert wurde die Szene des Folk-Revival von Musikern, die schon vor dem Zweiten Weltkrieg aktiv gewesen waren: Pete Seeger, Jahrgang 1919, zum Beispiel, und Woody Guthrie, Jahrgang 1912. Durch den Zulauf von jungen Leuten, die mit dem Rock'n'Roll aufgewachsen waren, war es nur eine Frage der Zeit, wann es zum Zusammenstoß der Systeme kommen würde. Der historische Moment kam am 25. Juli 1965 auf dem Newport Festival: Bob Dylan, bisher die große Nachwuchshoffnung des Folk-Revival, trat mit elektrischer Gitarre und Rockband auf die Bühne. Viele Fans empfanden das als Verrat an der Sache des Folk.

Die Entwicklung war allerdings vorhersehbar gewesen. Dylan hatte 1962 dem Liederkanon der Protestbewegungen der ganzen Welt einen neuen Hit hinzugefügt: *Blowin' in the Wind*. Auch hier sind die Themen Frieden und Freiheit, doch in die Glaubensgewißheit von *We shall overcome* streut Dylan den Zweifel: »How many times must the cannon balls fly / Before they're forever banned? / The answer, my friend, is blowin' in the wind / The answer is blowin' in the wind.« Protagonist seiner Texte ist nicht das Wir des Folk, sondern das Ich des zweifelnden, zynischen Rebellen. Die Texte geben nicht vor, in einem kollektiven Prozeß des Schaffens und Überliefers entstanden zu sein, wie z. B. *We shall overcome* mit seinem die Tradition weiterschreibenden Autorenkollektiv. Sie haben ein einzelnes, identifizierbares auktoriales Ich. Dylan war von Beginn an ein Popstar: Egozentrisch, charismatisch, unverkennbar mit seiner näselnden Stimme – Sound eben, der zur Marke taugt.

Das Kommunikationssystem, das man ab hier besser Rock als Rock'n'Roll nennt, erhielt durch die Übernahme von Elementen des Folk eine breitere musikalische und jetzt auch eine ideologische Basis. Der Schrei nach Sex and Drugs im Rock'n'Roll hatte heftigen Widerstand provoziert und so dazu beigetragen, das System der Jugendlichkeit von seiner Umwelt abzugrenzen. Das System konnte sich jetzt als ausgegrenzt verstehen und zur Stabilisierung nach innen gegen diese Ausgrenzung opponieren. Es suchte nach einer eigenen Ästhetik und Tradition und fand diese mit dem Folk in der Musik sozialer Gruppen, die es als ähnlich ausgegrenzt verstand: im Blues und der Kirchenmusik der Schwarzen, in den Volksliedern und Balladen, die sich in ländlichen, ärmlichen Gegenden erhalten hatten, in der Musik der Arbeiterbewegung. Die Verwandtschaft mit der zeitgenössischen Unterhaltungsmusik wurde und wird bis heute gerne ausgeblendet.

Das System schrieb sich seine Geschichte, es politisierte sich damit jedoch auch. Aus der »schweigenden Opposition« zur Etablierung eines sozialen Systems der Jugendlichkeit, das sich vor allem durch Forderungen nach einer eigenverantwortlichen Freizeitgestaltung definierte, entwickelte sich eine erweiterte oppositionelle Haltung, die jedoch, auch wenn Beobachtern die Ziele politisch erschienen, immer zuerst Jugendlichkeit zu definieren versuchte. Rock'n'Roll dehnte sich, je mehr die Ideale der Freizeit verallgemeinert wurden, auf die allgemeine Lebenseinstellung aus. Krieg und Frieden zwischen Staaten konnten jetzt zu Themen werden.

Rock, wie er sich als Kommunikationssystem in der zweiten Hälfte der 1960er Jahre ausprägte, enthält für den Beobachter eine Reihe starker Widersprüche, die durch die Verbindung von Folk und Rock'n'Roll entstanden. Diese Widersprüche führen allerdings intern nicht zu einer Auflösung des Systems, da sie niemals gleichzeitig verwendet werden, um das System von der Umwelt abzugrenzen. Sie prägen bis heute auch den Umgang mit dem Thema Krieg und Frieden. Einer dieser Widersprüche lag in der Doppelfunktion der Musik, einerseits das System der Jugendlichkeit von der Gesellschaft weiter abzugrenzen und andererseits politische Ansprüche gegenüber dieser Gesellschaft geltend machen zu wollen. Das soziale System der Jugendlichkeit hatte sich, vereinfacht ausgedrückt, durch Beanspruchung individueller, erwachsener Freiheiten bei kindlicher Verantwortungslosigkeit definiert. Dieses individualisierte, hedonistische Verständnis von Freiheit findet sich auch in den Auseinandersetzungen von Folkrock und Rock mit dem Vietnamkrieg. Eine Auseinandersetzung mit den politischen Zielen der Vereinigten Staaten findet im Rock eher auf Nebenschauplätzen statt.

Barry McGuires *Eve of Destruction* (1965), der größte Folk-Rock-Hit der frühen Kriegsjahre, macht den Konflikt der Interessen der Generationen deutlich: »You're old enough to kill, but not for voting / You don't believe in war, but what's that gun your're toting?« Bob Dylan singt in *I Ain't Marching Anymore* (1965): »It's always the old, to lead us to war / And always the young to fall«. Jim Morrison von den Doors sang in *Five to One* (1968) zu bedrohlich marschierender Musik: »The old get old / And the young get stronger [...] / They got the guns / But we got the numbers / Gonna win, yeah / We're takin' over«. Country Joe and the Fish machten sich in ihrem ätzenden *I Feel Like I'm Fixin' To Die Rag* (1965) über die Ideale von Pflichterfüllung gegenüber dem eigenen Land lustig, indem sie amerikanischen Vätern und Müttern im Stil eines heiteren Trinkliedes rieten: »Send your sons off before it's too late. / And you can be the first ones in your block / To have your boy come home in a box«, und im Refrain heißt es: »And it's one, two, three / What are we fighting for? / Don't ask me, I don't give a damn, / Next stop is Vietnam.«[8]

Im Rock wird der Vietnamkrieg zu einem Krieg der Alten gegen die Jugend im selben Land. Jimi Hendrix' Widmung in der Ansage seines Stückes *Machine Gun* auf dem Neujahrskonzert 1969/70 im Fillmore East in New York ist bezeichnend: »I'd like to dedicate this one to the draggin' scene that's goin' on – all the soldiers that are fightin' in Chicago, Milwaukee and New York – oh yes, and all the soldiers fightin' in Vietnam.« Ein Song gegen den Krieg wird zum Kriegslied. Am 3. Mai 1970 lösten Soldaten der Nationalgarde eine Demonstration von Studenten gegen die Ausweitung des Vietnamkriegs auf Kambodscha an der Kent

---

8 Weitere Beispiele in Terry H. Anderson: *American Popular Music and the War in Vietnam*, in: *Peace and Change*, Bd. 11, 1986, S. 51-65, S. 55.

State University, Ohio, gewaltsam auf. Vier Demonstranten wurden getötet. Eine Untersuchungskommission des Präsidenten stellte später fest, die Nation sei gezwungen worden »to use the weapons of war upon its youth«.[9] Zwei Monate später erreichte Neil Youngs Song *Ohio*, gesungen von Crosby, Stills, Nash and Young die amerikanischen Top Fourty: »Tin soldiers and Nixon's coming / We're finally on our own / This summer I hear the drumming / Four dead in Ohio.«

Aufschlußreich ist ein Vergleich mit Stücken, die dem Vietnamkrieg positiv gegenüberstehen. Prokriegssongs gehören zu völlig anderen sozialen Systemen, haben einen anderen Sound: Es sind vor allem Sänger der Countrymusic, die sich positiv zum Krieg äußern. Das System der Countrymusic grenzt sich in sprachlicher und bildlicher Kommunikation bevorzugt durch Elemente ab, die sich auf den Gründungsmythos der Vereinigten Staaten von Amerika beziehen, auf die einsamen Pioniere, die hart arbeiteten, um ihre Familien zu ernähren und die vieles opfern, um in Freiheit und Selbstbestimmtheit leben zu können. Es sind Menschen, die Verantwortung übernehmen, auch wenn sie schwer an ihr tragen und scheitern.[10] Entsprechend beschwören z. B. Charlie Moore und Bill Napier in *Is This A Useless War?* (1966) die amerikanische Tradition: »Have our forefathers died in vain, / [...] They fought to keep our nation free, / Now we must fight for liberty.« Victor Lundberg machte in seinem Song *An Open Letter to My Teenage Son* (1967) klar, daß die Opposition gegen den Krieg kein Fall für die Politik, sondern für die Pädagogik ist. Wenn er sich zwischen der Liebe für seinen Sohn und der Liebe für sein Land entscheiden müsse, würde er letztere vorziehen und seinen Sohn verstoßen, wenn dieser nicht in den Krieg ziehen wolle. Der Vietnamkrieg und die Jugendbewegung Ende der 1960er Jahre politisierten die Countrymusic in einem bis heute nicht mehr erreichten Maße. Sie wurde zum ideologischen Antagonisten des Rock, trotz vieler anfänglicher Ähnlichkeiten und trotz des gemeinsamen Einflusses aus dem Folk-Revival.

Auch der Mainstream bezog zum Vietnamkrieg Stellung, wenn

---

9 Zit. nach H. Bruce Franklin (Hg.): *The Vietnam War in American Stories, Songs and Poems*, Boston 1976, S. 213.
10 S. John Buckley: *Country Music and American Values*, in Timothy E. Scheurer (Hg.): *American Popular Music: Readings from the Popular Press*, Bd. 2: *The Age of Rock*, Bowling Green 1989, S. 24-33.

auch aufgrund seiner Eklektizität in der Regel weniger deutlich für die eine oder die andere Seite. Der größte Hit der ersten fünf Jahre des Vietnamkriegs war »Staff Sergeant« Barry Sadlers *The Ballad of the Green Berets* (1966, mit Robin Moore Jr.). Auch hier wird das Leid des einzelnen durch seinen Einsatz für eine bessere Zukunft glorifiziert. Der Protagonist stirbt »for those oppressed« und mit dem Wunsch auf den Lippen, seine junge Frau möge seinen Sohn auch zu einem Green Beret erziehen: »These are men, America's best«. Freddies Übertragung des Songs in einen deutschen Schlager, *Hundert Mann und ein Befehl* (1966), nimmt im Gegensatz zum Original eine erstaunlich zweifelnde Haltung gegenüber dem Sinn der Mission ein. Die Mutation vom heimwehkranken Seemann zum heimwehkranken Elitesoldaten erfolgte zunächst auf schlagertypisch neutralem Boden. Als der Erfolg des Titels ihm Recht zu geben schien, ließ er im Herbst mit *Eine Handvoll Reis* ein deutlicheres Statement folgen: »Wir kämpften in uns'rer Kolonne / für Freiheit und Demokratie«; der Refrain beschreibt den Lohn der Soldaten: »Stolz und Trauer und die Grüße, / ja die Grüße der ganzen Nation!« 1966 war Freddie der einzige Schlagersänger, der so etwas singen konnte. Den Wunsch nach Frieden zu äußern war dem Schlager, solange er noch deutschsprachiger Mainstream war, d. h. Sammelbecken von Versatzstücken erfolgreicher Titel anderer Genres und Stile, erst zu Beginn der 1970er Jahre möglich, als der Wunsch nach einem Ende des Krieges – in Vietnam, aber auch auf den Straßen deutscher Großstädte – zum Konsens wurde. Entsprechend konsensfähig waren auch Udo Jürgens' *Zeig mir den Platz an der Sonne* (1971) und Peter Maffays *Frieden* (1972). Maffay verkündete pauschal: »Ich such' Frieden, / Frieden mit allem auf der Welt.« Es allen recht machen zu müssen und zu können ist das Schicksal und die Chance des Mainstream, gespeist aus einer Vielzahl sehr unterschiedlicher Quellen, doch selber zu nicht mehr als trägem Mäandrieren fähig. Mainstream bildet die Umwelt, gegen die sich andere Systeme absetzen, und definiert sich konsequent durch das, was er nicht ist.[11] Entsprechend unklar sind daher auch seine Stellungnahmen. Reichte im Kontext von Rock oder Folk die bloße Erwähnung des Wortes »Frieden« aus, um von den Hörern als

---

11 Abgrenzen mußten sich Schlager erst 1982, als die Neue Deutsche Welle behauptete, zum Schlager zu gehören. Damit endete jedoch auch seine Position als deutscher Mainstream endgültig.

eindeutige Stellungnahme erkannt zu werden, gibt es im Mainstream immer ein Defizit an Eindeutigkeit. Udo Jürgens' *Platz an der Sonne* war vor allem das Lied der gleichnamigen Fernsehlotterie. In seinem Wunsch nach dem Land, »wo Friede wohnt und Menschlichkeit«, einen Kommentar zu Vietnam zu hören, wird dem Schlagerhörer kaum eingefallen sein.

Viele Texte der populären Musik wirken auf den außenstehenden, wissenschaftlichen Beobachter als politische Aussagen sehr vage. Die Bedeutung eines Stückes wird erst dann eindeutig, wenn der Hörer es einem sozialen System zuordnen kann. Wird ein Stück als Rock wahrgenommen, hilft das System, die Kontingenz der Bedeutungsmöglichkeiten einzuschränken. Das System bestimmt auch, ob Musik nach verbalen Bedeutungen (z. B. politischen Botschaften) abgehört wird oder ob rein motorische oder emotionale Anschlüsse angemessen sind, wie z. B. im Rock'n'Roll.

Rock war nicht die Musik *der* Jugend und Schlager bzw. in den USA Country die Musik *der* Erwachsenen. In den sechziger und siebziger Jahren war der deutschsprachige Mainstream in den Hitlisten immer sehr stark vertreten, und das, obwohl nach allen Umfragen überwiegend Jugendliche Schallplatten mit populärer Musik kauften. Aus diesem Befund läßt sich wiederum nicht schließen, daß es einen großen Prozentsatz angepaßter Jugendlicher gegeben hat. Rock repräsentierte Jugendlichkeit, bestimmte Modi der Kommunikation und nicht alle Menschen einer bestimmten Altersgruppe oder sozialen Schicht. Als sich das System Rock'n'Roll nach 1965 weiterentwickelte und Stücke auch auf verbale Bedeutungen hin gehört wurden, hörte man die politischen Aussagen, die mit der Definition von Jugendlichkeit vereinbar waren, und keine Parteipolitik. Dieselben Jugendlichen hörten in anderen Kontexten, in denen Jugendlichkeit nicht abgegrenzt werden mußte, andere Musik, die zwar nicht die Musik der Jugend(-lichkeit), aber dennoch ihre Musik war, denn sie nahmen kompetent an den entsprechenden sozialen Systemen teil – z. B. beim Musizieren mit der Feuerwehrkapelle, beim Tanzen auf dem Schützenfest oder beim Betrachten der ZDF-Hitparade zusammen mit der Familie. Die sozialen Systeme von Rock und Schlager oder besonders Countrymusic schließen sich für einen außenstehenden Beobachter, der sie gleichzeitig betrachtet, gegenseitig aus. Der Teilnehmer an einem System grenzt dieses offensiv gegen seine Umwelt ab. Wechselt jedoch der Kontext, wechselt das System, so daß er nacheinander Haltungen einnehmen kann, die dem externen Beobachter als Widerspruch erscheinen. Aus diesem Grund kann Donovans Gitarre auch metaphorisch keine Faschisten töten, denn um seine Kritik im Sinne des Systems Folk richtig zu verstehen, müßten diese Teil des Systems werden und wären damit Gleichgesinnte, auf die man nicht schießt. Nehmen sie jedoch nicht am System teil, kann sein Schuß erst recht nicht treffen. Die Kriegsherren hörten nicht die Friedensbotschaften, die Jugendliche hörten. Für sie war Rock eine Kriegserklärung der Jugend. Und die Jugendlichen, die den Krieg in Vietnam politisch befürworteten? Sie hörten die Jugendlichkeit und hatten ihren Spaß mit den Songs.

Protest und Unterhaltung

»War, huh, yeah / What is it good for? / Absolutely nothing!« Der Refrain von Edwin Starrs Hit *War* (1970) ist auf dem call and response-Prinzip der Gospel music aufgebaut. Der Solist fragt, unterbrochen von präzisen Bläserstaccatos, und der Chor antwortet »nothing«. Im Verlauf des Stücks übernimmt der Chor die Rolle des Fragenden, und der Sänger macht durch seine Einwürfe klar, daß jetzt das Publikum zu antworten hat: »listen to me«, »say it again«, »you tell me«, »stand up and shout it«. Die appellative Wirkung ist enorm, doch es bleibt ein Appell zum Mitsingen und – wenn die Spannung in der Strophe durch einen durchgehenden Groove aufgehoben wird – zum Mittanzen. Der Appell wird durch das Mittun während der Laufzeit des Stücks erfüllt, nicht durch den Transfer der Textaussage auf das Leben nach dem Ende des Songs.

Die Verknüpfung von Elementen des Rock'n'Roll und des Folk in einem System mußte zu einem weiteren Widerspruch führen: dem Widerspruch zwischen politischem Anspruch und Unterhaltung. Die Verankerung der eigenen Geschichte in der Musik unterdrückter Minderheiten wie dem Blues oder der Balladen armer Weißer hatte zwar zu einer Politisierung des Rock geführt, jedoch gleichzeitig das Problem produziert, wie Unterhaltung und politischer Anspruch zu vereinbaren seien. Das Ideal des Folk-

Revival war ein völlig anderes Kommunikationssystem als Rock 'n'Roll. Während Sound durch Studioarbeit entsteht, die den Musiker durch eine ganze Anzahl von Vermittlungsinstanzen vom Hörer trennt, ist das ideale soziale System des Folk das gemeinsame Musizieren in privater Atmosphäre, das hootenanny, der Auftritt in einem kleinen Club oder auf einem Folkfestival, auf dem man nicht nur zusammen singt, sondern auch für ein Wochenende zusammen lebt.[12] Wichtig ist das Ideal des unmittelbaren Kontaktes zum Publikum, das gemeinsame Singen, die anschließende Diskussion. Während Sound die Titel individualisiert, sie untrennbar mit der Stimme oder dem Spiel eines Musikers assoziiert, ist das Ideal des Folk das Stück, das von allen gleichberechtigt gesungen werden kann, das »Volks«-lied eben. Musiker arbeiten nach diesem Ideal nicht für Geld, sie sind nicht »kommerziell,«[13] sondern für ihre Überzeugung, und das Publikum erwartet, in den Stücken diese Überzeugung hören zu können. Während Sound Fiktionen erzeugt, künstliche Welten einer künstlich zusammengesetzten Zeit, in der ein Ich und ein Du zusammentreffen, die doch für immer durch die Verbreitungsmedien getrennt bleiben, produziert Folk idealerweise ein Wir in dieser Welt, das sich in einem Gefühl von gemeinsamem Engagement, gemeinsamen Weltanschauungen oder auch nur im gemeinsamen Musizieren ausdrückt. Die Musik legt Wert auf »Natürlichkeit«, weil eine Musik des Volkes nicht durch teure Technik produziert und reproduziert werden kann, weil Technik auch das Nachspielen und Nachsingen erschwert, aber auch weil Sound vom Eigentlichen, dem Text, ablenkt. Songtexte werden innerhalb des Systems Folk durch die ständige Rückversicherung des Spielens in der Gemeinschaft und des Sprechens über Bedeutungen relativ eindeutig verstanden. Und auch für außenstehende Beobachter gibt es wenig Zweifel. Das amerikanische Folk-Revival,

---

12 Vgl. z. B. die idealen Spielorte des Folk in Don Paulin: *Das Folk-Music-Lexikon*, Frankfurt a. M. 1980, S. 12f.

13 Wohlgemerkt, die Beschreibung gilt einem sozialen System, der Kommunikation zwischen Musikern und Hörern bzw. unter den Hörern. Reebee Garofalo weist zu Recht darauf hin, daß viele Musiker der Folkszene mit »nicht-kommerzieller« Musik sehr gut verdient haben und einen ähnlich eingeschränkten Kontakt zum Publikum hatten wie die Stars des Rock'n'Roll. Reebee Garofalo: *Understanding Mega-Events. If we are the World, Then How Do We Change It?*, in dies. (Hg.): *Rockin' the Boat. Mass Music and Mass Movements*, Boston 1992, S. 15-35, hier S. 18.

aber auch die spätere deutsche Liedermacherszene waren personal eng mit sozialen oder politischen Bewegungen verbunden. Man sang auf Kundgebungen und beteiligte sich an Aktionen zivilen Ungehorsams. Die Songs, die politisch verstanden werden wollten, waren in einen politischen Kontext eingebettet, der ihre Kontingenz einschränkte.

Rock ist dagegen viel weniger eindeutig: Während der Text eines Rockstücks vielleicht eine ernstgemeinte politische Mitteilung vermitteln will, signalisiert Sound zur gleichen Zeit den Unernst, den Spaß, die Ablenkung, die Fiktion. Sound will mitreißen, entführen, aufregen, zum Tanzen animieren, zum Träumen einladen und vor allem eines: unterhalten. Unterhaltung bedeutet immer die Schaffung einer Gegenwelt, deren Zeit aus der parallel weiterlaufenden Zeit der Realität ausgegliedert wird. Es wird eine Welt geschaffen, die Anschlußmöglichkeiten kennt, die in der Realität nicht existieren. Unterhaltung braucht keine Regeln und kein Wissen um Sozialverhalten wie das Spiel, sondern nur Informationen zum freien Operieren mit Fremdreferenz.[14] Im Gegensatz zum Roman oder zum Spielfilm ist es ein Kennzeichen populärmusikalischer Unterhaltung, daß auch das Ich in diese Fremdreferenz mit hineingezogen wird. Sound schafft einen intimen Kontakt zwischen Hörer und Musiker. Die Stimme der Sängerin klingt, als flüstere sie in unmittelbarer Nähe des Ohrs; der Chor schallt aus allen Richtungen, als stünde der Hörer mitten drin. Die Texte enthalten privateste Details des Seelenlebens eines lyrischen Ichs oder die hingebungsvolle Anbetung des Du. Selbst pubertierenden Teenagern ist mal mehr, mal weniger klar, daß diese Kommunikation keine Gültigkeit über die zeitlichen Grenzen des Songs hinaus hat, daß diese Kommunikation keine Kommunikation von seiten des Hörers fordert, ja nicht einmal fordern darf, denn damit würde die Fiktion, die Unterhaltung durch das Eindringen der realen Welt zerstört. Unterhaltung endet, wenn Fragen aufkommen, die in die Realität hinüberweisen, Fragen nach der Autorintention, Fragen nach korrektem Anschlußverhalten nach dem Ende des Stücks. Es sind gerade diese Fragen, die für eine politische Aussage, eine Meinungsbildung und Veränderung des Bewußtseins über die Dauer des Songs hin-

---

14 Niklas Luhmann: *Die Realität der Massenmedien*, 2. erw. Aufl., Opladen 1996, S. 96 ff.

weg notwendig sind. Unterhaltung und Änderung des (politischen) Bewußtseins zur gleichen Zeit schließen sich aus.

In einer Musik, die fast ausschließlich durch Schallaufzeichnungen vermittelt wird, ist Kommunikation ohnehin nur über so komplexe Umwege möglich, daß weder die Hörer sich des Meinens des Interpreten noch die Interpreten der Bedeutungszuschreibung durch die Hörer versichern können. Den Erfolg seiner Mitteilung kann der Musiker nur im Erfolg seiner Produkte beurteilen, in den Verkaufszahlen seiner Tonträger, in der Auslastung seiner Konzerte und in der Art und Weise, wie seine Zuhörer im Konzert reagieren. Der Zuhörer wiederum hat keine Möglichkeit, den Musiker nach der Richtigkeit seines Verstehens der Texte und der Zeichen in der Musik zu fragen. Er kann lediglich sein Einverständnis über den Kauf einer CD oder einer Eintrittskarte signalisieren oder im Gespräch mit Dritten einen Konsens bilden, ohne damit jedoch die Eindeutigkeit und Verbindlichkeit direkter Kommunikation zu erreichen, denn dieser Konsens gilt nur für die Kommunikation unter Hörern, nicht jedoch für das System, in dem die Musik produziert wurde. Verbale Aussagen verlieren in der populären Musik daher gegenüber dem Sound an Bedeutung, und zwar so weit, daß sie im Extremfall ohne Konsequenzen für die Kommunikation mit den Musikern von unterschiedlichen Hörern völlig gegenteilig wahrgenommen werden können. Das bekannteste Beispiel hierfür ist wohl Bruce Springsteens *Born in the USA* (1984). Der Text des Songs handelt von einem Veteranen des Vietnamkriegs, der von derselben Gesellschaft, für die er zu kämpfen meinte, fallengelassen wird. Der Erfolg des Songs veranlaßte Präsident Ronald Reagan, 1984 in Wahlkampfreden Springsteen als Verkörperung ausgerechnet der konservativen Werte hervorzuheben, die der Musiker in seinen Songs kritisiert.[15] Der pathetische Sound von *Born in the USA* und die vieldeutige, häufig wiederholte Titelzeile des Refrains übertönten offenbar für manche Hörer jegliche Bedeutung der Strophen – eine Beobachtung, die in der populären Musik häufig gemacht werden kann.

Während der Zeit des Vietnamkriegs änderte sich auch der Sound des Rock auffallend. Es wurde bewußt nach narrativen

---

15 Vgl. Bruce Franklin, op. cit. (Anm. 9); Jon Wiener: *Professors, Politics and Pop*, London, New York 1991, S. 297-298.

und expressiven Möglichkeiten gesucht. Man unterschied zwischen kommerzieller und nicht-kommerzieller Musik, womit nicht der finanzielle Erfolg einer Band gemeint war, sondern ein Sound, der versucht, nicht nur Funktions-, sondern auch Bedeutungsträger zu sein. Ein typisches Beispiel ist *The Unknown Soldier* (1968) von den Doors. Die Kontraste zwischen Refrain und Strophenbeginn sind extrem groß. Die ersten drei Zeilen singt Jim Morrison nur begleitet von einem gelegentlichen Keyboard-Arpeggio. Der brutale Marschrhythmus des zweiten Teils der Strophe sowie des Refrains bricht zerstörerisch in diese zarte Situation ein. Er stimuliert Bewegungen, doch jeder Versuch zu tanzen wird sofort unterbunden. Die Dynamik wird durch den Zwischenschnitt konkreter Klänge sofort wieder zurückgenommen: Man hört marschierende Soldaten, den Befehl, das Gewehr zu präsentieren. Ein Trommelwirbel endet und Schüsse peitschen. In die Stille schleicht sich wieder der Song mit leisem Arpeggio und Gesang ein. Die angestaute Spannung entlädt sich schließlich in einem ekstatischen Schluß, in der ständigen variierten Wiederholung des Refrains »It's all over«, in Schreien des Sängers, Glockengeläut und dem Jubel einer Menschenmenge.

Die Problematik der Repräsentation verbaler Bedeutungen in Tönen oder Sounds teilt die populäre Musik mit der Kunstmusik. Sie ist von der Musikwissenschaft ausführlich diskutiert worden, so daß die Argumentation hier nicht wiederholt werden muß. Da es kein musikalisches Zeichensystem gibt, das eindeutige Bezüge auf sprachliche Begriffe herzustellen erlaubt, bleibt der Musik kaum mehr, als durch das Durchbrechen von Hörgewohnheiten Aufmerksamkeit auf sprachliche Aussagen innerhalb (Titel oder Text) oder außerhalb des Stücks (z. B. Kommentare des Komponisten) zu lenken oder durch Einspielung von konkreten Klängen bzw. durch Klangmalerei außermusikalische Bedeutungen zu erzeugen. Ein Klassiker in diesem Kontext, wenn auch in seiner Form untypisch, ist Jimi Hendrix' *Star Spangled Banner* (1969). In diesem hochvirtuosen Stück für elektrische Gitarre zerstört Hendrix die Melodie der amerikanischen Nationalhymne durch Rückkoppelungen und Glissandi, die wie Bombenabwürfe und -einschläge klingen.

Das bewußte Durchbrechen von Hörgewohnheiten, das deutlicher betrieben wurde, als für den Eindruck der Neuheit und Individualität des Songs nötig gewesen wäre, gab der populären

Musik am Ende der 1960er Jahre einen ungeheuren Entwicklungsschub. Rückblickend, auf der Grundlage der Kriterien, die damals erst im Entstehen begriffen waren, kann Terry H. Anderson schreiben: »The Vietnam war also contributed to enhancing the quality of popular music, and this was especially true of rock 'n' roll.«[16] Die Provokation durch Sound wurde vom Mittel der Abgrenzung nach außen zum Werkzeug der Abgrenzung nach innen. Die Politisierung ließ den Rock episch werden, nicht nur durch die zunehmende epische Breite des Sounds und die epische Länge der Instrumentalsoli, sondern episch auch insofern, als die Frage nach der Position des Autors zu einem Element des sozialen Systems wurde. Die Qualität der Musik verbesserte sich scheinbar, weil mit der Frage nach der Autorintention ein Merkmal zum Konsens wurde, das ähnlich auch in der Kunst existiert. Der Weg zwischen Unterhaltung und politischer Agitation führte in Richtung Kunst, ohne daß jedoch eine Vereinigung mit dem System der Kunstmusik stattfand. So konnte eine popmusikalische Avantgarde entstehen, aber auch die gesteigerte Künstlichkeit des Glam-Rocks der ersten Hälfte der siebziger Jahre.

Authentizität

1965 nahm Joan Baez den 1963 geschriebenen Dylan-Song *A Hard Rain's Gonna Fall* auf. Stimme und akustische Rhythmusgitarre stehen bei der Aufnahme im Vordergrund, der Rhythmus wird durch einen dezenten, dumpfen Bass verstärkt, die Begleitung angereichert durch Arpeggien einer elektrischen Gitarre. Die Textstrophen sind identisch aufgebaut: Auf eine Frage »Where have you been…«, »What did you see…« bzw. »What did you hear my blue-eyed son?« antwortet der Angesprochene mit anaphorischen, parallel konstruierten Sätzen, die litaneiartig über dieselbe kurze melodische Phrase gesungen werden. In der letzten Strophe folgt diese Melodie zwölfmal aufeinander, bevor der erlösende Refrain folgt, der dann zu einer Klimax aufgebaut wird: Viermal wird die Phrase »And it's a hard« jeweils stufenweise erhöht wiederholt, bis der Vers in der fünften Wiederholung, auf dem Spitzenton des Songs, vollständig gesungen wird:

---

16 Terry H. Anderson, op. cit. (Anm. 8), S. 51.

»And it's a hard rain's a-gonna fall«. Der Text verwendet überwiegend Worte der Zerstörung, der Gewalt, des Todes, aber auch Verse mit Liebesmetaphorik wie »I met a young girl, she gave me a rainbow, / I met one man who was wounded in love«. Musikalisch und textlich vermittelt das Stück den Eindruck des Gestus eines Propheten, der die Zeichen aufzählt, die auf das bittere Ende verweisen. Doch was prangert der Song an? Obwohl sich kein Wort direkt darauf beziehen läßt, behauptet die Literatur, daß der Song die Folgen eines nuklearen Krieges beschreibt.[17]

1982 gewann Nicole mit ihrem Lied *Ein bißchen Frieden*, geschrieben von Ralph Siegel (Musik) und Bernd Meinunger (Text), den Grand Prix d'Eurovision de la Chanson. Die Ikonographie ihres Auftritts wies viele Ähnlichkeiten mit dem der Joan Baez auf: die Westerngitarre, der Barhocker, auf dem die Sängerin sitzt, das Singen von Spitzentönen mit geschlossenen Augen, dazu ein Kleid im Stil einer Countrysängerin; alles jedoch gebrochen durch Attribute der Kindlichkeit: das Weiß der fast zu großen Gitarre, der weiße Kragen des Kleides, die langen, offen getragenen, dunkelblonden Haare. Instrumentation und Mixing des Stücks unterscheiden sich grundlegend von Baez' *A Hard Rain's Gonna Fall*. Der Bass beherrscht deutlich das Klangbild, das Schlagzeug wird relativ zurückhaltend eingesetzt. Die Harmonien liefert vorwiegend das Klavier, die Gitarre dominiert nur optisch. Streicher und ein Chor sorgen für einen dicken Klangteppich. Auch dieser Text arbeitet mit Metaphern der Bedrohung, die ebenfalls aus dem Wortfeld des Wetters abgeleitet werden: »Wie eine Blume am Winterbeginn / und so wie ein Feuer im eisigen Wind«. Auch findet sich der Gestus des resignierten Propheten wieder: »Ich weiß, meine Lieder, die ändern nicht viel / [...] Allein bin ich hilflos, ein Vogel im Wind«. Allerdings folgt hier im Refrain der Gegenentwurf zu den Strophen, wieder mit Begriffen aus dem Wortfeld des Wetters: »Ein bißchen Frieden, ein bißchen Sonne / [...] ein bißchen Wärme, das wünsch' ich mir.«

Die Teilsysteme der populären Musik unterscheiden sich durch die Bedeutung, die Authentizität für sie hat. Im Folk als Vorläufer war der Autor von zentraler Wichtigkeit – auch wenn dieser im

---

17 Peter Urban: *Rollende Worte: die Poesie des Rock. Von der Straßenballade zum Pop-Song. Eine wissenschaftliche Analyse der Pop-Song-Texte*, Frankfurt a. M. 1979, S. 204-206.

Falle der vielen Traditionals anonym war und der Song so als Mitteilung einer ganzen Volksgruppe gehört werden konnte. Der Autor steht außerhalb und oberhalb seines Werkes – im Folk ist die personale Erzählweise deutlich häufiger als in popmusikalischen Genres. Seine Funktion ist der des Autors bzw. Komponisten im System Kunst ähnlich (was Dylan den Imagewechsel vom Protestsänger zum popmusikalischen Künstler einfach machte). Der wahrgenommene Autor im System der Unterhaltungsmusik dagegen ist Teil des Songs, vergleichbar vielleicht mit dem Erzähler in der Literatur, ein »lyrisches Ich«. Er hat keine Perspektive über die Grenzen des Liedes hinweg, ist Teil der Fiktion: Komponisten und Texter von Schlagern bleiben – im Gegensatz zum Folk – fast immer unerwähnt und unbekannt. Mit der Ära des Sounds begann sich diese Position in der Kommunikation zu verändern. Neben das Ich im Text trat, bedingt durch die individualisierende Funktion des Sounds, der Interpret, der mit der abnehmenden Bedeutung notierter Musik und der zunehmenden Anerkennung der Schallaufzeichnung als eigentlichem »Werk« immer unmittelbarer mit dem Lied verknüpft wurde. Das Stück wurde jetzt als Aussage des Interpreten wahrgenommen, der allerdings ebenfalls Teil der Fiktion war, denn der Song, der als Ausdruck seiner Individualität wahrgenommen wird, ist das Produkt eines hoch spezialisierten, arbeitsteiligen Verfahrens, das durch die Interaktion Dutzender Beteiligter entsteht. Die Position des Interpreten in der populären Musik ist vergleichbar dem auktorialen Erzähler. Er gibt vor, Teil der Realität zu sein, über den Dingen zu stehen, und ist dennoch nur ein »Image«, also Teil der Fiktion.

Authentizität ist seit der zweiten Hälfte des 1960er Jahre ein wichtiges Merkmal der Ästhetik der Rockmusik. Sie ist unbedingt wichtig für jeden politischen oder künstlerischen Anspruch der Musik. Damit ein Stück als authentisch wahrgenommen wird, reicht es, daß die Hörer eine Übereinstimmung zwischen dem auktorialen Erzähler und dem lyrischen Ich wahrnehmen, d. h. daß Image und Song übereinstimmen. So kann Bruce Springsteen, trotz Umsatzmillionen, weiterhin das Lied des kleinen Mannes singen, und so ist es möglich, daß hochbezahlte Musiker sich – bevorzugt kurz vor Weihnachten – zu Projekten wie Band Aid zusammenschließen, um in Songs wie *Do They Know It's Christmas?* (1984/85) ihre Hörer zum Altruismus aufzufordern. Teilen müssen sie hierzu nicht, ist doch jedes massenmedial verbreitete Engagement Arbeit an der Fiktion, die sich positiv auf die Authentizität (und damit den Marktwert) der Solosongs auswirkt. Band Aid ist so immer auch ein Schönheitspflaster. Die Unterscheidung zwischen den tatsächlichen Autoren und dem fiktiven auktorialen Erzähler gelingt dem Publikum selten und fällt selbst den Musikern manchmal schwer, wie die Biographien der Stars (z. B. von Jimi Hendrix, Janis Joplin und Jim Morrison) belegen, die, als der Traum des Summer of Love von 1967 um 1970 endgültig ausgeträumt war, die Fiktion ihres Selbst erbrachen und daran erstickten. Der Versuch, die Fiktion der Musik in die Realität zu verlängern und so die Welt zu verändern, endete in weltfernem Eskapismus oder einfach in der Drogensucht.

In den siebziger Jahren lernte die populäre Musik ihre Fiktionalität zu akzeptieren, ja zu lieben. Im Rock der 1970er Jahre wurden Popstars auch äußerlich zu Gestalten aus einer anderen Welt. Der kurze Rausch des Punk im Summer of Hate 1976 machte Schluß mit der Idee einer positiven Einflußnahme der Musik auf die Politik. Die Politik wurde vielmehr mit in die Fiktionalität der Musik hineingezogen. Politische Symbole wie das Peace- und das Anarchie-Zeichen sowie das Hakenkreuz konnten als Verzierung auf ein und derselben Lederjacke harmonieren, konnten das bedeuten, was sie in der Alltagswelt bedeuteten, aber auch das Gegenteil oder auch gar nichts. Punk hielt den Hippies den Spiegel vor und verkehrte die Fiktion von Frieden in eine Fiktion vom Haß, die sich allerdings ebensowenig in die Realität verlängern ließ, wie viele Punks erfahren mußten. Was in der Kommunikation mit dem Musiker, die der Hörer imaginiert, ungeheuer beziehungsreich sein kann, was seinen ganzen aufgestauten Frust und Haß aufnehmen kann, wird außerhalb der Musik, in der Kommunikation der Hörer untereinander und mit ihrer Umwelt, zum Manierismus, zur inhalts- und ziellosen Provokation um der Provokation willen. Daß ausgerechnet Malcolm MacLaren, eine der zentralen Figuren des britischen Punk, den Schein einer Abrechnung mit dem Kommerz und der Künstlichkeit der populären Musik als seine wunderbar erfolgreiche Geschäftsidee und einen bewußten Betrug an den Hörern feiert, als *Great Rock'n'Roll Swindle* (Film von Julien Temple, 1980), ist bezeichnend für das Spiegelkabinett, das entsteht, wenn die Grenzen zwischen Fiktion und Realität aufgehoben werden, wenn sich das »no future« von Jugendlichen ohne berufliche und soziale Perspektive in der Perspektiv- und Zukunftslosigkeit der Unterhaltung spiegelt.

Der NATO-Doppelbeschluß 1979 war das letzte politische Ereignis, das in Deutschland deutlich wahrnehmbare Auswirkungen auf die populäre Musik hatte. Die ersten Jahre der 1980er erlebten die letzte Blüte der Liedermacherszene. Sie gewann jedoch nie die Kraft des Folk-Revival, um die populäre Musik im Sinne der Friedensbewegung politisieren zu können: Udo Lindenberg versteckte sich mit *Wozu sind Kriege da* (1981) hinter seinem Co-Interpreten, dem 10jährigen Pascal, und damit hinter der Unverbindlichkeit kindlicher Unschuld: »Na ja, vielleicht kann ich's noch nicht verstehn, / Wozu Kriege nötig sind. / Ich bin ja noch zu klein«. Die Masche kindlicher Unschuld griffen ein Jahr später auch Siegel und Meinunger mit *Ein bißchen Frieden* auf. Ihrem Stück gelang, was die Liedermacher, die ohnehin nur noch Gleichgesinnte erreichten, kaum noch schafften: ein bißchen Provokation. Die Irritation entstand durch Übernahme einiger Elemente des sozialen Systems des Folk, die im System Schlager fremd waren: Nicole verwendete nicht nur das zu der Zeit hoch aufgeladene Wort »Frieden«, sondern trat auch wie eine Liedermacherin auf. Die Attribute der Kindlichkeit und der Sound stellten zwar sicher, daß das Stück als Schlager erkannt wurde, als reine Unterhaltung, doch die ikonographischen Zitate der Liedermacherszene weckten immer wieder einen gewissen Zweifel, ob das Stück nicht doch politisch gemeint sein könnte. Dieser Zweifel hat entscheidend zum Erfolg des Liedes beigetragen.

Die Brücke zwischen Rock und Friedensbewegung schlug am erfolgreichsten die holländische Gruppe *bots*. Ihre Texte wurden von engagierten deutschen Intellektuellen wie Günter Wallraff, Dieter Hildebrandt und Hanns Dieter Hüsch ganz unintellektuell geschrieben bzw. übersetzt. In den Hitlisten wurden *bots* allerdings fast nur mit *Sieben Tage lang* (1980) wahrgenommen, einem schützenfestkompatiblen Marsch- und Trinklied, dessen Text nach sieben Tagen solidarischen Saufens eine ebensolange Zeit der Arbeit und eine unbestimmte Zeit des Streitens für ein nicht weiter konkretisiertes »Leben ohne Zwang« feiert. Erst das Vergnügen, dann die Arbeit – wäre es anders herum, wäre es keine populäre Musik.

Die Friedensbewegung fand einen Widerhall nur in musikalischen Systemen, die rückwärtsorientiert waren, und hatte daher kaum Auswirkungen auf die Weiterentwicklung der populären Musik. Mit der Stationierung der Raketen 1983 verschwand das Thema sang- und klanglos. Die Zukunft repräsentierte 1982 die Neue Deutsche Welle, die als reine Unterhaltungsmusik verstanden werden wollte und sich daher als neuer deutscher Schlager bezeichnete – was einen Sturm der Entrüstung bei treuen Zuschauern der ZDF-Hitparade entfachte. Trios *Da da da, ich lieb' dich nicht, du liebst mich nicht* (1982) war auch ein Abgesang auf die Idee, daß Musik auf außermusikalische Systeme wirken könne, daß sie einen Sinn über die Grenzen der Fiktion hinaus entwickeln kann. Nenas *99 Luftballons* (1983) ist wohl von den Wenigsten als politische Aussage gehört worden, auch wenn der Text beschreibt, wie Luftballons einen 99 Jahre währenden, alles zerstörenden Krieg auslösen. Die Kindlichkeit oder gar Beschränktheit, die viele Interpreten der Neuen Deutschen Welle absichtlich und unabsichtlich zur Schau stellten, ließ die Frage nach der Erzählerintention oder gar einer Autorintention gar nicht erst aufkommen.

Fiktionalisierung der Realität

Nach dem Punk hat es kein größeres mit populärer Musik assoziiertes soziales System mehr gegeben, das versuchte, die Fiktion der Musik in der Realität fortzusetzen. Vielmehr arbeitete die populäre Musik an der Perfektionierung der Schließung ihrer Systeme. Die Technik des Samplings, das Zitieren von Sound, ermöglichte eine Anreicherung der Musik mit immanentem Sinn, so daß Bezüge auf nicht-musikalische Systeme weniger wichtig wurden. Das Musikvideo, das 1981 in den USA mit MTV einen ersten eigenen Fernsehkanal bekam, war zwar als Verstehensmedium entstanden, das die Kommunikation zwischen Musikern und Hörern auch außerhalb von Konzerten und Fernsehauftritten durch die Sprache des Bildes verbessern sollte. Es bewirkte jedoch das Gegenteil: Das Video erhöhte durch das zusätzliche Medium die Kontingenz noch weiter und steigerte zudem die Fiktionalität und Beliebigkeit der Rezeption, denn vor dem Fernseher entwickeln sich keine Gemeinschaften, die Bedeutungen festlegen. Videos werden meistens alleine geschaut, das Fernsehbild zieht alle Aufmerksamkeit auf sich allein. Die einsame Unterhaltung des Rezipienten wird durch keine Pflicht zum Anschluß in der Realität gestört. Videos zeigen Szenen der Gewalt, der Umweltzerstörung und des Krieges, doch ihr appellativer Effekt, der Aufruf zum Handeln nach dem Ende des Aufrufs, ist kaum größer als der eines Spielfilms, auch wenn der Zuschauer im Gegensatz zum Film direkt angespielt und direkt angesprochen wird. Die Musik macht klar: Es handelt sich um eine Fiktion, um unterhaltende Aus-Zeit. Da kann ein Michael Jackson in den Videos zu *Heal the World* (1992) und *Earth Song* (1995) noch so dramatisch die Bedrohung der Welt durch Kriege und Umweltverschmutzung besingen.[18] Und selbst anscheinend dokumentarische Aufnahmen vom Krieg im Video zu Paul Hartcastles *19* (1985) lösten angesichts der gut tanzbaren Musik nur eine Diskussion darüber aus, ob das Stück tatsächlich gegen den Krieg sei oder nur Provokation zum Zwecke der Promotion. Die Diskussion wurde um Kunst oder Kommerz, nicht um Krieg oder Frieden geführt. Weiter kann populäre Musik heute offenbar nicht mehr Stellung nehmen.

Mit den Raves des Techno gelang eine Perfektion und Extension der Parallelwelt der Unterhaltung nicht durch Anreicherung, sondern durch Minimierung von Sinn. Mit dem DJ, der nicht mehr nur Platten auflegt, sondern live mit Samples und Mixes eigene Tracks produziert, wird Kommunikation wieder in ein und demselben sozialen System kurzgeschlossen. Im Gegensatz zu Bands, die ohne Kontakt zu ihren Hörern im Tonstudio CDs produzieren, kommunizieren der Musik »machende« DJ und die Tänzer wieder unmittelbar miteinander.[19] Da beide Seiten die Wirkung ihrer Handlungen beim Gegenüber beobachten können, ist Verstehen garantiert. Techno braucht nicht wie Musik auf Tonträgern einen Bedeutungsüberschuß, damit sichergestellt wird, daß jeder zumindest irgend etwas versteht. Im Gegenteil: Techno braucht keinen Text und keine Bilder von Musikern, nur Beats und Bewegungen. Es herrschen *Friede, Freude, Eierkuchen*, wie das Motto der ersten Love Parade 1989 verkündete. Das

---

18 Was sicherlich auch an der Authentizität der Aussagen Jacksons liegt. Dem aktuellen Zuschauer fallen vor allem die vielen niedlichen kleinen Kinder auf, die durch das Bild laufen.
19 Vgl. Gabriele Klein: *Electronic Vibration. Pop Kultur Theorie*, Hamburg 1999, S. 178-180.

zumindest von fern an politische Themen erinnernde Motto war lediglich für die Organisation der Love Parade notwendig: Für politische Demonstrationen müssen in Berlin keine Straßenreinigungsgebühren bezahlt werden.[20] Tatsächlich ist kaum ein popmusikalisches System denkbar, das apolitischer ist. Das Ziel, die Ekstase im Tanz, ist nur durch völligen Ausschluß der Umwelt zu erreichen. Ob in dem geschlossenen Gebäude eines Clubs oder bei einem Open-Air-Rave, das System verzichtet auf jegliche Kommunikation mit der Außenwelt außer der Einladung an alle, in Hörweite der Lautsprecher mitzutanzen. Das völlige Aufgehen in der Kommunikation zwischen DJ und Tänzer schließt jede Forderung an Dritte, jede Provokation aus. Techno will nichts von der Welt und läßt die Welt auch nicht hinein. Ekstase kann nur durch kurzgeschlossene Kommunikation entstehen, durch die ständige Bestätigung, daß das eigene Verstehen richtig ist, daß alle alles gleich verstehen, so daß das völlige Aufgehen in der Masse, die totale Fiktionalisierung des Ich möglich wird. Für den externen Beobachter (nicht für die Teilnehmer) kann Techno gerade deshalb politisch sein.

Auch heute noch werden Songs über Kriege und politisch motivierte Gewalt geschrieben. Besonders nachhaltig wirkten die Anschläge vom 11. September 2001 auf Pentagon und World Trade Center.[21] Hunderte Songs wurden zum Thema geschrieben, doch keiner erreichte bisher den Status eines Hits. Auffällig an den wenigen Stücken, die eine größere Öffentlichkeit erreichten, ist, daß es sich oft um Balladen handelt. Bruce Springsteens *The Rising* (2002) erzählt die Geschichte eines Feuerwehrmanns auf seinem Weg in den 110ten Stock des WTC. Neil Youngs Song *Let's Roll* (2002) nimmt die Perspektive Todd Beamers ein, eines der Passagiere, die den Widerstand gegen die Entführer im Flug United Airlines 93 organisierten. Der Country-Sänger Steve Earle berichtet in *John Walker's Blues* (2002) die Geschichte des Amerikaners John Walker Lindh, der als Taliban in Afghanistan verhaftet wurde. Die Balladenform erlaubt es den Autoren, keine

---

20 Vgl. Brigitte Weingart: *Friede Freude Eierkuchen – Friedensbilder im Pop*, in Thomas Kater und Albert Kümmel (Hg.): *Der verweigerte Friede. Der Verlust der Friedensbildlichkeit in der Moderne*, Bremen 2003, S. 263-285.
21 Vgl. hierzu Dietrich Helms und Thomas Phleps (Hg.): *9/11 – The world's all out of tune. Populäre Musik nach dem 11. September 2001* (= Beiträge zur Popularmusikforschung, Bd. 32), Bielefeld 2004.

eigene Meinung darstellen zu müssen – auch wenn die Auswahl der Protagonisten durchaus die Reaktionen der Öffentlichkeit auf die Songs beeinflußte. Die Erzählung aus den Augen eines anderen ersetzt die für den Protest notwendige Selbstreferenz, das direkte Angesprochenwerden, durch reine Fremdreferenz. Die Autoren bleiben hinter der demonstrativ subjektiven Position des Ich-Erzählers verborgen. Die Reduzierung der Ereignisse vom 11. Sep-tember auf Einzelschicksale vermeidet eine Politisierung und damit ihre Bewältigung in der Realität. Die Wahl der Erzählform der Ballade trägt vielmehr zur Fiktionalisierung der Ereignisse bei.

Ein erstaunliches Phänomen nach dem 11. September 2001 war, daß die unzähligen Stücke und die vielen »Tribute to…«-Sampler, die explizit an die Ereignisse erinnern sollten, nicht den Absatz fanden, den Produzenten und Initiatoren erwartet hatten. Vielleicht war das Angebot zu groß, vielleicht ist der Markt inzwischen so kleingliedrig, daß selbst der Mainstream zum Bächlein wird. Vielleicht mochte jedoch auch die Masse der potentiellen Käufer nicht mehr an Fakten erinnert werden, vielleicht wurde von der populären Musik Ablenkung und nicht Bewältigung erwartet. Die Unterhaltungsindustrie zumindest schien diesen Wunsch zu antizipieren. Es kam zu Zensurmaßnahmen, wie sie in diesem Ausmaß in der westlichen Welt seit dem Zweiten Weltkrieg nicht mehr bekannt waren. Die Betreiber von Clear Channel Communications, des größten Radionetzwerkes der Vereinigten Staaten, legten eine Liste mit ca. 150 Titeln und Namen vor, die in ihren 1200 Stationen nicht mehr gespielt werden sollten – vorgeblich aus Respekt vor den Opfern und ihren Angehörigen. Nicht mehr gesendet werden durften z. B. Titel wie *Ruby Tuesday* (1966) von den Rolling Stones oder *Jet Airliner* (1977) der Steve Miller Band, beides Abschiedssongs, deren Titelzeilen nach dem 11. September – zumindest für die Betreiber von Clear Channel – mit neuer Bedeutung aufgeladen wurden. Manche Titel wurden nicht mehr gesendet, weil sie von Muslims komponiert wurden (z. B. das gesamte Œuvre von Cat Stevens, alias Yusuf Islam), andere, wie John Lennons *Imagine*, weil sie offenbar zu radikal in ihren Forderungen nach Frieden erschienen (»Imagine there's no heaven / and no religion too«). Jede Möglichkeit der Erinnerung an die Anschläge wurde aus den Musikprogrammen verdrängt, wie auch die Doppeltürme des

WTC aus Spielfilmen, Fernsehserien und Bildern herauskopiert wurden.

Ähnliche Maßnahmen wurden auch zu Beginn des Irakkriegs getroffen. So erstellte z. B. der Videosender MTV Anfang des Jahres 2003 Auswahlkriterien für Clips und eine Liste von Stücken, die nicht mehr gesendet werden durften, weil sie in irgendeiner Weise an Krieg erinnerten. Madonna mußte ihr Video zu *American Life* (2003) zurückziehen, in dem gezeigt wird, wie eine Modenschau mit Militärkleidung in drastisch dargestellte Gewalt eskaliert. Angesichts des Irakkriegs war dieses Video zu einem Song, dessen Text vom American way of life und dem American dream, nicht von Gewalt oder Krieg handelt, den Sendern offenbar zu real.

Die retrospektive Zensur von Titeln, deren ursprüngliche Bedeutung sich durch ein späteres Ereignis geändert hat, ist wohl ein historisches Novum. Jeder noch so angepaßte Produzent von populärer Musik muß in Zukunft damit rechnen, daß auch seine Stücke mit einem Sendeverbot belegt werden können, wenn Ereignisse eintreten, die sich mit dem Titel assoziieren lassen – und wenn sie nur an einem *Ruby Tuesday* geschehen. Diese neue Form der Zensur wurde erst mit einer populären Musik möglich, die ihre Autorintention zugunsten der historisch wandelbaren Erzählerposition aufgegeben hat. Neu ist auch, daß die Zensurmaßnahmen nicht mehr politisch, sondern psychologisch begründet sind. Sie sind Teil einer Entwicklung, die versucht, jegliche Anlässe zu vermeiden, durch die Realität in die Aus-Zeit der Unterhaltung vordringen könnte – auch um den Preis einer Fiktionalisierung der Realität (womit das Ziel der Maßnahmen wiederum politisch ist).

Mit dem Verlust des Realitätsbezugs geht jedoch auch ein Verlust der sozialen Funktionen populärer Musik einher. Die Diskurse, die Sinn aushandeln, werden immer kleiner. Konnte die Forschung Rock'n'Roll als Jugendkultur pauschalisieren und Punk bzw. Rock noch mit Subkulturtheorien beschreiben, konnte man in den neunziger Jahren immerhin noch ständig wechselnde popmusikalische »Territorien« (Dieter Baacke) feststellen, müssen sich die Methoden der Beschreibung jetzt auf die kleinste mögliche Einheit einstellen, die Bedeutungen suchende Monade. Der Hörer ist zunehmend allein mit seiner Fiktion des Stücks. Natürlich können Musiker noch über Krieg und Frieden singen, und natürlich können Hörer einen Song noch politisch interpretieren. Doch es wird alles beliebig. Die Verstehenskontrolle zwischen Musiker und Hörer funktioniert seit langem nicht mehr. Jetzt bilden auch die Hörer untereinander immer seltener, immer kleinere interpretierende Gemeinschaften, die Bedeutungen festlegen. Populäre Musik wird wieder reine Unterhaltung, doch jetzt in einer Form, die nicht mehr Gegengewicht zur Bewältigung des Alltags ist, sondern Realität immer mehr verdrängt.

Die zur Zeit aktuellen Casting Shows, in denen durch Zuschauerabstimmung aus Tausenden von Nobodys »Superstars« gewählt werden, ändern an der Vereinsamung des Hörers nichts. Die aktive Beteiligung der Zuschauer an der Produktion schließt nur scheinbar die Kommunikation zwischen Musikern und Hörern sowie unter den Hörern selbst kurz. Das Publikum bekommt vielmehr nur das zu sehen und zu hören, was es selbst sehen und hören will. Es kommuniziert in letzter Konsequenz nur noch mit sich selbst. Die Sänger sind nicht mehr das Alter in der Kommunikation, sondern werden zu einem Teil des Egos. Kommunikation wird zum Selbstgespräch. Der einsame Televoter kann nur an den Abstimmungsergebnissen erkennen, daß er nicht allein ist. Er bildet eine Gemeinschaft der Prozentzahlen, nicht jedoch der Bedeutungen. Die »Superstars« repräsentieren nicht mehr als den Durchschnittszuschauer und seine traurige kleine Fiktion vom Ich. Wenn das Publikum Produzent und Konsument zugleich ist, bleibt jede Provokation, jede Kritik, jede politische Aussage, jede Neuigkeit, bleibt die Realität endgültig ausgesperrt und damit jeglicher Konflikt. Dann ruht sie in Frieden, die populäre Musik.

Über die Autoren

Max Peter Baumann, Dr. phil., geb. 1944 in Altdorf / Uri (Schweiz); lehrt als Hochschullehrer Ethnomusikologie an der Universität Bamberg. Er führte zahlreiche Feldforschungen und Partnerschaftsprojekte in mehreren Ländern durch, ist Herausgeber verschiedener Publikationen, u. a. *Cosmología y Música en los Andes* (Berlin 1996) und *Music, Language and Literature of the Roma and Sinti* (Berlin 2000). Er ist Verfasser zahlreicher Artikel zu methodischen Fragen der musikologischen Feldforschung, des interkulturellen Verstehens, zur Kulturanthropologie des Hörens, zur traditionellen Musik einzelner Regionen sowie zur Musik im Prozess der Globalisierung. Seit 1988 gibt er die Zeitschrift *the world of music* heraus.

Susanne Binas, Dr. phil., geb. 1964 in Berlin; studierte Musik- und Kulturwissenschaft. Von 1995-2001 arbeitete sie als wissenschaftliche Assistentin am Forschungszentrum Populäre Musik der Humboldt-Universität zu Berlin; Lehre und Publikationen zu den Schwerpunkten Musik und Globalisierung, Musikwirtschaft und -märkte, phonotechnische Verfahren und Ästhetik populärer Musik, Kunst- und Kulturbetrieb. Jüngste Veröffentlichungen *Erfolgreiche Künstlerinnen – Arbeiten zwischen Eigensinn und Kulturbetrieb* (Essen 2003); *Echte Kopien – Sound-Sampling in der Popmusik*, in: *OriginalKopie – Praktiken des Sekundären*, hg. von G. Fehrmann u. a. (Frankfurt a. M. 2004). Derzeit berät sie den Deutschen Bundestag als Sachverständiges Mitglied der Enquête-Kommission ›Kultur in Deutschland‹.

Jörg Calließ, Dr. phil., geb. 1941 in Berlin; Historiker und Soziologe, ist an der Evangelischen Akademie Loccum als Studienleiter tätig und für die Arbeitsbereiche Historische Orientierung, Internationale Politik und Frieden verantwortlich. Als Honorarprofessor lehrt er an der Technischen Universität Braunschweig Friedenswissenschaften. Schwerpunkte in Forschung und Lehre sind Geschichtstheorie, Sozial- und Kulturgeschichte, Sicherheits- und Friedenspolitik.
Er hat u. a. zusammen mit Reinhold E. Lob das dreibändige Schwann-Handbuch *Praxis der Umwelt- und Friedenserziehung* (Düsseldorf 1987/88) herausgegeben. In jüngster Zeit hat er verschiedene Aufsätzen sowie zahlreiche Bände in der Reihe *Loccumer Protokolle* veröffentlicht, in denen grundlegende Orientierungsfragen und konkrete politische Probleme des Zeitgeschehens thematisiert werden.

Albrecht Dümling, Dr. phil., geb. 1949 in Wuppertal; studierte Schulmusik und Musikwissenschaft, lebt als freiberuflicher Wissenschaftler und Publizist in Berlin. 1988 betreute er die Ausstellungsrekonstruktion »Entartete Musik« samt einer dazugehörigen Buch- und CD-Dokumentation. Zur Zeit Forschungen zum Musiker-Exil in Australien. Jüngste Publikation: *Musik hat ihren Wert. 100 Jahre musikalische Verwertungsgesellschaft in Deutschland* (Regensburg 2003).

Martin Geck, Dr. phil., geb. 1936 in Witten / Ruhr; lehrt als Hochschullehrer Musikgeschichte an der Universität Dortmund, seit 2001 als Emeritus. Vor dem Horizont seiner Beschäftigung mit Bach, Beethoven und Wagner gilt seine Aufmerksamkeit vor allem der deutschen Musik des 17. bis 19. Jahrhunderts in ihrem kulturgeschichtlichen, philosophischen, ästhetischen, theologischen, politischen und sozialen Kontext. Er schrieb für die Rowohlt-Monographien die Bände über Bach, die Bach-Söhne, Beethoven und Wagner und letzthin die Monographien *Von Beethoven bis Mahler. Die Musik des deutschen Idealismus* (Stuttgart 1993); *Bach. Leben und Werk* (Reinbek 2000) und *Zwischen Romantik und Reaktion. Die Musik im Realismus-Diskurs der Jahre 1848-1871* (Stuttgart 2001).

Sabine Giesbrecht, Dr. phil., geb. 1938 in Gumbinnen / Ostpr.; Prof. für historische Musikwissenschaft (1983-2002, Universität Osnabrück), Privatmusiklehrer- und Konzertprüfung im Fach Klavier (HfM Berlin). Studium der Musikwissenschaften und Philosophie (Universität Wien), Promotion an der FU Berlin; Referendarin, später Studienrätin (Bremen); Akadem. Rätin (Universität Siegen). Derzeitiges Hauptprojekt: Netzbasierte Edition historischer Bildpostkarten (1898-1944) mit den Schwerpunkten Kaiserzeit, Erster Weltkrieg, Propaganda, Musik, Frauen. Letzte Veröffentlichung: *Friedrich Wilhelm von Redern: Unter drei Königen. Lebenserinnerungen eines preußischen Oberstkämmerers und Generalintendanten*, bearbeitet und eingeleitet von Sabine Giesbrecht (Köln 2003).

Stefan Hanheide, Dr. phil., geb. 1960 in Osnabrück; habilitierte 2003 mit einer Arbeit über die politische Rezeption Gustav Mahlers: *Mahlers Visionen vom Untergang. Interpretationen der Sechsten Symphonie und der Soldaten-Lieder* (Osnabrück 2004); lehrt Historische Musikwissenschaft an der Universität Osnabrück, Forschungen über Musik im Zeichen politischer Gewalt, vor allem über Friedensmusiken und Antikriegskompositionen; seit 1993 Konzeption und Organisation der Konzertreihe *musica pro pace* in Osnabrück.

Hanns-Werner Heister, Dr. phil., geb. 1946 in Plochingen / Neckar; Prof. für Musikwissenschaft an der Hochschule für Musik und Theater Hamburg. Mithg. *Komponisten der Gegenwart* (seit 1992); Hg. der Reihe *Zwischen / Töne. Musik und andere Künste* (1995-2000), (*Neue Folge* Berlin ab 2001); Hg. *»Entartete Musik« 1938 – Weimar und die Ambivalenz* (Saarbrücken 2001); Hg. *Kunstwerk und Biographie* (Berlin 2002); Hg. *Geschichte der Musik im 20. Jahrhundert, Bd. III: 1945-1975* (Laaber 2004); Hg. *Zur Ambivalenz der Moderne*, 4 Bde. (Berlin 2004ff.); in Vorbereitung: *Musik und Macht* (Laaber 2005).

Dietrich Helms, Dr. phil., geb. 1963 in Rahden (Westf.); studierte Musikwissenschaften, Anglistik und Soziologie in Münster, Norwich und Oxford; Promotion über *Heinrich VIII. und die Musik* (Eisenach 1998); 1996 Mitarbeiter der Halleschen Händel Ausgabe; seit 1997 wissenschaftlicher Mitarbeiter am Institut für Musik und ihre Didaktik der Universität Dortmund, wo er 2004 mit einer Arbeit zur Rezeptionsästhetik populärer Musik habilitierte. Mitherausgeber der *Beiträge zur Popularmusikforschung* und der Internetzeitschrift *Samples. Notizen, Projekte und Kurzbeiträge zur Popularmusikforschung* (www.aspm-samples.de). Forschungen zur Musik der Renaissance, zur populären Musik und zu einer systemtheoretischen Ästhetik der Musik.

Hartmut Lück, Dr. phil., geb. 1939 in Posen; studierte Musikwissenschaft, Slavistik und Germanistik in Hamburg, Marburg und München. Seit 1972 lebt er als freiberuflicher Wissenschaftler und Rundfunkautor in Bremen. 1972-78 Lehrbeauftragter an den Universitäten Bremen und Oldenburg, 1979-86 Redakteur bei der *neuen musikzeitung* und 1995-96 Mitherausgeber der *Musica*. 1988 erhielt er von der Berliner Akademie der Künste den erstmals verliehenen »Hörfunkpreis Vermittlungsformen Neuer Musik«. Er war u. a. Mitherausgeber (mit Peter Petersen und Hanns-Werner Heister) von *Stimmen für Hans Werner Henze. Die 22 Lieder aus »Voices«* (Mainz 1996).

Claus-Steffen Mahnkopf, Dr. phil., geb. 1962 in Mannheim; Komponist, lehrt zur Zeit an der Hochschule für Musik und Theater Leipzig. Herausgeber der Zeitschrift *Musik & Ästhetik* und der Buchreihe *New Music and Aesthetics in the 21st Century*. Jüngste Veröffentlichungen: *Kritik der neuen Musik. Entwurf einer Musik des 21. Jahrhunderts* (Kassel 1998); *Polyphony & Complexity* (Hofheim 2002); *Musical Morphology* (Hofheim 2004); *The Foundations of Contemporary Composition* (Hofheim 2004).

Hartmut Möller, Dr. phil., geb. 1953 in Stralsund; lehrt Musikwissenschaft an der Hochschule für Musik und Theater Rostock, wo er von 2001 bis 2004 Rektor war. Forschungsschwerpunkte: Musik des Mittelalters, Teilmusikkulturen nach 1945, Ästhetik und Theorie der Musikgeschichtsschreibung. Jüngste Veröffentlichungen: *Wahrnehmung und Begriff*, zus. mit W. Gruhn (Kassel 2000); *Übersetzte Zeit. Das Mittelalter und die Musik der Gegenwart*, zus. mit W. Gratzer (Hofheim 2001).

Max Nyffeler, geb. 1941 in Wettingen / Schweiz; studierte Musik und Musikwissenschaft in Zürich und Basel. Nach dem Konzertexamen für Klavier übersiedelte er 1970 nach Köln, wo er zunächst als Pianist und freiberuflicher Journalist mit Schwerpunkt Neue Musik arbeitete. Er war Rundfunkredakteur in München und Zürich und künstlerischer Leiter des Verlags Ricordi München. Seit 1998 arbeitet er wieder als freiberuflicher Autor. Er ist Herausgeber von *Klaus Huber: Umgepflügte Zeit. Schriften und Gespräche* (Köln 1999).

Uli Otto, Dr. phil, geb. 1949 in Bayreuth / Oberfranken; studierte in Regensburg Germanistik, Geschichte und Sozialkunde sowie in Freiburg Volkskunde, Geschichte und Germanistik, lebt als freiberuflicher Musiker, Kulturwissenschaftler und Publizist in Regensburg. Er veröffentlichte u. a. *»Ich hatt' einen Kameraden...« Militär und Kriege in historisch-politischen Liedern in den Jahren von 1740 bis 1914* (Regensburg 1999) und arbeitet z. Z. an einer internationalen Liedsammlung mit Liedern aus der Napoleonzeit: *»O Napoleon Bonaparte«. Historisch-politische Lieder aus der Zeit von 1790 bis 1815* sowie mit verschiedenen Musikerkollegen an diversen Musikprogrammen: *»Wir Wunderkinder«* – *Kabarettlieder, Schlager und Chansons aus den 1950er Jahren* sowie *»Am deutschen Wesen soll die Welt genesen?«* – *Lieder, Schlager und Couplets aus den Jahren von 1870 bis 1919.*

Peter Petersen, Dr. phil., geb. 1940 in Hamburg; studierte Schulmusik, Musikwissenschaft und Germanistik, seit 1985 Hochschullehrer für Historische Musikwissenschaft an der Universität Hamburg. Wichtigste Veröffentlichungen: *Die Tonalität im Instrumentalschaffen von Béla Bartók* (Hamburg 1971); *Alban Berg: Wozzeck. Eine semantische Analyse* (Frankfurt / M. 1985); *Hans Werner Henze. Ein politischer Musiker* (Berlin 1988); *Musik im Exil* (Frankfurt a. M. 1993, zus. mit H.-W. Heister und C. Maurer Zenck); *Hans Werner Henze. Werke der Jahre 1984-1993* (Mainz 1995); *Hans Werner Henze. Bericht über den Internationalen Kongress Hamburg 2001* (Frankfurt a. M. 2003). Peter

Petersen ist Leiter der »Arbeitsgruppe Exilmusik« am Musikwissenschaftlichen Institut der Universität Hamburg (www.exilmusik.de).

Éva Pintér, Dr. phil., geb. 1953 in Budapest; studierte Musikwissenschaft in ihrer Heimatstadt und promovierte 1992 in Hamburg mit der Dissertation »Claudio Saracini. Leben und Werk«. Sie lebt seit 1982 in Bremen und ist als freiberufliche Musikpublizistin und -kritikerin tätig. 1999-2001 Fachbeirätin bei der Enzyklopädie *Musik in Geschichte und Gegenwart*. Schwerpunkte ihrer Forschungsgebiete: Vokalmusik des Mittelalters, der Renaissance und des Frühbarocks sowie die romantische italienische Oper.

Peter Schleuning, Prof. Dr. phil., geb. 1941 in Insterburg; studierte Musikwissenschaft, Kunstgeschichte und Soziologie in Kiel, München und Freiburg im Breisgau. 1967 Künstlerische Reifeprüfung im Fach Flöte. Promotion 1970 mit einer Arbeit über die Freie Klavierphantasie. Weitere Publikationen u. a. über Kinderlieder, Politische Lieder, Musik des 18. Jahrhunderts, Bach, Mozart, Beethoven, Schumann, Eisler. Seit 1979 Akad. Rat an der Carl-von-Ossietzky-Universität Oldenburg. 1986 Habilitation. Zur Zeit Arbeit an einem Buch über Fanny Hensel.

Dieter Senghaas, Dr. phil., geb. 1940 in Geislingen / Steige; lehrt Friedens-, Konflikt- und Entwicklungsforschung am Institut für interkulturelle und internationale Studien (InIIS) der Universität Bremen. Jüngste Veröffentlichungen: *Zivilisierung wider Willen* (Frankfurt a. M. 1998, es 2081); *Klänge des Friedens* (Frankfurt a. M. 2001, es 2214); *The Clash within Civilizations* (London 2002); *Zum irdischen Frieden* (Frankfurt a. M. 2004, es 2384). Autor der CD-ROM *Frieden hören!* (www.friedenspaedagogik.de).

Walter-Wolfgang Sparrer, geb. 1953 in Mainz; studierte in Berlin 1973-79 Schulmusik und Musikwissenschaft (bei Carl Dahlhaus), Germanistik, Geschichte sowie Philosophie und ist seither freiberuflich tätig als Musiklehrer und Musikpublizist. Mit Hanns-Werner Heister gibt er das Loseblatt-Lexikon *Komponisten der Gegenwart* (München 1992ff.) heraus. Seit Anfang der 1980er Jahre entstanden in Zusammenarbeit mit Isang Yun zahlreiche Werkkommentare und Aufsätze zu seiner Musik. Er ist Mitherausgeber des Sammelbands *Der Komponist Isang Yun* (München 1987; erw. 2. Aufl. 1997) und betreut im Rahmen der 1996 gegründeten *Internationalen Isang Yun Gesellschaft e. V.* u. a. deren Jahrbuch *Ssi-ol* [Webfaden] sowie eine CD-Reihe.

Andreas Wehrmeyer, Dr. phil., geb. 1959 in Rheine; studierte Musikwissenschaft, Germanistik und Geschichte in Münster und Berlin. Seit 2000 Dozent an der Hochschule für Musik »Hanns Eisler« Berlin. Hauptarbeitsgebiete: Musik des 18. bis 20. Jahrhunderts, Musiktheorie, russische Musik. Ein Stipendium der Humboldt-Stiftung führte ihn 1994/95 für ein Jahr nach Moskau. Jüngste Veröffentlichungen: *Die Streichquartette von Dmitrij Schostakowitsch* (Hg.; Berlin 2002); *Schostakowitsch und die Folgen. Russische Musik zwischen Anpassung und Protest* (Hg. mit Ernst Kuhn und Jascha Nemtsov; Berlin 2003); *Rachmaninow aus der Nähe. Erinnerungen und kritische Würdigungen von Zeitgenossen* (Hg.; Berlin 2003).

Silke Wenzel, geb. 1969 in Bad Mergentheim; Studium der Musikwissenschaft, Musikpraxis, Romanistik und Archäologie in Weimar und Jena. Seit 1999 wissenschaftliche Mitarbeiterin an der Hochschule für Musik und Theater Hamburg; promoviert z. Zt. über das Verhältnis von Musik und Krieg zwischen 1500 und 1650. Veröffentlichungen: *Text als Struktur. Der Kohelet im Werk Bernd Alois Zimmermanns* (Berlin 2001) und verschiedene Aufsätze zur Musik des 20. Jahrhunderts, zu Musik im deutschen Faschismus und zu Klangökologie.

Peter Niklas Wilson, Dr. phil., geb. 1957 in Hamburg; aufgewachsen in Südafrika, Musikwissenschaftler und Kontrabassist. Tätigkeit als freiberuflicher Musikpublizist und Rundfunkautor; Redakteur der *Neuen Zeitschrift für Musik*, Mitherausgeber der Zeitschrift *MusikTexte*, Privatdozent an der Universität Hamburg. Forschungsschwerpunkte: Neue Musik, Improvisierte Musik, Jazz, dazu viele Buch- und Zeitschriftenpublikationen. Neueste Buchveröffentlichung: *Reduktion. Zur Aktualität einer musikalischen Strategie* (Mainz 2003). Wilson verstarb im Oktober 2003 nach langer, schwerer Krankheit.